Demokratie heute

Wirtschaft / Politik

Schleswig-Holstein

Dieter Deiseroth
Heinz-Ulrich Wolf

Schroedel

Demokratie heute
Wirtschaft / Politik
Schleswig-Holstein

bearbeitet von
Dieter Deiseroth und Heinz-Ulrich Wolf

mit Beiträgen von
Dr. Detlef Eichner, Dr. Jelko Peters, Nicole Sauer-Happ,
Dr. Hans-Jürgen Smula, Hartmut Sperling, Gregor Wegmann

Zu diesem Schülerband sind lieferbar:
Lehrermaterialien mit Kopiervorlagen (Bestell-Nr. 978-3-507-10489-1)

Schroedel aktuell

Unterrichtsmaterialien zu aktuellen Themen aus den Bereichen Politik und Wirtschaft finden Sie unter:
www.schroedel-aktuell.de

Westermann Schroedel Diesterweg Schöningh Winklers GmbH, Braunschweig
www.schroedel.de

Druck A[1] / Jahr 2012
Alle Drucke der Serie A sind im Unterricht parallel verwendbar.

Redaktion: Dieter Deiseroth, Niederaula
Herstellung: Andreas Losse
Layout und Umschlaggestaltung: Janssen Kahlert Design & Kommunikation GmbH
Grafiken: Langner & Partner, Hemmingen
Illustrationen: Dieter Tonn, Bovenden
Satz: UMP Utesch Media Processing GmbH, Hamburg
Druck und Bindung: Westermann Druck Zwickau GmbH, Zwickau

ISBN 978-3-507-**10488**-4

Vorwort

Dieses Symbol weist auf ein Arbeitsblatt in den Lehrermaterialien hin. Die Arbeitsblätter erleichtern die Durchführung des Unterrichts, sind aber für den Einsatz des Schülerbandes nicht zwingend notwendig.

Dieses Zeichen erinnert daran, dass auf keinen Fall in das Buch hineingeschrieben werden darf.

Liebe Schülerinnen, liebe Schüler,

Demokratie heute ist euer Buch für den Unterricht im Fach Wirtschaft/Politik. Es enthält sechs Kapitel, die sich jeweils in zwei oder drei Unterkapitel gliedern. Jedes Unterkapitel endet mit der Seite Das Wichtige in Kürze. Hier steht kurz und einprägsam, was ihr auf jeden Fall wissen solltet. Die Seite „Das Wichtige in Kürze" kann euch auch bei der Bearbeitung vieler Aufgaben helfen und zur Wiederholung dienen.

Jedes Unterkapitel besteht aus Teilkapiteln (jeweils eine oder zwei Seiten). Die vielfältigen, auf Kompetenzerwerb ausgerichteten Aufgabenstellungen dort regen zur Auseinandersetzung mit den unterschiedlichen Materialien (Autorentexte, Fremdtexte, Schaubilder/Grafiken, Statistiken, Fotos usw.) an. Zu einzelnen Aufgaben sind in der Randspalte hilfreiche Hinweise enthalten. Die mit einem ⊕-Zeichen versehenen Seiten vertiefen Sachverhalte zu ausgewählten Themen.

Besonderes Gewicht legt *Demokratie heute* auf methodenorientiertes Lernen. Auf besonders kenntlich gemachten Seiten wird eine Vielzahl an unterschiedlichen Methoden vorgestellt.

Die beiden Seiten Zeige deine Kompetenzen! am Schluss jedes Kapitels bieten die Möglichkeit, den eigenen Wissensstand zu überprüfen und das Gelernte anzuwenden. Jede Aufgabe dort bezieht sich auf einen Kompetenzbereich: Sachkompetenz, Urteilskompetenz, Handlungskompetenz, Methodenkompetenz. Auf dieser Grundlage könnt ihr umfassende Fähigkeiten wie Selbst- und Sozialkompetenz entwickeln.

Am Ende des Buches findet ihr auf den Seiten 316 – 318 ein ausführliches Stichwortverzeichnis mit Seitenverweisen. Greift auf diese Seiten zurück, wann immer es euch hilfreich erscheint.

Das Internet bietet zu Politik- und Wirtschaftsthemen viele brauchbare Informationen. Zur schnelleren Orientierung ist auf der Seite 319 eine Auswahl an hilfreichen Adressen abgedruckt.

Politik

Kapitel 01

Jeder Mensch lebt mit anderen Menschen zusammen: in der Familie, in der Schule, in der Gemeinde. Kinder und Jugendliche gehen in ihrer Heimatgemeinde zur Schule, nutzen die Freizeiteinrichtungen dort oder sind Mitglied in einem Verein. Manche Jugendlichen arbeiten auch in einem Jugendparlament mit oder engagieren sich auf andere Weise politisch. Informationen über Politik vermitteln die Medien. Im Fernsehen und im Radio wird rund um die Uhr über politische Ereignisse berichtet und die ersten Seiten der Tageszeitung sind meist für das Thema „Politik" reserviert. Massenmedien liefern somit neben Informationen anderer Art auch jene, auf denen Menschen ihre politischen Überzeugungen aufbauen. Damit kommt ihnen eine große Bedeutung zu. Einer demokratischen Gesellschaft kann es daher nicht gleichgültig sein, wie die Massenmedien ihre Aufgaben wahrnehmen und wie frei die Berichterstattung ist. In diesem Kapitel geht es um diese Fragen:

- Was ist Politik überhaupt? Wo begegnet sie uns?
- Welche Möglichkeiten der politischen Mitarbeit gibt es? Wie können Jugendliche mitwirken?
- Welche Aufgaben hat eine Gemeinde zu erfüllen? Wie finanziert die Gemeinde ihre Ausgaben?
- Wer wählt die Gemeinde- oder Stadtvertretung, wer den Bürgermeister oder die Bürgermeisterin?
- Wie kommt ein Beschluss in der Gemeinde- oder Stadtvertretung zustande?
- Wer bestimmt im Land Schleswig-Holstein?
- Welche Aufgaben hat der Landtag, welche die Landesregierung? Wer wählt beide?
- Was ist gemeint, wenn von „Massenmedien" die Rede ist? Welche Aufgaben haben sie?
- Was versteht man unter „Manipulation"?
- Welche Bedeutung kommt den Massenmedien als Informationsträger der Politik zu? Welche Macht haben sie in diesem Zusammenhang?
- Was versteht man unter „Pressefreiheit"? Wie sieht es mit der Pressefreiheit weltweit aus?

1

2

3

4

5

6

7

8

2 Hilfe

Denke an Nachrichtensendungen im Fernsehen, Artikel in der Zeitung …

1 Die Fotos sprechen Themen an, die in diesem Buch behandelt werden. Versuche zu erklären, was sie mit Politik zu tun haben und notiere deine Erklärungen stichwortartig.

2 Fallen dir weitere politische Ereignisse und Zusammenhänge ein? Berichte von diesen Ereignissen und Zusammenhängen.

Jugendliche und Politik

Politik – eine Begriffserklärung

Im alten Griechenland hießen die Stadtstaaten „polis". Das waren Städte, die sich selber verwalteten. Daher leitet sich das Wort „Politik" ab. Es ist die Staatskunst, also alles, was das geordnete Zusammenleben der Bürgerinnen und Bürger regelt. Politik umfasst alle Dinge, die von Regierungen, Ministerinnen und Ministern, aber auch zum Beispiel von Verwaltungen (Ämtern) und Bürgermeistern in den Gemeinden bestimmt und gesetzlich festgelegt werden. Wenn in deiner Stadt ein neues Schwimmbad gebaut oder eine neue Straße geplant wird, dann ist das eine kommunalpolitische Entscheidung. („Kommune" ist ein anderer Begriff für „Gemeinde".) Oder wenn auf der höchsten Staatsebene der Bundeskanzler oder die Bundeskanzlerin und das Kabinett Beschlüsse fassen über die Beziehungen zu anderen Staaten, dann ist das Außenpolitik. Es gibt fast keinen Bereich im Zusammenleben der Menschen, der nicht mit Politik zu tun hat. Das zeigt sich schon in den Bezeichnungen: Kinder- und Jugendpolitik, Schulpolitik, Arbeitsmarktpolitik, Gesundheitspolitik, Rentenpolitik.
Aber Politik hat nicht nur etwas mit Regierung und Ministern zu tun. „Politik" hat oft eine viel weitere Bedeutung. Darunter versteht man alles, was mit der Durchsetzung von Forderungen und Zielen zu tun hat, mit Einflussnahme und Gestaltung, sowohl im persönlichen als auch im öffentlichen Bereich.

(aus: Gerd Schneider/ Christiane Toyka-Seid: Das junge Politik-Lexikon. 3. Ausgabe 2009, S. 241. © Bundeszentrale für politische Bildung/bpb Bonn und Campus-Verlag, Frankfurt/Main)

Kabinett
Personen, die zur Regierung gehören, wie Bundeskanzler oder Bundeskanzlerin und Ministerinnen und Minister

1 Nimm Stellung zu den Aussagen in den Sprechblasen.
2 Erkläre mit eigenen Worten den Begriff Politik.
3 Betrachte noch einmal die Fotos auf Seite 10 und überprüfe deine Erklärungen zur Aufgabe 1 auf Seite 10.

2 Hilfe
Womit hat Politik zu tun? Was wird von der Politik geregelt? Bedeutung des Begriffs „Politik" im weiteren Sinn?

3 Hilfe
Würdest du jetzt eine Erklärung anders formulieren?

Mitdenken – mitmachen – mitentscheiden

Patrick, 16 Jahre, engagiert sich bei der Jugendfeuerwehr. Er möchte Menschen retten und in Notsituationen helfen. Im Winter werden die Jugendfeuerwehren theoretisch geschult, im Sommer finden eher praktische Übungen statt. Der Besuch von Wettkämpfen stand auch bereits auf dem Programm. Im letzten Jahr war Patrick mit der Jugendfeuerwehr sogar im Ausland.

Lucy, 15 Jahre, gibt Nachhilfe im Aussiedlerwohnheim. Sie hilft den Schülerinnen und Schülern bei den Hausaufgaben und übt mit ihnen Deutsch. Neulich hat sie zusammen mit Betreuerinnen und Betreuern für die Kinder und Jugendlichen im Wohnheim eine Jugenddisco organisiert. Lucy freut sich über die Bestätigung, die sie von allen Seiten für ihr Engagement im Heim bekommt.

Marlon, 16 Jahre, arbeitet zweimal in der Woche ehrenamtlich im Behindertenwohnheim für Kinder. Die Kinder dort sind auf ständige Betreuung und Pflege angewiesen. Marlon spielt mit ihnen, liest ihnen vor, füttert sie und begleitet sie mit erwachsenen Betreuern bei Ausflügen. Marlon überlegt sich, ob er nicht vielleicht auch selbst einen Beruf im sozialen Bereich ergreifen soll.

Nicole, 15 Jahre, ist bei der Umweltschutzorganisation Greenpeace aktiv. Sie hat schon an einigen Workshops teilgenommen, u. a. zu den Thema „Sicherung der Lebensgrundlagen unserer heimischen Tierwelt". Gemeinsam mit anderen Jugendlichen veranstaltet sie Straßentheater, um auf die Bedrohung der Wildtiere hinzuweisen. Im Internet chattet sie gern im Mitgliederforum von Greenpeace.

BUND
Bund für Umwelt und Naturschutz Deutschland

Fünf junge Leute wirken auf verschiedene Weise am Gemeindeleben mit. Sie heißen Lea, Klaus, Michaela, Mirko und Stephanie.

1. Wer ist wer?

- Stephanie ist vier Jahre jünger als Mirko.
- Mirko ist jünger als Klaus.
- Michaela ist ein Jahr jünger als Lea.

2. Wer wirkt wie mit?

A Stephanie ist Mitglied in einer BUND-Gruppe. Diese Gruppe übernimmt eine „Bachpatenschaft".
B Die jüngste Person ist Mitglied im Jugendparlament.
C Michaela sammelt Unterschriften für ein Bürgerbegehren.
D Alle Berechtigten nehmen an dem Bürgerentscheid teil.
E Alle Wahlberechtigten nehmen an der Wahl zur Gemeindevertretung teil.
F Die drei ältesten Personen machen bei der Bürgerversammlung verschiedene Vorschläge zur Erweiterung der Fußgängerzone, die große Beachtung finden.
G Die beiden jüngsten Personen arbeiten in einer Bürgerinitiative mit, die für den Bau einer Umgehungsstraße kämpft.
H Klaus ist als Mitglied einer Partei politisch tätig.
I Die Mitglieder der Bürgerinitiative führen ein Gespräch mit dem Bürgermeister.

Name					
Alter	**16 Jahre**	**18 Jahre**	**19 Jahre**	**20 Jahre**	**21 Jahre**
Wie wirken die einzelnen Personen in der Gemeinde mit?					

„Ihr kümmert euch und ihr packt an. Mit eurem Engagement schafft ihr Gemeinsamkeit und stiftet Vertrauen. Jede und jeder von euch ist ein starkes Stück Schleswig-Holstein", sagte Ministerpräsident Peter Harry Carstensen bei der Verleihung des Stark-Preises des Landes Schleswig-Holstein am 1.9.2009 an fünf Jugendgruppen und zwei junge Frauen für ihr ehrenamtliches Engagement. Die Preisträger waren im Einzelnen:

DLRG-Jugend: „Schleswig-Holstein sucht das Superteam". Mit der Aktion „Schleswig-Holstein sucht das Superteam" nutzte die DLRG-Jugend in Schleswig-Holstein die Chance, mit einer pfiffigen Idee neue Nachwuchskräfte für das Ehrenamt zu gewinnen. In einer Castingshow wurden Jugendliche für ein „Superteam" ausgewählt. Diese Jugendlichen arbeiten seitdem ehrenamtlich in der DLRG-Jugend.

Jugendwerk der Arbeiterwohlfahrt Stormarn: „Wunschpunsch Poggensee – Ferien für alle." Das Stormarner Jugendwerk der Arbeiterwohlfahrt organisiert eine Sommerfreizeit der besonderen Art. Das Projekt „Wunschpunsch am Poggensee" ist ein kostengünstiges Zeltlager, das für die Teilnehmer nur fünf Euro pro Tag kostet. Das Jugendwerk sammelte Spenden und Sponsoren, um die Kosten günstig zu halten, und plante und organisierte das gesamte Freizeitprogramm für 50 Kinder und Jugendliche.

Handy-Scouts. In dem Projekt der Aktion Kinder- und Jugendschutz Schleswig-Holstein mit dem Kreisjugendring Stormarn und der Jugendbildungsstätte Mühle (Kreis Segeberg) werden Jugendliche landesweit dazu ausgebildet, jüngere Schüler über die Gefahren und Risiken von Internet und Handy aufzuklären. Als Handy-Scouts bringen sie ihnen an Schulen den fairen und verantwortungsvollen Umgang mit Handy und Internet bei. Schon über 100 Jugendliche stellen sich so gegen jede Form von Medienmissbrauch und fördern gleichzeitig die Medienkompetenz ihrer Mitschüler.

„Ele-fun-Team" Delingdorf. Das Jugendteam des Delingdorfer Sportvereins organisiert und engagiert sich bei vielen Veranstaltungen und Projekten in der Gemeinde im Kreis Stormarn. Das Ele-fun-Team, bestehend aus 17 Jugendlichen im Alter zwischen 12 und 19 Jahren, bezieht dabei aber auch andere Dörfer und Gemeinden mit ein. Es organisiert Aktionen für Kinder und Jugendliche und kümmert sich auch um generationenübergreifende Projekte.

BUNDjugend: Junge Klimaretter für Schleswig-Holstein. Die Jugendgruppe im Bund für Umwelt und Naturschutz (BUND) rief das Projekt „Junge Klimaretter" ins Leben. Über 700 Jugendliche in ganz Schleswig-Holstein beteiligten sich an dem Projekt und engagierten sich in Projekten, um Energie einzusparen oder Menschen zum Klimaschutz zu motivieren. Neben Aktionstagen, Workshops und Seminaren nahmen junge Klimaretter im vergangenen Jahr auch an der UN-Klimakonferenz in Polen teil.

Ricarda Bigale (19) aus Molfsee (Kreis Rendsburg-Eckernförde) wird für ihr großes Engagement in der Theaterarbeit am Ernst-Barlach-Gymnasium in Kiel ausgezeichnet.

Sarah Nehlsen (26) aus St. Michaelisdonn (Kreis Dithmarschen) erhält den Stark-Preis für ihre langjährige ehrenamtliche Kinder- und Jugendarbeit im Turnverein St. Michaelisdonn.

(aus: Jung und engagiert im Ehrenamt: Ministerpräsident Carstensen verleiht Stark-Preis an Jugendliche. http://ehrenamt-sh.de/index.php?id=86 19.09.2011)

1 Notiere stichwortartig, wie sich Jugendliche für andere engagieren können. Beziehe dabei auch die vier Beispiele auf Seite 12 oben und die Aktionen der von Ministerpräsident Carstensen ausgezeichneten Preisträger ein.

2 Lege eine Tabelle nach dem auf Seite 12 unten vorgegebenen Muster an. Notiere die Namen und die Mitwirkung in der Gemeinde in der entsprechenden Spalte.

2 Hilfe
Beachte die drei Hinweise zum Alter.

Eine Klasse macht Vorschläge

Sehr geehrter Herr Bürgermeister,

wir, die Klasse 9A der Gemeinschaftsschule am Ententeich, haben in den letzten Wochen unsere Stadt intensiv erkundet. Dabei ist uns bewusst geworden, wie schön vieles in unserer Stadt ist und was alles in den letzten Jahren verschönert wurde. Wir kennen unsere Heimatstadt jetzt viel besser als vorher und wissen sie mehr zu schätzen. Es sind uns aber auch Dinge aufgefallen, die verbessert werden könnten. Wir meinen, dass Sie als Bürgermeister wissen sollten, was uns Kindern und Jugendlichen fehlt und was wir beitragen könnten, damit unsere Stadt noch attraktiver wird.

Leider gibt es im Umkreis unserer Schule noch nicht überall gekennzeichnete Fahrradwege. Ein markierter Fahrradweg bietet aber den Schülerinnen und Schülern, die mit dem Fahrrad zur Schule fahren, wesentlich mehr Sicherheit. Vielleicht würden verbesserte Fahrradwege auch noch mehr Mitschülerinnen und Mitschüler dazu bewegen, mit dem Fahrrad in die Schule zu kommen, anstatt sich von ihren Eltern mit dem Auto bringen zu lassen. Das würde auch die ständigen Staus in der Einfahrt Richtung Schulgelände verhindern und die Unfallgefahr in diesem Bereich erheblich vermindern.

Der optische Zustand unseres Schulgebäudes lässt hier und da auch zu wünschen übrig. Die Imprägnierung der Sitzgelegenheiten aus Holzplanken muss dringend erneuert werden. Die farbigen Linien auf den asphaltierten Flächen, welche die verschiedenen Spielfelder markieren, sind abgenutzt. So können wir in den Schulpausen nicht mehr so schön wie früher spielen. Außerdem kann deshalb der Schulhof nicht mehr so gut wie früher als Spiel- und Freizeitgelände am Nachmittag und am Wochenende genutzt werden.

In der Parkstraße ist uns aufgefallen, dass immer noch die alte, hässliche Mauer der früheren Metallwarenfabrik steht. Soll bei der Neugestaltung des Fabrikgeländes die Mauer beseitigt werden? Wenn nicht, dann würden wir die Mauer gern bemalen und so zur Verschönerung der Parkstraße beitragen. Wir haben gemeinsam mit unsrer Kunstlehrerin Frau Nuhn bereits einige Entwürfe erarbeitet. Zwei Beispiele fügen wir zu Ihrer Information bei.

Über einen Besuch von Ihnen in unserer Schule würden wir uns freuen, kommen aber auch gern ins Rathaus, um Ihnen unsere Vorschläge näher zu erläutern.

Viele Grüße, Klasse 9a der Gemeinschaftsschule am Ententeich

3 Hilfe
Orientiert euch bei der Form eures Briefs an dem Brief oben.

1 Hast du Vorschläge, was in eurer Gemeinde, eurem Stadtteil verbessert werden könnte? Notiere deine Vorschläge.

2 Sammelt eure Vorschläge in der Klasse und wählt gemeinsam zwei, drei aus.

3 Beschreibt die Vorschläge genauer und teilt sie eurem Bürgermeister oder eurer Bürgermeisterin in einem Brief mit.

Kinderfreundliche Gemeinde – was sollte verbessert werden?

mehr Fußgängerampeln in der Stadt	weniger Autos	mehr markierte Fahrradwege	ein Kinderbeautragter oder eine Kinderbeauftragte in der Gemeindeverwaltung
schönere Schulhöfe mit besseren Spielmöglichkeiten	Tempo 30-Zonen in der Innenstadt	ein Kinder- und Jugendparlament	besonders abgesicherte Schulwege
Nachmittagsbetreuung mit Hausaufgabenhilfe in der Schule	eine Jugendverkehrsschule	Schulhöfe am Nachmittag zum Spielen freigeben	Schwimmbad und Hallenbad

Gemeinde
Wenn im Folgenden der Begriff „Gemeinde“ verwendet wird, kann damit ein Dorf, aber ebenso auch eine kleine, mittelgroße oder große Stadt gemeint sein. Der Sammelbegriff für diese verschiedenen Siedlungen ist Gemeinde oder Kommune. Das Wort „Gemeinde“ stammt von „gemein“ im Sinne von „gemeinsam“ ab, das Wort „Kommune“ kommt aus dem Lateinischen und bedeutet „allen gemeinsam“. Die beiden Begriffe bezeichnen somit den gleichen Sachverhalt.

Fotos, die eine Klasse bei der Erkundung ihrer Stadt gemacht hat

Eine neue Tempo 30-Zone

Neu angelegter, rot gepflasterter Fahrradweg

Umgestaltung eines aufgegebenen Industriegeländes

Blumenschmuck auf einem öffentlichen Platz

Aufgaben der Gemeinde

Die Gemeinden kümmern sich um das Wohl ihrer Einwohnerinnen und Einwohner. Sie erfüllen die Aufgaben als Pflichtaufgaben, die ihnen im Rahmen des politischen Mehrebenensystems von der Europäischen Union, vom Bund und vom Land Schleswig-Holstein zugewiesen werden. Darüber hinaus können sie nach dem Recht der Selbstverwaltung freiwillig weitere Aufgaben für ihre Einwohnerinnen und Einwohner erfüllen.

Das Recht der Selbstverwaltung bedeutet, dass die Gemeinden in eigener Verantwortung ihre Angelegenheiten der örtlichen Gemeinschaft regeln. Dieses Recht ist als demokratisches Verfassungsprinzip im Grundgesetz der Bundesrepublik Deutschland (Artikel 28) und in der Verfassung für das Bundesland Schleswig-Holstein (Artikel 46) verbrieft.

Gemeindeordnung für Schleswig-Holstein

§ 2 Selbstverwaltungsaufgaben (1) Die Gemeinden sind berechtigt und im Rahmen ihrer Leistungsfähigkeit verpflichtet, in ihrem Gebiet alle öffentlichen Aufgaben in eigener Verantwortung zu erfüllen, soweit die Gesetze nicht ausdrücklich etwas anderes bestimmen. (...)

§ 3 Aufgaben zur Erfüllung nach Weisung (1) Den Gemeinden können durch Gesetz oder aufgrund eines Gesetzes durch Verordnung Aufgaben zur Erfüllung nach Weisung übertragen werden. (...)

§ 3a Finanzierung der Aufgaben Die Gemeinden haben die zur ordnungsgemäßen Erfüllung ihrer Aufgaben notwendigen Mittel aus eigenen Finanzmitteln aufzubringen. Soweit die eigenen Finanzquellen nicht ausreichen regelt das Land den Finanzausgleich unter Berücksichtigung der Steuerkraft und des notwendigen Ausgabebedarfs der Gemeinden.

1

2

3

4

5

6

7

8
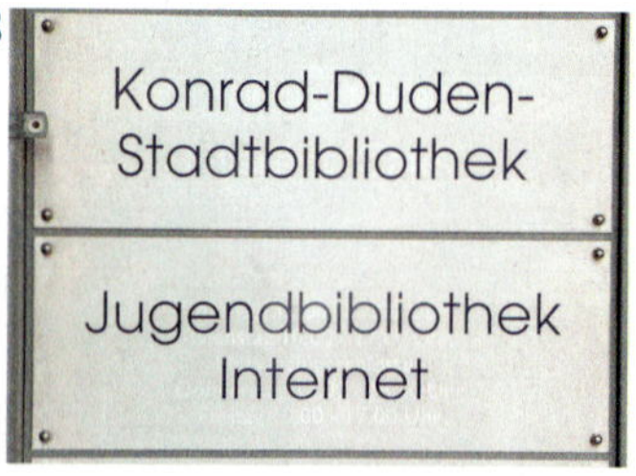

9

1 Hilfe
Überlege: Welche Einrichtungen sind unbedingt notwendig, welche wären entbehrlich?

1 Die Fotos weisen auf Pflichtaufgaben und freiwillige Aufgaben der Gemeinde hin. Vermute, welche Pflichtaufgaben und welche freiwilligen Aufgaben gemeint sind.

2 Welche Gründe könnten zu der Unterscheidung in Pflichtaufgaben und freiwillige Aufgaben geführt haben?

Die Finanzen der Gemeinde

Eine Gemeinde benötigt für die Erfüllung ihrer Aufgaben Geld: Beamte, Angestellte und Gemeindearbeiter müssen bezahlt werden. Die Ämter und Behörden, in denen sie arbeiten, verursachen Kosten usw. Diesen Ausgaben stehen Einnahmen gegenüber. Auf Dauer müssen sich beide die Waage halten. Auskunft über die Einnahmen und Ausgaben einer Gemeinde gibt ihr Haushaltsplan. Er gliedert sich in zwei Teile, den sogenannten Vermögenshaushalt und den Verwaltungshaushalt.

Der Vermögenshaushalt führt die Einnahmen und Ausgaben auf, die nicht regelmäßig und dauerhaft veranschlagt werden können. Das können beispielsweise Einnahmen aus dem Verkauf eines gemeindeeigenen Grundstücks sein oder Ausgaben für die Sanierung des Schwimmbads.

Der Verwaltungshaushalt hingegen weist regelmäßige, jedes Jahr wiederkehrende Einnahmen und Ausgaben aus. Beispiele dafür sind auf der einen Seite Erlöse aus dem Verkauf von Energie (Strom, Gas) durch gemeindeeigene Versorgungsunternehmen oder Steuereinnahmen und auf der anderen Seite Ausgaben für das Personal der Gemeindeverwaltung oder die Unterhaltung eines Kindergartens.

„Was ich schon immer sagte: viel zu kurz!"

1. Die neun Zeichnungen benennen Einnahmen und Ausgaben der Gemeinde. Versuche, sie entweder dem Vermögenshaushalt oder dem Verwaltungshaushalt zuzuordnen.
2. Auf welches Problem der Gemeinden will die Karikatur hinweisen? In welchen Schritten man bei der Deutung einer Karikatur am besten vorgeht, ist auf Seite 270 beschrieben.

Wer bestimmt in der Gemeinde?

Landeshauptstadt Kiel – das Tor zur Ostsee

Blick auf die Stadt Husum im Westen des Landes

In Schleswig-Holstein gibt es mehr als 1100 selbstständige Gemeinden, eine Reihe davon mit Stadtrecht. Sie verteilen sich auf elf Kreise. Hinzu kommen die vier kreisfreien Städte Flensburg, Kiel, Lübeck und Neumünster. Die Gemeinden und Städte sind laut Landesverfassung berechtigt, im Gemeindegebiet alle öffentlichen Aufgaben in eigener Verantwortung zu erfüllen, soweit Gesetze nicht ausdrücklich etwas anderes bestimmen. In vielen Bereichen sind sie somit politisch unabhängig. Die meisten Gemeinden sind relativ klein, mehr als 900 haben weniger als 2000 Einwohner/-innen. Die Verwaltung übernehmen sogenannte „Ämter". Oft ist ein Amt für mehrere Gemeinden zuständig. Viele kleinere Ämter haben sich zudem zusammengeschlossen, um die Effektivität der Verwaltung zu erhöhen.

Die Entscheidungen in den Gemeinden werden nach demokratischen Regeln getroffen. Dazu kommen die Bürger/-innen jedoch nicht jedes Mal zusammen und entscheiden, sondern sie lassen sich durch von ihnen gewählte Personen vertreten. Diese Personen sind die Gemeindevertreter/-innen, in Städten die Stadtvertreter/-innen. Wahlen zur Gemeinde- und Stadtvertretung finden alle fünf Jahre statt. Die Wahlen sind allgemein, unmittelbar, frei, gleich und geheim. In den ganz kleinen Gemeinden mit unter 70 Einwohner/-innen wird keine Gemeindevertretung gewählt, Dort bilden die Bürger/-innen unter dem Vorsitz der Bürgermeisterin oder des Bürgermeisters die Gemeindeversammlung und treffen gemeinsam die Entscheidungen.

Gewählt werden die Gemeindevertretungen nach dem System der personalisierten Verhältniswahl. Dabei wird ein Teil der Abgeordneten (ca. 50 bis 60 Prozent) durch Mehrheitswahl in den Wahlkreisen direkt gewählt, die restlichen Abgeordneten durch Verhältniswahl aus den Listen der Parteien und Wählergruppen. Die Wähler/-innen wählen mit der Erststimme eine Kandidatin oder einen Kandidaten aus dem Wahlkreis, mit der Zweitstimme eine Partei oder Wählergruppe. Die frühere Fünfprozentklausel wurde aufgehoben. Die Größe der Gemeindevertretung, die Zahl der direkt und über die Listen zu wählenden Vertreter/-innen und die Anzahl der Wahlkreise hängen von der Einwohnerzahl der Gemeinde ab. Wahlberechtigt bei der Gemeindewahl sind alle Deutschen sowie Staatsangehörigen anderer EU-Staaten, die am Wahltag das 16. Lebensjahr vollendet haben und seit mindestens sechs Wochen im Wahlgebiet wohnen. Wählbar sind Personen, die am Wahltag mindestens 18 Jahre alt, Deutsche oder Staatsangehörige eines anderen EU-Staates sind und seit mindestens drei Monaten in Schleswig-Holstein wohnen.

Die Gemeindevertretung legt die Grundsätze und Ziele für die Verwaltung der Gemeinde fest. Sie trifft alle für die Gemeinde wichtigen Entscheidungen in Selbstverwaltungsangelegenheiten und überwacht ihre Durchführung. Sie kann Entscheidungen auf den Hauptausschuss, einen anderen Ausschuss oder die Bürgermeisterin oder den Bürgermeister übertragen. In der Gemeindevertretung bilden diejenigen Gemeindevertreter/-innen eine Fraktion, die auf Vorschlag derselben Partei gewählt wurden. Die Gemeindevertretung wählt aus ihrer Mitte ihre/n Vorsitzende/n und deren oder dessen Stellvertreter/-innen. In Gemeinden mit hauptamtlicher Bürgermeisterin oder hauptamtlichem Bürgermeister führt die/der Vorsitzende

Partei
Zusammenschluss von Bürgerinnen und Bürgern, die ähnliche politische Meinungen oder Ziele vertreten

Spruch an einer Rathaustür

Ausschuss
Gremium mit Fachleuten aus den verschiedenen Fraktionen

Fraktion
Zusammenschluss der Abgeordneten einer Partei oder Wählergruppe in der Gemeindevertretung oder Stadtvertretung

Das Holstentor, Wahrzeichen der Hansestadt Lübeck

Leuchtturm in der Gemeinde Hörnum auf Sylt

die Bezeichnung Bürgervorsteher/-in, in kreisfreien Städten die Bezeichnung Stadtpräsident/-in. Die Sitzungen der Gemeindevertretung sind in der Regel öffentlich. Die oder der Vorsitzende leitet die Sitzungen, die Bürgermeisterin oder der Bürgermeister nimmt daran teil.

Die hauptamtlichen Bürgermeister/-innen werden in Schleswig-Holstein seit 1998 von den Bürger/-innen direkt gewählt. Die Kandidatin oder der Kandidat ist gewählt, die oder der mehr als die Hälfte der abgegebenen gültigen Stimmen erhält. Die Bürgermeisterwahl folgt somit den Grundsätzen der Mehrheitswahl. Wird bei der Wahl die erforderliche Mehrheit nicht erreicht, findet binnen vier Wochen eine Stichwahl zwischen den beiden Bewerberinnen oder Bewerbern statt, die die höchsten Stimmenanteile erreicht haben. Für die Bewerber/-innen gilt eine Altersgrenze. Sie müssen am Wahltag mindestens 27 Jahre alt sein und dürfen – im Fall der Erstwahl – nicht älter als 60 Jahre sein. Wahlberechtigt sind die gleichen Personen wie bei der Gemeindewahl. Die Amtszeit von Bürgermeistern beträgt sechs bis acht Jahre. Im Einzelnen ist das in der Hauptsatzung der Gemeinde festgelegt. In vielen kleineren Gemeinden wird das Bürgermeisteramt ehrenamtlich ausgeübt. Die oder der von der Gemeindevertretung gewählte Vorsitzende ist für die Wahlzeit zugleich ehrenamtliche Bürgermeisterin bzw. ehrenamtlicher Bürgermeister. Die hauptamtliche Bürgermeisterin oder der hauptamtliche Bürgermeister leitet die Gemeindeverwaltung. Sie oder er ist für die Erledigung der Aufgaben, die Organisation und die laufenden Geschäfte der Verwaltung verantwortlich und fungiert als oberste/r Dienstvorgesetzte/r der Beschäftigten der Gemeinde.

1 Wie heißt die Bürgermeisterin/der Bürgermeister eurer Gemeinde/Stadt?
2 Ist sie oder er Mitglied einer Partei? Welcher?
3 Welche Parteien und Wählergruppen sind in der Gemeinde-/Stadtvertretung vertreten?
4 Wie viele Sitze haben sie jeweils?
5 Wie viele Sitze gibt es insgesamt in der Gemeinde-/Stadtvertretung?
6 Welche wichtigen Entscheidungen stehen zurzeit in eurer Gemeinde/Stadt an?

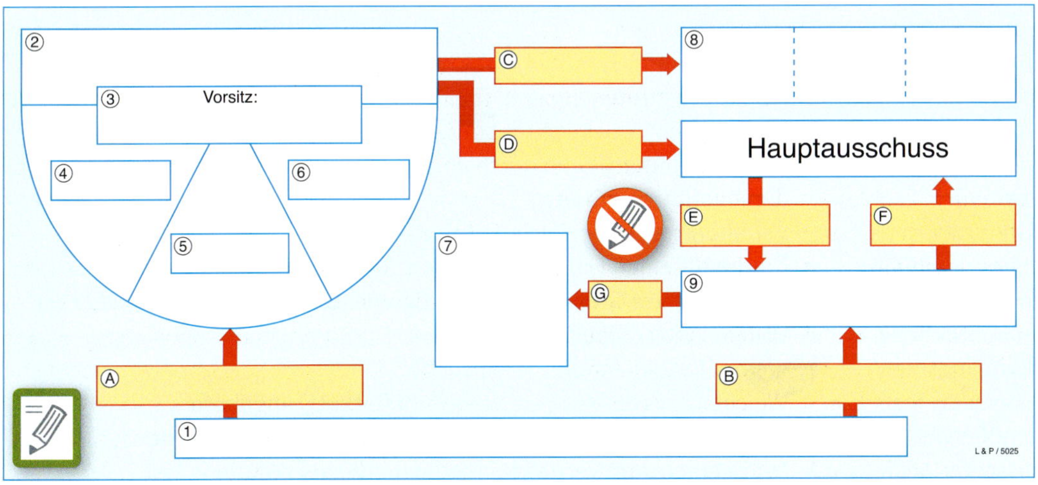

- Gemeindevertretung
- bereitet Beschlüsse vor
- Fraktion A
- wählen für 6 bis 8 Jahre
- Ausschüsse
- leitet
- Bürgervorsteher/-in
- Fraktion B
- bildet
- Gemeindeverwaltung
- wählen für 5 Jahre
- erteilt Aufträge
- wahlberechtigte Bürgerinnen und Bürger
- bildet
- Bürgermeister/-in
- Fraktion C

1 Im Schaubild fehlen die am Rand aufgelisteten Begriffe. Füge sie ein. Benutze dazu das Arbeitsblatt oder notiere zur jeweiligen Nummer den passenden Begriff.

2 Beantwortet die Fragen im Kasten in der Randspalte für eure Gemeinde bzw. Stadt.

1 Hilfe

Beginne die Zuordnung bei 1 und A.

Thema: Unser Rathaus

Durch eine Erkundung lernt ihr etwas, das im Unterricht eine Rolle spielt, genauer kennen. Dabei werdet ihr außerhalb der Schule Beobachtungen machen und Gespräche führen.

Vorbereitung

Zunächst legt ihr fest, was ihr erkunden wollt. Dann nehmt ihr Kontakt mit den zu erkundenden Stellen auf und klärt, ob und wann die gewünschten Gesprächspartner Zeit für euch haben. Danach bestimmt ihr die Erkundungsteams. Jedes Team erhält einen Auftrag. Die Teams überlegen sich, was sie im Einzelnen erfahren wollen, erarbeiten entsprechende Fragen und notieren diese auf einem Erkundungsbogen. Jedes Team legt zudem fest, wer welche Fragen stellt und wer die Antworten festhält. Ihr könnt auch ein Team „Foto/Video" bilden, das die Erkundung oder Teile davon in Fotos oder als Film festhält.

Wegweiser in einem Rathaus

Durchführung

Mithilfe von Fragebogen und Beobachtungsbogen führt ihr die Erkundung vor Ort durch. Vorher vereinbart ihr, wann sich die einzelnen Teams wieder im Klassenraum treffen.

Auswertung

Die Teams berichten über ihre Ergebnisse und Eindrücke. Oft ist es sinnvoll, die Ergebnisse einer Erkundung zu strukturieren und zu präsentieren. Dies kann mittels einer Ausstellung, Wandzeitung oder Erkundungsmappe geschehen. Das Foto/Video-Team kann seine Beiträge getrennt vorstellen oder in die Ergebnisse der anderen Erkundungsgruppen einarbeiten.

Ergänzende Hinweise zu dieser Erkundung

- Diese Erkundung kann durch eine Gruppe oder mehrere Gruppen durchgeführt werden.
- Vereinbart einen Termin im Rathaus.
- Erarbeitet einen Erkundungsbogen. Sprecht eure Aufgaben ab, wenn mehrere Gruppen gleichzeitig im Rathaus unterwegs sind.
- Welche Ämter könnt ihr besuchen?
- Welche Fragen interessieren euch?
- Welche Dienstleistungen werden im Rathaus angeboten?
- Mit welchen Personen möchtet ihr über ihre Arbeit sprechen?
- Legt gemeinsam Verhaltensregeln für diese Erkundung fest.

1 Führt die Erkundung durch. Die ergänzenden Hinweise können dabei eine Hilfe sein.

Fallbeispiel Skaterpark: Von der Idee zum Beschluss

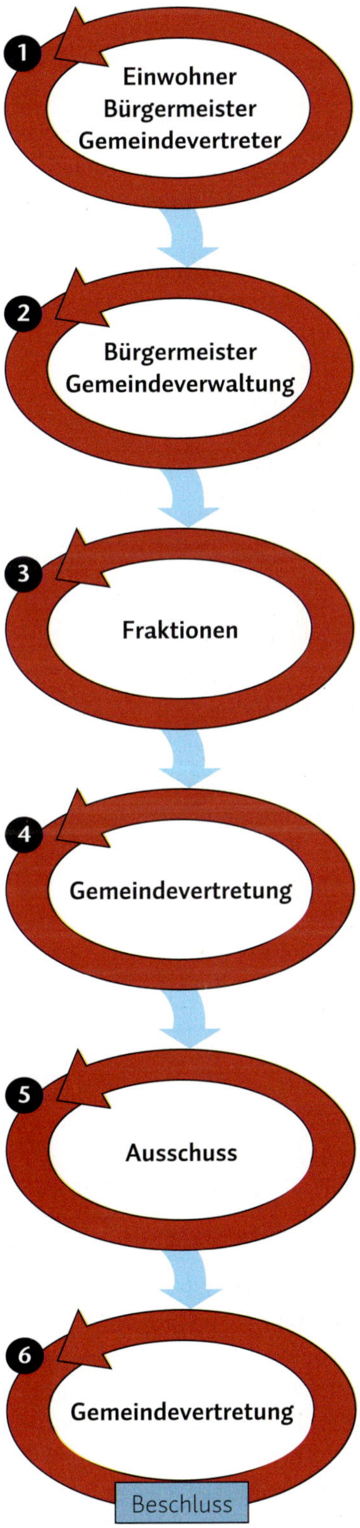

A In den Fraktionen beraten die Gemeindevertreterinnen und -vertreter über die Vorlage der Gemeindeverwaltung. Sie überlegen sich, welchen Standpunkt sie einnehmen wollen.

B Im Ausschuss für Jugend und Sport wird die Vorlage eingehend beraten. Es wird z. B. über folgende Fragen gesprochen: Wie groß soll der Skaterpark sein? Wie lassen sich Zerstörung, Vandalismus und Vermüllung vermeiden? Wer ist für den Park verantwortlich? – Trotz gründlicher Diskussion können sich die Mitglieder des Ausschusses nicht auf einen gemeinsamen Standpunkt einigen.

C Der Bürgermeister wird zu einem Expertengespräch mit Schülerinnen und Schülern einer Gemeinschaftsschule eingeladen. Zum Abschluss des Gesprächs überreichen ihm die Schülerinnen und Schüler eine Unterschriftenliste, mit der sie sich für die Errichtung eines Skaterparks aussprechen. – Der Bürgermeister verspricht, das Projekt von der Verwaltung prüfen zu lassen, die Gemeindevertretung darüber zu informieren und Gespräche mit betroffenen Einwohnern zu führen.

D In der ersten öffentlichen Sitzung der Gemeindevertretung zum Thema „Skaterpark" stellen die Vorsitzenden der Fraktionen ihre Standpunkte dar. Die Fraktion A vertritt die gleichen Vorstellungen wie die Gemeindeverwaltung und plädiert für den Skaterpark. Die Fraktionen B und C sprechen sich dagegen aus. Da man zu keinem Ergebnis kommt, wird die Vorlage der Gemeindeverwaltung zur weiteren nicht öffentlichen Aussprache in den Ausschuss für Jugend und Sport verwiesen.

E Bei der nächsten öffentlichen Sitzung der Gemeindevertretung soll es zum Beschluss kommen. Der Bürgervorsteher eröffnet die Sitzung.

F Die Fachleute in der Gemeindeverwaltung (z. B. Bauamt, Jugendsozialarbeiter) prüfen das Projekt und erarbeiten für den Bürgermeister eine umfassende Vorlage. In dieser Vorlage wird z. B. festgehalten und begründet, warum ein Skaterpark benötigt wird, wie er baulich zu gestalten ist, was er kosten wird, wie er zu finanzieren ist und wer sich um den Betrieb kümmert. Die Vorlage endet mit dem Beschlussvorschlag der Gemeindeverwaltung: „Die Mitglieder der Gemeindevertretung beschließen die Errichtung eines Skaterparks." Der Bürgermeister setzt das Thema auf die Tagesordnung der nächsten Sitzung der Gemeindevertretung.

1 Das Ablaufschema zeigt, wie es zu einem Beschluss in der Gemeindevertretung kommt. Ordne jeder Station (1 bis 6) einen Textblock (A bis F) zu.

1 Hilfe
Station 1 – Text C
Station 2 – Text …

Fallbeispiel Skaterpark: Die Gemeindevertretung beschließt

Bürgervorsteher
Meine Damen und Herren, ich eröffne die heutige Sitzung der Gemeindevertretung. Ich stelle fest, dass Ihnen die Einladung mit den Sitzungsunterlagen ordentlich zugegangen ist. Ich stelle ferner fest, dass wir beschlussfähig sind. Es fehlen zwei Gemeindevertreter. Sie sind beide entschuldigt. Hat jemand gegen das Protokoll der letzten Sitzung etwas einzuwenden? – Keine Einwände, dann ist es in der vorliegenden Form genehmigt.
Damit können wir in die heutige Tagesordnung eintreten. Ich rufe den Punkt 1 der Tagungsordnung auf: Errichtung eines Skaterparks. Die Ihnen ausgereichte Sitzungsunterlage des Gemeindevorstands sieht vor, am Bürgergarten eine Skateranlage zu errichten, die zu einem Freizeitpark für Kinder und Jugendliche ausgebaut werden kann. Der Jugend- und Sportausschuss hat sich eingehend mit dem Projekt befasst. Es gab eine kontroverse Debatte. Die Fraktionen konnten sich auf keine gemeinsame Position verständigen, sodass die Gemeindevertretung die Vorlage wohl per Mehrheitsentscheidung zu entscheiden hat. Ich darf dazu die Aussprache eröffnen. Folgende Wortmeldungen liegen mir vor: Frau Glotz für die Fraktion A, Herr Keller von der Fraktion B und Frau Dr. Klinkkicht für die Fraktion C.
Zunächst wird aber der Herr Bürgermeister die Position des Gemeindevorstands näher erläutern …

kontrovers
streitig, entgegengesetzt, gegeneinander gerichtet

Debatte
Aussprache, die zu einem bestimmten, festgelegten Thema geführt wird, wobei die verschiedenen Meinungen dargelegt, die Gründe des Für und Wider vorgebracht werden

Halfpipe in einem Skaterpark

Frau Glotz (Fraktion A)
Meine Damen und Herren, wir betonen immer wieder, dass wir etwas für die Kinder und Jugendlichen in unserer Gemeinde tun wollen und tun müssen. Keine Frage, jetzt können wir beweisen, wie ernst wir das meinen. Meine Fraktion ist aus den folgenden fünf Gründen für den Skaterpark …

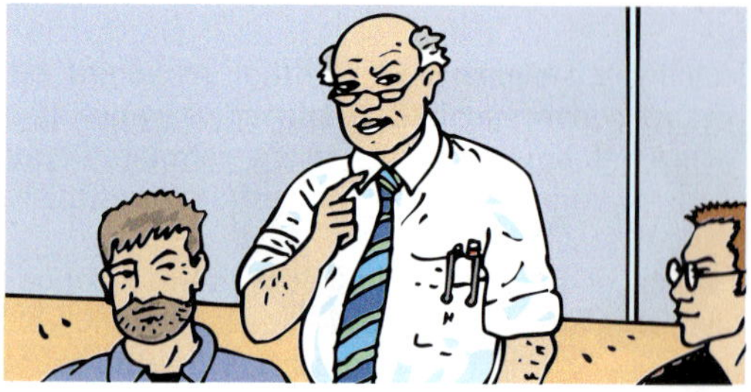

Herr Keller (Fraktion B)
Auch wir sind für die Jugend. Das sei ausdrücklich betont. Wir unterstützen z. B. großzügig die Jugendlichen in den Vereinen und im Jugendzentrum. Aber eine Skateranlage sehen wir sehr skeptisch. Man muss ja nicht jeden modischen Schnickschnack mitmachen. Und was das kostet! Wir lehnen aus folgenden Gründen die Anlage ab …

Frau Dr. Klinkicht (Fraktion C)
Also, liebe Kolleginnen und Kollegen, so kommen wir nicht weiter. Was sollen denn die Jugendlichen von uns denken? In unserer Fraktion waren die Meinungen auch sehr unterschiedlich. Wir könnten uns jedoch einen Kompromiss vorstellen, der ...

Bürgervorsteher
Haben Sie noch weitere Wortmeldungen? Dies ist nicht der Fall. Dann treten wir jetzt in die Abstimmung ein. Wir stimmen über den Beschlussvorschlag der Vorlage ab. Er lautet: „Die Mitglieder der Gemeindevertretung beschließen die Errichtung eines Skaterparkes am Bürgergarten, der als Freizeitpark für Jugendliche weiterentwickelt werden kann." Ich bitte um Handzeichen: Wer ist dafür? Wer ist dagegen? Gibt es Enthaltungen? Damit ist die Mehrheit *(für oder gegen)* die Errichtung eines Skaterparks am Bürgergarten. Die Vorlage ist somit *(angenommen oder abgelehnt)*.
Punkt 1 der Tagesordnung ist damit erledigt.
Ich rufe Punkt 2 auf ...

1. Die Anregung für den Skaterpark geht von den Jugendlichen aus. Welche Argumente haben sie wohl für den Skaterpark entwickelt?
2. Welche Standpunkte nehmen die Fraktionen A, B und C in der ersten Sitzung der Gemeindevertretung zum Thema „Skaterpark" ein?
3. Im Ausschuss für Jugend und Sport kam es zu keiner Einigung. Zentrale Fragen konnten nicht geklärt werden:
   - Warum wird ein Skaterpark benötigt?
   - Wie ist er baulich zu gestalten?
   - Wie groß soll der Skaterpark sein?
   - Benötigt er eine Beleuchtung?
   - Soll er eingezäunt werden?
   - Wie lassen sich Zerstörung, Vandalismus und Vermüllung vermeiden?
   - Wer ist für den Skaterpark verantwortlich?
   - Gibt es Konflikte wegen Lärmbelästigung?
   - Lassen sich die 50 000 Euro Baukosten nicht sinnvoller einsetzen?
4. Die Debatte findet nun erneut in der Gemeindevertretung statt. Die drei Fraktionen und der Bürgermeister geben ihre Stellungnahmen ab. Überlegt in Gruppen, welche Argumente die einzelnen Personen vorbringen könnten. Bildet vier Gruppen (Gemeindeverwaltung/Bürgermeister, Fraktion A/Frau Glotz, Fraktion B/Herr Keller, Fraktion C/Frau Dr. Klinkicht). Erarbeitet eure Stellungnahme zu den offenen Fragen (vgl. Nummer 3) und tragt sie vor der Klasse vor.
5. Trefft danach eine Entscheidung als Klasse. Bestimmt ein Mitglied eurer Klasse als Vorsitzenden, der die Abstimmung durchführt.

Falls ihr eine Sitzung der Gemeindevertretung besuchen wollt, kann euch diese Doppelseite bei der Erarbeitung der Fragen für euren Beobachtungsbogen helfen: Bildet Gruppen. / Jede Gruppe notiert auf Kärtchen Beobachtungsfragen, je Kärtchen eine Frage. / Befestigt die Kärtchen an der Pinnwand oder Tafel. Ordnet sie dabei nach verschiedenen Gesichtspunkten, z. B.: Entscheidungssache, Standpunkte der Fraktionen, Verhandlungsleitung, Beschluss. / Wählt dann die Fragen aus, die ihr auf den Beobachtungsbogen übernehmen wollt.

1 Bearbeite das Fallbeispiel „Skaterpark" mithilfe der Fragen im Kasten.
2 Die gelb unterlegten Textstellen sind Formulierungen von Bürgervorstehern oder Bürgervorsteherinnen während Sitzungen der Gemeindevertretung. Erkläre für einige Textstellen, worin der Sinn der jeweiligen Formulierung wohl liegt.

2 Hilfe
„Meine Damen und Herren, ich eröffne ...". Damit ist allen klar, dass die Sitzung der Gemeindevertretung beginnt.

Engagement in der Gemeinde

Kommunalpolitik
die Gesamtheit aller politischen Aktivitäten und Entscheidungen in einer Kommune (Gemeinde)

Die Lebensqualität in einer Gemeinde wird nicht nur von der Arbeit der Gemeindeverwaltung und von den Entscheidungen der Kommunalpolitiker bestimmt, sondern auch von den Vereinen, Bürgerinitiativen, Parteien und sonstigen in der Gemeinde aktiven Gruppen. Solche Zusammenschlüsse von Bürgerinnen und Bürger fördern das kulturelle und das sportliche Leben; soziales Engagement hilft die Not vieler Menschen zu lindern. Vereine, Initiativen und Parteien haben auch Einfluss auf die Kommunalpolitik. So bestimmen zum Beispiel Sportvereine beim Bau von Sportstätten in der Gemeinde mit. Umgekehrt versuchen die Parteien, prominente Vereinsmitglieder als Kandidaten und Kandidatinnen zu gewinnen, um von deren Bekanntheit und Ansehen zu profitieren.

1

„Ohne die Jugendgruppe unseres Sportvereins wäre das Leben in diesem Dorf ziemlich langweilig für mich. Wir spielen nicht nur Fußball zusammen, sondern unternehmen auch sonst manches miteinander. Und auf die gemeinsamen Fahrten jedes Jahr freue ich mich schon lange vorher.

2

Vereine bilden häufig eine „geschlossene Gesellschaft". Kontakte zwischen Alten und Jungen gibt es wenig, Zuwanderer und Ausländer werden oft erst gar nicht aufgenommen. Bei Sportvereinen ist das zum Glück meistens anders.

3

Ich bin seit einigen Jahren Mitglied im Schwimmverein. Die ehrenamtlichen Mitarbeiterinnen und Mitarbeiter tun viel für uns Jugendliche. Ohne ihr Engagement würde das alles gar nicht funktionieren. Wer würde uns zum Beispiel dann zu den Wettkämpfen fahren?

4

In den Vereinsvorständen tummeln sich die kommunalen Parteipolitiker und Politikerinnen. Die versuchen dort Beziehungen zu knüpfen und Stimmen für die nächste Wahl zu sichern. Bei den meisten ist ihr „Engagement" doch nur Mittel zum Zweck. Sie missbrauchen die Vereine als billige Plattform für Werbung in eigener Sache.

5

Sportvereine kosten vor allem viel Geld. Sie fordern ständig neue Turnhallen oder andere Sportanlagen. Und wenn man dann einfach nur einmal ein bisschen kicken will, dann darf man noch nicht einmal den Rasen betreten. Hinzu kommt, dass in den Vereinen oft altmodisch denkende Leute das Sagen haben.

1. Untersuche die sechs Beispiele auf Seite 25. Erkläre für jedes Beispiel, wie sich dieses Engagement positiv auf die Gemeinde auswirken kann.
2. Nimm Stellung zu den Aussagen in den Sprechblasen. Notiere jeweils mit einer Begründung, ob du der jeweiligen Position zustimmst oder ob du sie ablehnst.
3. Welche Gruppen engagieren sich in deiner Gemeinde, in deinem Stadtteil? Beschreibe – wenn möglich – eine dieser Gruppen genauer.

Sechs Beispiele für Mitwirkungsmöglichkeiten

Beispiel 1: Jugendrotkreuz

Das Jugendrotkreuz hat in Buxtehude ungefähr 70 Mitglieder. Mädchen und Jungen sind etwa gleichstark vertreten. Es gibt zwei Jugendgruppen, die sich wöchentlich einmal treffen. In den Gruppenstunden gibt es Unterweisung in Erster Hilfe, aber auch Spiele, Basteln und Diskussionen. Zum Jahresprogramm gehören auch Wettbewerbe, Zeltlager und Ferienfahrten. An zwei Schulstandorten haben sich Schülerinnen und Schüler zu Schulsanitätsdiensten zusammengefunden. Sie bieten Hilfe von Schülern für Schüler an.

Beispiel 2: Freiwillige Feuerwehr

Rund 1,3 Millionen Feuerwehrleute zählt der Deutsche Feuerwehrverband, davon löscht und rettet eine Million ehrenamtlich. Deutschlandweit gibt es etwa 10 000 Einsätze pro Tag. Damit ihnen der Nachwuchs nicht ausgeht, versuchen die Feuerwehren dreierlei: In vielen Kommunen gibt es Jugendfeuerwehren; Frauen werden angeworben – sie sind häufiger zu Hause und so besser für den Feuerwehrjob geeignet; und neue Hausbesitzer werden gezielt angesprochen und zum Mitmachen bei der freiwilligen Feuerwehr aufgefordert.

Beispiel 3: Selbsthilfegruppen

In Selbsthilfegruppen schließen sich Menschen zusammen, denen eine bestimmte Problemlage gemeinsam ist, zum Beispiel eine Krankheit. Mitglieder von Selbsthilfegruppen treffen sich zu Gesprächen und tauschen ihre Erfahrungen aus. Das trägt dazu bei, die Vereinzelung abzumildern, unter der gerade Menschen in schwierigen Problemlagen leiden. Selbst auferlegte Aufgabe solcher Selbsthilfegruppen ist es, die Situation ihrer Mitglieder in der örtlichen Gemeinschaft bekannt zu machen und ihre Interessen gegenüber Gemeinde und Öffentlichkeit zu vertreten.

Beispiel 4: Parteien

Die politischen Parteien in einer Kommune sind Vereinigungen solcher Bürgerinnen und Bürger, die dauernd oder für längere Zeit in einer Gemeinde politische Interessen vertreten und bestimmte politische Ziele verfolgen. Parteien wollen und sollen auf die politische Willensbildung Einfluss nehmen; sie streben nach Macht. Die Parteien und die Kandidatinnen und Kandidaten der Parteien treten bei Wahlen gegeneinander an.

Beispiel 5: Bürgerinitiativen

Bürgerinitiativen sind meistens spontan gegründete, zeitlich begrenzte und eher lockere Zusammenschlüsse von Menschen in einer Gemeinde. Sie wollen eng umgrenzte Ziele erreichen. Bürgerinitiativen entstehen in der Regel aus einem konkreten Anlass. Ihre Mitglieder fühlen sich von einer bestimmten Entwicklung oder einem geplanten Vorhaben unmittelbar betroffen. Dafür bzw. dagegen wollen sie etwas tun. Bürgerinitiativen versuchen, ihre Absicht auf dem Wege der Selbsthilfe oder aber mittels Öffentlichkeitsarbeit und mittels politischem Druck auf die „kommunalen Entscheidungsträger" durchzusetzen – z. B. mit dem Sammeln von Unterschriften oder mit Leserbriefen.

Beispiel 6: Schülerlotsen

55 000 Schülerlotsen mit rot-weißen Kellen überwachen nun wieder den Weg zum Unterricht. Doch in manchen Ländern wie Bayern oder dem Saarland melden sich immer weniger Ehrenamtliche. Michael Hartje, Geschäftsführer der Deutschen Verkehrswacht: „Generell ist die Zahl der Schülerlotsen eher rückläufig. Wir beobachten in unserem Bereich ein nachlassendes ehrenamtliches Engagement. Vielleicht, weil die Jugendlichen ihre Zeit lieber mit anderen Dingen verbringen ..."

(Beispiel 6 aus: Süddeutsche Zeitung, 12. 09. 2007, S. 36)

Werbeaktion des Jugendrotkreuzes

Freiwillige Feuerwehr

Informationsstand einer Partei

Bürgerinitiative

Schülerlotsen

Wer bestimmt im Land Schleswig-Holstein?

Schleswig-Holstein ist eins der 16 Bundesländer der Bundesrepublik Deutschland. Es umfasst eine Fläche von knapp 15 800 Quadratkilometern und hat etwas über 2,83 Millionen Einwohner. Die Landeshauptstadt ist Kiel. Dort liegt weithin sichtbar an der Kieler Förde das Landeshaus, in dem der Schleswig-Holsteinische Landtag seinen Sitz hat. Er wird von den wahlberechtigten Bürgerinnen und Bürgern für eine Amtszeit von üblicherweise fünf Jahren gewählt. Der Landtag ist das oberste Organ der politischen Willensbildung im Land. Er erlässt die Landesgesetze (Legislative) und kontrolliert die Landesregierung. Die Landesregierung ist das oberste Organ der vollziehenden Gewalt (Exekutive). An ihrer Spitze stehen der Ministerpräsident oder die Ministerpräsidentin und die Ministerinnen und Minister.

Aus der Verfassung des Landes Schleswig-Holstein

Artikel 10 – Funktion und Zusammensetzung des Landtages
(1) Der Landtag ist das vom Volk gewählte oberste Organ der politischen Willensbildung. Der Landtag wählt die Ministerpräsidentin oder den Ministerpräsidenten. Er übt die gesetzgebende Gewalt aus und kontrolliert die vollziehende Gewalt. Er behandelt öffentliche Angelegenheiten.
...

Artikel 11- Stellung der Abgeordneten
(1) Die Abgeordneten vertreten das ganze Volk. Bei der Ausübung ihres Amtes sind sie nur ihrem Gewissen unterworfen und an Aufträge und Weisungen nicht gebunden.
(2) Die Abgeordneten haben das Recht, im Landtag sowie in den ständigen Ausschüssen und in den Sonderausschüssen des Landtages Fragen und Anträge zu stellen. Sie können bei Wahlen und Beschlüssen ihre Stimme abgeben; Stimmrecht in den Ausschüssen des Landtages haben nur die Ausschussmitglieder.
(3) Die Abgeordneten haben Anspruch auf eine angemessene, ihre Unabhängigkeit sichernde Entschädigung. ...

Artikel 12 – Parlamentarische Opposition
(1) Die parlamentarische Opposition ist ein wesentlicher Bestandteil der parlamentarischen Demokratie. Die Opposition hat die Aufgabe, Regierungsprogramm und Regierungsentscheidungen zu kritisieren und zu kontrollieren. Sie steht den die Regierung tragenden Abgeordneten und Fraktionen als Alternative gegenüber. Insoweit hat sie das Recht auf politische Chancengleichheit.
...

Artikel 13 – Wahlperiode, Zusammentritt des Landtages
(1) Der Landtag wird auf fünf Jahre gewählt. Seine Wahlperiode endet mit dem Zusammentritt eines neuen Landtages. ...

Artikel 26 – Zusammensetzung, Wahl und Berufung
(1) Die Landesregierung ist im Bereich der vollziehenden Gewalt oberstes Leitungs-, Entscheidungs- und Vollzugsorgan. Sie besteht aus der Ministerpräsidentin oder dem Ministerpräsidenten und den Landesministerinnen und Landesministern.
(2) Die Ministerpräsidentin oder der Ministerpräsident wird vom Landtag ohne Aussprache gewählt. Sie oder er beruft und entlässt die Landesministerinnen und Landesminister und bestellt aus diesem Kreis für sich eine Vertreterin oder einen Vertreter.
(3) Zur Ministerpräsidentin oder dem Ministerpräsidenten ist gewählt, wer die Stimmen der Mehrheit der Mitglieder des Landtages auf sich vereinigt.
(4) Erhält im ersten Wahlgang niemand diese Mehrheit, so findet ein neuer Wahlgang statt. Kommt die Wahl auch im zweiten Wahlgang nicht zustande, so ist gewählt, wer in einem weiteren Wahlgang die meisten Stimmen erhält.

Artikel 29 – Richtlinienkompetenz, Ressortverantwortlichkeit, Geschäftsordnung
(1) Die Ministerpräsidentin oder der Ministerpräsident bestimmt die Richtlinien der Regierungspolitik und trägt dafür die Verantwortung. Sie oder er führt den Vorsitz in der Landesregierung und leitet deren Geschäfte.
(2) Innerhalb der Richtlinien der Regierungspolitik leiten und verantworten die Landesministerinnen und Landesminister ihren Geschäftsbereich selbstständig.
...

Tipp: Wenn ihr mehr über die Arbeit des Landtags erfahren wollt, dann bestellt euch das attraktiv aufgemachte Schülerheft „Durchblick. Wie arbeitet der Landtag?" Das Schülerheft gibt es kostenlos beim Schleswig-Holsteinischen Landtag. Telefonisch unter: 0431-9881163. Oder per E-Mail: bestellungen@landtag.ltsh.de

Landtagsgebäude

Blick in den Plenarsaal

Das Landesparlament hat seit 1950 seinen Sitz im Landeshaus in Kiel. Seit 2003 wird der Plenarsaal im gläsernen Anbau für die Vollversammlungen des Parlamentes und weitere Veranstaltungen des Landtages und der Landesregierung genutzt.
Im Internet bietet der Landtag vielfältige Informationen über die Aufgaben des Parlaments und der Abgeordneten und verweist auf Besuchsprogramme. Unter „plenum-online" wird aktuell von den Plenarsitzungen des Landtages berichtet.

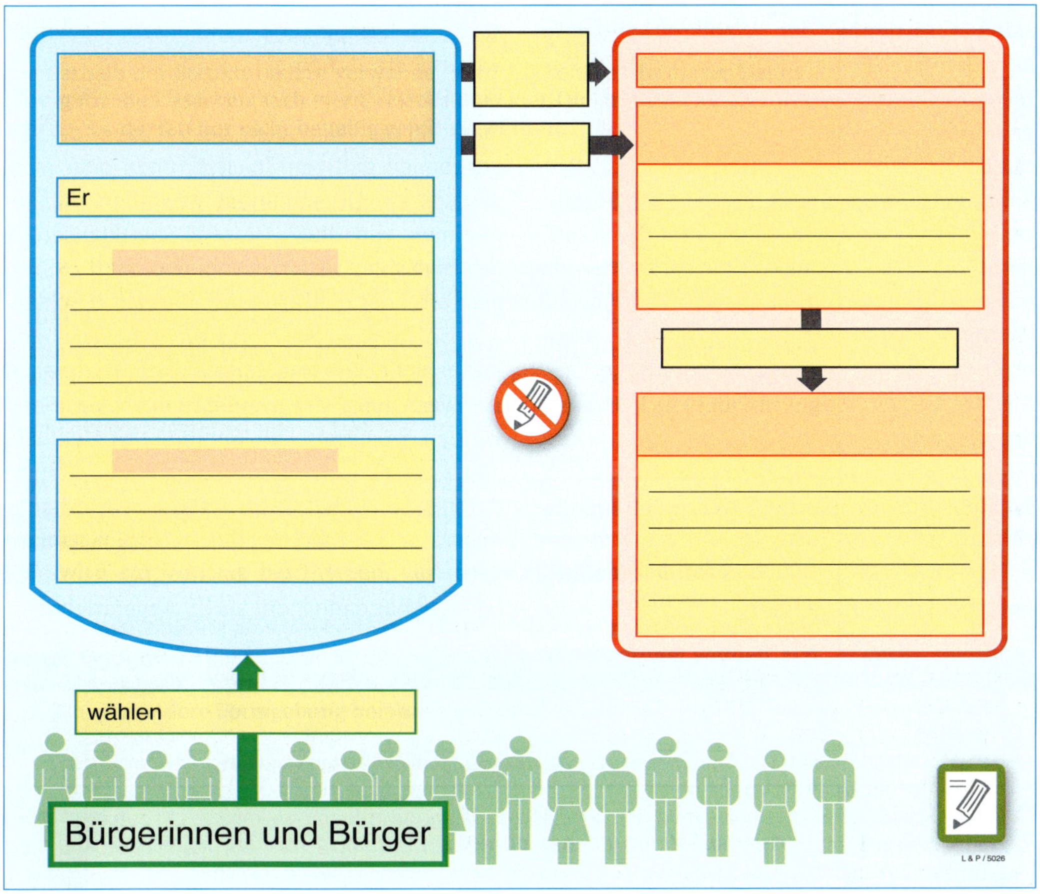

Ministerpräsident Peter Harry Carstensen (CDU) regiert seit April 2005 in Schleswig-Holstein. Bei der vorgezogenen Landtagswahl 2012 will er nicht erneut antreten.

1 Das Schaubild stellt den in den Verfassungsartikeln beschriebenen Zusammenhang zeichnerisch dar. Trage auf deinem Arbeitsblatt die farblich unterlegten Textpassagen in das Schaubild ein.

1 **Hilfe**
Die Farbgestaltung hilft dabei.

Die ehemaligen Ministerpräsidenten von Schleswig–Holstein

H. Lüdemann 1947–1949 *B. Diekmann 1949–1950* *W. Bartram 1950–1951* *F.-W. Lübke 1951–1954* *K.-U. v. Hassel 1954–1963* *H. Lemke 1963–1971* *G. Stoltenberg 1971–1982* *U. Barschel 1982–1988* *B. Engholm 1988–1993* *H. Simonis 1993–2005*

Landtagswahl

Der Schleswig-Holsteinische Landtag wird alle fünf Jahre gewählt. Die Wahl der 69 Abgeordneten (Regelzahl) ist eine Verbindung von Persönlichkeitswahl und Verhältniswahl.

Jede Wählerin und jeder Wähler hat zwei Stimmen: eine Erststimme für die direkte Wahl einer oder eines Wahlkreisabgeordneten (Persönlichkeitswahl) und eine Zweitstimme für die Wahl der Landesliste einer Partei (Verhältniswahl). Die Wählerin oder der Wähler kann seine Erststimme der Wahlkreiskandidatin oder dem Wahlkreiskandidaten der einen Partei und seine Zweitstimme einer anderen Partei geben (Stimmensplitting).

Mit der Erststimme wird in jedem der 35 Wahlkreise eine Abgeordnete oder ein Abgeordneter direkt in den Landtag gewählt. Die Kandidatin oder der Kandidat, die bzw. der die meisten Stimmen erhalten hat, ist gewählt (Persönlichkeitswahl). Die so erreichten Abgeordnetensitze nennt man Direktmandate.

Mit der Zweitstimme wird über die Verteilung der restlichen 34 Landtagssitze entschieden. Für jede Partei werden die Zweitstimmen (Listenstimmen) im ganzen Land zusammengezählt. Jede Partei erhält dann so viele Sitze, wie es ihrem Anteil an der Gesamtstimmenzahl entspricht (Verhältniswahl).

Von der Gesamtzahl der Abgeordneten für jede Partei werden zunächst die Direktmandate abgezogen. Die verbleibenden, dann noch zu verteilenden Mandate werden nach der Reihenfolge der Kandidatinnen und Kandidaten auf der Landesliste der jeweiligen Partei besetzt. Diese Liste wurde vor der Landtagswahl veröffentlicht. Kandidatinnen und Kandidaten, die weit oben auf der Landesliste stehen, kommen somit eher über die Zweitstimme in den Landtag als Kandidatinnen und Kandidaten, die hinten auf der Liste stehen.

Eine Partei, die in den Landtag einziehen will, muss bei der Wahl mehr als 5 Prozent der abgegebenen gültigen Zweitstimmen oder mindestens ein Direktmandat gewinnen. Ausgenommen von der 5-Prozent-Sperrklausel ist der Südschleswigsche Wählerverband (SSW), die Partei der dänischen Minderheit in Schleswig-Holstein. Es kann vorkommen, dass eine Partei mehr Direktmandate erringt, als ihr nach der Verteilung der Listenstimmen zustehen würden. In diesem Fall kommen trotzdem alle direkt gewählten Kandidatinnen und Kandidaten in den Landtag. So entstehen Überhangmandate. Diese werden durch Ausgleichsmandate für andere Parteien ausgeglichen. Der Landtag hat dann mehr als 69 Abgeordnete.

Vor der Wahl ...

Nach der Wahl ...

	Behauptung	richtig	falsch
1	Es werden immer genau 69 Abgeordnete in den Schleswig-Holsteinischen Landtag gewählt.		
2	Eine Wählerin kann ihre Erststimme dem Wahlkreiskandidaten der Partei A und ihre Zweitstimme der Partei B geben.		
3	In den Landtag kommen nur Kandidatinnen und Kandidaten, die in ihren Wahlkreisen jeweils die meisten Stimmen bekommen haben.		
4	Wegen der Vergabe der Mandate nach der Direktstimme ist die Wahl eine Persönlichkeitswahl, wegen der Vergabe nach der Listenstimme eine Verhältniswahl.		
5	Eine Kandidatin, die in ihrem Wahlkreis die meisten Stimmen erhält, kommt auf jeden Fall in den Landtag.		
6	Wenn ein Kandidat seinen Wahlkreis gewinnen will, muss er auf jeden Fall mehr als 50 Prozent der abgegebenen gültigen Stimmen erringen.		
7	Insgesamt 35 Landtagsmandate werden an die Gewinnerinnen und Gewinner in den einzelnen Wahlkreisen vergeben.		
8	Ein Kandidat, der ein Direktmandat erringt, kommt über die Landesliste seiner Partei in den Landtag.		

2 Hilfe
Informationen zum Thema „Wahlen“ und alle Wahlergebnisse findest du auf der Homepage der Landeswahlleiterin: www.schleswig-holstein.de/LWL/DE/LWL_node.html

1 Notiere zu jeder Aussage, ob sie richtig oder falsch ist oder kreuze auf deinem Arbeitsblatt an. Stelle dann die falschen Aussagen richtig.

2 Recherchiere im Internet das Ergebnis der letzten Landtagswahl: Zweitstimmenanteile der einzelnen Parteien, Direktmandate, gewonnene Sitze.

Aufgaben der Gemeinde

In Schleswig-Holstein gibt es mehr als 1100 Gemeinden, die sich auf elf Kreise verteilen. Eine Reihe davon besitzt das Stadtrecht. Hinzu kommen die vier kreisfreie Städte Flensburg, Kiel, Lübeck und Neumünster. Die Gemeinden sind laut Verfassung für alle öffentlichen Aufgaben vor Ort zuständig. Neben Pflichtaufgaben (z.B. Unterhalt von Gemeindestraßen, Feuerwehr, Friedhof, Führung eines Standesamtes) gibt es freiwillige Leistungen (z.B. Unterhaltung von Theatern, Sportanlagen, Bibliotheken).

Finanzen der Gemeinde

Für die Bewältigung ihrer Aufgaben kann eine Gemeinde auf Dauer nur so viel ausgeben, wie sie auf der anderen Seite auch einnimmt. Auskunft über die Einnahmen und Ausgaben einer Gemeinde gibt ihr Haushaltsplan. Er wird von der Gemeindeverwaltung aufgestellt und von der Gemeindevertretung beraten und beschlossen.

Gemeinde-/Stadtvertretung

In jeder Gemeinde oder Stadt müssen immer wieder wichtige Entscheidungen getroffen werden. Da hierzu nicht alle Bürgerinnen und Bürger ständig zusammenkommen können, um gemeinsam zu beschließen, benötigen sie Personen, die sie vertreten. Diese Personen sind die Gemeindevertreterinnen und Gemeindevertreter, in Städten die Stadtvertreterinnen und Stadtvertreter. Zusammen bilden sie die Gemeindevertretung oder die Stadtvertretung. Wahlen zur Gemeinde- bzw. Stadtvertretung finden alle fünf Jahre statt. Wahlberechtigt sind alle Deutschen und Angehörigen eines Mitgliedstaates der Europäischen Union, die am Wahltag das 16. Lebensjahr vollendet haben und seit mindestens sechs Wochen in der Gemeinde bzw. Stadt wohnen. Die Gemeindevertreterinnen und -vertreter sind ehrenamtlich tätig und bekommen, außer einer Aufwandsentschädigung, für ihre Tätigkeit keine Bezahlung. Die Bürgervorsteherin oder der Bürgervorsteher (in kreisfreien Städten: Stadtpräsidentin oder Stadtpräsident) beruft die Sitzungen der Gemeindevertretung ein und leitet sie.

Bürgermeister/-in

Seit 1998 werden in Schleswig-Holstein die hauptamtlichen Bürgermeisterinnen und Bürgermeister von den Bürgerinnen und Bürgern direkt für eine Amtszeit von mindestens sechs und höchstens acht Jahren gewählt. Eine Bewerberin oder ein Bewerber muss am Wahltag mindestens 27 Jahre alt sein. Jede Wählerin und jeder Wähler hat eine Stimme. Gewählt ist, wer mehr als die Hälfte der gültigen Stimmen erhält. Erreicht niemand die absolute Mehrheit, findet eine Stichwahl zwischen den beiden Bewerberinnen oder Bewerbern statt, die die höchsten Stimmenzahlen erreicht haben. Die Bürgermeisterin oder der Bürgermeister leitet die Gemeindeverwaltung und repräsentiert – gemeinsam mit der Bürgervorsteherin oder dem Bürgervorsteher – die Gemeinde nach außen.

Landtag und Landtagswahl

Die Bürgerinnen und Bürger entscheiden alle fünf Jahre bei der Landtagswahl, welche Abgeordneten sie im Landesparlament, dem Landtag vertreten. Ist das Parlament gewählt, kann es bis zur nächsten Wahl im Namen der Bürgerinnen und Bürger Entscheidungen treffen. Dabei müssen sich die Abgeordneten allerdings an einen festgelegten Ablauf halten: den Gesetzgebungsprozess. Die Abgeordneten sind nur ihrem Gewissen unterworfen und an Aufträge und Weisungen nicht gebunden. Ihre Tätigkeit umfasst die Arbeit im Plenum und in den Ausschüssen sowie die Betreuung des Wahlkreises. Für ihre Tätigkeit erhalten sie eine Bezahlung, sogenannte Diäten. Der Landtag ist das oberste Organ der politischen Willensbildung in Schleswig-Holstein. Er erlässt die Gesetze (Legislative) und wählt die Ministerpräsidentin oder den Ministerpräsidenten. Die Hauptarbeit geschieht in den Ausschüssen, in denen sich die Fachleute der einzelnen Fraktionen um Anfragen, Berichte, Anträge oder Gesetzentwürfe kümmern.

Landesregierung

Das Landeskabinett besteht aus der Ministerpräsidentin oder dem Ministerpräsidenten und den Ministerinnen und Ministern. Zusätzlich können Staatssekretärinnen und Staatssekretäre benannt werden. Die Ministerpräsidentin oder der Ministerpräsident wird vom Landtag gewählt. Sie bzw. er beruft und entlässt die Ministerinnen und Minister. Bei wichtigen politischen Entscheidungen fällt sie oder er die Grundsatzentscheidungen (Richtlinienkompetenz). Innerhalb der vorgegebenen Richtlinien leitet jede Ministerin ihren und jeder Minister seinen Geschäftsbereich (Ressort) unter eigener Verantwortung. Hauptaufgabe der Landesregierung ist es, die vom Landtag beschlossenen Gesetze zu vollziehen (Exekutive). Außerdem bringt die Landesregierung Gesetzentwürfe in den Landtag ein und organisiert die Verwaltung des Landes. Darüber hinaus entscheidet die Landesregierung über die Stimmabgabe im Bundesrat, in dem alle 16 Bundesländer vertreten sind, um auf Bundesebene im Sinne der Länder mitzuwirken.

Arten von Medien

1

5

2

Woher weißt du denn das alles?

Ganz einfach: aus den Medien.

Medien? Was ist denn das genau?

Zeitung und Fernsehen zum Beispiel. Genau genommen alle Einrichtungen und Mittel, mit denen man anderen etwas mitteilen, ihnen Informationen zukommen lassen kann.

3

Dann gehört mein Handy auch dazu? Und der Computer, wenn man eine E-Mail verschickt?

Ja, beides gehört zu den elektronischen Medien.

Wie Fernsehen und Radio.

4

Stimmt! Das sind Massenmedien, weil man damit eine große Zahl von Leuten erreichen kann. Zu den Massenmedien zählen aber auch Printmedien.

Printmedien? Hat das was mit dem englischen Wort „print“ zu tun?

Ja, da kommt der Begriff her.

print (engl.): Druck, Abdruck

Z	E	I	T	S	C	H	R	I	F	T	A
E	F	N	Z	C	O	M	P	U	T	E	R
I	O	T	S	I	R	O	D	X	Y	L	R
T	G	E	F	E	R	N	S	E	H	E	N
U	R	R	B	I	D	U	A	L	C	F	A
N	O	N	U	A	F	D	V	D	E	O	K
G	E	E	C	H	H	Ö	R	F	U	N	K
M	G	T	H	A	N	D	Y	A	N	I	N
M	X	E	Y	D	Z	I	A	E	B	N	C

6

Erklärungen

1. Berichtet in erster Linie über aktuelle Ereignisse, stellt sie mehr oder weniger ausführlich dar.
2. Fest angebrachtes Gerät, das Gespräche mit anderen ermöglicht.
3. Hat das Leben in den Familien am stärksten verändert; verführt zu allzu langer Nutzung an jedem Tag und verhindert dann eigene Aktivitäten.
4. Viele hören damit im Alltag Musik. Bietet auch Informationen.
5. Bietet einzelnen Themen meist größeren Raum, Texte sind durch viele Bilder illustriert; attraktive Aufmachung.
6. Sehr altes Medium; verlangt Vorstellungskraft; eine längere und vertiefte Auseinandersetzung damit ist möglich.
7. Wurde eigentlich dafür entwickelt, Arbeiten zu erleichtern; ist aber auch ein beliebtes Medium zur Freizeitgestaltung geworden.
8. Möglichkeit, z. B. Filme auch über den Computer abzuspielen und zu bearbeiten.
9. Einrichtung, die es ermöglicht, weltweit Informationen einzuholen und Nachrichten auszutauschen.
10. Kleines Gerät, durch das an jedem beliebigen Ort Verbindung mit anderen aufgenommen werden kann.

7

Welche Medien würdest du nutzen, wenn du dich informieren willst über …

… das Wetter von morgen?

… den Vulkanausbruch in Japan?

… den Besuch des französischen Präsidenten in Berlin?

… den Unfall vor der Schule?

… die aktuelle Verkehrslage?

… die neuesten Nachrichten?

… den Termin, an dem ein bestimmter Film im Kino läuft?

1 Die sieben Fotos zeigen verschiedene Medien. Benenne diese Medien.

2 Welche Printmedien und welche elektronischen Medien kennst du? Notiere.

3 In dem Buchstabenfeld oben sind waagrecht und senkrecht zehn Medien versteckt. Finde die zehn Begriffe und ordne jedem die passende Erklärung (1 bis 10) zu.

4 Notiere Antworten auf die Fragen in dem Kasten „Welche Medien würdest du nutzen, wenn du dich informieren willst über …“. Begründe deine Wahl jeweils.

2 Hilfe

Zeichne eine Tabelle mit zwei Spalten in dein Heft und trage die Antwort ein.

Printmedien

Printmedien sind gedruckte Informationsquellen. Neben den Büchern kann man die Printmedien im Wesentlichen in die Massenmedien Zeitungen und Zeitschriften unterteilen.

Die **Zeitung** ist das klassische Massenmedium. Sie erscheint regelmäßig. Ihre Leserinnen und Leser werden über aktuelle Geschehnisse aus der Region und/oder der ganzen Welt und viele Themen informiert.

Eine **Zeitschrift** bringt weniger Nachrichten, dafür mehr Hintergrundinformationen. Meist konzentriert sie sich auf einen bestimmten Themenbereich (z. B. Sport, Mode) oder eine bestimmte Zielgruppe (z. B. Jugendliche).

Bücher sind Printmedien, zählen aber nicht zu den Massenmedien

Tageszeitungen (lokale) berichten über Politik, Wirtschaft, Kultur und Sport. Sie behandeln dabei viele regionale Themen.

Tageszeitungen (überregionale/nationale) berichten ausführlich über Politik, Wirtschaft, Kultur und Sport. Sie werden in der Regel in ganz Deutschland gelesen.

Wochenzeitungen schreiben aufgrund ihres wöchentlichen Erscheinungstermins mehr zu den Hintergründen und ordnen aktuelle Themen in größere Zusammenhänge ein.

Sonntagszeitungen erscheinen nur sonntags. Sie beschäftigen sich mit aktuellen Themen und Hintergründen.

Boulevard (franz.): breite Straße

Boulevardzeitungen sind auffällig und mit großen Überschriften gestaltet. Sie enthalten zwar Nachrichten, berichten aber bevorzugt über Skandale, Klatsch und Tragödien. Sie haben eher einen unterhaltenden als einen informativen Charakter.

Nachrichtenmagazine illustrieren lebendig geschriebene Berichte und Kommentare mit vielen Fotos. Sie bringen Hintergrundinformationen und Reportagen.

Straßenverkauf von Boulevardzeitungen

Fachzeitschriften setzen sich detailliert mit einem fest umrissenen Thema auseinander, sei es eine Sportart wie Fußball, eine Fachwissenschaft wie die Biologie oder der Computer.

Publikumszeitschriften richten sich an ein bestimmtes Publikum und sind überwiegend unterhaltend. Jugendzeitschriften z. B. sind poppig aufgemacht und bieten alles, was die Jugendlichen über ihre Stars wissen wollen. Sie gehen auf die Themen ein, die ihre jugendlichen Leserinnen und Leser interessieren.

1. Wie lassen sich Zeitungen und Zeitschriften genauer unterteilen?
2. Welche Printmedien liest du? Ordne sie den genannten Kategorien zu.
3. Warum zählen Bücher wohl nicht zu den Massenmedien?

Tageszeitung „Die Welt" vom 20. September 2011

„DIE WELT" ist eine Tageszeitung. Man kann sie im Laden oder am Kiosk kaufen, aber auch im Abonnement beziehen. Wer eine Tageszeitung abonniert, findet sie täglich im Briefkasten und bekommt sie meist zu einem etwas günstigeren Preis als im freien Verkauf. Die Zeitungsverlage können dank der langfristigen Abonnementsverträge mit festen Einnahmen rechnen.

Titelseite der Bild-Zeitung vom 20. September 2011

„Bild" ist eine sogenannte Boulevardzeitung. In der Regel kauft man sie am Zeitungsstand oder Straßenkiosk, daher der Name. Die Leserin oder der Leser müssen somit jeden Tag aufs Neue zum Kauf angeregt werden. Dazu soll eine plakative, reißerische Aufmachung mit großen, oft farbigen Überschriften und Fotos beitragen.

4 Worin unterscheiden sich die Titelseiten von „DIE WELT" und „Bild" auf den ersten Blick?

5 Vergleiche dann die Meldungen auf den beiden Titelseiten und notiere Unterschiede.

6 Vergleicht mehrere Tageszeitungen und Boulevardzeitungen vom gleichen Tag.

5 Hilfe

Worüber wird berichtet? Wie lang sind die Berichte?

Fernsehen: Wer bringt was?

Fernseh- und Hörfunksendungen werden von Rundfunkanstalten produziert und ausgestrahlt. Die öffentlich-rechtlichen Rundfunkanstalten haben sich zur ARD (Arbeitsgemeinschaft der öffentlich-rechtlichen Rundfunkanstalten) zusammengeschlossen. Ihr gemeinsames Programm ist das 1.-Programm. Der Norddeutsche Rundfunk gehört der ARD an. Neben der ARD gibt es das Zweite Deutsche Fernsehen in Mainz. ARD und ZDF sind zur sogenannten „Grundversorgung“ verpflichtet. Das heißt: Sie müssen auch Sendungen zu Politik, Bildung und Kultur ausstrahlen. Solche Sendungen sind in einer demokratischen Gesellschaft wichtig, auch wenn sie nicht von so vielen Zuschauern gesehen werden wie die Unterhaltungssendungen. Für ARD und ZDF müssen die Zuschauer monatliche Gebühren entrichten. Nur ein Teil der Kosten für ihre Programme wird durch Einnahmen aus Werbung gedeckt.

Emblem: Radio Schleswig-Holstein, Norddeutscher Rundfunk

Die Einschaltquoten sind für die Finanzierung des privaten Fernsehens wichtig. Die privaten Fernsehanstalten müssen fast die gesamten Kosten für ihre Programme durch Werbeeinnahmen decken. Deshalb dürfen sie jederzeit Werbespots ausstrahlen. Je höher die Einschaltquoten sind, desto mehr Werbekunden gewinnt der Sender. Die „Privaten“ müssen sich also noch stärker nach dem Geschmack des Publikums richten als die „öffentlich-rechtlichen“, um hohe Einschaltquoten zu erreichen.

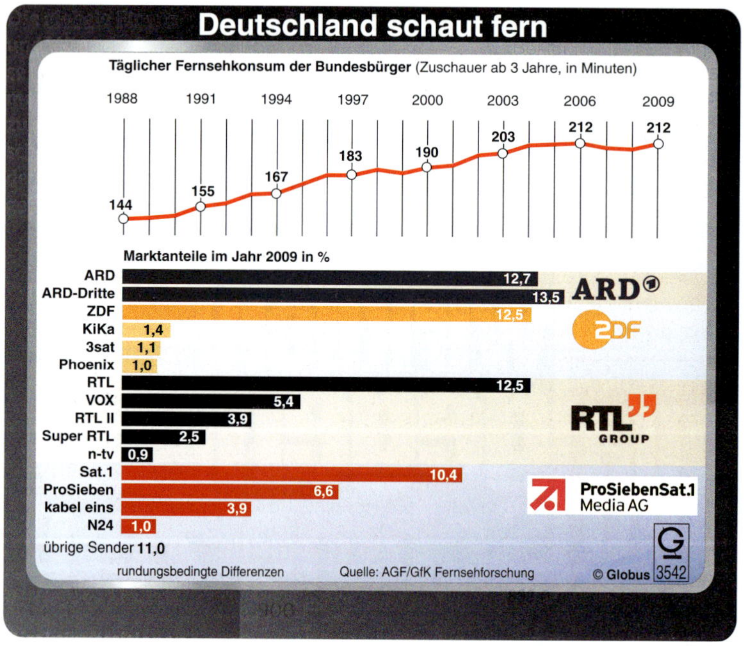

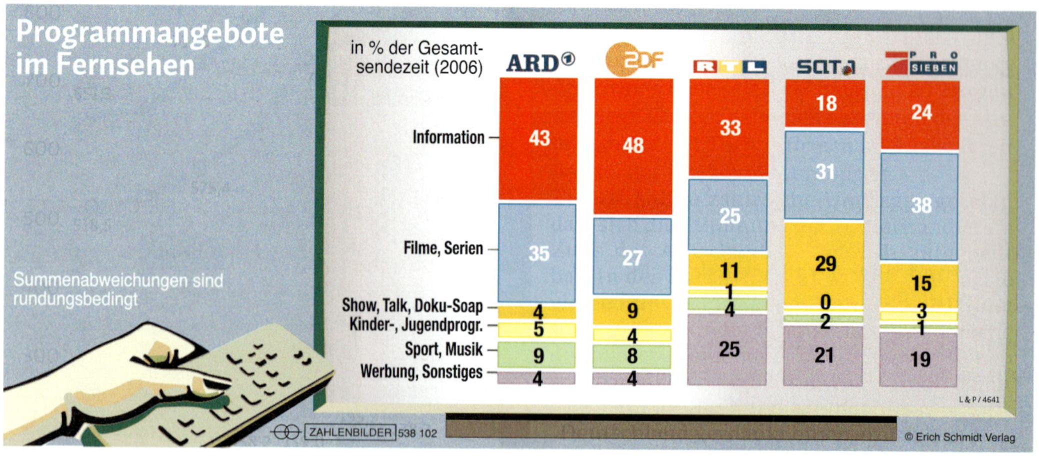

1 Beschreibe Unterschiede zwischen dem öffentlich-rechtlichen und dem privaten Fernsehen.

2 Vergleiche die Programmangebote der fünf Fernsehsender in der Grafik unten. Welche Unterschiede fallen auf? Welche Erklärung hast du dafür?

3 In der Grafik oben ist von „Marktanteilen“ die Rede. Was ist damit wohl gemeint?

2 Hilfe
Bedenke, wie sich die Sender finanzieren und was viele Zuschauer am liebsten sehen.

Das Internet bietet einen Überfluss an Informationen: richtige und falsche, sinnvolle und sinnlose, übersichtlich aufbereitete und durcheinander gewürfelte. Jeder, der schon einmal nach einer bestimmten Information im Internet gesucht hat, weiß, wie schwierig die Auswahl der angezeigten Seiten ist. Das bedeutet, die Suche nach Informationen muss sinnvoll erfolgen. Dazu benutzt man die Suchmaschinen im Internet. Je mehr ihr den Suchbegriff eingrenzt, desto enger ist die Auswahl der Seiten. Wenn ihr nur ein Wort eingebt, zum Beispiel „Fußball", bekommt ihr tausende von Seiten angezeigt. Wenn ihr aber „Fußball + Weltmeisterschaftsendspiel + 2010" eingebt, wird die Auswahl schon übersichtlicher. Wenn ihr zu einem Thema etwas sucht, von dem ihr überhaupt keine Ahnung habt, ist es unmöglich, die sinnvollen und richtigen Informationen von den sinnlosen und falschen zu unterscheiden. Wenn ihr euch also vor der Recherche nicht über die wichtigsten Grundzüge des Themas informiert, nutzt euch das Internet wenig.

1 *Ich erledige meine Bankgeschäfte online.*

2 *Im Internet chatte ich mit meinen Freundinnen.*

3 *Ich nutzte Tauschbörsen im Internet zum Herunterladen von Audiodateien.*

4 *Ich kaufe Bücher im Onlinehandel.*

5 *Ich mache bei Internetauktionen mit. Kürzlich habe ich eine Nähmaschine ersteigert.*

6 *Als Telearbeiterin benötige ich das Internet beruflich*

7 *Meinen Freunden schreibe ich oft E-Mails.*

8 *Mich interessieren am meisten die Computerspiele im Internet.*

9 *Wenn ich für ein Referat etwas wissen will, recherchiere ich im Internet.*

10 *Mit der Webcam und der Internettelefonie pflegen wir den Kontakt zu unseren Verwandten in Kanada.*

Unsere Internetnutzung

Wenn ihr wissen wollt, wie das Internet von euch in der Klasse hauptsächlich genutzt wird, könnt ihr so vorgehen:

1. Jede/r von euch schreibt auf einem Blatt fünf Möglichkeiten auf, wie sie/er das Internet nutzt. Dahinter notiert sie/er die Zahlen 1 bis 5. 5 bedeutet, dass diese Nutzung die wichtigste oder häufigste ist, 4 steht für eine etwas weniger häufige Nutzung usw. Wer das Internet für sich nicht nutzt, notiert „keine Internetnutzung". Der Name wird nicht angegeben. Lediglich mit einem „J" oder einem „M" könnt ihr kennzeichnen, ob das Blatt von einem Mädchen oder Jungen stammt.

2. Die Auswertung der Blätter erfolgt an der Tafel. Jede Nutzungsmöglichkeit wird bei der ersten Erwähnung notiert. Dann werden alle dafür genannten Zahlen notiert. Zählt ihr sie am Ende zusammen, seht ihr, wie das Internet in eurer Klasse genutzt wird.

3. Ihr könnt die Auswertung getrennt nach Mädchen und Jungen vornehmen, z. B. die Zahlen in unterschiedlichen Farben notieren. So könnt ihr leicht im Vergleich sehen, ob es Unterschiede im Nutzungsverhalten zwischen Mädchen und Jungen gibt.

(Zeichnung: M. Ammann)

1 Welche Aussagen über die Nutzung des Internets in den Sprechblasen stammen wohl eher von Jugendlichen, welche wohl eher von Erwachsenen? Lege eine Tabelle an und notiere.

2 Nenne weitere Möglichkeiten der Internetnutzung.

3 Will die Karikatur nur witzig sein oder mehr aussagen? Begründe deine Antwort.

4 Führt in eurer Klasse eine Befragung „Unsere Internetnutzung" durch. Erläutert die Ergebnisse.

3 Hilfe

Überlege zunächst, was die Karikatur vordergründig aussagt. Auf welches Problem weist diese vordergründige Aussage hin?

Jugendliche viel zu sorglos

Die Internetnutzung Jugendlicher hat im vergangenen Jahr erneut leicht zugenommen. Am wichtigsten ist ihnen inzwischen die Kommunikation im Netz. Dabei hinterlassen sie trotz Warnungen von Experten viele persönliche Spuren. (...)

(Johanna Eberhardt, in: Stuttgarter Zeitung, 29.11.2008, S. 7)

„Mehr Datenschutz für Online-Generation“

(nob). (...) Viele Angehörige der „Online-Generation“ präsentieren sich mit persönlichen Daten im Internet, ohne über die möglichen negativen Folgen informiert zu sein. Als Beispiel nannte der Datenschutzbeauftragte des Landes Netzwerke wie das Studentenverzeichnis „studivz“ mit sechs Millionen Teilnehmern nur drei Jahre nach seinem Start. Die Online-Profile seien oft über viele Jahre abrufbar, selbst wenn die Teilnehmer ihre ursprünglichen Einträge löschten. Dies könne zum Beispiel bei der Suche nach einer Arbeitsstelle von Nachteil sein. Immer mehr Arbeitgeber informierten sich, was über einen Bewerber im Internet zu finden sei. (...)

(aus: Die Rheinpfalz, 19.12.2007)

Jeder Fünfte stellt Privates ins Netz – Verband mahnt zu mehr Vorsicht

BERLIN (ap). Immer mehr Deutsche präsentieren ihr Privatleben im Internet: Gut 18 Prozent der Bundesbürger stellen bereits persönliche Informationen ins Netz, wie eine Umfrage (...) ergeben hat. „Unter den jungen Anwendern bis 29 Jahre sind es sogar 49 Prozent.“ (...). Vor allem sogenannte Communities, Gemeinschaften wie „MySpace“ „StudiVZ“ oder „Xing“, sind zu beliebten Kontaktbörsen geworden. Dort trifft man sich mit Bekannten oder findet alte Freunde wieder. (...)

(aus: Die Rheinpfalz, 13.02.2008)

Warum sind diese sozialen Netzwerke im Internet so erfolgreich?

Sie ermöglichen das Identitäts- und Beziehungsmanagement. Die meisten Nutzer machen ja keine persönlichen Aspekte öffentlich, weil sie exhibitionistisch veranlagt wären. Sie wollen einfach ihre sozialen Beziehungen zu anderen Menschen deutlich machen und neue Kontakte knüpfen. (...)

Werden „reale“ Beziehungen durch computervermittelte Kommunikation abgelöst?

Die Befürchtung, dass Jugendliche nur noch übers Internet kommunizieren, ist unbegründet. Mit dem Internet ist einfach ein weiterer Kanal hinzugekommen, mit dem man zu Freunden Kontakt hält – neben dem Telefon oder gemeinsamem Weggehen. Durch das Internet ist die Möglichkeit hinzugekommen, mit Leuten in Kontakt zu treten, die man früher nicht so gezielt hätte ansprechen können: Leute, die das gleiche Hobby oder den gleichen Musikgeschmack haben.

(aus: „Zwischen Mensa-Schlange und Schwarzem Brett“, in: Die Rheinpfalz, 05.01.2008. Auszüge aus einem Interview mit dem Medienforscher Jan-Hinrik Schmidt)

exhibitionistisch
sich entblößen, zur Schau stellen

1 Hilfe
Lege zunächst eine Tabelle mit „pro“ und „kontra“ an und notiere darin die jeweiligen Hinweise aus den Materialien. Entscheide dich dann für eine Position und formuliere deine Stellungnahme.

1 Werte die Materialien aus: Was spricht für, was gegen die Teilnahme an sozialen Netzwerken? Begründe deine Position stichwortartig.

2 Partnerarbeit: Diskutiere mit einem Mitschüler oder einer Mitschülerin mit einer anderen Position über die Streitfrage „Teilnahme an sozialen Netzwerken im Internet: Ja oder Nein?“.

Thema: **Was gibst du von dir im Internet preis?**

Bei einer Umfrage geht es darum, von einer größeren Anzahl von Personen Informationen zu einem bestimmten Thema zu erhalten oder deren Meinung dazu zu erfragen.

Vorbereitung

Ihr müsst überlegen, welche Fragen ihr stellen wollt. Dabei gibt es zwei Möglichkeiten:

1 Man kann die Fragen so stellen das nur mit „ja" oder „nein" geantwortet werden kann. Beispiel: „Soll es in diesem Jahr ein Schulfest geben?"
Vorteil: Man kann nachher leicht auszählen, wie viele dafür und wie viele dagegen sind.
Nachteil: Jeder Befragte kann nur zu den vorgegebenen Meinungen Stellung nehmen. Vielleicht hätte er jedoch etwas anderes zum Thema sagen wollen.

2 Man kann die Fragen so stellen, dass jeder Befragte seine eigene Antwort geben kann. Beispiel: „Wie soll das Schulfest gestaltet werden?"
Vorteil: Die Befragten können ihre eigene Meinung äußern.
Nachteil: Die Auswertung ist schwierig. Man kann nicht einfach auszählen, wie viele dafür oder dagegen sind.

Vor einer Umfrage müsst ihr außerdem überlegen, wie ihr diese organisiert: Sollen Einzelne fragen oder soll die Umfrage von Zweier- oder Dreierteams durchgeführt werden? Sollen die Antworten auf einem Fragebogen festgehalten oder auf einem Tonträger aufgezeichnet werden?

Durchführung

Führt die Umfrage anonym durch, also ohne nach dem Namen zu fragen. Wenn es eine Rolle spielt, sollten Alter und/oder Geschlecht der Befragten festgehalten werden.

Auswertung

Die Antworten werden durchgesehen. Dabei solltet ihr darauf achten, ob sich deutliche Häufungen bzw. Unterschiede in den Einschätzungen ergeben. Die Ergebnisse der Umfrage werden dann zusammengefasst. Wenn es für das Thema interessant ist, könnt ihr eine zusätzliche Auswertung nach Alter und/oder Geschlecht der Befragten vornehmen.
Ihr müsst auch überlegen, wie ihr die Ergebnisse eurer Umfrage präsentieren wollt. Ihr könnt z. B. eine Wandzeitung gestalten oder einen Bericht für die Schülerzeitung verfassen.

Meine Daten sind frei

Eine neue Generation findet nichts dabei, ihr Privatleben im Internet vermarkten zu lassen. (...)

(...) die Firma Facebook dokumentiert einen tiefen gesellschaftlichen Wandel. Onlineangebote wie das von Facebook kündigen das Ende der Privatheit an, wie wir sie kennen, sie rühren an den Grundfesten bürgerlicher Freiheit. Um das zu verstehen, muss man wissen: In den westlichen Industriestaaten nutzen mindestens 400 Millionen Menschen ein sogenanntes soziales Netzwerk im Internet. Vor vier Jahren war es beinahe niemand.
Was die Nutzer dort finden? Vor allem sich selbst und ihre Freunde. Zunächst erstellt jeder einen persönlichen Steckbrief. Darin geben Nutzer mindestens preis, wer sie sind und welche Freunde sie haben. Darüber hinaus ist alles möglich. Und so entblößen sich viele regelrecht, schreiben auf, was sie essen, anziehen, lieben, hassen was sie denken, wen sie mögen und welche Musik sie hören. Sie klagen ihr Leid, diskutieren in Gruppen über Skifahren, Vegetarismus, Magersucht – und manchmal über ihre politischen Einstellungen.
Das größte dieser Netzwerke heißt MySpace. Facebook wächst am schnellsten. Und in Deutschland sind studiVZ und schülerVZ am populärsten. (...) Kein anderes Internetangebot wird hierzulande so intensiv genutzt wie diese beiden, was die zusammen sechs Milliarden Seitenaufrufe allein im September belegen. (...)
Gründe dafür, dabei zu sein, gibt es viele. Für Jugendliche ist wohl am wichtigsten, sich nicht allein zu fühlen. Außerdem wollen sie wissen, wie sie auf andere wirken. (...)

(Götz Hamann, in: DIE ZEIT, 31.10.2007, S. 1)

1 Führt die Umfrage „Was gibst du von dir im Internet preis?" durch.

Thema: **Neue Medien**

Eine Karikatur ist ein zeichnerisch gestalteter Kommentar zu einem politischen oder gesellschaftlichen Thema. Dabei versucht der Zeichner oder die Zeichnerin durch eine übertreibende Darstellung auf ein Problem hinzuweisen oder Kritik an einem Sachverhalt zu üben.
Ihr sollt zum Thema „Neue Medien" verschiedene Karikaturen untersuchen, indem ihr eine sogenannte „Karikaturenrallye" durchführt.

Vorbereitung

Die Karikaturen werden vergrößert und an verschiedenen Stellen im Klassenzimmer aufgehängt. Bildet so viele Gruppen, wie ihr Karikaturen ausgewählt habt.

Durchführung

Jede Gruppe geht zu einer Karikatur und untersucht sie:

- Um welches Problem geht es?
- Mit welchen zeichnerischen und textlichen Mitteln stellt der Karikaturist bzw. die Karikaturistin das Problem dar?
- Was bringt die Karikatur zum Ausdruck?

Jede Gruppe notiert ihre Ergebnisse in Stichpunkten und geht zur nächsten Karikatur weiter.

Auswertung

Tragt eure Ergebnisse in der Klasse vor. Vergleicht, wie die verschiedenen Gruppen die jeweilige Karikatur gedeutet haben.

1 Führt die Karikaturenrallye zum Thema „Neue Medien" durch. Tipps zur Auswertung von Karikaturen findet ihr auf Seite 270.

(Zeichnung: Erich Rauschenbach)

(Zeichnung: Reinhold Löffler)

(Zeichnung: Jan Tomaschoff)

(Zeichnung: Markus Grolik)

Aufgaben der Medien

Nachrichtensendung im Fernsehen

Tageszeitungen an einem Zeitungskiosk

Information

Meinungsbildung

Unterhaltung

Kontrolle

A Medien decken politische, gesellschaftliche und wirtschaftliche Missstände auf. Damit tragen sie dazu bei, dass die Verantwortlichen ausfindig gemacht und zur Rechenschaft gezogen werden.

B In einer Demokratie gibt es unterschiedliche Ansichten und Interessen. Die Probleme sollen in freier und offener Diskussion erörtert werden. So besteht die Chance, dass sich jeder eine eigene Meinung bilden kann. Den Medien kommt bei diesem Meinungsbildungsprozess eine große Bedeutung zu.

C Die Massenmedien sollen sachlich, vollständig und so verständlich wie möglich informieren. Die Mediennutzer können so das öffentliche Geschehen verfolgen und die Zusammenhänge erkennen.

Was gehört zusammen?

D Die Medien sollen auf vielfältige Art und Weise zur Unterhaltung beitragen. Jeder hat so die Möglichkeit, aus dem Angebot das Gewünschte auszuwählen.

1 Streit zwischen den Parteien um Tempolimit für Kleinlaster auf den deutschen Autobahnen

2 Konzert der neuen Boy Group ein Riesenerfolg

3 Deutlicher Rückgang der Verkehrsunfälle im Stadtgebiet von Flensburg im letzten Halbjahr

4 Geschäftsführer muss wegen Unterschlagung zurücktreten

1 Zu jeder Aufgabe der Medien (schwarz) gehört eine Erklärung (blau). Ordne zu.

2 Jede Schlagzeile (rot) spricht eine der vier Aufgaben der Medien an. Ordne zu. Begründe.

2 Hilfe

Schlagzeile 1: Die Formulierung lässt darauf schließen, dass in dem Artikel die verschiedenen Meinungen der Parteien zum Tempolimit beschrieben werden …
Schlagzeile 2: …

Information oder Manipulation?

Vase oder Gesicht? Bilder können täuschen

Vom Mensch zum Esel: Bildbearbeitung am Computer

Die Vielfalt der Medien hat auch ihre Nachteile. Zwischen den Anbietern tobt ein harter Kampf um Einschaltquoten und Auflagenhöhen. Je höher die Einschaltquoten sind, die ein Fernsehsender mit seinen Sendungen erzielt, desto interessanter wird er für die Werbekunden. Dies führt zu höheren Werbeinnahmen. Das gleiche gilt für einen Zeitungsverlag. Je mehr Exemplare er von einer Zeitung verkauft, desto interessanter wird das Blatt für Werbeanzeigen.
Der Kampf um den Zuschauer und den Leser wird immer heftiger. Dabei halten sich nicht alle immer an die Regeln. Sensationell aufgemachte Nachrichten mit aufregenden Bildern stoßen bei den meisten Zuschauern und Lesern auf besonderes Interesse und verkaufen sich somit gut – selbst wenn die Bilder nachgestellt sind.
Ein besonderes Problem ist die Manipulation. In den Medien kommen Manipulationen häufig vor. Sehr schwer ist es, versteckte Manipulationen zu erkennen, zum Beispiel einseitige Nachrichtenauswahl, verfälschende Kameraeinstellungen, beeinflussende Schlagzeilen oder Bildunterschriften. Ein Beispiel dafür, wie mit Bildausschnitt und Text manipuliert werden kann, ist rechts wiedergegeben.

Der Fall Born

Der Fernsehjournalist Michael Born lieferte, entsprechend den Gesetzen des Medienmarktes, immer sensationellere Filme. Dazu erfand er die unglaublichsten Geschichten und bezahlte Schauspieler.
Er konnte über 20 spektakuläre Beiträge an Fernsehmagazine verkaufen. Hauptabnehmer war stern TV. Kein Journalist merkte, dass die Filme gefälscht waren. Die Wahrheit kam erst später ans Licht.
Zu seiner Verteidigung führte Born an, dass die Redaktionen nach solchen Geschichten verlangten und ihn immer wieder aufforderten, quotenträchtige Bilder zu liefern. Beim Prozess sagte Born: „Der Kick muss inszeniert werden, denn Fernsehen taugt nicht für Informationen."

Was sieht man auf diesem Bild?

Das Foto zeigt den späteren Bundesminister Jürgen Trittin bei einer Demonstration 1994 in Göttingen.

Welchen Eindruck vermittelt dieses Bild?

Dieses Bild wurde mit der notierten Bildunterschrift am 29. 01. 2001 in der Bild-Zeitung abgedruckt.

Seil statt Schlagstock auf Trittin-Foto

Am vergangenen Montag veröffentlichte BILD auf Seite 2 ein Foto vom 16. Juli 1994, das den heutigen Bundesumweltminister Jürgen Trittin mit vermummten Demonstranten zeigt. Bei der Bildbeschreibung wurde auf einen Bolzenschneider und einen Schlagstock in den Händen von Demonstranten hingewiesen. Das ist falsch. Bei der Auswertung weiterer Fotos und Videobänder stellte BILD fest, dass es sich um ein Seil sowie um einen Handschuh handelte. Wir bitten, diesen Fehler zu entschuldigen.

Diese Meldung wurde mit dem Foto und der Bildlegende „Göttingen 1994: Der vermummte Demonstrant rechts von Trittin umgreift ein Seil, der Demonstrant links schwenkt vermutlich Handschuhe" am 31. Januar 2001 als Richtigstellung in der Bild-Zeitung abgedruckt.

Beispiel 1

A Demonstration in der Innenstadt gegen die Schließung der Kindertagesstätte
B Linke Demonstranten lösen Verkehrschaos in der Innenstadt aus

Beispiel 2

A **Bau der Umgehungsstraße ist beschlossene Sache: Endlich Ruhe für die Anwohner!**
B **Fehlplanung Umgehungsstraße: Den Geschäften in der Innenstadt droht die Pleite!**

Beispiel 3

A **Verschleuderung von Steuergeldern: Sporthalle am Park wird luxussaniert**
B **Dringend notwendige Sanierung der Sporthalle beschlossen**

Zeitungsmeldung

Zum neuen Schuljahr werden deutlich weniger Schülerinnen und Schüler eingeschult als im vergangenen Jahr. Dadurch wird die Schülerzahl in den Eingangsklassen von durchschnittlich 26 auf 20 sinken. Unerfreulich ist, dass jetzt auch weniger Lehrkräfte eingestellt werden. So werden sich die Ausfallstunden nicht vermindern lassen. Begrüßt wird der Beschluss, die schuleigene Sportanlage zeitgemäß umzugestalten. Weniger begeistert sind einige darüber, dass dafür ein Teil der Parkplätze geopfert werden muss.

(Karikatur: Gerhard Mester)

Original

Fälschung

1 Vervollständige den folgenden Satzanfang: „Der Fall Born zeigt, dass …".
2 „Bilder können nicht lügen!" Was lässt sich dieser Meinung entgegenhalten? Beziehe in deine Antwort die Abbildungen in den Randspalten und das Beispiel aus der Bild-Zeitung mit ein.
3 Die Beispiele 1, 2 und 3 zeigen unterschiedliche Schlagzeilen zum gleichen Sachverhalt: Formuliere, welchen Eindruck die zwei Schlagzeilen jeweils erwecken.
4 Erprobe selbst, wie die Wortwahl einer Schlagzeile den Eindruck der Meldung bestimmen kann. Formuliere dazu für die Zeitungsmeldung oben zwei unterschiedliche Schlagzeilen.
5 Verantwortung der Medien: Worauf weist in diesem Zusammenhang die Karikatur hin?

Medien als Informationsträger der Politik

Über politische Ereignisse wird im Fernsehen und im Radio rund um die Uhr berichtet. Zudem beginnt jede Tageszeitung mit einem umfangreichen politischen Teil. Bei Jugendlichen sind politische Themen allerdings nicht sehr gefragt. Sie zappen Nachrichtensendungen oder politische Magazine im Fernsehen gerne weg oder wechseln im Radio auf Musiksendungen. Und die Tageszeitung ist ein Medium, mit dem Jugendliche noch weniger anfangen können. Das wissen auch die Politiker und Politikerinnen. Sie erschließen sich zunehmend auch Wege im Rahmen der neuen Medien. Der amerikanische Präsident Barack Obama führte einen Großteil seines Wahlkampfes im Internet. Der italienische Ministerpräsident Silvio Berlusconi trat während seiner Präsidentschaftskandidatur oft und gerne in den Sendern seiner eigenen Fernsehgesellschaft auf. Bundeskanzlerin Angela Merkel informiert wöchentlich per Video-Podcast. Eine ganze Reihe von Politikerinnen und Politikern twittert mittlerweile, andere bloggen oder beziehen auf ihren eigenen Homepages Stellung.

Tageszeitung

Nachrichtensendung im Fernsehen

„Bildung kommt von Bildschirm und nicht von Buch, sonst hieße es ja Buchung!"

(Dieter Hildebrandt, Kabarettist)

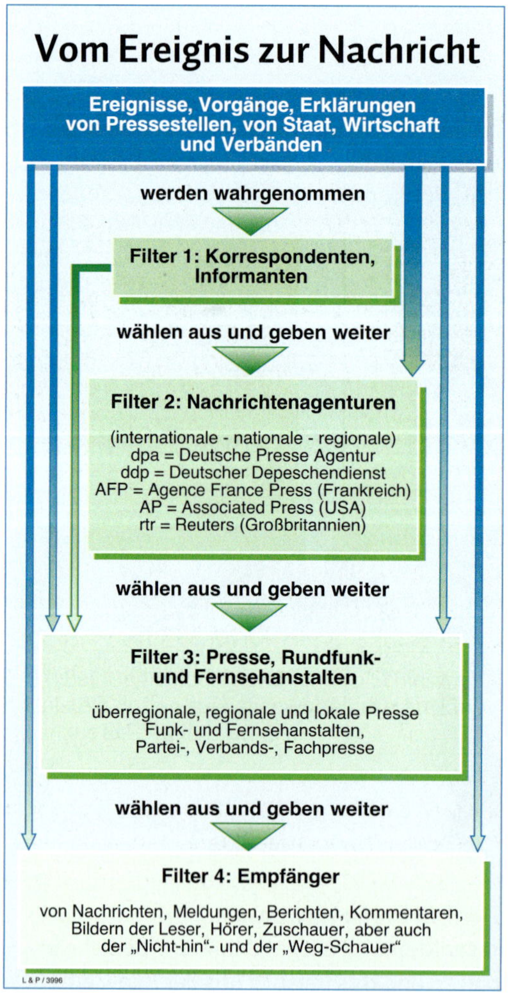

Medienschau

Presseschau
Bringt verschiedene Zeitungen in den Unterricht mit. Sortiert sie nach Gattungen: Tageszeitungen, Wochenzeitungen, Sonntagszeitungen. Stellt zusammen, über welche politischen Ereignisse die verschiedenen Zeitungen informieren. Vergleicht die Meldungen zum gleichen Sachverhalt in den einzelnen Zeitungen.

Politische Magazine im Fernsehen
Informiert euch (zum Beispiel in Programmzeitschriften) welche politischen Sendungen die einzelnen Sender anbieten. Erarbeitet eine Übersicht.

Pressefoto-Betrachtung
Tragt Bilder zu politischen Ereignissen zusammen. Schildert jeweils, was auf dem Bild zu sehen ist. Formuliert zum Bild verschiedene Bildunterschriften. Versucht dabei, mit gegensätzlichen Texten dem Bild eine unterschiedliche Aussage zu geben, den Betrachter also zu manipulieren.

Nachrichtensendung analysieren
Zeichnet zwei Nachrichtensendungen vom gleichen Tag auf und vergleicht sie, z. B. die ARD-Tagesschau und die Nachrichtensendung von PRO 7. Was stellt ihr bei dem Vergleich fest?

1 Hilfe
Zu den Gefahren: Setze bei „werden wahrgenommen" und „wählen aus und geben weiter" an.

1 Betrachte das Schaubild „Vom Ereignis zur Nachricht": Welche Gefahren könnten auf dem Weg bis hin zum Empfänger bestehen?
2 Führt die Medienschau in vier Gruppen durch. Jede Gruppe informiert dann die anderen.
3 Welche Absicht verfolgt der Kabarettist wohl mit seiner Aussage?

Baumwiesen-Affäre

Muss Gemeinderat Stiefel zurücktreten?

Stiefel war bei Abstimmung über Bauland befangen

Wie unsere Reporterin recherchiert hat, verkaufte Gemeinderat Kurt Stiefel seine Baumwiese an einen Strohmann. Dieser bezahlte für die gesamte Wiese einen „symbolischen" Preis von 1 Euro. Gemeinderat Stiefel war so nicht mehr Eigentümer der Baumwiese und konnte daher an der Abstimmung teilnehmen, die mit einer Stimme Mehrheit das landschaftlich reizvolle Guldental zum Baugebiet machte. Wenige Tage nach der Abstimmung kaufte Stiefel das Grundstück von seinem Strohmann zum Preis von 1 Euro zurück. Die Bauplätze im Guldental sollen nach ersten Informationen zu einem Preis von 650 Euro pro Quadratmeter angeboten werden. Bürgermeisterin Corinna Herrmann hat für morgen eine Pressekonferenz angekündigt.

Baumwiesen-Affäre

Kurt Stiefel bietet Rücktritt an

Ratsmitglied räumt Verfehlung ein

Im Anschluss an die Pressekonferenz zur Baumwiesen-Affäre hat Gemeinderat Kurt Stiefel seinen Rücktritt angeboten. Ohne die hartnäckigen Recherchen unserer Reporterin wäre der Skandal um das Bauland im Guldental nicht ans Licht gekommen. Zahlreiche Ratsmitglieder und die Bürgermeisterin äußerten ihre Enttäuschung über das Verhalten von Kurt Stiefel. Über die weitere Entwicklung in dieser Sache werden wir die Bürgerinnen und Bürger auf dem Laufenden halten.

1991	„Traumschiff-Affäre" führt zum Rücktritt von Ministerpräsident Lothar Späth in Baden-Württemberg
1993	„Amigo-Affäre" führt zum Rücktritt des bayerischen Ministerpräsidenten Max Streibl
1993	„Spenden-Affäre" um den damaligen Bundeskanzler Helmut Kohl
2001	„Rabatt-Affäre" des sächsischen Ministerpräsidenten Kurt Biedenkopf
2002	„Spendenskandal" der SPD in Köln
2008	Skandal wegen Steuerhinterziehung führt zum Rücktritt des Vorstandsvorsitzenden der Deutschen Post Klaus Zumwinkel

(Zeichnung: Starke, Arnstadt)

Affären haben auch in der Bundesrepublik Deutschland in den letzten Jahrzehnten den Glauben an die Moral der Politiker und Politikerinnen erschüttert. Hinzu kommen die zahlreichen Skandale, in die Unternehmen und ihre Repräsentanten verwickelt waren. Die sechs beispielhaft genannten politischen Affären wurden maßgeblich von den Medien aufgedeckt und weiterverfolgt. Es drängt sich die Frage auf: Können Journalisten die „Tugendwächter der Nation" sein?
Hans Leyendecker, leitender politischer Redakteur der Süddeutschen Zeitung in München, meint, dass dies nur in sehr begrenztem Umfang möglich sei. Die Aufgabe der Medien sei es, Vermittler zwischen Politik, Wirtschaft und Öffentlichkeit zu sein. Die Medien seien daneben aber auch die Kritiker und Kontrolleure der Mächtigen im Staat. Journalisten hätten die Aufgabe, „die dunkle Seite der Macht auszuleuchten" und den Mächtigen das Gefühl zu geben, dass der Missbrauch von Macht nicht völlig gefahrlos ist. So seien die großen politischen Skandale der Nachkriegszeit nicht von den Parlamenten, sondern von Journalisten aufgedeckt worden.

Affäre
besondere, oft unangenehme Sache; peinlicher Vorfall

Skandal
Ärgernis; aufsehenerregendes, schockierendes Vorkommnis

1 Erläutere, was das Beispiel (der erfundenen) „Baumwiesen-Affäre" deutlich macht.
2 Beschreibe, welche Aufgabe der Medien an diesem Beispiel besonders deutlich wird.
3 „Medien üben eine große Macht aus!" Nimm zu dieser Aussage Stellung und beziehe dabei auch die Karikatur ein.

3 Hilfe
Die linke Person in der Karikatur ist der damalige Bundeskanzler Helmut Kohl. Beachte, was die Personen in den Händen halten.

Massenmedien
Vermittler von Nachrichten, Wissen und Unterhaltung für ein großes Publikum, z. B. Rundfunk und Fernsehen, Zeitungen, Illustrierten

Aus der Fülle des Angebots der öffentlichen Kommunikation bestimmen die Massenmedien, welche Themen sie dem Publikum anbieten und welche nicht. (...) Wer mit seiner Botschaft oder seinem Anliegen den Sprung in die Medien nicht schafft, hat keine Chance gehört zu werden. Es ist so, als ob es das Thema oder die Botschaft nicht gäbe. Für Politiker und andere von der Öffentlichkeit abhängige Berufsgruppen ist also die Frage, wie sie in die Medien kommen und wie sie darin dargestellt werden, eine Überlebensfrage. Darum beschäftigen zahlreiche Institutionen, Organisationen und Firmen ganze Heerscharen von Medienexperten, Pressesprechern und für Öffentlichkeitsarbeit zuständige Leute, die immerzu darüber nachdenken, wie sie die Aufmerksamkeit der Medien erhaschen und bestimmte Themen in die Öffentlichkeit lancieren können. Wenn das Thema alle angeht, ist das völlig in Ordnung. Wenn es ausschließlich dem Urheber dient, hat es in einem Massenmedium nichts zu suchen, es sei denn als Werbeanzeige bzw. -spot.

lancieren
auf geschickte Weise bewirken, dass etwas in die Öffentlichkeit gelangt, bekannt wird

(aus: Ludwig Maaßen: Massenmedien. Heidelberg: Hüthig Verlag 1996, S. 102)

(Karikatur oben: Burkhard Mohr)
(Karikatur unten: Klaus Stuttmann)

Rivalität
Nebenbuhlerschaft, Kampf um den Vorrang

Debatte
Erörterung bzw. Aussprache, die zu einem bestimmten, festgelegten Thema geführt wird, wobei die verschiedenen Meinungen dargelegt werden

Auf der Suche nach vielen Kunden wenden sie viele der Regeln des Pop auf ihre Berichte über die Politik an. Politik wird auf das verkürzt, was unterhaltsam ist. Eine persönliche Rivalität zwischen zwei Politikern erscheint wie ein sportlicher Machtkampf – wer wird Sieger? Von einer stundenlangen Debatte werden Sekundenausschnitte gezeigt, die Aufmerksamkeit erregen, vielleicht gerade der Augenblick mit einer Beleidigung des Gegners oder seinem Hohngelächter. Von einem Treffen der Staatslenker sehen wir das Vor- und Abfahren der großen Autos, den Prunk der Paraden, die Gesichter der Prominenten. Von einem schwierigen Konflikt, etwa in Afghanistan, werden uns vor allem die fasziniert fremdartigen Gestalten gezeigt und vielleicht noch Bilder von fremd anmutendem Tun. Die schwierigen Prozesse der Politik schrumpfen in der Bearbeitung der Medien für ein großes Publikum häufig auf unterhaltsame Bilder der Stars der Politik, schöner und faszinierender Kulissen und Showereignisse zusammen. (...)

Die Massenmedien wissen aus langer und täglich erneuerter Erfahrung, was sie zeigen müssen, um viele Kunden zu befriedigen. Oft gelingt ihnen das sehr gut, aber um den Preis, dass von der Politik selbst, um die es dabei ja immerhin auch noch gehen sollte, das, was eigentlich wichtig ist, gar nicht mehr vorkommt. (...) Politik braucht in der Demokratie ja die Zustimmung der Bürgerinnen und Bürger, ganz allgemein. Die einzelnen Politiker und Parteien suchen natürlich die größtmögliche Zustimmung für sich selbst und ihre Angebote in der Konkurrenz zu dem der anderen Politiker und Parteien. Sie brauchen das größtmögliche Publikum. Wie sie das erreichen können, haben ihnen die Massenmedien ja nun schon vorgemacht. Sie studieren genau, wie die Massenmedien es machen, und tun es ihnen gleich. Zusammen mit ihren Beratern stellen sie nun sich selbst und das, was sie machen und planen, möglichst ganz genau so dar, wie es die publikumsträchtigen Regeln der Massenmedien vormachen. (...)

(Thomas Meyer: Pop und Politik/www.hypermaschine.de 2003)

Anne Will-Talkshow, ausgestrahlt am 29. 03. 2009 im Ersten. Thema: „Mehr Moral per Gesetz – sorgt die Politik nun für Ordnung?“

Am Gespräch nahmen teil – von links nach rechts: Oswald Metzger (Publizist), Thomas Borer-Fielding (Unternehmensberater), Christian Wulff (CDU, damals Ministerpräsident von Niedersachsen, seit Ende Juni 2010 Bundespräsident), Anne Will (Moderatorin), Gesine Schwan (SPD), Klaus Ernst (DIE LINKE).

Der mediale Auftritt beispielsweise in einer Talkshow im Fernsehen gehört inzwischen zum Arbeitsalltag der Politiker und Politikerinnen.

Bundestagsvizepräsident Wolfgang Thierse in einem Interview

Das Parlament: Die Presse wird in Analogie zu Legislative, Exekutive und Judikative gerne als vierte Gewalt im Staat bezeichnet. Kommt ihr damit ein zu hohes Maß an Macht zu?

Thierse: Diese Frage ist nicht so einfach zu beantworten. Es gibt ganz ohne Zweifel eine wirkliche Medienmacht. Es gibt Politiker; die meinen, Politik zu machen, indem sie Journalisten etwas „stecken“. Und ebenso versuchen Journalisten, Macht auszuüben, wenn sie bestimmte Politiker „machen“. Dagegen hilft nur journalistische Vielfalt. – Es ist die fundamentale Aufgabe der Medien in einer Demokratie, Politik sowohl zu vermitteln wie auch kritisch zu beleuchten, also zu kontrollieren. Und weil diese Aufgabe zu wichtig ist, stellt die Pressefreiheit ein kostbares und unbedingt zu verteidigendes Gut dar. Sie steht deshalb ja auch unter dem Schutz unserer Verfassung. Es ist allerdings eine andere Frage, inwieweit sich Medien und Journalisten dieser Verantwortung bewusst sind. (...)

Das Parlament: Sie haben vor einiger Zeit kritisiert, dass sich gesellschaftlich relevante Debatten zunehmend aus dem Plenarsaal des Deutschen Bundestages in politische Talkshows verlagert haben. Glauben Sie, dass dieser Prozess umkehrbar ist?

Thierse: Dass Talkshows einen Beitrag zur Vermittlung von Politik leisten, das will und kann ich nicht kritisieren. Was mich aber beunruhigt ist, dass der Ernst und die Verantwortung von Politik überdeckt wird durch den Eindruck folgenloser Streitereien, den die Zuschauer bekommen. Aber zum Glück wird über Gesetze oder etwa Militäreinsätze nicht in Talkshows, sondern im Bundestag entschieden. Erst im Parlament wird es ernst. Daran muss hin und wieder erinnert werden (...). Dass sich wirklich wichtige Debatten verlagert hätten, das behaupte ich auch gar nicht, denn sie finden im Bundestag ja nach wie vor statt. Allerdings, und das ist ein Problem der Wahrnehmung durch die Bürger, finden sie im Bundestag häufig später statt, wenn auch sorgfältiger und fundierter als im Fernsehen. Gelegentlich hört dann aber keiner mehr zu, (...).

(aus: Das Parlament, 03./10. 03. 2003, S. 3)

Wolfgang Thierse

Analogie Entsprechung, Übereinstimmung

Legislative, Exekutive und Judikative gesetzgebende, ausführende und rechtsprechende Gewalt

fundamentale grundlegende

relevante bedeutsame, wichtige

1 Werte die beiden Texte auf Seite 44 aus. Gib die Kerngedanken in eigenen Worten wieder.

2 Fasse stichwortartig zusammen, was Bundestagsvizepräsident Wolfgang Thierse zum Verhältnis zwischen Medien und Politik sagt. Was stört ihn an politischen Talkshows?

3 Analysiere die beiden Karikaturen.

3 Hilfe
Beachte bei der unteren Karikatur die Unterzeile.

Massenmedien: Pro und Kontra

Manipulation
bewusster und gezielter Einfluss auf Menschen ohne deren Wissen und oft gegen deren Willen; absichtliche Verfälschung von Informationen durch Auswahl, Zusätze oder Auslassungen

Pro

- Massenmedien schaffen Öffentlichkeit für gesellschaftlich wichtige Themen und Probleme:
  Herstellung von Öffentlichkeit
- Demokratie setzt informierte Bürger voraus. Die Medien vermitteln zwischen den Politikern und den Bürgern:
  Vermittlungsfunktion, Kommunikationsfunktion
- Medien informieren und unterstützen die Meinungsbildung:
  Informationsfunktion
- Der Kultur- und Bildungsauftrag der öffentlich-rechtlichen Medien sichert die informelle Grundversorgung der Menschen:
  Bildungsauftrag und Grundversorgung
- Massenmedien bringen eine Gesellschaft auch zusammen:
  Integrationsfunktion
- Medien ermöglichen die Orientierung in der Informationsflut:
  Orientierungsfunktion

Kontra

- Durch die Massenmedien werden nicht die wirklich wichtigen Themen öffentlich, sondern bloß die besonders sensationellen. Die Medien zeichnen so ein falsches Bild der Wirklichkeit:
  Verfälschung
- Sie müssen Informationen auswählen, die Auswahlkriterien werden nicht offengelegt:
  Gefahr der Manipulation
- Gesellschaftliche Randgruppen haben weniger Chancen, in den Medien zu Wort zu kommen. Medien zementieren also eher bestehende Machtverhältnisse:
  Stabilisierungstendenz
- Die zunehmende Medienkonzentration führt zu einer einseitigen Medienlandschaft:
  Verlust der Vielfalt
- Durch zunehmende Kommerzialisierung steigt der Druck auf die Redaktionen – auch auf die öffentlich-rechtlichen Medien –, immer mehr „Blut- und Schande"-Themen zu bringen, damit die Quote oder die Auflage stimmt:
  Verflachung
- Medien vermitteln nur eine bestimmte Sicht der Welt:
  Einseitigkeit
- Medien können im Interesse einzelner Gruppen Politik machen:
  Wirtschaftliche oder politische Abhängigkeiten

(aus: Politik & Unterricht 1/2002, MEDIEN, S. 24 f. Hg.: Landeszentrale für politische Bildung Baden-Württemberg, Stuttgart)

1 Setzt euch mit den Pro- und Kontra-Argumenten zu Massenmedien auseinander und führt dazu eine Klassendiskussion.

Grundgesetz: Artikel 5

(1) Jeder hat das Recht, seine Meinung in Wort, Schrift und Bild frei zu äußern und zu verbreiten und sich aus allgemein zugänglichen Quellen ungehindert zu unterrichten. Die Pressefreiheit und die Freiheit der Berichterstattung durch Rundfunk und Film werden gewährleistet. Eine Zensur findet nicht statt.

Zensur
staatliche Kontrolle der Berichterstattung in den Medien

Die Pressefreiheit ist für Demokratien wichtig. Durch das Recht, unbeschränkt über Ereignisse in Politik, Verwaltung und Wirtschaft zu berichten, werden häufig Missstände aufgedeckt, die sonst verborgen bleiben würden. So üben die Medien über die Mächtigen im Land eine Kontrolle aus. Häufig führt ein Anfangsverdacht dazu, dass die Massenmedien selbst weitere Nachforschungen anstellen. Durch die Pressefreiheit werden Fehlentscheidungen, Lügen, Unterschlagungen aufgedeckt.
Die Pressefreiheit ist bei uns durch das Grundgesetz garantiert. Keine staatliche Behörde darf Zeitungen kontrollieren oder Sendungen verbieten. Journalisten und Journalistinnen müssen ihre Berichte von keinem Amt genehmigen lassen und brauchen keine Angst zu haben, für die Kritik an Mächtigen verhaftet zu werden. Dieses Fehlen von Druck und Zwang nennt man „äußere Pressefreiheit". Mit „innerer Pressefreiheit" ist die Unabhängigkeit von Journalisten gemeint. Sie sollen das schreiben können, was sie für richtig halten, ohne auf mögliche Wünsche ihres Arbeitgebers, ihrer Leser und Leserinnen oder von Anzeigenkunden eingehen zu müssen.

	Aussagen
1	Die Pressefreiheit soll dafür sorgen, dass es jeden Tag für die Massenmedien genug Nachrichten gibt.
2	Durch die Pressefreiheit soll das Tun von Regierungen, Verwaltungen usw. durchsichtig gemacht werden.
3	Die Pressefreiheit ist eine Form der Meinungsfreiheit, die in der Demokratie jedem zusteht.
4	Die Pressefreiheit soll dafür sorgen, dass kein Politiker und keine Politikerin lange an der Macht bleiben kann.
5	Die Pressefreiheit trägt dazu bei, dass Politiker und Politikerinnen nicht wie in einer Diktatur herrschen.
6	Die Pressefreiheit erlaubt es, dass Zeitungen alles schreiben können, was sie wollen.
7	Die Pressefreiheit gilt nur für die Printmedien wie Zeitungen und Zeitschriften.
8	Innere Pressefreiheit meint, dass Journalisten das schreiben können sollen, das sie für richtig halten.
9	Wirtschaftliche Krisen und Probleme der Medienunternehmen können Gefahren für die Pressefreiheit bergen.

1 Beschreibe, wie Pressefreiheit und Demokratie zusammenhängen.
2 Notiere, welche der neun Aussagen im Kasten zutreffen und welche nicht zutreffen oder kreuze auf dem Arbeitsblatt an. Stelle die falschen Aussagen richtig.
3 Benenne die Aussage der Karikatur.

1 Hilfe
Eine freie Berichterstattung ist nur …
Die Medien kontrollieren …

Pressefreiheit – nicht selbstverständlich

Diese Karikatur des französischen Zeichners J. J. Grandville erschien 1847 in einer Zeitschrift, die mit der Zensur in Konflikt geraten war. Die Unterschrift lautete: „Süße heilige Zensur, lass uns gehen auf deiner Spur, leite uns an deiner Hand, Kindern gleich, am Gängelband."

DDR-Zeitungen (1973)

Die Meinungs- und Pressefreiheit musste im Laufe der Geschichte erkämpft werden. Zu allen Zeiten haben die Herrschenden versucht, diese Freiheit einzuschränken und zu unterdrücken. So gab es schon kurze Zeit nach der Erfindung des Buchdrucks Anordnungen von Kirche und Staat, die den Druck von Schriften ohne vorherige Genehmigung untersagten. Später, zu Beginn des 19. Jahrhunderts, führten die deutschen Fürsten in ihren Staaten eine strenge Zensur ein, um ein Übergreifen der Gedanken der Französischen Revolution auf ihr Herrschaftsgebiet zu verhindern. Diktatoren und undemokratische Regierungen setzten zu allen Zeiten verschiedene Mittel ein, um eine freie Berichterstattung zu unterbinden. Kritische Zeitungen werden verboten, unliebsame Journalisten verhaftet, gefoltert, ermordet. Neben solchen offenen Unterdrückungsmaßnahmen werden auch versteckte Methoden angewandt: Nur regierungstreue Zeitungen erhalten Druckpapier, Anhänger der Staatspartei werden als Chefredakteure eingesetzt, regierungskritische Journalisten als Spione angeklagt. Eine weitere Methode, um die Pressefreiheit einzuschränken ist die „Lenkung" der Presse. So gab es in der früheren DDR zwar verschiedene Zeitungen, alle mussten jedoch das Gleiche berichten. Von der Regierung erhielten die Redaktionen Anweisungen, worüber berichtet werden soll, wie Ereignisse zu werten seien und welche Themen unerwünscht sind. Auch heute ist in vielen Ländern der Erde die Presse nicht frei. Die Organisation „Reporter ohne Grenzen" berichtet laufend über die Verletzungen der Pressefreiheit. Eine neue Form, die freie Berichterstattung zu behindern, ist die Kontrolle der Kommunikationsverbindungen. So wurden z. B. im Iran im Frühsommer 2009 die Internet- und Mobilfunkverbindungen abgeschaltet um zu verhindern, dass über Massendemonstrationen gegen die Staatsführung berichtet wird.

Diktator
Person, die die uneingeschränkte Herrschaft in einem Staat ausübt

Staatspartei
Partei, die alles im Staat beherrscht. Kennzeichen für eine Diktatur

REPORTER OHNE GRENZEN
FÜR PRESSEFREIHEIT

Aktuelle Informationen über die Verletzung der Pressefreiheit weltweit unter: www.reporter-ohne-grenzen.de

1. Erläutere, warum die Pressefreiheit ständig gefährdet war und ist.
2. Die Pressefreiheit kann auf sehr unterschiedliche Art und Weise verletzt werden. Notiere stichwortartig einige Methoden.
3. Erkläre, was die beiden Abbildungen mit der Verletzung der Pressefreiheit zu tun haben.

Thema: Pressefreiheit weltweit

„Reporter ohne Grenzen" wurde 1985 in Frankreich gegründet. Ziel der Organisation ist es, Verstöße gegen die Pressefreiheit auf der ganzen Welt zu erfassen, bekannt zu machen und Aktionen dagegen durchzuführen. Journalisten aus aller Welt schicken der Zentrale in Paris Berichte über die Situation der Pressefreiheit in ihren Ländern. Im Internet werden diese Meldungen weiter verbreitet und so über den Zustand der Pressefreiheit berichtet. Am Beispiel der Homepage von „Reporter ohne Grenzen" könnt ihr trainieren, wie man sich gezielt Informationen im Internet beschaffen kann. Gleichzeitig erfahrt ihr, wie es weltweit um die Pressefreiheit steht.

Links auf der Homepage findet man eine Navigationsleiste mit Stichwörtern. Klickt man ein Stichwort mit der Maus an, wird man zu dem Unterpunkt geführt.

Hier findet man unter der Überschrift „Barometer" Zahlen zur Verfolgung von Journalisten.

Der mittlere Teil der Homepage enthält aktuelle Meldungen. Dieser Teil ändert sich ständig.

Klickt man auf die Stichworte rechts, erhält man aktuelle Informationen.

Erkundung der Internet-Seite

1. Klicke auf der linken Seite der Homepage das Stichwort „Rangliste der Pressefreiheit" an:
   - Wie viele Fragen werden zur Erstellung der Rangliste herangezogen?
   - Wie viele Staaten wurden bei der Auswertung berücksichtigt?
   - Welche Staaten nehmen in Sachen Pressefreiheit die besten Rangplätze ein?
   - Welcher Staat steht auf dem schlechtesten Rangplatz?
   - Welchen Rangplatz hat Deutschland inne?
2. Klicke das Stichwort „Feinde der Pressefreiheit" an:
   - Wie viele Feinde der Pressefreiheit werden insgesamt genannt?
   - Wer wird für „Europa und die ehemalige Sowjetunion" als Feind der Pressefreiheit genannt?
3. Gehe auf der rechten Seite zu „Suche". Gib in dem Kästchen „Suchbegriff" dann das Schlagwort „Zensur" ein: Wie lautet der Titel der aktuellsten Meldung?
4. Welche aktuellen Zahlen enthält das „Barometer"? In welchem Staat sind die meisten Journalisten inhaftiert?
5. Klicke in der Navigationsleiste auf der Homepage das Stichwort „Archiv" an:
   - In welche Unterpunkte ist das Archiv gegliedert?
   - Klicke den Unterpunkt „Kampagnen" an: Worüber wird berichtet?

Von der Organisation „Reporter ohne Grenzen" initierte Demonstration für Pressefreiheit

1 Erkunde die Homepage von „Reporter ohne Grenzen" (www.reporter-ohne-grenzen.de). Beantworte die Erkundungsfragen im Kasten.

2 Gib bei der Suchmaschine www.google.de das Stichwort „Pressefreiheit weltweit" ein. Wie viele Seiten auf Deutsch werden aufgeführt? Welche Internetadressen werden an den ersten Stellen genannt?

Massenmedien

Von besonderer Bedeutung sind die Medien, mit denen einer großen Zahl von Menschen etwas mitgeteilt oder gezeigt werden kann. Solche Medien nennt man Massenmedien. Dazu gehören zum Beispiel Fernsehen, Radio, Zeitungen.

Zeitungen / Zeitschriften

Zeitungen kann man danach unterscheiden, wie sie vertrieben werden. Abonnementszeitungen werden ihren Leserinnen und Lesern durch Zeitungszusteller oder durch die Post zugestellt, aber auch im Zeitschriftenhandel angeboten. Boulevardzeitungen werden auf der Straße, in Kiosken oder Läden verkauft. Es gibt Zeitungen, die täglich erscheinen, und solche, die wöchentlich erscheinen. Neben den Zeitungen gibt es eine Vielzahl an Zeitschriften.

Fernsehen

Das Fernsehen wird wie der Hörfunk von Rundfunkanstalten gemacht und ausgestrahlt. Bei den Rundfunkanstalten muss man zwischen den öffentlich-rechtlichen und den privaten unterscheiden. An die öffentlich-rechtlichen Sendeanstalten müssen die Zuschauer und Zuhörer monatliche Gebühren bezahlen. Die privaten Sender finanzieren sich nur durch Einnahmen aus der Werbung.

Massenmedium Internet

Das Internet hat sowohl die Arbeitswelt als auch die private Kommunikation grundlegend verändert. Immer mehr Menschen stellen auch ihre privaten Daten ins Netz. Damit sind sie für jeden zugänglich. Insbesondere junge Leute bedenken dabei oft nicht, dass ihre Onlineprofile über viele Jahre abrufbar sind – z.B. später, wenn sie sich bewerben, von Personalchefs.

Aufgaben der Medien

Die Massenmedien haben neben der Aufgabe der Unterhaltung drei politische Aufgaben: informieren, zur Meinungsbildung beitragen, kontrollieren. Die Medien sollen so vollständig, sachlich und verständlich wie möglich informieren, damit die Bürgerinnen und Bürger in der Lage sind, das öffentliche Geschehen zu verfolgen. Für die Meinungsbildung sind die Medien wichtig, weil in einer Demokratie politische Fragen in freier und öffentlicher Diskussion erörtert werden sollen. Die Medien bringen Missstände, Fehler und Fehlverhalten in Politik und Wirtschaft an die Öffentlichkeit; dadurch üben sie eine Kontrollfunktion aus.

Macht der Medien

Durch ihre Berichterstattung beeinflussen die Medien die Meinungsbildung vieler Menschen. Weil es in einer Demokratie möglich ist, Missstände im Staat aufzudecken und Politiker und Politikerinnen zu kritisieren, üben die Medien Macht aus. Daher werden die Massenmedien oft neben den gesetzgebenden Parlamenten, den Regierungen und den Gerichten als „vierte Gewalt“ im demokratischen Staat bezeichnet.

Medien und Politik

Für viele Bürgerinnen und Bürger sind die Medien der einzige Zugang zu politischen Fragen. Was die Massenmedien zum Thema machen, bewegt die Öffentlichkeit. In einer Demokratie müssen Politiker und Politikerinnen ihre Anliegen und Überzeugungen der Öffentlichkeit nahebringen, d.h., sie brauchen die Massenmedien als Vermittler ihrer Vorstellungen. Die Massenmedien wiederum brauchen die Politikerinnen und Politiker, die ihnen interessante Schlagzeilen liefern.

Pressefreiheit

Das Grundgesetz garantiert in Artikel 4 neben der Meinungsfreiheit auch die Pressefreiheit. Sie gilt für alle Massenmedien. Die Pressefreiheit ist nichts Selbstverständliches. Es gibt viele Staaten, in denen die freie Arbeit für Journalistinnen und Journalisten schwierig und gefährlich ist. In Diktaturen dürfen die Medien nur über das berichten, was den Machthabern genehm ist.

Einschränkungen der Pressefreiheit

Pressefreiheit bedeutet nicht Schrankenlosigkeit. In Artikel 5 des Grundgesetzes heißt es auch: „Die Rechte finden ihre Schranken in den Vorschriften der allgemeinen Gesetze, den gesetzlichen Bestimmungen zum Schutze der Jugend und in dem Recht der persönlichen Ehre.“ Das bedeutet z.B., dass Journalisten andere nicht durch Lügen verleumden dürfen. Über das Privatleben eines Menschen dürfen sie nur berichten, wenn daran – wie z.B. bei Politikern oder Stars – ein öffentliches Interesse besteht. Mit Rücksicht auf Jugendliche soll auf sensationsheischende Darstellungen von Gewalt und Brutalität verzichtet werden.

Verantwortung der Medien

Wer von Pressefreiheit in den Massenmedien Gebrauch macht, hat auch eine entsprechende Verantwortung. Der Kampf um Auflagenhöhe und Einschaltquoten darf nicht dazu führen, Sachverhalte aufzubauschen oder gar zu verfälschen. Immer wieder besteht die Gefahr der Manipulation, also der Beeinflussung anderer durch Täuschung. Einseitige Nachrichtenauswahl, verfälschende Kameraeinstellungen, beeinflussende Schlagzeilen sind Beispiele für versteckte Manipulationen.

Sachkompetenz

1 **Löse das Rätsel.** Benutze dazu das Arbeitsblatt oder notiere die gesuchten Begriffe auf einem Blatt und markiere anschließend die Lösungsbuchstaben. Sie ergeben von 1 bis 17 gelesen die Lösung.

1. ____________ ist der Oberbegriff für Medien wie Fernsehen, Rundfunk, Zeitungen.
2. Hilfreich bei der Suche im Internet sind sogenannte ____________. Eine der bekanntesten ist Google.
3. Artikel 5 des Grundgesetzes garantiert die ____________ und die Freiheit der Berichterstattung.
4. Die Medien werden oft als ______ ______ bezeichnet, da sie neben Legislative, Exekutive und Judikative eine wichtige Aufklärungs- und Kontrollfunktion im Staat wahrnehmen.
5. Bei der Preisgabe persönlicher _____ im Internet sind insbesondere Jugendlichen oft viel zu leichtfertig. Sie bedenken nicht, dass die Daten über einen langen Zeitraum für jedermann zugänglich sind.
6. Die vier Aufgaben der Medien sind Information, ____________, Unterhaltung und Kontrolle.
7. In einer ________ unterhalten sich meist prominente Personen aus Politik, Wirtschaft, Kultur, Sport über ein vorher festgelegtes Thema.
8. Gedruckte Informationsquellen bezeichnet man als ___________.
9. Die Organisation ________ ____ _______ setzt sich weltweit für die Pressefreiheit ein.
10. _________ und StudiVZ sind soziale Netzwerke, die von vielen Schülerinnen und Schülern und Studentinnen und Studenten, aber auch von älteren Personen genutzt werden.
11. Wenn Informationen durch zum Beispiel einseitige Auswahl oder Auslassungen verfälscht werden, spricht man auch von ____________.
12. Eine der häufigsten Nutzungsarten des Internets ist das Versenden von _-_____. Fast jeder Internetnutzer macht von der Möglichkeit Gebrauch, so Mitteilungen an Freunde zu versenden.
13. Für viele ist die ____________ die wichtigste Informationsquelle. Auf Wunsch wird sie per Post oder Zusteller ins Haus geliefert.
14. Die Medien machen Missstände und Fehlverhalten in Politik und Wirtschaft öffentlich und üben so eine wichtige ________________ in Staat und Gesellschaft aus.
15. Der Kultur- und Bildungsauftrag der öffentlich-rechtlichen Medien sichert die informationelle _______________ der Bürgerinnen und Bürger.
16. Das ________ ist ein weltweites Netzwerk zum Austausch digitaler Daten.
17. Mit dem Begriff ______ wird eine staatliche Kontrolle der Berichterstattung in den Medien bezeichnet.

Methoden- und Handlungskompetenz

2 **Informiert eure Mitschülerinnen und Mitschüler über die hauptsächlichen Gefahren des Internets.** Ihr könnt zu diesem Zweck zum Beispiel eine Wandzeitung gestalten, einen Artikel für die Schülerzeitung verfassen oder eine Plakatserie erstellen.

Methodenkompetenz

3 Zeigt spielend eure Kompetenz. Die folgende Anleitung hilft euch bei der Erstellung eines Lernspiels „Unsere Gemeinde/Stadt" in Gruppenarbeit, je Gruppe vier bis fünf Schülerinnen und Schüler. Für das Spiel wird ein Würfel und für jede Spielerin und jeden Spieler eine Spielfigur benötigt.

Schüler A erstellt das Spielfeld mit 40 nummerierten Feldern auf einem DIN-A3-Blatt, z. B. vom Zeichenblock. Alle Felder mit geraden Zahlen werden rot angemalt (Ausnahme: Feld 20); dies sind die „Fragefelder". Feld 20 erhält die Farbe Grün; dieses Feld ist das „Rettungsfeld". Vier Felder werden blau angemalt; dies sind die „Aussetzfelder".

Schüler B schneidet aus Karton oder einem festen Papier etwa 30 Fragekarten aus, jede ca. 10 x 7 cm groß.

Schüler C, D und E überlegen sich etwa 30 Fragen für die Fragekarten zum Thema „Gemeinde". Jede Frage wird auf eins der Kärtchen geschrieben. Darunter wird in einer anderen Farbe die Antwort notiert.

Spielregeln

- Wer auf ein „Aussetzfeld" kommt, setzt einmal aus.
- Kommt eine Spielerin oder ein Spieler auf ein „Fragefeld", so zieht eine Mitspielerin oder ein Mitspieler die Fragekarte und stellt die notierte Frage.
- Beantwortet die Spielerin oder der Spieler die Frage richtig, kann er bzw. sie auf dem Spielfeld bleiben. Im Zweifelsfall entscheiden die Mitspieler durch Abstimmung, ob die Frage richtig beantwortet wurde.
- Beantwortet die Spielerin oder der Spieler die Frage nicht richtig, muss er bzw. sie zurück zur Startposition.
- Befindet sich die Spielerin oder der Spieler jedoch bereits weiter als Feld 20, so muss er bzw. sie nur bis zu diesem „Rettungsfeld" zurück.

Urteilskompetenz

4 Verfasse einen Leserbrief. Der nachfolgende Textauszug stammt aus einem Leserbrief in einer Zeitung. Nimm Stellung dazu, indem du in einem eigenen Leserbrief antwortest.

... Man muss heute doch von einer regelrechten Medienverseuchung sprechen, wenn man den Alltag unserer Jugend betrachtet. Für viele ist Freizeit gleichzusetzen mit Computerspiel. Persönliche Kontakte zu Gleichaltrigen werden vernachlässigt, Sport und Spiel draußen kennen manche nur noch vom Hörensagen. Die virtuelle Welt ist ihnen wichtiger als die reale.

Hinzu kommt der Handy-Wahn. Ständig tippen die Kinder und Jugendlichen auf den Dingern herum und schicken sich belanglose Nachrichten zu. Und jene, die gerade nicht mit dem Verfassen einer SMS beschäftigt sind, telefonieren mit Freunden, die nur 500 m entfernt um die Ecke wohnen.

Das dritte Übel ist der maßlose Fernsehkonsum. Das Abendessen nehmen viele Kids vor der Glotze und nicht, was wünschenswert wäre, gemeinsam mit der Familie ein. Völlig ausgeschlossen, dass auch nur auf eine einzige Folge der geliebten Fernsehserie verzichtet wird!

Alles in allem kommen so schnell acht oder zehn Stunden Medienkonsum zusammen. Die Eltern sind dagegen machtlos. Ich fordere deshalb, dass der Staat eingreift und gesetzlich klare Regeln vorgibt. Man sollte z. B. verbieten, dass Jugendliche nach 22 Uhr noch vor dem PC sitzen und Kinder unter 14 Jahren ein Handy besitzen dürfen. Und die auf Jugendliche zugeschnittenen Vorabendserien sollten schnellstens aus den Programmen der Fernsehsender herausgenommen werden. ...

Demokratie

Kapitel 02

Die Bundesrepublik Deutschland ist eine Demokratie. Das klingt so selbstverständlich, dass viele sich gar nicht mehr fragen, was eine demokratische Gesellschaft eigentlich ausmacht. Unser Staat garantiert den Bürgerinnen und Bürgern zahlreiche Rechte, auch das Recht, am politischen Leben mitzuwirken. Sie können zum Beispiel bei Wahlen die Abgeordneten und Parteien wählen, die ihre Ansichten und Interessen am ehesten vertreten oder selbst in einer Partei mitarbeiten. Daneben bieten sich aber noch viele andere Möglichkeiten, in der Gesellschaft politisch mitzuwirken. Viele interessieren sich jedoch nicht für Politik. Damit eine Demokratie funktioniert, müssen aber möglichst viele zusammenarbeiten und gemeinsam Verantwortung tragen. Eine besondere Rolle spielen dabei die Politikerinnen und Politiker und die Parteien. Sie entscheiden zum Beispiel im Bundestag vieles, was uns alle betrifft. In diesem Kapitel geht es um diese Fragen:

- Was sind Menschenrechte? Warum sind sie wichtig? Welche Grundrechte garantiert das Grundgesetz?
- Was versteht man unter „Demokratie“? Worin unterscheidet sie sich von anderen Herrschaftsformen?
- Warum sind rechtliche Regelungen in einem Staat unerlässlich? Welche Aufgaben hat das Recht?
- Was versteht man unter „Gewaltenteilung“?
- Welche Grundsätze für Wahlen gelten bei uns? Welche Wahlsysteme lassen sich unterscheiden?
- Welche Grundprinzipien kennzeichnen unseren Staat? Welche Rollen spielen dabei die Parteien?
- Wie können die Bürgerinnen und Bürger im Staat mitwirken? Welche Ziele verfolgen Interessengruppen?
- Von wem wird der Deutsche Bundestag gewählt? Welche Aufgaben hat das Parlament?
- Wofür ist die Bundesregierung zuständig? Wie wird sie gebildet, wie kontrolliert?
- Was ist der Bundesrat? Welche Aufgaben hat er? Was versteht man unter „Föderalismus“?
- Wie kommt ein Bundesgesetz zustande?
- Welche Aufgaben hat der Bundespräsident? Wofür ist das Bundesverfassungsgericht zuständig?

Die Würde des Menschen: Grundlage der Menschenrechte

Julia, 18 Jahre:
„Für mich heißt Menschenwürde, dass ich so leben darf, wie ich will – auch wenn mich der ein oder andere schief anguckt. Keiner soll mir Vorschriften machen dürfen."

Herr Ude, 60 Jahre:
„Ich bin schon lange arbeitslos und muss mit ein paar hundert Euro im Monat auskommen. Ich finde es menschenunwürdig, wenn man keine Arbeit mehr bekommt."

Alexander, 18 Jahre:
„Ich habe mich schon mehr als vierzigmal beworben. Was ist denn die Menschenwürde wert, wenn man als Jugendlicher nicht einmal einen Ausbildungsplatz bekommt?"

Frau Otte, 52 Jahre:
„Jetzt wurde doch schon wieder ein kleines Mädchen von einem dieser Sexualtäter umgebracht. Solche Verbrecher verdienen die Todesstrafe – Menschenwürde hin, Menschenwürde her!"

Frau Ögur, 27 Jahre:
„Mein Glaube gebietet es mir, ein Kopftuch zu tragen. In Deutschland darf ich nur Lehrerin werden, wenn ich im Unterricht das Kopftuch ablege. Das ist gegen meine Menschenwürde."

Herr Tews, 42 Jahre:
„Wenn ich an „Big-Brother" im Fernsehen oder Gewaltszenen in Computerspielen denke, möchte ich die Macher solcher Produkte gern fragen, was sie eigentlich unter Menschenwürde verstehen."

Herr Edoga, 36 Jahre:
„Menschenwürde? Darüber reden Europäer gern – aber ich muss froh sein, wenn meine Kinder etwas zu essen bekommen. Menschenwürde können wir uns nicht leisten!"

Allgemeine Erklärung der Menschenrechte

Artikel 1

Alle Menschen sind frei und gleich an Würde und Rechten geboren. (...)

Grundgesetz der Bundesrepublik Deutschland

Artikel 1

(1) Die Würde des Menschen ist unantastbar. Sie zu achten und zu schützen ist Verpflichtung aller staatlichen Gewalt.

(2) Das Deutsche Volk bekennt sich darum zu unverletzlichen und unveräußerlichen Menschenrechten als Grundlage jeder menschlichen Gemeinschaft, des Friedens und der Gerechtigkeit in der Welt.

(3) Die nachfolgenden Grundrechte binden Gesetzgebung, vollziehende Gewalt und Rechtsprechung als unmittelbar geltendes Recht.

1 Hilfe
Beachte den Zusammenhang zwischen Menschenwürde und Menschenrechten.

1 Die Auflistung von Menschenrechten beginnt oft mit dem Hinweis auf die Würde des Menschen. Warum wohl?
2 Jede Aussage hat mit der Menschenwürde zu tun. Notiere den jeweiligen Kerngedanken.
3 Würde des Menschen: Was verstehst du darunter?

Die Menschenrechtserklärung der Vereinten Nationen

Entsetzt über die nationalsozialistischen Verbrechen Hitler-Deutschlands und andere Kriegsgräuel, nahm sich die Allianz der Kriegsgegner vor, eine friedliche, die Menschenrechte anerkennende Weltordnung zu etablieren. Ein wichtiger Schritt auf diesem Weg ist die „Allgemeine Erklärung der Menschenrechte", die die Generalversammlung der Vereinten Nationen am 10. Dezember 1948 in Paris verkündete. Die Menschenrechtserklärung umfasst insgesamt 30 Artikel, von denen acht besonders wichtige nachfolgend abgedruckt sind.

Allgemeine Erklärung der Menschenrechte

Artikel 1

Alle ...①... sind frei und gleich an ...②... und Rechten geboren. Sie sind mit Vernunft und Gewissen begabt und sollen einander im Geiste der Brüderlichkeit begegnen.

Artikel 2

Jeder Mensch hat Anspruch auf die in dieser Erklärung verkündeten Rechte und Freiheiten ohne irgendeine Unterscheidung, wie etwa nach ...③..., Farbe, Geschlecht, Sprache, Religion, politischer oder sonstiger Überzeugung, nationaler und sozialer Herkunft, nach Eigentum, Geburt oder sonstigen Umständen. (...)

Artikel 3

Jeder Mensch hat das Recht auf ...④..., Freiheit und Sicherheit der Person.

Artikel 4

Niemand darf in Sklaverei oder ...⑤... gehalten werden; Sklaverei und Sklavenhandel sind in allen Formen verboten.

Artikel 5

Niemand darf der ...⑥... oder grausamer, unmenschlicher oder erniedrigender Behandlung oder Strafe unterworfen werden.

Artikel 9

Niemand darf ...⑦... festgenommen, in Haft gehalten oder des Landes verwiesen werden.

Artikel 12

Niemand darf willkürlichen Eingriffen in sein ...⑧..., seine Familie, sein Heim oder seinen Briefwechsel noch Angriffen auf seine Ehre und seinen Ruf ausgesetzt werden. Jeder Mensch hat Anspruch auf rechtlichen Schutz gegen derartige Eingriffe oder Anschläge.

Artikel 13

(1) Jeder Mensch hat das Recht auf ...⑨... und freie Wahl seines Wohnsitzes innerhalb eines Staates.
(2) Jeder Mensch hat das Recht, jedes ...⑩..., einschließlich seines eigenen, zu verlassen sowie in sein Land zurückzukehren.

Folter
willkürlich
Land
Menschen
Leibeigenschaft
Rasse
Leben
Freizügigkeit
Würde
Privatleben

1 Die Wörter am Rand fehlen in den abgedruckten Artikeln. Wo gehören sie jeweils hin? Trage auf dem Arbeitsblatt ein oder notiere von 1 bis 10.

2 Schutz vor staatlicher Willkür, freie Entfaltung der Persönlichkeit, menschenwürdige Lebensbedingungen: Nenne für jedes dieser Ziele einige Artikel aus der Menschenrechtserklärung der Vereinten Nationen.

2 Hilfe

Manche Artikel können mehreren Zielen zugeordnet werden. So zielt z. B. bei Artikel 3 das Recht auf Freiheit auf die freie Entfaltung der Persönlichkeit und das Recht auf Sicherheit der Person auf den Schutz vor staatlicher Willkür.

Menschenrechte im Grundgesetz

Jeder Mensch hat Rechte, die ihm von Natur aus zustehen, die ihm angeboren sind. Diese Menschenrechte wurden erstmals 1789 in der Französischen Revolution feierlich erklärt. Wenn Menschenrechte in Verfassungen als grundlegende Rechte des Einzelnen schriftlich festgelegt sind, spricht man von Grundrechten. In der Verfassung der Bundesrepublik Deutschland, dem Grundgesetz, sind die Menschenrechte an erster Stelle unter „Die Grundrechte" (Artikel 1 bis 19) aufgeführt.

Französische Revolution
Die Französische Revolution dauerte von 1789 bis 1799. Durch sie wurde die absolutistische, also die uneingeschränkte Herrschaft des Königs beseitigt.

Die Grundrechte, also die Menschenrechte, bilden die Grundlage unseres Zusammenlebens. Von ihrer Zielrichtung her können Grundrechte in drei Gruppen eingeteilt werden:

- Unverletzlichkeitsrechte bieten Schutz vor staatlichen Übergriffen.
- Freiheitsrechte schützen die persönliche Freiheit und garantieren die Teilnahme an der politischen Willensbildung.
- Gleichheitsrechte zielen darauf ab, dass alle Personen gleich behandelt werden.

1

2

3

Grundgesetz: Die Grundrechte

Artikel 1:	Die Menschenwürde steht unter dem Schutz des Staates
Artikel 2:	Recht auf Leben, körperliche Unversehrtheit und freie Entfaltung der Persönlichkeit
Artikel 3:	Recht auf Gleichheit vor dem Gesetz und Gleichberechtigung von Mann und Frau
Artikel 4:	Recht auf Glaubens- und Gewissensfreiheit
Artikel 5:	Recht auf freie Meinungsäußerung und ungehinderte Information
Artikel 6:	Schutz von Ehe und Familie; Elternrecht auf Erziehung
Artikel 7:	Schule und Staat; Eltern bestimmen über Teilnahme am Religionsunterricht
Artikel 8:	Versammlungsfreiheit
Artikel 9:	Recht, Vereine und Gesellschaften zu bilden
Artikel 10:	Unverletzlichkeit des Brief-, Post- und Fernmeldegeheimnisses
Artikel 11:	Recht auf Freizügigkeit im ganzen Bundesgebiet
Artikel 12:	Recht auf freie Wahl des Berufs und des Arbeitsplatzes
Artikel 13:	Unverletzlichkeit der Wohnung
Artikel 14:	Gewährleistung des Eigentums und des Erbrechts
Artikel 15:	Möglichkeit der Vergesellschaftung von Privateigentum gegen Entschädigung
Artikel 16:	Recht auf Staatsangehörigkeit und Schutz vor Auslieferung an das Ausland
Artikel 16 a:	Asylrecht für politisch Verfolgte
Artikel 17:	Recht, Bitten und Beschwerden an das Parlament zu richten
Artikel 18:	Verwirkung von Grundrechten, wenn sie zum Kampf gegen die freiheitliche demokratische Grundordnung missbraucht werden
Artikel 19:	Recht, ein Gericht anzurufen, wenn man sich durch die öffentliche Gewalt in seinen Rechten verletzt fühlt

Grundrechte können nicht schrankenlos, also nicht ohne Grenzen gelten. Der Artikel 2 des Grundgesetzes nennt in Absatz 1 die Grenzen des jedem zustehenden Rechtsanspruchs auf freie Entfaltung der Persönlichkeit: Man darf nicht gegen die Rechte anderer, die verfassungsmäßige Ordnung und die Sittengesetze verstoßen. Solche Einschränkungen dürfen jedoch nur aufgrund von Gesetzen erfolgen, die keinesfalls ein Grundrecht in seinem Wesensgehalt antasten dürfen.

4

5

1 Frau Schwarz hat beim sonntäglichen Kaffee vergessen, die brennende Kerze zu löschen. Während sie nun durch den Stadtpark spaziert, brennt es in ihrer Wohnung. Ihre Nachbarn, durch den Brandgeruch aufmerksam geworden, brechen die Wohnungstür auf.

2 Der notwendige Erweiterungsbau einer Schule verzögert sich, weil ein Grundstückseigentümer das dafür benötigte Grundstück nicht verkaufen will. Die Stadt will das Grundstück nun gegen eine angemessene Entschädigung enteignen lassen.

3 Frau Schulz besitzt eine Zwei-Zimmer-Wohnung, die sie an Herrn Sabin vermietet hat. Sie hegt den Verdacht, dass ihr Mieter die Wohnung nicht ausreichend pflegt. Frau Schulz hat einen Schlüssel zur Wohnung und will nachsehen, ob Herr Sabin Brandflecken in den Teppichboden gemacht hat.

4 Die 19-jährige Susanne wohnt während der Ausbildung bei einer Tante in der Stadt. Diese ist bestürzt, als Susanne eines Tages einen Brief von der Justizbehörde erhält. Ob Susanne in Schwierigkeiten geraten ist, die sie nicht erzählen will? Die besorgte Tante öffnet den Brief, schließlich will sie ihrer Nichte ja helfen.

5 Herr Ulrich ist in den Verdacht geraten, einer internationalen Bande von Geldfälschern anzugehören. Sein Telefon wird deshalb von der Polizei überwacht.

1 Die fünf Fotos weisen auf bestimmte Grundrechte hin. Ordne jedes Foto dem entsprechenden Artikel des Grundgesetzes zu.

2 Welche Artikel enthalten Unverletzlichkeitsrechte, welche Freiheitsrechte, welche Gleichheitsrechte? Notiere die Nummern der Artikel, bei denen du dies entscheiden kannst.

3 Mit welchen Grundrechten haben die fünf Fälle zu tun? Lies in einer Textausgabe des Grundgesetzes die betreffenden Artikel nach und notiere, ob die im Fall beschriebene Einschränkung zulässig ist oder nicht.

1 Hilfe
Überlege zuerst, mit welchem Schlagwort man jedes Foto kennzeichnen könnte. Suche dann den Artikel, der mit dem jeweiligen Schlagwort zu tun hat.

Der Fall Daschner

Magnus Gäfgen und sein Anwalt bei der Urteilsverkündung. Weil er den elfjährigen Jakob von Metzler aus Habgier ermordete, wurde Gäfgen zu einer lebenslangen Freiheitsstrafe verurteilt.

Der elfjährige Bankierssohn Jakob von Metzler wird am 27. September 2002 von dem 27 Jahre alten Jura-Studenten Magnus Gäfgen unter einem Vorwand in dessen Wohnung gelockt und dort festgehalten. Die Familie des entführten Jungen zahlt das geforderte Lösegeld in Höhe von einer Million Euro in der Hoffnung, dass ihr Sohn bald freikommt.

Magnus Gäfgen wird am 30. September von der Frankfurter Polizei festgenommen. Er weigert sich während der stundenlangen Verhöre hartnäckig, den Aufenthaltsort von Jakob zu nennen. Da die Polizei um das Leben des Kindes fürchtet, greift der Frankfurter Polizei-Vizepräsident Wolfgang Daschner verzweifelt zum äußersten Mittel: Er droht dem Verdächtigen große Schmerzen an, wenn er den Aufenthaltsort des Kindes nicht preisgibt. Erst nach dieser Gewaltandrohung gesteht Gäfgen, dass Jakob tot sei. Er führt die Polizei an einen 60 km entfernten See, wo er die Leiche des Elfjährigen versteckt hat. Später stellt sich heraus, dass Gäfgen den Jungen bereits am 27. September in seiner Wohnung erwürgt hat.

Polizei-Vizepräsident Wolfgang Daschner wird angeklagt, weil er dem Verdächtigen Schmerzen angedroht und damit dem Folterverbot zuwidergehandelt hat. Daschner wird Ende 2004 vom Gericht zu einer Geldstrafe von 90 Tagessätzen zu 120 Euro auf Bewährung verurteilt.

(Karikatur: Gerhard Mester)

1 Hilfe
Überlege zuerst, welche Streitfrage sich aus dem Fall ergibt.

2 Hilfe
Die Figur auf dem Sockel stellt die „Justitia“ dar, das Symbol für Gerechtigkeit. Normalerweise wird sie mit einer Augenbinde dargestellt, weil Richter ohne Ansehen der Person urteilen sollen. Gehe bei der Auswertung der Karikatur ansonsten wie auf Seite 270 beschrieben vor.

1 Welches Problem enthält der Fall Daschner?
2 Was sagt die Karikatur aus?

Methode: Pro-Kontra-Diskussion

Thema: Folter – im Notfall erlaubt?

Im Leben gibt es viele Dinge, zu denen man eine unterschiedliche Meinung haben kann. In einer Pro-Kontra-Diskussion versucht jeder, den anderen durch Argumente von der Richtigkeit seines Standpunktes zu überzeugen. Argumente sind verständliche und stichhaltige Begründungen für die eigene Meinung. Man sollte auch bereit sein, die Argumente anderer anzunehmen, wenn man von ihrer Richtigkeit überzeugt wird. Geschickt zu argumentieren kann man auch durch eine Pro-Kontra-Diskussion üben.

Vorbereitung

Die Klasse teilt sich in zwei Gruppen. Die eine Gruppe vertritt in der Streitfrage das Pro, ist also dafür oder sagt „Ja". Die andere Gruppe ist dagegen, vertritt das Kontra oder „Nein". Die Gruppen bereiten sich auch auf die zu erwartenden Argumente der anderen Seite vor. Dann wird von jeder Seite ein Spieler oder eine Spielerin für das Gespräch ausgewählt. Die Diskussion soll geordnet ablaufen. Bestimmt deshalb einen Gesprächsleiter oder eine Gesprächsleiterin.

Durchführung

Die beiden ausgewählten Spieler führen die Pro-Kontra-Diskussion durch. Der Gesprächsleiter oder die Gesprächsleiterin nennt am Anfang nochmals die Frage, um die es geht, und erteilt dann abwechselnd das Wort. Die Gesprächsleitung achtet darauf, dass jeder der beiden Spieler etwa die gleiche Zeit zum Argumentieren bekommt. Die übrigen Schüler und Schülerinnen beobachten die Pro-Kontra-Diskussion und machen sich Notizen.

„Da es menschliche Würde ohne menschliches Leben nicht geben kann, muss bei der Aufrechnung Würde gegen Würde die des Opfers Vorrang haben. Ein absolutes Verbot der Folter ist weder moralisch noch ethisch vertretbar."

Winfried Brugger, Verfassungsrechtler

Blinde Gefolgschaft bei der Polizei

Ein hoher Polizeifunktionär droht einem Verdächtigen Folter an und findet problemlos einen Untergebenen, der sie durchführen wird. Das ist der eigentliche Skandal. Diese Art von blinder Gefolgschaft außerhalb von Strafprozessordnung oder Polizeirecht darf es bei einer Institution, die täglich mit verabscheuungswürdigen Verbrechen zu tun hat, nicht geben.

Günther Merkens, Frankfurt

Um ein Kind zu retten, ist jedes Mittel recht

Um das Leben eines Kindes zu retten, muss jedes Mittel recht sein, ansonsten käme dies unterlassener Hilfeleistung gleich! Oder sollte in diesem Lande die Unversehrtheit des Täters, dem ja mit einer Drohung noch kein einziges Haar gekrümmt wurde, wertvoller sein als ein Kinderleben? Wo bliebe da die Verhältnismäßigkeit, die Verantwortung des Staates für die Jüngsten in unserer Gesellschaft, für die Kinder?

Edith Reimer, Frankfurt

„Im Normalfall steht weder fest, dass Folter den Richtigen trifft, noch dass sie die Rettung bringt. (...) Man muss vielmehr damit rechnen, dass bei Zulassung der Folter die Zahl der Gefolterten stets größer sein wird als die Zahl der Schuldigen."

Dieter Grimm, Verfassungsrechtler

(Leserbriefe aus: Frankfurter Neue Presse, 25.02.2003, S. 5. Statements der Verfassungsrechtler aus: Folter und Rechtsstaat. Themenblätter im Unterricht, Frühjahr 2005/Nr. 45, Seite B. Autor: Axel Hermann, Hg.: Bundeszentrale für politische Bildung, Bonn)

Auswertung

Nach der Diskussion berichten zunächst die beiden Spieler, wie sie sich gefühlt haben und was sie zum Verlauf sagen möchten. Dann bespricht die Klasse den Verlauf. Dabei geht es zum Beispiel um diese Fragen:

- Wer hat besonders geschickt argumentiert?
- Wer ist auf den anderen eingegangen?
- Wer ist sachlich geblieben?

Wenn die Zeit reicht, kann es interessant sein, die Diskussion mit anderen Spielern zu wiederholen.

1 Notiere zu jeder der vier Meinungsäußerungen die Kernaussage.

2 Führt eine Pro-Kontra-Diskussion zum Thema „Folter – im Notfall erlaubt?" durch.

Demokratie!

Demokratie
Der Begriff Demokratie stammt aus dem Griechischen und bedeutet Herrschaft des Volkes.

Diktatur
Darunter versteht man die uneingeschränkte Herrschaft einer Person oder Gruppe in einem Staat.

Die Bundesrepublik Deutschland ist ein demokratischer Staat. In einer Demokratie zu leben, ist für die meisten Deutschen selbstverständlich geworden. Wir nehmen die Demokratie ungefragt hin und denken nur selten über sie nach. Dabei wurde die in Deutschland in der Weimarer Republik (1918–1933) eingeführte Demokratie sogar wieder abgeschafft.

Während der darauffolgenden Diktatur der Nationalsozialisten (1933–1945) wurden alle demokratischen Rechte außer Kraft gesetzt. Das hatte schlimme Folgen nicht nur für die Deutschen. Durch den von Deutschland ausgehenden Zweiten Weltkrieg (1939–1945) litten und starben viele Millionen Menschen in Europa und auf der ganzen Welt.

Liebe Jugendliche,

sicherlich habt Ihr schon viel von mir gehört und auch schon einiges über mich erfahren. Schließlich lebt Ihr ja mit mir. Ja, Ihr habt richtig gehört! Ich bin es – Eure Demokratie!

Dort, wo ich auftrete, höre ich oft Kritik an mir. Zu langsam seien die Entscheidungen mit mir, viele hätten keine Lust mehr, mit mir etwas zu unternehmen, zum Beispiel wählen zu gehen. Und dann heißt es manchmal sogar noch, ich sei Schuld an der hohen Arbeitslosigkeit und mit mir könne man keine durchgreifenden Reformen verwirklichen.

Das geht doch zu weit, oder? Ich sitze jetzt etwas zerknirscht da und hoffe, dass Ihr mich ein wenig aufmuntern könnt! Schreibt mir einen kurzen Brief und teilt mir doch mit, was ich Euch bedeute und was Euch an mir wichtig ist!

Liebe Grüße
Eure Demokratie

(aus: Politik & Unterricht 2/3-2006: Demokratie (er-)leben, Hg.: Landeszentrale für politische Bildung Baden-Württemberg, S. 19)

(Zeichnung: Gerhard Mester)

3 Hilfe
Was machen die drei Personen? Betrachte den Fressnapf …

1. Unterscheide Demokratie und Diktatur.
2. Partnerarbeit: Besprich mit einem Mitschüler bzw. einer Mitschülerin, was es für euch bedeutet, in einer Demokratie zu leben. Sammelt dazu Stichworte.
3. Analysiere die Karikatur: Auf welchen Widerspruch will der Karikaturist hinweisen?

Formen der Herrschaft

Ein Staat kann auf ganz unterschiedliche Weise regiert werden. Im Laufe der Geschichte hat sich eine Vielzahl von möglichen Herrschaftsformen herausgebildet. Fünf Herrschaftsformen werden im Folgenden vorgestellt.

Eine Person herrscht allein. Früher waren das z. B. die Könige. Sie besaßen die „absolute" Macht, d. h. sie herrschten unumschränkt. Der Ausspruch „Der Staat, das bin ich!" von Ludwig XIV., der im 17. Jahrhundert Frankreich regierte, unterstreicht dies nachdrücklich. Später gab es andere Alleinherrscher, die Diktatoren. Adolf Hitler war ein solcher Diktator, der von 1933 bis 1945 das politische Geschehen in Deutschland bestimmte.

Zwei Personen teilen sich die Macht im Staat. Damit soll verhindert werden, dass einer allein bestimmt und seine Macht eventuell missbraucht. In der Vergangenheit hatten z. B. die Römer diese Herrschaftsform. In den Jahrhunderten vor der Zeitenwende standen an der Spitze der Regierung des Römischen Reiches zwei Konsuln. Sie regierten gemeinsam und waren zugleich auch gleichberechtigte oberste Heerführer.

Die Herrschaft kann auch von einer kleinen Gruppe von Personen ausgeübt werden. Wenige teilen sich die Macht und bestimmen, was im Staat geschieht. In der Geschichte gab es dies vor allem als Herrschaft einer Gruppe von Adligen oder reichen Kaufleuten. In der heutigen Zeit wird diese herrschende Gruppe meistens von der Führungsspitze einer politischen Partei gebildet, die die staatlichen Geschicke lenkt.

Demokratie bedeutet Herrschaft des Volkes. Damit ist gemeint, dass alle Stimmberechtigten über einen Vorschlag oder über ein Gesetz abstimmen. Dazu müssen alle Stimmberechtigten zusammenkommen. Das war früher, z. B. vor 2500 Jahren in den griechischen Stadtstaaten, kein Problem. Heute gibt es diese Form der Demokratie in Resten u. a. nur noch in einigen kleineren Kantonen der Schweiz. Das Foto zeigt eine Abstimmung der Appenzeller Gemeindemitglieder unter freiem Himmel.

In größeren Staaten ist es unmöglich, dass alle Stimmberechtigten zu Abstimmungen zusammenkommen. Deshalb wählen sie Vertreter, die sie in den Parlamenten repräsentieren. Die gewählten Vertreter entscheiden für die Zeit der Amtsperiode im Namen der Bürger und Bürgerinnen. Diese Herrschaftsform der parlamentarischen Demokratie gibt es z. B. bei uns. Das Foto zeigt einen Blick in den Plenarsaal des Deutschen Bundestages in Berlin, dem Parlament der Bundesrepublik Deutschland.

1 Was unterscheidet die Demokratie von anderen Herrschaftsformen?

2 „Für die Minderheit ist eine Mehrheitsentscheidung ungerecht!"
Was könnte man dieser Aussage entgegnen? Formuliere eine schriftliche Antwort.

Demokratie als Regierungsform

Der Sultan von Brunei mit einer seiner Ehefrauen bei den Feierlichkeiten zu seinem 62. Geburtstag am 15. Juli 2008

Den Wert der Demokratie kann man leicht erkennen, wenn man sich vor Augen führt, was an ihrer Stelle stehen könnte:

- eine Regierungsform, in der Recht durch gewaltsame Auseinandersetzungen gesetzt wird (= Recht des Stärkeren);
- Anarchie (= Herrschafts-, Gesetzlosigkeit);
- Diktatur (= unumschränkte Herrschaft einer Person oder Gruppe, die im Rahmen ihrer Herrschaftsausübung alle Personen und Gruppen verfolgt und unterdrückt, die andere Meinungen vertreten);
- absolute Monarchie (= unumschränkte Herrschaft eines Monarchen, z. B. eines Königs, Kaisers oder Sultans).

Das genaue Gegenteil von Demokratie ist die Herrschaft eines Einzelnen über viele, z. B. im Rahmen einer Erbmonarchie, in der die Herrschaft von Generation zu Generation vererbt wird. Es gibt nur noch wenige Länder, in denen ein Herrscher uneingeschränkt regiert. Dazu zählt das Sultanat Brunei auf der Insel Borneo. Dort folgte 1967 Sultan Haji Hassanal Bolkiah seinem Vater auf den Thron.

Nachdem im Jahr 2008 in Nepal die Republik ausgerufen wurde, gibt es weltweit noch 45 Länder mit Monarchen. Absolute Monarchien bestehen nur noch in Asien, z. B. in Bahrein, Saudi-Arabien und Brunei. Auch in Europa finden sich Monarchien; diese Staaten haben allerdings alle eine demokratische Verfassung. Den Königshäusern kommen überwiegend nur repräsentative Funktionen zu, d. h. der König oder die Königin vertritt das Land als Staatsoberhaupt.

In den Staaten, die sich als Demokratien verstehen, gibt es nicht in allen die gleichen Freiheitsrechte. Die US-amerikanische Nichtregierungsorganisation „Freedom-House", die den Freiheitsgrad von Staaten anhand bestimmter Indikatoren (z. B. Freiheit bei Wahlen, Freiheit der Religionsausübung, Meinungs- und Pressefreiheit) bemisst, kam in einer Studie sogar zu dem Ergebnis, dass Demokratisierungsprozesse weltweit rückläufig seien. 2007 hätten 38 Staaten Freiheitsrechte eingeschränkt, während nur zehn Staaten diese ausgebaut hätten.

Formen der Demokratie

Direkte Demokratie: Die Bürgerinnen und Bürger üben die Staatsgewalt unmittelbar, also „direkt" aus, z. B. in einer Volksversammlung oder durch Volksabstimmungen. Der Umfang der Themen, über die sie direkt entscheiden, kann variieren. Es können z. B. Verfassungsänderungen betroffen sein, aber auch allgemein die Gesetzgebung oder andere Streitfragen.

Parlamentarische/repräsentative Demokratie: Die Bürgerinnen und Bürger wählen Abgeordnete (Repräsentantinnen bzw. Repräsentanten) und beauftragen diese dadurch für einen bestimmten Zeitraum, Regelungen für die Gemeinschaft zu treffen und eine Exekutive zu bestimmen. Sie üben Herrschaft also mittelbar, „indirekt" aus.

Präsidialdemokratie: Die Bürgerinnen und Bürger bestimmen einen Präsidenten oder eine Präsidentin, der bzw. die die Funktionen des Staatsoberhaupts und des Regierungschefs auf sich vereint. Gleichzeitig wählen sie ein Parlament, das dem Präsidenten oder der Präsidentin zur Seite steht und die Amtsausführung überwacht.

(Zeichnung: Holger Appenzeller, Stuttgart)

Nichtregierungsorganisation
Abgekürzt NRO oder englisch NGO (Non Governmental Organization). Zu den NRO zählen z. B. die Menschenrechtsorganisation amnesty international und die Umweltorganisation Greenpeace.

Indikator
Merkmal, das als Anzeichen oder als Hinweis auf etwas anderes dient

Exekutive
ausführende, vollziehende Staatsgewalt, an deren Spitze die Regierung steht

3 Hilfe
Lege dazu eine Tabelle mit drei Spalten an: Staat, Kontinent, Regierungsform.

1 Unterscheide direkte und indirekte Demokratie.
2 Formuliere einen Text, in dem du begründest, warum die Demokratie gegenüber diktatorischen Systemen, absoluten Monarchien oder einem Zustand der Anarchie ein Gewinn ist.
3 Verfolge eine Woche lang die Berichterstattung in den Medien über Staaten in der Welt. Notiere, wo diese Staaten liegen und welche Regierungsform sie jeweils haben.

Thema: **Meine Position zur Demokratie**

Vorbereitung

Teilt die Klasse in 4er-Gruppen auf. Jede Gruppe erstellt auf einem großen Bogen Papier ein Placemat. Placemat (engl.) bedeutet so viel wie Platzdeckchen oder Tischunterlage. In die Mitte des Papierbogens zeichnet jede Gruppe ein Viereck, in dem später die Ideen eingetragen werden, auf die sich die Gruppe geeinigt hat. Der restliche Platz wird so aufgeteilt, dass jeder in der Gruppe sein eigenes Feld zum Aufschreiben von Einfällen oder Gedanken hat. An den Rändern ergeben sich so vier Felder. Das Placemat bei einer 4er-Gruppe sollte also etwa so aussehen:

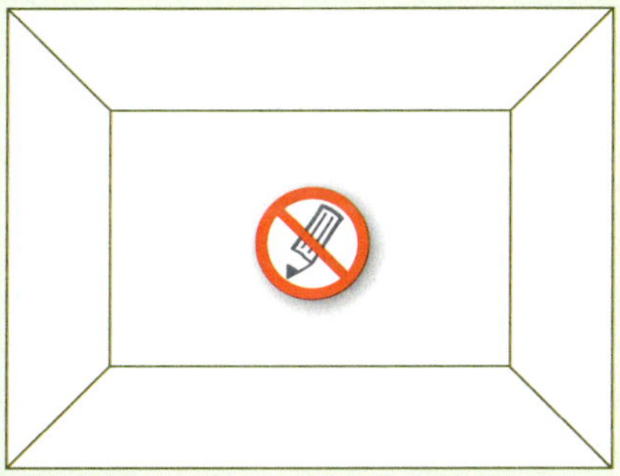

Durchführung/Ablauf

1. Jede Gruppe sitzt um ihr Placemat herum am Tisch.
2. Eure Lehrerin bzw. euer Lehrer gibt das Thema bekannt und stellt eine Aufgabe oder Frage, zum Beispiel: „Was fällt euch ein zu …?" Oder: „Was versteht ihr unter …?"
3. Jede Schülerin aus der Gruppe schreibt ihre bzw. jeder Schüler schreibt seine Einfälle zu der Aufgabe in das eigene Feld. Während dieser Einzelarbeit darf nicht gesprochen werden. Um die Antworten der einzelnen Gruppenmitglieder besser unterscheiden zu können, kann jedes Gruppenmitglied einen andersfarbigen Stift verwenden.
4. Danach werden die Einzelergebnisse in der Gruppe ausgetauscht, indem entweder jeder reihum seinen Text vorträgt und die anderen Gruppenmitglieder aufmerksam zuhören oder jeder aus der Gruppe durch Drehen des Placemat die Texte der anderen Gruppenmitglieder liest.
5. Die Gruppe diskutiert die Antworten und einigt sich darauf, welche Ideen am besten die Position der Gruppe wiedergegeben. Das gemeinsame Ergebnis wird in Form von Stichworten im mittleren Feld des Placemat aufgeschrieben. Je nach Aufgabenstellung, Frage oder Thema kann es sinnvoll sein, die Stichpunkte nach ihrer Wichtigkeit zu ordnen und in eine Rangfolge zu bringen.

Präsentation/Auswertung

Jede Gruppe stellt ihr Arbeitsergebnis der Klasse vor. Damit das Arbeitsergebnis möglichst gut von allen gesehen werden kann, bietet es sich an, das mittlere Feld des Placemat auszuschneiden und an eine Pinnwand zu heften.

Falls es gewünscht wird, kann aus den Gruppenergebnissen auch ein Klassenergebnis herausgearbeitet werden.

(Zeichnung: Brigitte Schmidt, Karlsruhe)

1 Führt ein Placemat zum Thema „Meine Position zur Demokratie" durch.

Charles de Montesquieu (1689-1755)

Die Teilung der Gewalten und ihre gegenseitige Kontrolle ist das wichtigste Kennzeichen der Demokratie. Bereits im 17. Jahrhundert entwarf der französische Staatsdenker C. de Montesquieu das Modell der Gewaltenteilung und der gegenseitigen Machtkontrolle. Die staatliche Macht sollte nicht mehr konzentriert und damit missbraucht werden können. Montesquieu schlug vor, sie auf verschiedene Organe zu verteilen.

Grundgesetz: Artikel 20

(1) Die Bundesrepublik ist ein demokratischer und sozialer Bundesstaat.

(2) Alle Staatsgewalt geht vom Volke aus. Sie wird vom Volke in Wahlen und Abstimmungen und durch besondere Organe der Gesetzgebung, der vollziehenden Gewalt und der Rechtsprechung ausgeübt.

(3) Die Gesetzgebung ist an die verfassungsmäßige Ordnung, die vollziehende Gewalt und die Rechtsprechung sind an Gesetz und Recht gebunden.

„Demokratie" kommt aus dem Griechischen und bedeutet übersetzt „Herrschaft des …①…". Eigentlich müsste das gesamte …②… sich selbst die Regeln des Zusammenlebens, also die Gesetze, geben und sie vollziehen. Da dies nicht möglich ist, entscheiden die Bürgerinnen und Bürger durch …③…, welche Abgeordneten sie in den …④… repräsentieren, also vertreten. Man bezeichnet dies auch als parlamentarische oder repräsentative Demokratie. …⑤…, also Volksentscheide, sind nach dem Grundgesetz nur dann vorgesehen, wenn das Bundesgebiet neu gegliedert werden soll. Dies ist z. B. der Fall, wenn …⑥… zusammengelegt werden sollen. 1996 wurde in den Bundesländern Berlin und Brandenburg durch eine …⑦… gegen die geplante Zusammenlegung dieser beiden Länder entschieden.

Als …⑧… ist die Bundesrepublik Deutschland in 16 Bundesländer gegliedert. Die Aufgaben und Zuständigkeiten sind also zwischen dem Bund und den …⑨… aufgeteilt. Man nennt dies auch die vertikale, also senkrechte Gewaltenteilung.

Organe der …⑩…, der vollziehenden Gewalt und der …⑪… gibt es sowohl auf Bundesebene als auch auf Länderebene. Die Teilung in gesetzgebende, …⑫… und rechtsprechende Gewalt auf jeder Ebene bezeichnet man auch als horizontale, also waagrechte Gewaltenteilung.

Durch den …⑬… sind die Bundesländer sogar an der …⑭… auf der Bundesebene beteiligt. Bei Streitigkeiten zwischen Bund und Bundesländern entscheidet das …⑮… in Karlsruhe.

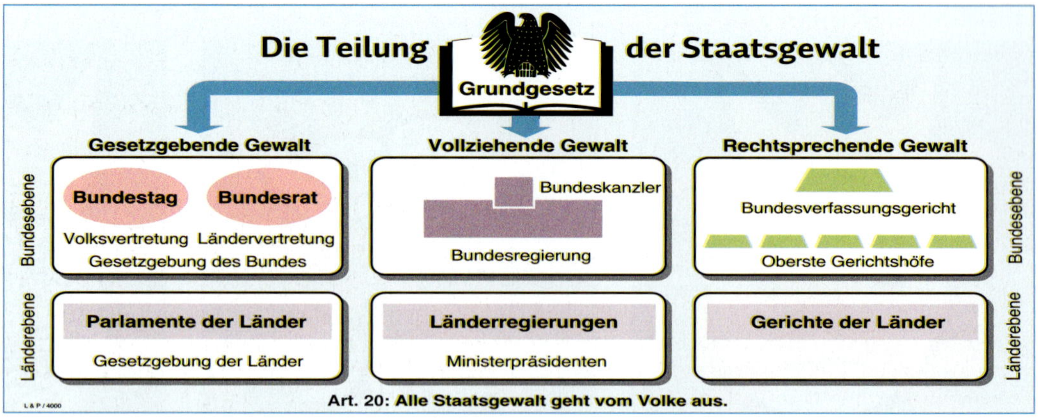

1 Hilfe

Hinweis: Dabei können sich Wortendungen ändern, weil du die Einzahl statt der Mehrzahl brauchst usw.

1 Setze in den Lückentext Begriffe aus Artikel 20 des Grundgesetzes oder der Grafik „Die Teilung der Staatsgewalt" ein. Benutze das Arbeitsblatt oder notiere zur jeweiligen Nummer den passenden Begriff.

Grundgesetz

Artikel 38
(Wahlrechtsgrundsätze)

(1) Die Abgeordneten des Deutschen Bundestages werden in allgemeiner, unmittelbarer, freier, gleicher und geheimer Wahl gewählt. …
(2) Wahlberechtigt ist, wer das achtzehnte Lebensjahr vollendet hat; wählbar ist, wer das Alter erreicht hat, mit dem die Volljährigkeit eintritt.
(3) Das Nähere bestimmt ein Bundesgesetz.

Verfassung des Landes Schleswig-Holstein

Artikel 3
(Wahlen und Abstimmungen)

(1) Die Wahlen zu den Volksvertretungen im Lande, in den Gemeinden und Gemeindeverbänden und die Abstimmungen sind allgemein, unmittelbar, frei, gleich und geheim.

Ich bin vorigen Monat 18 Jahre alt geworden und darf dieses Jahr somit das erste Mal an der Bundestagswahl teilnehmen. Natürlich werde ich zur Wahl gehen, denn jetzt kann ich endlich politisch mitbestimmen.

Wahlgrundsätze: Erklärungen und Gegenbeispiele

A Die Wählerinnen und Wähler wählen die Abgeordneten selbst. Es gibt keine Zwischeninstanz, die dann die Abgeordneten wählt.

B Die Wählerinnen und Wähler können ihre Stimme ohne staatlichen Druck und ohne Angst vor Nachteilen abgeben.

C Jeder Bürger und jede Bürgerin darf wählen. Keine Gruppe ist ausgeschlossen.

D Alle Wählerinnen und Wähler haben gleich viele Stimmen mit gleichem Gewicht.

E Die Wähler und Wählerinnen können ihre Stimme unbeobachtet abgeben.

1 Frauen durften im Deutschen Reich bis 1918 nicht wählen.

2 In Diktaturen ist eine solche Stimmabgabe kaum möglich. Oft fehlen Wahlkabinen.

3 In Diktaturen wird oft eine bestimmte Stimmabgabe erzwungen.

4 In Preußen hatte bis 1918 ein Wähler, der viel Steuern bezahlte, mehr Stimmen als ein Wähler, der wenig Steuern bezahlte.

5 Bei der Präsidentschaftswahl in den USA werden zunächst Wahlmänner gewählt, die dann den Präsidenten wählen.

allgemein

unmittelbar

frei

gleich

geheim

1 Ordne jedem der fünf Wahlgrundsätze die passende Erklärung und das entsprechende Gegenbeispiel zu. Benutze dazu das Arbeitsblatt oder notiere in einer Tabelle.
2 Wie zeigt sich in der Zeichnung „Der Wahlvorgang …“, dass Wahlen geheim sind?
3 Aktives und passives Wahlrecht: Erkläre den Unterschied.

1 Hilfe
allgemein – C – 1
unmittelbar …

Wahlsysteme

Alle Wähler haben in einer Demokratie das gleiche Stimmrecht. Doch welche Wirkung die abgegebene Stimme hat, wie sie die Wahl beeinflusst, das hängt vom Wahlsystem ab. Es gibt zahlreiche Wahlsysteme. Sie lassen sich aber alle auf zwei Grundmodelle zurückführen, und zwar auf die Mehrheitswahl oder auf die Verhältniswahl.

Mehrheitswahl

Das gesamte Wahlgebiet wird in so viele Wahlkreise eingeteilt, wie Mandate zu vergeben sind. In den einzelnen Wahlkreisen stellen sich verschiedene Kandidaten zur Wahl. Gewählt ist der Kandidat, der die Stimmenmehrheit auf sich vereinigt. Die Zahl der Sitze, die eine Partei erhält, bestimmt sich nach der Zahl der von ihren Bewerbern gewonnenen Wahlkreise. Splitterparteien haben bei einer Mehrheitswahl kaum eine Chance, es sei denn, sie verfügen über regionale Schwerpunkte. Zu unterscheiden sind die relative Mehrheitswahl und die absolute Mehrheitswahl.

Relative Mehrheitswahl

Bei der relativen Mehrheitswahl ist der Abgeordnete gewählt, der mehr Stimmen als jeder seiner Mitbewerber erhält, auch wenn sein Vorsprung nur eine einzige Stimme betragen sollte. (Beispiel: In einem Wahlkreis bewerben sich drei Kandidaten. Es werden 77 000 Stimmen abgegeben. Kandidat A erhält 28 000, Kandidat B 29 100 und Kandidat C 19 900 Stimmen. Kandidat B ist gewählt.)

Absolute Mehrheitswahl

Bei der absoluten Mehrheitswahl ist der Abgeordnete gewählt, der mehr als die Hälfte der in seinem Wahlkreis abgegebenen Stimmen auf sich vereint. Gelingt das im ersten Wahlgang keinem der Kandidaten, dann findet zwischen den beiden erfolgreichsten Bewerbern des ersten Wahlgangs eine Stichwahl statt. Gewählt ist dann der Kandidat, der die meisten Stimmen erhält.

Verhältniswahl

Bei der Verhältniswahl fallen keine Stimmen wirkungslos weg, sondern die Abgeordnetensitze im Parlament werden den Parteien proportional zu den Stimmenzahlen, das heißt entsprechend ihrem Anteil am Wahlergebnis, zugeteilt. Der Wähler gibt seine Stimme für die Liste (deswegen auch „Listenwahl" genannt) einer bestimmten Partei ab, nicht für einzelne Personen. Die gewonnenen Sitze werden Wahlbewerbern in der Regel entsprechend der Reihenfolge auf den von den Parteien aufgestellten Kandidatenlisten zugeteilt. Das Verhältniswahlrecht führt dazu, dass das Parlament das genaue Spiegelbild der abgegebenen Stimmen darstellt.

Wahlsystem bei der Bundestagswahl

Auf Bundesebene wird zunächst errechnet, wie viele Sitze jeder Partei aufgrund der auf sie entfallenen Zweitstimmen zustehen. Dann werden diese entsprechend ihrem Stimmenanteil in den einzelnen Ländern auf die jeweiligen Landeslisten verteilt. Damit weiß man, wie viele Abgeordnete der Partei A beispielsweise aus Nordrhein-Westfalen einen Sitz im Bundestag erhalten. In einer letzten Rechenstufe wird die Zahl der direkt gewählten Abgeordneten einer Partei in den Wahlkreisen abgezogen. Die verbleibenden Sitze werden den Kandidaten entsprechend der Reihenfolge auf der Landesliste zugeteilt. Der Bundestag wird daher nach dem Verhältniswahlrecht gewählt, in das Elemente des Mehrheitswahlrechts (Wahlkreissieger) integriert sind.

Splitterpartei
Partei, die weniger als 5 Prozent der gültigen Wählerstimmen erhält und somit nicht im Bundestag oder in den Länderparlamenten vertreten ist.

Zweitstimme
Bei der Bundestagswahl hat jede Wählerin und jeder Wähler zwei Stimmen. Mit der Erststimme wird eine Kandidatin oder ein Kandidat im Wahlkreis gewählt, mit der Zweitstimme eine Partei, deren Bewerber auf einer Landesliste stehen.

1 Hilfe
Gehe dabei auf die folgenden vier Gesichtspunkte ein: Gerechtigkeit, Vertretung verschiedener gesellschaftlicher Gruppen, Verständlichkeit des Wahlrechts, Verbindung von Wählern und Abgeordneten.

1 Notiere deine Meinung zu den beiden vorgestellten Wahlsystemen „Mehrheitswahl" und „Verhältniswahl".

2 Warum spricht man bei der Bundestagswahl von einer „personalisierten Verhältniswahl"? Formuliere eine Begründung.

Wahlen sind ein Kernelement der repräsentativen Demokratie und ein wesentliches Instrument für alle Bürgerinnen und Bürger, Einfluss auf das politische Geschehen zu nehmen. In der Auswahl politischer Repräsentanten, in der Bestätigung oder im Entzug von Vertrauen drückt sich der Wille der Wählerinnen und Wähler aus.

Angela Merkel zur Bundeskanzlerin gewählt

Umweltschutzverbände:
Naturschutz muss in den Koalitionsvertrag aufgenommen werden

Sozialverbände üben scharfe Kritik an Sparplänen der Bundesregierung

Landtagswahl in NRW: „Schwarz-Gelb abgewählt"

Bundesregierung besteht aus der Kanzlerin und fünfzehn Ministerinnen bzw. Ministern von CDU, CSU und FDP

Cem Özdemir: Rot-Grün „steht für eine Energiepolitik, die erneuerbare Energien und Klimaschutz zum Maßstab macht"

Arbeitgeberpräsident Hundt:
Eine Menge richtiger Reformen und Schritte im Koalitionsvertrag

Claudia Roth: „Rot-Grün wird den Kommunen ein guter Partner sein und ihnen ihre Handlungsfähigkeit zurückgeben."

CDU will Opposition der Alternativen sein

Zeitungsschlagzeilen

1. **Legitimation der politischen Herrschaft**
In der Wahl der Abgeordneten des Deutschen Bundestages, die wiederum den Bundeskanzler oder die Bundeskanzlerin wählen, kommt der Wille der Wählerinnen und Wähler zum Ausdruck. Für vier Jahre erhalten die Abgeordneten das Recht (die Legitimation), das Volk im Parlament zu vertreten. Allgemeine Wahlen dienen somit der Legitimation (Rechtmäßigkeit) für die Machtausübung durch die Volksvertreter und Volksvertreterinnen.

2. **Kontrolle und Abwahl der Mandatsträger**
Die demokratische Wahl bedeutet immer Herrschaftsbestellung auf Zeit. Die Abgeordneten sind nicht Erwählte, sondern Gewählte. Periodisch wiederkehrende Kommunal-, Landtags-, Bundestags- und Europawahlen geben den Bürgerinnen und Bürgern die Möglichkeit, die Politik von Regierung und Opposition zu beurteilen. Amts- und Mandatsträger können abgewählt, bestätigt oder neu gewählt werden.

3. **Entscheidung über personelle und sachliche Alternativen**
In Wahlen wird auch über Personen und Parteien, über unterschiedliche Programme und Ideen abgestimmt.

4. **Repräsentation und Integration von Interessen**
Die Mandatsträger sollen im Parlament die Meinungen und Interessen der Bürgerinnen und Bürger vertreten (repräsentieren) und diese in politische Entscheidungen umsetzen.

5. **Bildung einer funktionsfähigen Regierung**
Die Bürgerinnen und Bürger sollen mit ihrer Stimmabgabe dafür sorgen, dass eine zur Regierungsbildung und zum Regieren fähige parlamentarische Mehrheit geschaffen wird. Zugleich ist eine Opposition zur Kontrolle notwendig.

Vorgänger Gerhard Schröder (SPD) gratuliert Angela Merkel (CDU) zu ihrer Wahl zur Bundeskanzlerin

Opposition
(von lat. opponere: sich entgegenstellen, einwenden) diejenigen Parteien oder politischen Gruppierungen, die nicht die Regierungsgewalt besitzen

1 Die Schlagzeilen zeigen an Beispielen aus den vergangenen Jahren, wie die Funktionen der Wahl im politischen Alltag zum Tragen kommen. Wähle für jede der Funktionen eine Schlagzeile aus und begründe deine Auswahl.

Thema: **Wahlrecht von Geburt an?**

Habe ich das richtig verstanden: Am Planspiel beteiligte Personen übernehmen die Rolle von politischen Akteuren und handeln in der jeweiligen Situation nach eigenem Ermessen?

Ja, genau! Solche Situationen sind manchmal nicht leicht nachvollziehbar. Ein Planspiel eignet sich gut, um sie zu simulieren, also wirklichkeitsgetreu nachzuahmen, und so Prozesse besser zu verstehen.

In einem Planspiel wird die Wirklichkeit simuliert, also nachgestellt und in verteilten Rollen gespielt.
Die verschiedenen Rollen übernehmen von euch gebildete Gruppen. Das können beispielsweise Jugendliche, Politiker/Politikerinnen, Unternehmer/Unternehmerinnen, einzelne Berufsgruppen u. v. a. m. sein. Diese Gruppen betrachten das Problem bzw. den Konflikt aus ihrer Perspektive, vertreten also ganz bestimmte Positionen und versuchen Lösungsmöglichkeiten zu finden, die in ihrem jeweiligen Interesse liegen. Während des Planspiels werdet ihr das Problem, den Konflikt untersuchen. Alternativen abwägen, Strategien entwickeln sowie Entscheidungen treffen und somit auch Verantwortung übernehmen.
Ziel ist es, eine Lösung zu finden, der möglichst alle betroffenen Gruppen zustimmen können. Dabei müssen Kompromisse geschlossen werden. Die Teilnehmer an dem Planspiel erkennen so, wie politische und wirtschaftliche Entscheidungen zustande kommen.

Vorbereitung

1. Verdeutlichung des Problems, das gespielt und gelöst werden soll
2. Verteilung der Rollenkarten
3. Besprechung der Spielregeln
4. Sammeln von Informationen: Befragung der Lehrkraft, Internetrecherche, Zeitung, Gesetze usw.
5. Bildung der einzelnen Interessengruppen und evtl. einer Pressegruppe
6. Arbeit in den Gruppen mit dem Ziel, den eigenen Standpunkt zu festigen, dazu Analyse der Rollenkarten

Durchführung

1. Arbeit in den Gruppen, Suche nach Argumenten und Strategien für die erste Diskussionsrunde
2. Erste Diskussionsrunde: Aufeinandertreffen der einzelnen Gruppen; jede muss auf die Argumente der anderen reagieren und die eigenen Vorstellungen vertreten
3. Beschluss über das weitere Vorgehen

Auswertung

1. Gemeinsame Auswertung des Spielablaufs und Spielergebnisses
2. Berichte der einzelnen Gruppen über ihre Absichten und Vorgehensweise während der verschiedenen Spielphasen
   Einschätzung des Spielverlaufs durch die Pressegruppe
3. Gemeinsame Überlegung, ob und wie die Ergebnisse des Planspiel öffentlich gemacht werden sollen (Wandzeitung, Bericht in der Schülerzeitung usw.)

Spielregeln

- Ein Austausch zwischen den Spielgruppen findet nur während der Diskussionsrunden statt.
- Die Diskussionsregeln sind einzuhalten.
- Alle Anträge sind schriftlich zu verfassen.
- Die Ergebnisse der Diskussionsrunden werden protokolliert.

Beschlussmöglichkeiten

Vertagung der Diskussion, um

- neues Material zu sammeln und Strategien zu entwickeln,
- die Pressegruppe einzubeziehen,
- Experten anzuhören,
- Alternativvorschläge zu erarbeiten oder zu prüfen.
- Abstimmung über Anträge Schlussabstimmung

Mehr Macht für Mütter und Väter

46 Abgeordnete aus SPD, Union und FDP verlangen die Absenkung des Wahlalters auf null Jahre. (...) In dem Antrag kritisieren die Abgeordneten, dass 14 Millionen deutsche Staatsbürger vom Wahlrecht ausgeschlossen seien – allein aufgrund ihres Alters. Das halten sie für verfassungswidrig.(...) In Ermangelung von Denk- und Motorikfähigkeit sollen den Initiatoren zufolge in den ersten Lebensjahren die Eltern für ihre Kinder die Stimme abgeben – ein Ehepaar mit zwei Kindern hätte dann also vier Stimmen statt bisher zwei. (...)

(www.spiegel.de/politik/deutschland/0,1518,564846,00.html; Artikel vom 09. 07. 2008, Verfasserin: Lisa Erdmann)

1 Führt das Planspiel „Wahlrecht von Geburt an?“ wie auf dieser Doppelseite beschrieben durch.

Das zunehmende Desinteresse von Jugendlichen gegenüber der Politik und die gesellschaftliche Benachteiligung von Familien haben zu einer Diskussion über die Veränderung des Wahlrechts geführt. In eurem Planspiel simuliert ihr, dass im Bundestag ein Gesetz eingebracht werden soll, das ein Wahlrecht von Geburt an vorsieht. Die Eltern sollen für ihre Kinder bis zur Vollendung des 16. Lebensjahres das Wahlrecht stellvertretend ausüben.

Die Ausgangslage

Demokratische Parteien
Es werden Fraktionen aus ca. vier Personen je Partei gebildet:
- Partei der Mitmenschen
- Partei der Gerechtigkeit
- Partei der freiheitsliebenden Bürger
- Partei der liberalen Reformer

Die Mitglieder der vier Fraktionen wählen Fraktionsvorsitzende. Diese leiten die Sitzungen der Fraktionen und versuchen dort Konsens herzustellen, aber auch die Parteipositionen bestmöglich durchzusetzen.
Die Fraktionen der Partei der Mitmenschen und der Partei der Gerechtigkeit bringen gemeinsam einen Gesetzentwurf ein, nach dem das Wahlrecht von Geburt an eingeführt werden soll, das bis zum 16. Lebensjahr von den Eltern stellvertretend ausgeübt wird.

Der **Bundestagspräsident** leitet die Debatten und Abstimmungen.

Es werden zwei **Ausschüsse** gebildet: Familienausschuss, Rechtsausschuss. Jede Fraktion entsendet mindestens je ein Mitglied in jeden Ausschuss.

Die **Presse** sollte aus drei bis vier Personen bestehen. Ziel ist die aktuelle Berichterstattung über die Meinungsbildung in den Fraktionen.

Er können folgende **weitere Gruppen** (jeweils zwei bis drei Personen) gebildet werden: Kirchen, Vereine, Verbände. Alle vertreten ihre jeweiligen Gruppeninteressen.

Der Weg eines Gesetzes

1. Fraktionssitzungen
Ziel: Erarbeitung von Positionen
- Entscheiden über Aufgabenverteilung
- Absprache in den Fraktionen

2. Erste Beratung im Plenum
Ziel: Beratung des Vorschlags
- Einsetzen der Ausschüsse
- Überweisung des Gesetzentwurfs an die Ausschüsse

3. Arbeit in den Ausschüssen
Ziel: Austausch der Stellungnahmen zum Gesetzesvorschlag
- Austausch der Positionen, Finden von Partnern und Kompromissen

4. Zweite Fraktionssitzungen
Ziel: Austausch der Stellungnahmen
- Verhandeln mit anderen Fraktionen

5. Zweite Beratung im Plenum
Ziel: Darstellung der Positionen der Fraktionen in der Öffentlichkeit
- Abstimmung über den Gesetzentwurf
- Beschlussempfehlung für den Ausschuss
  Sprecher der Fraktionen nehmen zur Gesetzesvorlage Stellung. Sie können Änderungsvorschläge machen, über die abgestimmt werden muss.

6. Dritte Beratung im Plenum
Das Parlament stimmt über die Beschlussvorlage ab. (Änderungen wurden gegebenenfalls eingearbeitet.)

Rolleninformationen

Rolle demokratischer Parteien
Die Parteien bilden sich ihre Standpunkte auf der Grundlage ihrer politischen Überzeugungen und Parteiprogramme. Der einzelne Abgeordnete ist jedoch nur seinem Gewissen verpflichtet, wenn er seine Stimme abgibt.
Die Partei der Mitmenschen und die Partei der Gerechtigkeit sind für das Wahlrecht von Geburt an. Die Partei der freiheitsliebenden Bürger und die Partei der liberalen Reformer sind gegen das Wahlrecht von Geburt an.

Rolle der Ausschüsse
Ein Großteil der parlamentarischen Arbeit findet in den Ausschüssen statt, die auf Beschluss des Bundestages für die Dauer der gesamten Wahlperiode gebildet werden. In den Ausschüssen konzentrieren sich die Abgeordneten auf ein Teilgebiet der Politik. Sie beraten alle dazugehörigen Gesetze vor der Beschlussfassung und versuchen, bereits im Ausschuss einen mehrheitsfähigen Kompromiss zu finden.

Rolle der Presse
Die Presse berichtet in kurzen Abständen aus dem Versammlungssaal. Die Form der Berichte (Reportage, Gespräche, Nachrichten) bestimmt die Gruppe selbst. Die notwendigen Informationen muss sich die Presse selbst aus den Gruppen holen.

Wozu Recht?

Rechte setzen in einer Gesellschaft auch Pflichten voraus. Rechte können nur erfolgreich wahrgenommen werden, wenn gleichzeitig Pflichten anerkannt werden.

Die Verfassung der Bundesrepublik Deutschland, das Grundgesetz, garantiert zahlreiche Rechte. In der folgenden Tabelle sind einige davon aufgelistet.

	Rechte	Pflichten
1	Recht auf Leben und körperliche Unversehrtheit	
2	Recht auf freie Entfaltung der Persönlichkeit	
3	Gleichheit vor dem Gesetz	?
4	Meinungs- und Religionsfreiheit	
5	Recht auf Eigentum	
6	Recht der Eltern auf Pflege und Erziehung ihrer Kinder	
7	Recht auf Berufsfreiheit	
8	Recht auf Bildung und Chancengleichheit	
9	Recht auf Mitwirkung im Staat	
10	Recht auf freie wirtschaftliche Betätigung	

Mitschülerinnen malten 13-Jähriger SS-Runen auf die Stirn

Schule im Muldentalkreis konnte Spirale der Gewalt nicht stoppen / Polizei ermittelt

Grimma. Nur drei Wochen nachdem ein 16-jähriger Schüler auf einem Schulhof in Bitterfeld erschlagen wurde, kam gestern ein neuer brutaler Fall von Misshandlung im Zusammenhang mit der Verherrlichung rechtsextremistischer Parolen an einer Schule im Muldentalkreis an die Öffentlichkeit. Mitschülerinnen schlugen ein 13-jähriges Mädchen, zeichneten ihr SS-Runen auf die Stirn und schrieben den Satz „Bin eine Verräterin" dazu. Aus Gründen des Opferschutzes wollte die Polizei gestern den genauen Ort nicht nennen.

Der Vorfall ereignete sich bereits anfangs des Monats und bildet das vorläufige Ende einer Spirale der Gewalt. Bereits zuvor war das Mädchen von einer Gruppe aus ihrer Klasse immer wieder malträtiert worden. Ihre Klassenkameraden verbanden ihr die Augen, sie wurde beschmiert. Man nahm ihr das Fahrrad weg und warf es in einen Bach. Sie bekam Schläge, in ihre Jacke wurden Löcher gebrannt. Zur körperlichen Gewalt kam seelische. Die Schule konnte die Spirale nicht stoppen, zahlreiche Gespräche und Ermahnungen blieben ohne Erfolg. Offenes Bekenntnis zu rechtsradikaler Einstellung, Akzeptanz von Gewalt als Mittel zur Meinungsdurchsetzung, keinerlei Einsicht – ein Täterinnen-Profil, dem mit den schulischen Maßnahmen nicht beizukommen war.

Jetzt ermitteln Polizei und Staatsanwaltschaft in der Angelegenheit. Bernd Merbitz, Leiter der Polizeidirektion in Grimma und lange Jahre auf Landesebene Chef der Sonderkommission Rechtsextremismus in Dresden, zeigt sich von dem Vorfall erschüttert. Dass derartige Übergriffe jetzt bereits unter 13-Jährigen passierten, habe ihn nahezu fassungslos gemacht. Er sieht dabei vor allem die Einstellung der Täterinnen und bringt sie in Zusammenhang mit dem Ergebnis der NPD bei den Landtagswahlen. Merbitz warnt eindringlich vor einem braunen Virus, der sich in den Köpfen ausbreite: „Wir alle müssen uns fragen, was wir dagegen tun."

An der Schule sind inzwischen auch unterstützende Maßnahmen des Regionalschulamtes Leipzig angelaufen. Ein Patentrezept allerdings hat auch dort niemand. Schulstrafen hätten die Spirale der Gewalt nicht stoppen können, räumt Roman Schulz ein.

Für den Pressesprecher des Amtes verdeutlicht der Vorfall vor allem, welch hohe Verantwortung die Schule trage. Vermittlung von historischem Wissen, Aufklärung über die Entwicklung der Demokratie zum Beispiel: „Schule hat einen Bildungs- und Erziehungsauftrag, muss ethische und moralische Werte vermitteln", sagt er. Gerade das aktuelle Wahlergebnis zeige, dass sich Schule einer Herausforderung zu stellen habe. „Wir müssen gegensteuern." Doch Schulz sieht auch Grenzen. „Schule kann nicht alles reparieren". Die Einflüsse im Elternhaus oder im Freundeskreis würden Kinder und Jugendliche prägen. Erziehung sei eine Aufgabe, die nicht komplett auf Lehrerinnen und Lehrer abgeladen werden könne.

(Heinrich Lillie, in: Leipziger Volkszeitung, 01.10.2004)

malträtieren
misshandeln, quälen

Wenn Freiheitsrechte kollidieren, erfolgt ein Abwägungsprozess zwischen den einzelnen Freiheitsbereichen. Es ist jeweils zu prüfen, wie die eine Freiheit möglichst weitgehend verwirklicht werden kann, ohne die andere Freiheit an ihrer möglichst weitgehenden Verwirklichung zu hindern. Dieser gerecht abwägende Ausgleich als Grundlage des Rechts spiegelt sich im Bild der Justitia wider.

Aufgabe des Rechts ist es, mit den Mitteln des Rechtsstaats den inneren Frieden in der Gemeinschaft zu sichern. Dabei sind die Konflikte im Rahmen der geltenden Gesetze so zu regeln, dass dies als fair und gerecht empfunden wird. Das Strafrecht legt z. B. fest, ob und wie die Staatsgewalt denjenigen gegenübertritt, die die Strafgesetze verletzt haben. Es schützt somit die Rechte aller in der Gemeinschaft.

kollidieren
mit anderen (ebenso berechtigten) Interessen, Ansprüchen o. Ä. zusammenprallen; im Widerspruch zueinander stehen

	Regelung im Strafgesetzbuch		Geschütztes Rechtsgut
1	§ 81	Hochverrat	?
2	§ 130	Volksverhetzung	
3	§ 185	Beleidigung	
4	§ 212	Totschlag	
5	§ 223	Körperverletzung	
6	§ 239	Freiheitsberaubung	
7	§ 242	Diebstahl	
8	§ 303	Sachbeschädigung	

Rechtsgut
Was durch die Rechtsordnung des Staates geschützt ist, wird als Rechtsgut bezeichnet.

Justitia, die Göttin der Gerechtigkeit

A der innere Frieden der Gemeinschaft

B die verfassungsmäßige Ordnung der Bundesrepublik Deutschland

C das Leben

D die Gesundheit

E das Eigentum

F die Ehre

G die Freiheit

H das Eigentum

„Ich schlief und träumte, das Leben wäre Freude.
Ich erwachte und sah, das Leben war Pflicht.
Ich handelte, und siehe, die Pflicht war Freude."

Tagore (1861-1941), indischer Dichter und Philosoph

1 Rechten stehen Pflichten gegenüber. Notiere auf einem Blatt zu den auf Seite 70 genannten Rechten entsprechende Pflichten. Du kannst dazu auch das Arbeitsblatt benutzen.

2 Stelle fest, welche Rechte der 13-Jährigen durch ihre Mitschülerinnen verletzt wurden.

3 Ordne den Regelungen des Strafgesetzbuches die Rechtsgüter A bis H zu. Notiere auf einem gesonderten Blatt oder verwende das Arbeitsblatt.

4 Was will der indische Philosoph Tagore mit seinem Vers zum Ausdruck bringen?

3 Hilfe
1 § 81 Hochverrat: B die verfassungsmäßige Ordnung der Bundesrepublik Deutschland
2 § 130 Volksverhetzung: ...

Unabhängigkeit der Richter – ein Grundsatz des Rechtsstaats

Bundesverfassungsgericht
oberstes Gericht in Deutschland mit Sitz in Karlsruhe

Petition
schriftlich formulierte Bitte oder Beschwerde an eine staatliche Stelle

Aus einem Interview mit einem Richter am Bundesverfassungsgericht (BVG):

Sie urteilen aber auch manchmal gegen den offensichtlichen Willen der Mehrheit?

Nur weil über unseren Urteilen „Im Namen des Volkes" steht, müssen wir nicht der aktuellen Mehrheitsmeinung des Volkes entsprechen. Wir müssen vielmehr nach bestem Wissen und Gewissen der Verfassung des Volkes, dem Grundgesetz, entsprechen. Das ist der einzige Maßstab, den wir haben. Schutz von Grundrechten ist im Wesentlichen Schutz von Minderheiten. Die Mehrheit setzt sich – zugespitzt gesagt – zumeist auch ohne Grundrechtsschutz durch.

(aus: PZ EXTRA / Dez. 1998, S. 20. Hg.: Bundeszentrale für politische Bildung, Bonn. Auszug aus einem PZ-Gespräch mit Bertold Sommer, Richter am Bundesverfassungsgericht. Das Gespräch führte Sandra Daßler.)

Unabhängige Richter

Mit einem Gesetz, das den Richter vom Staatsbeamten abgrenzt, wird die Selbstständigkeit der Dritten Gewalt garantiert.

Der Richter ist sachlich frei. Nur er leitet ein Gerichtsverfahren, nur er entscheidet. Keine Weisung kann ihn beeinflussen, kein Vorgesetzter beirren. (1) Renate Knauer, Richterin am Amtsgericht Duderstadt, nennt ein Beispiel aus der Praxis: Ein Fahrverbot in einer Bußgeldsache hatte allein sie zu entscheiden. Da half auch eine Petition an den Landtag nichts. (2)

Der Richter ist persönlich unabhängig. Er kann nicht ohne Zustimmung versetzt werden. (3) Kein Minister hat eine Chance gegen einen missliebigen Richter.

Doch die Unabhängigkeit, so erklärt der Göttinger Landgerichtspräsident Peter Götz von Olenhusen, ist kein Privileg. Sie schützt vielmehr den Rechtsuchenden vor dem Eingriff des Staates. An welchen Richter jemand gerät, wird nicht willkürlich bestimmt. In den Göttinger Strafverfahren zum Beispiel entscheidet ein Nummernprinzip nach Eingang der Fälle über die Zuständigkeiten. (4)

Auch wenn im deutschen Strafverfahren das Prinzip mündlicher Verhandlung herrscht, muss jeder Richter die Akten kennen. Für das Urteil nutzen darf er aber nur, was mündlich eingeführt wurde. Zugleich hat er die Pflicht, alles zu erforschen, was zu Lasten oder Gunsten des Angeklagten spricht. (5)

Richter sind zur Neutralität und Unvoreingenommenheit verpflichtet. Schon die Besorgnis der Befangenheit – nicht der Nachweis – reicht, einen Richter im Prozess abzulehnen. Privat gilt für ihn wie für Beamte das Mäßigungsgebot für politische Äußerungen.

Jürgen Gückel

(Textmarkierungen und Zuordnungsziffern wurden von der Redaktion eingefügt, in der Originalquelle sind diese nicht enthalten.)

(aus: PZ Nr. 96 / Dez. 1998, S. 11. Hg.: Bundeszentrale für politische Bildung, Bonn)

Verfassungsrichter in Karlsruhe

1 Hilfe
Gehe bei der Antwort Satz für Satz vor. Überlege jeweils, welche Bedeutung der im Satz genannte Sachverhalt für das Richteramt hat.

2 Hilfe
Der einzige Maßstab für Urteile ist …

1 Im Text sind fünf Sätze markiert, die für die Arbeit von Richtern wichtig sind. Warum?
2 Arbeite heraus, worin der Kern der Aussage des Verfassungsrichters besteht.
3 Die richterliche Unabhängigkeit ist ein wichtiger Grundsatz des Rechtsstaates. Begründe.

Weitere Grundsätze des Rechtsstaats

Beschreibung dieser Grundsätze unseres Rechtsstaates

Rechtsgleichheit

Rechtsschutz

Rechtssicherheit

Gewaltenteilung

Rechtsbindung

A ....
bedeutet, dass sich Regierung und Verwaltung mit ihren Maßnahmen streng an die Grundrechte und das geltende Recht halten müssen.

B ....
bedeutet, dass die Gesetze für alle gelten und ohne Ansehen der Person auf alle gleich angewandt werden.

C ....
bedeutet, dass die gesetzgebende Gewalt (Parlament), die vollziehende Gewalt (Regierung) und die Rechtsprechung voneinander unabhängig sind und sich gegenseitig kontrollieren.

D ....
bedeutet, dass die Rechtsvorschriften vorher bekannt sein müssen, damit sie eingehalten werden können. Deshalb darf niemand für eine Tat bestraft werden, die vorher nicht verboten war.

E ....
bedeutet, dass die Bürger einen Anspruch haben, sich an Gerichte zu wenden, wenn sie sich ungerecht behandelt fühlen.

Parlament
Bezeichnung für die Vertretung des Volkes in demokratischen Staaten. Die wichtigsten Aufgaben des Parlaments sind die Gesetzgebung und die Kontrolle der Regierung.

Fall 1 Das Grundgesetz soll so geändert werden, dass Gesetze, die vom Bundestag mit Zweidrittelmehrheit beschlossen wurden, nicht mehr vom Bundesverfassungsgericht daraufhin überprüft werden können, ob sie den Grundrechten entsprechen.

Fall 2 Obwohl das Grundrecht auf freie Berufswahl besteht, will das zuständige Ministerium den Zugang zu einigen Berufen für Frauen verbieten.

Fall 3 Ein Schüler ist der Meinung, das Abschlusszeugnis sei ihm zu Unrecht – weil einige Lehrer ihn nicht mochten – verweigert worden. Die Eltern erhalten von der Schulbehörde die Auskunft, sie könnten nichts dagegen unternehmen.

Fall 4 Ein bekannter und beliebter Filmstar hat in seiner Steuererklärung offensichtlich falsche Angaben gemacht. Er wird aber vom Finanzamt wegen seiner Beliebtheit großzügig behandelt.

Fall 5 Nachdem einige aufsehenerregende tödliche Unfälle wegen starker Überschreitung der Geschwindigkeit passiert sind, sollen die Rechtsvorschriften zum Führerscheinentzug verschärft und auf Schuldige in den geschehenen Fällen angewendet werden.

1 Ordne die fünf weiteren Grundsätze unseres Rechtsstaates den Beschreibungen A bis E zu. Du kannst dazu das Arbeitsblatt verwenden.

2 Welcher Fall würde gegen welchen Grundsatz verstoßen?

1 **Hilfe**
Überlege zuerst, was der entscheidende Wortteil in der Grundsatz-Bezeichnung ist.

In einer freien Gesellschaft gibt es Interessengruppen, z. B. Verbände, Gewerkschaften, Umweltschutzorganisationen, Vereine, Bürgerinitiativen. Diese Gruppen sind für das soziale und politische Leben in unserer demokratischen Gesellschaft wichtig. Die Interessengruppen beeinflussen auch politische Entscheidungen, die mit ihren Interessen zu tun haben. Bei Gesetzesvorhaben werden oft Vertreter dieser Gruppen als Experten gefragt. Sie versuchen dabei, Abgeordnete für ihre Interessen zu gewinnen. In diesem Zusammenhang fällt oft der Begriff „Lobbyismus“. In seinem ursprünglichen Sinn meint das Wort Lobby die Vorhalle eines Parlaments, in der sich Abgeordnete mit Bürgern zu Gesprächen treffen konnten. Daraus entstand der politische Begriff „Lobby“, der Personen und Or-

www.bdi-online.de
www.agv.de
www.dsb.de
www.offroadkids.de
www.profamilia.de
www.greenpeace.de
www.amnesty.de

A Dieser Verband vertritt die wirtschaftspolitischen Interessen der Industrie gegenüber dem Parlament und der Regierung, den Parteien, den Gewerkschaften und anderen wichtigen gesellschaftlichen Gruppen.

B Dieser Verband setzt sich für den Schutz der natürlichen Lebensgrundlagen vor allem im Umweltschutzbereich ein, manchmal durch spektakuläre Aktionen. Er ist unabhängig von Regierungen, Parteien und wirtschaftlichen Interessengruppen.

C Dieser Verband vertritt die Interessen von Frauen, Männern, Jugendlichen und Kindern auf dem Gebiet der Sexualität und Familienplanung. Die Schwangerschaftsberatung ist ein wichtiger Teil seiner Arbeit.

D Dieser Verband unterstützt obdachlose Kinder und Jugendliche. Straßenkinder sollen wieder in die Gesellschaft, in Schule, Beruf und Privatbereich eingegliedert werden.

E Diesem Dachverband gehören viele Sportverbände an, u. a. der Deutsche Fußballbund. Er vertritt die Interessen der Sportvereine.

F Dieser Verband vertritt die Interessen der Verbraucher gegenüber Gesetzgeber, Verwaltung und Wirtschaft. Er gibt vielfältige Informationen zum Verbraucherschutz heraus.

G Dieser Verband setzt sich weltweit für die Freilassung von gewaltlosen politischen Gefangenen ein und wendet sich gegen Folter und Todesstrafe.

ganisationen meint, die im Vorfeld politischer Entscheidungen die gewählten Volksvertreter und die Regierungsbeamten in ihrem Sinne zu beeinflussen versuchen.
Verbände und viele große Unternehmen unterhalten heute eigene Lobby-Vertretungen in Berlin, dem Sitz von Bundestag und Bundesregierung. Zugang zu den Abgeordneten, zur Ministerialbürokratie und zu den Anhörungen im Bundestag haben die Vertreter von Interessenverbänden, die sich in einem vom Deutschen Bundestag eingerichteten Verzeichnis („Lobby-Liste") haben registrieren lassen. Während diese Liste in den 1970er-Jahren nur etwa 700 Eintragungen aufwies, sind es heute etwa 1800. Diese Entwicklung zeigt, welch große Bedeutung Unternehmen und Verbände der Präsenz vor Ort in Berlin beimessen.

Lobbyisten wählen ihren Standort politiknah: Das Verbändehaus Handel-Dienstleistung-Tourismus befindet sich in kurzer Entfernung zum Bundestag und den Abgeordnetenbüros.

Argumente: PRO

1 Verbände vertreten die Interessen ihrer Mitglieder. Verbandsvertreter sind Experten auf ihrem Gebiet. Dieses Expertenwissen wird bei der Vorbereitung von Gesetzen und Regierungsentscheidungen benötigt. Nur durch die Mitarbeit von Verbandsvertretern können überhaupt praktikable Gesetze zustande kommen.

2 Die Vielzahl der Verbände entspricht unserer freiheitlichen und pluralistischen Gesellschaft. Es kommen alle wichtigen Interessen zu Wort. In vielen Fragen erweisen sich die Verbände als „Motoren" von notwendigen Veränderungen.

3 Verbände stehen in gegenseitigem Wettbewerb. Sie konkurrieren um Mitglieder und haben dabei die gleichen Chancen. Es kommt zu einem Machtausgleich zwischen den Verbänden. Kein Verband kann so zu stark werden.

Argumente: KONTRA

1 Verbände vertreten egoistisch doch nur ihre eigenen Interessen. Sie nehmen keine oder zu wenig Rücksicht auf die Interessen der Allgemeinheit. Bei einer machtvollen Vertretung von Einzelinteressen leidet das Gemeinwohl.

2 Verbände haben einen unterschiedlich großen Einfluss. Die Lobby der Autofahrer ist mächtiger als die der Fußgänger oder die der Hausfrauen. Deshalb setzen sich die Interessen der Autofahrer in unserer Gesellschaft eher durch als die der Fußgänger oder Hausfrauen.

3 Verbände machen bei wichtigen Entscheidungen, die ihre Interessen berühren, politischen Druck. Sie versuchen, die Abgeordneten in den Parlamenten zu ihrem Vorteil zu beeinflussen. Wenn ihnen das gelingt, siegt das Interesse einer bestimmten Gruppe zulasten des Gemeinwohls.

Interessenverbände in der Politik – Einfluss wie und wo?

Parteien – Mitgliedschaft, Mitarbeit in Arbeitsgruppen, Spenden …
Parlamente – Anhörung in Ausschüssen, „Lobby", Verbandsvertreter als Abgeordnete …
Regierungen / Regierungschefs – direkte Kontakte, Beratung, Berücksichtigung von Verbänden (z. B. Landwirtschaftsminister und Bauernverband)
Ministerialverwaltungen – Anhörung und Stellungnahmen bei der Vorbereitung von Gesetzentwürfen, wissenschaftliche und fachliche Beiräte …
Öffentliche Meinung / Presse, Medien – Öffentlichkeitsarbeit, Propaganda, Mitglieder in Rundfunkräten …

1 Welcher Verband vertritt welches Interesse? Ordne die Texte A bis G zu.
2 Pro und Kontra: Fasse jedes Argument in einem kurzen Satz zusammen.
3 Lobbyismus – nützlich oder schädlich? Diskutiert in der Klasse.

2 Hilfe
PRO 1: Expertenwissen von Verbandsvertretern für die Gesetzgebung wichtig

Menschenrechte

Jeder Mensch hat Rechte, die ihm von Natur aus zustehen, ihm angeboren sind. Zu diesen Menschenrechten gehören unter anderem das Recht auf Leben, das Recht auf persönliche Freiheit, das Recht auf Gleichheit vor dem Gesetz und das Recht auf Glaubens- und Meinungsfreiheit. Die Menschenrechte sind unantastbar, d.h. keine Regierung darf einem Menschen diese Rechte absprechen.

Die Menschenrechtserklärung der Vereinten Nationen

Nach dem Zweiten Weltkrieg beschloss die Generalversammlung der Vereinten Nationen die „Allgemeine Erklärung der Menschenrechte". Die 30 Artikel der Erklärung enthalten auch soziale Menschenrechte wie das Recht auf Arbeit, das Recht auf Erholung und Freizeit sowie das Recht auf soziale Sicherheit.

Grundrechte im Grundgesetz

Wenn Menschenrechte in Verfassungen als grundlegende Rechte des Einzelnen schriftlich festgehalten sind, spricht man von Grundrechten. In der Verfassung der Bundesrepublik Deutschland, dem Grundgesetz, sind sie an erster Stelle in dem Abschnitt „Die Grundrechte" aufgeführt. Ein wesentlicher Gedanke in den Grundrechten ist der Schutz des Bürgers vor Übergriffen durch den Staat. Die Unverletzlichkeit der Wohnung oder der Schutz vor Auslieferung an das Ausland sind Beispiele für Unverletzlichkeitsrechte. Viele Grundrechte sollen die freie Entfaltung der Person sichern, wozu auch die Möglichkeiten zur Teilnahme an der politischen Willensbildung gehört. Zu den Freiheitsrechten zählen z.B. die Glaubensfreiheit, das Recht auf freie Meinungsäußerung und die Versammlungsfreiheit. Bestimmte Grundrechte sollen gewährleisten, dass jeder gleich behandelt wird und dass es keine Bevorzugung oder Benachteiligung durch den Staat gibt. Zu diesen Gleichheitsrechten gehören z.B. das Grundrecht auf Gleichheit vor dem Gesetz und die Gleichberechtigung von Mann und Frau.

Repräsentative Demokratie

Demokratie kommt aus dem Griechischen und bedeutet Herrschaft des Volkes. Nach Artikel 20 des Grundgesetzes ist die Bundesrepublik Deutschland ein demokratischer Staat, in dem alle Staatsgewalt vom Volke ausgeht. Die Bürgerinnen und Bürger entscheiden durch Wahlen, welche Abgeordneten sie in den Parlamenten repräsentieren, also vertreten. Man bezeichnet ein solches Regierungssystem deshalb auch als parlamentarische oder repräsentative Demokratie.

Gewaltenteilung

Auf Bundesebene wie auf Länderebene ist die Macht zwischen der gesetzgebenden Gewalt (Legislative), der vollziehenden Gewalt (Exekutive) und der rechtsprechenden Gewalt (Judikative) aufgeteilt. Diese drei Gewalten kontrollieren sich gegenseitig. Man bezeichnet dies als horizontale Gewaltenteilung. Damit sind im parlamentarischen System das Parlament, die Regierung mit Ministerialbürokratie und die Gerichtsbarkeit gemeint.

Wahlen

Nach unserem Wahlrecht müssen Wahlen allgemein, unmittelbar, frei, gleich und geheim sein. Wahlen in einer Demokratie haben fünf Aufgaben: Sie legitimieren die politische Herrschaft, ermöglichen die Kontrolle der Mandatsträger, erlauben Entscheidungen über Alternativen und die Repräsentation von Interessen und führen zur Bildung einer funktionsfähigen Regierung.

Aufgaben des Rechts

In einer Gesellschaft gibt es unterschiedliche Interessen, die zu Konflikten führen. Das Recht ermöglicht es, diese Konflikte in geregelten Verfahren friedlich auszutragen. So sichert das Recht den inneren Frieden. Weitere Aufgaben des Rechts sind, die Freiheit des Einzelnen zu gewährleisten, durch Regeln die Beziehungen zwischen den Menschen zu ordnen und die Entwicklung der Gesellschaft zu gestalten.

Kennzeichen des Rechtsstaates

Durch die Rechtsordnung übt der Staat Macht über seine Bürger aus. Um einem Missbrauch vorzubeugen, wird in einer Demokratie die staatliche Macht durch Grundrechte eingeschränkt. So ist in einem Rechtsstaat immer eine gesetzliche Grundlage notwendig, wenn die Freiheit der Menschen beeinträchtigt wird. Richterliche Unabhängigkeit, Rechtsgleichheit, Rechtsschutz, Rechtssicherheit, Rechtsbindung und Gewaltenteilung sind Kennzeichen eines Rechtsstaates.

Interessengruppen

In einer Demokratie gibt es Interessengruppen, z.B. Verbände, Gewerkschaften, Bürgerinitiativen. Diese Gruppen sind für das soziale und politische Leben in unserer demokratischen Gesellschaft wichtig. Die Interessengruppen beeinflussen auch politische Entscheidungen. Bei Gesetzesvorhaben werden oft Vertreter dieser Gruppen als Experten gefragt. Sie versuchen dabei, Abgeordnete für ihre Interessen zu gewinnen.

Kennzeichen unseres Staates

Demokratie

Rechtsstaat

Sozialstaat

Die Wappen der 16 Bundesländer

Bundesstaat

Demokratie **Bundesstaat** **Rechtsstaat** **Sozialstaat**

1 Die Bundesrepublik Deutschland besteht aus 16 Bundesländern.

2 Die Verwaltung hat sich bei allem, was sie tut, an die gesetzlichen Grundlagen zu halten.

3 Bei Wahlen hat jeder gleichviel Stimmen, unabhängig von Herkunft, Geschlecht, Religion, Beruf, Einkommen oder politischem Informationsstand.

4 Bei der Verabschiedung von Bundesgesetzen sind die Länder durch den Bundesrat beteiligt.

5 Die Gerichte entscheiden ohne Beeinflussung durch die Regierung oder andere Staatsorgane allein nach den Gesetzen.

6 Zwischen dem Bund und den Bundesländern sind die Aufgaben aufgeteilt.

7 Bei Wahlen und Abstimmungen ist maßgebend, was die Mehrheit will.

8 Menschen, die z. B. wegen Arbeitslosigkeit oder zu geringer Rente ihren Lebensunterhalt nicht bestreiten können, haben Anspruch auf Sozialhilfe.

9 Niemand darf für eine Tat bestraft werden, die vorher nicht durch Gesetz verboten war.

10 Wohngeld ermöglicht es einkommensschwachen Familien in einer angemessenen Wohnung zu leben.

11 Das Volk oder dessen gewählte Vertreter entscheiden in der Politik.

12 In der gesetzlichen Krankenversicherung sind 90 Prozent aller Arbeitnehmer versichert. Sie übernimmt weitgehend die Kosten für Arzt, Zahnarzt, Arzneimittel, Krankenhaus usw.

1 Drei Aussagen gehören jeweils zu „Demokratie", „Bundesstaat", „Rechtsstaat", „Sozialstaat". Ordne jedem dieser vier Begriffe die zugehörigen Aussagen zu.

2 Finde heraus, welches Wappen zu welchem Bundesland gehört und notiere.

1 Hilfe

Demokratie: 3, 7, …
Bundesstaat: 1, …

2 Hilfe

Du kannst im Internet auf den Homepages der Bundesländer recherchieren oder auch unter dem Suchbegriff „Wappen, Bundesländer" suchen.

... zum Beispiel in einer Partei

www.jusos.de

www.junge-union.de

www.julis.de

www.linksjugend-solid.de

www.gruene-jugend.de

Logos der Jugendorganisationen von SPD, CDU, FDP, DIE LINKE und Bündnis 90/ Die Grünen

Hallo Saskia,

vielleicht hast du schon gehört, dass wir im September wieder Bundestagswahlen haben. Ich denke, dass nicht so viele Leute zur Wahl gehen werden, denn viele wissen nicht, was sie wählen sollen.
In der Schule haben wir über Politikverdrossenheit gesprochen. Eine neue Jugendstudie hat belegt, dass sich immer weniger Jugendliche für Politik interessieren. Mein Bruder Benjamin, vor Kurzem achtzehn geworden, will nicht zur Wahl gehen und damit „ein Zeichen setzen". Was er damit meint, ist mir unklar geblieben. Wer nicht wählt, unterstützt doch die Partei, die er noch weniger will.

Ich glaube, dass man etwas ändern kann, wenn man sich engagiert. Seit fast einem halben Jahr arbeite ich nun in der Jugendorganisation einer Partei mit. Ich hätte nie gedacht, dass das so interessant sein könnte. Die eine oder andere Sitzung mag zwar etwas langweilig sein, auf der anderen Seite habe ich schon an einem Kommunikationsseminar teilgenommen. Dort haben wir unter anderem gelernt, Argumente griffig zu formulieren. Das hilft mir jetzt auch in der Schule.

Einmal in der Woche treffen wir Youngster uns und beraten Vorschläge, die wir machen wollen. Die „alten Hasen" in unserem Kreisverband staunen dann nicht schlecht, wenn wir zu unseren Vorschlägen auch gleich mögliche Lösungswege aufzeigen. Die wissen ja oft nicht im Geringsten, was uns so bewegt! Ich bin überrascht, wie positiv viele unserer Vorschläge aufgenommen werden. Wer sich zu Wort meldet und gut argumentiert, wird auch gehört.

Letztes Wochenende war ich zu einer Tagung, bei der es um Gewalt zwischen Jugendlichen ging. Unglaublich, welche Fälle da zur Sprache kamen! Eine Psychologin hat in einem Vortrag Möglichkeiten vorgestellt, wie man schon im Vorfeld Gewalt verhindern kann. Die Besichtigung eines tollen Jugendzentrums stand außerdem auf dem Programm. So eine moderne Jugendbegegnungsstätte – das wäre auch etwas für unsere Kleinstadt!

Im Herbst werden sechs von uns an einem einwöchigen Seminar zum Thema „Kommunalpolitik aktiv mitgestalten" teilnehmen. Und dann fahren wir alle Ende Dezember zu einer Skifreizeit in die Berge. Das wird bestimmt toll, auch weil in unserer Gruppe witzige Typen dabei sind.

So viel für heute, liebe Grüße,
deine Kerstin

Brief von Kerstin an ihre Freundin Saskia, die für ein Jahr zu einem Schüleraustausch in London ist

1. Welche Gründe nennt Kerstin für ihr politisches Engagement?
2. An welchen Aktivitäten ihrer Partei hat Kerstin bisher teilgenommen?
3. Informiere dich im Internet über die Jugendorganisation einer Partei, die dich interessiert. Die Internetadressen stehen unter den Logos.

... zum Beispiel in einer Bürgerinitiative

Oft schließen sich Bürgerinnen und Bürger einer Gemeinde oder Region in einer Bürgerinitiative zusammen, um gemeinsam ein bestimmtes Anliegen durchzusetzen oder um ein geplantes Vorhaben zu verhindern.

Ich bin für Bürgerinitiativen. Sie müssen sich aber klarmachen, dass zu demokratischen Rechten auch die Verpflichtung gegenüber dem Gemeinwohl gehört. Es ist schlimm, dass immer mehr Menschen kommen und sagen:

- Natürlich will ich ein Auto fahren, aber die Straße soll gefälligst in einem anderen Stadtteil gebaut werden.
- Natürlich habe ich einen Kühlschrank, einen Geschirrspüler, eine Waschmaschine, einen Wäschetrockner, Fernsehgeräte usw., brauche also viel Strom, aber ein Kraftwerk in meiner Nähe – auf gar keinen Fall!
- Natürlich will ich mit dem ICE und der S-Bahn fahren, aber neue Gleisanlagen bitte nicht vor meiner Tür.
- Natürlich ist der Staat verpflichtet, für Arbeitsplätze zu sorgen, aber eine neue Fabrik in unserem Stadtteil kommt nicht infrage.
- Natürlich besitze ich ein Handy, aber ein Funkmast in der Nähe meiner Wohnung geht nun wirklich zu weit.

Dies alles hat mit Demokratie nur der Form nach etwas zu tun. Bürgerinitiativen sind im Grunde etwas Positives. Da regen sich Bürgerinnen und Bürger und setzen sich für etwas ein. Das ist ein Punkt, wo man mit ihnen reden kann. Sie haben ja auch manchmal recht, amtliche Pläne können verfehlt sein. Bürgerinitiativen von vornherein abzuschmettern, halte ich für falsch. Sie bieten einen guten Ansatzpunkt, um mit den Menschen zu reden: über das Abwägen der Güter, der privaten Interessen auf der einen und der öffentlichen Interessen, des Gemeinwohls, auf der anderen Seite.

Ein Politiker über seine Einstellung zu Bürgerinitiativen

4 Erkundige dich: Gibt oder gab es bei euch in der Gemeinde oder Region eine Bürgerinitiative? Worin besteht bzw. bestand ihr Anliegen?

5 Worin sieht der Politiker die Vorteile von Bürgerinitiativen, worin sieht er Nachteile?

6 Formuliere die Aussage der Karikatur.

4 Hilfe

Erkundungsmöglichkeiten: Eltern, Nachbarn, Gemeinde-/Stadtverwaltung, Zeitung, Internet ...

Die Parteien und ihre Aufgaben

„Die Zukunft der Jugend hängt am seidenen Faden!“

Viele Parteien verfügen über Nachwuchsorganisationen. Spektakuläre Aktion der Jungen Liberalen 2005 zu Problemen Jugendlicher

Für eine repräsentative und parlamentarische Demokratie sind Parteien unverzichtbar. In ihnen finden sich Bürgerinnen und Bürger zusammen, die gleiche politische Grundüberzeugungen teilen und politisch Einfluss nehmen wollen. In der Öffentlichkeit treten die Parteien für ihre jeweiligen politischen Ansichten und Ziele ein und wetteifern um Zustimmung. Im Artikel 21 des Grundgesetzes wird über die Parteien und ihre Aufgaben ausgeführt: „Die Parteien wirken bei der politischen Willensbildung des Volkes mit. Ihre Gründung ist frei. Ihre innere Ordnung muss demokratischen Grundsätzen entsprechen.“ Im Parteiengesetz ist dieser Verfassungsauftrag der Parteien ausführlicher beschrieben.

Parteiengesetz § 1

Die Parteien sind ein verfassungsrechtlich notwendiger Bestandteil der freiheitlichen demokratischen Grundordnung. (...) Sie erfüllen mit ihrer freien, dauernden Mitwirkung an der politischen Willensbildung des Volkes eine ihnen nach dem Grundgesetz obliegende und von ihm verbürgte öffentliche Aufgabe. Die Parteien wirken an der Bildung des politischen Willens mit, indem sie insbesondere ...

1	... auf die Gestaltung der öffentlichen Meinung Einfluss nehmen,	Die Mitgliederversammlung einer Partei wählt die Kandidatin, die dann zur Landtagswahl aufgestellt wird.	A
2	... die politische Bildung anregen und vertiefen,	Die Bundestagsfraktion einer Partei wendet sich in einer Pressemitteilung gegen einen Gesetzentwurf der Regierung.	B
3	... die aktive Teilnahme der Bürger am politischen Leben fördern,	Im Bürgerbüro eines Abgeordneten können die Bürgerinnen und Bürger ihre Anregungen und Beschwerden vorbringen.	C
4	... zur Übernahme öffentlicher Verantwortung befähigte Bürger heranbilden,	Die Parteien werben in der Öffentlichkeit um Zustimmung für ihre Programme und Argumente.	D
5	... sich durch Aufstellung von Bewerbern an den Wahlen in Bund, Ländern und Gemeinden beteiligen,	Eine von einer Partei eingerichtete Stiftung führt Seminare für Schulklassen zu unterschiedlichen politischen Themen durch.	E
6	... auf die politische Entwicklung in Parlament und Regierung Einfluss nehmen,	Eine Partei wirbt dafür, dass die Bürger und Bürgerinnen bei der nächsten Bundestagswahl auf jeden Fall ihre Stimme abgeben.	F
7	... die von ihnen erarbeiteten politischen Ziele in den Prozess der staatlichen Willensbildung einführen und ...	Der Kreisverband einer Partei führt ein Rhetorikseminar für Gemeinderatskandidatinnen und -kandidaten durch.	G
8	... für eine ständige lebendige Verbindung zwischen dem Volk und den Staatsorganen sorgen.	Eine Partei setzt die Aussagen ihres Programms zur Umweltpolitik in einen konkreten Vorschlag für eine Ökosteuer um.	H

Rhetorik Redekunst

1 Hilfe
1 und D
2 und ...

1 Ordne auf deinem Arbeitsblatt der jeweiligen Textstelle aus dem Parteiengesetz das entsprechende Beispiel zu oder notiere jeweils zur Ziffer den passenden Buchstaben.

Kurzinformationen zu den im Bundestag vertretenen Parteien

Die **Sozialdemokratische Partei Deutschlands (SPD)** ist die älteste der großen Parteien. 1869 als Arbeiterpartei gegründet, wandelte sie sich in den letzten Jahrzehnten zu einer Volkspartei. Heute fühlen sich zwar Menschen aus unterschiedlichen Gruppen den „Roten" verbunden, aber noch immer gilt die SPD als die Partei der „kleinen Leute".

SPD
www.spd.de

CDU
www.cdu.de

CSU
www.csu.de

Die **Christlich-Demokratische Union Deutschlands (CDU)** und die **Christlich-Soziale Union (CSU)** wurden 1945 von katholischen und evangelischen Christen gegründet. CDU und CSU sind „Schwesterparteien", wobei die CSU nur in Bayern, die CDU im übrigen Bundesgebiet tätig ist. Beide Parteien sehen sich als Volksparteien, die eine Politik auf der Grundlage christlicher Werte betreiben. Ihre Anhänger werden oft als „Schwarze" bezeichnet.

Warum sollte ich mich in einer Partei engagieren? Das kostet doch nur Zeit und Mühe. Sollen das doch andere machen!

Die **Freie Demokratische Partei (FDP)** wurde 1948 gegründet. Die Freiheit und Würde des einzelnen Menschen steht für die FDP im Vordergrund. Sie will die Eigenverantwortung der Bürgerinnen und Bürger stärken und den Einfluss des Staates begrenzen. Nach dem lateinischen Wort für Freiheit bezeichnen sich FDP-Anhänger auch als „Liberale".

FDP Die Liberalen
www.liberale.de

DIE LINKE.
www.die-linke.de

Die Partei **Die Linke** entstand 2007 als Zusammenschluss der Partei des demokratischen Sozialismus (PDS), die vor allem Anhänger in den neuen Bundesländern hatte, und westdeutschen Bürgern, die die SPD aus Protest gegen Reformen verlassen hatten. Die Anhänger der „Linken" sind gegen die kapitalistische Wirtschaftsordnung und treten für mehr staatliche Leistungen zugunsten der sozial Schwachen ein.

Die Partei **Bündnis 90/Die Grünen** ist aus einem Zusammenschluss der Partei Die Grünen, die 1980 von Anhängern der Friedens-, Anti-Atom- und Frauenbewegung gegründet wurde, und dem Bündnis 90, einem Zusammenschluss von Bürgerrechtlern aus der ehemaligen DDR, entstanden. Für die Partei stehen Frieden und Abrüstung, Umweltschutz und das Eintreten für die Rechte von Minderheiten im Vordergrund. Vor allen anderen Parteien haben sich die „Grünen" stets besonders für den Umweltschutz eingesetzt.

BÜNDNIS 90 DIE GRÜNEN
www.gruene.de

2 Erkläre die Bedeutung von Parteien für eine Demokratie. Gehe dabei auch auf die Aussage in der Sprechblase in der Randspalte ein.

3 Notiere zu jeder der im Bundestag vertretenen Parteien zwei, drei Stichwörter, die ihre politische Ausrichtung kennzeichnen.

4 Recherchiere im Internet unter den angegebenen Web-Adressen Näheres über die einzelnen Parteien. Wähle eine Partei aus und verfasse dazu einen etwa halbseitigen Steckbrief.

4 Hilfe
Steckbrief der Partei …
Die … hat ihre Hauptgeschäftsstelle in … Ihre Vorsitzende ist …
Die Mitgliederzahl beträgt …

Regieren die Parteien den Staat?

„Obwohl nur 3,4 Prozent der 60 Millionen Wahlberechtigten Mitglieder politischer Parteien sind, haben die Parteien in oligarchischer Weise Besitz von der Demokratie ergriffen."

(Hildegard Hamm-Brücher, 1948-2002 Mitglied der FDP, 1976-90 Mitglied des Deutschen Bundestages, 1976-82 Staatsministerin im Auswärtigen Amt, Kandidatin der FDP für das Amt des Bundespräsidenten 1994)

Oligarchie
Herrschaft einer kleinen Gruppe

Mitgliederzahlen der Parteien

(Stand: 2009)

CDU (Christlich-Demokratische Union)	531 000
SPD (Sozialdemokratische Partei Deutschlands)	530 000
CSU (Christlich-Soziale Union)	167 000
DIE LINKE	74 000
FDP (Freie Demokratische Partei)	65 000
BÜNDNIS 90 / DIE GRÜNEN	45 000

Mitgliederzahlen von Interessenverbänden

(Stand: 2008)

ADAC (Allgemeiner Deutscher Automobilclub)	16 000 000
DFB (Deutscher Fußballbund)	6 500 000
DGB (Deutscher Gewerkschaftsbund)	6 400 000
Greenpeace Deutschland	560 000

Die CDU stellt 194 Abgeordnete im 17. Deutschen Bundestag und ist damit die stärkste im Parlament vertretene Partei.

Jeder fünfte Deutsche ist Mitglied im ADAC. Damit hat der ADAC dreißigmal so viele Mitglieder wie z. B. die CDU oder die SPD.

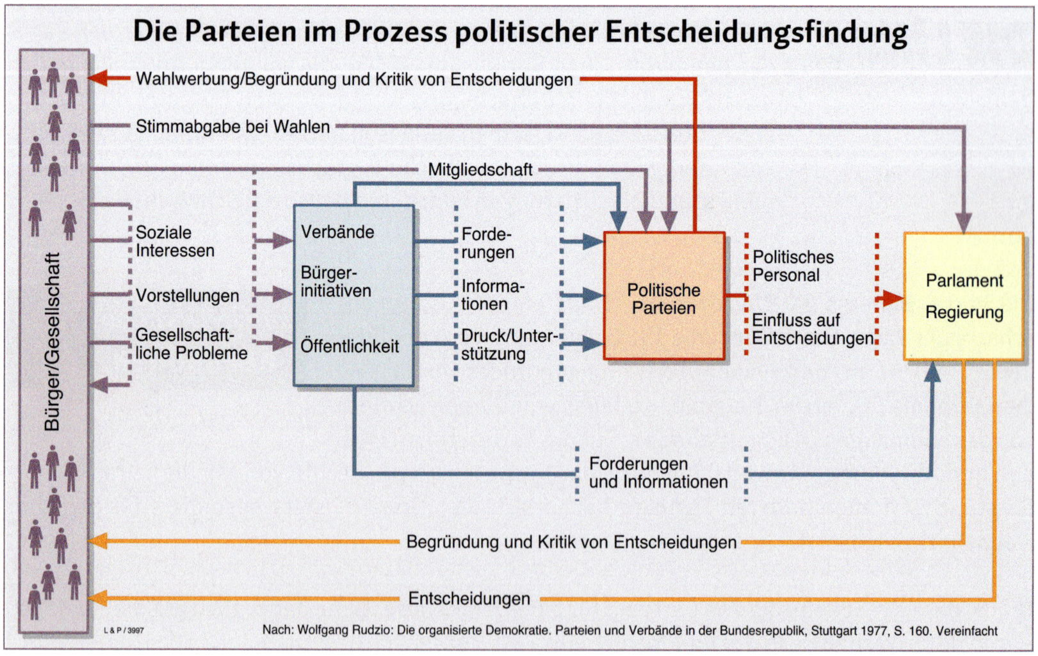

1. Überlege, wie die Aussage von Hildegard Hamm-Brücher über die Parteien und ihre Rolle zu verstehen ist. Vergleiche dazu die Mitgliederzahlen der Parteien und Verbände.
2. Werte das Schaubild aus. Formuliere fünf Aussagen, die deines Erachtens nach wichtig sind.

Thema: Politik und Parteien

Wenn man über ein Thema mit mehreren diskutiert, stimmt der eine einer Aussage zu, der andere lehnt sie jedoch ab und ein Dritter kann sich vielleicht noch nicht entscheiden. Mit dem Ampelspiel kann man für alle Teilnehmer gut sichtbar machen, welche Aussagen zu einem Thema Zustimmung, Ablehnung oder Enthaltung finden. So erhält man ein Stimmungsbild, in das auch Teilnehmer einbezogen sind, die sich mündlich nicht äußern würden.

Vorbereitung

Jede Schülerin und jeder Schüler benötigt eine rote, eine gelbe und eine grüne Karte etwa in Postkartengröße. Die Karten könnt ihr aus farbigem Papier oder Karton ausschneiden.

Durchführung

Die Lehrkraft liest die einzelnen Aussagen vor. Nach jeder Aussage zeigen die Schülerinnen und Schüler mit ihrer Farbkarte an, ob sie der Aussage zustimmen (grüne Karte), sie ablehnen (rote Karte) oder ob sie sich enthalten (gelbe Karte). Die Zahl der Zustimmungen, Ablehnungen und Enthaltungen wird notiert. Es erfolgt jedoch keine Diskussion.

Auswertung

Anhand der festgehaltenen Aussagen ergibt sich das Meinungsbild der Klasse. Es kann auch festgestellt werden, bei welcher Aussage die größte Übereinstimmung bzw. größte Meinungsverschiedenheit besteht. Man könnte außerdem noch nachfragen, bei welcher Aussage die Entscheidung besonders schwer fiel.

1 *Es gibt keine Partei, die die Interessen der Jugendlichen vertritt.*

2 *Aktivitäten von Jugendlichen werden von den Politikern und Politikerinnen sehr gewünscht.*

3 *Mit dem Begriff „Demokratie" verbinde ich keine besondere Bedeutung.*

4 *Die Politiker und Politikerinnen kennen die Probleme der Jugendlichen viel zu wenig.*

5 *Es ist von großer Bedeutung, welche Partei man wählt.*

6 *Ohne Politikerinnen und Politiker gäbe es keine Demokratie.*

7 *Die Parteien haben den Kontakt zu den Bürgerinnen und Bürgern doch längst völlig verloren.*

8 *Politikerinnen und Politiker denken immer nur an ihre eigenen Interessen.*

9 *Manchmal sind politische Ereignisse richtig spannend.*

10 *Kinder und Jugendliche werden von der Politik stark vernachlässigt.*

11 *Die Interessen des kleinen Mannes zählen in der Politik doch gar nicht.*

1 Führt das Ampelspiel zum Thema „Politik und Parteien" durch.

Bundestagswahl 2009: Wahlplakat der CDU

Wahlplakat der SPD

Leon darf dieses Jahr zum ersten Mal wählen. Zwischen ihm und seiner Mutter kommt es vor der Wahl zu folgendem Gespräch:

L: *In der Zeitung war ein Stimmzettel abgebildet. Danach habe ich zwei Stimmen. Warum denn das?*

M: Es gibt 598 Mandate im Bundestag. Davon werden 299 über Wahlkreise gewählt. Mit der Erststimme entscheiden die Wähler direkt darüber, welcher Kandidat aus ihrem Wahlkreis in den Bundestag kommt. Gewählt ist, wer die meisten Erststimmen erhält. Mit der Zweitstimme wählt man eine Partei bzw. deren Landesliste.

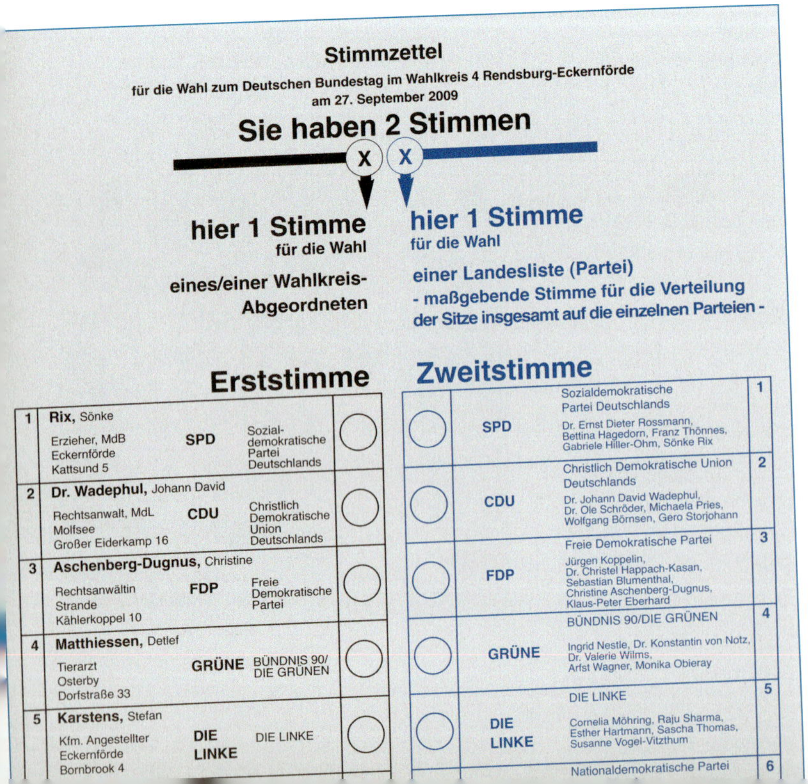
Stimmzettel

für die Wahl zum Deutschen Bundestag im Wahlkreis 4 Rendsburg-Eckernförde am 27. September 2009

Sie haben 2 Stimmen

hier 1 Stimme für die Wahl eines/einer Wahlkreis-Abgeordneten

hier 1 Stimme für die Wahl einer Landesliste (Partei) - maßgebende Stimme für die Verteilung der Sitze insgesamt auf die einzelnen Parteien -

Erststimme

1	Rix, Sönke Erzieher, MdB Eckernförde Kattsund 5	SPD	Sozialdemokratische Partei Deutschlands	○
2	Dr. Wadephul, Johann David Rechtsanwalt, MdL Molfsee Großer Eiderkamp 16	CDU	Christlich Demokratische Union Deutschlands	○
3	Aschenberg-Dugnus, Christine Rechtsanwältin Strande Kählerkoppel 10	FDP	Freie Demokratische Partei	○
4	Matthiessen, Detlef Tierarzt Osterby Dorfstraße 33	GRÜNE	BÜNDNIS 90/DIE GRÜNEN	○
5	Karstens, Stefan Kfm. Angestellter Eckernförde Bornbrook 4	DIE LINKE	DIE LINKE	○

Zweitstimme

○	SPD	Sozialdemokratische Partei Deutschlands Dr. Ernst Dieter Rossmann, Bettina Hagedorn, Franz Thönnes, Gabriele Hiller-Ohm, Sönke Rix	1
○	CDU	Christlich Demokratische Union Deutschlands Dr. Johann David Wadephul, Dr. Ole Schröder, Michaela Pries, Wolfgang Börnsen, Gero Storjohann	2
○	FDP	Freie Demokratische Partei Jürgen Koppelin, Dr. Christel Happach-Kasan, Sebastian Blumenthal, Christine Aschenberg-Dugnus, Klaus-Peter Eberhard	3
○	GRÜNE	BÜNDNIS 90/DIE GRÜNEN Ingrid Nestle, Dr. Konstantin von Notz, Dr. Valerie Wilms, Arfst Wagner, Monika Obieray	4
○	DIE LINKE	DIE LINKE Cornelia Möhring, Raju Sharma, Esther Hartmann, Sascha Thomas, Susanne Vogel-Vitzthum	5
		Nationaldemokratische Partei	6

L: *Dann könnte ich meine Erststimme dem CDU-Kandidaten und meine Zweitstimme den GRÜNEN geben?*

M: Ja, das nennt man Stimmen-Splitting.

L: *Und wie wird dann ausgezählt?*

M: Die 598 Mandate werden nach dem Verhältnis der Zweitstimmen auf die Parteien verteilt. Man spricht deshalb von einer Verhältniswahl. Wenn eine Partei 50 Prozent der Zweitstimmen erhält, stehen ihr 299 Mandate zu.

L: *Welche Kandidaten erhalten dann diese 299 Mandate?*

M: Zunächst kommen die Kandidaten zum Zuge, die ihren Wahlkreis gewonnen haben. Dies sind die sogenannten Direktmandate. Die dann noch verbleibenden Mandate werden an Kandidaten vergeben, die in einer bestimmten Reihenfolge auf der Landesliste stehen.

L: *Wenn also einer Partei 250 Mandate zustehen und sie in 100 Wahlkreisen ein Direktmandat bekam, erhält sie noch 150 Sitze über die Landesliste?*

M: Ja, so ist es.

L: *Du hast gesagt, es gibt 598 Mandate, der letzte Bundestag hatte aber mehr Sitze.*

M: Dies kommt dann vor, wenn eine Partei z. B. 12 Direktmandate erringt, ihr aber nach dem Verhältnis der Zweitstimmenauszählung nur 9

Wahlplakat der FDP

Wahlplakat DIE LINKE

Wahlplakat B'90/GRÜNE

Mandate zustehen. Dann gibt es für diese Partei 3 Überhangmandate. Die Gesamtzahl der Sitze im Bundestag erhöht sich damit.

L: *Und was besagt die 5-Prozent-Klausel?*

M: Dass bei der Zuteilung der Mandate nach der Zweitstimmenauszählung nur solche Parteien berücksichtigt werden, die mindestens 5 Prozent der Stimmen erreicht haben.

L: *Wenn eine Partei nur 4 Prozent der Stimmen erhält, kommt sie nicht in den Bundestag?*

M: Stimmt! Sollte sie jedoch Direktmandate erringen, kommen diese Kandidaten hinein.

Ergebnis der Bundestagswahl 2009
(Parteien mit über 5 %)

	Erststimmen Anzahl	%	Zweitstimmen Anzahl	%
Wahlberechtigte	62 168 489	–	62 168 489	–
Wähler	44 005 575	70,8	44 005 575	70,8
Ungültige	757 575	1,7	634 385	1,4
Gültige	43 248 000	98,3	43 371 190	98,6
CDU	13 856 674	32,0	11 828 277	27,3
SPD	12 079 758	27,9	9 990 488	23,0
FDP	4 076 496	9,4	6 316 080	14,6
DIE LINKE	4 791 124	11,1	5 155 933	11,9
GRÜNE	3 977 125	9,2	4 643 272	10,7
CSU	3 191 000	7,4	2 830 238	6,5

(www.bundeswahlleiter.de/... 25.10.2009)

Klausel
Vorbehalt, beschränkende oder erweiternde Bestimmung

	Aussagen: 5-mal richtig, 5-mal falsch
1	Es werden immer genau 598 Abgeordnete in den Bundestag gewählt.
2	Die Erststimmen sind für eine Partei wichtiger als die Zweitstimmen, denn nach den Erststimmen wird bestimmt, wie viele Abgeordnete die Partei überhaupt in den Bundestag bringt.
3	Jeder Wähler kann seine Erststimme nur dem Wahlkreiskandidaten geben, dessen Partei bzw. Landesliste er mit der Zweitstimme wählt.
4	Wegen der Zweitstimmen ist die Wahl eine Verhältniswahl, durch die Erststimmen wird sie personalisiert.
5	Ein Kandidat, der in einem Wahlkreis direkt gewählt wird, kommt auf jeden Fall in den Bundestag.
6	Eine Partei kann auch in den Bundestag gelangen, wenn keiner ihrer Kandidaten seinen Wahlkreis gewinnt.
7	Will ein Wahlkreiskandidat seinen Wahlkreis gewinnen, muss er mehr als 50 % der Stimmen erhalten.
8	Wer kein Direktmandat gewinnt, kann über eine Landesliste in den Bundestag gelangen.
9	Höchstens 320 Mandate können an die Gewinner in den Wahlkreisen vergeben werden.
10	Wenige Stimmen können darüber entscheiden, ob eine Partei in den Bundestag kommt oder nicht.

1 Notiere auf einem Blatt oder kreuze auf deinem Arbeitsblatt zu jeder Aussage an, ob sie richtig oder falsch ist. Stelle die falschen Aussagen richtig.

2 Was fällt dir bei den Ergebnissen der Bundestagswahl 2009 auf?

2 **Hilfe**
Zum Beispiel: Wahlbeteiligung? Verhältnis Erststimmen und Zweitstimmen bei den einzelnen Parteien?

Der Deutsche Bundestag

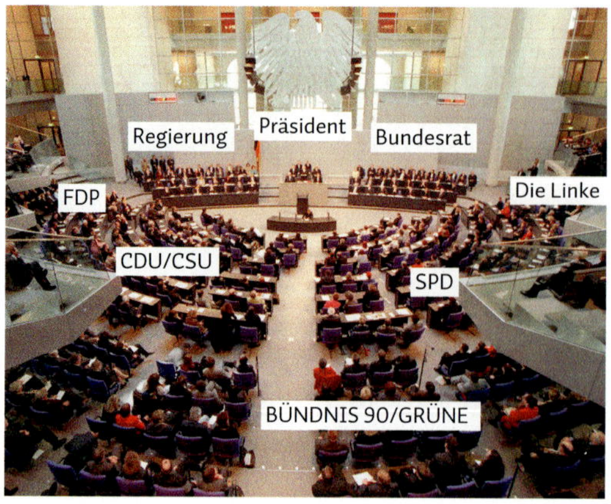

Blick in den Plenarsaal des Deutschen Bundestages

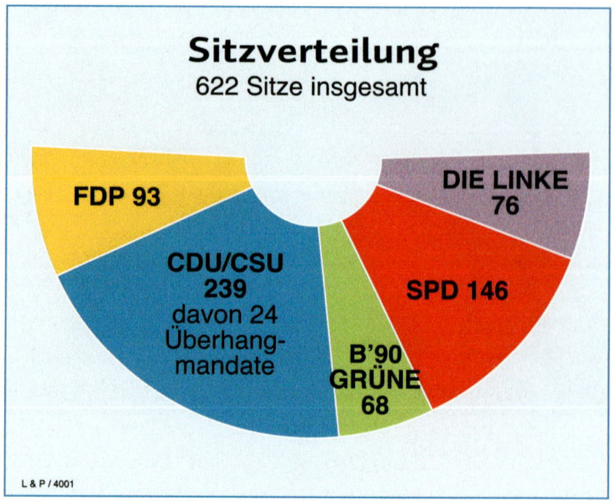

Sitzverteilung im 17. Deutschen Bundestag

Parlament
So bezeichnet man die gewählte Volksvertretung in einer Demokratie.

Bundeshaushalt
Nach Artikel 110 des Grundgesetzes hat der Bund die Pflicht, einen nach Jahren getrennten Haushaltsplan aufzustellen. In diesem werden alle geplanten und erwarteten Einnahmen und Ausgaben des Bundes gegenübergestellt.

Fraktion
Zusammenschluss der Abgeordneten einer Partei im Parlament

Sanktion
Zwangsmaßnahme

Der Bundestag ist das Parlament der Bundesrepublik Deutschland. Seine Abgeordneten werden vom Volk auf vier Jahre gewählt. Sie sind nach Artikel 38 des Grundgesetzes „Vertreter des ganzen Volkes, an Aufträge und Weisungen nicht gebunden und nur ihrem Gewissen unterworfen". Man spricht deshalb auch von einem „freien Mandat".

Zu den wichtigsten Aufgaben des Bundestages gehören die Wahl des Bundeskanzlers bzw. der Bundeskanzlerin, die Gesetzgebung, die Verabschiedung des Bundeshaushalts, die Mitwirkung bei der Wahl des Bundespräsidenten und die Genehmigung der von der Regierung mit anderen Staaten und internationalen Organisationen ausgehandelten Verträge. Zudem kommt dem Parlament die Aufgabe zu, die Exekutive, also die Regierung zu kontrollieren.

Im Zentrum der parlamentarischen Arbeit stehen die Fraktionen. Damit sich Abgeordnete zu Fraktionen zusammenschließen können, ist eine bestimmte Mindestgröße vorgeschrieben. So wie die Sperrklausel im Wahlgesetz beträgt diese fünf Prozent der Parlamentssitze insgesamt. Außerdem dürfen nur Abgeordnete der gleichen Partei eine Fraktion bilden.

Der 17. Bundestag besteht aus fünf Fraktionen: CDU/CSU, SPD, FDP, Bündnis90/Die Grünen, Die Linke. Obwohl jeder Abgeordnete in der Ausübung seines Mandats prinzipiell frei ist, gibt es in der Praxis einen „Fraktionszwang". Das bedeutet, dass die Abgeordneten in aller Regel im Sinne ihrer Fraktion argumentieren und abstimmen. Notwendig ist die Fraktionsdisziplin, um ein geschlossenes Auftreten im Parlament und damit einen größeren Machteinfluss zu erreichen. Die Fraktionen versuchen mittels verschiedener Sanktionen auf „Abweichler" Druck auszuüben, damit diese sich der Fraktionsdisziplin unterwerfen. Unterwirft sich ein Abgeordneter nicht der Fraktionsdisziplin, muss er z. B. damit rechnen, bei der nächsten Wahl nicht mehr als Kandidat aufgestellt zu werden. Die schärfste Sanktion, die eine Partei beschließen kann, ist der Parteiausschluss.

Gemessen an ihrem Anteil an der Bevölkerung sind Frauen im Deutschen Bundestag noch immer unterrepräsentiert. Mit einer Quote von über 30 Prozent liegt Deutschland im internationalen Vergleich allerdings auf einem der vorderen Plätze (zum Vergleich: Schweden 47 %, Frankreich 19 %, USA 16 %, Japan 9 %).

3 Hilfe
Gib dazu bei einer Suchmaschine als Stichworte ein: Frauenanteil, Bundestagsfraktion.

1 Stelle anhand der Grafik „Sitzverteilung" zusammen, welche Koalitionen zur Regierungsbildung möglich gewesen wären. Welche Koalition wurde gebildet?

2 Das Grundgesetz garantiert in Artikel 38 das freie Mandat für Abgeordnete, in der Praxis gibt es jedoch die Fraktionsdisziplin. Die einen sehen darin einen Widerspruch, die anderen nicht. Welche Argumente können jeweils angeführt werden?

3 Wie hoch ist der Frauenanteil in den verschiedenen Bundestagsfraktionen? Recherchiere dazu im Internet.

Die Arbeit im Bundestag

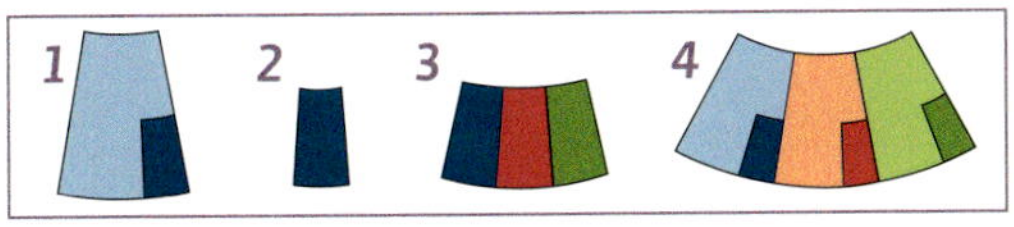

Ausschuss	**Plenum**
Arbeitskreis	**Fraktion**

A In ihr sind die Abgeordneten, die der gleichen Partei angehören, zusammengeschlossen. Aus ihr geht ein großer Teil der politischen Vorschläge für die Parlamentsarbeit hervor. Die Sitzordnung des Parlaments sieht vor, dass die Abgeordneten der gleichen Partei beieinander in einem Block sitzen. Vor Sitzungen lässt sich meistens abschätzen, welcher Anteil dieser Abgeordneten zustimmen oder ablehnen wird.

B Er ist der Ort für gründliche und ins Einzelne gehende Beratungen unter den Fachleuten aller Fraktionen. Er befasst sich nur mit Angelegenheiten, die ihm vom Plenum überwiesen worden sind. Die Beschlüsse des Plenums bereitet er mit vor, sodass Mehrheiten zustande kommen können. In „Hearings" werden auch außerparlamentarische Sachverständige und Betroffene angehört.

C Es ist die Vollversammlung des Parlaments. Von ihm werden die Beschlüsse gefasst. Es ist auch der Ort für die öffentlichen politischen Debatten sowie für Regierungserklärungen. Wichtige Debatten werden im Fernsehen gezeigt. In der Regel finden alle vier Wochen jeweils zwei oder drei Sitzungen statt, die vom Präsidenten oder einem Vizepräsidenten geleitet werden. Die Beschlüsse werden in den Fraktionen und Ausschüssen vorbereitet.

D Er wird innerhalb der Fraktion für die verschiedenen Sachgebiete gebildet, für die es auch Ausschüsse und Ministerien gibt. In ihm bereiten sich die Fachleute der Fraktion auf die Sitzungen des entsprechenden Ausschusses vor, denn sie vertreten auch die Fraktion im jeweiligen Ausschuss. Diese Fachleute bereiten auch Beschlüsse der Fraktion im jeweiligen Sachgebiet vor.

Der Reichstag aus der Vogelperspektive. Im Gebäude dahinter befindet sich die Mehrzahl der Abgeordnetenbüros.

Durch das gläserne Dach kann man die Abgeordneten im Plenarsaal beobachten.

Die Parlamentsdebatten lassen sich auch live von der Besuchertribüne des Bundestages aus verfolgen.

Der Reichstag in Berlin ist seit 1999 der Sitz des Deutschen Bundestages. Alle 5 Jahre tritt hier auch die Bundesversammlung zur Wahl des Bundespräsidenten zusammen. Das Gebäude wurde von 1884 bis 1894 errichtet und beherbergte im deutschen Kaiserreich bis 1918 den Reichstag und anschließend das Parlament der Weimarer Republik. Der durch einen Brand 1933 und die Auswirkungen des Zweiten Weltkrieges schwer beschädigte Bau wurde in den 1960er-Jahren wiederhergestellt und nach der deutschen Wiedervereinigung in den 1990er-Jahren grundlegend umgestaltet und mit der markanten Glaskuppel versehen.

1 Ein zeichnerisches Element (1 bis 4), ein Begriff (Ausschuss, …) und eine Beschreibung (A bis D) gehören jeweils zusammen. Ordne auf deinem Arbeitsblatt entsprechend zu oder notiere auf einem Blatt.

Regierungsbildung

Parteien, deren Programme nicht allzu stark voneinander abweichen, …	… führen dann die eigentlichen Koalitionsverhandlungen.
Wenn keine Partei bei der Wahl die absolute Mehrheit gewinnt, …	… haben oft schon im Wahlkampf eine Koalitionsaussage gemacht.
Wenn sich die Parteien im Wahlkampf nicht auf Koalitionspartner festgelegt haben, …	… die dann vom Bundespräsidenten ernannt und vor dem Bundestag vereidigt werden.
Die Parteien, die zusammen regieren wollen, …	… müssen sich Parteien zu einer Koalition zusammenschließen.
Die Koalitionsparteien einigen sich auf ein Sachprogramm der künftigen Regierung, …	… führt die Partei, die die meisten Sitze hat, als erste Gespräche mit anderen.
Gegen Ende der Koalitionsverhandlungen spricht man auch ab, …	… ohne Aussprache gewählt, anschließend ernannt sowie vor dem Bundestag vereidigt.
Die Bundeskanzlerin wird auf Vorschlag des Bundespräsidenten vom Bundestag …	… wobei jede versucht, viel von ihrem Programm und den Wahlaussagen durchzusetzen.
Die Bundeskanzlerin schlägt dem Bundespräsidenten die Bundesminister/innen vor, …	… welche Koalitionsparteien in der neuen Regierung welche Ministerien erhalten.

Bundeskanzlerin Angela Merkel beim Ablegen des Amtseides

„Ich schwöre, dass ich meine Kraft dem Wohle des deutschen Volkes widmen, seinen Nutzen mehren, Schaden von ihm wenden, das Grundgesetz und die Gesetze des Bundes wahren und verteidigen, meine Pflichten gewissenhaft erfüllen und Gerechtigkeit gegen jedermann üben werde. So wahr mir Gott helfe."

Der Amtseid kann auch ohne religiöse Beteuerung geleistet werden. Die Bundesminister und Bundesministerinnen leisten den gleichen Amtseid.

1 Hilfe

Parteien, deren Programme nicht allzu stark voneinander abweichen …
… haben oft schon im Wahlkampf eine Koalitionsaussage gemacht.

1 Verbinde die Teile der Sätze in der linken und rechten Spalte so, dass sich ein Bericht über den Ablauf der Regierungsbildung ergibt. Benutze dazu das Arbeitsblatt oder notiere die vollständigen Sätze in der richtigen Reihenfolge.

Bundeskanzlerin Angela Merkel

Die Bundesregierung am Kabinettstisch (Stand: November 2009)

Grundgesetz: Die Bundesregierung

Artikel 62
Die Bundesregierung besteht aus dem Bundeskanzler und aus den Bundesministern. (A)

Artikel 65
Der Bundeskanzler bestimmt die Richtlinien der Politik und trägt dafür die Verantwortung. (B) Innerhalb dieser Richtlinien leitet jeder Bundesminister seinen Geschäftsbereich selbstständig und unter eigener Verantwortung. (C) Über Meinungsverschiedenheiten zwischen den Bundesministern entscheidet die Bundesregierung. ... (D)

Artikel 67
Der Bundestag kann dem Bundeskanzler das Misstrauen nur dadurch aussprechen, dass er mit der Mehrheit seiner Mitglieder einen Nachfolger wählt ... (E)

Artikel 68
Findet ein Antrag des Bundeskanzler, ihm das Vertrauen auszusprechen, nicht die Zustimmung der Mehrheit der Mitglieder des Bundestages, so kann der Bundespräsident auf Vorschlag des Bundeskanzlers binnen einundzwanzig Tagen den Bundestag auflösen. ... (F)

Richtlinienkompetenz

Vertrauensfrage

Kollegialprinzip

Misstrauensvotum

Kabinett

Ressortprinzip

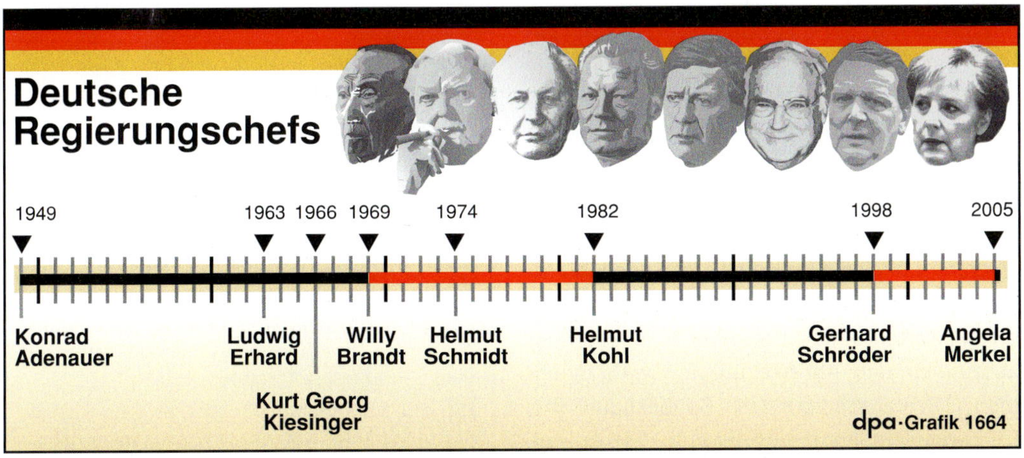

Blick auf das Bundeskanzleramt, den Amtssitz von Angela Merkel

1 Zu jeder Textstelle (A bis F) aus dem Grundgesetz passt ein Fachbegriff in der Randspalte. Ordne zu. Notiere dazu zu jedem Buchstaben den passenden Begriff.

2 Führt eine Internetrecherche zum Thema „Bundesministerien" durch und erstellt zu jedem Ministerium einen Steckbrief: Bezeichnung des Ministeriums, Name des Ministers bzw. der Ministerin, Hauptaufgaben, aktuelle Nachrichten. Teilt dazu die Arbeit auf.

2 Hilfe
Startet eure Recherche mit: www.bundesregierung.de

Kontrolle der Regierung durch den Bundestag

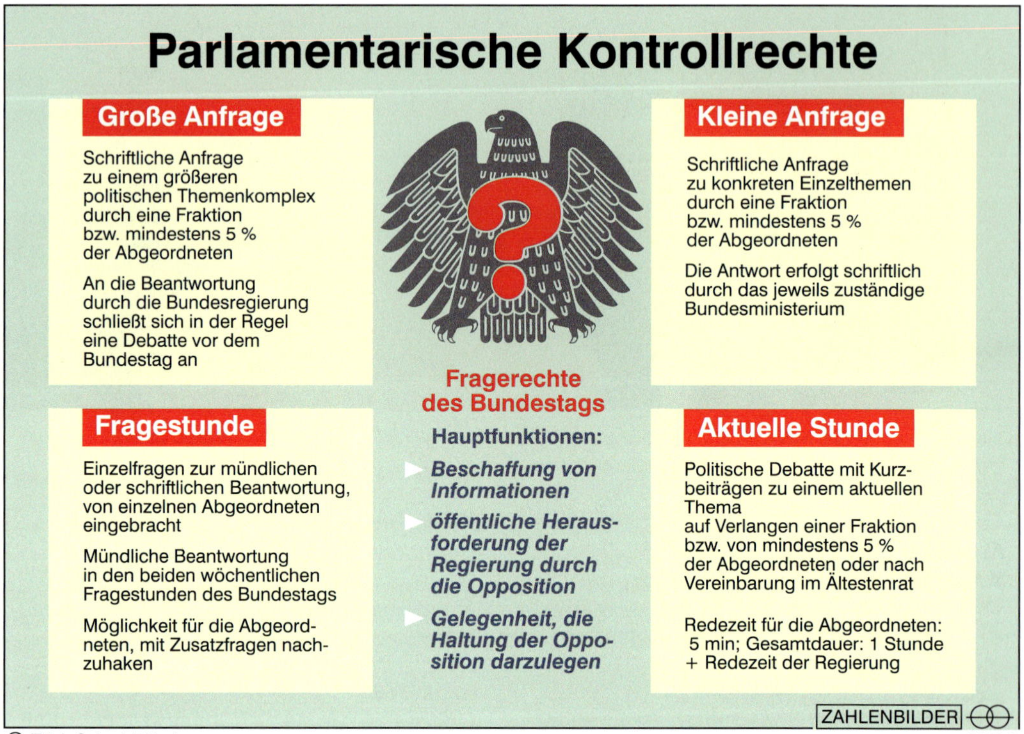

© Erich Schmidt Verlag 66 250

Katja Kipping, Abgeordnete der Linkspartei, während einer Aktuellen Stunde am Rednerpult des Bundestages

Die Kontrolle der Bundesregierung ist eine wichtige Aufgabe des Parlaments. Da die Regierungsmehrheit im Bundestag die Regierung unterstützt, ist es vorrangig die Opposition, die die Arbeit der Regierung kritisch hinterfragt. Der Bedeutung der Opposition entsprechend, hat das Bundesverfassungsgericht das „Recht auf Bildung und Ausübung einer Opposition“ zu den grundlegenden Prinzipien unserer freiheitlichen demokratischen Grundordnung erklärt.

Dem Bundestag stehen verschieden Mittel zur Kontrolle der Bundesregierung zur Verfügung. In erster Linie sind hier die verschiedenen Fragerechte zu nennen (siehe Grafik). Daneben gibt es weitere Anlässe und Mittel, um Einfluss auszuüben und Kontrollfunktion wahrzunehmen: (1) Verabschiedung des Bundeshaushalts, (2) Grundsatzdebatte im Plenum, (3) Antrag, (4) Verfassungsklage, (5) Ausschussberatung, (6) Untersuchungsausschuss.

A Eine Oppositionspartei schlägt bei der Beratung eines Gesetzentwurfs im Ausschuss eine Änderung des Entwurfs vor.

B Es soll aufgeklärt werden, ob der Verdacht stimmt, dass ein Minister ein teures Geschenk von einem Lobby-Vertreter angenommen hat.

C Der Fraktionsvorsitzende einer Oppositionspartei verlangt in einer Rede im Plenum, dass die Bundesregierung mehr Geldmittel für den sozialen Wohnungsbau vorsehen soll.

D Mitglieder einer Oppositionspartei beantragen schriftlich bei der Regierung, die Mittel des Bundespresseamtes für Informationsschriften zu kürzen. Dazu wird von der Regierung eine Stellungnahme vorgelegt. Dann wird über die Sache im Bundestag diskutiert und abgestimmt.

E Eine Oppositionsfraktion lässt beim Bundesverfassungsgericht prüfen, ob ein Gesetz, das gegen ihre Stimmen zustande kann, mit dem Grundgesetz vereinbar ist.

F Die Vorsitzende der größten Oppositionspartei wirft der Regierung vor, sie habe sich zu wenig für die politische Stärkung des Europäischen Parlaments eingesetzt.

1 Worin unterscheiden sich Große Anfrage und Kleine Anfrage, worin Fragestunde und Aktuelle Stunde?

2 Welcher Vorgang (A bis F) gehört zu welchem Mittel der Kontrolle (1 bis 6)? Notiere.

Der Bundesrat

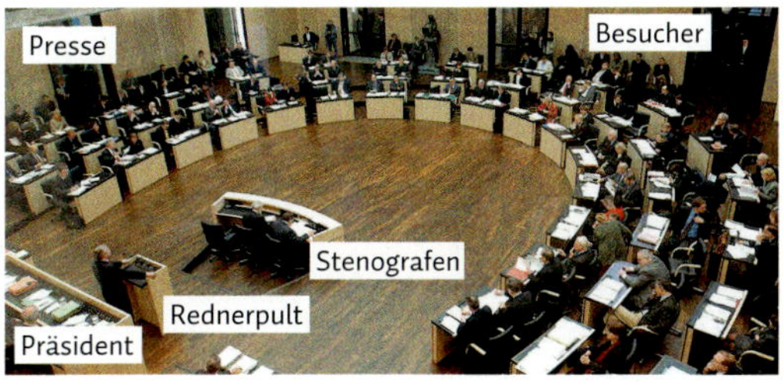

Sitzung des Bundesrates

Grundgesetz

Artikel 50: Durch den Bundesrat wirken die Länder bei der Gesetzgebung und Verwaltung des Bundes und in Angelegenheiten der Europäischen Union mit.

Artikel 51: (1) Der Bundesrat besteht aus Mitgliedern der Regierungen der Länder, die sie bestellen und abberufen. (...)

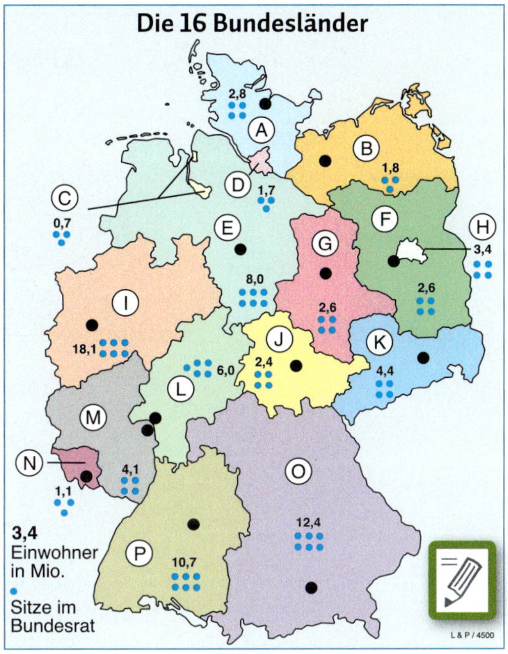

Baden-Württemberg
Bayern
Berlin
Brandenburg
Bremen
Hamburg
Hessen
Mecklenburg-Vorpommern
Niedersachsen
Nordrhein-Westfalen
Rheinland-Pfalz
Saarland
Sachsen
Sachsen-Anhalt
Schleswig-Holstein
Thüringen

In einem föderalen Staat schließen sich mehrere Gliedstaaten zu einem Bündnis zusammen. So bilden die 16 deutschen Bundesländer den Bundesstaat Bundesrepublik Deutschland. Die Zuständigkeiten sind zwischen dem Bund und den Ländern aufgeteilt. Der Bund ist für die Aufgaben zuständig, die in allen Ländern einheitlich geregelt werden müssen (z. B. Passwesen) und für Bereiche, in denen es um das Verhältnis zu anderen Staaten geht (z. B. Außenpolitik). Die Bundesländer sind für die Aufgaben zuständig, die nicht einheitlich geregelt sind (z. B. Schulwesen, Hochschulen, Kultur, Polizei, Landesplanung).
Das Bindeglied zwischen dem Bund und den Ländern ist der Bundesrat. Er ist die Interessenvertretung der Länder auf Bundesebene. Über ihn wirken die Länder an der Bundesgesetzgebung mit. Der Bundesrat kann eigene Gesetzentwürfe einbringen, außerdem werden ihm die Gesetzentwürfe der Bundesregierung zur Stellungnahme zugeleitet. Wenn Gesetzentwürfe die Finanzen der Länder berühren, in ihre Verwaltung eingreifen oder Änderungen des Grundgesetzes betreffen, hat der Bundesrat ein Vetorecht. Deshalb nennt man diese Gesetze zustimmungspflichtige Gesetze. Bei den anderen, den einfachen Gesetzen, kann der Bundesrat Änderungswünsche einbringen, der Bundestag hat aber das letzte Wort und trifft die Entscheidung.
Der Bundesrat muss auch zu den meisten Rechtsverordnungen der Bundesregierung seine Zustimmung geben. Als z. B. der Bundesverkehrsminister die Helmpflicht für Motorradfahrer einführte, war die Zustimmung des Bundesrates erforderlich, während der Bundestag nicht gefragt werden musste. Über den Bundesrat wirken die Bundesländer außerdem in Angelegenheiten der Europäischen Union mit.

Vetorecht
veto (lat.) bedeutet „ich verbiete“; offizieller Einspruch, durch den das Zustandekommen oder die Durchführung eines Beschlusses verhindert wird

Rechtsverordnung
Verordnung, die aufgrund einer gesetzlichen Ermächtigung ergeht und die einem Gesetz gleichkommt, Beispiel: Straßenverkehrsordnung

1. Ordne die 16 Bundesländer der Karte zu und schreibe jeweils auch den Namen der Landeshauptstadt auf. Benutze dazu das Arbeitsblatt oder notiere zu jedem Buchstaben das betreffende Land und die Landeshauptstadt.
2. Nach dem Grundgesetz haben die einzelnen Länder unterschiedlich viele Stimmen im Bundesrat. Was spricht für diese Regelung?
3. Die Landtagswahlen werden auch als „indirekte Bundesratswahlen“ bezeichnet. Erläutere, was damit gemeint sein könnte.

3 Hilfe
Beachte dabei den Artikel 51 des Grundgesetzes.

Gesetzgebung im Bund: ein Beispiel

Der Weg eines Gesetzes

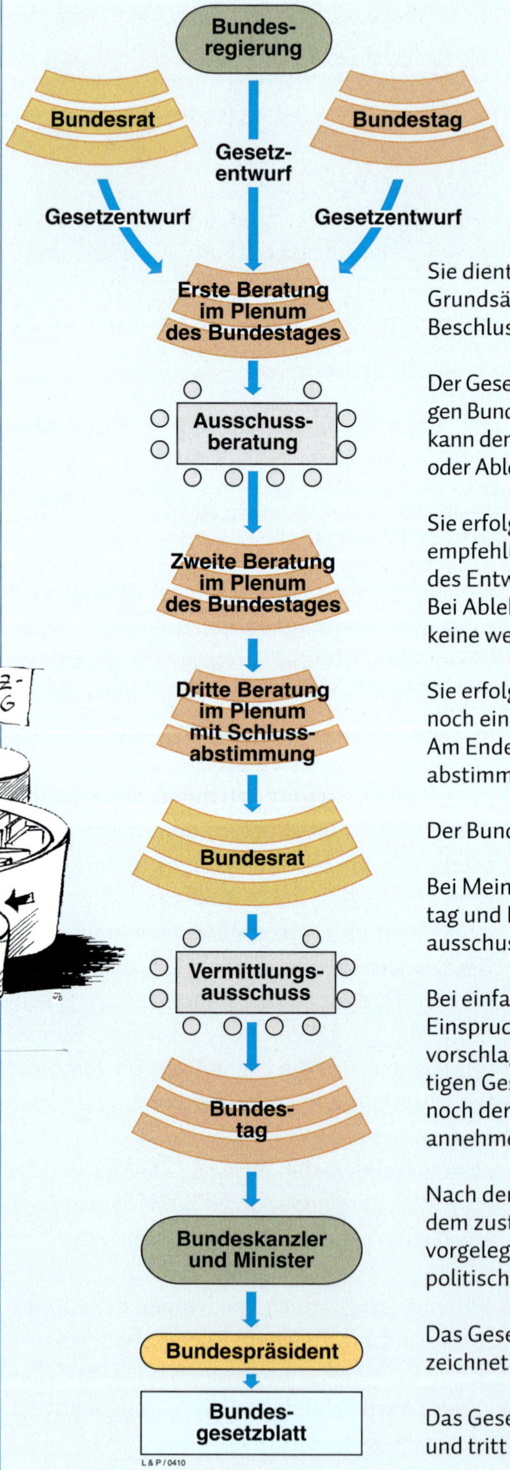

PHASE

1 Gesetzentwürfe können von der Bundesregierung, aus dem Bundestag oder vom Bundesrat eingebracht werden.

2 Sie dient der Darlegung und der Erörterung der Grundsätze der Vorlage. Es erfolgt noch kein Beschluss.

3 Der Gesetzentwurf wird in dem fachlich zuständigen Bundestagsausschuss beraten. Der Ausschuss kann dem Plenum eine Abänderung, Annahme oder Ablehnung des Gesetzentwurfs empfehlen.

4 Sie erfolgt auf der Grundlage der Ausschussempfehlung. Über die einzelnen Bestimmungen des Entwurfs wird beraten und abgestimmt. Bei Ablehnung aller Teile einer Vorlage findet keine weitere Beratung statt.

5 Sie erfolgt auf die zweite Beratung und beginnt noch einmal mit einer Grundsatzaussprache. Am Ende dieser Beratung steht die Schlussabstimmung.

6 Der Bundesrat berät über das Gesetz.

7 Bei Meinungsverschiedenheiten zwischen Bundestag und Bundesrat wird versucht, im Vermittlungsausschuss einen Kompromiss zu finden.

8 Bei einfachen Gesetzen kann der Bundestag den Einspruch des Bundesrats und den Vermittlungsvorschlag zurückweisen. Bei zustimmungsbedürftigen Gesetzen muss nach dem Bundestag auch noch der Bundesrat den Vermittlungsvorschlag annehmen.

9 Nach der Verabschiedung eines Gesetzes wird es dem zuständigen Minister und dem Bundeskanzler vorgelegt, die durch ihre Unterzeichnung die politische Verantwortung dafür übernehmen.

10 Das Gesetz wird vom Bundespräsidenten unterzeichnet.

11 Das Gesetz wird im Bundesgesetzblatt verkündet und tritt somit in Kraft.

Gesetz zur Reform des Staatsangehörigkeitsrechts

Früher galt in Deutschland diese Regelung: Kinder, die deutsche Eltern hatten oder bei denen ein Elternteil deutsch war, erhielten mit der Geburt die deutsche Staatsangehörigkeit. Zum Januar 2000 trat ein Gesetz in Kraft, das das Staatsangehörigkeitsrecht neu regelt. Durch die Geburt in Deutschland erhält nun auch ein Kind ausländischer Eltern automatisch die deutsche Staatsangehörigkeit neben derjenigen der Eltern („Doppelpass"). Voraussetzung ist, dass ein Elternteil sich seit mindestens acht Jahren rechtmäßig in Deutschland aufhält. Zwischen dem 18. und 23. Geburtstag muss sich das Kind dann für eine der beiden Staatsbürgerschaften entscheiden.
Diese Regelung gilt auch für Kinder, die nach 1980 in Deutschland geboren wurden. Nachträglich können alle Ausländer ab acht Jahren Aufenthalt in Deutschland einen Antrag auf Einbürgerung stellen.
Die folgenden Zeitungsmeldungen stammen aus der Zeit, als damals das neue Gesetz zum Staatsangehörigkeitsrecht im Bundestag beraten wurde. Sie sind typisch für den Gang bei einem Gesetzgebungsverfahren.

Doppelpass: Zwischen dem 18. und 23. Geburtstag muss sich der Inhaber für eine der Staatsbürgerschaften entscheiden.

A Der Bundestag debattierte in zweiter und dritter Beratung vier Stunden lang über die Reform des Staatsbürgerschaftsrechts. Der Bundesinnenminister bezeichnete das neue Gesetz als einen Kompromiss von „historischer Dimension". Am Schluss sprachen sich in namentlicher Abstimmung 365 Abgeordnete dafür, 184 dagegen aus, 39 Parlamentarier enthielten sich der Stimme.

B Der Bundesrat hat die Reform des Staatsbürgerschaftsrechts beraten. In der Diskussion gaben der bayerische Ministerpräsident und der Bundesinnenminister zu dem Gesetz unterschiedliche Erklärungen ab.

C Der Bundespräsident hat das Gesetz zur Reform des Staatsbürgerrechts unterzeichnet.

D Der Innenausschuss des Bundestages hat sich bei seiner letzten Sitzung zum neuen Staatsbürgerschaftsrecht vor allem mit Klärungen bei Verfahrensfragen befasst.

E Der Bundestag debattierte über den gemeinsamen Gesetzentwurf der Regierungsfraktion von SPD und BÜNDNIS 90/DIE GRÜNEN und den Entwurf der CDU/CSU-Fraktion zur Neuregelung des Staatsangehörigkeitsrechts in erster Beratung. Anschließend wurden die Vorlagen an die zuständigen Ausschüsse zur Weiterberatung überwiesen.

F Unbemerkt von der Öffentlichkeit wurde das neue Gesetz zur Staatsbürgerschaftsreform im Bundesgesetzblatt verkündet. Das neue Gesetz trat am 01.01.2000 in Kraft.

1 Erkläre zum Weg eines Gesetzes: Warum gibt es verschiedene Beratungen? Welche Bedeutung hat die Ausschussberatung?
2 Stelle zunächst zu jeder Zeitungsmeldung fest, zu welcher Phase im Gesetzgebungsprozess sie gehört. Bringe dann die Ausschnitte in die zeitlich richtige Reihenfolge.
3 Was könnte man der Aussage in der Sprechblase entgegenhalten?

Es dauert viel zu lange, bis bei uns ein Gesetz gemacht ist!

2 Hilfe
Meldung A gehört zu Phase 4 und Phase 5. Meldung B gehört zu Phase …

3 Hilfe
Bedenke, dass sich Gesetze auf sehr komplizierte Sachverhalte beziehen können und auf das Leben vieler Menschen Auswirkungen haben.

Der Bundespräsident

Bundespräsident Christian Wulff

Der ehemalige niedersächsische Ministerpräsident Christian Wulff wurde nach dem Rücktritt von Horst Köhler am 30. 06. 2010 von der Bundesversammlung in Berlin zum neuen Bundespräsidenten gewählt.

Nähere Informationen über den Bundespräsidenten und seine Aufgaben findest du unter: www.bundespraesident.de

Der Bundespräsident ist das Staatsoberhaupt der Bundesrepublik Deutschland. Er wird alle fünf Jahre von der Bundesversammlung gewählt, traditionell am 23. Mai, dem Tag der Verabschiedung des Grundgesetzes. Die Bundesversammlung besteht aus den Mitgliedern des Bundestags und der gleichen Anzahl an Wahlmännern und -frauen, die von den Landtagen der Bundesländer je nach Fraktionsstärke entsandt werden. Die Parteien können dabei auch Bürgerinnen und Bürger als Delegierte benennen, die kein politisches Amt begleiten. Bei den vergangenen Wahlen gaben so immer wieder Prominente aus verschiedenen gesellschaftlichen Bereichen ihre Stimme ab. Für die Wahl des Bundespräsidenten bzw. der Bundespräsidentin ist die absolute Mehrheit erforderlich. Wird diese im ersten oder zweiten Wahlgang nicht erreicht, genügt im dritten Wahlgang die einfache Mehrheit.
Die Aufgaben des Bundespräsidenten sind im Grundgesetz festgelegt.

A Der Bundespräsident wirkt bei der Regierungsbildung mit. Er schlägt den Bundeskanzler oder die Bundeskanzlerin vor und ernennt ihn bzw. sie nach erfolgter Wahl durch den Bundestag. Auf Vorschlag des Kanzlers oder der Kanzlerin ernennt und entlässt er die Minister und Ministerinnen.

B Der Bundespräsident oder sein Bevollmächtigter, z.B. der Außenminister, unterzeichnet die Verträge mit anderen Staaten. Sie kommen vorher durch Verhandlungen der Regierungen zustande. Der Bundestag muss den Verträgen zugestimmt haben.

C Der Bundespräsident unterzeichnet die Gesetze, bevor sie im Bundesgesetzblatt verkündet werden. Hat er verfassungsrechtliche Bedenken, kann er die Unterschrift verweigern.

D Der Bundespräsident übt für den Bund das Begnadigungsrecht aus. Er kann somit Strafen abmildern, z.B. bei Verurteilungen wegen Spionage oder terroristischen Straftaten.

E Der Bundespräsident empfängt auswärtige Gesandte. Er muss deren Entsendung zustimmen.

F Der Bundespräsident kann durch Reden und Gespräche die Aufmerksamkeit auf wichtige politische Probleme lenken, die gelöst werden müssen.

G Der Bundespräsident vertritt die Bundesrepublik Deutschland völkerrechtlich. Er empfängt und besucht ausländische Politiker, Staats- und Regierungschefs und führt politische Gespräche. Dabei stimmt er sich mit der Bundesregierung ab.

H Der Bundespräsident verleiht Orden und Ehrenzeichen, z.B. das Bundesverdienstkreuz. Zudem unterstützt er durch Ehrenpatenschaften Institutionen und Aktionen in Deutschland.

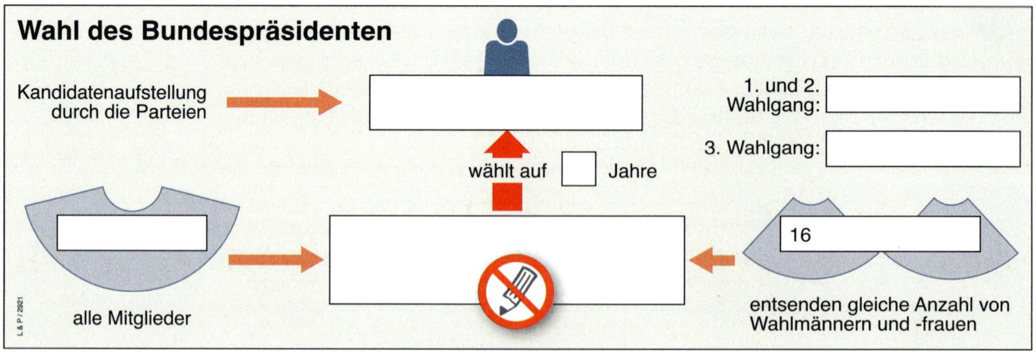

1 Hilfe
Die notwendigen Informationen enthält der Text. Genaueres kannst du im Grundgesetz nachlesen.

1 Vervollständige auf dem Arbeitsblatt das Schaubild zur Wahl des Bundespräsidenten.
2 Überlegt in der Klasse, warum die Parteien wohl auch Bürgerinnen und Bürger als Delegierte in die Bundesversammlung entsenden, die kein politisches Amt innehaben.
3 Der Bundespräsident hat Aufgaben im Inland und Aufgaben gegenüber dem Ausland. Ordne die Aufgaben A bis H diesen beiden Aufgabenbereichen zu.

Das Bundesverfassungsgericht

Das Bundesverfassungsgericht in Karlsruhe wacht über die Einhaltung des Grundgesetzes. Seit seiner Gründung im Jahr 1951 hat das Gericht dazu beigetragen, der freiheitlich-demokratischen Grundordnung Ansehen und Wirkung zu verschaffen. Das gilt vor allem für die Durchsetzung der Grundrechte. Zur Beachtung des Grundgesetzes sind alle staatlichen Stellen verpflichtet. Kommt es dabei zum Streit, kann das BVG angerufen werden. Seine Entscheidung ist unanfechtbar. An seine Rechtsprechung sind alle Staatsorgane gebunden.

Die Arbeit des Bundesverfassungsgerichts hat auch politische Wirkung. Das wird besonders deutlich, wenn das Gericht ein Gesetz für verfassungswidrig erklärt. Das Gericht ist aber kein politisches Organ. Sein Maßstab ist allein das Grundgesetz. Fragen der politischen Zweckmäßigkeit dürfen für das Gericht keine Rolle spielen. Es bestimmt nur den verfassungsrechtlichen Rahmen des politischen Entscheidungsspielraums. Die Begrenzung staatlicher Macht ist ein Kennzeichen des Rechtsstaats.

(www.bundesverfassungsgericht.de/organisation/aufgaben.html 21. 04. 2009)

Schild vor dem Bundesverfassungsgericht in Karlsruhe

Das Bundesverfassungsgericht wird nur auf Antrag tätig. Ein Katalog von Verfahrensarten schreibt vor, wann es angerufen werden kann. Eine **Verfassungsbeschwerde** kann jeder erheben, der sich durch eine Behörde, das Urteil eines Gerichts oder ein Gesetz in seinen Grundrechten verletzt fühlt. Sie ist in der Regel erst zulässig, wenn die sonst zuständigen Gerichte erfolglos angerufen wurden. Wenn die vorgebrachte Grundrechtsverletzung kein besonderes Gewicht hat, kann die Beschwerde abgewiesen werden. Von 1951 bis 2005 wurden 151 424 Verfassungsbeschwerden eingereicht, von denen nur ein kleiner Teil angenommen wurde. Erfolgreich waren 3699 Beschwerden.

In einem **Normenkontrollverfahren** wird festgestellt, ob ein Gesetz, also eine Norm, mit dem Grundgesetz vereinbar ist oder nicht. Wenn ein Gericht ein Gesetz für verfassungswidrig hält und es deshalb nicht anwenden will, muss es zuvor die Entscheidung des BVG einholen. Darüber hinaus können die Bundesregierung, eine Landesregierung oder ein Drittel der Mitglieder des Bundestages überprüfen lassen, ob eine Rechtsnorm, z. B. ein Gesetz, verfassungsgemäß ist.

Von einem **Verfassungsstreit** spricht man, wenn zwischen Verfassungsorganen oder zwischen Bund und Ländern Meinungsverschiedenheiten über die gegenseitigen verfassungsmäßigen Rechte und Pflichten bestehen. Gegenstand eines Verfassungsstreits können Fragen des Wahl-, Parteien- oder Parlamentsrechts sein. Beim Bund-Länder-Streit geht es meistens um Kompetenzabgrenzungen. Das Bundesverfassungsgericht ist auch für Parteiverbote und Verfassungsbeschwerden von Gemeinden zuständig.

Weitere Informationen über das Bundesverfassungsgericht findest du unter www.bundesverfassungsgericht.de

1 Beschreibe, warum das Bundesverfassungsgericht als „Hüter der Verfassung“ gilt.

2 Benenne wesentliche Unterschiede zwischen einer Verfassungsbeschwerde und einem Normenkontrollverfahren.

2 Hilfe
Wer wendet sich jeweils an das Bundesverfassungsgericht? Warum?

Kennzeichen unseres Staates

Die Bundesrepublik Deutschland ist eine Demokratie. Durch Wahlen bestimmen die Bürgerinnen und Bürger, welche Abgeordneten sie in den Parlamenten vertreten. Die Bundesrepublik Deutschland ist ein Bundesstaat. Dieser besteht aus 16 Bundesländern. Die Zuständigkeiten sind zwischen dem Bund und den Ländern aufgeteilt. Die Bundesrepublik Deutschland ist ein Rechtsstaat. Dieser sorgt dafür, dass Gesetze demokratisch zustande kommen. Die Bundesrepublik Deutschland ist ein Sozialstaat. Dieser strebt an, die soziale Gerechtigkeit zu fördern.

Parteien

Die Parteien haben den Auftrag, bei der politischen Willensbildung des Volkes mitzuwirken. Eine Demokratie kann ohne sie nicht funktionieren. Die Parteien legen ihre politischen Zielvorstellungen in Grundsatzprogrammen fest. So bündeln sie die unterschiedlichen Interessen und Vorstellungen der Bürgerinnen und Bürger. Die Parteien werben in der Öffentlichkeit um Zustimmung für ihre Programme und Standpunkte. Über die Beteiligung an den Wahlen konkurrieren sie um die Macht im Staat.

Bundestag

Der Deutsche Bundestag ist das Parlament der Bundesrepublik Deutschland. Seine Mitglieder werden vom Volk für vier Jahre gewählt. Der Bundestag wählt die Bundeskanzlerin oder den Bundeskanzler, kontrolliert die Bundesregierung und erlässt die Bundesgesetze (Legislative), zum Teil in Zusammenarbeit mit dem Bundesrat. Die Beschlüsse des Bundestages werden in den Fraktionen, Ausschüssen und Arbeitskreisen vorbereitet.

Bundesregierung

Wenn bei der Bundestagswahl keine Partei eine absolute Mehrheit erreicht hat, müssen sich zwei oder mehr Parteien zu einem Regierungsbündnis, einer sogenannten Koalition zusammenschließen. Die Koalitionsparteien einigen sich auf das Sachprogramm der künftigen Regierung. Die Bundesregierung hat mithilfe der Verwaltung die Gesetze zu vollziehen (Exekutive). Bei wichtigen politischen Fragen fällt die Bundeskanzlerin bzw. der Bundeskanzler die Grundsatzentscheidungen (Richtlinienkompetenz). Innerhalb dieser Richtlinien leitet jede Ministerin und jeder Minister sein Ministerium selbstständig und unter eigener Verantwortung.

Parlamentarische Kontrolle

Die Bundesregierung wird durch den Bundestag kontrolliert. Dies geschieht vor allem durch Anfragen, Anträge, Fragestunden, Aktuelle Stunden und Debatten sowie bei der Verabschiedung des Bundeshaushaltes. Die Kontrolle wird insbesondere von den Fraktionen wahrgenommen, die nicht die Regierung tragen, also von der Opposition.

Föderalismus

Von Föderalismus spricht man, wenn sich mehrere Länder zu einem Bundesstaat zusammenschließen und die Regierungen von Bund und Ländern eng zusammenarbeiten. Die Bundesrepublik besteht aus 16 Bundesländern, die über den Bundesrat an der Gesetzgebung des Bundes mitwirken. Die Zuständigkeit bei der Gesetzgebung zwischen Bund und Ländern ist im Grundgesetz festgelegt. Im alleinigen Kompetenzbereich der Bundesländer liegen z. B. die Bildung und die Polizei.

Bundesrat

Durch den Bundesrat wirken die 16 Bundesländer an der Gesetzgebung im Bund sowie in Angelegenheiten der Europäischen Union mit. Im Bundesrat haben die Länder – je nach Einwohnerzahl – drei bis sechs Stimmen. Das Bundesland Schleswig-Holstein hat vier Stimmen.

Gesetzgebung

Der Bundestag hat die gesetzgebende Gewalt (Legislative). Bevor ein Gesetzentwurf zum Bundesgesetz wird, müssen drei Beratungen im Bundestag stattfinden und der zuständige Ausschuss muss sich mit der Vorlage befassen. Auch der Bundesrat muss beteiligt werden; dabei wird zwischen einfachen und zustimmungspflichtigen Gesetzen unterschieden. Der Bundespräsident unterzeichnet das Gesetz. Erst wenn es im Bundesgesetzblatt verkündet wurde, tritt es in Kraft.

Bundespräsident

Der Bundespräsident ist das Staatsoberhaupt der Bundesrepublik Deutschland. Er hat insbesondere Aufgaben, bei denen er den Staat repräsentiert. So vertritt er die Bundesrepublik Deutschland völkerrechtlich gegenüber dem Ausland. In seinem Handeln und seinem Auftreten steht der Bundespräsident über den politischen Parteien, er ist parteipolitisch neutral. Seine Amtszeit beträgt fünf Jahre, eine Wiederwahl ist einmal möglich.

Bundesverfassungsgericht

Das Bundesverfassungsgericht in Karlsruhe wacht über die Einhaltung des Grundgesetzes. Wenn Meinungsverschiedenheiten im Zusammenhang mit dem Grundgesetz entstehen, entscheidet das Bundesverfassungsgericht.

Sachkompetenz

1 Löse das Rätsel. Verwende dazu das Arbeitsblatt oder notiere die gesuchten Begriffe untereinander auf einem Blatt. Das Lösungswort in der grün unterlegten Spalte nennt eines der Verfassungsorgane der Bundesrepublik Deutschland.

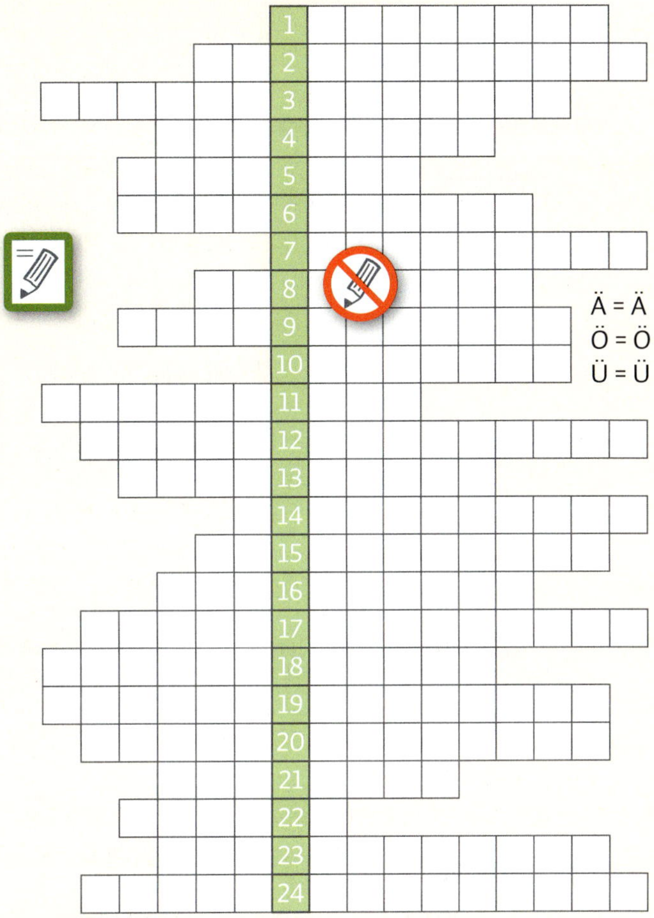

1 Der … ist das gesetzgebende Organ auf Bundesebene. Er tagt im Reichstagsgebäude in Berlin.

2 Von … spricht man, wenn Menschenrechte in einer Verfassung als grundlegende Rechte des einzelnen Bürgers schriftlich festgelegt sind.

3 Die … der Richterinnen und Richter ist ein wichtiger Grundsatz unseres Rechtsstaates.

4 Der … ist die Interessenvertretung der Länder auf Bundesebene. Durch ihn wirken die Bundesländer an der Gesetzgebung des Bundes mit.

5 In einer parlamentarische Demokratie sind … unerlässlich. In ihnen finden sich Bürger mit gleichen politischen Grundüberzeugungen zusammen, um im Staat Einfluss zu nehmen.

6 Die gesetzgebende Gewalt wird auch als … bezeichnet.

7 Das Grundgesetz ist die … unseres Staates.

8 Die ausführende Gewalt wird auch als … bezeichnet. An ihrer Spitze steht die Bundesregierung.

9 … meint, dass sich mehrere Gliedstaaten zu einem Bundesstaat zusammenschließen.

10 Die Abgeordneten, die der gleichen Partei angehören, bilden im Parlament eine … .

11 … stammt vom griechischen Wort „demos" ab und bedeutet Volksherrschafft.

12 Die … besteht aus der Bundeskanzlerin und den Bundesministerinnen und –ministern.

13 Die Parteien, die nicht an der Regierung beteiligt sind, bilden im Bundestag die … .

14 Die eigentliche parlamentarische Arbeit wird in den … geleistet. Dort beraten die Fachleute aller Fraktionen z.B. die Gesetzentwürfe.

15 Die Bundesrepublik Deutschland besteht aus 16 Bundesländern und ist somit ein … .

16 Die Parteien legen ihre Überzeugungen und politischen Absichten in … nieder.

17 Das Staatsoberhaupt der Bundesrepublik Deutschland ist der … .

18 Die … ist eine der wichtigsten Aufgabe des Bundestags.

19 In der … Demokratie wählen die Bürgerinnen und Bürger Abgeordnete, die sie vertreten.

20 Nach dem … leitet jede Ministerin und jeder Minister den übertragenen Geschäftsbereich selbstständig.

21 … ist eine andere Bezeichnung für die Regierung.

22 Einer der fünf Wahlgrundsätze lautet: … .

23 Ein Grundsatz des Rechtsstaates ist der … . Damit ist gemeint, dass die Bürger einen Anspruch haben, sich an die Gerichte zu wenden.

24 Die Trennung von Legislative, Exekutive und Judikative wird als … bezeichnet.

Handlungskompetenz

2 Ladet Abgeordnete ein.

Ladet Landtagsabgeordnete aus eurem Wahlkreis zu einem Gespräch in den Unterricht ein. Überlegt euch ein Thema aus der Landespolitik, das euch interessiert. Erarbeitet dann ein Schreiben, das ihr an die Abgeordneten richtet und in dem ihr euer Anliegen erklärt. Wer euren Wahlkreis im Landtag vertritt, könnt ihr aus dem Internet erfahren.

Sachkompetenz

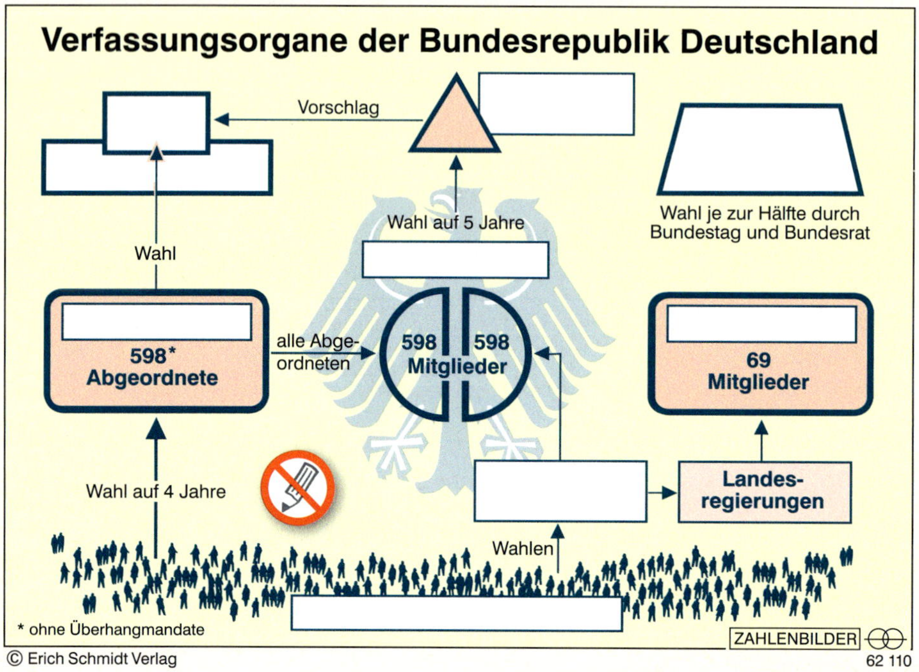

© Erich Schmidt Verlag

3 Ergänze die Grafik. Setze dazu auf dem Arbeitsblatt die folgenden Begriffe in die leeren Felder ein:

- Bundesregierung
- Bundespräsident/in
- wahlberechtigte Bürger und Bürgerinnen
- Landesparlamente
- Bundesrat
- Bundeskanzler/in
- Bundesversammlung
- Bundestag
- Bundesverfassungsgericht

Urteilskompetenz

4 Setzt euch in der Gruppe mit der Aussage auseinander und entwickelt eure Position.

„Klar bin ich für Demokratie! Demokratie heißt doch soviel wie „Herrschaft des Volkes" – und wer will da schon dagegen sein? Aber es muss auch erlaubt sein, auf Mängel hinzuweisen. Ich finde es zum Beispiel problematisch, dass bei Wahlen jede Stimme gleich viel zählt. Man muss sich doch nur einmal vorstellen, wie das in der Praxis läuft: Da haben wir den Bürger A und den Bürger B. Beide geben bei der Landtagswahl ihre Stimme ab. Der Bürger A hat sich gründlich auf seine Wahlentscheidung vorbereitet. Er hat sich mit den Programmen der Parteien beschäftigt, war auf verschiedenen Wahlveranstaltungen, hat ausführlich die Positionen vergleichen und sich dann nach langem Überlegen für eine Partei entschieden. Der Bürger B interessiert sich überhaupt nicht für Politik, hat keine Ahnung, was die jeweilige Partei will, geht zur Wahl nur aus Gewohnheit und wählt die Partei, deren Plakat ihm zufällig gefallen hat. So darf es doch nicht sein! Soll die Stimme eines ahnungslosen Wählers gleich viel wert sein wie die eines informierten Wählers?"

5 Analysiere die Karikatur. Gehe bei der Auswertung wie auf Seite 110 beschrieben in vier Schritten vor.

(Karikatur: Jan Tomaschoff)

Konsumgesellschaft

Kapitel 03

Menschen haben vielfältige Bedürfnisse, zu deren Befriedigung Güter erstellt werden müssen. Diese haben ihren Preis, der auf dem Markt durch Angebot und Nachfrage entsteht. Das ist das Prinzip der Wirtschaft. Die Unternehmen stehen untereinander im Wettbewerb. Werbung und ausgeklügelte Verkaufsstrategien sollen helfen, die Waren an den Mann und die Frau zu bringen. Da ist es für Verbraucherinnen und Verbraucher wichtig, sich nicht von der Vielfalt des Angebots verführen zu lassen, sondern überlegt einzukaufen. Dabei wird es immer wichtiger, bei seinem Konsum auch an Folgen für die Umwelt zu denken und nachhaltig zu handeln. Darum geht es in auf den folgende Seiten:

- Was sind Bedürfnisse? Wie entstehen sie?
- Welche Arten von Gütern gibt es?
- Wie versucht Werbung, Bedarf zu wecken?
- Welche Informationsmöglichkeiten stehen den Verbraucherinnen und Verbrauchern zur Verfügung?
- Welche Rechte und Pflichten ergeben sich aus einem Kaufvertrag?
- Was ist bei einer Kreditaufnahme zu beachten?
- Was ist ein Markt? Wie bilden sich Marktpreise?
- Welche Aufgabe kommt dem Wettbewerb zu? Was versteht man unter „Wettbewerbsordnung"?
- Wie belastet unser Konsum die Umwelt?
- Was ist mit „nachhaltigem Handeln" gemeint?
- Vor welchen Problemen stehen Landwirte heute?

In dem Film „CAST AWAY" lebt die Hauptfigur Chuck Noland, gespielt von Tom Hanks, nur für seinen Job. Chuck arbeitet als Inspektor für eine Transportfirma und ist deshalb meistens unterwegs. Seine Aufträge verschlagen ihn in die entlegensten Winkel der Erde. Wieder einmal sitzt er auf einer Geschäftsreise im Flugzeug, da passiert es. Das Flugzeug stürzt über den Weiten des Ozeans ab. Chuck glaubt sich schon verloren, doch er überlebt den Absturz und erreicht den rettenden Strand einer Insel. So glücklich seine Rettung ist, eine lange harte Zeit steht ihm bevor. Das vermeintliche Inselparadies entpuppt sich für den an die Einrichtungen der Zivilisation gewohnten Chuck als die Hölle. Alles was bisher in seinem Leben wichtig war, ist hier ohne Bedeutung. Auf der Insel fernab der Zivilisation gelten andere Regeln. Hier geht es nur ums Überleben. Trinkwasser und Nahrung müssen her, ein Unterschlupf als Schutz vor Sonne und Sturm gebaut werden. Doch das ist nur der Anfang. Krankheit, Einsamkeit und Verzweiflung werden zu neuen Feinden von Chuck – und Rettung ist nicht in Sicht ...

Inspektor
hier: jemand, der Besichtigungen und Kontrollen für seine Firma durchführt

Stellt euch vor, ihr wärt in einer ähnlichen Situation wie Chuck und mit einem Flugzeug vor der Küste einer menschenleeren Insel notgelandet. Unter großen Gefahren versucht ihr aus dem Flugzeug zu bergen, was euch zum Überleben wichtig scheint. Schwimmend könnt ihr immer nur einen Gegenstand nach dem anderen an Land bringen. Da das Flugzeugwrack jeden Augenblick im Meer versinken könnte, müsst ihr genau überlegen, welchen Gegenstand ihr als ersten, welchen als zweiten, welchen als dritten usw. holen wollt.

1 Welchen der abgebildeten Gegenstände würdest du als ersten aus dem Flugzeug holen?
2 Bildet Gruppen und diskutiert in den einzelnen Gruppen, in welcher Reihenfolge ihr die Gegenstände bergen würdet. Jede Gruppe hält ihr Ergebnis in einer Liste von 1 bis 25 fest.
3 Vergleicht in der Klasse die Ergebnisse der einzelnen Gruppen miteinander.

3 Hilfe
Wo gibt es Abweichungen? Jede Gruppe begründet, warum sie sich so und nicht anders entschieden hat.

Thema: Welche Wünsche haben wir?

In einer Klasse oder Gruppe wird man immer wieder versuchen, zu einer Frage oder Problemstellung möglichst viele Ideen und Gedanken zusammenzutragen. Dafür eignet sich eine Gesprächsform, die man Brainstorming nennt. Übersetzt heißt das so viel wie „Gedankensturm". Brainstorming ist also eine Methode, die jeden in einer Gruppe dazu bringen soll, spontan seine Gedanken zu äußern. So soll eine Ideensammlung entstehen, die dann gemeinsam diskutiert wird. Beim Brainstorming gelten drei Regeln:

1. Jeder in der Gruppe darf das sagen, was ihm zur Frage durch den Kopf geht, auch wenn der Gedanke ungewöhnlich ist.
2. Es ist verboten, eine Äußerung sofort zu kritisieren oder zu bewerten. Das würde den Gedankenfluss in der Gruppe hemmen. Erst wenn alle ihre Ideen eingebracht haben, wird darüber diskutiert.
3. Jeder darf Ideen von anderen aufgreifen, ergänzen oder weiterentwickeln.

Ein Brainstorming kann auf unterschiedliche Weise durchgeführt werden. Die einfachste Form ist die, jeden in der Klasse der Reihe nach das sagen zu lassen, was ihm zur Frage einfällt. Das geht rasch, allerdings weiß später in der Auswertungsphase nicht mehr jeder, was alles gesagt worden ist. Deswegen ist es oft sinnvoll, die Äußerungen schriftlich festzuhalten. Das kann so geschehen, dass zwei vorher bestimmte Schüler oder Schülerinnen abwechselnd die Äußerungen stichwortartig notieren, zum Beispiel an der Tafel oder auf einer Folie für den Tageslichtprojektor. Es kann auch jeder seinen Gedanken in Kurzform auf ein Blatt oder Kärtchen schreiben. Diese werden laut vorgelesen und dann an die Tafel oder Pinnwand geheftet.

1 Führt das Brainstorming „Welche Wünsche haben wir?" in der Klasse durch. Jede Schülerin und jeder Schüler darf drei Wünsche äußern.

„Ich wünsche mir…“

„… eine Freundin, auf die ich mich voll und ganz verlassen kann.“

„… dass ich immer genug zu essen habe und niemals mehr hungern muss.“

„… dass die neue Medizin rasch wirkt und meine Kreislaufbeschwerden nachlassen.“

„… dass mir meine Eltern ein eigenes Pferd kaufen, das ich mit niemandem teilen muss.“

„… zwei Tickets für das Popkonzert, dann kann ich Annalena mitnehmen.“

„… dass ich als Popstar später einmal richtig viel Geld verdiene und berühmt werde.“

Jeder Mensch hat vielfältige Wünsche. Er will essen und trinken, möchte eine schöne Wohnung haben, eine Urlaubsreise machen, wünscht sich Zuneigung und Anerkennung. Die Wünsche, die sich ein Mensch erfüllen möchte, nennt man auch seine Bedürfnisse. Um sich seine Wünsche erfüllen zu können, braucht man in aller Regel Geld. Damit kann man die Waren und Dienstleistungen bezahlen, die man zur Befriedigung seiner Bedürfnisse braucht.

Jeder Mensch muss zunächst grundlegende Bedürfnisse befriedigen: Er muss sich ernähren, sich kleiden, er benötigt eine Unterkunft als Schutz vor der Witterung. Da der Mensch nur existieren kann, wenn diese grundlegenden Bedürfnisse befriedigt werden, nennt man sie Existenzbedürfnisse oder Grundbedürfnisse.

Daneben gibt es Bedürfnisse, deren Befriedigung nicht lebensnotwendig ist, die aber ebenfalls der menschlichen Natur entspringen: Bildung, Unterhaltung, Reisen sind solche Bedürfnisse, die meistens als Kulturbedürfnisse bezeichnet werden. Mit fortschreitender wirtschaftlicher, sozialer und kultureller Entwicklung einer Gesellschaft nehmen diese Bedürfnisse zu. Eine besondere, delikate Mahlzeit lässt sich hier ebenso zuordnen, wie eine geräumige, komfortabel ausgestattete Wohnung.

Führt man den Gedanken weiter und stellt sich ein Essen im Sterne-Restaurant mit erlesenen Spezialitäten und einem edlen Wein für einen Preis von 200 Euro pro Person oder eine Villa im Park für zwei Millionen Euro vor, dann ist man bei den Luxusbedürfnissen. Der Wunsch, teuren Schmuck zu besitzen, einen italienischen Sportwagen zu fahren, exklusive Designermode zu tragen, gehört ebenso hierher. Was im Einzelnen als Luxusbedürfnis zu werten ist, sehen Menschen aber sehr unterschiedlich. Das hängt von verschiedenen Bedingungen ab: vom Einkommen, von den Lebensgewohnheiten, vom Preis. So ist für den einen die teure Marken-Jeans das Mindeste, für den anderen aber purer Luxus.

Die Bedürfnisse der Menschen sind nahezu unbegrenzt, die finanziellen Mittel zur Befriedigung dieser Bedürfnisse meist knapp. Diejenigen Bedürfnisse, die ein Verbraucher tatsächlich finanzieren kann, nennt man in der Wirtschaft Bedarf. Der Bedarf ist also aus der Vielzahl der Bedürfnisse der Teil, den man sich tatsächlich leisten kann. Ein Beispiel: Eldin möchte sich von Rihanna eine CD kaufen. Da sein Taschengeld dafür reicht, kann er sich seinen Wunsch erfüllen – aus

Wie entstehen Bedürfnisse?

Karel: Wie ist das eigentlich mit den Bedürfnissen? Ich kann mit dem Wort nichts anfangen.
Stella: Das ist ganz einfach. Nehmen wir ein Beispiel: Fehlt dir im Moment etwas?
Karel: Na ja, ich habe mächtig Durst. Ich würde jetzt wahnsinnig gerne etwas trinken.
Stella: Du verspürst einen Mangel, also hast du ein Bedürfnis, das du befriedigen möchtest.
Karel: Befriedigen? Ich bin zufrieden. Was meinst du denn damit?
Stella: Du gehst in einen Laden, kaufst dir eine Flasche Mineralwasser und trinkst. Dann ist dein Durst gestillt, der „Mangel" beseitigt, dein Bedürfnis befriedigt.
Karel: Ach so ist das zu verstehen! Aber kostenlos war die Flasche Mineralwasser nicht.
Stella: Nein, jetzt wird es wirtschaftlich interessant. Viele Bedürfnisse lassen sich nur mit Gütern befriedigen, in diesem Fall Mineralwasser. Und dafür musstest du bezahlen.
Karel: Verstehe. Aber Mineralwasser hätte ich mir nicht gekauft, lieber Bio-Limonade.
Stella: Einverstanden. Aber warum denn ausgerechnet Bio-Limonade?
Karel: Die schmeckt einfach besser. Alle meine Freunde trinken die! Und in der Werbung im Fernsehen heißt es, dass Bio-Limonade gesund sei.
Karel: Ernährungsfachleute würden dir sagen, dass Mineralwasser auch gesund ist. Dass du dein Bedürfnis durch Bio-Limonade befriedigen willst, hat die Werbung bewirkt.
Karel: Irgendetwas muss ich doch trinken, wenn ich durstig bin. Du willst mir doch nicht weismachen, dass die Werbung mir Bedürfnisse einreden kann?
Stella: Doch! Bedürfnisse können auch durch die Werbung erst geweckt werden.
Karel: Das musst du mir aber erst einmal beweisen.
Stella: Warum trägst du eine Baggy-Jeans? Das ist doch total unbequem.
Karel: Baggy-Jeans tragen zurzeit alle, die sind einfach „in".
Stella: „In"? Aha, dein Bedürfnis, eine Baggy-Jeans zu tragen, ist also nicht naturgegeben, sondern künstlich geweckt. Du trägst sie, weil du es in der Werbung siehst.
Karel: Aber es ist doch kein künstlich gewecktes Bedürfnis, dass ich etwas anziehen will.
Stella: Nein, sich zu bekleiden, ist ein natürliches Bedürfnis. Aber der Wunsch, die teuren Baggy-Jeans oder das T-Shirt für 80 Euro zu tragen, das ist ein gewecktes Bedürfnis.

Baggy-Jeans
Jeans mit extrem weitem, lässigem Schnitt. Baggy-Hosen werden oft auch ohne Gürtel getragen.

seinem Bedürfnis wird wirtschaftlich gesehen Bedarf. Eldin wünscht sich auch ein tolles Rennrad. Da er dafür jedoch kein Geld hat, bleibt sein Wunsch zwar ein Bedürfnis, wird jedoch nicht zum Bedarf.
Neben den Grund-, Kultur- und Luxusbedürfnissen, die sich alle mit entsprechenden finanziellen Mitteln befriedigen lassen, gibt es auch Bedürfnisse, die sich nicht mit Geld befriedigen lassen. Dazu gehört zum Beispiel der Wunsch, einen guten Freund zu haben oder Erfolg in der Schule. Bedürfnisse können also auch danach unterschieden werden, ob man sie sich mit Geld erfüllen kann oder nicht.

1. Grundbedürfnis, Kulturbedürfnis, Luxusbedürfnis: Welche Wünsche der sechs Personen auf Seite 102 kannst du diesen Bedürfnisarten zuordnen?
2. Warum lassen sich die anderen Wünsche diesen Bedürfnisarten nicht zuordnen?
3. Bedürfnisse und Bedarf: Erkläre, worin der Unterschied besteht.
4. Werte das Gespräch zwischen Karel und Stella aus.
5. Finde Beispiele für künstlich geweckte Bedürfnisse.

2 Hilfe
Manche Bedürfnisse lassen sich mit Geld bezahlen, andere nicht.

4 Hilfe
Wann ist ein Bedürfnis naturgegeben, wann ist es künstlich geweckt?

Vielfalt der Bedürfnisse

Die Einteilung in Grundbedürfnisse, Kulturbedürfnisse und Luxusbedürfnisse ist nur eine Möglichkeit, die Vielfalt der menschlichen Wünsche zu ordnen. Eine andere Einteilung geht von der Überlegung aus, ob ein Bedürfnis von dem einzelnen Mensch allein oder nur von vielen Menschen gemeinsam befriedigt werden kann.

Individualbedürfnisse werden die Wünsche genannt, die sich jeder Mensch allein erfüllen kann, z. B. Essen kaufen, einen Film ansehen oder Wandern gehen.

Es gibt Bedürfnisse, die nur von vielen Menschen gemeinsam befriedigt werden können, z. B. der Wunsch nach einer gesunden Umwelt, nach Sicherheit im Land oder nach guter Schulbildung für alle Kinder. Solche Wünsche werden Kollektivbedürfnisse genannt, weil sie nur von der Gemeinschaft – das Fremdwort dafür ist Kollektiv – befriedigt werden können.

Andere haben sich Gedanken darüber gemacht, ob es eine Reihenfolge innerhalb der Bedürfnisse gibt, ob also bestimmte Bedürfnisse zuerst befriedigt sein müssen, bevor man an andere Bedürfnisse denkt und dann wieder an andere. Weil man beim Anordnen der Bedürfnisse wie bei einer Pyramide Stufe um Stufe nach oben gelangt, spricht man bei solchen Überlegungen auch von „Bedürfnispyramiden". Der amerikanische Psychologe Abraham Maslow hat eine Bedürfnispyramide, die vielfach genutzt wird, bereits im Jahr 1943 entwickelt.

Weil sich die Lebensumstände der Menschen unterscheiden, sind auch die Bedürfnisse von Mensch zu Mensch unterschiedlich. Die Wünsche werden von verschiedenen Bedingungen beeinflusst, z. B. vom Einkommen. Wer von Hartz IV leben muss, kann sich weniger Wünsche erfüllen als ein Angestellter oder Beamter. Oder der Wohnort als anderes Beispiel: Ein Bewohner der Alpen hat andere Bedürfnisse als ein Wüstenbewohner. Alter, Bildung, berufliche Tätigkeit, Religion usw. sind weitere Beispiele für Bedingungen, die die Bedürfnisse der Menschen beeinflussen.

Hartz IV
gesetzlich geregelte Hilfeleistung des Staates für Arbeitslose

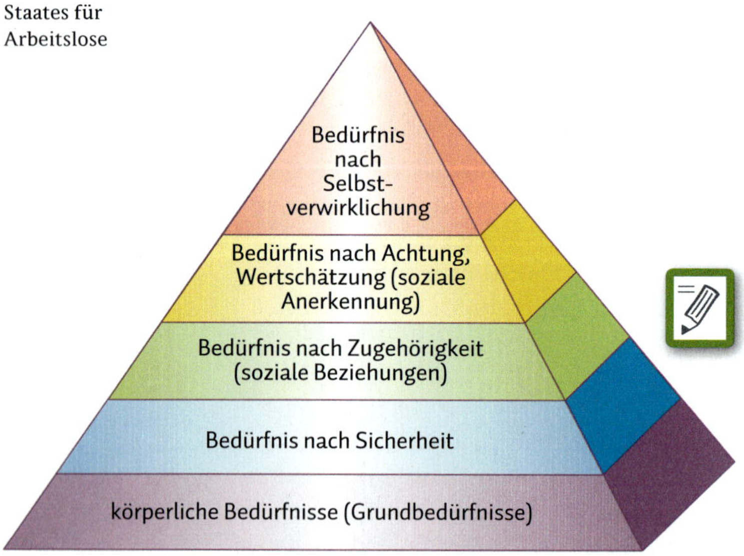

Bedürfnispyramide nach Abraham Maslow

Karriere | Freundeskreis | Trinken | Schlaf | Kunst | Liebe | Glaube | Wohnung | Gesetze | Wohlstand

1. Finde drei weitere Beispiele für Individualbedürfnisse und drei für Kollektivbedürfnisse.
2. Ordne den fünf Stufen der Bedürfnispyramide die zehn Stichwörter zu – jeweils zwei passen zu einer Stufe. Zeichne dazu die Pyramide ab oder benutze das Arbeitsblatt.
3. Finde für jede Stufe der Maslowschen Bedürfnispyramide noch ein weiteres Beispiel.
4. Alter, Bildung, berufliche Tätigkeit: Wähle eine dieser Bedingungen aus und beschreibe beispielhaft, wie sie sich unterschiedlich auf Bedürfnisse auswirken kann.
5. In den beiden Geschichten auf Seite 105 werden ebenfalls viele Bedürfnisse angesprochen. Notiere einige dieser Bedürfnisse und erläutere den Zusammenhang.

Familie Neumann

Herr Neumann sitzt in seinem Büro, als das Telefon klingelt. Seine Frau ist am Apparat, ihre Stimme klingt aufgeregt: „Heinz, Gott sei Dank, dass ich dich endlich erreiche. Tobias ist vorhin aus der Schule gekommen und hat die Windpocken. Wir waren bereits beim Hausarzt ..."
Herr Neumann unterbricht seine Frau: „Ist das in Tobias' Alter eigentlich immer noch so gefährlich wie früher? Muss er etwa ins Krankenhaus?"
„Nein, so schlimm ist das nicht", antwortet Frau Neumann, „aber auf keinen Fall können wir übermorgen in die Türkei in Urlaub fliegen. Hast du eine Reiserücktrittskostenversicherung abgeschlossen, damit wir wenigstens unser Geld zurückbekommen?"

Reiserücktrittskostenversicherung erstattet die anfallenden Kosten, wenn man eine gebuchte Reise aus einem wichtigen Grund nicht antreten kann

Jasmins Geschichte

Jasmin Wolters geht nur noch sehr ungern in ihre neue Schule. Vor einigen Monaten ist sie mit ihren Eltern und ihrer Schwester Mareike umgezogen und besucht jetzt die achte Klasse in der Realschule an ihrem neuen Wohnort. Fast ein halbes Jahr ist seit dem Umzug vergangen, richtigen Anschluss in ihrer neuen Klasse hat Jasmin aber immer noch nicht gefunden. Dabei sah das am Anfang eigentlich ganz vielversprechend aus. Jasmin stand in den Pausen meist mit Kathrin, Lisa und Julia auf dem Schulhof zusammen und hoffte, dass diese drei Unzertrennlichen sie in ihre Clique aufnehmen würden. Dann aber kam eines Tages Kathrin mit einer nagelneuen Jeans der Firma XXX in die Schule: topschick und superteuer. Alle Mädchen in der Klasse waren sofort hellauf begeistert, insbesondere von dem körpernahen Schnitt der Hose und dem tiefsitzenden Bund. Nur wenige Tage später hatten auch die anderen Mädchen Jeans der Marke XXX. „Jasmin, warum hast du noch keine XXX", fragte Julia in der letzten Woche, „du willst doch zu uns gehören, oder?" Und Lisa ergänzte: „Auf eine Freundin, die mit so alten unmodischen Klamotten herumläuft wie du, können wir verzichten!" Jasmin bittet ihre Mutter, ihr auch eine XXX-Jeans zu kaufen. Als Frau Wolters im Laden das Preisschild sieht, bekommt sie einen Schreck: „159 € für eine Jeans – das ist bei unserem Einkommen wirklich nicht drin. Tut mir leid, Jasmin!" Unverrichteter Dinge verlassen Mutter und Tochter das Geschäft. Ein wenig traurig macht sich Jasmin am nächsten Morgen auf den Weg zur Schule. „Jetzt will keine mehr etwas mit mir zu tun haben", denkt sie, „wie soll das nur weitergehen?"

Güter dienen der Bedürfnisbefriedigung

1

2

3

4

5

6

Bedürfnisse können danach unterschieden werden, ob man sie durch Bezahlung befriedigen kann oder nicht. Wer sich zum Beispiel Anerkennung bei seinen Freunden wünscht, kann diese nicht kaufen. Wer jedoch das Bedürfnis hat, von einer Wanderung mit Freunden Erinnerungsfotos zu besitzen, der kann sich einen Fotoapparat kaufen.

Ein Fotoapparat ist wirtschaftlich gesehen ein „Gut“. Die Mittel, die der Befriedigung menschlicher Bedürfnisse dienen, werden Güter genannt. Güter bekommt man nicht umsonst, man muss dafür bezahlen.

Viele denken bei dem Begriff „Güter“ nur an Gegenstände, die hergestellt werden. Bei einem Fotoapparat trifft dies zu, er wird in einer Fabrik produziert. Bei vielen Gütern handelt es sich jedoch nicht um Gegenstände, sondern um Dienstleistungen. Wer zum Beispiel zum Friseur geht, um sich die Haare schneiden zu lassen, der nimmt eine Dienstleistung in Anspruch. Wirtschaftlich gesprochen ist der Haarschnitt ein „Gut“, denn er ist ein Mittel zur Befriedigung des Bedürfnisses nach einer neuen Frisur.

Der Begriff „Güter“ meint also alles, was gegen Bezahlung zur Befriedigung eines Bedürfnisses bereitgestellt wird. Das können Gegenstände sein, auch Sachgüter oder Waren genannt, oder Dienstleistungen. Beides wird her- bzw. bereitgestellt, man sagt auch „produziert“. Die Aussage „Ein Friseur produziert das Gut Haarschnitt“ klingt zwar merkwürdig, beschreibt den Sachverhalt jedoch wirtschaftlich richtig. Zur Befriedigung des Bedürfnisses nach einer neuen Frisur schneidet der Friseur gegen Bezahlung die Haare – er erbringt eine Dienstleistung, „produziert“ also wirtschaftlich gesehen ein „Gut“.

Um Güter herstellen oder Dienstleistungen erbringen zu können, bedarf es verschiedener Mittel. Ein Beispiel: Um einen Löffel herzustellen, benötigt man Metall. Dieses Metall wird aus Erz gewonnen, das man im **Boden** findet. Um das Erz aus der Erde zu holen, im Stahlwerk daraus Stahl zu gewinnen und aus dem Stahl in der Fabrik den Löffel zu fertigen, ist die **Arbeit** von Menschen notwendig. Als Hilfsmittel werden dabei Anlagen, Maschinen und Geräte eingesetzt: Bagger in der Erzgrube, Schmelzöfen im Stahlwerk, Pressen in der Besteckfabrik. Diese Produktionsmittel bezeichnet man auch als **Kapital**. Genau genommen handelt es sich um Sachkapital – im Gegensatz zum Geldkapital.
Weil die drei genannten Mittel (Boden, Arbeit, Kapital) zur Herstellung eines jeden Guts benötigt werden, bezeichnet man sie auch als die drei Produktionsfaktoren.

Erzgrube – Produktionsfaktor Boden

Stahlarbeiter – Produktionsfaktor Arbeit

Walzstraße – Produktionsfaktor Kapital

Tomaten Tomaten Tomaten Tomaten

Herr Weiland, ein erfahrener Gemüsegärtner, hat sich selbstständig gemacht. Durch einen Zufall konnte er 12000 Quadratmeter Freiland mit einer guten Bodenqualität für den Gemüseanbau günstig erwerben und baut seitdem Tomaten an.
Um möglichst viele Monate im Jahr Tomaten produzieren und gegen die Konkurrenz aus den Niederlanden bestehen zu können, hat Herr Weiland ein großes Gewächshaus gebaut. Darin kann er fast das ganze Jahr über Tomaten ernten und auf dem Großmarkt und an Supermarktketten verkaufen. Von einer Spezialfirma errichtet, ist das Gewächshaus eines der modernsten Treibhäuser weit und breit. Es verfügt über computergestützte Anlagen für Heizung, Belüftung und Beregnung. Diese sorgen dafür, dass ein optimaler Wuchs der Tomaten gewährleistet ist. Die Heizungsanlage gewährleistet eine stets gleiche Temperatur im gesamten Gewächshaus. Luftfeuchtigkeitsmesser sind über den Computer mit der Pumpe der Beregnungsanlage vernetzt. Diese wässert die Tomatenpflanzen nach einen vorgegebenen Plan und hält die Luftfeuchtigkeit im Treibhaus Tag und Nacht auf dem gleichen Wert. Der Elektromotor der Belüftungsanlage ist ebenfalls über den Computer mit den Temperatur- und den Luftfeuchtigkeitsfühlern gekoppelt. So werden die Fenster des Gewächshauses nach Bedarf geöffnet und geschlossen.
Herr Weiland beschäftigt fünf Teilzeitkräfte. Sie lockern den Boden mit Maschinen, ziehen ihn glatt, streuen Dünger aus. Sie setzen die Tomatenpflanzen, binden sie mit Drähten an Rankhilfen, schneiden die Nebentriebe heraus und pflücken die reifen Tomaten. Danach müssen die Mitarbeiter die Tomaten mit einer Sortiermaschine nach Größe sortieren, sie in Kisten packen und die Kisten auf einen LKW verladen. Damit fährt Herr Weiland die Tomaten zu seinen Abnehmern.

1 Die sechs Fotos auf Seite 106 weisen auf Sachgüter (Waren) und Dienstleistungen hin. Notiere für jedes Bild eine Bezeichnung und ordne diese in eine Tabelle mit den beiden Spalten „Waren“ und „Dienstleistungen“ ein.
2 Ergänze in der Tabelle zehn weitere Beispiele für Waren und zehn für Dienstleistungen.
3 Untersuche den Text „Tomaten“ im Hinblick auf Produktionsfaktoren.

3 Hilfe
Lege eine Tabelle mit der Überschrift „Produktionsfaktoren“ an. Unterteile sie in drei Spalten: Boden, Arbeit, Kapital. Suche aus dem Text „Tomaten“ die Voraussetzungen und Mittel heraus, die Herr Weiland benötigt, um Tomaten zu produzieren. Notiere jeweils ein passendes Stichwort in deiner Tabelle.

Erkundungsauftrag

Jeder von euch sucht zu Hause Werbeanzeigen in Zeitschriften, auch Jugendzeitschriften. Einige Anzeigen sollen möglichst viele und genaue Informationen zu dem angebotenen Produkt enthalten, einige möglichst viel suggestive Werbung.
In Gruppen wertet ihr die mitgebrachten Anzeigen aus. Ziel ist es, eine Wandzeitung mit mehr informativer und eine Wandzeitung mit mehr suggestiver Werbung zu gestalten. Dabei ist es wichtig, in den Anzeigen jeweils die Stellen hervorzuheben, an denen man den anderen Gruppen informative und suggestive Teile von Werbung zeigen kann. In der Gruppe wird diese Präsentation gemeinsam erarbeitet und verabredet, wer später den anderen die Ergebnisse der Gruppenarbeit erläutert.

Werbung hat zwei Seiten. Sie kann der Verbraucherin und dem Verbraucher wichtige Informationen bieten. Das nennt man informative Werbung. Sie kann aber auch versuchen, den Verbraucher durch schöne, aber nichtssagende Worte und Bilder einfangen. Solche Werbung, die vor allem Gefühle anspricht, nennt man suggestive oder beeinflussende Werbung.

Informative Werbung sagt z. B. etwas aus über
- das Aussehen des Produktes,
- seinen Preis,
- seine wichtigsten Eigenschaften,
- technische Einzelheiten,
- die Service-Leistungen des Anbieters,
- die Beurteilung des Produktes durch Verbraucherberatungsstellen oder die Stiftung Warentest.

Mit solchen Angaben kann der Verbraucher etwas anfangen. Wenn Werbung viele sachliche Angaben enthält, kann man mit anderen Angeboten vergleichen. So kann Werbung bei der Kaufentscheidung helfen.

Werbung kann aber auch darauf abzielen, in erster Linie die Gefühle, Wünsche und Träume des Verbrauchers anzusprechen. Dabei spielen schöne Bilder eine große Rolle. Die angenehmen Vorstellungen, die sie auslösen, sollen mit dem angebotenen Produkt verbunden werden. Die Sprache benutzt hier häufig Worte, die positive Wertungen mit dem Produkt in Verbindung bringen, wie „naturrein"", „superfrisch", „kuschelweich".
Zur suggestiven Werbung gehört auch die sogenannte „Leitbild-Werbung". Bei ihr werben bekannte Persönlichkeiten, beispielsweise Sportlerinnen und Sportler oder Filmstars, für das Produkt. Das Ansehen der Person soll auf das Produkt übertragen werden und somit zum Kauf anregen.
Meist besteht Werbung aus einer Mischung von Information und Beeinflussung, enthält also informative und suggestive Elemente. Da Werbung verkaufen will, darf man eines nicht von ihr erwarten: dass die Werbung Nachteile, Schwachstellen oder Probleme eines Produktes nennt.

1 Hilfe
Anzeige links oben: suggestiv: „traumhaft", „die muss man haben"; informativ: ...

1 Untersuche die vier Werbeanzeigen für Inlineskates. Erkläre dabei, wo es informative und wo es suggestive Teile in der Werbung gibt.
2 Führt den Erkundungsauftrag wie beschrieben in Gruppenarbeit durch.

Wie Werbung Bedarf weckt

Unternehmen werben für die von ihnen hergestellten Güter, um so viel wie möglich davon zu verkaufen und so möglichst viel Gewinn zu machen. Dabei informieren sie die Verbraucher über die besonderen Vorteile der Ware, die sie zum Verkauf anbieten. So versuchen sie die Menschen zu überzeugen, das von ihnen angebotene Produkt zu kaufen. In der Werbung sind häufig zutreffende und sachliche Informationen enthalten. Das eigentliche Ziel der Werbung ist aber nicht die Information, sondern der Verkauf der Ware.

aida

Werbung funktioniert nach der aus den USA kommenden „aida-Formel“.
Werbung soll:
a = Aufmerksamkeit erregen (attention)
i = Interesse wecken (interest)
d = den Wunsch zum Kauf fördern (desire)
a = zum Kauf führen (action)

Was Werbeleute sagen

1 *„Wenn viele das Gleiche anbieten, braucht man Werbung, um die Unterschiede herauszustellen. Werbung versieht Produkte auf übersättigten Märkten mit einem ‚Zusatznutzen‘: Waschmittel machen kontaktfreudig, Ferienreisen Nachbarn neidisch, Kaffeepulver macht begehrenswert.“*

2 *„Werbung hat Impuls-, nicht Entscheidungscharakter. Ob ich mein Geld für eine Reise oder für neue Möbel ausgebe, hängt von vielen Faktoren wie meiner persönlichen Lage, meinen Wünschen und Zielen ab. Werbung ist da eine Entscheidungshilfe unter vielen.“*

3 *„Wenn das einzig Gute an der Jeans unseres Auftraggebers der Stoff ist, dann werden wir diesen Aspekt groß herausstellen.“*

4 *„Wir versuchen das herauszustellen, was beim Produkt unseres Auftraggebers einzigartig ist. Wenn er z. B. Jeans herstellt, dann untersuchen wir, wie andere Hersteller werben, und versuchen etwas Originelles, Unerwartetes. Wir müssen etwas anderes über die Jeans sagen, etwas, das kein anderer Anbieter von seinen Jeans behaupten kann. Es muss nicht die ganze Wahrheit sein, darf aber auch nicht frei erfunden sein. Was wir tun können ist, ein Körnchen Wahrheit gut zur Geltung zu bringen.“*

5 *„Marktwirtschaft funktioniert nicht ohne Wettbewerb, Wettbewerb geht nicht ohne Werbung. Firmen ohne Werbeaktivitäten werden nicht wahrgenommen – sie müssen am Ende schließen und ihre Beschäftigten nach Hause schicken.“*

6 *„Gute Werbung versucht nicht, die Menschen umzuerziehen. Sie verstärkt vorhandene Bedürfnisse und Wünsche. Was Kunden nicht interessiert, beachten sie nicht.“*

1 Notiere zu jeder der sechs Aussagen den Kern als Schlagwort oder in Kurzform.
2 Partnerarbeit: Untersucht Werbung in Zeitschriften daraufhin, wie die aida-Formel zur Geltung kommt.

Aus einem Handbuch für Einrichter von Supermärkten

- Der Blick geht meist von links nach rechts, außerdem sind die meisten Menschen Rechtshänder. Also: Teure Produkte rechts im Regal platzieren!
- Teure Ware in Augen- und Griffhöhe des Kunden! Da wird rasch zugelangt. In Bodennähe die billigen Angebote.
- Obst und Gemüse müssen in die Nähe des Eingangs! Dieses Frische-Signal löst positive Gefühle aus und bremst den Laufschritt der Kunden.
- Wurst, Fleisch und Milch braucht fast jeder Kunde. Daher diese Waren hinten im Laden anordnen, damit die Kunden durch viele Regalreihen müssen!
- An den Kassen müssen die Kunden oft warten. Das ist die „goldene Zone", weil viele Kunden nach den Kleinigkeiten wie Kaugummis oder Süßigkeiten greifen, die dort in Verkaufsständern angeboten werden!
- Der Gang zwischen den Regalen darf nicht zu breit sein, weil sonst die Kunden mit den Einkaufwagen zu rasch durchfahren. Hier müssen Körbe mit Sonderangeboten den schnellen Durchgang aufhalten!
- An die Zweitplatzierung denken! Ware, die ihren Standplatz im Regal hat, nochmal an anderer Stelle im Laden anbieten. Und das in großer Menge und am besten noch auf einer Packpalette mitten im Gang, dazu ein handgeschriebenes Preisschild. Das sieht nach einem günstigen Angebot aus.
- Ein stiller Laden wirkt tot – also durch Musik eine positive Atmosphäre schaffen! Das ist verkaufsfördernd.

Packpalette
genormtes Lademittel für Stückgut

- Kühlregal für Milch und Molkereiprodukte
- Wurst und Frischfleisch
- Süßigkeiten
- Putz- und Waschmittel
- Obst und Gemüse
- Fertiggerichte und Konserven

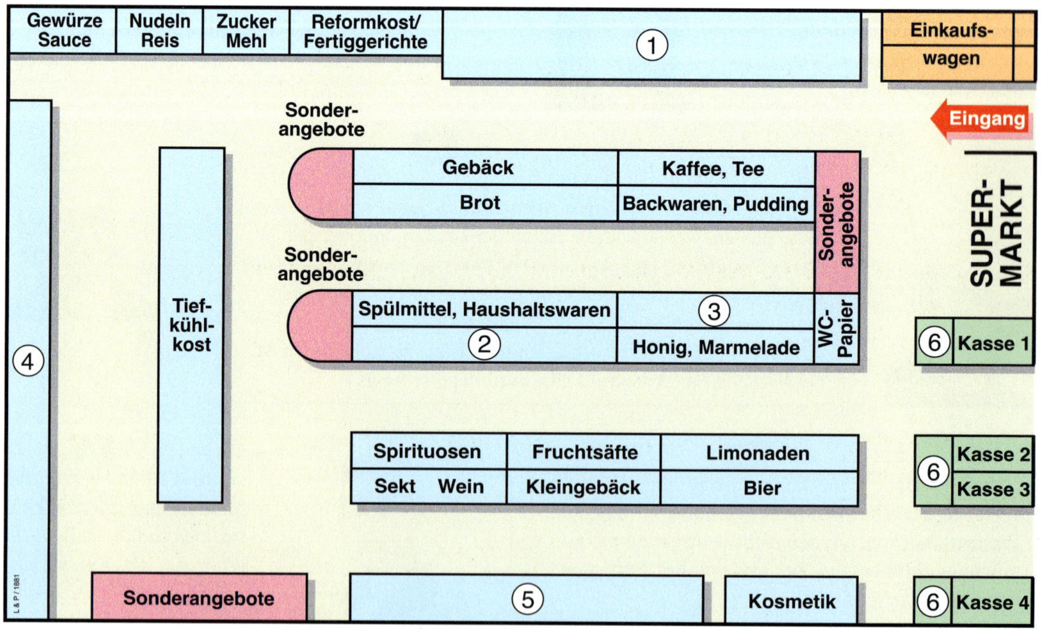

2 Hilfe
Vorsicht! Im Regal rechts sind oft ...

1 Wo würdest du die sechs Warengruppen unterbringen? Begründe.

2 Worauf sollte eine kritische Verbraucherin, ein kritischer Verbraucher im Supermarkt achten? Stelle eine Liste mit Hinweisen zusammen.

Thema: Verkaufsstrategien im Supermarkt

Eingangsbereich eines Supermarktes

Warenfülle suggeriert niedrige Preise

Bei einer Erkundung macht ihr außerhalb der Schule Beobachtungen und führt Gespräche. So lernt ihr etwas, das im Unterricht eine Rolle spielt, genauer kennen.

Wie man grundsätzlich bei einer Erkundung vorgeht, ist auf Seite 20 ausführlich beschrieben. Bei dieser Erkundung im Supermarkt solltet ihr zusätzlich noch beachten:

- Es ist wichtig, vorher mit dem Geschäftsführer oder der Geschäftsführerin über das Vorhaben zu sprechen. Die Verantwortlichen müssen Bescheid wissen, worum es geht, wenn Schülerinnen und Schüler in ihrem Supermarkt Beobachtungen und Notizen machen.
- Fragt den Geschäftsführer oder die Geschäftsführerin, ob er bzw. sie nach der Erkundung Zeit für ein kurzes Gespräch mit euch hat Es kann interessant sein, was sie aus ihrer Sicht über Verkaufsstrategien sagen.
- Ihr dürft den Betrieb im Supermarkt nicht stören, also den Kunden nicht im Weg stehen. Wenn ihr einen Kunden oder eine Kundin etwas fragen wollt, dann sprecht ihn bzw. sie höflich an und erklärt den Zusammenhang zum Unterricht.

Erkundung im Supermarkt

Zweitplatzierung – eine häufige Form der Verkaufsförderung

1 Erkundet einen Supermarkt.
2 Welche Verkaufsstrategien könnt ihr bei genauer Beobachtung feststellen?

Verbraucherbewusst einkaufen

Louis: Hallo Anna, wie war es im Urlaub?

Anna: Sehr schön. Mit meiner neuen Digitalkamera macht das Fotografieren jetzt noch viel mehr Spaß!

Louis: Was, du hast jetzt eine Digitalkamera? Wie hast du sie denn ausgesucht?

Anna: Na ja, leicht war das nicht.

Louis: Warum? Es gibt doch viele Angebote.

Anna: Eben! Erst musst du wissen, welche Kamera du willst. Und dann erst kannst du schauen, wo du diese Kamera am günstigsten bekommst.

Louis: Aber in der Zeitung liegen doch oft Prospekte. Da kannst du dich doch leicht informieren.

Anna: Na – da stehen viele Dinge, die man gar nicht versteht. Wüsstest du zum Beispiel, ob ein 16:9-Modus notwendig ist? Oder Custom-Funktionen und Kreativ-Programme? Ist ein Magnesium-Gehäuse wichtig oder nicht? Und welche Bedeutung hat eine HDMI-Schnittstelle?

Louis: Oh je! Wie hast du denn da den Durchblick bekommen?

Anna: Da haben mir vor allem Testberichte geholfen, zum Beispiel in der Zeitschrift „test" von der Stiftung Warentest. Diese Stiftung wurde von der Bundesregierung gegründet. Sie soll die Verbraucher neutral über die Qualität von Waren und Dienstleistungen informieren.

Louis: Und die führen dann vergleichende Warentests durch?

Anna: Ja. Aber genauso wichtig ist, dass sie schreiben, worauf es bei dem jeweiligen Produkt ankommt, also was zum Beispiel die Schlagworte bedeuten, die ich dir vorhin genannt habe. So habe ich herausgefunden, welche Kamera ich will. Dann konnte ich anfangen, die Preise zu vergleichen.

Louis: Hast du auch im Internet nachgeschaut?

Anna: Klar! Die Angebote der Online-Shops lassen sich viel besser vergleichen, wenn man eine genaue Produktvorstellung hat.

Louis: Und dann hast du bei einem Internet-Anbieter gekauft?

Anna: Nein. Ich habe die Kamera in einem Foto-Fachmarkt gekauft. Da ich genau wusste, was ich will und wie die Preissituation ist, hatte ich gute Karten, im Einkaufsgespräch den Preis herunterzuhandeln.

Louis: Was, du hast gefeilscht?

Anna: Ja. Durch mein Verhandlungsgeschick im Einkaufsgespräch habe ich die Kamera am Ende 80 Euro günstiger bekommen.

Louis: Wow, das nenne ich clever!

> 2 Hilfe
> *Beachte, von wem die Stiftung Warentest gegründet wurde.*

1 „Wir brauchen eine neue Waschmaschine. Was soll ich da lange überlegen, ich nehme die billigste!" – Was kannst du dieser Absicht entgegenhalten? Notiere.

2 Erkläre die Bedeutung der „Stiftung Warentest" für die Verbraucher.

3 Welche Position nimmst du zum Feilschen ein? Diskutiert darüber auch in der Gruppe.

„Feilschen ist ein Spiel, ein Kräftemessen"

INTERVIEW Um die meisten Preise darf gehandelt werden. Doch wie erreicht man als Kunde sein Ziel, ohne den Händler zu verärgern?

Im Supermarkt, an der Tankstelle und im Restaurant darf um den Preis gefeilscht werden. Doch das tut Otto Normalverbraucher nicht gern; oft scheint er zu schüchtern zu sein. Der Psychologe und Berater Peter Groß rät zu mehr Selbstbewusstsein und gibt Ratschläge, wie man den Preis am besten drückt. (...)

Wie kommt es, dass Feilschen noch mit vielen Unsicherheiten verbunden ist?
Alle schimpfen über die Geiz-ist-geil-Kampagne. Keiner will geizig erscheinen. Und trotzdem machen Saturn und Media-Markt gute Umsätze. Im Gegensatz zum Orient gilt es hier als unhöflich, dass man einen Preis nicht akzeptiert. Diese Mentalität stammt aus der Ära der Festpreise, die noch gar nicht so lange her ist. Wir sind es noch heute gewohnt, unverhandelbare Preise zu haben.

Warum wird in anderen Kulturen deutlich lockerer gefeilscht?
Ich habe auf vielen Reisen in den Orient selbst erlebt, dass Feilschen großen Spaß machen kann. In vielen Ländern, beispielsweise in Indien, trifft man auch auf viele Händler, denen es ebenfalls Spaß macht und die es gar nicht verstehen, wenn man sich nicht darauf einlassen will. Es ist wie ein Spiel, ein Kräftemessen – der eine fängt ganz hoch an, der andere ganz tief, und irgendwann trifft man sich in der Mitte.

Warum gelingt es manchen, anderen nicht?
Es gibt genug Leute, die von sich behaupten, dass sie nicht handeln können. Doch eigentlich kann es jeder. Das hängt – unter anderem – mit Selbstbewusstsein zusammen. Wer das nicht hat, wird sich auch sonst schwertun im Leben, denn man muss dauernd Verhandlungen führen, das gehört zum Leben dazu. Die Angst, wie ein kleinkarierter Egoist zu wirken, ist ein großes Hemmnis. Aber die Natur des Feilschens wird nicht erkannt: Es ist ein Sport, es ist der Prozess, in dem der wahre Marktwert einer Ware ausgehandelt wird. Das ist in der Wirtschaft ganz alltäglich oder zum Beispiel auch an der Börse.

Gibt es besondere Feilschstrategien?
Zuallererst sollte man nicht zu offen Interesse signalisieren. Dann geht es nach dem Gesetz von Angebot und Nachfrage: Bei heftiger Nachfrage steigt der Preis. Ich muss also die Heftigkeit meines Interesses verschleiern. Dann ist es eine verbreitete Strategie – vor allem im Kaufhaus oder beim Autohändler – einen Mangel zu finden und die Ware infrage zu stellen. Das muss allerdings stets rational nachvollziehbar sein. Ich muss dem Verkäufer verdeutlichen, dass er sich seine Arbeit deutlich leichter macht, wenn er diesen Artikel jetzt zu einem niedrigen Preis an mich verkauft. Er kann sich die Reklamation sparen und verdient wenigstens ein bisschen über dem Einkaufspreis. Vor allem bei Elektroartikeln ist es zudem Gold wert, wenn man sich über die Preislage informiert. Wenn ich zu Saturn gehe und mich vorher schlau gemacht habe, was der Artikel bei Media-Markt kostet, habe ich bessere Karten. Inzwischen haben fast alle Verkäufer den Spielraum, um auf solche Hinweise einen entsprechenden Rabatt zu geben.

Ist ein Verweis auf Niedrigpreise von Internethändlern sinnvoll?
Normalerweise nicht. Wenn man auf die Preise pocht, die in irgendeiner Preissuchmaschine genannt werden, wird man vom Technikmarkt-Mitarbeiter schnell daran erinnert, dass die Internethändler keinen Service anbieten und gar nicht sicher ist, ob das Angebot seriös ist. Die Preise aus den Schnäppchensuchmaschinen sind aber dennoch interessant, denn sie geben dem Verbraucher einen Eindruck davon, wie hoch die Gewinnspannen der Händler sein können. Der Verbraucher hat beim Feilschen ja immer die schwierige Aufgabe, den Preisbereich zu finden, in dem Rabatte möglich sind. Dabei geben Internetpreissuchmaschinen einen groben Anhaltspunkt und dem Verbraucher damit auch etwas mehr Selbstsicherheit.

Was ist erfolgversprechender: die Bitte um einen konkreten Rabatt oder die Frage, ob am Preis etwas zu machen ist?
Eine allgemeine Nachfrage nach einem Nachlass zu Beginn des Gesprächs ist sicher die bessere Idee. So gibt man dem Verkäufer die Möglichkeit, die eigenen Rabattmöglichkeiten auszuloten. Hat der Verkäufer einen Vorschlag gemacht, sollte man jedoch konkret nachlegen. (...)

(aus: Stuttgarter Zeitung, 12.01.2010, S. 18. Auszüge aus dem Interview. Die Fragen stellte Sebastian Wieschowski.)

Verkaufsgespräch

rational
von der Vernunft geprägt

Mentalität
Geisteshaltung; Einstellung des Denkens eines Einzelnen oder einer Gruppe von Menschen

Rabatt
Preisnachlass

Egoist
jemand, der in erster Linie an sich bzw. nur an seinen Vorteil denkt

Die Vertreter der Verbraucher

Chemnitz/Leipzig. Schädliche Weichmacher in Textilien, Gifte in Kinderwägen und pestizid-verseuchte Lebensmittel: Wovor hat die Stiftung Warentest die Verbraucher nicht schon bewahrt. Ganz zu schweigen davon, dass so ein Prüfsiegel Vertrauen schafft und oft die Entscheidung erleichtert, was gekauft wird und was nicht. Seit ihrer Gründung durch die Bundesregierung 1964 hat sich die Stiftung zu einer Institution entwickelt. (...)

Wurden die Warentester in den 60er-Jahren vor allem von den Herstellern noch argwöhnisch beäugt, haben sie sich inzwischen zur bedeutesten unabhängigen Prüforganisation der Republik gemausert. Kein Wunder. Denn nicht nur bei Unternehmen sind die Siegel mit den Urteilen „gut“ oder „sehr gut“ begehrte Werbemittel. Vor allem für Konsumenten ist das Stiftungssiegel eine wichtige Orientierungshilfe im Produktdschungel.

Daher speist sich auch das Selbstverständnis der Warentester als Vertreter der Verbraucher. „Unsere Tester kaufen alles anonym im Handel wie jeder andere auch und bezahlen bar, damit keine persönlichen Daten nachvollzogen werden können“, sagt Hubertus Primus. Besonderen Wert legt der Chef des Bereichs Publikationen aber auf die Feststellung, unabhängig zu sein. „Wir testen ausschließlich nach wissenschaftlichen Methoden und bewerten nur auf der Basis objektiver Untersuchungsergebnisse.“ Diese würden anschließend anzeigenfrei in den Zeitschriften Test, Finanztest, in Büchern und im Internet veröffentlicht. (...)

anonym
unbekannt, ungenannt

(Thomas Haegeler, in: Leipziger Volkszeitung, 21.09.2009, S. 7)

Fahrradcomputer

Tempo und Tourdaten im Blick

12.03.2010

Geschwindigkeit, Kilometerstand, Herzfrequenz – mit einem Fahrradcomputer haben Radler alles im Blick. Einfache Geräte konzentrieren sich auf wesentliche Tourdaten wie Tempo und gefahrene Kilometer. Multifunktionale Geräte erfassen weitere Streckendaten wie Geländehöhe, Steigung und den Puls des Fahrers.

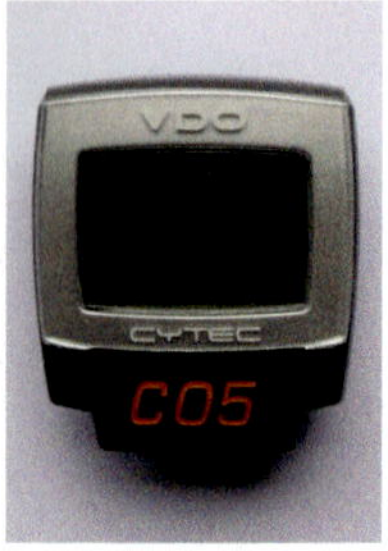

Fahrradcomputer

Welche Infos brauche ich?
Die Stiftung Warentest hat 19 Fahrradcomputer getestet, darunter 13 einfache und 6 multifunktionale. Eine wichtige Frage vor dem Kauf sollte lauten: Welche Informationen will ich beim Radfahren überhaupt haben? Reicht mir ein einfacher Tachometer oder möchte ich Hightech am Lenker? Sonst geben Radler womöglich viel Geld für unnötige Dinge aus und ärgern sich überdies, weil der Computer kompliziert zu bedienen ist. Denn mit zunehmender Datenfülle wird auch die Handhabung aufwendiger.

Trainingsdaten am PC auswerten
Einfache Fahrradcomputer konzentrieren sich auf die Anzeige wesentlicher Tourdaten wie Tempo und gefahrene Kilometer. Die Preise der getesteten Geräte liegen zwischen 8 und 70 Euro. Multifunktionale Computer kosten deutlich mehr: zwischen 150 und 380 Euro. Dafür erfassen sie nicht nur weitere Streckendaten wie Geländehöhe und Steigung, sondern über einen Brustgurt auch den Puls des Fahrers. Damit kann er gezielt trainieren und auch seinen Kalorienverbrauch abschätzen. Alle Daten der Multifunktionsgeräte lassen sich zudem auf den heimischen PC übertragen und dort mit der mitgelieferten Software auswerten.

Übertragung per Kabel oder Funk
Das Funktionsprinzip der meisten Fahrradcomputer ist einfach: Ein an der Speiche befestigter Magnet kreist an einem an der Gabel angebrachten Sensor vorbei und löst bei jeder Umdrehung einen Impuls aus. Dieser Impuls gelangt per Kabel oder drahtlos per Funk zum Minicomputer am Lenker. Das Garmin Edge 305 HR empfängt als einziger zusätzlich GPS-Daten zum Vermessen der Strecke. Damit lassen sich Tourdaten auch geografisch speichern. Eine Karte zum Navigieren kann in dem getesteten Garmin aber nicht hinterlegt werden. Die Trittfrequenz wird über einen Sensor an der Tretkurbel erfasst. Früher waren kabellose Geräte anfällig für elektromagnetische Felder wie Hochspannungsleitungen. Im aktuellen Test gab es hier keine Auffälligkeiten.

Batterien reichen eine Saison
Fahrradcomputer und kabellose Kontakteinheiten brauchen Batterien. Nur der Computer von Garmin besitzt einen festeingebauten Akku. Er liefert Energie für etwa 10 Stunden. Das kann auf längeren Touren ohne Steckdose eng werden. Die Ladezeit beträgt rund drei Stunden. Die anderen Geräte kommen mit einem Satz Batterien sicher eine Saison lang aus. Unverschämt: Beim Polar CS600X ist die Batterie im Geschwindigkeitssensor fest eingebaut. Sobald sie leer ist – laut Anbieter nach drei Jahren –, ist der Sensor Müll. Das kostet nicht nur jedes mal 50 Euro, sondern belastet vor allem die Umwelt. Die Knopfzelle im Computer des Polar CS600X ist zudem ein so seltener Batterietyp, dass Ersatz – gerade auf Tour – schwierig zu beschaffen sein wird.

Montage meist unproblematisch
Die Montage von Computer und Kontakteinheiten am Fahrrad dauert meistens nur wenige Minuten. Zum Befestigen liefern die Anbieter oft Kabelbinder oder Ringgummis mit. Nur der Topeak Panoram V10X muss mit kleinen Inbusschrauben angeschraubt werden. Der passende Schlüssel liegt nicht bei. Um das Signal zwischen Kontaktgeber an der Speiche und Aufnehmer an der Gabel zu übertragen, muss der Radler den Abstand richtig einstellen. Die Anbieter geben dafür ein Höchstmaß vor. Beim Gerät von Penny ist es mit 2 Millimetern sehr knapp bemessen. Wer gern durchs Gelände fährt, könnte Probleme mit anhaftendem Schlamm bekommen. Die meisten anderen erlauben etwa 5 Millimeter.

Einstellung und Installation können dauern
Nach der Montage müssen die Fahrradcomputer eingestellt werden. Bei multifunktionalen Geräten kann das einige Zeit dauern, ebenso die Installation der Software am PC. Die Programme sind auf gängige Betriebssysteme von Microsoft wie Windows XP und Vista ausgelegt, das Garmin Edge 305 HR läuft auch mit Mac OS X von Apple. Ist alles eingerichtet, lassen sich die Tourdaten am Computer vielfältig auswerten.

Einfache Fahrradcomputer

12.03.2010

Anbieter und Produkt	**Mittlerer Preis**	**Technische Funktion**	**Lesbarkeit des Displays**	**Hand-habung**	**Halt-barkeit**	**Schad-stoffe**	**test - QUALITÄTSURTEIL**
	in Euro ca.	30 %	25 %	30 %	10 %	5 %	
Kabelgebunden							
Sigma BC 1009	23,00	+	+	+	++	++	**GUT** (1,9)
BBB BCP-03	23,00	+	+	+	+	++	**GUT** (2,0)
Cateye Strada	34,00	+	+	+	++	++	**GUT** (2,1)
Ciclomaster CM 2.2	17,00	+	+	+	++	++	**GUT** (2,1)
Marwi Union 8	10,50	+	+	+	++	++	**GUT** (2,1)
Pro Digi X-10	20,00	+	+	+	++	++	**GUT** (2,1)
VDO X2	28,00	+	+	+	++	++	**GUT** (2,1)
Trelock Cockpit^2 FC 525	20,00	+	○	○	+	++	**GUT** (2,5)
Topeak Panoram V10X	26,00	+	+	○	⊖ *	++	**BEFRIEDIGEND** (3,5)
Ventura Ventura XIV Art.-Nr. 244525	9,90	+	○	○	– *	++	**MANGELHAFT** (5,0)
Mit Funkübertragung							
Sigma BC 1609 STS Cadence	70,00	+	+	+	++	++	**GUT** (1,9)
Ciclomaster CM 4.2	30,00	+	+	+	++	++	**GUT** (2,1)
Penny / Streetcoach 1	8,00	○	○	+	⊖ *	++	**BEFRIEDIGEND** (3,5)

++	Sehr gut (0,5-1,5)
+	Gut (1,6-2,5)
○	Befriedigend (2,6-3,5)
⊖	Ausreichend (3,6-4,5)
–	Mangelhaft (4,6-5,5)

Reihenfolge: Bei gleichem Qualitätsurteil nach Alphabet.
* Führt zur Abwertung
1 Aktionsware, Juli 2009, nicht mehr im Angebot.

(© Stiftung Warentest, www.test.de/fahrradcomputer, 12. 03. 2010)

1 Ansehen und Wirkung: Werte zu diesen Aspekten den Zeitungsbericht über die Stiftung Warentest auf Seite 114 oben aus.
2 Das Beispiel „Fahrradcomputer" ist ein typischer Testbericht. Notiere zu jedem der sechs Abschnitte einen Tipp für Verbraucher, die sich einen Fahrradcomputer kaufen wollen.
3 Welche Gesichtspunkte haben bei diesem Test eine Rolle gespielt? Was war den Prüfern am wichtigsten?
4 Welches Gerät würdest du kaufen? Begründe deine Wahl mit den Testergebnissen.

2 Hilfe
Abschnitt 1: Was will ich – ein einfaches Gerät oder teure Higtech-Ware?
Abschnitt 2: …

Kaufvertrag: Abschluss, Rechte, Pflichten

Ob man ein Paar Schuhe, ein Auto, eine Brezel oder ein Fernsehgerät kauft, ist rechtlich gesehen gleich: In jedem Fall wird ein Kaufvertrag abgeschlossen.

Natürlich spielt sich der Kauf eines Autos anders ab als der Kauf einer Brezel. Beim Erwerb eines Autos wird üblicherweise der Kauf durch Unterschriften auf einer Vertragsurkunde besiegelt. Das ist sinnvoll, falls es später Unstimmigkeiten gibt – erforderlich ist die Schriftform jedoch nicht.

Rechtlich gesehen entscheidend für des Zustandekommen eines Kaufvertrages ist, dass jeder Vertragspartner eine Willenserklärung abgibt und dass diese Willenserklärungen übereinstimmen. Die eine Willenserklärung ist der „Antrag", wenn also ein Angebot gemacht wird. Die andere Willenserklärung ist die „Annahme", wenn also das unterbreitete Angebot angenommen wird. Welcher der beiden Vertragspartner den Antrag macht und welcher dann die Annahme erklärt, hängt von der Situation ab. Geht zum Beispiel ein Kunde zum Autohändler und will dort einen neuen Wagen kaufen, dann geht der Antrag vom Käufer aus. Ruft jedoch der Autohändler einen Kunden an und bietet diesem ein besonders günstiges Modell an, dann geht der Antrag vom Verkäufer aus.

Rechtlich gesehen ist es ohne Bedeutung, wie die beiden Willenserklärungen Antrag und Annahme geäußert werden: mündlich, schriftlich oder durch ein entsprechendes Verhalten.

Aus einem Kaufvertrag entstehen für die Vertragspartner Verpflichtungen:

- Der Verkäufer muss dafür sorgen, dass dem Käufer der Kaufgegenstand rechtzeitig und mängelfrei übergeben wird.
- Der Käufer muss den Kaufpreis rechtzeitig zahlen und den Kaufgegenstand annehmen.

1 *Es kann doch sein, dass einem etwas Gekauftes – zum Beispiel ein Pullover – hinterher nicht mehr gefällt. Dann muss das Geschäft diese Ware doch in jedem Fall wieder zurücknehmen – oder?*

2 *Muss man immer etwas unterschreiben, damit ein Kaufvertrag gültig wird?*

3 *Ich habe bei meinem Händler vor zwei Wochen Heizöl zum Preis von 0,80 Euro pro Liter bestellt. Jetzt liegt der Preis nur noch bei 0,75 Euro. Nur so viel werde ich bezahlen, wenn heute die Lieferung kommt. Das darf ich doch – oder etwa nicht?*

4 *Das klingt ja kompliziert. Wie ist das denn mit den Willenserklärungen, wenn ich in der Bäckerei drei Brötchen kaufe?*

5 *Vorhin habe ich am Getränkeautomat eine Dose Cola geholt. War das denn auch der Abschluss eines Kaufvertrages?*

6 *Ich will per Internet Bücher bestellen. Kann man Kaufverträge auch durch Mausklick abschließen?*

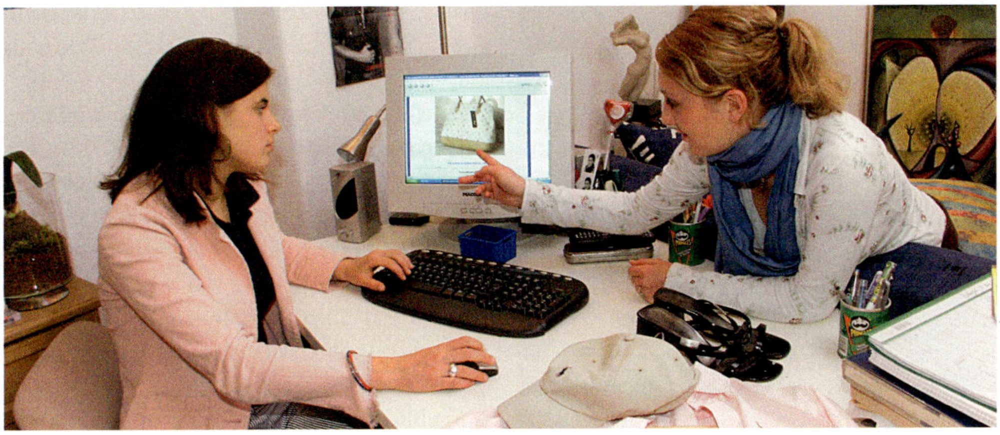

Einkaufen im Internet

Immer mehr Verbraucher nutzen das Internet und bestellen von zu Hause aus Waren, die ihnen online angeboten werden. Der heimische Einkaufsbummel ist bequem und man muss sich nicht nach Ladenschlusszeiten richten. Wurden 1999 erst 1,3 Milliarden Euro dabei umgesetzt, waren es 2005 bereits fast 15 Milliarden.
Grundsätzlich gilt für den Einkauf per Mausklick, was auch sonst gilt: Ein Kaufvertrag kommt durch Angebot und Annahme des Angebots zustande. Und für den Kaufvertrag ist es letztlich egal, ob die rechtlich wichtigen Erklärungen mündlich, per Post oder im Internet abgegeben werden.
Früher gab es allerdings manche Probleme beim Kauf im Internet. Da wussten Kunden manchmal nicht, welche Bedingungen bei Warenbestellungen galten oder erfuhren den Endpreis erst bei Lieferung. Der lag dann um einiges höher als erwartet, denn es waren noch die Mehrwertsteuer, eine Verpackungspauschale oder andere Aufschläge hinzugekommen. Dennoch gab es keine Möglichkeit, die Annahme zu verweigern, denn ein Rücktrittsrecht hatte der Kunde nur dann, wenn der Anbieter es ihm zugesagt hatte.
Das ist seit dem 1. Juli 2000 anders, seitdem der Fernabsatz gesetzlich geregelt wurde. Diese Bestimmungen gelten nicht nur für das Onlineshopping, sondern für alle Kaufverträge, die unter ausschließlicher Verwendung von Fernkommunikationsmitteln wie Fax, Telefon, E-Mail usw. abgeschlossen werden.
Kern dieser rechtlichen Regelungen sind weitgehende Informationspflichten des Anbieters. Klar und verständlich muss der Kunde vor Vertragsabschluss informiert werden: über den Gesamtpreis der Ware einschließlich aller Nebenkosten, über wesentliche Eigenschaften der Ware, über die genauen Zahlungs- und Lieferungsbedingungen usw. Eine wichtige Bestimmung besagt, dass statt des Widerrufsrechts ein Rückgaberecht innerhalb von 14 Tagen nach Erhalt der Ware vereinbart werden kann. So hat der Internet-Kunde genügend Zeit, die Ware zu prüfen und sie zurückzusenden, wenn sie ihm nicht gefällt.

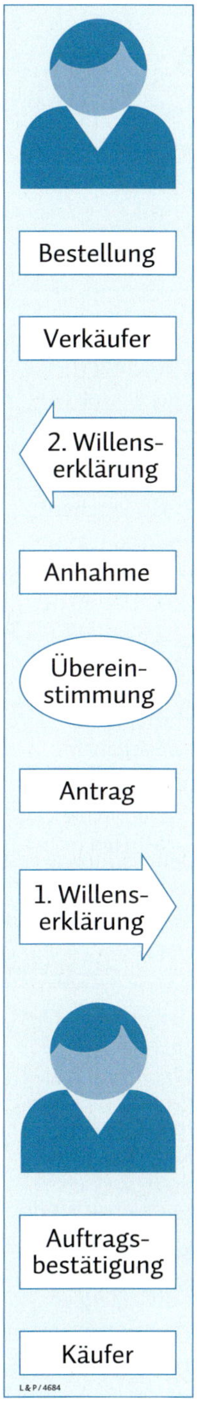

1 Beantworte die sechs Fragen in den Sprechblasen zum Kaufvertrag.
2 Die neuen rechtlichen Regelungen sind wichtig für Kaufverträge per Internet. Warum?
3 Gestalte als Hefteintrag eine grafische Übersicht zum Thema „Wie ein Kaufvertrag zustande kommt“. Verwende dazu die Elemente in der Randspalte und ordne sie richtig an.

1 Hilfe
Informiere dich zuerst durch den Text auf Seite 116 und notiere dann deine Antworten.

Verbraucherrecht: Widerruf beim Kauf

Die 19-jährige Lena macht eine Ausbildung als Industriekauffrau. Sie ist im dritten Lehrjahr. Da sie noch bei ihren Eltern wohnt, kann sie einen großen Teil ihrer Ausbildungsvergütung für sich behalten. So konnte sie sich schon manche Anschaffungswünsche erfüllen.
Gestern klingelte ein Vertreter an der Wohnungstür. Er fragte Lena freundlich, ob sie an einem guten und preisgünstigen Lexikon interessiert sei. Lena hatte in letzter Zeit einige Berichte für die Berufsschule geschrieben, bei denen ihr ein besseres Lexikon als das ihrer Eltern nützlich gewesen wäre.
Weil der Vertreter nicht aufdringlich war, ließ sie ihn eintreten und schaute sich den Lexikon-Band an. Er sah gut aus, hatte viele Bilder und ausführliche Texte. Und er war günstig! Bei nur 30 Euro pro Monat, erklärte ihr der Vertreter, hätte sie nach zwei Jahren ein prächtiges 24-bändiges Lexikon.
Lena überlegte kurz: 30 Euro monatlich – das könnte sie sich bei ihrer Ausbildungsvergütung schon leisten! Und so ein Lexikon wäre wirklich nicht schlecht. Lena unterschrieb den Vertrag.
Als Lena sich am nächsten Tag in einer Buchhandlung vergleichbare Lexika ansieht, merkt sie, dass das bestellte Lexikon viel teurer ist als andere.

Beim Widerruf ist zu beachten:

1. Die Widerruffrist beträgt zwei Wochen.
2. Beim Widerruf zählt das Datum der Absendung.
3. Ein Grund für den Widerruf muss nicht angegeben werden.
4. Der Widerruf sollte per Einschreiben mit Rückschein aufgegeben werden.

„Kaffeefahrt“
Werbefahrt, eine der Verkaufsförderung dienende Kombination aus Reise- und Verkaufsveranstaltung

Bagatelle
Kleinigkeit

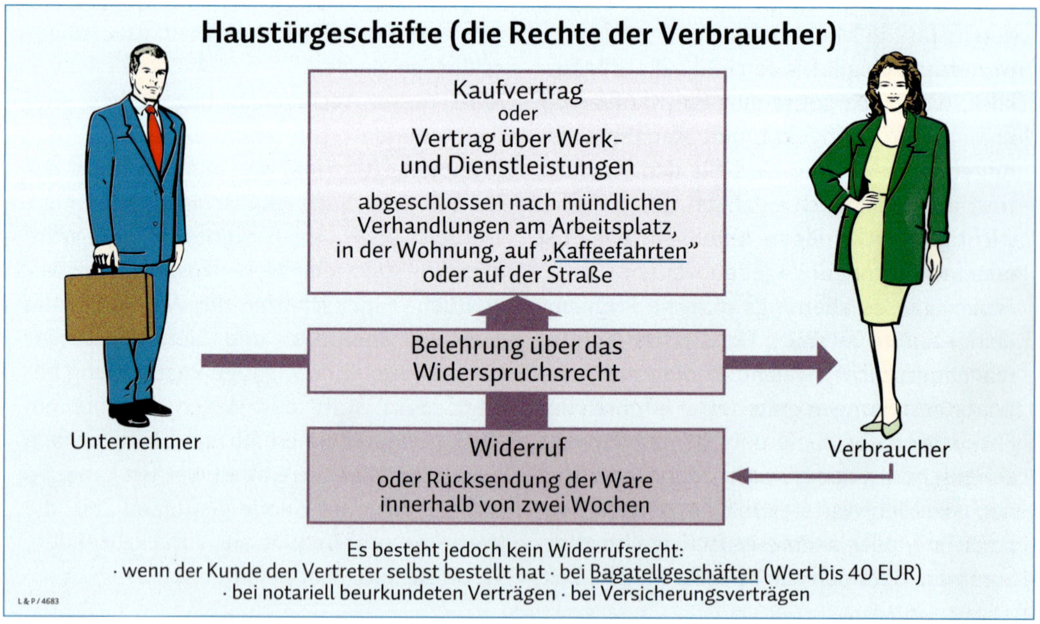

2 Hilfe
Arbeite heraus, was bei „Haustürgeschäften“ anders ist als bei normalen Vertragsabschlüssen und ziehe daraus den Schluss zum Widerruf.

1 Was alles zählt zu „Haustürgeschäften“?
2 Was ist diesen verschiedenen Situationen gemeinsam? Das Gesetz lässt in diesen Fällen einen Widerruf zu. Begründe, warum diese Regelung besteht.
3 Wann hat man kein Widerrufsrecht? Informiere dich in der Grafik.
4 Lena will ihr Widerrufsrecht in Anspruch nehmen. Was muss sie tun?

Fallbeispiel Handy

Allegra ist 14 Jahre alt und Schülerin der Pestalozzi-Realschule. Mit ihren Eltern versteht sich Allegra im Wesentlichen ganz gut. Allerdings ärgert es sie, dass ihre Eltern sie immer wieder zur Sparsamkeit ermahnen, wenn sie die monatlichen 25 Euro Taschengeld bekommt. Sie solle nur „nützliche Dinge" kaufen und möglichst viel „auf die hohe Kante legen", heißt es dann. „Na ja", denkt Allegra, „das liegt sicher daran, dass meine Eltern immer noch das Reihenhaus abbezahlen müssen. Am liebsten wäre es ihnen wohl, wenn ich schon jetzt einen Bausparvertrag abschließen würde." Aber Allegra sind andere Dinge viel wichtiger.
Allegra gibt ihr Geld nämlich lieber für Kosmetika, CDs und Dinge aus, die in ihrer Clique „in" sind. Schon lange wünscht sie sich ein Handy, wie es auch ihre Freunde haben. Dafür reichte aber bisher das Taschengeld nicht. Letzte Woche gab ihr allerdings die Großmutter 50 Euro. Sie könne sich davon kaufen, was sie wolle. Jetzt reichte das Geld endlich und im „Media-Haus" gab es an diesem Wochenende ein tolles Angebot: Einsteiger-Handy für junge Leute, ohne laufende Grundgebühren und ohne Vertragsbindung, inklusive einer Prepaid-Karte mit einem Startguthaben von 10 Euro – und das für nur 69 Euro! Da griff Allegra natürlich zu und kaufte das Gerät.
Als sie ihr Mobiltelefon ihren Eltern zeigt, sind diese jedoch überhaupt nicht einverstanden. Man habe doch ein Telefon im Haus, außerdem telefoniere Allegra schon viel zu viel, so die Mutter ärgerlich. Das Handy solle sie zurückbringen und das Geld von der Oma für etwas „Vernünftiges" sparen. Am nächsten Tag bringt ihr Vater das Handy zurück. Der Händler weigert sich jedoch, das Gerät zurückzunehmen – gekauft sei gekauft.

Allegra mit ihren Freunden, die alle schon ein eigenes Handy besitzen

Bürgerliches Gesetzbuch (BGB) § 110 („Taschengeldparagraf")

Ein von dem Minderjährigen ohne Zustimmung des gesetzlichen Vertreters geschlossener Vertrag gilt als von Anfang an wirksam, wenn der Minderjährige die vertragsmäßige Leistung mit Mitteln bewirkt, die ihm zu diesem Zwecke oder zu freier Verfügung von dem Vertreter oder mit dessen Zustimmung von einem Dritten überlassen worden sind.

Erklärung

- z. B. Opa oder Tante
- noch nicht 18 Jahre alt
- nach eigener Entscheidung
- in der Regel die Eltern
- Geldzahlung
- ist gültig

1. Lies den „Taschengeldparagraf". Ordne die sechs Erklärungen den markierten Stellen im Gesetzestext zu.
2. Formuliere den „Taschengeldparagrafen" so, wie du ihn einer jüngeren Schülerin, einem jüngeren Schüler erklären würdest.
3. Bearbeite das Fallbeispiel: Muss der Verkäufer das Handy zurücknehmen? Begründe.

Welche Aufgaben erfüllt das Geld?

„Geld regiert die Welt“, heißt es im Volksmund. Jeder weiß, dass man mit Geld all die schönen Dinge kaufen kann, die man sich wünscht. Und dass man Geld sparen, also für eine spätere Verwendung zurücklegen kann, weiß auch jeder. Daneben erfüllt das Geld aber noch weitere Aufgaben, man sagt auch: Funktionen. Die folgende Übersicht zeigt auf, welche das sind.

Geld als Wertmesser und Recheneinheit

Mithilfe des Geldes können Waren hinsichtlich ihres Wertes verglichen werden. Kostet ein Auto 25 000 Euro und ein Fahrrad 500 Euro, dann hat das Auto den 50-fachen Wert des Fahrrads. Geld ist in diesem Sinne Recheneinheit und Wertmesser.

Geld als Tauschmittel

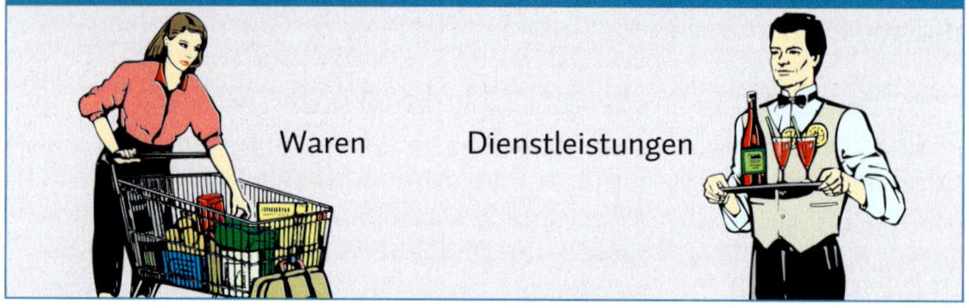

Die Lebensmittel im Supermarkt oder die Getränke im Gasthaus können mit Geld gekauft werden. Mit anderen Worten, man tauscht Geld gegen eine Ware oder eine Dienstleistung ein. Geld ist also auch ein Tauschmittel.

Geld als Wertaufbewahrungsmittel

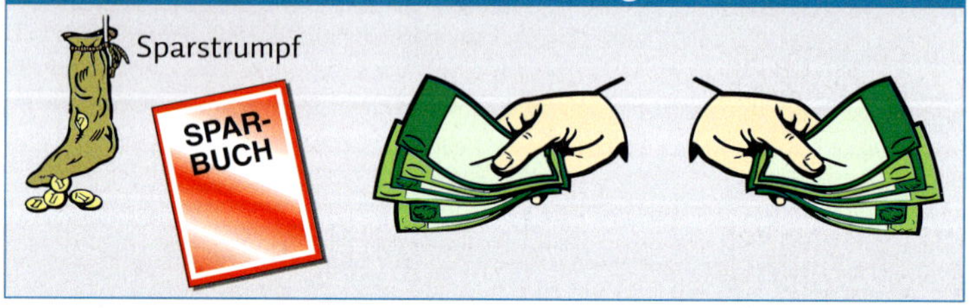

Geld, das man nicht sofort benötigt, kann man für später „aufheben“, zum Beispiel auf ein Sparkonto bei einer Sparkasse oder Bank einzahlen. Geld ist in diesem Sinne ein Wertaufbewahrungsmittel.

Geld als Zahlungsmittel

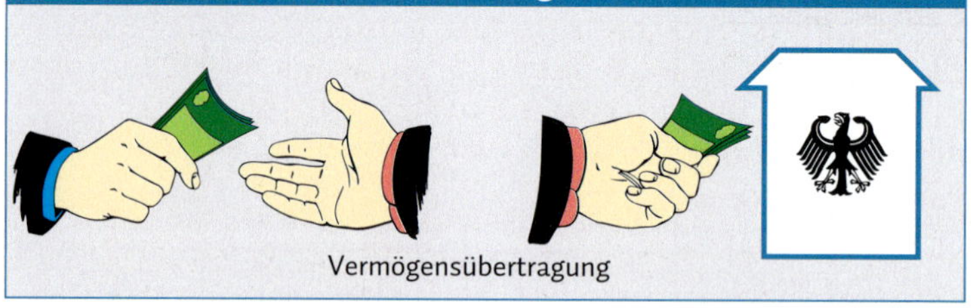

Eure Eltern zahlen Steuern an den Staat und Taschengeld an euch. Sie übertragen somit einen Geldwert an andere. Geld funktioniert dabei als Zahlungsmittel.

Geld als Kreditmittel

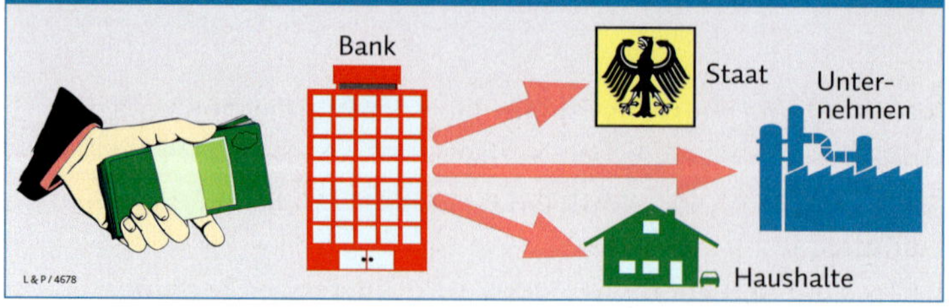

Woher bekommt jemand Geld, wenn er ein Haus bauen will? Banken leihen eingenommenes Geld gegen Zinsen aus. Sie vergeben Kredite an private Haushalte, an Unternehmen und an den Staat. Geld ist somit auch ein Kreditmittel.

Ein Tag im Leben der Familie Neumann

„Mein Gott, schon nach acht! Ich muss dringend los, sonst komme ich zu spät!" ruft Frau Neumann, springt vom Frühstückstisch auf und verabschiedet sich hastig von ihrem Mann. Sie startet ihren Wagen und macht sich auf den Weg zur Arbeit. Unterwegs hält sie noch an einer Tankstelle an und tankt den Wagen auf. Im Kassenraum bezahlt sie das Benzin sowie eine Zeitung und einen Schokoriegel. 74,65 € muss sie bezahlen. „Das ist ja eine saftige Rechnung", meint Frau Neumann. „Tut mir leid", sagt der Kassierer. „Der Staat hat schon wieder die Mineralölsteuer erhöht!" Der Gehilfe des Tankstellenbesitzers hat in der Zwischenzeit schon die Scheiben und die Scheinwerfer des Autos geputzt und den Ölstand kontrolliert.

Während Frau Neumann im Büro eintrifft, macht sich der Sohn Marcus auf den Weg zur Realschule, wo er die 5. Klasse besucht. Herr Neumann bringt inzwischen die jüngste Tochter zum Kindergarten um die Ecke und erfährt dort von der Leiterin, dass in einigen Monaten wahrscheinlich der Kindergartenbeitrag um ca. 5% erhöht werden soll. Das Geld lassen die Neumanns jeden Monat von ihrem Sparkassenkonto abbuchen.

Herr Neumann tauscht noch schnell die Meinung über diese unerwartete Mehrausgabe mit einigen anderen Müttern und Vätern aus. Er fährt dann, nachdem er eine Fahrkarte am Automaten gelöst hat, mit der U-Bahn in einen benachbarten Stadtteil, wo er halbtags als technischer Zeichner arbeitet.

Um 12.30 Uhr verlässt Herr Neumann das Büro und geht auf dem Rückweg in einen Supermarkt, um dort Lebensmittel für das Mittagessen einzukaufen. An der Kasse muss er mit dem letzten Hunderteuroschein bezahlen und denkt: Heute Nachmittag muss ich unbedingt noch Geld von unserem Konto abheben, sonst wird es am Wochenende knapp. Trotzdem wirft er beim Hinausgehen einem Obdachlosen noch 50 Cent in den Hut.

Am Spätnachmittag kommt seine Frau nach Hause. Sie setzen sich zusammen und planen die Ausgaben für den nächsten Monat. Ihr Sohn Marcus bekommt als erstes sein Taschengeld. „Davon bringe ich die Hälfte auf mein Sparbuch und von dem Rest kaufe ich mir die neue CD von DJ Rescue-X", sagt er. „Und jetzt gehe ich zu Jannis. Ich biete ihm meinen Walkman für sein Schalke-Trikot an. Beim letzten Mal wollte er es nicht gegen meinen Fußball tauschen, nur weil sein Trikot 35 € gekostet hat".

Herr und Frau Neumann überlegen nun gemeinsam, wie sie auf ein Angebot ihrer Sparkasse reagieren wollen. Der Kreditvertrag für ihr Haus läuft bald ab und sie müssen einen neuen Vertrag mit neuen Zinsbedingungen aushandeln. „Lass uns wieder einen 5-Jahresvertrag nehmen, die Zinsen sind bei dieser Laufzeit am günstigsten für uns", meint Frau Neumann. „Wir lassen uns das einmal genau vorrechnen", entgegnet Herr Neumann, „vielleicht ist eine längere Laufzeit besser."

1 Betrachte die Übersicht auf Seite 120. Formuliere zu den fünf Hauptfunktionen des Geldes jeweils eine Begriffserklärung in eigenen Worten. Vergleicht anschließend eure Begriffserklärungen miteinander und sucht zwei, drei besonders treffende aus.

2 Welche Aufgaben erfüllt das Geld jeweils in der Geschichte „Ein Tag im Leben der Familie Neumann"? Liste dem Tagesablauf entsprechend auf.

2 Hilfe
Benzinrechnung: Geld als Tauschmittel
...

Kreditaufnahme: Bedingungen

Wenn für eine Anschaffung die vorhandenen Geldmittel nicht ausreichen, kann man zur Finanzierung einen Kredit aufnehmen. So kann man sich die vorgesehene Anschaffung rasch leisten, muss jedoch zusätzliche Kreditkosten tragen.
Um einen Kredit zu bekommen, muss man geschäftsfähig, also volljährig sein. Die Geldinstitute wollen sicher sein, dass der Kredit zurückgezahlt wird. Daher holen sie Auskünfte über den Kreditnehmer ein und verlangen Sicherheiten. Man kann z.B. seinen Anspruch auf die Gehaltszahlung an die Bank abtreten oder einen Bürgen stellen. Dieser verpflichtet sich einzuspringen, wenn der Kreditnehmer den Kredit nicht zurückzahlen kann. Beim Kauf eines Autos auf Kredit wird meist als Sicherheit der Kraftfahrzeugbrief bei der Bank hinterlegt. Damit kann der Wagen nicht ohne Wissen der Bank verkauft werden.

SCHUFA

Wer ein Bankkonto eröffnet oder einen Kreditvertrag abschließt, gibt seine Einwilligung, seine Daten an die SCHUFA (Schutzgemeinschaft für allgemeine Kreditsicherung) weiterzugeben. Die SCHUFA ist eine Gemeinschaftseinrichtung der deutschen Kreditinstitute, die sie vor Verlusten schützen soll. Bevor eine Bank einen Kredit vergibt, holt sie bei der SCHUFA Auskünfte über den Kreditnehmer ein und versucht dann zu beurteilen, ob er den Kredit auch zurückzahlen kann. Jeder hat das Recht, von der SCHUFA kostenlos Auskunft über die zu seiner Person gespeicherten Daten zu erhalten.

Ingo Buck, 17 Jahre alt, ist im zweiten Jahr seiner Ausbildung zum Fachlageristen. Seine Ausbildungsvergütung wird ihm monatlich auf sein Girokonto überwiesen. Ingo möchte für den Kauf eines Rollers einen Kredit bei der Sparkasse aufnehmen. Dort hat er auch sein Girokonto.

Frau Wolf, 38 Jahre, arbeitet seit elf Jahren als Verkäuferin in einem Büromarkt. Alle finanziellen Angelegenheiten hat sie bisher mit der Volksbank im Ort abgewickelt. Da sie ihre Wohnung renovieren lassen und auch eine neue Wohnungseinrichtung kaufen will, möchte sie bei der Volksbank einen Kredit beantragen.

Herr Meinwen, 55 Jahre, hat finanzielle Probleme. Seit er arbeitslos ist, haben bei ihm die Schulden zugenommen. Jetzt hofft er, dass er durch einen Kredit seinen dringendsten Verpflichtungen nachkommen kann. Er will Kreditangebote bei verschiedenen Kreditinstituten einholen.

1 Hilfe

Gehe bei deiner Begründung nicht nur auf die Absicherung des Kredites ein.

1 Überlege: Welcher der drei Personen wird die Bank oder Sparkasse den gewünschten Kredit gewähren, wem nicht? Notiere deine Entscheidung mit einer kurzen Begründung.

2 Erkläre, was sich hinter dem Begriff „Schufa" verbirgt.

Bei den Privat- oder Konsumentenkrediten spielen Ratenkredit und Dispositionskredit die größte Rolle.

Ratenkredit

Der Ratenkredit gehört zu den Standardprodukten aller Kreditinstitute. Ein Ratenkredit ist ein Darlehen mit einem festen Kreditbetrag, der über eine vorher vereinbarte Laufzeit mit gleichbleibenden Raten zurückgezahlt wird. Der Kreditnehmer kennt also im Voraus genau die Höhe der monatlichen Rate und die Anzahl der Monate, bis der Kredit vollständig abgetragen ist. Beim Ratenkredit wird eine einmalige Gebühr für die Bearbeitung des Kreditantrags erhoben, die sich prozentual aus der Kreditsumme errechnet und in der Regel zwei Prozent beträgt. Hinzu kommen natürlich die Zinsen, die in die Raten eingerechnet werden.

Dispositionskredit

Die einfachste und schnellste Form einer Kreditaufnahme ist die Überziehung des eigenen Kontos, deshalb auch Überziehungs- oder Dispositionskredit genannt. Voraussetzung ist die Unterhaltung eines Girokontos, auf das regelmäßige Zahlungen eingehen, in der Regel das Monatsgehalt oder der Lohn. Je nach Kreditinstitut wird dem Kontoinhaber ein Kreditrahmen in Höhe von zwei bis drei Monatsgehältern eingeräumt. Bei langjährigen, soliden Bankkunden kann der eingeräumte Überziehungsspielraum auch größer sein. In Höhe des eingeräumten Kreditrahmens darf der Kontoinhaber von seinem Konto Geld abheben oder auch auf ein anderes Konto überweisen. Für den Betrag, den er im „Minus" ist, also den jeweils beanspruchten Kreditbetrag, werden auf den Tag genau Zinsen berechnet und alle drei Monate vom Girokonto abgebucht. Der Zinssatz ist beim Dispositionskredit in aller Regel sehr hoch. Der Dispositionskredit ist aber auch nur dafür gedacht, kurzfristige Zahlungsengpässe zu überbrücken.

Herr Wille arbeitet seit vielen Jahren in einer Druckerei. Sein Gehaltskonto hat er bei der Stadtsparkasse. Er möchte ein Sonderangebot nutzen – ein toller Flachbild-Fernseher für nur 999 Euro. Allerdings hat er gerade wenig Geld zur Verfügung.

Frau Scheider hat endlich die Wohnung gefunden, die ihr gefällt. Mit ihren alten Möbeln möchte sie nicht mehr umziehen. Jetzt lohnt es sich, eine neue Einrichtung anzuschaffen. Allerdings würde diese 14 000 Euro kosten, weit mehr, als Frau Schneider derzeit zur Verfügung hat.

Anna Paiano, 19 Jahre alt, freut sich. Ihre Lehrzeit ist endlich vorüber, jetzt ist sie fest angestellt und bekommt monatlich Gehalt. Nun möchte sie sich eine tolle Reise leisten – nach Mexiko! 2 000 Euro würde das kosten, die sie im Moment allerdings nicht hat.

1 Dispositionskredit – Ratenkredit: Nenne wesentliche Unterschiede.

2 Welcher Kredit kommt jeweils für Herrn Wille, Frau Schneider und Anna Paiano infrage? Begründe deine Entscheidung.

1 Hilfe
Laufzeit?
Rückzahlung?

Risiken bei einer Kreditfinanzierung

Geldmarkt

Kreditsorgen?

Das sensationelle Konzept
direkt aus Holland!
– schnell und einfach –

- bis 9000 Euro Soforthilfe
- ohne Eintragung
- in schwierigen Fällen
- günstige Konditionen

Sofort anrufen zum günstigen Europatarif oder kurz schreiben:

Schulden?

Schnell, seriös und unbürokratisch fangen wir an, wo andere aufhören, ohne Bankauskunft, ohne Bürgen. Auch bei schlechter Auskunft, wie Mahnbescheid, Eidesstattlicher Versicherung, Lohnpfändung usw. bis **50 000** Euro. Problemlösung auch für Selbstständige und Arbeitslose. Keine Rechtsberatung.

BAR bis Euro 100 000
Eilkredite seit 39 Jahren
zum Ablösen, Zusatzkredite, Giroausgleich **ohne Vorkosten** – ab 7,89 % eff. Jahreszins Autofinanzierung **ohne Anzahlung** Auslandskredite **ohne** Kreditauskunft Laufzeit 3–2 Jahre – **kleine Raten.**
8–22 Uhr, auch Sa. u. So.

Wir vermitteln Ihnen noch heute Ihren
Wunschkredit
günstig • seriös • unbürokratisch
Fragen Sie uns, wir wissen fast immer eine Lösung für Ihr Geldproblem

Viele private Haushalte machen heute ganz selbstverständlich von der Möglichkeit Gebrauch, größere Anschaffungen (Kraftfahrzeug, Wohnungseinrichtung, Haushaltsgroßgeräte usw.) im Vorgriff auf spätere Einkommen durch Kredite zu finanzieren. Probleme entstehen im Allgemeinen daraus erst, wenn sich die Einkommenslage plötzlich verschlechtert, z. B. durch Arbeitslosigkeit, Scheidung, Krankheit oder wenn auf Dauer zu wenig Geld zur Deckung des notwendigen Lebensbedarfs vorhanden ist. Dann kommt nicht selten eine Abwärtsspirale in Gang, die immer tiefer in die Verschuldung hineinführt. Am Ende steht die Überschuldung – eine Lage, in der das Einkommen nach Abzug der Kosten für den Lebensunterhalt nicht mehr ausreicht, die laufenden Zahlungsverpflichtungen zu erfüllen.
Von Überschuldung sind vor allem Alleinlebende und Alleinerziehende betroffen. An zweiter Stelle steht eine durch Trennung, Scheidung oder Tod des Partners ausgelöste Veränderung der Lebensumstände. Weitere Gründe sind Erkrankung, Sucht, eine gescheiterte Selbstständigkeit und eine unwirtschaftliche Haushaltsführung.

Von Überschuldung bedrohte Menschen bekommen von ihrer Bank meist keinen Kredit mehr. Sie wenden sich oft in ihrer Notlage an Kreditvermittler, die damit werben, finanzielle Probleme schnell zu lösen. Kreditvermittler vergeben selbst keine Kredite, sondern vermitteln sie lediglich. Der private Kreditvermittler ist also ein Mittelsmann zwischen dem Kreditnehmer und einem Kreditinstitut. Dafür verlangt der Kreditvermittler Gebühren zwischen zwei und sieben Prozent des Kreditbetrags. Kreditvermittler sind grundsätzlich daran interessiert, dass ein möglichst hoher Kredit aufgenommen wird, da dann auch ihre Provision, also ihr Verdienst, höher ausfällt.

1 Hilfe
Denke an die „Laufzeit" und an weitere Konsumwünsche …

1 Versuche, die Aussage in der Sprechblase zu begründen.

2 Warum sind Kreditvermittler teurer als Banken oder Sparkassen? Wann wenden sich Menschen, die einen Kredit aufnehmen wollen, überhaupt an Kreditvermittler?

Bedürfnisse
Jeder Mensch hat Wünsche. So wollen alle Menschen essen und trinken. Außer ausreichend Nahrung braucht der Mensch auch Kleidung und Unterkunft, um zu existieren. Diese Existenzbedürfnisse nennt man Grundbedürfnisse. Mit fortschreitender wirtschaftlicher, sozialer und kultureller Entwicklung einer Gesellschaft ändern sich die Bedürfnisse, neue treten in den Vordergrund. Die Kleidung soll nicht nur wärmen, sondern auch schick sein, das Essen nicht nur sättigen, sondern auch besonders gut schmecken. Hinzu kommt das Verlangen nach Musik, Büchern, Reisen usw. Diese Bedürfnisse nennt man Kulturbedürfnisse. Und wenn das schicke Kleid gar ein teures Modellkleid von einem Modeschöpfer sein muss, spricht man von Luxusbedürfnissen.

Entstehung von Bedürfnissen
Bei vielen individuellen Bedürfnissen ist es fraglich, ob sie von der Natur vorgegeben oder künstlich geweckt sind. Modetrends und Werbung können die Bedürfnisse des Einzelnen beeinflussen.

Bedarf
Die Bedürfnisse sind nahezu unbegrenzt, die Mittel zu ihrer Befriedigung aber meist begrenzt. Diejenigen Bedürfnisse, die der Verbraucher tatsächlich bezahlen bzw. finanzieren kann, nennt man Bedarf. Der Bedarf ist also der Teil aus der Vielzahl der Bedürfnisse, den man sich tatsächlich leisten kann.

Güter
Zur Befriedigung der Bedürfnisse werden Güter benötigt. Man unterscheidet Sachgüter (z.B. Fahrrad) und Dienstleistungen (z.B. Haarschnitt). Sachgüter können dem Konsum dienen oder der Produktion von anderen Gütern, lassen sich also in Konsumgüter und Produktionsgüter unterscheiden. Bei beiden Güterarten gibt es wiederum Verbrauchsgüter (Nahrungsmittel, Rohstoffe) und Gebrauchsgüter (Elektroherd im privaten Haushalt, Maschine in der Fabrik).

Verbraucherbewusst einkaufen
In der Bundesrepublik Deutschland ist das Angebot an Waren und Dienstleistungen sehr vielfältig. Wer verbraucherbewusst einkaufen will, informiert sich gezielt über das Angebot. Die Güte eines Produkts kann man erst beurteilen, wenn man weiß, welche Produkteigenschaften wichtig sind. Solche Informationen über das Produkt selbst erhält man oft durch eine Markterkundung. Gleichzeitig gewinnt man dabei eine Übersicht, wo und zu welchen Preisen das Produkt auf dem Markt angeboten wird.

Verbraucherberatung
Unabhängige Produktinformationen und Hinweise auf die Marktsituation bekommt ein Käufer von Verbraucherberatungsstellen. Dazu gehört auch die von der Bundesregierung gegründete „Stiftung Warentest". Sie führt vergleichende Warentests durch und veröffentlicht die Ergebnisse in der Zeitschrift „test". In jedem Bundesland gibt es eine Verbraucherzentrale mit örtlichen Beratungsstellen. Sie beraten die Verbraucher, helfen bei Reklamationsfällen und unterrichten die Öffentlichkeit über aktuelle Verbraucherfragen.

Kaufvertrag
Ein Kaufvertrag ist ein Rechtsgeschäft, das zustande kommt, wenn „Antrag" und „Annahme" übereinstimmen. Kaufverträge können mündlich, schriftlich oder durch entsprechende Handlungen geschlossen werden. Kinder und Jugendliche können Kaufverträge nur im Rahmen ihres Taschengeldes abschließen („Taschengeldparagraf"). Aus einem Kaufvertrag entstehen für beide Seiten Verpflichtungen. So verpflichtet sich z. B. der Verkäufer zur rechtzeitigen und mängelfreien Lieferung der Ware. Der Käufer verpflichtet sich, die Ware anzunehmen und pünktlich zu bezahlen.

Aufgaben des Geldes
Aus dem früheren Tauschhandel entwickelte sich das Geld als allgemein anerkanntes Tauschmittel. Heute erfüllt das Geld noch weitere Aufgaben. Es ist auch Wertaufbewahrungsmittel und Recheneinheit und dient als Mittel der Wertaufbewahrung, zur Zahlung und als Kreditmittel.

Kreditaufnahme
Wenn für eine Anschaffung die vorhandenen Geldmittel nicht ausreichen, kann man zur Finanzierung der Anschaffung einen Kredit bei einer Bank oder Sparkasse aufnehmen. Dazu muss man geschäftsfähig, also volljährig sein.

Ratenkredit
Der Ratenkredit ist ein Darlehen mit einem festen Kreditbetrag und einer vereinbarten Laufzeit, das in gleichbleibenden Raten zurückgezahlt werden muss.

Dispositionskredit
Kreditinstitute gewähren ihren Kunden mit Girokonto und regelmäßigen Zahlungseingängen einen Überziehungs- oder Dispositionskredit; d. h. in der Höhe von ca. zwei Monatsgehältern darf der Kunde sein Girokonto überziehen, muss dafür aber einen hohen Kreditzins bezahlen.

Was ist ein Markt?

1

2

3
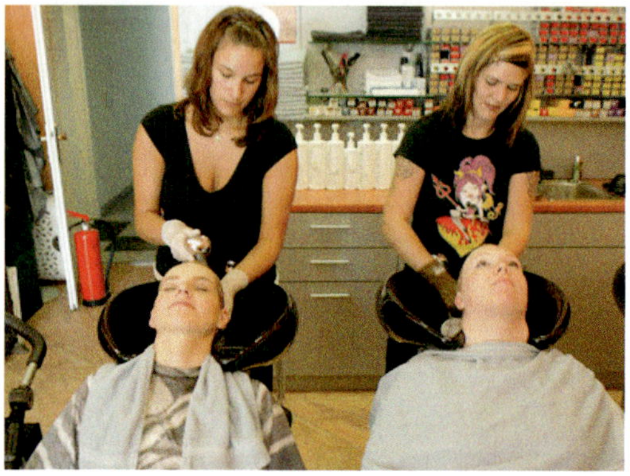

4

5

6

7

8

9

10

In Städten erinnern Namen wie „Marktplatz" oder „Am Markt" an frühere Märkte. Manche dieser Plätze dienen auch heute noch als Standorte für Wochenmärkte. Das Marktgeschehen spielt sich heute jedoch in erster Linie in den Geschäften, Kaufhäusern und Einkaufszentren ab. Daneben gibt es spezielle Märkte wie Messen, Börsen, Flohmärkte. Märkte müssen aber noch nicht einmal einen festen Ort haben. So kommt durch die Zeitungsanzeige (Stellenmarkt, Automarkt, Immobilienmarkt usw.), auf die sich ein Interessent meldet, ebenso ein Markt zustande, wie durch das Angebot im Internet, wenn es einen Käufer findet. Immer, wenn Angebot und Nachfrage zusammentreffen, entsteht also ein Markt. Für jede Ware oder Dienstleistung gibt es einen oder mehrere Märkte. Wie sich die Situation auf dem Markt für ein bestimmtes Produkt oder eine bestimmte Dienstleistung darstellt, wird wesentlich durch die Zahl der Anbieter und die Zahl der Nachfrager bestimmt. Diese kann von vielen verschiedenen Faktoren abhängen.

Marktsituationen

Anzahl Anbieter	Anzahl Nachfrager	Beispiel
viele	viele	?
viele	wenige	?
einer	viele	?
wenige	viele	?
wenige	wenige	?
wenige	einer	?

- Studienreise in die Mongolei
- einziges Kino in der Umgebung
- Zeitungen am Kiosk in einer Großstadt
- Panzer für die Bundeswehr
- nur zwei Buchhandlungen in einer Stadt
- Essen und Getränke bei einem völlig verregneten Stadtfest

1 Die Fotos zeigen zehn verschiedene Märkte. Beschreibe diese Märkte in einer Tabelle.

Nr.	Was wird angeboten?	Wer bietet an?	Wer fragt nach?	Wo treffen Angebot und Nachfrage zusammen?
1				
2				
3				
4				
5				
…				

2 Ordne die sechs Beispiele in der Randspalte in der Tabelle „Marktsituationen" zu.

2 Hilfe
viele Anbieter, viele Nachfrager: Beispiel: Zeitungen am Kiosk …

Wie hängen Angebot, Nachfrage und Preis zusammen?

Wegweiser

Preis

Angebot

Nachfrage

Sommer

Winter

ausgeglichen

Geld

aufeinander-treffen

Märkten

senken

größer

steigen

Es gibt also Angebot und Nachfrage. Wie wir im Unterricht gelernt haben, entsteht immer dann ein Markt, wenn die beiden … ① … . Dann bilde ich sogar mit „Tante Emma" für kurze Zeit einen Markt, wenn ich mir in ihrem Laden eine Limo kaufe. So gesehen sind alle Menschen ständig von ungeheuren Mengen von … ② … umgeben.

Natürlich kosten die Waren und Dienstleistungen, die man haben möchte, … ③ …, aber nicht immer gleich viel. Der … ④ … richtet sich nach Angebot und Nachfrage, wie man sehr gut beim Obst und Gemüse sehen kann. Im … ⑤ …, wenn die Früchtchen nur so von den Bäumen und Stängeln purzeln, ist das … ⑥ … größer als die Nachfrage. Wenn der Händler nicht auf seiner Ware sitzenbleiben will, muss er die Preise … ⑦ … . Im … ⑧ …, wo jeder scharf ist auf was Grünes und die Vitamine, ist die … ⑨ … nach frischem Obst und Gemüse oft … ⑩ … als das Angebot. Dann … ⑪ … die Preise, und zwar so lange, bis sich Angebot und Nachfrage … ⑫ … haben.

So kann man eigentlich sagen, dass der Preis so eine Art … ⑬ … ist, nicht nur für die Verbraucher, sondern auch für die Anbieter.

Marktmechanismus

„Preisbildungs-Automat"

Angebot	Nachfrage	Preis
	bleibt	sinkt
sinkt	sinkt	
sinkt		steigt
bleibt		steigt
	steigt	bleibt
steigt	sinkt	
	bleibt	bleibt
sinkt	bleibt	
bleibt		sinkt

„Begriffe-Box"

Angebot	Nachfrage	Preis
steigt	sinkt	sinkt
steigt	steigt	steigt
bleibt	steigt	bleibt

1 Hilfe
① *aufeinander-treffen*
② …

1 Setze in dem scherzhaften Schüleraufsatz die fehlenden Begriffe ein.

2 „Spiele" mit dem „Preisbildungs-Automat". Entnimm die Begriffe aus der „Begriffe-Box" und übertrage sie in die freien Felder. Es ergeben sich neun Marktsituationen, die sich alle voneinander unterscheiden.

Marktspiel

Beobachtungsbogen für das „Marktspiel“	Was wird angeboten?		
	Händler A ___ kg ___ €/kg	Händler B ___ kg ___ €/kg	Händler C ___ kg ___ €/kg
Was wird gekauft? Kunde 1 kauft …			
neue Marktsituation			
Kunde 2 kauft …			
neue Marktsituation			
Kunde 3 kauft …			
neue Marktsituation			
Kunde 4 kauft …			
neue Marktsituation			
Kunde 5 kauft …			
neue Marktsituation			

Durch ein „Marktspiel“ könnt ihr euch das Prinzip des Marktgeschehens an einem vereinfachten Beispiel deutlich machen. Überlegt euch dazu geeignete Waren, z. B. Birnen, Pflaumen oder Weintrauben, und die kg-Menge, die insgesamt angeboten bzw. nachgefragt werden soll. Legt dann für die Preisgestaltung eine Unter- und Obergrenze so fest, dass genügend Spielraum bleibt. Für das Spiel gilt, dass die Qualität der Ware bei allen Händlern gleich ist. Ihr braucht folgende Mitspieler:

Drei **Anbieter:** Sie erfahren vom Spielleiter, welche Menge sie anbieten. Jeder Händler legt seinen Preis fest und notiert ihn zusammen mit seiner Menge auf einem Schild oder an der Tafel.

Fünf **Nachfrager:** Auch sie erfahren vom Spielleiter, welche Mengen sie kaufen sollen. Jeder Nachfrager legt für sich fest, welchen Preis er zunächst höchstens zahlen möchte. Diesen anfänglichen Preis gibt er nur dem Spielleiter bekannt, z. B. auf einem Zettel.

Ein **Spielleiter:** Er trifft die genannten Festlegungen, entscheidet, in welcher Reihenfolge die Nachfrager auftreten und achtet darauf, dass der folgende Spielverlauf eingehalten wird:

1. Die Händler geben ihr Angebot bekannt.
2. Der erste Käufer tritt auf und tätigt – wenn seine Preisvorstellung es zulässt – einen Kauf.
3. Wird ein Kauf getätigt, verändert der Händler seine Mengenangabe. Jeder Händler kann, wenn er will, seinen Preis neu festlegen. Auch die Kunden können während des Spiels ihre Preis- und Mengenvorstellungen ändern.

Die **Klasse** notiert sich die Entwicklung des Marktspiels auf einem Beobachtungsbogen für die anschließende gemeinsame Auswertung. Dabei geht es um diese Fragen: Wie verlief das Marktgeschehen? Wer konnte seine Preisvorstellungen durchsetzen? Wer wurde durch das Marktgeschehen „belohnt“, konnte also günstiger einkaufen bzw. teurer verkaufen als vorgesehen? Für wen verlief es ungünstiger?

1 Führt das Marktspiel durch.

Thema: **Der Markt für Sahnetorten**

Bei einem Planspiel wird die Wirklichkeit vorgetäuscht, man sagt simuliert. Ein Problem oder ein Konflikt wird aufgegriffen und in verteilten Rollen durchgespielt. Die verschiedenen Rollen werden von Gruppen übernommen, die das Problem aus unterschiedlichen Interessenlagen sehen und zu lösen versuchen. Die Teilnehmer lernen dadurch, wie politische und wirtschaftliche Entscheidungen im Alltag zustande kommen.

Vorbereitung

In dieser Phase wird zunächst das Problem verdeutlicht, das im Planspiel durchgespielt werden soll. Man sagt auch, die Ausgangslage wird geklärt. Die Spielregeln werden besprochen. Anschließend werden die Gruppen gebildet.

Durchführung

Die Gruppen arbeiten sich in ihre Spielrollen ein und suchen dabei nach Argumenten für ihre Standpunkte. Sie planen, wie sie vorgehen wollen. Dann wird das Planspiel begonnen. Im weiteren Verlauf muss jede Gruppe auf die Entscheidung der anderen Gruppen reagieren.

Auswertung

Das Spielergebnis und der Spielverlauf werden gemeinsam besprochen. Die einzelnen Spielgruppen berichten über ihre Absichten und Handlungen. Falls es eine „Beobachtergruppe" gibt, berichten auch die Mitglieder dieser Gruppe.

Ergänzende Hinweise zu diesem Planspiel

Vorbereitung

1 Ausgangslage

Ihr seid Geschäftsführerin oder Geschäftsführer eines Unternehmens, das industriell eine neue Art von Sahnetorten herstellt und kistenweise verkauft. Auf dem von euch belieferten Markt konkurriert ihr mit drei anderen Unternehmen, die das gleiche Produkt herstellen. Die von eurer Firma hergestellten Sahnetorten sind verderblich und können nicht gelagert werden. Euer Ziel ist es, einen möglichst hohen Gewinn zu erzielen. Die Spieldauer beträgt vier Perioden. In jeder Periode sind zwei Entscheidungen zu treffen.

Mengenentscheidung: Wie viele Kisten Sahnetorten werden von eurem Unternehmen hergestellt? Die maximale Produktionsmenge eures Unternehmens in jeder Spielperiode beträgt 20 Kisten.

Preisentscheidung: Zu welchem Preis wird eine Kiste Sahnetorten von eurem Unternehmen angeboten? Der Preis pro Kiste kann zwischen 500 und 3000 Euro liegen, jeweils in ganzen Hunderten. Wenn euer Preis über dem eurer Konkurrenten liegt, verliert ihr nicht alle Kunden. Die Anzahl eurer Kunden und somit die Anzahl der verkauften Kisten Sahnetorten geht dann jedoch zurück.

Bei eurer Mengenentscheidung und eurer Preisentscheidung müsst ihr eure Kosten und den Absatzmarkt beachten. Auf dem Absatzmarkt konkurriert ihr mit den drei anderen Unternehmen.

Kosten: Fixe, also feste Kosten, z. B. für Verwaltung, Miete. Sie sind unabhängig von eurer hergestellten Anzahl der Kisten. Sie betragen in jeder Spielperiode 2 000 Euro. Variable Kosten, z. B. für Material, Löhne. Sie verändern sich mit der Anzahl der von euch hergestellten Kisten. Je Kiste fallen 500 Euro variable Kosten an.

2 Gruppenbildung

Bildet vier Gruppen. Jede Gruppe sucht für ihr Unternehmen einen Namen und schreibt ihn auf ein Kärtchen. Die Kärtchen können dann an der Tafel oder der Pinnwand angebracht werden.

Absatzmarkt	1. Spielperiode	2. Spielperiode	3. Spielperiode	4. Spielperiode
maximale Absatzmenge für alle vier Unternehmen	30 Kisten	40 Kisten	40 Kisten	20 Kisten
Verhalten der Nachfrager auf dem Markt	Die Reaktion der Verbraucher auf unterschiedliche Preise ist nicht bekannt.	Die Verbraucher zeigen großes Interesse an dem Produkt; höhere Preise werden eher akzeptiert.	Das Interesse an dem Produkt stagniert; höhere Preise werden weniger akzeptiert.	Das Interesse an dem Produkt geht stark zurück; höhere Preise werden noch weniger akzeptiert.

Durchführung

Trefft mithilfe des „Spielblattes" eure Mengen- und Preisentscheidungen. Von eurer Lehrerin bzw. eurem Lehrer bekommt ihr dann mitgeteilt, wie viele Kisten ihr verkaufen konntet. Errechnet dann eure Kosten, den Umsatz und den Gewinn. Habt ihr mehr Kisten hergestellt, als ihr verkaufen konntet, fallen dafür Kosten an. Ihr könnt natürlich auch nur die Anzahl der Kisten verkaufen, die ihr hergestellt habt.

Da auf Märkten die Unternehmen wissen, wie hoch die Preise ihrer Mitanbieter sind, erfahrt ihr nach jeder Spielperiode vom Spielleiter die Preise eurer Konkurrenten. Sie werden an der Tafel oder der Pinnwand festgehalten.

Spielblatt

Mithilfe dieses Blattes werden die Entscheidungen in jeder Spielperiode getroffen und der Gewinn bzw. Verlust ermittelt.

Unternehmen: ______________________________

Absatzmarkt	1. Spielperiode	2. Spielperiode	3. Spielperiode	4. Spielperiode
maximale Absatzmenge in Kisten **Mengenentscheidung** Anzahl der produzierten Kisten	30	40	40	20
Preisentscheidung Verkaufspreis (in ganzen Hunderten)				
Anzahl der zugeteilten Aufträge (Kisten) durch den Spielleiter				
Kosten » Fixe Kosten » Variable Kosten (Anzahl der produzierten Kisten x 500 €) **Gesamtkosten**	2000 €	2000 €	2000 €	2000 €
Umsatz Anzahl der zugeteilten Aufträge x Verkaufspreis				
Gewinn oder Verlust (Umsatz minus Gesamtkosten)				

1 Führt das Planspiel durch. Beachtet dabei die ergänzenden Hinweise.

Auf dem Wochenmarkt

guten
Preissenkungen
sinken
Nachfrage
Einkaufspreis
Bedürfnissen
Konkurrenten
Angebot
Hohe
Käufer
Verlust
Wettbewerbsvorteil
Preise

Wenn der erste Spargel oder die ersten Erdbeeren auf den Markt kommen, aber zunächst nur wenige Händler sie anbieten und viele … ① … sich mit Heißhunger auf die lang entbehrten Genüsse stürzen, haben die fixen Anbieter einen … ② … . Denn weil diese Produkte knapp und begehrt sind, lassen sie sich zu … ③ … Preisen verkaufen.

Natürlich haben die … ④ … beobachtet, wie gut das Geschäft am Stand nebenan gelaufen ist. Deshalb werden sie versuchen, sich für den nächsten Tag ebenfalls Spargel und Erdbeeren zu beschaffen. Dadurch wird das … ⑤ … größer. Um die größere Menge zu verkaufen, müssen die … ⑥ … sinken. Denn nur so können mehr Käufer angelockt werden, also Kunden, denen der Spargel bisher noch zu teuer war. Das geht so lange weiter, bis die Händler merken, dass sie den vielen Spargel, den sie eingekauft haben, jetzt nur noch bei kräftigen … ⑦ … loswerden können. Damit können sie vielleicht noch einige von den Verbrauchern gewinnen, die nicht so scharf auf dieses Gemüse sind.

Kurz vor Geschäftsschluss verkaufen einige Händler den letzten Spargel oder die letzten Erdbeeren oft sogar unter dem … ⑧ …, um nicht ganz darauf sitzen zu bleiben: Besser, wenn es schon sein muss, ein kleiner als ein großer … ⑨ … . Das bedeutet: In einer Marktwirtschaft wird der Preis durch Angebot und … ⑩ … bestimmt. … ⑪ … Preise schränken die Zahl der Käufer ein, verlocken aber Verkäufer, mehr Ware auf den Markt zu bringen. Das steigende Angebot kann jedoch nur verkauft werden, wenn jetzt die Preise … ⑫ … und dadurch wieder mehr Kunden gewonnen werden können. So werden im Idealfall Produktion und Angebot nach den … ⑬ … des Marktes, also der Käufer, gesteuert. Preise haben aus diesem Grund eine ganz ähnliche Funktion wie rote und grüne Ampeln im Verkehr.

In der Theorie bilden sich Preise allein nach Angebot und Nachfrage. In der Praxis gibt es jedoch viele Faktoren, die die Angebots- und Nachfragesituation positiv oder negativ beeinflussen und sich damit auch auf die Preisbildung auswirken. In der folgenden Übersicht fehlt entweder die Bezeichnung des Einflussfaktors oder ein erklärendes Beispiel.

Einflussfaktor	erklärendes Beispiel
?	Wenn im Winter durch Dauerfrost auf vielen Feldern das Wintergemüse erfriert, steigen die Preise für frisches Gemüse.
Mode	?
?	Die Meldungen über weitere Fälle von BSE-verseuchtem Rindfleisch haben zu einem Preisverfall bei Rindfleisch geführt.
?	Die starke Konkurrenz unter den Telefongesellschaften hat vor allem die Preise für Ferngespräche sinken lassen.
politische Krise	?
?	Die Bundesregierung hat die Anhebung der Mineralölsteuer um sechs Cent je Liter beschlossen.
Werbung	?
?	Immer mehr Verbraucher sind bereit, höhere Preise für Produkte zu bezahlen, die aus nachwachsenden Rohstoffen gefertigt werden.

1 Vervollständige den Lückentext auf Seite 132 mit den am Rand aufgeführten Begriffen. Benutze das Arbeitsblatt oder notiere in deinem Heft von (1) bis (13).

2 Ergänze in der Tabelle oben in den Felder mit den Fragezeichen den jeweiligen Einflussfaktor oder ein erklärendes Beispiel.

2 Hilfe
Einflussfaktor: Witterung

Subventionen und Preisbildung

1

Die Musikschule erhält staatliche Zuschüsse, man sagt auch Subventionen. Dadurch müssen die Kurspreise die anfallenden Kosten nicht decken. Eine private Klavierlehrerin muss jedoch allein bezahlt werden.

2

Der Eintrittspreis deckt bei den staatlichen Opernhäusern und Theatern etwa ein Drittel der Kosten. Sie erhalten daher Subventionen. Bei Musical-Aufführungen privater Unternehmen muss der Eintrittspreis die gesamten Kosten decken.

3

Das kommunale Kino hat niedrige Eintrittspreise, weil ein Teil der Kosten von der Stadt getragen wird. Der Betreiber eines privaten Kinos muss die gesamten Kosten durch den Preis decken.

4

Beim öffentlichen Personennahverkehr decken die Fahrgeldeinnahmen nur etwa 60 Prozent der Kosten, da es ermäßigte Fahrpreise, z. B. für Schüler, gibt. Der Fahrpreis für die Taxifahrt muss die gesamten Kosten des Taxiunternehmens decken.

5 

Beim öffentlichen Freibad der Kommune deckt der Eintrittspreis nur etwa 40 Prozent der Kosten. Beim privaten Spaßbad muss der Preis alle Kosten decken.

Der Staat beeinflusst die Preisbildung durch Subventionen, also finanzielle Hilfen. Subventionen sind direkte Geldzahlungen oder Steuervergünstigungen an Unternehmen und Haushalte. Durch sie soll erreicht werden, dass die Preise für bestimmte Waren und Dienstleistungen niedrig gehalten werden. So sollen bestimmte Branchen, die nicht mehr wettbewerbsfähig sind, erhalten und neue Branchen, die sich erst noch auf dem Markt durchsetzen müssen, gefördert werden. Subventionen an private Haushalte zielen darauf ab, ihnen Waren und Dienstleistungen zu ermöglichen, die sie sich bei Marktpreisen nicht leisten könnten.

Mir ist es egal, wie viele Subventionen der Staat zahlt. Mich kostet das doch nichts.

Ohne Subventionen würden Arbeitsplätze verloren gehen.

Die meisten Subventionen erhält die Großindustrie, die das eigentlich nicht nötig hätte.

Ohne Subventionen wäre ich schlechter dran. Dann wäre die Miete für meine Wohnung für mich zu hoch.

Subventionen? Ich als Privatmann habe noch nie eine Subvention bekommen. Die kriegen doch nur die großen Unternehmen.

Subventionen und Steuervergünstigungen des Bundes 2010 (in Milliarden Euro, Beispiele)

Gewerbliche Wirtschaft allgemein	9,890	Ernährung, Landwirtschaft, Verbraucherschutz	1,549
Wohnungswesen	2,560	Regionale Strukturmaßnahmen	1,005
Verkehr	2,522	Energie / erneuerbare Energien	0,538
Bergbau	1,661		

(22. Subventionsbericht der Bundesregierung, Berlin 2010, S. 11)

1 Erkläre, warum es Sinn macht, dass der Staat in einigen Fällen Subventionen zahlt, in anderen aber nicht.

2 Nimm zu den Aussagen in der Randspalte Stellung. Berücksichtige dabei auch die Tabelle.

3 Was will die Karikatur zum Ausdruck bringen?

2 Hilfe

Vorher hatten die Käuferinnen und Käufer die Möglichkeit, das Brot zu kaufen, das … . Jetzt …

1 Wie könnte das Gespräch zwischen den beiden Bäckern verlaufen sein? Schreibt in Partnerarbeit einen Dialog und vergleicht eure Texte anschließend in der Klasse.

2 Welche Folgen hat ein solches Verhalten für die Brotkäuferinnen und -käufer?

Die Wettbewerbsordnung

Nach verschiedenen Gesetzen zum Schutz des Wettbewerbs ist folgendes Verhalten in unserer sozialen Marktwirtschaft unzulässig:

1. Aussagen über eine Ware zu machen, die unwahr oder irreführend sind oder missverstanden werden können;
2. übertriebenes Anlocken der Kunden mit Mitteln, die nicht branchenüblich sind und nichts mit der Ware zu tun haben;
3. Warenzeichen anderer Firmen zu verwenden;
4. die Verbreitung von geschäftsschädigenden Behauptungen über die Konkurrenz;
5. Erfindungen auszunützen, die ein anderer für sich durch Patent geschützt hat;
6. die Zusendung unbestellter Ware, außer Ware mit geringem Wert, z. B. Postkarten;
7. die Bestechung von Angestellten durch Geschenke, um im Wettbewerb bevorzugt zu werden;
8. das Absprechen von Preisen;
9. seine Marktmacht dazu zu benutzen, hohe Preise am Markt zu verlangen.

Patent
Schutzrecht auf eine Erfindung

A In einem Landkreis gibt es nur einen Anbieter für den Empfang von Radio und Fernsehen mittels Kabel. Dieser Anbieter verdoppelt seinen Preis im Vergleich zu einem anderen Anbieter in einem anderen Landkreis.

E Die Gemeinde Burgstein möchte ein neues Rathaus bauen. Der Bauunternehmer Schoch schenkt dem Leiter des Bauamtes der Gemeinde eine Reise in die USA, damit die Firma Schoch den Auftrag zum Bau des Rathauses erhält.

B Herr Wagner betreibt ein Dachdeckergeschäft. Über seine Mitarbeiter lässt Herr Wagner das Gerücht verbreiten, dass die von dem Konkurrenten gedeckten Häuser nicht regenfest und reparaturanfällig seien.

F Mehrere größere Baustoffhersteller sprechen miteinander ab, für eine Tonne Zement den gleichen Preis zu verlangen.

G Die Firma Kuma baut ein patentiertes Konkurrenzprodukt nach, da es sich auf dem Markt gut verkauft.

C Ein Sportschuhhersteller bringt einen neuen Turnschuh auf den Markt. Der Schuh trägt auffällig den Schriftzug „Mike".

H Der Einzelhändler Muk annonciert in der Zeitung: „Wenn Sie bei uns einkaufen, holen wir Sie kostenlos von zu Hause ab."

D Die Firma Kurz stellt Kunstfaserdecken her. Sie wirbt auf einem Werbeplakat für ihre Kunstfaserdecken mit einem Kamel.

I Das Elektrogeschäft Simchen möchte mehr Toaster verkaufen. Da Herr Simchen die Gewohnheiten und Einstellungen der Einwohner seiner Gemeinde gut kennt, sendet er Toaster an all die Haushalte, von denen er annimmt, dass sie einen Toaster gebrauchen können.

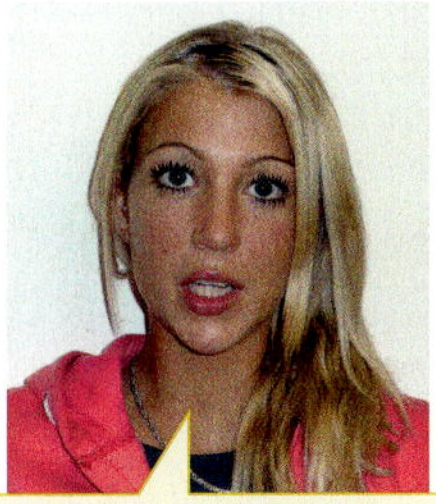

Schutz des Wettbewerbs – wenn ich das schon höre! Die Anbieter machen doch sowieso, was sie wollen. Und wenn sie erwischt und bestraft werden, zahlen letztendlich die Konsumenten das Bußgeld, weil die Unternehmen es in die Preise ihrer Waren einrechnen.

1 Ordne zu: Welcher Fall gehört zu welchem gesetzlichen Verbot?

2 Erläutere, warum der Staat zum Schutz des Wettbewerbs durch Gesetze in das Marktgeschehen eingreift.

3 Setze dich mit der Aussage in der Sprechblase auseinander.

2 Hilfe
Denke daran, was eine soziale von einer freien Marktwirtschaft unterscheidet.

Das Kartellgesetz: Preisabsprachen verboten!

Bundeskartellamt
Bundesbehörde in Berlin, die die Einhaltung des Kartellgesetzes überwacht

Dekorpapierkartell muss 62 Millionen Euro zahlen

Drei betroffene Unternehmen akzeptieren Geldbuße

BONN (wok/lud). Das Bundeskartellamt hat erneut ein Millionenbußgeld verhängt. Betroffen sind dieses Mal führende Hersteller von Dekorpapieren.

Insgesamt 62 Millionen Euro müssen drei Unternehmen als Bußgeld bezahlen, die Dekorpapier herstellen und sich bei Preiserhöhungen abgesprochen haben. Das ist nach dem Gesetz gegen Wettbewerbsbeschränkungen verboten. Die Unternehmen wollen nach Angaben des Kartellamts nicht gegen die Bußgelder klagen, sondern diese akzeptieren.

Bei den bestraften Unternehmen handelt es sich um Tochterfirmen der drei größten europäischen Hersteller von Dekorpapieren. (...)

Dekorpapiere sind spezielle Papiere, mit denen die Oberflächen von Holzwerkstoffen veredelt werden. Verwendet werden sie etwa für Tischplatten und Schranktüren oder Laminatfußböden. Mit Dekorpapieren können preisgünstig unterschiedliche Muster aufgebracht werden – von Ornamenten bis zu nachgeahmten Holzmaserungen, mit denen sich die teureren Furniere ersetzen lassen.

Das Kartellamt hatte die Dekorpapierhersteller im November durchsucht und umfangreiches Material in Deutschland sowie mit Hilfe der schwedischen Wettbewerbshüter auch in Schweden sicherstellen können. Den Mitgliedern des Kartells werden Preisabsprachen in der Zeit von August 2005 bis November 2007 vorgeworfen. Zudem sollen sie in der zweiten Jahreshälfte 2007 Produktionsanlagen koordiniert stillgelegt haben, um Überkapazitäten zu vermeiden, teilte das Bundeskartellamt mit. Amtschef Bernhard Heitzer wertete das Verfahren gestern als Beweis für das schnelle Vorgehen des Amtes gegen jede Form von Kartellen. Er lobte auch die Zusammenarbeit im Netzwerk der europäischen Wettbewerbsbehörden.

Netzwerk
Hier ist ein Geflecht von Behörden gemeint, die sich gegenseitig informieren und zusammenarbeiten.

Laminatfußböden – hier bei einem deutschen Hersteller – sind nur eines von vielen Einsatzgebieten für Dekorpapiere

(aus: Stuttgarter Zeitung, 06. 02. 2008, S. 13)

Gesetz gegen Wettbewerbsbeschränkungen (Kartellgesetz)

Nach dem Kartellgesetz sind Vereinbarungen bzw. Absprachen verboten, die den Wettbewerb verhindern oder einschränken. Das Bundeskartellamt in Berlin und die EU-Kommission in Brüssel überwachen die Einhaltung dieses Verbots. Können sie Absprachen nachweisen, haben sie das Recht, Geldbußen zu verhängen.

2 Hilfe
Über die Merkmale der sozialen Marktwirtschaft kannst du dich auf den Seiten 268 und 269 informieren.

1 Beschreibe anhand des Falles, was ein Kartell ist.
2 Erläutere, warum in der sozialen Marktwirtschaft Kartelle verboten sind.

Thema: Wettbewerb und Konzentration

Wirtschaftliche Sachverhalte haben viel mit Zahlen zu tun; Zahlenmaterial wiederum lässt sich sehr gut durch grafische Darstellungen veranschaulichen.
Um eine Grafik oder ein Schaubild zu verstehen, muss man vor allem wissen, was die darin enthaltenen Zahlen bedeuten. Dazu muss man die Zahlen und erklärenden Texte im Zusammenhang sehen.

Grafiken zeigen Zusammenhänge. Solche Zusammenhänge kann man erkennen, wenn man Zahlen miteinander vergleicht. Zusammenhänge können etwas Bemerkenswertes zum Thema der Grafik aufzeigen und Erkenntnisse ermöglichen. In Grafiken gibt es oft Zahlen, die sich beim gleichen Sachverhalt auf unterschiedliche Zeiträume beziehen. Solche Zahlenreihen zeigen Entwicklungen.

Leitfragen zum Auswerten von Grafiken

1. Um welches Thema, welchen Sachverhalt geht es?
2. Was bedeuten die einzelnen Zahlen? Welche Erklärungen in der Grafik sind zu ihrem Verständnis notwendig?
3. Was fällt beim Vergleich der Zahlen auf? Welche Erkenntnisse lassen sich aus diesem Vergleich ableiten?

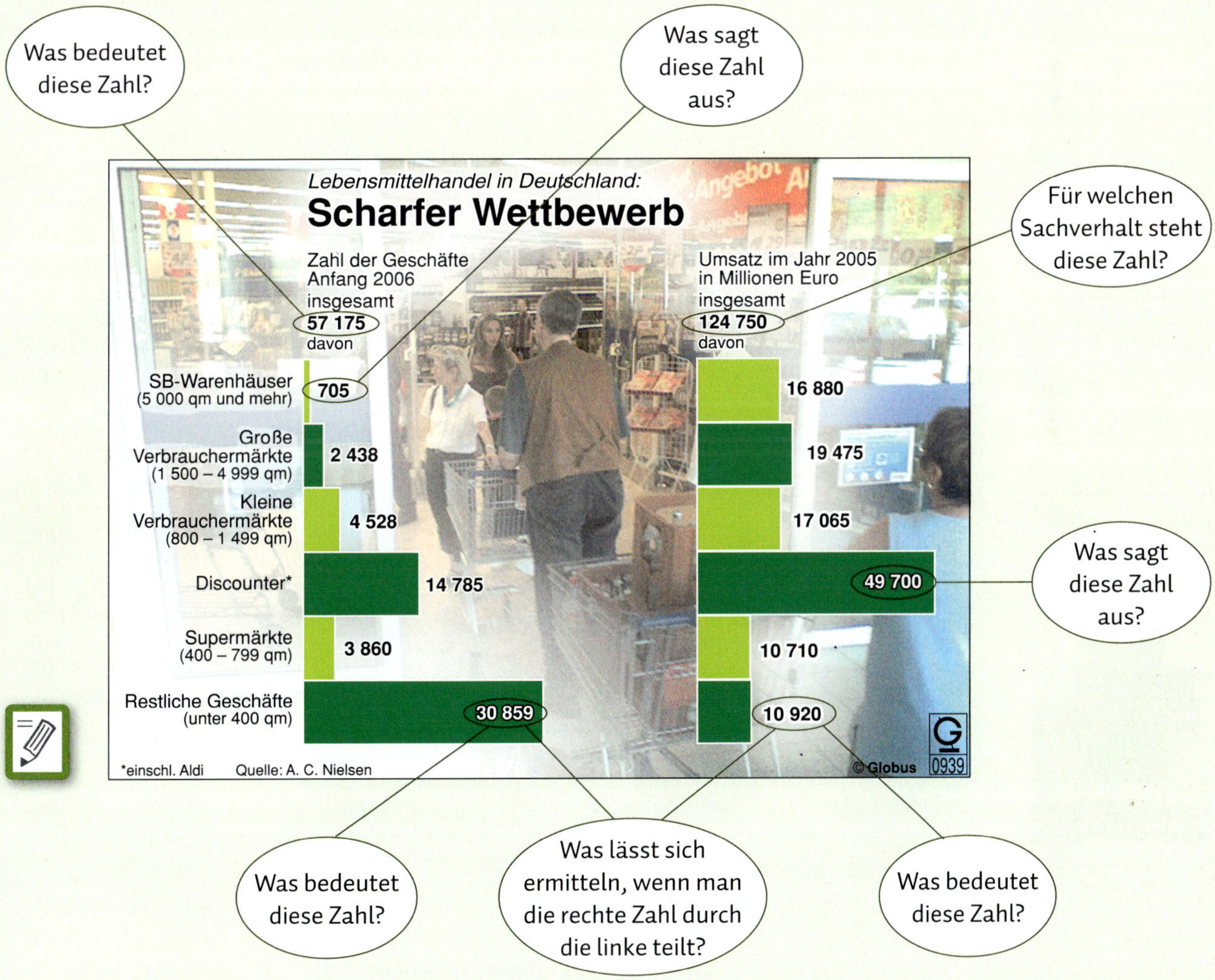

1 Beantworte die Fragen zur Grafik „Scharfer Wettbewerb".

Unternehmenskonzentration

In einer Marktwirtschaft müssen sich Unternehmen auf dem Markt behaupten, d. h. sie müssen die Kunden durch Preis, Qualität und Service davon überzeugen, dass es sich lohnt, bei ihnen zu kaufen. Dabei macht ihnen die Konkurrenz in der eigenen Branche das Leben schwer. Eine unentwegte Anstrengung in unterschiedlichen Bereichen ist erforderlich, z. B. bei der Preisgestaltung, in der Produktentwicklung und bei der Werbung, wenn man Marktanteile halten oder gar hinzugewinnen will.

Für Unternehmen liegt es daher nahe, den Druck der Konkurrenz durch Kooperation abzuschwächen oder gar ganz wegzunehmen.

Es gibt eine große Vielfalt von Formen der zulässigen Zusammenarbeit von selbstständigen Unternehmen, wie z. B. den gemeinsamen Einkauf von Waren oder die Nutzung gemeinsamer Einrichtungen. Oft werden auch Vereinbarungen über Preise und über Konditionen getroffen. Und schließlich gibt es den Zusammenschluss von zwei selbstständigen Unternehmen (auf dem Wege einer Fusion), wobei aus den beiden ein großes Unternehmen entsteht. Man spricht dann von einer Konzentration der Unternehmen.

Diese Vorgänge können für die Kunden von Nutzen sein, wenn sie zu günstigeren Preisen und zu einem besseren Angebot führen. Wenn sie aber bewirken, dass der Marktmechanismus außer Kraft gesetzt wird und die Anbieter den Nachfragern den Preis und die Abnahmebedingungen für ihre Produkte diktieren können, muss der Staat eingreifen und gewährleisten, dass der Wettbewerb als eine der Grundlagen der Marktwirtschaft erhalten bleibt.

Konzern
Zusammenschluss von rechtlich selbstständigen Unternehmen, die wirtschaftlich unselbstständig sind und einer gemeinsamen Unternehmensleitung unterstehen. Die wirtschaftliche Abhängigkeit bleibt nach außen oft unsichtbar.

Expansion
hier: Ausdehnung zur Gewinnung von wirtschaftlicher Macht

Fall 1

Nun ist es offiziell: Gruner + Jahr bündelt seine Wirtschaftstitel „Capital“, „Impulse“, „Börse Online“ und „Financial Times Deutschland“ am Hamburger Stammsitz. Bisher war die Wirtschaftspresse auf die Standorte Köln, München und Hamburg verteilt.

(aus: Kress.de, 19. 11. 2008)

Fall 2

Das Bundeskartellamt hat dem französischen Ölkonzern Total eine weitere Expansion auf dem deutschen Tankstellenmarkt untersagt. Dieser wollte 59 Tankstellen des österreichischen Öl- und Gaskonzerns OMV in Ostdeutschland übernehmen. Dieser Zusammenschluss hätte eine Verstärkung von marktbeherrschenden Stellungen erwarten lassen.

(aus: Energie & Management, 30. 04. 2009)

Fall 3

Den deutschen Zementherstellern drohen (...) Bußgelder in Milliardenhöhe. Durchsuchungen (...) haben offenbar Listen zutage gefördert, die eine jahrzehntelange Kartellierung der Branche nach Quoten und Regionen belegen. (...) In die verbotenen Absprachen über Absatzmengen sei offenbar nicht nur die gesamte deutsche Zementindustrie verwickelt. Auch weitere Unternehmen der Baustoffindustrie hätten sich beteiligt. Der zuständige Abteilungsleiter des Bundeskartellamtes (...) berichtete, die reumütigen unter den Unternehmen hätten auch Unterlagen vorgelegt und Vorwürfe bestätigt, die dem Amt zuvor nicht bekannt gewesen seien. Der Vorgang habe eine „Lawine“ ausgelöst, die zu einem Säuberungsprozess in der gesamten Baustoffindustrie führen werde.

(aus: Frankfurter Allgemeine Zeitung, 10. 08. 2002, S. 9)

Kartellamt verhängt gegen Zementhersteller eine Strafe von 660 Millionen Euro (2004).

1. Berichte, was in Fall 1, Fall 2 und Fall 3 jeweils geschehen ist.
2. Schildere die Rolle des Staates, wenn es um Unternehmenskonzentration und Preisabsprachen zwischen Unternehmen geht. Welche Aufgabe kommt ihm zu?
3. „Der Staat ist machtlos!“ Beurteile diese Ansicht anhand der Fälle.

Das Wichtige in Kürze

Markt
Waren und Dienstleistungen werden von Verkäufern (Anbietern) angeboten und von Käufern (Nachfragern) nachgefragt. Immer dann, wenn Angebot und Nachfrage zusammentreffen, entsteht ein Markt. Der „Ort" dieses Zusammentreffens kann ganz unterschiedlich sein, z. B. bei Gemüse der Wochenmarkt, bei Bekleidung die Modeboutique, beim Kauf am PC das Internet. Auf dem Markt haben Verkäufer und Käufer unterschiedliche Interessen. Die Verkäufer sind an einem hohen Preis interessiert, die Käufer an einem niedrigen.

Preisbildung
Der Preis bringt auf dem Markt die unterschiedlichen Interessen von Verkäufer und Käufer zum Ausgleich. Er bildet sich durch Angebot und Nachfrage. In der Regel werden die Preise bei großem Angebot und geringer Nachfrage sinken, bei kleinem Angebot und großer Nachfrage steigen. Sinkende oder steigende Preise wiederum beeinflussen Angebot und Nachfrage.

Wettbewerb
Da die Anbieter nicht allein auf dem Markt sind, stehen sie miteinander im Wettbewerb. Der Wettbewerb zwingt sie, möglichst kostengünstig zu produzieren. Die Unternehmen müssen sich den Wünschen der Kunden anpassen. Durch neue Produkte versuchen sie, neue Kunden zu gewinnen. Gleichzeitig müssen die Unternehmen die Qualität ihrer Produkte sicherstellen und auf die Einhaltung der vereinbarten Liefertermine achten. Die Märkte als Ort dieses Wettbewerbs können dabei unterschiedliche Formen annehmen. Eine zentrale Aufgabe des Staates ist es, Rahmenbedingungen für den Wettbewerb festzulegen.

Wettbewerbsschutz
Der Wettbewerb ist ein wichtiges Merkmal der sozialen Marktwirtschaft. Nun können aber Unternehmen ihre Macht am Markt missbrauchen und die Regeln eines fairen Wettbewerbs missachten. Damit dies nicht geschieht, greift der Staat durch Gesetze und Verordnungen ein. Das Gesetz gegen Wettbewerbsbeschränkung (Kartellgesetz) wird auch als das „Grundgesetz der Marktwirtschaft" bezeichnet. Es verbietet Preisabsprachen zwischen den Anbietern und lässt einen Zusammenschluss von größeren Unternehmen nur unter bestimmten Bedingungen zu.

Preisabsprachen
Wenn sich Unternehmen bei der Festsetzung der Preise absprechen, bilden sie ein Kartell. Solche Absprachen sind gesetzlich verboten. Damit soll verhindert werden, dass der Käufer überhöhte Preise bezahlen muss. Das Bundeskartellamt in Berlin und die europäische Kartellbehörde in Brüssel überwachen die Einhaltung dieses Verbots. Bei Preisabsprachen verhängen sie Geldbußen, je nach Fall können das viele Millionen Euro sein.

Unternehmenskonzentration
Wenn Unternehmen durch Verdrängung von Konkurrenten, durch Zusammenschlüsse, Aufkäufe oder Fusionen ihren Leistungsbereich erweitern und ihren Marktanteil steigern, spricht man von Unternehmenskonzentration. Wird dadurch der Wettbewerb stark beeinträchtigt oder gar abgeschafft, so muss der Staat eingreifen und gewährleisten, dass der Wettbewerb als wichtigstes Gestaltungselement der Marktwirtschaft erhalten oder wiederhergestellt wird.

Lebensmittelmarkt in Mumbay (Indien)

Kamelmarkt in Aschgabat (Turkmenistan)

Souvenirmarkt in Kapstadt (Südafrika)

Fischmarkt in Tokio (Japan)

Die Belastung der Umwelt

Die Umwelt – was ist das eigentlich? Umwelt ist alles, was uns umgibt. Tiere und Pflanzen gehören dazu. Aber auch der Boden, das Wasser, die Luft, die gesamte Natur ist unsere Umwelt. Die Umwelt umfasst nicht nur unser Dorf, unsere Stadt, unser Land, sondern die ganze Erde. Unsere Lebensweise, alles, was wir tun oder lassen, wirkt sich auf die Umwelt aus.

1

2

3

4

5

6

1 Hilfe
Foto 1: Kraftwerke verschmutzen die Luft. …

1 Jedes Foto hat auf irgendeine Weise damit zu tun, wie mit der Umwelt umgegangen wird. Formuliere diesen Zusammenhang zu jedem Bild in ganzen Sätzen.

2 Nenne weitere Beispiele, wie die Umwelt belastet oder geschützt wird.

3 Erkläre, warum die Umwelt auch dich angeht.

Umweltbewusstsein – Umweltverhalten

Nach einer Studie der Jugendzeitschrift BRAVO aus dem Jahr 2010 ist für Jugendliche die Verschmutzung der Umwelt das drängendste Problem der Gegenwart, noch vor der weltweiten Wirtschaftskrise und dem internationalen Terrorismus. Auch in den Augen der Erwachsenen und der Politik hat das Thema Umweltschutz in den letzten Jahren wieder deutlich an Bedeutung gewonnen, nachdem das Interesse daran über Jahre rückläufig war. Dem hohen Bewusstsein für Umweltprobleme in der Bevölkerung entspricht das tatsächliche Verhalten der Menschen allerdings oft nicht. Viele betonen zwar, wie wichtig es sei, etwas für die Umwelt zu tun, schieben die Verantwortung dafür aber auf andere und die Politikerinnen und Politiker ab.

1 *Müll trennen? Das ist mühsam und oft wird am Ende doch wieder alles zusammengeworfen.*

2 *Ich würde ja mit dem Stadtbus fahren, aber der kommt nur einmal die Stunde.*

3 *Umweltschutz halte ich für sehr wichtig. Aber da sind die Länder gefragt, wo der Regenwald abgeholzt wird und der ganze Dreck in die Flüsse und ins Meer läuft. Wir trennen doch den Müll und haben überall Kläranlagen.*

4 *Kompost sammeln? Bei den geringen Mengen Bio-Abfall, die bei uns im Haushalt anfallen, lohnt sich das nicht.*

5 *Ich fahre lieber mit dem Auto. Bei uns weiß man doch nie, wann es zu regnen beginnt.*

6 *Wir sind zu viert. Das bisschen Müll, das wir machen, die paar Abgase, die Papa und Mama mit ihren Autos in die Luft blasen... Die großen Fabriken und die vielen LKW machen doch viel mehr Dreck. Dort muss was passieren.*

7 *Mein tägliches Bad lasse ich mir nicht nehmen. Das bisschen Wasser wird ja wohl anderswo nicht fehlen.*

8 *Energiesparlampen finde ich gut. Da kann man auch ruhig mal das Licht brennen lassen.*

(Zeichnung: Gerhard Mester)

(Zeichnung: Erl)

Umweltprobleme, Umweltschutz – da wird doch maßlos übertrieben! Was sollen so ein paar Autoabgase schon schaden? Die Erde besteht seit vielen Millionen Jahren und die Natur ist mit den Problemen immer selbst fertig geworden.

1 Erläutere, aus welchen Gründen es vielen Menschen schwer fällt, sich umweltbewusster zu verhalten. Beziehe dabei die Aussagen in den acht Sprechblasen ein.

2 Untersuche die beiden Karikaturen: Was wollen die Zeichner jeweils zum Ausdruck bringen?

3 Umweltbewusstsein – Umweltverhalten: Notiere deine Position zu der Aussage der Autofahrerin.

2 Hilfe
Karikatur links: Der „Grüne Punkt" ist ein Zeichen auf Verpackungen. Er bedeutet, dass diese Verpackungen recycelt, also wiederverwertet werden können.

Der Wasserverbrauch ist in den vergangenen Jahrzehnten ständig gestiegen. Im Jahr 1950 verbrauchte ein Deutscher im Durchschnitt pro Tag 85 Liter Trinkwasser, heute sind es etwa 120 Liter. Das ist das Wasser, das jeder zum Zähneputzen, Duschen, Kochen usw. benötigt. Tatsächlich konsumieren wir aber viel mehr Wasser, nämlich „virtuelles" Wasser. Das ist jenes Wasser, das in den Lebensmitteln steckt, die wir verzehren, und in den Produkten, die wir nutzen. Das nebenstehende Schaubild enthält zu einigen Lebensmitteln und Produkten Angaben zu diesem „unsichtbaren Wasserverbrauch".

Auch weltweit ist der Wasserverbrauch rasant angestiegen. Dabei wird in vielen Regionen der Erde das Wasser immer knapper. Schon heute haben über eine Milliarde Menschen kein oder nicht genug sauberes Trinkwasser zur Verfügung. Die Karte zeigt, wo der Wassermangel weltweit am größten ist und wo Wassermangel droht.

Wasserholen von weit her – in Afrika für viele eine tägliche Arbeit

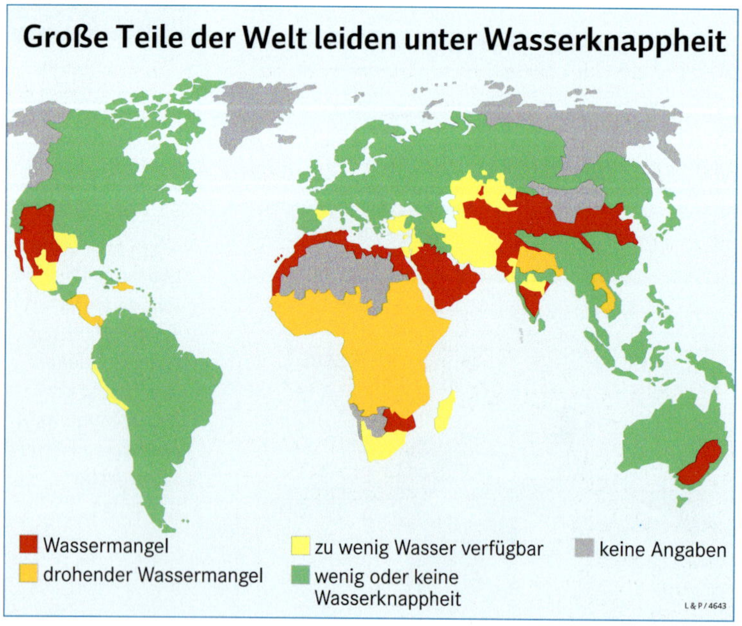

Ein Hamburger: 2400 Liter

Ein Pappbrötchen, ein flachgeklopfter Fleischklops, Ketchup – plus 2400 Liter Wasser, um reinbeißen zu können. Wie das? Das meiste Wasser wird gebraucht, um die – im Standardfall – rund 150 Gramm Rindfleisch zwischen den beiden Weizenfladen zu produzieren. Ein Kilo davon verursacht nämlich 15000 Liter. Bis zum Schlachten konsumiert ein Rind, das 200 Kilo Fleisch liefert, rund 1300 Kilo Getreide oder Soja plus 7200 Kilo Raufutter plus 31 Kubikmeter Wasser. Auch im Getreide „steckt" natürlich Wasser, das hinzugerechnet wird. Die Futtermittel verursachen pro Kilo einen Verbrauch von 15300 Litern. Prost Hamburger! Oder: Vegetarier sparen viel Wasser.

(aus: Joachim Wille: Alles schluckt Wasser, in: Frankfurter Rundschau, 19.08.2008, S. 20)

3 Hilfe
Ein T-Shirt besteht meistens aus Baumwolle. Für das Wachstum der Pflanzen …

1 Beschreibe das Schaubild über die weltweite Wasserknappheit und benenne dabei mithilfe eines Atlasses die betroffenen Regionen.
2 Erläutere den Begriff „virtuelles Wasser" anhand des Beispiels „Hamburger".
3 Stelle Vermutungen an, weshalb ein T-Shirt mit 4100 Litern Wasser zu Buche schlägt.

Verschmutzung der Meere

Bilder einer Katastrophe: Brennende Ölplattform „Deepwater Horizon" (21. 04. 2010); Ölteppich am Schauplatz des Unglücks (18. 05. 2010); Seevogel mit ölverklebtem Gefieder

Die Katastrophe beginnt am 20. April 2010. Im Golf von Mexiko explodiert 70 km vor der Küste der USA die Ölbohrplattform „Deepwater Horizon". Zwei Tage später sinkt sie auf den Meeresgrund. Es gelingt lange Zeit nicht, das Bohrloch zu verschließen. Die Folge ist, dass sich über Monate viele Millionen Liter Rohöl ins Meer ergießen. Bereits wenige Tage nach dem Unglück bedeckt ein Ölteppich von mehreren tausend Quadratkilometern die Wasseroberfläche und treibt auf die Küste zu. Der Schaden für die Umwelt, den diese größte Öl-Katastrophe in der Geschichte der USA anrichtet, ist unermesslich. Nicht nur für die Pelikane und anderen Seevögel, die Seekühe, Delfine, Wale und all die anderen Meeresbewohner ist die Ölpest bedrohlich und oft tödlich, auch vielen Menschen an der US-Südküste wird sie für viele Jahre die Lebensgrundlage entziehen, allen voran den Fischern.

Öltanker-Unglücke hat es immer wieder gegeben, auch an Europas Küsten. Kleine Mengen an Öl genügen dabei, große Mengen an Wasser zu verschmutzen. Die Verschmutzung durch Öl ist aber nur eins der Probleme. Alles Wasser fließt ins Meer. Am Ende findet sich aller in die Flüsse gespülter Unrat in den Ozeanen wieder. Und nach wie vor dürfen auch von Schiffen begrenzte Mengen an Öl und Säuren ins Meer geleitet werden, ganz zu schweigen von dem Schiffsmüll, der häufig einfach über Bord geworfen wird. Verboten ist es, industriellen Müll zu versenken. Überwachen lässt sich das kaum. Die Vorschriften zum Schutz der Meereswelt wurden zwar verschärft, dennoch muss hier noch viel geschehen. So schätzt man zum Beispiel, dass nur ein Zwanzigstel der Siedlungsabwässer in den Entwicklungsländern geklärt in die Ozeane fließen. Die schnell anwachsenden Ballungszentren der Dritten Welt mit ihren vielen Millionen Einwohnern nutzen das Meer vor der Haustür als Toilette und Mülleimer. So verwundert es nicht, dass in den Ozeanen riesige Mengen an Müll schwimmen. Ein besonderes, seit Jahren bekanntes Umweltproblem ist dabei der Plastikmüll. Meeresströmungen lassen Millionen von Tonnen davon über die Weltmeere geistern. Etwa 4/5 des Plastikmülls gelangt über die Flüsse ins Meer, etwa 1/5 ist über Bord geworfener Schiffsmüll.

(Zeichnung: Rolf Henn)

Kein anderes Bundesland ist so eng mit dem Meer verbunden wie Schleswig-Holstein

Alles ist aus dem Wasser entsprungen,
Alles wird durch das Wasser erhalten,
Ozean gönn' uns Dein ewiges Walten.

(Johann Wolfgang von Goethe, 1749-1832)

1 Berichte über Ursachen und Folgen der Verschmutzung der Meere.

2 Werte die Karikatur aus. Beziehe dabei auch den Text auf dieser Seite mit ein.

3 Was hat Johann Wolfgang von Goethe schon vor 200 Jahren erkannt und trefflich umschrieben? Welchen Wunsch äußerte er? Erläutere mit eigenen Worten.

Nachhaltiges Handeln

Wenn heute ein Spielplatz gesperrt wird, weil der Boden verseucht ist, sieht man, dass hier früher unverantwortlich mit der Umwelt umgegangen wurde. Der Umweltschutz heute will ein Verhalten fördern, das auf die nachfolgenden Generationen Rücksicht nimmt. Das ist – vereinfacht gesagt – mit „nachhaltiger Entwicklung" gemeint. Der Begriff Nachhaltigkeit ist in Deutschland seit dem Ende des 18. Jahrhunderts bekannt. Nachhaltigkeit gilt als Grundprinzip in der Forstwirtschaft. Es besagt, dass nur so viel Holz geschlagen werden sollte, wie im Wald wieder nachwächst.

Das Prinzip Nachhaltigkeit lässt sich auf fast alle Lebensbereiche übertragen. Eine Entwicklung gilt als nachhaltig, wenn sie die Bedürfnisse der heutigen Generation befriedigt, ohne die Möglichkeiten künftiger Generationen zu gefährden, ihre Bedürfnisse zu befriedigen. Um dies zu erreichen, müssen wir umdenken und zum Beispiel behutsamer mit unserer Umwelt umgehen. Hier sind nicht nur die Politiker und Politikerinnen, der Staat und die Unternehmen gefragt, sondern jede Bürgerin und jeder Bürger. Umweltschutz beginnt im Kleinen bei jedem Einzelnen.

1 *Wir achten bei jedem Kauf darauf, woher die Produkte stammen und ob sie umwelttechnisch unbedenklich sind. Deshalb kaufen wir meist Bioprodukte oder Produkte mit Umweltplakette. Das verstehe ich unter nachhaltigem Handeln.*

2 *Ich bin Ingenieur in einer Firma, die Solaranlagen baut. Damit kann jeder im eigenen Haus Energie erzeugen und so dazu beitragen, unabhängig von Kohle- und Atomstrom zu werden.*

3 *Wir nehmen am Car Sharing teil und benutzen das Stadtteilauto nur, wenn es unbedingt sein muss. Sonst fahren wir mit dem Fahrrad. Das ist gesund und schont zudem die Umwelt.*

Car Sharing mehrere teilen sich ein Auto

4 *Ich achte beim Kauf von Elektrogeräten stets auf das Energieeffizienzsiegel. So weiß ich genau, welches Gerät sparsam im Stromverbrauch ist. Das ist nicht nur gut für die Umwelt, sondern auch für mein Portemonnaie.*

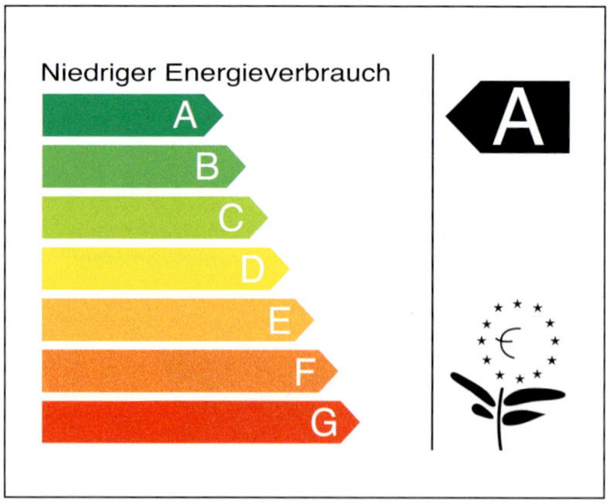

Energieeffizienzklassen

(Zeichnung: Jupp Wolter / Haus der Geschichte, Bonn)

3 Hilfe
Ist das Verhalten der Floßfahrer nachhaltig?

1 Erkläre, was nachhaltiges Handeln ist. Beziehe dabei die vier Aussagen mit ein.
2 Finde weitere Beispiele für nachhaltiges Handeln.
3 Analysiere die Karikatur: Worauf will der Zeichner hinweisen?

Nachhaltig handeln – eine Selbsterkundung

Mit dem Test auf dieser Seite kannst du überprüfen, wie nachhaltig du dich im täglichen Leben verhältst. Die Punktzahl gibt dir einen Hinweis, ob du dein Verhalten ändern solltest.

1 Du willst dir ein neues T-Shirt kaufen und hast zwei preislich gleiche in die engere Wahl gezogen. Welches nimmst du?
- ❍ Das Shirt „Made in Bangladesch“ ohne besondere weitere Kennzeichnung. (1)
- ❍ Das Shirt mit dem Umweltzeichen „Textiles Vertrauen nach Öko-Tex Standard“. (2)

2 Wie kommst du morgens zur Schule?
- ❍ Ich fahre mit dem Fahrrad oder dem Schulbus – je nach Wetter. (2)
- ❍ Ich lasse mich jeden Morgen von meiner Mutter mit dem Auto zur Schule bringen. (1)

3 Du brauchst einen neuen Schreibblock. Welchen kaufst du?
- ❍ Ich nehme immer den Block mit dem weißesten Papier. (1)
- ❍ Ich achte auf den Umweltengel und kaufe einen Block aus Recyclingpapier. (2)

4 In deinem Zimmer ist es stickig, weil die Heizung auf vollen Touren läuft und lange nicht gelüftet wurde. Was tust du?
- ❍ Ich stelle beide Fenster auf Kipp und lasse sie für drei Stunden offen. (1)
- ❍ Ich öffne die Fenster für ein, zwei Minuten weit. (2)

5 Du hast einen Computer mit Internetanschluss. Wie gehst du damit um?
- ❍ Ich stelle den Rechner nur an, wenn ich surfe oder spiele. Sonst fahre ich den Computer herunter und stelle den Bildschirm aus. (2)
- ❍ Bei mir läuft der Rechner rund um die Uhr, ich habe ja schließlich eine Flatrate. (1)

6 Du putzt dir morgens die Zähne. Wie verhältst du dich dabei?
- ❍ Ich halte die Zahnbürste unter das fließende Wasser und lasse das Wasser während der kurzen Zeit des Zähneputzens laufen. (1)
- ❍ Ich benutze einen Zahnputzbecher, den ich mit Wasser fülle. (2)

7 Dein neuer MP3-Player hat keinen „Saft“ mehr. Was tust du?
- ❍ Ich lege neue Batterien ein. (1)
- ❍ Ich benutze Akkus, weil ich die wieder aufladen kann. (2)

8 Du hast Durst und willst dir am Kiosk einen Orangensaft kaufen. Was machst du?
- ❍ Ich nehme den in der Pfandflasche und bringe diese zurück. (2)
- ❍ Ich nehme den in der eckigen Tüte und entsorge die Verpackung im Abfallkorb. (1)

9 Du hast immer noch Durst und willst dir noch ein Wasser kaufen. Welches kaufst du?
- ❍ Ich kaufe das in der Einwegflasche und hole mir das Pfand gleich zurück. (1)
- ❍ Ich kaufe das in der Mehrwegflasche und hole mir das Pfand gleich zurück. (2)

10 Du findest dieses Schulbuch doof und willst es entsorgen. Wie gehst du vor?
- ❍ Ich werfe es in die Blaue Tonne, damit das Papier recycelt wird. (2)
- ❍ Ich falte aus den Seiten Papierschiffchen, setze diese auf die Ostsee und hoffe, dass sie bei jemandem landen, der mit den Seiten mehr anfangen kann als ich. (2)

Auswertung: 11–13 Punkte: Du musst dein Verhalten ändern. 14–16 Punkte: Du solltest dein Verhalten ändern. 17–19 Punkte: Du kannst dich noch umweltbewusster verhalten. 20 Punkte: Du verhältst dich vorbildlich.

1 Führe die Selbsterkundung durch.

2 Diskutiert anschließend, warum einige Verhaltensweisen nachhaltig sind und andere nicht.

1 Hilfe

Notiere dazu von 1 bis 10 die Punkte oder benutze das Arbeitsblatt.

Müllvermeidung im Haushalt

Lebensmittel mit unterschiedlichen Verpackungen

Unverpackte Lebensmittel im Einkaufskorb

Wer schon beim Einkauf nachdenkt, kann in beträchtlichem Maße das Entstehen von Müll vermeiden und die Umweltbelastung durch Müll verringern. Wer unverpacktes Gemüse in seinen Einkaufskorb legt und anschließend im Rucksack nach Hause trägt, kann später alles übrig gebliebene in die Biotonne oder auf den Kompost werfen. Kartoffelschalen und Salatreste kehren so in den ökologischen Kreislauf zurück und sind nach kurzer Zeit wieder Erde. Plastikverpackungen, Alu-Deckel und Chiptüten werden bei uns zwar zu einem großen Teil recycelt, allerdings entstehen daraus nicht wieder neue Joghurt-Becher oder Chiptüten, sondern nur minderwertige Produkte. Für die nächste Generation Plastikbecher und Chiptüten werden wieder neue Rohstoffe benötigt. Also: Je weniger Verpackung, desto besser für die Umwelt.

Stell dir vor, dein selbst gestrickter Pullover ist schmutzig und muss gewaschen werden. Was tust du? (A) Du steckst ihn in die Waschmaschine oder greifst zur Waschschüssel. (B) Du dröselst den Pullover auf, formst aus dem Garn Wollknäuel, wäschst diese und strickst dir anschließend daraus einen neuen Pullover. Wohl kaum jemand käme auf die Idee, die zweite Variante zu wählen! Doch bei Einwegflaschen passiert genau das: Die Flaschen werden zerkleinert, das Plastikmaterial wird gewaschen und anschließend mit hohem Energieaufwand zu neuen Einwegflaschen verarbeitet – die auch nicht anders aussehen als ihre Vorgänger. Mehrwegflaschen hingegen kommen in der Getränkefabrik gleich in die Spülmaschine und können anschließend wieder neu gefüllt werden. Keine Frage, was für die Umwelt besser ist.

	Aussagen	stimme zu	stimme nicht zu
1	Nur durch Müllvermeidung kann der Müllberg verkleinert werden.		
2	Verpackungen sind generell überflüssig.		
3	Jeder kann dazu beitragen, den Müllberg zu verringern.		
4	Bei richtiger Entsorgung stellt Müll keinerlei Problem für die Umwelt dar.		
5	Müll ist ein wertvoller Rohstoff.		
6	Es kann nur ein ganz geringer Teil des Mülls wiederverwertet werden.		
7	Für den Müllberg sind allein die Hersteller verantwortlich, nicht die Käufer.		
8	Viele Verpackungen sind unnötig aufwendig, viele völlig überflüssig.		
9	Recyceln ist besser als verbrennen oder deponieren.		
10	Einwegflaschen, die recycelt werden, sind so gut wie Mehrwegflaschen.		

1 Hilfe
Fünf Aussagen sind richtig, fünf Aussagen sind falsch.

1 Notiere zu jeder Aussage, ob du ihr zustimmst oder nicht oder kreuze auf dem Arbeitsblatt an. Notiere jeweils eine Begründung.

2 Gestaltet in Partnerarbeit Plakate zum Thema „So kann Müll vermieden werden“.

Tipps zum Umgang mit Müll

1 

Altpapier kann recycelt werden. Es gehört in die blaue Tonne oder dafür vorgesehene Sammelbehälter. Hefte, Ringbuchblätter usw. gibt es auch aus Recyclingpapier – achte beim Kauf darauf.

2 

Batterien enthalten hochgiftige Schwermetalle wie Cadmium, Blei und Quecksilber. Deshalb niemals in den Restmüll werfen, sondern in dafür vorgesehene Sammelbehälter, die auch in Geschäften bereitstehen.

3 

Elektroschrott niemals zum Sperrmüll stellen, sondern bei der Wertstoffsammelstelle abgeben. Dazu zählen ausrangierte Computer, Fernseher, Toaster, Stereogeräte, Kaffeemaschinen usw.

4 

Handys: Verschiedene Organisationen haben Sammelcontainer für ausgediente Handys aufgestellt. Sie geben sie zum Recycling weiter und erhalten dafür Geld für hilfreiche Projekte – eine gute Idee!

5 

Sondermüll wie Farben, Lacke, Lösungsmittel, Haushaltsreiniger usw. muss gesondert entsorgt werden. Deshalb gehört er in die Problemstoffsammlung der Wertstoffsammelstelle und niemals in den Restmüll.

6 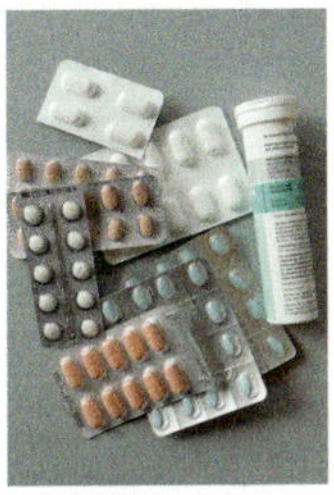

Medikamente enthalten Chemikalien und gehören ebenfalls in den Sondermüll. Jede Apotheke nimmt abgelaufene Medikamente zurück, um sie einer sachgerechten Entsorgung zuzuführen.

7 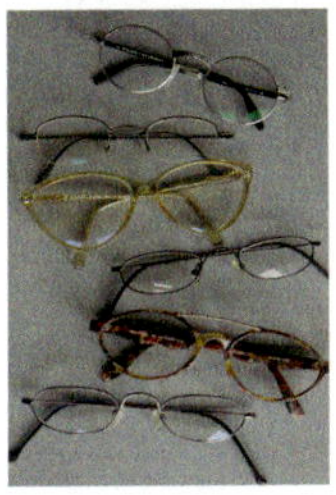

Brillen können aufgearbeitet und bedürftigen Menschen in Entwicklungsländern zur Verfügung gestellt werden. Deshalb ausgediente Brillen beim Optiker abgeben, der sie entsprechend weiterleitet.

8 

Abfallbehälter sind dafür da, dass sie benutzt werden! Das vergessen leider immer wieder viele Mitmenschen. Gehe mit gutem Beispiel voran und wirf deinen Abfall in die Abfallbehälter und nicht auf die Straße.

Noch besser als eine sachgerechte Müllentsorgung ist Müllvermeidung!

- Korb, (Stoff-)Tasche oder Rucksack statt Plastiktüte benutzen
- Frische und unverpackte Lebensmittel kaufen
- Auf Lebensmittel verzichten, die in Folie eingeschweißt sind
- Nachfüllpacks bei Waschmittel, Spülmittel usw. verwenden
- Gebrauchsgegenstände reparieren, nicht gleich wegwerfen
- Füllfederhalter mit Tintentanks benutzen
- Pausenbrot in Frischhaltedose statt in Plastiktüte packen
- … ?

Ich habe fast immer meinen Rucksack dabei – so brauche ich keine Plastiktüten.

1. Welche Anregungen zum Umgang mit Müll hältst du für sinnvoll? Begründe, warum du sie für sinnvoll hältst.
2. Nenne weitere Möglichkeiten, wie man Müll vermeiden kann.

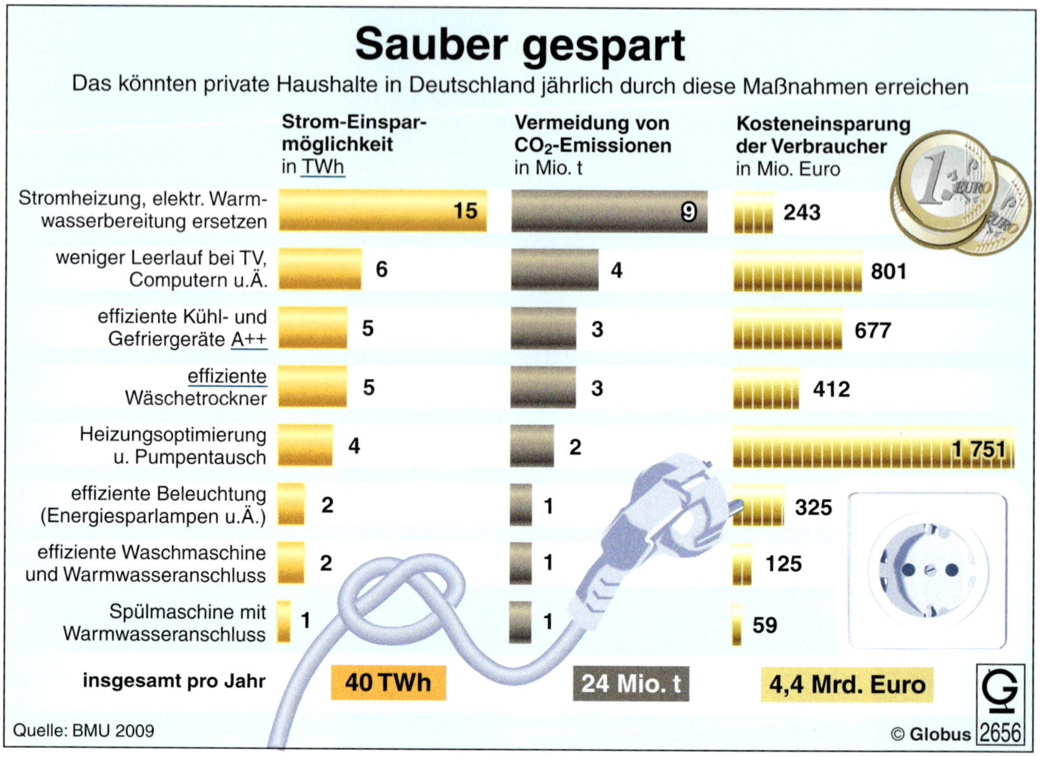

TWh
Terawattstunde, Maßeinheit für Energie: Eine TWh entspricht einer Milliarde Kilowattstunden.

A++
Elektrogeräte werden entsprechend ihres Stromverbrauchs in Energieeffizienzklassen eingeteilt. A++ bedeutet einen sehr geringen Stromverbrauch.

effizient
wirksam, wirtschaftlich

Tipps zum Energiesparen

Mit seinem Verhalten nimmt jeder Einfluss auf den Energieverbrauch – und damit auf das … ① … . Das Umweltbundesamt (UBA) bemängelt, dass unser stetig angestiegener Stromverbrauch viele Klimaschutzerfolge wieder zunichte macht. Obwohl der Stromverbrauch nur ein Fünftel des gesamten Endenergieverbrauchs ausmache, verursache er – über die Emissionen der Kraftwerke – fast die … ② … aller energiebedingten Treibhausgas-Emissionen.

Wer in den eigenen vier Wänden auf den … ③ … achtet, tut nicht nur dem Klima etwas Gutes, sondern auch seinem Geldbeutel. Denn oft ziehen Geräte Strom, obwohl sie nicht benutzt werden. Die Rechnung kann mit ein paar Tricks verringert werden.

Kühl- und Gefrierschränke Sie verbrauchen etwa ein … ④ … des Stroms im Haushalt. Die Geräte sollten in kühler Umgebung stehen, am besten im Keller, nicht neben Heizungen oder Öfen. Lebensmittel sollten erst abkühlen, bevor sie in die Schränke gelangen.

Herd Gasherde kochen wesentlich umweltfreundlicher als Elektroherde, da bei Elektroherden nur etwa 34 Prozent der im Kraftwerk eingesetzten Energie in … ⑤ … umgewandelt werden, so das UBA. Die Töpfe sollten auf die passende … ⑥ … gestellt werden, damit keine unnötige Wärme abgegeben wird. Moderne Backöfen braucht man nicht vorzuheizen – auch, wenn das in vielen Rezepten angegeben ist.

Waschmaschine Sie sollte am besten voll beladen genutzt werden. Für normal verschmutzte Wäsche reichen in aller Regel ... ⑦ ... Celsius. Das bringt etwa 30 Prozent Energieeinsparung gegenüber dem Waschprogramm mit 95 Grad.

Glühlampen Mehr als 90 Prozent des aufgenommenen Stromes wird nutzlos in ... ⑧ ... umgewandelt, sagt das UBA. .... ⑨ ... verbrauchen rund 80 Prozent weniger Strom als normale Glühlampen. Ihr Einsatz ist dort angebracht, wo Licht nicht nur kurzfristig wie zum Beispiel im Treppenhaus gebraucht wird. Außerdem halten sie länger als Glühlampen.

Elektrogeräte Viele Geräte ziehen Strom, obwohl sie nicht benutzt werden. Dies kann vermieden werden, indem Fernseher, Computer und Co. an eine Mehrfachsteckdose angeschlossen werden, die einen ... ⑩ ... besitzt. Wird das Gerät nicht benutzt, wird die Stromzufuhr durch den Schalter unterbrochen. Auch Warmwassergeräte (Untertischgeräte) können bei Nicht-Gebrauch ausgeschaltet werden.

Heizungen Der größte Teil der im Haushalt verbrauchten Energie (etwa 70 Prozent) fließt in die Heizung. Laut UBA spart jedes Grad ... ⑪ ... weniger zirka sechs Prozent Heizkosten. Für Wohn- und Arbeitsräume sind ... ⑫ ... völlig ausreichend. In der Küche reichen 18 Grad, und im Schlafzimmer 17 Grad Celsius. Nachts und während längerer Abwesenheit sollte man die Heizungen herunter drehen.

Lüften Das Umweltbundesamt rät: „Vermeiden Sie ... ⑬ ... (zum Beispiel bei Kippfenstern) und lüften Sie stattdessen nur kurz (nie länger als zehn Minuten) und kräftig (Durchzug). Danach die Fenster wieder schließen." Das gilt vor allem im Winter, wenn gleichzeitig die ... ⑭ ... angeschaltet ist. Im Sommer ist nichts dagegen einzuwenden, wenn man die Wärme bei geöffnetem Fenster – und abgedrehter Heizung – genießt.

(Kerstin Artz, in: Rheinische Post, 09.07.2011, Seite A6)

Unter www.umweltbundesamt.de gibt es kostenlos die folgende Information zum Thema Energiesparen im Haushalt:

Faltblatt des Umweltbundesamtes zum Energiesparen (Stand: Juli 2010)

Strom	Wärme	Hälfte	Energiesparlampen	Platte
Raumtemperatur	Dauerlüften	60 Grad	Kippschalter	
Fünftel	Heizung	20 Grad	Energieverbrauch	Klima

1 Werte die Grafik aus.

2 Setze in die Lücken des Textes „Tipps zum Energiesparen" die darunter aufgeführten Begriffe an den richtigen Stellen ein. Benutze dazu das Arbeitsblatt oder notiere die Ziffern mit dem jeweils passenden Begriff.

3 Gestaltet in Gruppenarbeit Plakate „10 Tipps zum Umgang mit Energie". Die Plakate sollen Jugendliche zum Energiesparen im Haushalt auffordern.

1 Hilfe

Notiere einige Feststellungen, die dir auffallen bzw. die du für wichtig hältst.

Gentechnik

Chromosom
Träger der Erbanlagen in den Zellkernen

Gen
Erbanlage

pharmazeutisch
die Wissenschaft oder Herstellung von Arzneimitteln betreffend

Enzym
in den Zellen gebildete Eiweißstoffe

In der Biotechnik werden immer mehr Verfahren entwickelt, mit denen man gezielt in den Aufbau der Chromosomen und Gene eingreifen kann. Mithilfe dieser gentechnischen Verfahren werden Gene von einem Lebewesen auf ein anderes übertragen – über die biologischen Artengrenzen hinweg. Man unterscheidet drei Bereiche bei der Gentechnik:
Die rote Gentechnik umfasst den medizinischen und pharmazeutischen Bereich und die Herstellung von Medikamenten.
Die grüne Gentechnik wird in der Landwirtschaft bei der Tierzucht und vor allem in der Pflanzenzucht eingesetzt. Zu den wichtigsten transgenen Pflanzen zählen Mais, Raps, Soja, Reis und Baumwolle.
Die graue Gentechnik befasst sich mit der Herstellung von Enzymen und Mikroorganismen. Sie werden Starterkulturen genannt und sind heute schon Standard in der Lebensmittelerzeugung, -verarbeitung und -überwachung.

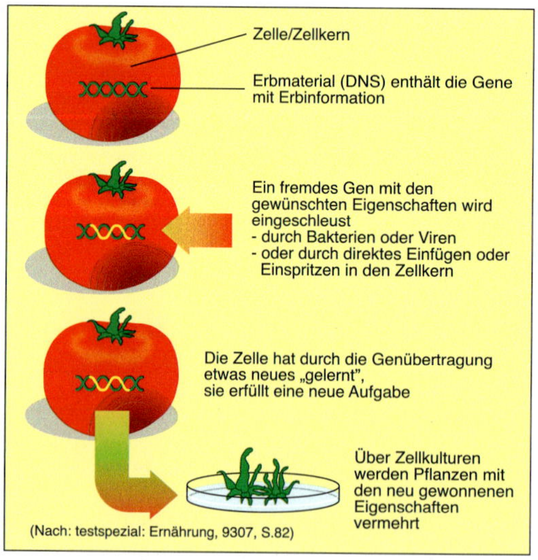

(Nach: testspezial: Ernährung, 9307, S.82)

Beispiele für angewandte Gentechnik

1 Das für die Käseherstellung benötigte Lab wird nicht mehr aus den Mägen von Säugetieren gewonnen, sondern das wirksame Enzym **Chymosin** wurde auf Bakterien oder Hefen übertragen, die nun den Wirkstoff produzieren. Der Bedarf an Chymosin beträgt ca. 50 000 kg pro Jahr, was nicht mehr auf natürliche Weise zu produzieren war. Gen-Chymosin ist in Deutschland zugelassen.

2 1994 wurden erstmals in den USA die **Anti-Matsch Tomaten** oder auch Flavr-Savr-Tomaten im Handel angeboten. Den Gentechnikern war es gelungen, das Gen eines Enzyms auszuschalten, das für das Aufweichen der Schale verantwortlich ist. Diese Tomate ist nicht mehr auf dem Markt.

3 In das Erbgut der **Maispflanze** wurde ein Gen übertragen, das sie befähigt, ihr eigenes Gift zu produzieren. Dieses B.t.-Toxin (von Bacillus thuringienses) tötet die Larven der Schädlinge und gilt als unbedenklich für Mensch und Umwelt. Der Maiszünsler, der den B.t.-Mais frisst, stirbt. Dieser Mais ist auch in der Europäischen Union zugelassen.

4 Bis 1992 wurde Insulin hauptsächlich aus der Bauchspeicheldrüse von Schweinen und Rinder isoliert. Da immer wieder Unverträglichkeitsreaktionen auftraten, war gentechnisch hergestelltes Human-Insulin für Insulinabhängige Diabetiker ein großer Erfolg. Neben Insulin sind in Deutschland viele weitere Gen-Medikamente zugelassen.

Welche Ziele verfolgt die Gentechnik in der Nahrungsmittelherstellung?
- gesteigerte, billigere, schnellere Produktion
- anbautechnische Vorteile, z. B. widerstandsfähiger gegen Krankheiten und Schädlinge
- Produktion günstiger Verarbeitungshilfsstoffe, z. B. Bakterien und Hefen
- Anpassung an industrielle Erfordernisse, z. B. bessere Transport- und Lagerfähigkeit

2 Hilfe
Bei „Bereich der Gentechnik" musst du entscheiden, ob das jeweilige Beispiel zur roten, grünen oder grauen Gentechnik gehört.

1 Beschreibe das Grundprinzip der Gentechnik.
2 Zeichne eine Tabelle mit drei Spalten: Beispiel für angewandte Gentechnik / Bereich der Gentechnik / Ziel bei der Nahrungsmittelherstellung. Ergänze für die vier Beispiele.

Gentechnik – pro und kontra

Dr. Klaus Zimmermann, Chemiker

1 *Angesichts des Hungers in der Welt ist es unbedingt erforderlich, dass man gentechnisch verbesserte Pflanzen verwendet. So kann erreicht werden, dass immer weniger Menschen Hunger leiden. Viele Anbaugebiete in der Dritten Welt weisen nur Böden schlechter Qualität auf, die wenig Ertrag bringen. Mit gentechnisch optimierten Getreidearten, die auch auf schlechten Böden gedeihen, könnte der Ertrag deutlich gesteigert werden.*

Dr. Stefanie Dibbern, Ärztin

2 *Aber Herr Dr. Zimmermann, so einfach kann man das nicht formulieren. Sicherlich hungern in der Welt viele Menschen, viele haben aber auch Angst vor gentechnisch manipulierten Pflanzen.*

3 *Das mag schon sein, Frau Dr. Dibbern, bedenken Sie aber doch einmal die Vorteile von gentechnisch verbesserten Pflanzen! Sie liefern mehr Getreide pro Halm, weil sie schneller und besser wachsen. Die Anbaugebiete in den armen Ländern werden längst alle genutzt. Nur wenn der Ertrag je Hektar steigt, kann die Versorgung mit Nahrungsmitteln verbessert werden.*

4 *Vorteile hin, Vorteile her ... Viele Insekten, aber auch andere Tierarten würden von den Genpflanzen in ihrer Existenz bedroht. Die Pflanzen enthalten Stoffe, die die Tiere krank machen. Und auch für den Menschen bringen gentechnisch veränderte Pflanzen ein großes Gesundheitsrisiko mit sich. Sie enthalten Allergene, Stoffe also, die Allergien auslösen können.*

5 *Kein Fortschritt ohne Risiko! Aber das ist doch beherrschbar. Selbstverständlich müssen gentechnisch behandelte Bestandteile von Nahrungsmitteln sorgfältig kontrolliert werden, bevor sie für die Verarbeitung freigegeben werden. Allergien auslösende Stoffe können dabei ohne Probleme aufgespürt und isoliert werden.*

6 *Da gibt es aber gleich ein weiteres Problem. Manipulierte Pflanzen besitzen zum Teil Gene, die gegen Antibiotika resistent sind. Damit stellen sie eine Gefahr für die medizinische Behandlung im Falle einer entsprechenden Erkrankung dar. Schon heute sind viele Viren und Bakterien gegen die meisten der bekannten Antibiotika resistent.*

7 *Das ist doch Schwarzmalerei, Frau Dr. Dibbern! Ich möchte betonen, dass es gerade ein Vorteil der Pflanzen mit gentechnisch optimierten Eigenschaften ist, resistent gegen Insekten und Herbizide zu sein. Gerade die ärmeren Länder besitzen nur selten genügend Maschinen und Kapital, um ihre Pflanzen wirksam gegen Schädlinge zu schützen.*

8 *Halt, halt, dieser Meinung bin ich nicht! Genpflanzen unterliegen strengen Besitzrechten, da die großen Chemiekonzerne Patente auf sie angemeldet haben. Arme Länder geraten somit in die totale wirtschaftliche Abhängigkeit, wenn sie Genpflanzen anbauen.*

9 *Nach den mir vorliegenden Informationen wird für die Sicherheit bei Genpflanzen alles getan. So besteht eine strenge Kennzeichnungspflicht. Daneben verordnen die Richtlinien für die Freisetzung von Genpflanzen hohe Zulassungshürden, bevor eine Freisetzung gestattet wird. Alle Nahrungsmittel mit Anteilen von Genpflanzen müssen genaue Hinweise auf diese Bestandteile enthalten.*

10 *Da muss ich Ihnen entschieden widersprechen! Gentechnisch manipulierte Pflanzen stellen eine Gefahr für die Natur dar, eine Gefahr mit unabsehbaren Folgen. Bei ihrer Freisetzung auf Wiese und Feld kommt es zu unkontrollierten Kreuzungen mit verwandten Pflanzen. Die Genübertragung durch Pollenflug gefährdet die Artenvielfalt. Und viele weitere Auswirkungen auf Mensch, Tier und Umwelt können noch gar nicht abgeschätzt werden.*

resistent
widerstandsfähig

Patent
Schutzrecht für eine Erfindung

Herbizide
chemische Mittel zur Abtötung von Pflanzen

1 Welche Vorteile und welche Nachteile der Gentechnik werden in dem Gespräch genannt? Notiere in Stichworten.

1 **Hilfe**
Jede Sprechblasse enthält mindestens einen Hinweis.

Landwirtschaft in Schleswig-Holstein

M: Liebe Zuhörerinnen und Zuhörer, ich freue mich, sie zu einer weiteren Folge unserer Reihe „Wirtschaft in Schleswig-Holstein" begrüßen zu dürfen. Heute geht es um die Landwirtschaft. Mein Gesprächspartner ist Herr Jürgens, ein Agrarexperte.
Herr Jürgens, gleich die erste Frage: Wie sieht es mit der Landwirtschaft in Schleswig-Holstein im Vergleich zur Landwirtschaft in der Bundesrepublik Deutschland insgesamt und der Landwirtschaft in der Europäischen Union aus?

J: Nun ja, da muss ich Sie gleich mit Zahlen bombardieren. In der EU bewirtschaften etwa 13,7 Millionen Betriebe 173 Millionen Hektar, im Durchschnitt ist ein Hof also knapp 13 Hektar groß. In der Bundesrepublik gibt es insgesamt etwa 350 000 landwirtschaftliche Betriebe. Hier liegt die durchschnittliche Betriebsgröße bei 45 Hektar. Bei uns in Schleswig-Holstein gibt es rund 17 500 landwirtschaftliche Betriebe mit einer durchschnittlichen Größe von 58 Hektar.

Hektar
Flächenmaß;
1 Hektar = 100 Ar,
1 Ar = 100 Quadratmeter

M: Und was sagen diese Zahlen aus?

J: Einmal, dass die Agrarstrukturen innerhalb der EU und auch innerhalb Deutschlands sehr unterschiedlich sind. Und zum zweiten, dass die Landwirtschaft für Schleswig-Holstein nach wie vor von großer Bedeutung ist.

M: Aber es gibt doch immer weniger Bauernhöfe bei uns ...

J: Ja, das stimmt. Man muss allerdings die Betriebsgröße sehen. Da hat sich viel verändert. 1960 gab es noch über 8 100 Betriebe in der Größenklasse von zwei bis fünf Hektar landwirtschaftlich genutzter Fläche in Schleswig-Holstein. Diese Zahl ist erheblich zurückgegangen – auf etwa 2 800.

M: Zwei bis fünf Hektar – das sind doch meist Nebenerwerbsbetriebe.

J: Ja. Der Anteil der Betriebe zwischen fünf und zehn Hektar landwirtschaftlich genutzter Fläche hat sich in den vergangenen zwanzig Jahren wenig verändert. Deutlich zurückgegangen sind in diesem Zeitraum Betriebe zwischen zehn und 75 Hektar. Die Anzahl der Betriebe über 100 Hektar hat dagegen zugenommen.

M: Also kurz gesagt: weniger Höfe, aber größere Anbauflächen?

J: So kann man es sagen.

M: Welche Art von Betrieben gibt es bei uns?

J: In Schleswig Holstein überwiegen zahlenmäßig die Futterbaubetriebe mit fast 64 Prozent. Die Ackerbaubetriebe haben einen Anteil von knapp 18 Prozent. Den Rest stellen Verbundbetriebe, die eine Kombination aus Pflanzenanbau und Viehhaltung betreiben, gefolgt von Gartenbaubetrieben und Veredelungsbetrieben.

M: Und was wird von unseren Bäuerinnen und Bauern vor allem angebaut?

J: Rund 68 Prozent der landwirtschaftlich genutzten Flächen sind Ackerland, knapp 32 Prozent Dauergrünland. Beim Getreideanbau überwiegt der Winterweizen mit einem Anteil von 62 Prozent – weit vor der Wintergerste mit 19 Prozent. Auf etwa zehn Prozent der Fläche wird Winterraps angebaut.

M: Wie sieht es denn mit den Einnahmen der Bauern aus?

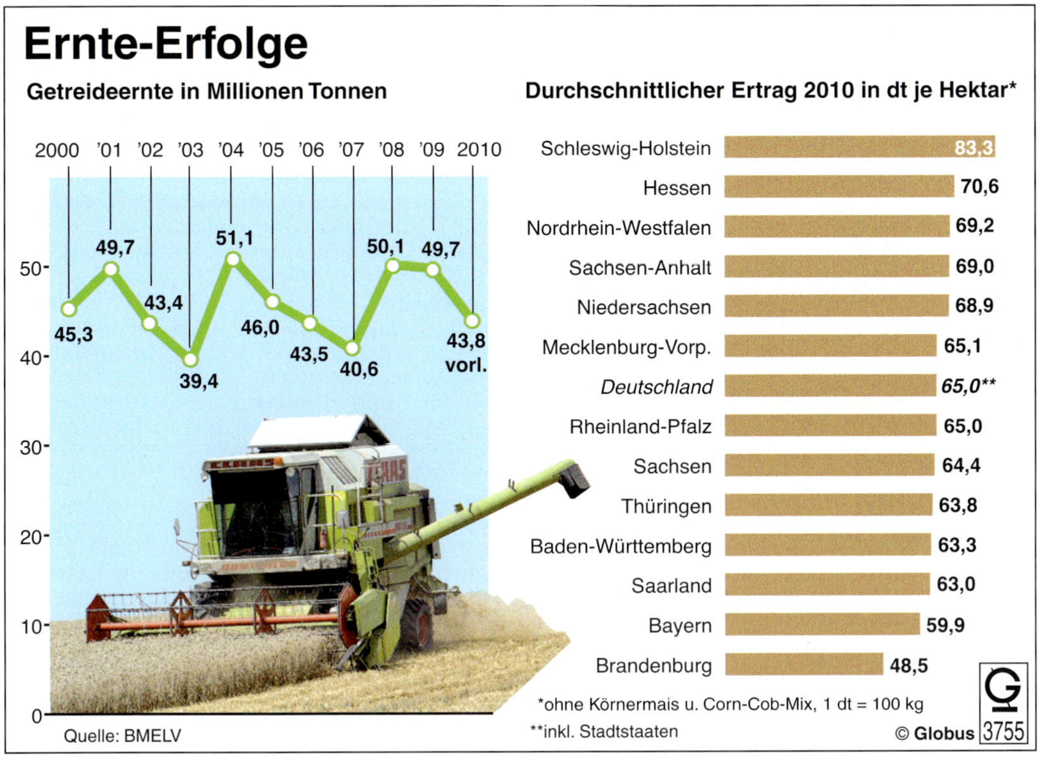

J: Da gibt es Schwankungen – und dann gibt es noch eine starke Streuung.

M: Was meinen Sie damit?

J: Nun, das ist die Sache mit dem Durchschnitt. Nach der Statistik hat in Deutschland im Jahr 2010 ein landwirtschaftlicher Haupterwerbsbetrieb im Durchschnitt einen Gewinn von etwas über 35 000 Euro gemacht. Aber man muss doch berücksichtigen, ob das ein kleiner Landwirt oder ein Großbetrieb ist, wie viele Arbeitskräfte beschäftigt sind usw. Deswegen bildet man in der Statistik Gewinngruppen und bezieht die Zahl auf das Einkommen je Arbeitskraft.

M: Und wie sehen da die Zahlen für Schleswig-Holstein aus?

J: Im Wirtschaftsjahr 2009/2010 konnten die Betriebe im oberen Drittel 40 300 Euro Gewinn je Arbeitskraft erwirtschaften, im unteren Drittel betrug der Gewinn 8 600 Euro je Arbeitskraft. Im Bundesdurchschnitt waren es 37 500 beziehungsweise 3 900 Euro Gewinn je Arbeitskraft.

M: Das sind aber große Unterschiede.

J: Eben. Und dann muss man sehen, dass von diesem Gewinn alles bestritten werden muss, also neben der Lebenshaltung und den Steuern auch die Alterssicherung usw. Und es müssen davon auch die Investitionen finanziert werden. In den Betrieben im unteren Drittel dürfte der Gewinn dafür kaum ausreichen. Wenn das so weitergeht, müssen diese Landwirte sich nach Alternativen umsehen.

1 Welche im Gespräch genannten Sachverhalte über die Landwirtschaft in Schleswig-Holstein sind neu für dich? Notiere einige dieser Sachverhalte.

2 Was hättest du von dem Experten noch gern gewusst? Notiere vier Fragen. Vergleicht dann eure Fragen in der Gruppe.

3 Werte die Grafik aus und verfasse dazu einen kurzen Text.

3 Hilfe

Beachte die Tipps zur Auswertung von Grafiken auf Seite 139.

Seit Jahren gibt es den Agrarbericht, der Angaben zur Situation der Landwirtschaft im Land enthält. Dieser Bericht kann im Internet unter www.agrarbericht.schleswig-holstein.de abgerufen werden. Es erscheint dann als Startseite eine Übersicht mit den Themengebieten. Klickt man ein Themengebiet an, werden eine Reihe von Unterthemen aufgeführt.

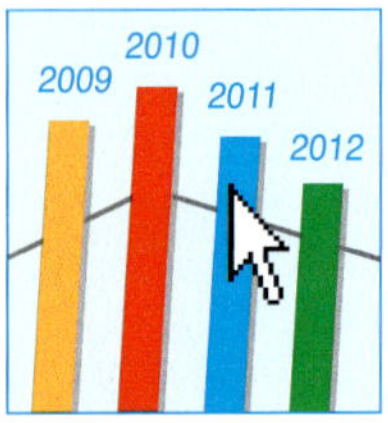

Im laufend aktualisierten Agrarbericht informiert die Agrarbehörde über die Landwirtschaft in Schleswig-Holstein

Agrarbericht

Schleswig-Holstein im Vergleich
Die Agrarstrukturen sind bei den Mitgliedstaaten der EU und auch innerhalb Deutschlands sehr unterschiedlich. Diese Daten und Fakten sind hier im Vergleich EU – Deutschland – Schleswig-Holstein zusammengestellt.

Wirtschaftsdaten / Einkommenslage
Wirtschaftsdaten wie Wertschöpfung, Produktionswert oder auch Bruttoinlandsprodukt veranschaulichen den Anteil der Landwirtschaft im Vergleich zur nicht landwirtschaftlichen Wirtschaft. Kennzahlen der landwirtschaftlichen Unternehmertätigkeit sind im Folgenden dargestellt.

Finanzmittel für den Agrarsektor
Die Ausgleichszahlungen (Direktzahlungen) sind der wichtigste Ausgabenposten im Agrarhaushalt der EU. Im Rahmen der Agrarsozialpolitik gibt es für die in der Landwirtschaft Tätigen ein eigenständiges agrarsoziales Sicherungssystem.

Ländlicher Raum
Das Landesentwicklungsgrundsätzegesetz gibt vor, dass die räumliche Struktur des Landes Schleswig-Holstein natur- und umweltgerecht und zugleich auf die menschlichen Bedürfnisse hin zu erhalten und zu entwickeln ist.

Agrarstruktur
Der Begriff Agrarstruktur bezeichnet zusammenfassend alle strukturellen Grundlagen, die Bedingung für eine landwirtschaftliche Produktion und die Vermarktung der Agrarprodukte sind.

Tierische Erzeugung
Die Milcherzeugung ist das wichtigste Standbein für die schleswig-holsteinische Landwirtschaft. Drei von vier Landwirten leben von der Milch, jeder dritte Euro wird mit der Milch verdient. Nach der Rindviehhaltung ist die Schweinehaltung das zweite Standbein in der tierischen Erzeugung. Ein großer Teil der Schafe wird für die Deichpflege an der Westküste eingesetzt.

Pflanzliche Erzeugung
Der Getreideanbau in Schleswig-Holstein ist durch einen hohen Anteil an Wintergetreidearten, bei denen aufgrund der züchterischen Entwicklung besonders hohe Ertragssteigerungen zu verzeichnen waren, gekennzeichnet. In den Ackerbaubetrieben hat eine stärkere Spezialisierung im Getreidebau mit optimierter Produktionstechnik stattgefunden.

Gartenbau
Der Produktionsgartenbau Schleswig-Holsteins gliedert sich in die Fachsparten Baumschulen, Gemüsebau, Obstbau und Zierpflanzen. Die Anzahl der Auszubildenden in den gärtnerischen Berufen nimmt von Jahr zu Jahr zu. Ein Schwerpunkt der Baumschulbetriebe befindet sich im Kreis Pinneberg.

Ökologischer Landbau
Der ökologische Landbau ist ein beispielhafter Weg, diesen Bemühungen um die Umwelt gerecht zu werden. Er entspricht mit seiner besonders ressourcenschonenden und umweltverträglichen Wirtschaftsweise dem Prinzip der Nachhaltigkeit.

Fischerei
Schleswig-Holstein hat eine vielgestaltige Kutter- und Küstenfischerei mit den Betriebszweigen Frischfischfang in Nord- und Ostsee sowie Krabben- und Muschelfischerei (...).

Ernährungswirtschaft
Für die Land- und Ernährungswirtschaft in Schleswig-Holstein haben die Länder der EU eine herausragende Bedeutung als Handelspartner. Da ein großer Teil der Betriebe seinen Geschäftssitz im ländlichen Raum hat, ist die Bedeutung für die nachhaltige Lebensfähigkeit der schwach strukturierten Regionen nicht hoch genug einzuschätzen.

Aus- und Fortbildung
Die Zahl der Auszubildenden in den Agrarberufen weist trotz des sich fortsetzenden Strukturwandels in der Landwirtschaft weiterhin eine positive Tendenz auf. Erwähnenswert sind die sehr erfolgreichen Ausbildungsinitiativen der Landwirtschaftskammer Schleswig-Holstein und des Ministeriums für Landwirtschaft, Umwelt und ländliche Räume in den letzten Jahren.

Kreisdaten
Um einen Vergleich der Landkreise auf einen Blick zu ermöglichen sind agrarstatistische Daten stärker regional untergliedert worden. Die thematische Darstellung erfolgt zumeist für die Kreise und kreisfreien Städte, in einigen Fällen auch für die Naturräume.

Die Milchwirtschaft ist der wichtigste Bereich der schleswig-holsteinischen Landwirtschaft

(aus: Landwirtschaft und Umwelt Schleswig-Holstein, Agrarbericht, Hg.: Landesregierung Schleswig-Holstein. http://www.schleswig-holstein.de/UmweltLandwirtschaft/DE/LandFischRaum/04_Agrarbericht 09.09.2011)

1 Informiert euch in Gruppenarbeit mithilfe des Agrarberichts über die Landwirtschaft in Schleswig-Holstein. Jede Gruppe übernimmt ein Themengebiet. Jede Gruppe berichtet dann den Mitschülerinnen und Mitschülern über ihre Ergebnisse.

Methode: Expertenbefragung

Thema: Landwirtschaft heute

Viele Unterrichtsthemen beschäftigen sich mit Sachverhalten, mit denen Erwachsene beruflich zu tun haben oder mit denen sie sich gut auskennen. Wenn Schülerinnen und Schüler solche Erwachsenen befragen, können sie viel über ihr Unterrichtsthema erfahren. Mit „Expertenbefragung" ist also gemeint, dass eine fachkundige Person zu ihrer Tätigkeit, ihren Erfahrungen, ihrem Wissen befragt wird.
Experten oder Expertinnen können zur Befragung in den Unterricht eingeladen werden. Die Klasse kann den Experten oder die Expertin aber auch an seinem bzw. ihrem Wirkungsort aufsuchen, z. B. einen Imker an seinem Bienenstand oder eine Unternehmerin in ihrem Büro, und dort die Fragen stellen.

Vorbereitung

Es sollte möglichst frühzeitig bei dem Experten oder der Expertin angefragt werden, ob und wann er bzw. sie zu einer Befragung bereit ist. Bei diesem Gespräch sollte auch angesprochen werden, in welchem Zusammenhang die Befragung zum Unterrichtsthema steht, worum es der Klasse dabei vor allem geht, ob die Befragung in der Schule oder vor Ort beim Experten bzw. bei der Expertin stattfinden soll.
Die Klasse sammelt Fragen und erstellt gemeinsam einen Fragenkatalog. Dann wird festgelegt, wer dem Experten bzw. der Expertin die Fragen stellt. Es wird außerdem verabredet, wie die Antworten festgehalten werden sollen.

Durchführung

Die Befragung sollte mit einer Begrüßung beginnen und mit einem Dank für das Gespräch enden. Wichtig ist, immer nachzufragen, wenn man etwas nicht verstanden hat.

Auswertung

Die Erkenntnisse aus der Expertenbefragung werden zusammengefasst und festgehalten, z. B. von jedem Einzelnen als Hefteintrag oder gemeinsam auf einem Wandplakat.

Schülerinnen und Schüler befragen einen Landwirt

1 *Wie viel Hektar landwirtschaftlich genutzte Fläche hat ihr Betrieb?*

2 *Was produzieren Sie vor allem?*

3 *Bekommen Sie Subventionen? Wenn ja, von wem?*

4 *Wie sieht die Berufsausbildung zum Landwirt bzw. zur Landwirtin aus?*

5 *Lässt sich heutzutage mit Milchkühen noch etwas verdienen?*

6 *Was halten Sie von der Gentechnik?*

7 *Gibt es eine Quotenregelung, z. B. bei der Milcherzeugung?*

8 *Kann man in der Landwirtschaft umweltverträglich produzieren?*

9 *Wie wird die Arbeit eines Landwirts oder einer Landwirtin von der Europäischen Union beeinflusst?*

1 Nehmt Kontakt zu einem Landwirt oder einer Landwirtin auf.
2 Organisiert die Expertenbefragung.
3 Sammelt Fragen, die ihr stellen wollt. Die Sprechblasen enthalten Anregungen.

Die EU-Agrarsubventionen führten zu einer gewaltigen Überproduktion. Überschüssige, in der Butterabsatzzentrale in Hannover eingelagerte Butter (1984)

Bauern aus Baden und dem Elsass blockieren aus Protest gegen den Abbau von Importzöllen mit ihren Traktoren die Europabrücke zwischen Kehl und Straßburg (2005)

DIE EUROPÄISCHE LANDWIRTSCHAFT

Ziel der Gemeinsamen Agrarpolitik (GAP) ist die Sicherung eines angemessenen Lebensstandards der Landwirte, die Versorgung der Verbraucher mit hochwertigen Nahrungsmitteln zu vernünftigen Preisen und die Erhaltung unseres ländlichen Erbes. Inzwischen hat sich die Politik gewandelt, um den veränderten Bedürfnissen der Gesellschaft gerecht zu werden. Lebensmittelsicherheit, Schutz der Umwelt, Kosten-Leistungsverhältnis und die Nutzung von Kulturpflanzen als Energieträger sind immer stärker in den Mittelpunkt gerückt.

(aus einer Stellungnahme der EU-Kommission zur Gemeinsamen Agrarpolitik)

Die Landwirtschaftspolitik ist eins der am heftigsten umstrittenen Politikfelder in der Europäischen Union. Im Haushaltsplan 2011 sind fast 42 Prozent des Gesamtetats der EU von 142,6 Mrd. Euro nur für die Gemeinsame Agrarpolitik (GAP) vorgesehen, in früheren Jahren war dieser Anteil sogar noch wesentlich höher. Dies entspricht in keinster Weise der gesamtwirtschaftlichen Bedeutung der Landwirtschaft, in der beispielsweise nicht einmal 5 Prozent der Beschäftigten in der EU arbeiten. Dieses Missverhältnis hat in erster Linie historische Gründe. Als die EU-Landwirtschaftspolitik Anfang der 1960er-Jahre ins Leben gerufen wurde, ging es vor allem darum, eine ausreichende Versorgung mit Nahrungsmitteln sicherzustellen. Dabei waren die Erfahrungen des Zweiten Weltkrieges und der Nachkriegsjahre mit Hunger und Unterversorgung prägend.

Die Versorgung der Bevölkerung mit einer großen Auswahl an Lebensmitteln zu fairen Preisen zu sichern, ist eins der Ziele der Gemeinsamen Agrarpolitik der EU

Forderung der Milchbauern in Deutschland nach einem aus ihrer Sicht fairen Milchpreis. Plakat vom Bundesverband Deutscher Milchviehhalter (2009)

Die Gemeinsame Landwirtschafspolitik der EU

(...) Die Europäische Union verfolgte bis Anfang der 1990er-Jahre die Strategie der Marktintervention. Sie verteuerte die Weltmarktprodukte durch Zölle und Abgaben, um die EU-Landwirte vor Billigimporten zu schützen. Andererseits subventionierte sie die Produktion in der EU durch Direktzahlungen an die landwirtschaftlichen Betriebe und Stützungskäufe auf dem Markt. Es gab keinen Anreiz, die Produktion zu senken. Die Lagerung von Überschüssen und die Finanzierung der Exportsubventionen belasteten den EU-Haushalt erheblich. Die Ausgaben machten 1992 fast 60 Prozent des Gesamthaushalts aus. Dies und auch die Überbeanspruchung der Böden durch Dünge- und Schädlingsbekämpfungsmittel zwangen zum Umdenken. Außerdem waren die Handelspartner der EU nicht mehr bereit, die Subventionspraxis und die Abschottung der Agrar-Märkte nach außen so zu akzeptieren.
In mehreren Reformschritten wurde die EU-Agrarpolitik seit Anfang der 1990er-Jahre reformiert und der Anteil der Agrarausgaben am EU-Haushalt gekürzt. Die umfassende Reform 2003 entkoppelte die Direktzahlungen an die Landwirte von der Produktionshöhe. Kernelemente der Reform waren:

- Subventionen an Landwirte von der Produktionsmenge zu entkoppeln,
- Subventionen mit der Einhaltung von Standards in den Bereichen Umwelt- und Tierschutz sowie Lebens- und Futtermittelsicherheit zu verknüpfen,
- Mittel zur Förderung der ländlichen Entwicklung bereitzustellen und zwar durch Kürzung der Direktzahlungen.

Damit soll die unsinnige Überproduktion landwirtschaftlicher Erzeugnisse der Vergangenheit angehören. Umwelt- und Tierschutz ist bei der landwirtschaftlichen Produktion stärker zu berücksichtigen. Letztlich will die neue Agrarpolitik auch den Wegzug aus den ländlichen Regionen in die Städte aufhalten oder zumindest verringern.
Die Reformen reagierten auch auf die Ost-Erweiterungen der Europäischen Union 2004 und 2007. Die bisherige Subventionspraxis in der alten EU wäre angesichts der steigenden Kosten bei heute 27 Mitgliedstaaten nicht haltbar gewesen. (...)

(www.bundesregierung.de/Content/DE/Artikel/2001-2006/... 16.08.2009)

Marktintervention
Eingriff in den Marktmechanismus, nach dem Angebot und Nachfrage den Preis bestimmen

Zölle
Abgaben, die vom Staat auf Importe erhoben werden und die diese verteuern

subventionieren
durch zweckgebundene öffentliche Mittel unterstützen, mitfinanzieren

Stützungskäufe
Käufe, um den Preis einer Ware hochzuhalten

Heute gehören Verbraucherschutz, Umweltschonung, Tierschutz, Pflege der Kulturlandschaft und Entwicklung des ländlichen Raums zu den Zielen der europäischen Agrarpolitik. Über 55 Prozent der EU-Bevölkerung lebt in ländlichen Gebieten, die mehr als 90 Prozent der Fläche der EU ausmachen. Deshalb ist gerade die ländliche Entwicklung ein wichtiger Politikbereich. Die Land- und Forstwirtschaft ist für die Landnutzung und die Bewirtschaftung der natürlichen Ressourcen im ländlichen Raum nach wie vor von herausragender Bedeutung. Daher ist die Stärkung der EU-Politik zur Entwicklung des ländlichen Raums eine übergreifende Priorität der Europäischen Union.

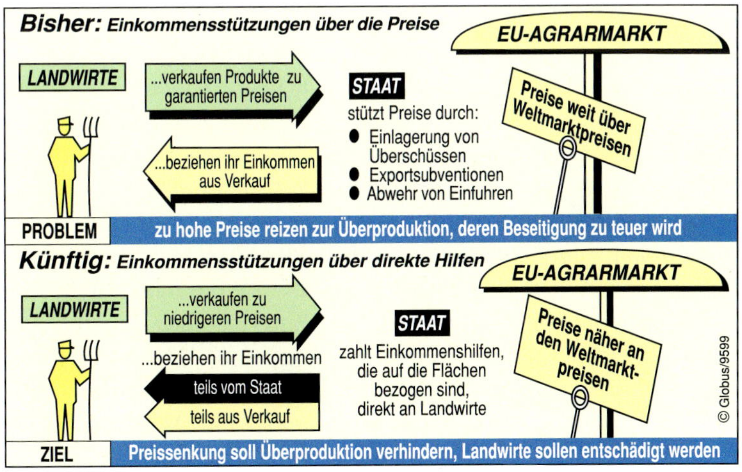

1 Die Landwirtschaft stellt für die Europäische Union ein besonderes Problem dar. Berichte über Ursachen und Auswirkungen.

2 Stelle stichwortartig die Kernpunkte und Ziele der Agrarreform 2003 zusammen.

3 „Entwicklung des ländlichen Raums“ – was könnte damit gemeint sein?

2 Hilfe
Mache dir zunächst die in der Grafik dargestellten Sachverhalte „Bisher“ und „Künftig“ deutlich.

Belastung der Umwelt

Unsere Umwelt wird auf unterschiedliche Weise belastet. Aus den privaten Haushalten stammen z. B. Abfälle und Abwässer, die entsorgt werden müssen. Die Produktion von Gütern und ihr Vertrieb ist nicht möglich, ohne die Umwelt zu benutzen und damit auch zu belasten. Denn ohne Rohstoffe und ohne Energie können keine Produkte hergestellt werden. Luft, Wasser und Boden werden dabei in vielfältiger Weise ge- und verbraucht. Die dabei entstehenden Verschmutzungen belasten die Umwelt stark.

Umweltbewusstsein

Umweltbewusstsein gründet auf der Verantwortung des Menschen für die Schöpfung. Umweltbewusstes Handeln ist die Erfüllung des ökologischen Generationenvertrages. Umweltbewusstsein entwickelt sich in der Familie, Schule und Gesellschaft. Auch der Staat nimmt z. B. durch Lehrpläne auf die Umwelterziehung Einfluss. Obwohl das Umweltbewusstsein in den letzten 30 Jahren gestiegen ist, entwickelt sich ein umweltverträglicher Konsum nur langsam.

Abfall

Abfall wird in zwei Gruppen eingeteilt: Abfall, der verwertet werden kann und Abfall, der beseitigt werden muss. Verwertbarer Abfall sind z. B. Glasflaschen, Papier, Aluminiumdosen und Plastikverpackungen. Bauschutt und Chemikalien hingegen sind Abfälle, die beseitigt werden müssen.

Müllvermeidung

Unsere Umwelt wird durch Abfall und Müll belastet. Um die Umwelt zu schonen ist es wichtig, dass so wenig Müll wie möglich entsteht. Jeder kann dazu beitragen, vor allem dadurch, dass er Müll vermeidet, wo dies möglich ist. Beim Einkaufen kann man beispielsweise auf aufwendige Verpackungen verzichten und Mehrwegflaschen wählen.

Energie

Der Energiebedarf steigt ständig, Heute wird die meiste Energie durch Verbrennung von Erdöl, Erdgas, Stein- und Braunkohle erzeugt. Mehr als drei Viertel der Energie in Deutschland stammt von diesen fossilen Brennstoffen. Diese haben jedoch zwei Nachteile: Durch die Verbrennung entstehen Abgase, die das Klima schädigen. Außerdem sind diese Energieträger nicht unbegrenzt vorhanden. Unbegrenzt vorhanden sind die erneuerbaren Energien, die z. B. aus der Wind- und Wasserkraft und aus den Sonnenstrahlen gewonnen werden. Ihre Nutzung spielt heute jedoch erst eine begrenzte Rolle. Die Kernenergie ist sehr umstritten. Sie belastet zwar das Klima nicht, bei Reaktorunfällen drohen jedoch große Gefahren durch radioaktive Strahlen. Deutschland will daher auf die Kernenergie verzichten. Es gibt viele Möglichkeiten, den Energieverbrauch zu senken, z. B. durch Wärmepumpen, Energiesparlampen oder die Kraft-Wärme-Kopplung.

Nachhaltiges Handeln

Die Weltkommission für Umwelt und Entwicklung definiert Nachhaltigkeit als eine „Entwicklung, die die Bedürfnisse der Gegenwart befriedigt, ohne die Möglichkeiten künftiger Generationen zu gefährden, ihre eigenen Bedürfnisse zu befriedigen." Um diesem Anspruch gerecht zu werden, müssen wir unsere Lebensweise umstellen. Es geht darum, mit den Ressourcen schonender umzugehen und der Umwelt keinen weiteren Schaden zuzufügen.

Gentechnik

Die Gentechnik ermöglicht u. a. die Züchtung von Pflanzen, die widerstandsfähiger gegen Schädlinge und ertragreicher sind. Viele Menschen sehen in genveränderten Pflanzen aber auch eine Bedrohung für ihre Gesundheit und eine Gefahr für die natürliche Tier- und Pflanzenwelt. Mithilfe der Gentechnik, so hofft man, werden sich auch bisher unheilbare Erbkrankheiten heilen lassen. Die Gentechnik ist eine Schlüsseltechnologie, der große Wachstumschancen eingeräumt werden. Dies könnte zur Entstehung neuer Arbeitsplätze beitragen.

Landwirtschaft

Für Schleswig-Holstein ist die Landwirtschaft ein bedeutender Wirtschaftsfaktor. Im Vergleich zu früher gibt es heute weniger kleine Bauernhöfe, dafür mehr mit großen Anbauflächen. Zwei von drei landwirtschaftlichen Betrieben sind Futterbaubetriebe. Beim Getreideanbau spielt der Winterweizen eine große Rolle.

Greenpeace-Protest gegen Gentechnik

Sachkompetenz

1 **Löse das Rätsel.** Benutze dazu das Arbeitsblatt oder notiere von 1 bis 12 in deinem Heft. Die Buchstaben in den grün unterlegten Kästchen ergeben von oben nach unten gelesen das Lösungswort.

1 Mit _______ versuchen die Anbieter ihre Produkte bekannt zu machen und bei den Käuferinnen und Käufern Bedürfnisse zu wecken.

2 Wenn für eine Anschaffung das Geld nicht reicht, kann man einen ______ aufnehmen.

3 Vor dem Kauf sollte man sich über die Eigenschaften des ________ informieren.

4 Die Zeitschrift ____ informiert neutral über die Qualität von Waren und Dienstleistungen.

5 Werbung, die vor allem Gefühle anspricht, wird als __________ Werbung bezeichnet.

6 Die Anwendung der __________ ist stark umstritten. Viele befürchten zum Beispiel, dass dadurch manipulierte Pflanzen eine Gefahr für die Natur darstellen.

7 Auf dem Markt treffen sich Angebot und _________.

8 Der Verbrauch von ______ ist weltweit stark angestiegen.

9 Ein ___________ ist ein Rechtsgeschäft, das zustande kommt, wenn „Antrag“ und „Annahme“ übereinstimmen.

10 Der __________ zwingt Unternehmen zu kostengünstiger Produktion.

11 Teure Waren in den Regalen in Augenhöhe- und Griffhöhe der Kunden zu platzieren ist eine häufig angewandte _________________ in Supermärkten.

12 Die ________ im Geschäft ist eine Möglichkeit, sich über ein Produkt zu informieren..

Urteilskompetenz

2 **Analysiere die Karikatur.**

Welche Aussage macht der Karikaturist zum Thema Werbung?
Wie beurteilst du seine Ansicht zu diesem Thema? Begründe.

(Zeichnung: Erich Liebermann)

Urteilskompetenz

3 **Beurteile die folgenden Aussagen** unter dem Gesichtspunkt eines verbraucherbewussten Verhaltens.

Frau Marx

Frau Ott

Frau Ude

Mir ist beim Kauf die Beratung sehr wichtig. Deshalb gehe ich stets in ein Fachgeschäft und erkundige mich dort. Das Gerät, das mir die Verkäuferin oder der Verkäufer empfiehlt, das nehme ich. Schließlich sind das die Fachleute!

Wenn ich etwas Größeres anschaffe, zum Beispiel einen Fernseher, neue Gartenmöbel oder Küchengeräte, dann schaue ich in erster Linie auf den Preis! Schließlich will ich Geld sparen. Je günstiger, desto besser!

Ich verlasse mich beim Einkauf auf die Verbraucherberatung. Wenn ich etwas brauche, schaue ich in meinen „test"-Heften nach. Und das Produkt, das die beste Bewertung erhalten hat, das nehme ich. Schließlich will ich Qualität!

Methodenkompetenz

4 **Führt in Gruppen eine Markterkundung durch.**
Einigt euch dazu in der Klasse auf ein bestimmtes Produkt. Denkt an Befragungen zur Produktinformation, an Erkundungen im Internet und bei der Verbraucherberatung und an die Auswertung von Testergebnissen usw. Stellt dann die Ergebnisse eurer Markterkundung in einer Wandzeitung übersichtlich dar.

Handlungskompetenz

5 **Macht Werbung für eure Schule.**
Ihr habt auf den vorangegangenen Seiten einiges über Werbung gelernt. Stellt euch vor, ihr sollt Werbung für eure Schule machen, z. B. ein Plakat gestalten:
- Was würdet ihr darauf abbilden?
- Welchen Text würdet ihr bringen?
- Fällt euch ein griffiger Slogan, also ein Werbespruch, für eure Schule ein?

Entwickelt eure Ideen, fertigt eine Skizze eures Plakats und vergleicht dann euren Entwurf mit den Entwürfen der anderen.

Arbeitswelt

Kapitel 04

Menschen müssen arbeiten, um zu überleben. Daran hat sich seit ewigen Zeiten nichts geändert. Was sich jedoch fortwährend ändert, ist die Art und Weise, wie gearbeitet, wie produziert wird. Solche Veränderungen vollziehen sich in der Arbeitswelt immer schneller. Wer von 15 bis 20 Jahren einen Beruf erlernt hat, wird in den meisten Fällen heute anders arbeiten als in seiner Lehrzeit. Wer heute vor der Berufswahl steht, muss sich umfassend informieren und den gesamten Berufswahlprozess rational planen. Dabei sind erste Einblicke in die Arbeitswelt durch ein Praktikum hilfreich. Mit der Arbeitswelt, den Interessen und Konflikten im Betrieb und der Berufswahl beschäftigt sich dieses Kapitel.
Du bekommst z. B. Antworten auf die folgenden Fragen:

- Welcher Wandel vollzieht sich in der Erwerbstätigkeit? Wie verändert der technische Fortschritt die Arbeitswelt?
- In welchen Wirtschaftszweigen wird die Beschäftigung zunehmen, in welchen abnehmen?
- Ergeben sich aus neuen Arbeitsinhalten neue Anforderungen? Welchen Einfluss hat die Globalisierung auf berufliche Anforderungen?
- Welche Interessen und Motive beeinflussen die Berufswahl?
- Welche Hilfen bietet die Berufsberatung? Wie kann man die vielfältigen Informationen nutzen?
- Wie kann man durch ein Praktikum Hinweise für die Berufswahl erhalten? Wie findet man einen Praktikumsplatz?
- Was versteht man unter einem „Unternehmen"? Wie ist ein Unternehmen aufgebaut?
- Welche Rechte haben Arbeitnehmerinnen und Arbeitnehmer? Wer setzt sich in den Betrieben für sie ein?
- Wer sind die Tarifpartner? Was regeln sie?

Arbeiter in der Montagehalle

Arbeiter beim Zusammenbau eines PKW

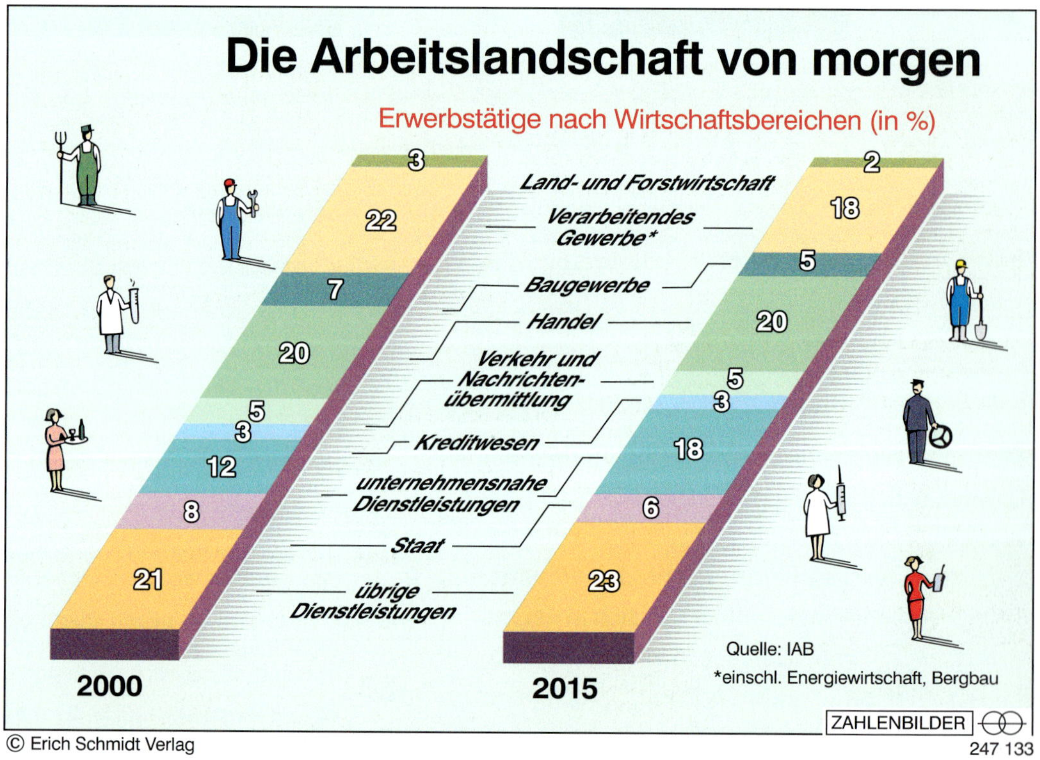

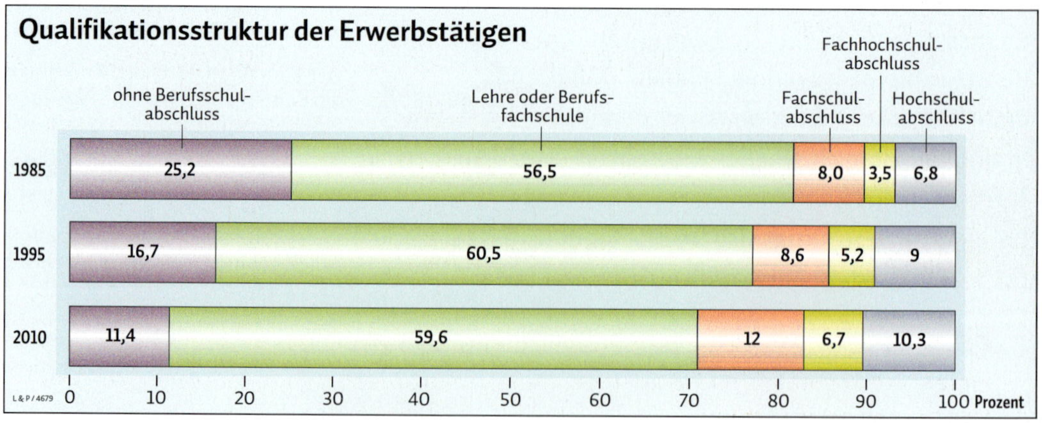

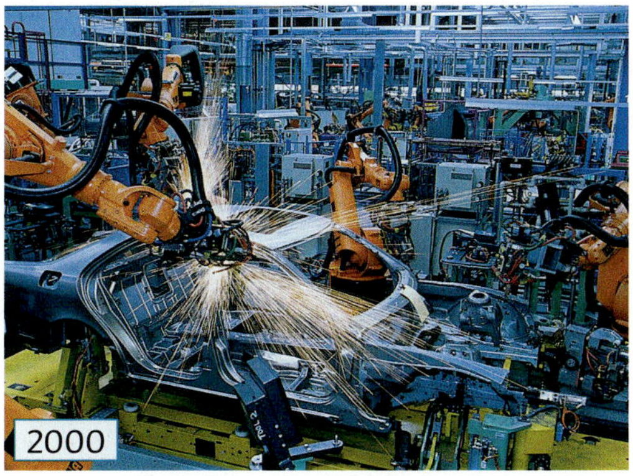

Roboter beim Schweißen einer Karosserie

Und wie wird die Automobilproduktion der Zukunft aussehen?

Aussagen zu den Beschäftigungsstrukturen

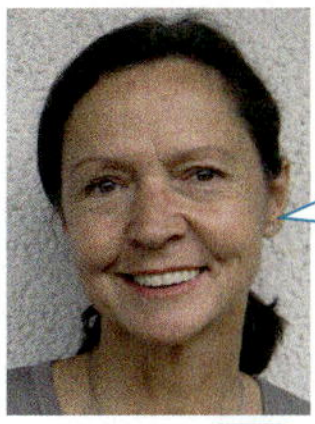

Frau König

1 *In Zukunft werden die Erwerbstätigen im Bereich Verkehr und Nachrichtenübermittlung stark gefragt sein.*

Frau Tomm

2 *Im Bereich der Dienstleistungen entstehen viele neue Arbeitsplätze.*

Herr Grimm

3 *Der Bedarf an Fachkräften mit einer Lehre oder einem Berufsfachschulabschluss bleibt in etwa gleich.*

Herr Töpper

4 *Immer mehr Menschen arbeiten in der Land- und Forstwirtschaft.*

Herr Zettel

5 *Im Bereich „übrige Dienstleistungen“ werden in Zukunft mehr Menschen arbeiten.*

Frau Brecht

6 *Im Handel stehen zukünftig in etwa gleichviele Arbeitsplätze zur Verfügung wie im Jahr 2000.*

Herr Martens

7 *Erwerbstätige mit Fachhochschulabschluss oder Hochschulabschluss sind in Zukunft mehr gefragt.*

Frau Erler

8 *Es wird eine Zunahme im Wirtschaftsbereich Staat geben.*

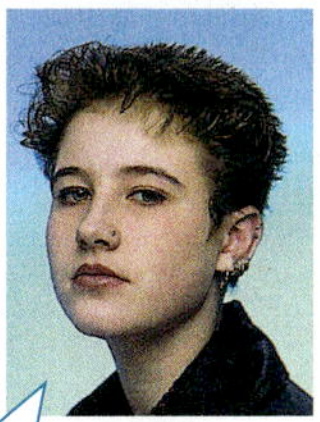

Frau Bax

9 *Erwerbstätige ohne Berufsschulabschluss haben gute Berufschancen.*

Herr Mohn

10 *Im Baugewerbe wird es zukünftig weniger Beschäftigte geben.*

1 Welche Aussage trifft zu, welche nicht? Kreuze auf deinem Arbeitsblatt an oder notiere in deinem Heft zur Nummer der Aussage jeweils „trifft zu“ oder „trifft nicht zu“.

2 Fasse stichwortartig zusammen, wie sich die Erwerbstätigkeit verändert.

1 Hilfe

Bei der Beantwortung helfen die Angaben in den beiden Grafiken.

Die Herren über Licht und Feuer

Veranstaltungstechniker geben Events den richtigen Rahmen

Rauch wabert über die diffus beleuchtete Bühne, einzelne Lichtblitze zucken durch die Luft. Ein Raunen geht durch das Publikum. Wenn dann aus den riesigen Lautsprechern Musik dröhnt und plötzlich alles taghell erleuchtet ist, bricht der Jubel der Menge los. Ein Konzert hat begonnen. Die Zuschauer sind in erster Linie wegen der Band gekommen, aber auch wegen der Show. Die Effekte, die uns die Gänsehaut über den Körper jagen, sind detailliert geplant. Der Trend zu immer aufwendigeren Produktionen und Mega-Events bedeutet einen enormen Boom für eine Berufsgruppe, deren Arbeit bei Konzertbeginn schon vorbei ist. Die Veranstaltungstechniker sorgen dafür, dass jeder Scheinwerfer richtig funktioniert und jedes Feuerwerk richtig einsetzt.

Mega-Event
Großveranstaltung

In der dreijährigen Ausbildung wird eine Menge technisches Wissen vermittelt; Bild- und Tontechnik müssen beherrscht werden. Die Fachkraft für Veranstaltungstechnik muss in der Lage sein, das gesamte Veranstaltungsequipment bedienen und warten zu können. Vom Fachmann wird auch erwartet, dass er die richtige technische Ausrüstung für jeden Anlass zusammenstellen kann. Handwerkliches Geschick alleine reicht aber nicht aus, um Veranstaltungstechniker zu werden. Es wird erwartet, dass die gesamte Bühnentechnik von den Fachkräften programmiert werden kann, denn bei den heutigen Showevents ist alles minutiös durchgeplant. Ob Musical, Konzert oder Messe, alles muss zur richtigen Zeit einsatzfähig am richtigen Ort sein. Ein verantwortungsvoller Job, in dem oft auch unter Zeitdruck gearbeitet wird.

Equipment
Ausrüstung,
Ausstattung,
Gerätschaft

Arbeit gibt es genug. Bis hin zu Film und Fernsehen reicht der Wirkungskreis der Eventspezialisten. Die Fachkraft für Veranstaltungstechnik ist ein Beruf mit Zukunft – besonders in Deutschland. So haben sechs der zehn weltgrößten Messegesellschaften ihren Sitz in Deutschland. Der Bedarf an geschultem Personal ist groß. Dabei darf ein Veranstaltungstechniker Knochenarbeit nicht scheuen, und schwindelfrei sollte er auch sein. Denn manchmal muss kräftig zugepackt werden. Wo auch immer der Veranstaltungstechniker eingesetzt wird, sorgt er für die richtige Optik, angemessene Stimmung und gekonnte Illusionen, ohne selber in Erscheinung zu treten. Er wirbelt eben hinter den Kulissen, bevor die Show beginnt.

(http://www.3sat.de/nano/cstuecke/06145/index.html / Abrufdatum: 18.11.2008 / 14.04.2000 nano online, © 3sat online)

Veranstaltungstechniker beim Installieren der Ton- und Lichtanlage auf einer Bühne

Der Sänger der Rockgruppe „Nickelback", Chad Kroeger, in der TV-Show „Wetten, dass …?" am 09.12.2006 in Bremen

Facharbeiter: Die neuen Anforderungen

Früher	Jetzt und künftig
Starre Arbeitszeiten	Flexible Arbeitszeiten, Absprache im Team
Detailliert vorgegebene Arbeitspläne	Selbstständige Planung der Arbeitsaufgaben
Aufgabenverteilung durch den Meister	Arbeitsaufteilung im Team
Störfallentscheidung durch den Meister	Selbstständige Störungsanalyse und Reaktion
Material- und Werkzeugkompetenz beim Meister	Verantwortliche Stoff- und Werkzeugdisposition
Qualitätsverantwortung bei speziellen Kontrolleuren	Verantwortliche Qualitätssicherung
Terminkontrolle durch Terminverfolgung	Terminverantwortung
Kostenverantwortung beim Meister	Beteiligung am Kostenmanagement
Ausführung vorgegebener Planungen nach Anweisung	**Selbstständig planen, durchführen und kontrollieren**

Untersuchung: Stellenanzeigen

Über Anforderungen im Beruf kann man einiges erfahren, wenn man Stellenanzeigen untersucht. Da werden von den Firmen oft die Fähigkeiten und Eigenschafteng genannt, die sie außer den Fachkenntnissen von Mitarbeitern erwarten. Wenn ihr Stellenanzeigen untersuchen wollt, geht so vor:

1. Besorgt euch von zwei oder drei verschiedenen Tageszeitungen die Wochenendausgabe. Am Wochenende enthalten Zeitungen besonders viele Stellenanzeigen.

2. Untersucht arbeitsteilig die Stellenangebote. Schaut vor allem nach den Textstellen, die auf allgemeine Eigenschaften und Anforderungen eingehen. Markiert die entsprechenden Formulierungen.

3. Tragt die Ergebnisse eurer Untersuchung zusammen, z. B. an der Tafel oder der Pinnwand. Was wird häufiger genannt? Warum wohl?

Restaurantleiter-Assistent/in

Am besten passen Sie zu uns, wenn Sie eine abgeschlossene Berufsausbildung haben, sicher im Umgang mit Menschen sind und flexible Arbeitszeiten – auch am Wochenende – bevorzugen. Ständiges Training und Weiterentwicklung ist Ihnen so wichtig wie uns. Es hilft uns, täglich unsere vielfältigen Aufgaben noch ein bisschen besser zu bewältigen. Wir sind kritikfähig, dienstleistungsbereit und Neuem gegenüber aufgeschlossen. Besonders gespannt sind wir auf SIE!

…
Wir stellen uns für diese Aufgabe einen jungen, flexiblen, verbindlichen und strebsamen Mitarbeiter vor, der gemeinsam mit uns daran interessiert ist, erfolgreich zu sein. EDV-Kenntnisse, die über die Anwendung der üblichen Microsoft-Programme hinausgehen, wären wünschenswert. Können Sie sich vorstellen, mit Begeisterung in einem überschaubaren Team kreativ und selbstständig mitzuwirken?

Redaktions-Assistent

Vorkenntnisse in den Bereichen Heftgestaltung, Typografie, Reprotechnik, gute Rechtschreibkenntnisse, Teamfähigkeit, Einsatzbereitschaft und gute allgemeine PC-Kenntnisse setzen wir voraus. Wenn Sie über Verlags-/Redaktionserfahrung verfügen, bringen Sie besonders gute Voraussetzungen mit. …

Acht Beispiele für in den letzten Jahren neu entstandene Ausbildungsberufe

- Systemgastronom/-in
- Mikrotechnologe/-technologin
- Mediengestalter/-in
- Fachkraft für Automatenservice
- Servicekraft für Schutz und Sicherheit
- Sport- und Fitnesskauffrau/-mann
- Werkfeuerwehrfrau/-mann
- Informatikkauffrau/-mann

1 Warum gibt es den neuen Beruf „Veranstaltungstechniker"? Nenne Gründe.

2 Informiere dich über die genannten acht neuen Ausbildungsberufe.

2 Hilfe
Schlage in „Beruf aktuell" nach oder informiere dich im Internet.

Globalisierung und berufliche Anforderungen

Die Arbeitswelt und ihre Anforderungen verändern sich infolge der Globalisierung grundlegend. Insbesondere in international tätigen Unternehmen lassen sich die gestiegenen Ansprüche an die Mitarbeiter und Mitarbeiterinnen gut beobachten.

ABB: Setzt beim Nachwuchs auf Weltoffenheit

Wen wir suchen

Als internationaler Technologiekonzern braucht ABB Mitarbeiter, die zukunftsorientiert, kompetent und zuverlässig denken und handeln. Gute Produkte und Systeme alleine reichen nicht aus. Die Mitarbeiter sind der eigentliche Schlüssel zum Unternehmenserfolg.
Dabei legen wir besonderen Wert auf unsere Geschäftsgrundlagen, die Business Principles: Verantwortung, Respekt, Entschlossenheit. Sie bedeuten für uns: Raum für persönliche Entwicklung zu geben, andere Meinungen, kulturelle, geschlechtsspezifische und religiöse Unterschiede zu achten, sich in besonderem Maße zu engagieren und kontinuierlich nach Verbesserungsmöglichkeiten zu suchen.
Der einzelne Mitarbeiter kann zwar nicht das Unternehmen als solches ändern, aber mit seinem Engagement und seiner Leistung nimmt er Einfluss auf seinen Tätigkeitsbereich und gestaltet sein Arbeitsumfeld. (...)

(www.abb.de 08.03.2009)

Teamarbeit im Dialog

Der Schlüssel zum Erfolg ist die Arbeit in der Gruppe – Ihrer „Stammgruppe". Als aktiver Teil des Teams lösen Sie vielseitige Aufgaben und werden dadurch immer besser. Dabei lernen Sie im Dialog.

Verantwortung übernehmen

Sie trauen sich etwas zu und tragen gerne Verantwortung. Deshalb nehmen Sie die Dinge in die Hand und arbeiten während Ihrer Ausbildung bei Heraeus eigenverantwortlich, qualitätsbewusst und engagiert. Logisch, dass Sie mit dieser Haltung ernst genommen werden.

Vielseitigkeit erleben

Eine Ausbildung bei Heraeus ist so vielseitig wie Sie selbst. Nach Ihrer Einführungswoche erleben Sie die Vielfalt der Fachbereiche. Sie werden sehen, wie international Heraeus als Konzern aufgestellt ist. Davon profitieren Sie gleich mehrfach. Zum Beispiel durch gezielte Förderung Ihrer englischen Sprachqualifikation. Oder durch Auslandsaufenthalte, beispielsweise im Rahmen des EU-Austauschprogramms „Leonardo". Oder durch den Erwerb des ECDL (Europäischer Computer Führerschein). Kurz: Sie werden ein Profi. Genauso arbeiten Sie.

(www.heraeus.konzern.de)

Selbsteinschätzung

Anforderung / Fähigkeit	++	+	0	–	– –
Bin kontaktfreudig					
Bin kommunikationsfreudig					
Bin eigenverantwortlich					
Trage Verantwortung					
Bin weltoffen					
Bin engagiert					
Bin teamfähig					
Lerne gerne Neues					
Bin mobil					

++ trifft auf mich zu
\+ trifft auf mich weitgehend zu
0 trifft auf mich bedingt zu
– trifft auf mich weniger zu
– – trifft auf mich nicht zu

Führe die Selbsteinschätzung durch. Benutze dazu das Arbeitsblatt oder übertrage die Tabelle auf ein Blatt. Wenn du dies willst, kannst du eine Mitschülerin oder einen Mitschüler bitten, deine Selbsteinschätzung aus ihrer bzw. seiner Sicht zu beurteilen.

Interessen und Lebensplanung

Interessen? Klar habe ich Interessen! Die Songs von Lady Gaga finde ich super – und seit vorgestern geht mir Christopher nicht mehr aus dem Kopf. Der sieht einfach klasse aus!

Ist ja gut, ich verstehe deine Aufregung ja, so was interessiert uns doch alle zurzeit. Aber du hast bestimmt auch andere Interessen, die mal eine wichtige Rolle in deinem späteren Beruf spielen könnten …

Alles, was mit Elektronik zu tun hat, finde ich super. Zu Hause repariere ich vom Toaster bis zum PC alles. Und meine Anlage hat einen tollen Sound, seit ich den neuen Verstärker eingebaut habe.

Marc

Juri

Wenn ich von der Schule nach Hause komme, fliegt die Mappe in eine Ecke und schon sitze ich vor dem Computer – viele Lernprogramme und Spiele beherrsche ich wie ein Weltmeister!

Sina

Ich zeichne gern. Für meine Geburtstagsparty habe ich eine Einladungskarte gestaltet, von der alle hellauf begeistert waren.

Notiert ohne Namen auf einem Blatt, was euch am meisten interessiert und was überhaupt nicht. Jemand aus der Klasse sammelt dann die Blätter ein und liest sie vor. Die Klasse rät dabei jeweils, um wen es sich handeln könnte.

Katrin

Nach sechs Stunden Unterricht bin ich immer total zappelig – dieses blöde Eingesperrtsein! Deshalb findet man mich nachmittags oft auf dem Ponyhof.

Mein Onkel hat einen Fahrradladen. An einem Nachmittag in der Woche helfe ich dort mit. Vor kurzem habe ich alleine ein teures Mountainbike verkauft – das war ein tolles Gefühl!

Jörg

Rosa

Nach der Schule gehe ich ins Jugendhaus. Zusammen mit einer Freundin betreue ich Kinder im Grundschulalter. Mit denen zu spielen und zu basteln macht mir viel Spaß.

1 Welche der genannten Interessen entsprechen am ehesten deinen Interessen?

2 Welche Berufe, die du kennst, würdest du den Schülerinnen und Schülern vorschlagen?

2 Hilfe
Begründe deine Vorschläge.

Berufswahl – Motive und Interessen

Bei einem Projekttag zum Thema „Ausbildung und Beruf" kommen die Schülerinnen und Schüler der Klasse 10a ins Gespräch:

Alan: Cool, dass wir verschiedene Berufe mal aufzeigen. Eigentlich würde ich gern im Kindergarten als Erzieher arbeiten, aber da verdiene ich ja nicht viel.

Mehmet: Was willst du denn als Mann im Kindergarten? Kindererziehung ist Frauenarbeit. Ich will eine Schlosserlehre machen.

Alan: Warum sollen denn immer nur Frauen die Kinder erziehen? Wir Männer können auch mit den Kindern spielen, basteln und uns um sie kümmern. Warum willst du denn Schlosser werden?

Mehmet: Da kann ich mich den ganzen Tag handwerklich betätigen und sehe am Abend, was ich geschafft habe. Außerdem ist Schlosser ein richtiger Beruf für Männer. Da arbeitet man mit echten Kerlen zusammen.

Rafaela: Ich liebe Parfüm und Kosmetiksachen. In einer Parfümerie würde ich gerne arbeiten und die Produkte verkaufen. Da könnte ich immer die neuesten Düfte schnuppern und die aktuellen Trends verfolgen.

Alan: Du willst wirklich in den Verkauf? Bei den blöden Arbeitszeiten?

Rafaela: Ach, das ist doch halb so schlimm! Man kann nach der Ausbildung auch gut als Halbtagskraft arbeiten und das lässt sich mit einem Kind prima vereinbaren.

Katharina: Ich habe schon einen Ausbildungsplatz als Arzthelferin bei einem Internisten. Da kann ich kranken Menschen helfen und ihnen etwas Gutes tun.

Sonja: Ich würde gern im Bergbau arbeiten. Bergwerke haben mich schon als Kind fasziniert. Aber ich bin mir nicht sicher, ob ich als Frau unter Tage arbeiten darf?

Anke: Für jeden Beruf gibt es Schutzbestimmungen. So viel ich weiß, sind dir als Frau alle Ausbildungsberufe zugänglich. Du musst nur eingestellt werden.

Sonja: Ich werde mich da noch genau informieren. Stahlbetonbauerin finde ich auch nicht schlecht. Oder einen großen Baukran bedienen oder einen Bagger fahren würde mir auch gefallen. Auf jeden Fall will ich etwas Handfestes.

Natalie: Eigentlich ist es doch ziemlich egal, was man als Frau lernt. Irgendwann heirate ich doch und ziehe die Kinder groß. Und dann kräht kein Hahn mehr danach, ob ich eine gute Ausbildung habe oder nicht.

Anke: Und was, wenn du plötzlich ohne Mann dastehst und allein für dich sorgen musst?

Natalie: Jetzt male mal den Teufel nicht an die Wand! Irgendeinen Job findet man doch immer.

1 Welche Motive nennen die Jugendlichen für ihre Berufswahl? Notiere jeweils Name und Motiv.
2 Welche Meinung teilst du nicht? Was würdest du entgegenhalten?

Thema: Meine berufliche Zukunft

Unter Zukunftswerkstatt versteht man, mit unterschiedlichen Methoden kreative, neue und ungeahnte Möglichkeiten zu entwickeln, um die eigene oder die gemeinsame Zukunft zu gestalten. Mithilfe dieser Methode sollen nicht nur kritikwürdige Zustände benannt, sondern Möglichkeiten zur Veränderung gesucht und konkrete Schritte zum Erreichen von Zielen geplant werden. Wichtig dabei ist, dass alle Beteiligten gleichberechtigt und in einem angenehmen Arbeitsklima zusammenarbeiten.

Vorbereitung

Im Vorfeld müssen die benötigten Materialien (Pinnwände, Plakate, Farben ...) bereitgestellt und geeignete Räume reserviert werden.

Durchführung

1 Eröffnung des Themas
In dieser Phase wird das Thema vorgestellt. Gemeinsam wird erarbeitet, wo das Problem bzw. die Probleme des Themas liegen. Die wesentlichen Kritikpunkte werden benannt und zu einer Problemlage zugespitzt.

2 Kritikphase
Die Teilnehmerinnen und Teilnehmer äußern ihren Unmut zu allen Bereichen, die zum gemeinsam benannten Ausgangsproblem passen. Es werden aber auch die Dinge benannt, die sich nicht verändern sollen. Wichtig: Die Aussagen werden in dieser Phase nicht kommentiert oder gewertet. Es bietet sich an, die Ergebnisse auf einer Wandzeitung oder durch die Kartentechnik festzuhalten.

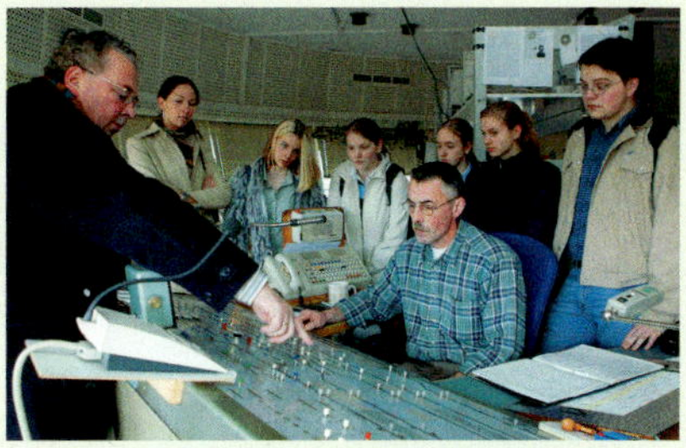

3 Fantasiephase
Ohne darüber nachzudenken, ob die Ideen umsetzbar sind, werden nun in Gruppen mögliche wünschenswerte zukünftige Zustände entworfen. Hier gilt: Nichts ist undenkbar, zunächst sind alle Vorschläge erlaubt. Die Ideen werden dann allen präsentiert (Rollenspiel, Wandzeitung, Märchen ...). Auch jetzt ist eine Bewertung der Vorschläge und Ideen nicht erlaubt.

4 Umsetzungsphase
Im Gespräch einigen sich nun alle gemeinsam darauf, welche der präsentierten Ideen weiterverfolgt werden. Jetzt ist auch der Zeitpunkt gekommen, an dem die Ideen kommentiert und bewertet werden. Ziel ist es nun, einen Aktionsplan zu entwerfen, d. h. Möglichkeiten zu entwickeln, mit denen die gesteckten Ziele erreicht werden können.

5 Präsentation und Abschluss
Die Ergebnisse werden so präsentiert, dass eine breite Öffentlichkeit für das Thema und die gewünschten Lösungen interessiert werden kann. Die Präsentation kann in der Schule stattfinden, (z. B. beim Elternabend) oder auch außerhalb der Schule.

1 Führt eine Zukunftswerkstatt zum Thema „Meine berufliche Zukunft“ durch.

Berufsberatung

Bei den **Schulbesprechungen** kannst du schon gezielte Fragen zur Berufswahl an den Berufsberater, die Berufsberaterin stellen.

Wenn du bei deiner Berufswahlvorbereitung einmal „ratlos“ bist, kannst du dich zu einem persönlichen Gespräch, also einer **Einzelberatung** bei der Berufsberatung anmelden.

Die Berufsberatung führt auch **Gruppenberatungen** durch. Wenn z. B. drei aus eurer Klasse sich für den gleichen Beruf interessieren, können sie sich als Gruppe anmelden.

Die Berufsberatung vermittelt auch **individuelle Betriebskontakte**. Dabei schaust du in einem Betrieb einen oder mehrere Nachmittage zu, wie in deinem Wunschberuf gearbeitet wird und worauf es ankommt. Wenn die Tätigkeiten nicht allzu anspruchsvoll sind, kannst du auch mitarbeiten.

Wenn du nicht sicher bist, ob du gesundheitlich für einen Beruf geeignet bist (Allergie, Heuschnupfen o. Ä.), kannst du dich auch an die Berufsberatung wenden. Diese schaltet dann den **Arzt der Agentur für Arbeit** ein, der dich berät.

Es kann sein, dass der Berufsberater oder die Berufsberaterin zusammen mit dir unsicher ist, ob deine Fähigkeiten und Interessen für einen bestimmten Beruf ausreichen. In diesem Fall kann er oder sie dich zum **Psychologen der Agentur für Arbeit** vermitteln. Tests und ein Gespräch können für deine Entscheidung eine wichtige Hilfe sein.

Der Berufsberater oder die Berufsberaterin kann dich auch unmittelbar beim Finden eines Ausbildungsplatzes unterstützen. Dieser Service heißt **Ausbildungsvermittlung**. Du bekommst Adressen von Betrieben, die Ausbildungsstellen in dem betreffenden Beruf anbieten. Weil die Berufsberatung weiß, was die einzelnen Betriebe erwarten, kann sie dir auch hilfreiche Tipps für die Bewerbung und das Vorstellungsgespräch geben.

Du kannst auch selbst im Internet herausfinden, in welchen Berufen Betriebe in deinem Wohnort oder in deiner Nähe Ausbildungsplätze anbieten. Dazu rufst du die Homepage der Agentur für Arbeit auf: http://jobboerse.arbeitsagentur.de/ und suchst nach Ausbildungsplätzen in deiner Nähe.

1

Susanne ist sich im Zweifel, ob ihr bisheriger Wunschberuf Erzieherin den Besuch des 10. Schuljahres oder der zweijährigen zur Fachschulreife führenden Berufsfachschule erfordert.

2

Mona hat noch gewisse Schwierigkeiten mit der deutschen Sprache. Sie will wissen, ob ihr Wunschberuf Hotelfachfrau trotzdem für sie infrage kommt.

3

Alexander möchte wissen, ob sein derzeitiger Wunschberuf Elektromaschinenbauer auch wirklich seinen Vorstellungen, also insbesondere seinen Interessen entspricht.

1 Hilfe

Notiere diejenige Möglichkeit, die sich wegen des geringsten Aufwandes am ehesten anbietet.

1 Welche Informations- bzw. Beratungsmöglichkeiten kommen in den drei Fällen jeweils infrage? Es gibt bei jedem der drei Fälle mehrere Möglichkeiten.

Thema: **Berufswahl**

Auswerten von Informationen

Recherche im Internet

Wenn du dich auf die Suche nach Informationen über Berufe und Ausbildungsmöglichkeiten machst, verfolgst du in der Regel bestimmte Fragen: „Was mache ich als …?“, oder „Wie viel verdiene ich während der Ausbildung?“ Oft bekommst du mehr Informationen als du brauchst. Manche Informationen sind im Augenblick interessant, manche vielleicht erst später. Deshalb ist es sinnvoll, alle Informationen zu sammeln. Im Laufe der Berufsorientierung ändern sich die Fragen, die du an die Berufe stellst. Du kannst dann auf die gesammelten Informationen zurückgreifen, ohne jedes Mal erneut suchen zu müssen. Für einen raschen Zugriff sollten die Informationen mit System geordnet werden.

1 Informationen sammeln

- Informationsmaterial, das in Ämtern und Schulen ausliegt
- Kopien aus Büchern, Broschüren, Zeitschriften und Zeitungen
- Informationen von Experten

2 Informationen ordnen

- wichtige Passagen im Text unterstreichen oder markern
- über mündliche Informationen Stichwortprotokoll anfertigen
- nach einheitlichem Prinzip, z. B. alphabetisch nach Berufsbezeichnung sortieren
- schriftliche Unterlagen in Ordnern mit Registern ablegen
- Datenbank im PC anlegen
- Karteikarten schreiben

3 Informationen auswerten

- Leitfragen zur Auswertung formulieren
- Materialsammlung nach passenden Antworten durchsuchen
- Ergebnisse der Materialsichtung notieren und übersichtlich darstellen, zum Beispiel in einer Tabelle oder einer Liste

Tipp

Damit du bei der Fülle der Informationen den Überblick behältst, musst du gezielt Fragen stellen. Einige Beispiele für mögliche Fragen:

Welche Interessen und Fähigkeiten brauche ich für diesen Beruf?

Welche Abschlüsse und Noten werden vorausgesetzt?

Wie gut sind die Beschäftigungsaussichten nach Abschluss der Ausbildung?

Girls'Day – Mädchen-Zukunftstag

Girls'Day
Mädchen-Zukunftstag

Die Mädchen lernen am Girls'Day Ausbildungsberufe und Studiengänge in Technik, IT, Handwerk und Naturwissenschaften kennen, in denen Frauen bisher eher selten vertreten sind oder begegnen weiblichen Vorbildern in Führungspositionen aus Wirtschaft oder Politik.
Der Girls'Day ist das größte Berufsorientierungsprojekt für Schülerinnen. Seit dem Start der Aktion im Jahr 2001 haben bei einer stetig steigenden Veranstaltungszahl insgesamt über 1 000 000 Mädchen teilgenommen. Im Jahr 2010 erkundeten mehr als 122 000 Mädchen Technik und Naturwissenschaften und über 9 600 Unternehmen und Organisationen waren auf der Aktionslandkarte eingetragen.

Warum ein Zukunftstag für Mädchen?

Die junge Frauengeneration in Deutschland verfügt über eine besonders gute Schulbildung. Dennoch entscheiden sich Mädchen im Rahmen ihrer Ausbildungs- und Studienwahl noch immer überproportional häufig für „typisch weibliche" Berufsfelder oder Studienfächer. Damit schöpfen sie ihre Berufsmöglichkeiten nicht voll aus; den Betrieben fehlt aber gerade in technischen und techniknahen Bereichen zunehmend qualifizierter Nachwuchs.

Was passiert am Girls'Day?

Technische Unternehmen und Abteilungen, sowie Hochschulen, Forschungszentren und ähnliche Einrichtungen bieten am Girls'Day Veranstaltungen für Mädchen an und tragen diese im Vorfeld auf der Aktionslandkarte unter www.girls-day.de ein. Unternehmen und Organisationen öffnen am Aktionstag alle Bereiche, in denen Frauen bislang unterrepräsentiert sind. Die Teilnehmerinnen erleben z. B. in Laboren, Büros und Werkstätten wie interessant und spannend diese Arbeit sein kann. In Workshops und bei Aktionen gewinnen die Mädchen Einblick in die Praxis verschiedenster Bereiche der Arbeitswelt und erproben praktisch ihre Fähigkeiten im technischen Bereich. Sie erhalten direkte Antworten auf ihre Fragen und können erste Kontakte knüpfen.
Auch geht es darum, die Öffentlichkeit und Wirtschaft auf die Stärken der Mädchen aufmerksam zu machen, um einer gut ausgebildeten Generation junger Frauen weit reichende Zukunftsperspektiven zu eröffnen. Unternehmen, die erfolgreich spezielle „Mädchen-Tage" realisieren, verzeichnen einen steigenden Anteil junger Frauen in technischen und techniknahen Berufen.

Auswirkungen

Für viele junge Frauen hat die Zukunft in einem technischen Ausbildungs- oder Studiengang aufgrund ihrer Teilnahme am Girls'Day bereits begonnen. Evaluationsergebnisse bestätigen, dass der Girls'Day positiven Einfluss auf das Image von technischen Berufen bei den Teilnehmerinnen hat und Unternehmen entwickeln durch die Teilnahme am Gils'Day ein verstärktes Engagement bei der Ansprache von jungen Frauen für technische Berufe.

Jungen am Girls'Day

Auch Jungen können diesen Aktionstag nutzen: Sie können sich am Girls'Day intensiv mit persönlichen Berufs- und Lebenszielen auseinandersetzen. Regionale Arbeitskreise sowie Pädagoginnen und Pädagogen an den Schulen organisieren zusätzlich Programme für Jungen, die auf die Erweiterung ihrer Lebensperspektiven und ihres Berufsspektrums ausgerichtet sind, denn auch sie orientieren sich häufig eindimensional. Viele Initiativen und Netzwerke haben sich bereits des Themas jungengerechter Förderung aktiv angenommen. Schulische und außerschulische Aktivitäten zu den Themen Berufswahlmöglichkeiten, Lebensplanung und Sozialkompetenzen richten sich gezielt an Jungen. Weitere Informationen bietet das Servicebüro Neue Wege für Jungs und die zugehörige Website für Jungen www.respekt-jungs.de (...)

(http://www.girls-day.de/... 30. 06. 2010)

Girls'Day: Mädchen gewinnen Einblicke in den Beruf „Zimmerer/Zimmerin"

Evaluation
Bewertung, Beurteilung

überproportional
häufiger als im Durchschnitt

Junge Frau in einem technischen Beruf

unterrepräsentiert
weniger vertreten als es im Vergleich zu den Männern ihrem Anteil an der Bevölkerung entsprechen würde

1 Beschreibe, welcher Zweck mit dem jährlich stattfindenden Girls'Day/Mädchen-Zukunftstag verfolgt wird: Welche Chance bietet er Mädchen? Welche Vorteile erhoffen sich die teilnehmenden Unternehmen, technischen Betriebe, Forschungszentren und Hochschulen davon?
2 Informiert euch im Internet über Aktionen im Zusammenhang mit dem Girls'Day in eurer Region und die Möglichkeiten, wie Jungen diesen Aktionstag nutzen können.

Praktikum – in welchem Beruf?

In Klasse 9 wird das Schülerbetriebspraktikum durchgeführt. Die Entscheidung für einen Praktikumsberuf darf kein Schnellschuss sein. Bevor man sich entscheidet, sollten einige wichtige Fragen geklärt sein.

1. Bist du dir über deine Interessen, die du mit deinem Wunschberuf für das Praktikum verbindest, auch wirklich im Klaren?
2. Kennst du deine Fähigkeiten und Schwächen?
3. Hast du dich schon über die Anforderungen informiert, die in diesem Beruf gestellt werden?
4. Ist dein derzeitiger Wunschberuf für das Praktikum einseitig durch Hinweise von Eltern oder durch Freunde beeinflusst worden?
5. Wie sieht die Lehrstellenlage bei diesem Beruf aus?
6. Gibt es in eurer Nähe mehrere Betriebe, die in diesen Beruf ausbilden?
7. Reicht der angestrebte Schulabschluss als Eingangsvoraussetzung für die Ausbildung in deinem Praktikumsberuf aus?
8 Weißt du, wie bei deinen derzeitigen schulischen Leistungen die Chancen sind, eine Lehrstelle in diesem Beruf zu bekommen?
9. Kennst du Alternativberufe, die zu deinen Fähigkeiten und Interessen passen könnten?

1 Beantworte die neun Fragen. Begnüge dich nicht mit Ja- oder Nein-Antworten, sondern erkläre deine Antwort so genau wie möglich.

2 Welche Aussagen in den Sprechblasen hältst du für nicht angemessen? Widerlege diese Aussagen mit Argumenten.

3 Notiere Berufe, die für dich für ein Praktikum in Frage kommen.

4 Wähle aus dieser Liste drei Berufe aus. Nenne an erster Stelle den Beruf, in dem du dein Praktikum am liebsten machen würdest.

2 Hilfe
Nicht angemessen für ein Praktikum sind drei Aussagen.

Einen Praktikumsplatz suchen

Luisa sucht einen Praktikumsplatz. Sie überlegt sich verschiedene Möglichkeiten:

- Internet
- Bekannte fragen
- Branchenverzeichnis
- Eltern/Verwandte fragen
- Adressenliste der Schule
- örtliche Betriebe aufsuchen
- Betriebserkundungen
- Berufsberatung
- Internet der Industrie- und Handelskammer

Die Kontaktaufnahme zu einem Praktikumsbetrieb kann auf verschiedene Weise erfolgen. Ihr könnt euch mit einem Bewerbungsschreiben an den Betrieb wenden. Häufig findet bei einem Praktikum der erste Kontakt über das Telefon statt. Ihr könnt aber auch persönlich bei einem Betrieb nachfragen. Bei einem Telefongespräch, in dem du wegen eines Praktikumsplatzes nachfragst, bekommt der Betrieb einen ersten Eindruck von dir. Dieser erste Eindruck ist oft entscheidend. Deshalb solltest du beim Telefonieren einige Regeln beachten:

- Lege dir Schreibzeug und Papier bereit.
- Schreibe dir Fragen auf, die du stellen möchtest.
- Melde dich mit Namen und einem Gruß! Dies ist bei jedem Gesprächspartner nötig.
- Frage bei der Telefonzentrale nur, wer für Bewerbungen um Ausbildungsstellen zuständig ist. Verzichte auf lange Ausführungen und Erklärungen.
- Schreibe den Namen deines Gesprächspartners auf. Frage zurück, wenn du ihn nicht genau verstanden hast.
- Rechne auch mit ungewohnten Fragen.
- Notiere nach dem Gespräch alle wichtigen Angaben.

Kein Praktikumsplatz – was tun?

Manchmal kommt es vor, dass man nicht auf Anhieb einen Praktikumsplatz findet. Dann muss man überprüfen, woran das liegt:

- Gibt es keinen entsprechenden Betrieb in der näheren Umgebung?
- Gibt es Alternativen zu meinem Wunschberuf?
- Liegt es an mir?
- Sind meine Vorstellungen realistisch?
- Habe ich genügend Anstrengungen unternommen?
- Habe ich meine Interessen und Vorstellungen richtig bedacht?

Partner-Rollenspiel am Telefon

Übe mit einem Partner die telefonische Bewerbung. Eine von dir ausgesuchte Anzeige dient als Grundlage für deine telefonische Bewerbung. Gib deinem Gesprächspartner eine Kopie dieser Anzeige. Wechsle mit deinem Partner oder deiner Partnerin die Rollen.

2 Hilfe

Schreibzeug und Papier bereithalten, damit man z. B. den Namen des Gesprächspartners oder andere Punkte sofort notieren kann. Frage vorher …

1 Einen Praktikumsplatz kann man auf verschiedenen Wegen finden. Welche der genannten Möglichkeiten kommen für dich in Frage? Warum?

2 Begründe die Regeln für die telefonische Kontaktaufnahme. Notiere stichwortartig.

Erwerbstätigkeit im Wandel

Grundsätzlich lassen sich drei Wirtschaftsbereiche unterscheiden: Landwirtschaft, Forstwirtschaft, Fischerei; Waren produzierendes Gewerbe; Dienstleistungen. In den beiden erstgenannten Bereichen wird die Zahl der Erwerbstätigen in den nächsten Jahren weiter sinken, während sie im Dienstleistungssektor weiter zunehmen wird. Die Qualifikation der Erwerbstätigen steigt stetig. Waren 1985 noch über 25 Prozent ohne Berufsabschluss, so waren es 2010 nur noch etwas über 11 Prozent.

Veränderungen der Berufstätigkeit

Mit dem Wandel in der Arbeitswelt verändern sich auch Arbeitsinhalte und damit die beruflichen Anforderungen. Der zunehmende Einsatz von Mikroelektronik und Automation erfordert mehr Kopf- als Handarbeit. Neue Berufsbilder entstehen. Schlüsselqualifikationen wie Selbstständigkeit, Teamfähigkeit, Verantwortungsbewusstsein spielen eine immer größere Rolle.

Interessen

Jugendliche haben viele Interessen. Manche hängen vor allem mit dem momentanen Entwicklungsstand zusammen, aber auch damit, ob man ein Mädchen oder ein Junge ist. Interessen sind häufig sehr kurzlebig. Es gibt aber auch Interessen, die lange anhalten. Diese kommen häufig in Hobbys zum Ausdruck. Sie werden deshalb zuerst genannt, wenn es um Berufswünsche geht.

Berufswünsche

Jeder hat bestimmte Interessen, die er in seinem späteren Beruf verwirklichen will. Aus diesen Interessen und aus den Vorstellungen, die man von Berufen hat, ergeben sich Berufswünsche. Berufswünsche werden aber auch beeinflusst durch Eltern und Freunde, durch die Darstellung von Berufen in Filmen und in der Werbung sowie durch das Ansehen, das ein Beruf genießt. Es ist daher wichtig, dass man sich schon am Anfang bei seinen Berufswahlüberlegungen darüber im Klaren ist, wie der Berufswunsch entstanden ist.

Berufswahl online

Die Berufswahl ist auch deshalb schwierig, weil man viele Berufe gar nicht kennt. Manche kennt man aus dem Alltag: den Friseur, den Kfz-Mechatroniker, die Fachverkäuferin usw. Andere Berufe werden in Betrieben, Büros usw. ausgeübt und man hatte mit ihnen noch nichts zu tun. Solche Berufe kann man im Internet unter der Adresse www.planet-beruf.de kennenlernen. Vor allem kann man dort die Merkmale von Berufen mit den eigenen Interessen vergleichen. Die Merkmale der Berufe, die bestimmten Interessen entsprechen, werden in drei Bereiche eingeteilt: Tätigkeiten (Was arbeitet man in diesem Beruf?), Arbeitsorte (Wo arbeitet man?), Arbeitsmittel und Arbeitsgegenstände (Womit arbeitet man?).

Mädchen und Jungen bei der Berufswahl

Bei uns herrscht freie Berufswahl. Das bedeutet, dass jeder den Beruf ergreifen kann, den er möchte. Es gibt nur einige wenige Berufe, die Mädchen verschlossen sind, weil die damit verbundenen Belastungen für Frauen als unzumutbar angesehen werden. Obwohl die Mädchen im Schnitt bessere Schulabschlüsse als die Jungen aufweisen, orientieren sie sich bei der Berufswahl häufig noch viel zu einseitig in Richtung der typischen Frauenberufe. Um hier Abhilfe zu schaffen und die Mädchen auf Berufsmöglichkeiten in technischen und techniknahen Berufen hinzuweisen, findet jährlich der Girls'Day (Mädchen-Zukunftstag) statt. An diesem Tag öffnen Betriebe ihre Tore, um Mädchen einen Einblick in solche, oft besser bezahlte Berufe zu ermöglichen. Um umgekehrt Jungen stärker für Berufe im sozialen Bereich zu begeistern, gibt es mittlerweile ebenfalls Aktionen.

Berufsberatung

Die Berufsberatung der Agentur für Arbeit kommt nicht nur zu Schulbesprechungen in die Schule. Sie bietet auch Einzelberatungen, Gruppenberatungen, individuelle Betriebskontakte und Seminare an. Jeder kann bei Bedarf auch den Arzt und den Psychologen der Agentur für Arbeit in Anspruch nehmen.

Arbeitsplatzerkundung/ Praktikum

Die Arbeitsplatzerkundung bzw. das Praktikum ist ein wichtiger Schritt bei der Berufswahlvorbereitung. Je nach Betrieb und Beruf kann man dabei eher mitarbeiten oder hauptsächlich zuschauen. Dabei hat man die Chance, einen Beruf genauer kennenzulernen. Dabei erfährt man auch etwas über die Arbeitsbedingungen in einem Betrieb. Als Praktikantin oder Praktikant ist man Gast in einem Betrieb und muss sich entsprechend verhalten. Dazu gehört nicht nur höfliches Benehmen. Man sollte sein Interesse an der Praktikantentätigkeit zeigen und auch auf die Unfallgefahren achten. Die Eindrücke und Erfahrungen werden in einem Praktikumsbericht festgehalten. Er dient dazu, Klarheit über die bisherigen Berufswahlüberlegungen zu gewinnen.

Was sind Unternehmen?

Viele denken, ein Unternehmen müsse eine große Firma mit Betriebsanlagen und vielen Beschäftigten sein. Das ist aber nicht so. In der Bundesrepublik Deutschland gibt es etwa 3,1 Millionen Unternehmen. Davon sind 2,1 Millionen Einzelunternehmen, also Betriebe, die nur vom Inhaber geführt werden.

Der Schriftsteller, der zu Hause an seinem Schreibtisch an einem neuen Buch arbeitet, ist nach dem Steuerrecht ebenso Unternehmer wie der Besitzer eines Imbissstandes, der Brat- und Currywurst anbietet oder der Detektiv, der für seine Kunden Nachforschungen anstellt. Andererseits sind große Konzerne wie Mercedes-Benz, Siemens oder die Lufthansa auch Unternehmen. Unternehmen haben also viele Gesichter. Gemeinsam ist ihnen, dass sie alle Waren produzieren bzw. liefern oder Dienstleistungen anbieten.

Bei jedem Unternehmen muss geregelt sein, wer verantwortlich ist, wer das Risiko trägt, wem der Gewinn zusteht usw. Weil Unternehmen so unterschiedlich sind, gibt es auch unterschiedliche Formen, wie Rechte und Pflichten geregelt sind.

In der Einzelunternehmung gibt es nur eine Person, die das Unternehmen leitet und persönlich haftet. Meistens sind dies Kleinbetriebe mit wenig Kapital und wenigen Beschäftigten. In der Personengesellschaft schließen sich mehrere Personen zusammen, um ein Unternehmen gemeinsam zu betreiben, z. B. als Offene Handelsgesellschaft (OHG). Wird für ein Unternehmen viel Kapital benötigt, oder will man die Haftung beschränken, so eignet sich eine Kapitalgesellschaft, z. B. eine Aktiengesellschaft (AG) oder eine Gesellschaft mit beschränkter Haftung (GmbH).

Setzt auf Vernetzung: Steffen Dreise, Gründer der Firma Saxnet

Umsatz
Gesamtwert dessen, was von einer Firma verkauft wird

Prototyp
Einzelstück, das zur Erprobung vor einer Serienfertigung gebaut wird

Garagenzeit
bildhafter Ausdruck für die bescheidenen Anfänge eines Unternehmens, als die Fertigung sozusagen noch in einer Garage stattfand

investieren
Geld anlegen, z. B. in Sachgütern

Der Internet-Fan

Plauen. Vor fünf Jahren gründete Steffen Dreise seine erste Firma in Plauen, die Saxonia Networks. Aus dem Drei-Mann-Unternehmen ist inzwischen die Saxnet GmbH geworden. Der 23-Jährige beschäftigt 21 Mitarbeiter und hat 2,5 Millionen Euro in eine eigene Firmenzentrale investiert. In diesem Jahr hofft er auf einen Umsatz von mehreren Millionen Euro.

Noch wirken die Hallen im neuen Firmengebäude etwas leer. Ein Zeichen der aktuellen Krise? „Nein. Wir haben das Gebäude bewusst größer gebaut, als wir es jetzt brauchen, mit Blick auf zukünftiges Wachstum", entgegnet Dreise. Hier werden neuartige WLAN-Access Points, Mechnode II und III genannt, gebaut. Das sind Geräte, die den Nutzer drahtlos mit dem Internet verbinden. Der 23-Jährige hat dabei ein eigenes Modell entwickelt, mit dem er jetzt eine Marktnische füllen will.

Den Anstoß gab die mangelnde Versorgung seines Heimatdorfes Weischlitz bei Plauen mit dem schnellen Internetzugang DSL. Dreise wollte deswegen ein eigenes Gerät bauen und bestellte sich elektronische Bauteile aus aller Welt. Eine Universität wurde darauf aufmerksam. So kam es dazu, die Idee größer zu vermarkten.

2004 gründete Dreise die Saxonia Networks. Mit zwei Mann bezog er eine Werkstatt, in der am ersten Prototypen gebaut wurde. „Das war sozusagen unsere Garagenzeit", erinnert sich der junge Mann. Um zu wachsen, wurde 2006 die Saxnet GmbH als Nachfolger des Einzelunternehmens gegründet. Inzwischen beschäftigt Dreise 21 Mitarbeiter, vor allem Diplom-Informatiker oder -Ingenieure. Er hat knapp sechs Millionen Euro investiert – Fördergelder, Kredite und Eigenkapital. Aus den 30 Quadratmetern Arbeitsfläche des ehemaligen Büros sind inzwischen 3200 Quadratmeter geworden. (...)

(Matthias Winkelmann, in: Leipziger Volkszeitung, 09./10.05.2009, S. 9)

1 Hilfe
Welche Unternehmen werden von mehreren genannt? In welchen Fällen könnt ihr feststellen, ob es sich um ein Einzelunternehmen handelt?

1 Liste zehn Unternehmen auf, die dir aus deinem Umfeld bekannt sind. Vergleicht eure Listen dann innerhalb der Gruppe.

2 Was ist am Beispiel von Steffen Dreise typisch für einen Unternehmer? Notiere.

Aufbau eines Unternehmens

Die Firma AKA-GmbH ist ein Unternehmen der Metallbranche mit 220 Mitarbeiterinnen und Mitarbeitern. Die Firma stellt hochwertige Spezialmaschinen für die Metallbearbeitung her, die weltweit in vielen Ländern verkauft werden. Das Unternehmen wird von der Geschäftsleitung geführt, der vier Abteilungen unterstehen.

Geschäftsleitung
Sie legt die betrieblichen Ziele fest und trägt die Verantwortung für den Erfolg des Unternehmens.

Einkauf	Produktion	Vertrieb	Verwaltung
Diese Abteilung ist für die Beschaffung der benötigten Materialien zuständig.	Diese Abteilung ist für die kostengünstige und termingerechte Herstellung der Waren verantwortlich.	Diese Abteilung soll von den hergestellten Waren möglichst viel zu einem guten Preis verkaufen.	Diese Abteilung ist für die Finanzen und das Personal zuständig.

Aufgaben

1. Es muss dafür gesorgt werden, dass die bestellten Waren bei den Kunden pünktlich ankommen.
2. Neue Produkte müssen entwickelt und erprobt werden.
3. Die benötigten Rohstoffe und Materialien müssen eingekauft und gelagert werden.
4. Die Qualität der Produkte muss ständig kontrolliert werden.
5. Die gesetzlich vorgeschriebene Buchhaltung muss geführt werden.
6. Der Ablauf des Herstellungsprozesses muss geplant werden.
7. Die Rechnungen für die gelieferten Materialien müssen bezahlt werden.
8. Es muss Werbung für die eigenen Produkte gemacht werden.
9. Neue Mitarbeiterinnen und Mitarbeiter müssen ausgewählt und eingestellt werden.
10. Es muss kontrolliert werden, ob die gelieferten Waren auch den betrieblichen Anforderungen genügen.
11. Der Kontakt mit den Kunden muss durch Mitarbeiterinnen und Mitarbeiter im Außendienst hergestellt und gepflegt werden.
12. Es muss dafür gesorgt werden, dass die für die Produktion benötigten Materialien stets in ausreichender Menge bereitliegen.

1 ↗ Welche Abteilung ist für welche der genannten Aufgaben zuständig? Ordne zu.
2 Versuche, für deinen Praktikumsbetrieb ein Aufbauschema zu zeichnen.

1 ↗ Hilfe
Zu jeder Abteilung gehören jeweils drei Aufgaben.

Mitbestimmung im Betrieb

Nach dem Zweiten Weltkrieg war man überzeugt, dass die Demokratie nicht auf den Staat beschränkt bleiben darf, sondern in allen gesellschaftlichen Bereichen gelten muss. Für die Wirtschaft sollte dies durch die betriebliche Mitbestimmung erreicht werden. Damit ist gemeint, dass die Arbeitnehmerinnen und Arbeitnehmer die Möglichkeit haben müssen, ihre Arbeitswelt mitzugestalten und bei den Entscheidungen der Arbeitgeber mitzureden.
Große Unternehmen sind meist Aktiengesellschaften, die von einem aus mehreren Mitgliedern bestehendem Vorstand geführt werden. Darüber steht ein Aufsichtsrat, der die Mitglieder des Vorstands wählt, dessen Arbeit kontrolliert und den Vorstand auch wieder entlassen kann. Dem Aufsichtsrat müssen auch Vertreter der Arbeitnehmer angehören. Sie können durch ihre Mitarbeit im Aufsichtsrat auf die Führung des Unternehmens Einfluss nehmen und bei den Entscheidungen mitwirken, auch wenn diese die Entwicklung des gesamten Unternehmens betreffen, z. B. die Einrichtung neuer Produktionsstätten usw.
In Betrieben mit mehr als fünf Beschäftigten haben die Arbeitnehmer das Recht, einen Betriebsrat aus ihrer Mitte zu wählen. Der Betriebsrat hat Mitbestimmungs- und Mitwirkungsrechte. Mitbestimmung bedeutet, dass Entscheidungen des Arbeitgebers erst wirksam werden, wenn der Betriebsrat zustimmt. Mitwirkung bedeutet, dass der Arbeitgeber den Betriebsrat über vorgesehene Maßnahmen informieren muss, bevor sie wirksam werden können. In Deutschland gibt es in über 100 000 Betrieben Betriebsräte. Die Anzahl der Betriebsratsmitglieder richtet sich dabei nach der Anzahl der Beschäftigten.

Daniel

- Mitbestimmungsrecht
- Mitbestimmung
- Mitwirkung
- Beratungsrecht
- Anhörungsrecht
- Unterrichtungsrecht
- Zustimmungsrecht

Mitbestimmung und Mitwirkung: abgestufte Rechte

(1) ____________________

(2) __________ Der Betriebsrat bestimmt mit.	Arbeitgeber und Betriebsrat können jeweils von sich aus die Regelung einer Angelegenheit anstreben. Sie können Entscheidungen jedoch nur gemeinsam treffen.
(3) __________ Der Betriebsrat muss zustimmen.	Der Arbeitgeber darf eine Maßnahme nur mit Zustimmung des Betriebsrates durchführen.

(4) ____________________

(5) __________ Der Betriebsrat muss mitberaten.	Arbeitgeber und Betriebsrat erörtern eine Angelegenheit in einem gemeinsamen Gespräch.
(6) __________ Der Betriebsrat muss angehört werden.	Der Arbeitgeber teilt dem Betriebsrat seine Absicht mit und fordert ihn zu einer Stellungnahme auf.
(7) __________ Der Betriebsrat muss informiert werden.	Der Arbeitgeber teilt dem Betriebsrat anhand von Unterlagen seine Pläne mit.

Daniel soll ein Referat zum Thema „Mitbestimmung und Mitwirkung“ halten. Dazu hat er eine Folie vorbereitet. Bei seinem Referat will er die sieben Fachbegriffe in die Folie eintragen.

Fall 1
Seit drei Monaten steigen die bei einer Firma eingehenden Bestellungen. Die Firma gerät dadurch bei der Einhaltung ihrer Liefertermine in große Schwierigkeiten. Die Geschäftsführerin möchte, dass die Arbeiter an den nächsten vier Samstagen jeweils fünf Stunden zusätzlich arbeiten – natürlich gegen Bezahlung.

Fall 2
Ein Unternehmen plant den Neubau einer Fabrikationshalle. In ihr sollen die neuen Mitarbeiter ihren Arbeitsplatz haben und neue Maschinen aufgestellt werden.

Fall 3
Ein Unternehmen möchte in der Abteilung Produktion die Entlohnung von Zeitlohn auf Akkordlohn umstellen. So soll der Anreiz zu mehr Leistung verstärkt werden.

Fall 4
In der Lackiererei eines Betriebes soll eine neue Technik eingeführt werden. Bei dieser neuen Technik werden die Arbeiterinnen und Arbeiter viel weniger durch Dämpfe belastet.

Fall 5
Der Geschäftsführer einer Firma möchte einer Mitarbeiterin unter Einhaltung der gesetzlichen Kündigungsfrist kündigen, weil er mit deren Leistung nicht zufrieden ist. Die Mitarbeiterin ist zudem im letzten Jahr häufig zu spät zur Arbeit gekommen.

Betriebsverfassungsgesetz

§ 87 Mitbestimmungsrechte
(1) Der Betriebsrat hat, soweit eine gesetzliche oder tarifliche Regelung nicht besteht, in folgenden Angelegenheiten mitzubestimmen:
1. Fragen der Ordnung des Betriebs und des Verhaltens der Arbeitnehmer im Betrieb;
2. Beginn und Ende der täglichen Arbeitszeit einschließlich der Pausen sowie Verteilung der Arbeitszeit auf die einzelnen Wochentage;
3. vorübergehende Verkürzung oder Verlängerung der betriebsüblichen Arbeitszeit; …

10. Fragen der betrieblichen Lohngestaltung, insbesondere die Aufstellung von Entlohnungsgrundsätzen und die Einführung und Anwendung von neuen Entlohnungsmethoden sowie deren Änderung; …

§ 90 Unterrichtungs- und Beratungsrechte
(1) Der Arbeitgeber hat den Betriebsrat über die Planung
1. von Neu-, Um- und Erweiterungsbauten von Fabrikations-, Verwaltungs- und sonstigen betrieblichen Räumen,
2. von technischen Anlagen,
3. von Arbeitsverfahren und Arbeitsabläufen oder
4. der Arbeitsplätze rechtzeitig unter Vorlage der erforderlichen Unterlagen zu unterrichten. …

§ 102 Mitbestimmung bei Kündigungen
(1) Der Betriebsrat ist vor jeder Kündigung zu hören. Der Arbeitgeber hat ihm die Gründe für die Kündigung mitzuteilen. Eine ohne Anhörung des Betriebsrats ausgesprochene Kündigung ist unwirksam.

tariflich
auf eine zwischen Arbeitgebern und Gewerkschaften ausgehandelte Vereinbarung bezogen

Akkordlohn
Bezahlung nach Stückzahl

1 Beschreibe den Kerngedanken der betrieblichen Mitbestimmung.
2 Ordne die sieben Begriffe den Platzhaltern in Daniels Folie zu.
3 Vergleiche die fünf Fälle mit den Bestimmungen des Betriebsverfassungsgesetzes.

3 Hilfe
Lege dazu eine Tabelle mit folgenden Spalten an: Fall / Welche Stelle im Betriebsverfassungsgesetz ist hier wichtig? / Um welche Rechte des Betriebsrats geht es hier?

Betriebsrat und Jugendvertretung

Nicole und Martin interviewen Herrn Kross, Betriebsrat in einer Werkzeugmaschinenfabrik

1
Gibt es mehrere Betriebsräte hier in diesem Betrieb?

2
Wie wird ein Betriebsrat gewählt? Und für wie lange?

3
Was müssen Sie als Betriebsrat machen?

4
Gibt es bei Ihnen keine Probleme zwischen Betriebsrat und Arbeitgeber? Können Sie immer alles durchsetzen?

5
Wenn man Betriebsrat ist – wird man da besonders ausgebildet?

6
Gibt es eigentlich in jedem Betrieb einen Betriebsrat?

7
Wenn jetzt im Betrieb die Arbeitnehmer irgendein Problem haben, kommen sie dann zu ihnen?

8
Als Betriebsrat hat man ja mehr Arbeit. Bekommt man dafür mehr Geld? Oder mehr Urlaub?

A
In erster Linie hat der Betriebsrat die Aufgabe, hier im Betrieb für menschengerechte Arbeitsbedingungen zu sorgen. Wir haben darüber zu wachen, dass alle Gesetze eingehalten werden. … Da gibt es z. B. die Arbeitszeitordnung, über die der Betriebsrat zu wachen hat, dann die Arbeitsstättenverordnung. Ja – und dann natürlich die Mitbestimmung! Wir haben da als Betriebsrat auch Mitbestimmungsrechte, also z. B. bei der Betriebsordnung, bei der Regelung der Arbeitszeit.

B
Die kommen alle zu uns. Das Betriebsratszimmer ist ja täglich besetzt. Da gibt es so viele Sachen, z. B. Beschwerden. Der Betriebsangehörige kommt zu uns und trägt uns seine Sorgen vor – wir tragen sie dann dem Chef vor und beraten dann natürlich immer zugunsten des sozial Schwächeren – das ist ja klar!

C
Alle Arbeitnehmer, die über 18 Jahre alt sind, wählen den Betriebsrat. Wir werden in geheimer und unmittelbarer Wahl gewählt. Und zwar für vier Jahre.

D
Betriebsräte bekommen kein Entgelt für ihre Tätigkeit als Betriebsrat, obwohl da sehr viele Stunden anfallen. Also bei uns gibt es Zeiten, da kommt man kaum vor 22 Uhr nach Hause. Das wird nicht bezahlt. Wenn es geht, können wir die Zeit abfeiern, aber dazu kommt man kaum.

E
Ja! Wir machen sogar sehr viel Schulung für unsere Betriebsräte. Meine acht Kollegen im Betriebsrat waren z. B. letzte Woche bei einem Lehrgang. Da ging es um das Führen von Betriebsratssitzungen, es ging um die Personalplanung und die Erstellung von Betriebsvereinbarungen und so.

F
Wir haben neun Betriebsräte. Die Zahl hängt von der Größe der Belegschaft ab: je mehr Arbeitnehmer, desto mehr Betriebsräte. Wir neun wählen dann einen Vorsitzenden und dessen Stellvertreter.

G
Probleme? Ich will es mal so sagen: Es kommt immer darauf an, wie gut ein Betriebsrat das Betriebsverfassungsgesetz kennt und damit arbeitet. Also bei uns, da hört der Direktor noch auf den Betriebsrat. Allerdings, wir müssen natürlich auch bereit sein, Kompromisse zu schließen. Es ist nicht so, dass wir bloß zu sagen brauchen: Das wollen wir, da steht's drin! Jedes Gesetz hat Gummiparagrafen, die kann man hin- und herziehen. Und wir versuchen natürlich immer, das Beste für unsere Leute herauszuholen. Es ist halt so wie überall: Auch wir müssen viele Kompromisse schließen.

H
Nein, nicht in jedem. Wenn in einem Betrieb mindestens fünf Arbeitnehmer beschäftigt sind, die über 18 Jahre alt sind, können sie einen Betriebsrat wählen. Es gibt aber keinen Zwang, einen Betriebsrat zu bilden.

Der zähe Kampf der Lidl-Betriebsräte ums Recht

Bei Lidl gibt es nur sieben Betriebsräte für 50000 Mitarbeiter, darunter zwei in Hamburg. Rund 3000 Filialen haben keine Arbeitnehmervertretung.

(...) Tayeb Azzab ist ebenso wie seine Kollegin Ulrike Schramm de Robertis ein Exot. Er ist einer von nur sieben Betriebsräten bei Lidl in Deutschland – und der erste Beschäftigte aus Hamburg mit dem Mut sich wählen zu lassen. Seit drei Jahren bietet er seinem direkten Vorgesetzten die Stirn, um für seine 15 Kollegen bessere Arbeitsbedingungen bei dem Discounter zu erkämpfen.

In den übrigen der rund 3000 deutschen Filialen gibt es keine Arbeitnehmervertretung. Obwohl laut dem deutschen Betriebsverfassungsgesetz jeder Betrieb mit mindestens fünf wahlberechtigten Mitarbeitern einen Anspruch darauf hat. „Über die Bildung eines Betriebsrates entscheiden unsere Mitarbeiter“, teilt Lidl auf Abendblatt-Anfrage mit. Für Arno Peukes, Gewerkschaftssekretär von Ver.di Hamburg, ist der Discounter hingegen „ein gutes Beispiel dafür, wie schwierig es in manchen Unternehmen sein kann, neue Betriebsräte aufzustellen“. (...)

(Kathrin Fichtel, in: Hamburger Abendblatt, 19.06.2010. http://www.abendblatt.de/wirtschaft/article1538273/Der-zaehe-Kampf-der-Lidl-Betrie... 05.08.2011)

Discounter
Händler oder Geschäft mit Billigangeboten

Wer vertritt die Interessen von Jugendlichen und Azubis?

Die Jugend- und Auszubildendenvertretung (JAV) setzt sich für die Arbeitnehmer unter 18 Jahren und Auszubildenden unter 25 Jahren in einem Betreib ein. Sie wacht darüber, dass die für die Jugendlichen gemachten Gesetze eingehalten werden, z. B. das Jugendarbeitsschutzgesetz. Die JAV kann Maßnahmen zur Berufsbildung beim Betriebsrat beantragen und hat berechtigte Anregungen von Jugendlichen an den Betriebsrat weiterzuleiten. Zu den Sitzungen des Betriebsrates kann die JAV Vertreter entsenden. Werden dort Angelegenheiten der Jugendlichen und Auszubildenden behandelt, so haben die JAV-Vertreter ein Teilnahme- und Stimmrecht.

Beschwerdeweg für einen jugendlichen Arbeitnehmer oder Auszubildenden

1 Welche Antwort (Seite 182 rechts) gehört zu welcher Frage (Seite 182 links)? Ordne zu.
2 Liste die Aufgaben eines Betriebsrates auf, die in den Antworten genannt werden.
3 Was zeigt das Beispiel „Lidl“? Erläutere, was dir auffällt.
4 Die linke Zeichnung erschien in einem Gewerkschaftsheft für Jugend- und Auszubildendenvertreter. Was will sie deutlich machen?

4 Hilfe
Beachte auch die Zeichnung in der Randspalte.

Gewerkschaften und Arbeitgeberverbände

Gewerkschafts-Demonstration gegen Sozialdumping

Sozialdumping hier: sehr niedrige Löhne

Zu den großen Verbänden in Deutschland gehören die Organisationen der Arbeitnehmer und der Arbeitgeber. Das Grundgesetz garantiert in Artikel 9 ausdrücklich das Recht, zur Wahrung und Förderung der Arbeits- und Wirtschaftsbedingungen Vereinigungen zu bilden. Die Interessenvertretung der Arbeitnehmer sind die Gewerkschaften, die Arbeitgeber haben sich in Arbeitgeberverbänden organisiert. Man nennt die Gewerkschaften und die Arbeitgeberverbände auch Sozialpartner, da sie die Bedingungen in der Arbeitswelt weitgehend in eigener Verantwortung regeln. Für alle Wirtschaftszweige und Beschäftigungsgruppen treffen sie verbindliche Vereinbarungen über Löhne und Arbeitsbedingungen. Damit haben sie großen Einfluss auf die wirtschaftliche Entwicklung und auf die Wirtschaftspolitik.

Die Gewerkschaften entstanden in Deutschland in der Zeit um 1860, um die Lebensumstände der Arbeiterschaft zu verbessern. Die größte Arbeitnehmerorganisation ist heute der Deutsche Gewerkschaftsbund (DGB), der 1949 als Dachorganisation verschiedener Gewerkschaften gegründet wurde. Zum DGB gehören acht Einzelgewerkschaften, z. B. die IG Metall, wobei IG die Abkürzung für Industriegewerkschaft ist.

Dachorganisation Organisation, die mehreren Organisationen übergeordnet ist

Bei den DGB-Gewerkschaften gilt das Prinzip: „Ein Betrieb, eine Gewerkschaft!“. Das bedeutet z. B. dass in einem Unternehmen der Metallbranche alle gewerkschaftlich organisierten Arbeitnehmer in der IG Metall sind, auch der Pförtner am Werkstor oder die Köchin in der Kantine. Der DGB hat zurzeit etwa 6,3 Millionen Mitglieder. Daneben gibt es weitere Arbeitnehmerorganisationen, z. B. den Deutschen Beamtenbund mit etwa 1,3 Millionen, den Christlichen Gewerkschaftsbund mit knapp 300 000 und den Deutschen Bundeswehr-Verband mit etwas über 200 000 Mitgliedern.

Auf der Seite der Arbeitgeber gibt es je nach Wirtschaftszweig und Bundesland eine Vielzahl von Einzelverbänden. Sie alle sind in der Bundesvereinigung der Deutschen Arbeitgeberverbände (BDA) als Dachorganisation zusammengeschlossen. Die BDA vertritt die gemeinsamen, über den Bereich eines Landes oder Wirtschaftszweiges hinausgehenden Interessen der Arbeitgeber.

Zentrale Aufgabe von Gewerkschaften und Arbeitgeberverbänden ist das Aushandeln der Lohnhöhe und die Festlegung der Arbeitsbedingungen wie Arbeitszeit, Urlaubsdauer usw. Die Vereinbarungen werden in Tarifverträgen festgehalten, man spricht daher auch von Tarifverhandlungen und bezeichnet Gewerkschaften und Arbeitgeberverbände als Tarifpartner. Das Grundgesetz bestimmt, dass der Staat sich nicht in Tarifverhandlungen einmischen darf. Auf die Politik, vor allem auf die Wirtschaftspolitik, können die Verhandlungsergebnisse der Tarifpartner großen Einfluss haben. Bei hohen Lohnabschlüssen besteht z. B. die Gefahr, dass Unternehmen ihre Produktion in das kostengünstigere Ausland verlagern und damit die Arbeitslosigkeit in

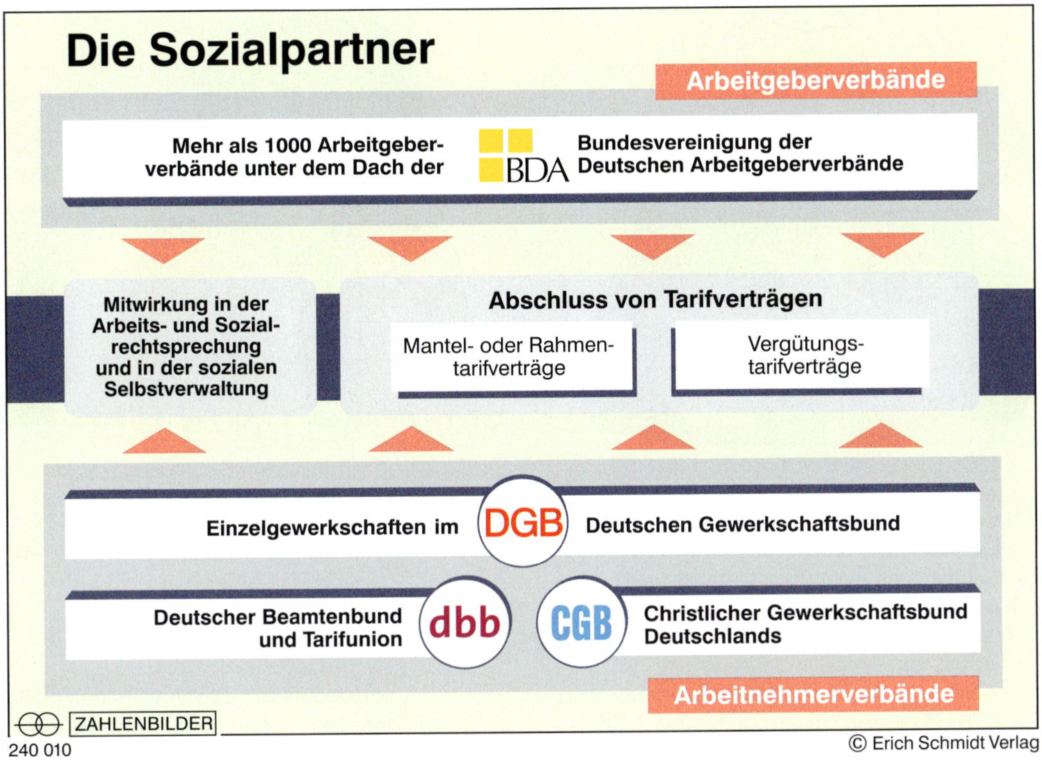

Geschäftsstelle der Dienstleistungsgewerkschaft ver.di

Deutschland wächst. Niedrige Lohnabschlüsse wiederum können dazu führen, dass weniger gekauft wird. So wird die Wirtschaftsentwicklung durch mangelnde Nachfrage gebremst.

Wie alle Interessenverbände versuchen auch die Gewerkschaften und die Arbeitgeberverbände, politische Entscheidungen in ihrem Sinne zu beeinflussen. Die Gewerkschaften haben dabei vor allem durch die große Zahl ihrer Mitglieder, die zugleich Wähler sind, Gewicht in der politischen Auseinandersetzung. Die Arbeitgeber wiederum führen wirtschaftliche Argumente ins Feld, weisen auf Schaden für die Wettbewerbsfähigkeit der deutschen Wirtschaft und einen Anstieg der Arbeitslosigkeit hin, um bestimmte politische Entscheidungen zu beeinflussen.

Deutscher Gewerkschaftsbund (DGB)
IG Metall
Vereinte Dienstleistungsgewerkschaft ver.di
IG Bergbau, Chemie, Energie
IG Bauen – Agrar – Umwelt
Gewerkschaft Erziehung und Wissenschaft
Transnet
Gewerkschaft Nahrung – Genuss – Gaststätten
Gewerkschaft der Polizei

Bundesvereinigung der Deutschen Arbeitgeberverbände (BDA)	
55 Bundesfachverbände:	
Industrie	23
Handel	3
Finanzwirtschaft	2
Verkehr	4
Handwerk	2
Dienstleistung	19
Landwirtschaft	2

(Stand: Juli 2010)

1 Beschreibe die Bedeutung der Gewerkschaften und die Bedeutung der Arbeitgeberverbände in der Politik.

2 Erkläre die Begriffe „Sozialpartner“ und „Tarifpartner“

3 Nenne Beispiele, wie Gewerkschaften und Arbeitgeberverbände Einfluss auf politische Entscheidungen nehmen können.

Tarifparteien und Tarifvertrag

Nur durch die Leistung der Arbeitnehmer entstehen die Gewinne der Unternehmen. Für eine gute Arbeitsleistung müssen sie daher auch gut bezahlt werden. Daher fordern wir einen gerechten Anteil am Gewinn. In den letzten Jahren ist die Belastung am Arbeitsplatz ständig gestiegen. Die Herstellungstechniken werden immer komplizierter und der Arbeitsdruck nimmt zu. Wo früher drei Arbeiter eine Aufgabe erledigten, sind es heute zwei. Das geht nicht ohne Mehrbelastung und dafür wollen wir einen Ausgleich. Hinzu kommt, dass nur durch ein höheres Einkommen der Lebensstandard der Arbeitnehmer gesichert wird. Die Steuern und Abgaben sind in den letzten Jahren gestiegen. Auch die Preise für Waren und Dienstleistungen steigen. Die Arbeitnehmer brauchen einen Ausgleich. Es darf doch nicht sein, dass die Unternehmen mehr Gewinne machen und die Arbeitnehmer weniger Geld in ihrer Tasche haben als im Vorjahr.

Wir wissen doch alle: Höhere Löhne bedeuten höhere Kosten und höhere Kosten bedeuten weniger Gewinn. Wenn die Unternehmen weniger Gewinn machen, können sie auch nicht mehr so viel investieren, z. B. in neue Techniken und neue Produkte. Da Investitionen Arbeitsplätze schaffen, gibt es bei weniger Investitionen auch weniger Arbeitsplätze. Hinzu kommt, dass viele mittelständische und kleine Unternehmen keine weiteren Lohnerhöhungen verkraften. Sie können höhere Lohnkosten nicht durch höhere Verkaufspreise ausgleichen. Wir dürfen nicht teurer sein als die ausländische Konkurrenz. Wenn unsere Preise nicht konkurrenzfähig sind, bekommen wir weniger Aufträge. Und wenn wir Aufträge verlieren, müssen wir Arbeitnehmer entlassen. Zu hohe Lohnkosten führen auch dazu, dass immer mehr Unternehmen die Produktion ins Ausland verlagern, um kostengünstiger herzustellen. Dadurch gehen bei uns auch Arbeitsplätze verloren.

Ab Dienstag wird in der Stahlindustrie gestreikt

IG METALL FORDERT 6 %

Urabstimmung über Verhandlungskompromiss

Schlichter erfolglos – Stahlindustrie steht vor dem Streik

Arbeitgeber 2% – mehr ist nicht drin

Tarifpartner kehren wieder an den Verhandlungstisch zurück

URABSTIMMUNG ÜBER STREIK

Arbeitgeber sperren aus – Stahl-Streik verschärft sich drastisch

Warnstreiks in der Stahlindustrie

Tarifverhandlungen gescheitert – Ruf nach dem Schlichter

70% stimmen für Streik-Ende

Einigung: 4% mehr

Die Tarif-Prozedur

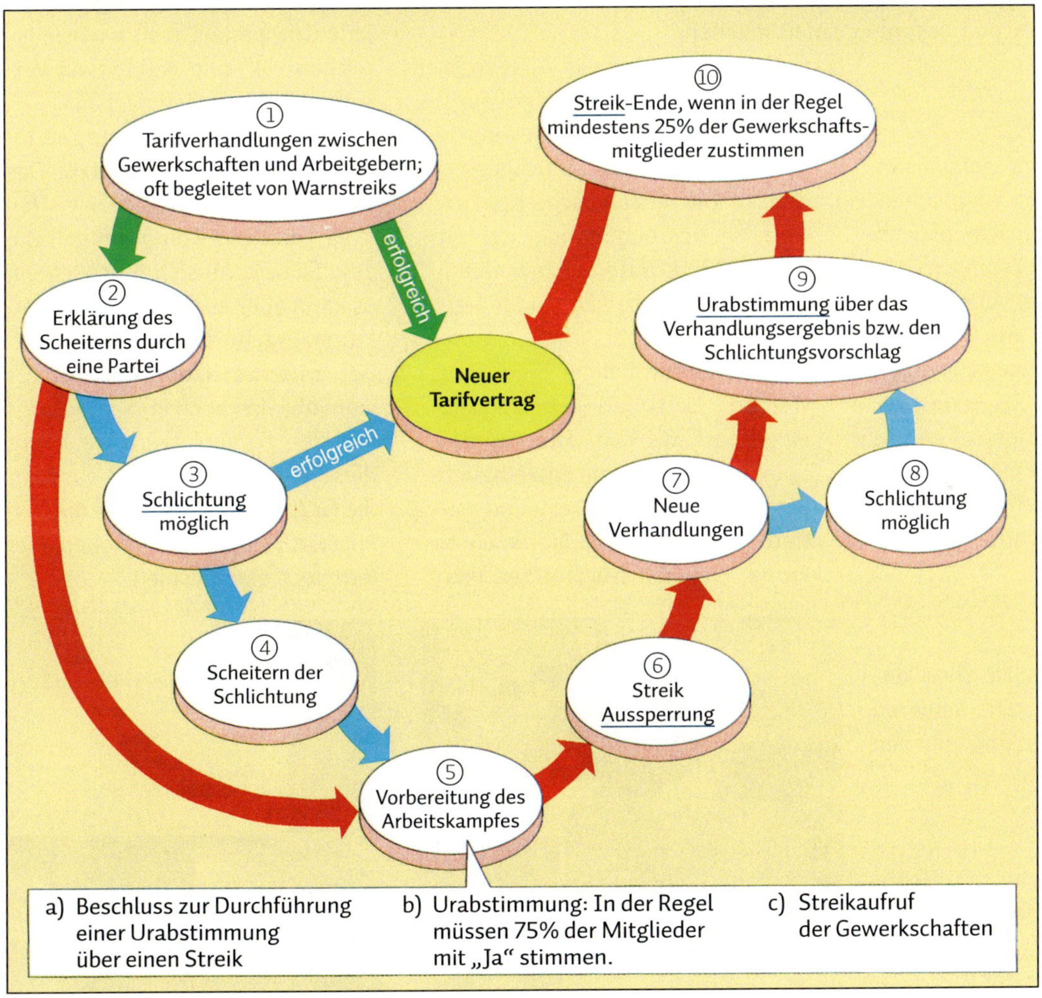

Streik
gemeinsame vorübergehende Arbeitsniederlegung der gewerkschaftlich organisierten Arbeitnehmer und Arbeitnehmerinnen

Urabstimmung
Abstimmung aller Stimmberechtigten, z. B. einer Gewerkschaft

Schlichtung
Kompromiss-Suche durch eine von beiden Seiten akzeptierte neutrale Person

Aussperrung
Arbeitnehmer werden vom Arbeitgeber von der Arbeit ausgeschlossen und bekommen keinen Lohn

1 Welche Meinungsäußerung auf Seite 186 oben stammt von dem Vertreter einer Gewerkschaft, welche von dem Vertreter eines Arbeitgeberverbandes? Warum argumentieren der Vertreter und die Vertreterin so unterschiedlich?

2 Bringe die Schlagzeilen auf Seite 186 in die zeitlich richtige Reihenfolge. Stelle dabei fest, zu welcher Phase der „Tarif-Prozedur“ die jeweilige Schlagzeile gehört.

2 Hilfe
Phase 1: IG Metall fordert 6 % / Arbeitgeber: 2 % – mehr ist nicht drin
Phase 2: …

Thema: Interessenkonflikt im Betrieb

Bei einem Rollenspiel übernimmt man eine Rolle und spielt das Verhalten einer anderen Person in einer vorgegebenen Situation. Eine Rollenspielerin oder ein Rollenspieler versetzt sich also in die Lage einer anderen Person und versucht, deren Interessen und Ansichten im Spiel zu verdeutlichen. Durch Rollenspiele können menschliche Verhaltensweisen dargestellt, beobachtet und besprochen werden.

Vorbereitung

Die Ausgangslage wird gemeinsam erörtert und dabei auch besprochen, welche Ansichten, Wünsche usw. zu den Rollen gehören. Dann werden die Rollen auf Gruppen verteilt. Jede Gruppe überlegt sich für ihre Rolle Argumente, Verhaltensweisen usw. und wählt dann eine Spielerin bzw. einen Spieler aus. Manchmal gibt es auch Rollenkarten mit näheren Hinweisen zur Rolle. Die nicht am Rollenspiel beteiligten Schüler erhalten Beobachtungsaufträge.

Durchführung

Die Szene wird möglichst ohne Unterbrechung gespielt. Die anderen beobachten das Spiel und machen sich Notizen.

Auswertung

Zunächst äußern Spieler und Beobachter das zum Spielablauf, was ihnen besonders aufgefallen ist. Dann werden die Ergebnisse der Beobachtungen ausgetauscht. Aufgrund der Besprechung kann es sinnvoll sein, das Rollenspiel zu wiederholen, zum Beispiel auch mit anderen Spielern.

Hinweise zu diesem Rollenspiel

Bei der Einführung neuer Techniken oder Veränderungen in der Arbeitsorganisation stoßen häufig die unterschiedlichen Interessen von Geschäftsleitung und Arbeitnehmern aufeinander. Solche Interessenkonflikte könnt ihr – natürlich sehr vereinfacht – zum Inhalt eines Rollenspiels machen.

1. Gemeinsam wird die Ausgangslage festgelegt. Die Lage eurer Firma ist so, dass der Gewinn in den letzten Jahren zurückgegangen ist. Die ausländische Konkurrenz, die kostengünstiger ist, hat einige Marktanteile gewonnen. Durch neue Techniken oder Veränderungen in der Arbeitsorganisation soll nun billiger produziert werden, es sollen Arbeitskräfte eingespart werden. Die für das Spiel notwendigen Einzelheiten legt ihr gemeinsam fest und notiert sie an der Tafel: Name eurer Firma, Zahl der Mitarbeiter, Produkte, vorgesehene neue Technik (z. B. Industrieroboter) oder Arbeitsorganisation, betroffene Abteilung usw.
2. Bildet dann zwei Gruppen: Geschäftsleitung und Betriebsrat. Jede Gruppe bespricht ihre Interessenlage und ihre Argumente. Jede Gruppe legt fest, was sie erreichen will, und wählt zwei Vertreter für das Rollenspiel aus.
3. Beim Rollenspiel wird eine Zeit für die Diskussion festgesetzt. Das Ergebnis der Diskussion ist offen – es kann ein Kompromiss sein, eine Seite kann sich durchsetzen, es kann aber auch zu keinem konkreten Ergebnis kommen.
4. Bei Interessenkonflikten ist es sinnvoll, sich auch in die Lage des anderen zu versetzen. Ihr könnt dies dadurch erfahren, dass ihr die Gruppen wechselt und die Diskussion mit anderen Rollenspielern noch einmal spielt.

Die Vorgehensweise wird besprochen

Beim Rollenspiel setzen sich die Vertreter der Gruppen „Betriebsrat“ und „Geschäftsführung“ gegenüber

1 Führt das Rollenspiel durch.

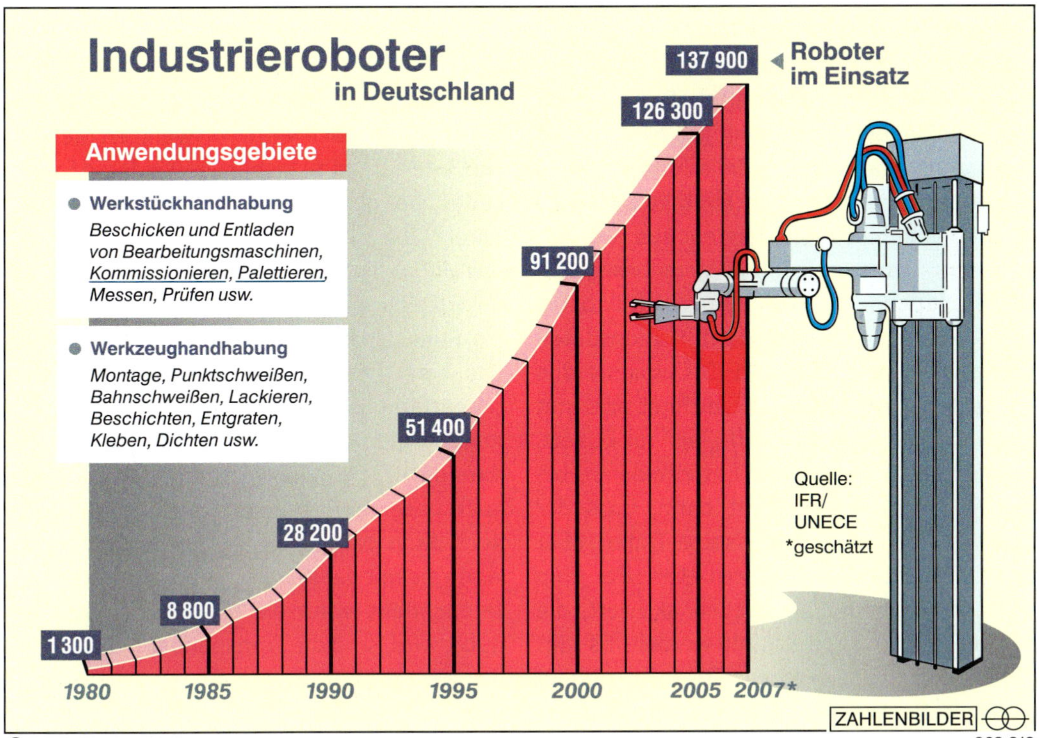

363 312

Kommissionieren
Waren entsprechend einer Bestellung zusammenstellen

Palettieren
Stückgut auf ein Lademittel aufladen

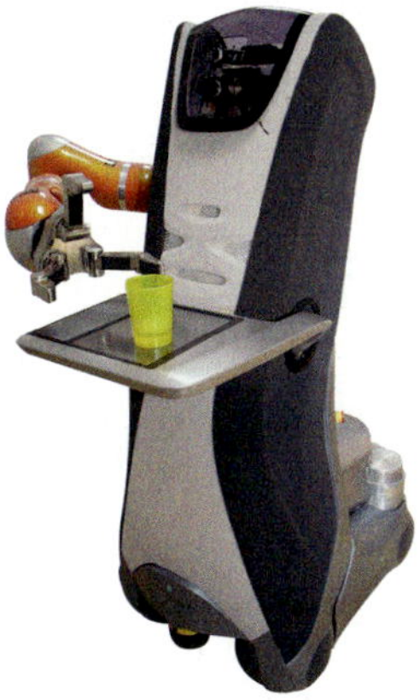

Ein Serviceroboter soll das Pflegepersonal in Altenheimen unterstützen. Der Roboter ist etwa eineinhalb Meter groß, hat einen Arm und kommt auf steuerbaren Rollen daher. Er kann putzen, aufräumen, Essen austragen oder Medikamente bereitstellen. So kann er das Pflegepersonal zwar nicht ersetzen, aber bei Routinearbeiten unterstützen.

Der intelligente Arm, der niemals erlahmt

Industrieroboter sollen in erster Linie flexible Arbeitsautomaten sein – Die Zukunft liegt in Sensortechnik und Lernfähigkeit

(...) Roboter haben einen Greifer oder angepasste Werkzeuge, mit denen sie unterschiedliche Dinge fassen können. Diese Greifwerkzeuge nennt man auch Effektoren. Sie haben außerdem mindestens einen Arm, der diesen Effektor im Raum mehr oder weniger frei bewegen kann. Und drittens sind Roboter programmierbar, also für unterschiedliche Aufgaben einsetzbar. Was sie tun sollen, sagt man ihnen in einer speziellen Programmiersprache über einen PC, oder man bringt es ihnen bei, indem man ihren Arm einmal so führt, wie er sich später von alleine bewegen soll. Oft werden auch beide Verfahren miteinander kombiniert. (...)

Heute liegt die Zahl der Industrieroboter allein in Deutschland im sechsstelligen Bereich, und man findet sie meistens, aber nicht nur in der Autoindustrie. Sie schleifen und polieren Hüftprothesen oder biegen Rohe in die gewünschte Form. Sie setzen eine Testfigur Zehntausende Mal auf einen Autositz und prüfen so, ob der Sitz das aushält. Sie schweißen und löten, sie messen und prüfen, sie positionieren und schrauben, sie lackieren und kleben. Ihre größten Vorteile sind immer noch Geschwindigkeit und Präzision. Aber sie lernen dazu.

Immer mehr Industrieroboter werden mit Sensoren ausgestattet, damit sie sich an ihre Arbeit und ihre Umgebung herantasten können. Die Software ihrer Steuerung erhält Schritt für Schritt die Fähigkeit zu lernen und sich Störungen und Abweichungen im Produktionsablauf flexibel anzupassen.

So erhalten auch Industrieroboter in Ansätzen die Fähigkeit, auf ihre Umgebung zu reagieren. (...)

(Rainer Klüting, in: Stuttgarter Zeitung, 18.03.2009, S. 8)

1 Formuliere die Hauptaussage der Grafik.

2 Welche Aufgaben können Roboter übernehmen?

2 Hilfe
Liste alle von Robotern ausgeführte Tätigkeiten auf, die auf dieser Seite genannt werden.

RFID – eine neue Schlüsseltechnologie

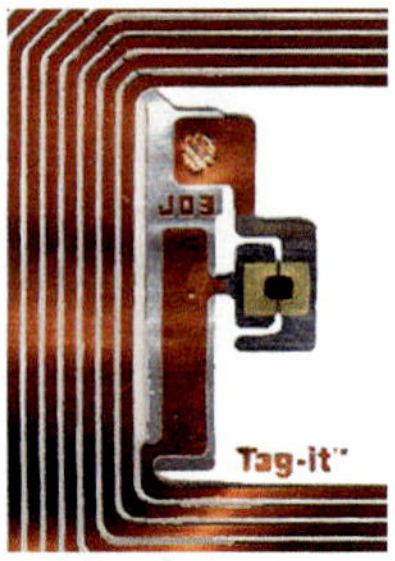

RFID-Chip

In der Schweiz ist es seit 2006 gesetzlich vorgeschrieben, Hunde mit einem RFID-Chip zu kennzeichnen.

Die Abkürzung RFID steht für den englischen Begriff „Radio Frequency Identification", auf deutsch Identifizierung mittels Radiowellen, kurz Funkerkennung. Damit ist eine Mikrochiptechnologie gemeint, die es erlaubt, ohne Berührung und ohne Sichtkontakt Daten zu lesen. Das RFID-System besteht aus zwei Teilen: dem Transponder und dem Lesegerät. Der Transponder ist ein winziger Mikrochip mit Antenne, auf dem Identifikationsdaten gespeichert sind. Diese RFID-Chips werden oft auch als Funketikett bezeichnet oder mit dem amerikanischen Begriff „Tag" für Etikett, Anhänger, Aufkleber. Das Entscheidende bei der RFID-Technologie liegt darin, dass der Transponder auf Anfrage seine Daten über Funk an das Lesegerät übermittelt. Der Chip wird dabei durch Radiowellen aktiviert, die vom Lesegerät ausgestrahlt werden. Es gibt RFID-Chips mit eigener Stromversorgung durch Batterien. Weitaus häufiger werden Chips verwendet, die den Funkwellen des Lesegeräts die elektrische Energie entnehmen, die sie zum Senden des Zahlencodes benötigen. Sie sind wesentlich kleiner als batteriebetriebene RFID-Chips, haben allerdings nur eine geringe Reichweite von wenigen Metern.

Im Unterschied zu bisher verwendeten Strichcodes, bei denen das Lesegerät in unmittelbare Nähe gehalten werden muss, arbeitet das RFID-System berührungslos und ohne unmittelbaren Kontakt. Die Daten werden auf ein Funksignal des Lesegeräts hin gesendet, das je nach Ausführung bis zu einem Kilometer entfernt sein kann. Ein weiterer Vorteil gegenüber den herkömmlichen Strichcodes ist, dass die RFID-Chips nicht nur lesbar, sondern auch beschreibbar sind. Man kann auf ihnen auch dann noch Informationen unterbringen, wenn sie mit der Ware schon unterwegs sind.

Je nachdem wofür die RFID-Technologie genutzt wird, sind die Transponder unterschiedlich gestaltet – als Etikett, Chip, Anhänger oder Karte. Es ist auch möglich, winzige RFID-Chips an Tieren anzubringen oder unter die Haut von Menschen einzupflanzen.

Frau Rose

Als Betriebsrätin sehe ich RFID skeptisch, weil diese Technologie beispielsweise auch zur verdeckten Leistungskontrolle der Beschäftigten missbraucht werden kann. Man kann ja durch RFID-Signale feststellen, wie lange eine Mitarbeiterin oder ein Mitarbeiter im Durchschnitt für einen bestimmten Arbeitsschritt benötigt. Und ich habe gehört, dass in der Materialverwaltung von VW durch RFID der Aufwand im Wareneingang um bis zu 80 Prozent verringert wurde. Da gehen auf Dauer doch zahlreiche Arbeitsplätze verloren. Diese negativen Auswirkungen dieser neuen Technologie wurden bisher viel zu wenig in die Überlegungen einbezogen.

Herr Gold

Als Verbraucher sehe ich die Gefahr des „gläsernen Konsumenten", wenn alle Waren mit RFID-Chips ausgestattet sind. Deswegen finde ich es gut, dass die Europäische Kommission Empfehlungen zum Datenschutz bei RFID ausgesprochen hat. Danach sollte der Käuferin oder dem Käufer bekannt sein, welche Artikel in den Geschäften RFID-Chips haben. Nach dem Kauf der Ware sollten die Chips noch im Geschäft automatisch zerstört werden, es sei denn, die Käuferin oder der Käufer will ausdrücklich, dass der Chip funktionsfähig bleibt. Die RFID-Technologie bringt Möglichkeiten zum Missbrauch mit sich, denen entgegengewirkt werden muss.

Drei Anwendungsbeispiele

RFID kann beispielsweise auf folgenden Gebieten angewendet werden: Kennzeichnung von Waren / Identifikation von Personen / Zugangskontrolle / Routinekontrolle von LKW oder Mietwagen / Nachverfolgung von Waren bei Transport / Diebstahlsicherung / Wegfahrsperre / Lagerhaltung / Schutz vor Fälschungen von Medikamenten oder Ersatzteilen / Fertigungskontrolle / Straßenmaut (...)

1 Der deutsche Logistikdienstleister DHL und der Einzelhandelsriese Metro haben im Herbst vergangenen Jahres mit dem flächendeckenden Einsatz von RFID in Frankreich begonnen. Rund 1,3 Millionen Paletten sollen pro Jahr mit den Funketiketten bestückt werden. Sie ermöglichen eine berührungslose und automatisierte Kontrolle der Logistikkette.

Voraussetzung ist, dass in der Lieferkette alle Zwischenstationen über die nötige Technik und die Datenbanken verfügen. Wenn die Ware dem Transporteur übergeben wird, erfasst dies ein Lesegerät, sodass der Hersteller genau weiß, wann welches Produkt die Fabrikationshalle verlassen hat. Auf den Transportwegen befinden sich die nächsten Lesegeräte, die wiederum protokollieren, wann die Waren verladen wurden und wann sie zum Beispiel beim nächsten Zwischenhändler angekommen sind. Dieser wird die Ware ebenfalls per Lesegerät identifizieren und weiter verschicken, wobei auch er immer die Kontrolle über deren Aufenthaltsort hat. Der Einzelhändler schließlich kann die ausgelieferten Produkte automatisch als „verkauft“ in der Datenbank registrieren. Der RFID-Report beschreibt die Vorzüge: „So ist bei Produzenten, Zwischen- und auch Einzelhändlern eine ständige Kontrolle möglich: Wenn die Angaben in der Datenbank zum Beispiel nicht mit den von den Lesegeräten erfassten Daten übereinstimmen, ist klar, dass auf dem Transportweg Waren verloren gegangen sind oder beschädigt wurden, oder dass zu viele Waren verschickt wurden. Es muss dann nur zurückverfolgt werden, wann das letzte korrekte Signal an das Lesegerät übermittelt wurde – und schon ist man bei der Suche nach der Lösung am Ziel.“

2 Auf Flughäfen setzt sich die „Funketiketten-Technologie“ immer mehr für ein fehlerfreies Gepäckmanagement durch. Statt mit herkömmlichen Bar- oder Strichcodes werden die Koffer beim Einchecken mit einem RFID-Etikett versehen. In einem Tunnel, der mit einem RFID-Lesegerät ausgestattet ist, werden die Daten in ein System eingegeben, das flughafenübergreifend arbeitet.

Der internationale Fluglinien-Verband IATA schätzt, dass durch die RFID-Technik beim Gepäcktransport weltweit jährlich ein dreistelliger Millionen-Euro-Betrag eingespart werden kann. Fehlgeleitetes Gepäck wird es künftig kaum mehr geben. Die Fluggesellschaften können enorme Kosten einsparen, sie werden effizienter und sicherer.

3 Die Metro bringt an ihren Tiefkühlprodukten Funketiketten an, die eine automatische Produkterkennung ermöglichen. Der Chip speichert Informationen über das Verfallsdatum und meldet einem zentralen Computer, wenn sich ein abgelaufenes Produkt im Angebot befindet. Zudem informiert es die Metzger in der Fleischerei über den Warenbestand. So können die schnell verkauften Produkte unverzüglich nachgefüllt und die Angebote weniger beliebter Waren zurückgefahren werden.

(aus: Wirtschaft und Unterricht – Informationen aus dem Institut der deutschen Wirtschaft Köln, Nr. 6/2009, S. 3f.

Die Europäische Zentralbank erwägt, Geldscheine zur Falschgeldbekämpfung mit RFID-Chips auszustatten.

Fußballweltmeisterschaft 2010 in Südafrika, Spiel England gegen Deutschland: Ist der Ball im Tor oder nicht? Um den Schiedsrichtern die Entscheidung zu erleichtern, wird die Ausstattung der Fußbälle mit RFID-Chips diskutiert.

1 Du sollst in einem Beitrag für eine Schülerzeitung die RFID-Technik erklären. Verfasse den entsprechenden Text.

2 Notiere stichwortartig Vor- und Nachteile der RFID-Technologie.

3 Gruppenarbeit: Befragt Erwachsene, was sie über RFID wissen.

1 Hilfe
Überlege dir ein einfaches Beispiel, etwa den Verkauf von Tiefkühlprodukten in einem Supermarkt.

Thema: **Arbeitswelt im Wandel**

Ein Projekt ist eine gemeinsame Aktion einer Klasse, die ein sichtbares Ergebnis zum Ziel hat, z. B. eine Ausstellung oder die Herstellung von Gegenständen für den Verkauf auf dem Schulfest. Bei einem Projekt können also Schülerinnen und Schüler durch praktische Arbeit Erfahrungen sammeln und lernen.

Der Ablauf eines Projektes – ein Beispiel

Vorbereitung

Ein Projekt wird von den Schülerinnen und Schülern und den Lehrkräften gemeinsam geplant und durchgeführt. In der Planungsphase muss man sich zuerst über das gemeinsame Ziel verständigen, das mit dem Projekt erreicht werden soll. Dann werden möglichst viele Ideen zur Realisierung gesammelt, z. B. mit der Methode Brainstorming. Die Vorschläge können auf Kärtchen notiert und diese an der Tafel oder der Pinnwand übersichtlich zu einem Projektablauf angeordnet werden. Daraus ergibt sich dann der Zeitplan für die Projektdurchführung.

Durchführung

Projekte werden meist in arbeitsteiliger Gruppenarbeit durchgeführt. Damit das angestrebte Ziel erreicht wird, muss sich jede Arbeitsgruppe an den vorgesehenen Zeitrahmen halten bzw. bei Schwierigkeiten rechtzeitig die anderen informieren.

Auswertung

Ein Projekt schließt mit einem sichtbaren Ergebnis ab, z. B. der Übermalung von beschmierten Wänden in der Schule oder einer Ausstellung eigener Erkundungsergebnisse zur Information anderer über ein bestimmtes Thema. Am Ende sollte die Klasse über ihre Projektarbeit nachdenken und sich Fragen stellen wie die folgenden:

- Welche Erfahrungen haben wir bei unserer Projektarbeit gemacht?
- Was haben wir gelernt?
- Sind wir mit dem Projektergebnis zufrieden?
- Hätten wir etwas anders machen sollen?

Bei diesem Projekt geht es darum, etwas über die Arbeitswelt früher durch Befragung Älterer herauszufinden. Dazu führten die Schülerinnen und Schüler ein Projekt durch. Das Projekt lief wie folgt ab:

Zuerst wurde in der Lokalzeitung ein Artikel veröffentlicht. Darin baten die Schülerinnen und Schüler ältere Mitbürgerinnen und Mitbürger, sich als Interviewpartner zur Verfügung zu stellen und über ihre Lehrzeit früher Auskunft zu geben.

Im Unterricht stellten die Schülerinnen und Schüler dann die Fragen für die Interviews zusammen und übten in Rollenspielen, wie man sich bei der Befragung verhält.

Danach wurden für die Befragungen Zweier-Teams gebildet. Jedes Team erhielt die Adresse von einem Interviewpartner.

Die Befragungsteams verabredeten selbstständig Termine für die Interviews, führten in ihrer Freizeit die Befragungen durch, gaben die Interviewtexte im Computer ein und druckten sie aus.

Die verschiedenen Interviewberichte wurden zu einem Projektheft zusammengestellt, von dem jede Schülerin und jeder Schüler ein Exemplar erhielt. Das Projektheft bildete dann die Grundlage für die gemeinsame Projektauswertung im Unterricht.

Zum Abschluss lud die Klasse die Befragten an einem Nachmittag zu Kaffee und Kuchen ein, berichtete über die Projektergebnisse und übergab jedem Befragten ein Projektheft.

1

In meinem Beruf gibt es im Vergleich zu früher große Unterschiede. Heute arbeitet man meist mit computergesteuerten Maschinen. Solche gab es zu meiner Zeit noch nicht. Auch die Arbeit mit den Werkzeugen – das ist ein Unterschied wie Tag und Nacht!

2

Einen Waschraum gab es in unserem Betrieb nicht. Hinten in der Werkstatt war in einer Ecke ein Waschbecken angebracht. Dort wuschen wir uns nach der Arbeit abends so gut es ging. Der Kleiderwechsel fand in der Werkstatt statt.

3

Als Lehrling musste man so ziemlich alles machen, z. B. auch Steine schleppen, das Gerüst aufbauen, einfach alles. Rücksicht wurde da nicht genommen. Das war Knochenarbeit, gerade für uns junge Leute. Mit heute ist das überhaupt nicht vergleichbar.

4

Ich musste von Montag bis Freitag jeden Tag zehn Stunden arbeiten. Während der Ausbildung hatte ich vier Wochen Urlaub im Jahr, als Geselle dann nur noch 14 Tage.

5

Zu meiner Zeit musste noch sehr viel von Hand gearbeitet werden. Es gab nur wenige Werkzeuge: Biegezange, Rohrschneider, Kabelmesser, Handbohrer, Hammer, Meißel, Biegevorrichtung, Gewindeschneider und so.

6

Im ersten Lehrjahr bekam ich brutto monatlich 25 DM, im zweiten 35 und im dritten 45. DM ist die Abkürzung für „Deutsche Mark". Das war unsere Währung früher, bevor der Euro kam. Zwei DM damals waren etwa so viel wert wie heute ein Euro. Weil mein Vater im Krieg gefallen war, hat der Lehrherr meine Fahrkarte bezahlt. Die anderen Lehrlinge mussten ihre Zugfahrkarte selbst bezahlen, weil ihre Väter noch lebten und verdienten.

7

Es gab nur wenige Lehrstellen und schon gar nicht die, die man sich gewünscht hätte. Viele von uns haben einfach den Beruf erlernt, für den sie eine Lehrstelle bekamen. Mit der Verwirklichung der eigenen Berufsvorstellungen hatte das wenig zu tun.

8

Man musste körperlich hart arbeiten – unabhängig vom Alter. Da wurde von uns viel verlangt. Und nie wurde gefragt: „Kannst du das? Bist du dazu körperlich in der Lage?"

9

Ich musste morgens als erste an der Arbeitsstelle sein: Büro putzen, Papierkörbe und Aschenbecher ausleeren, Zigarren für den Chef kaufen … Und samstags musste ich in der Firma Fenster putzen. Das war damals so üblich, da hat sich niemand beschwert.

10

„Lehrjahre sind keine Herrenjahre", hieß es. Für meine Lehre traf das zu.

Schusterwerkzeuge früher

Schreinerwerkzeuge früher

Schriftsetzer früher bei der Arbeit. Heute wird diese Arbeit am Computer erledigt.

1. Untersucht die Projektdurchführung in dem auf Seite 192 geschilderten Beispiel: Was haben die Schülerinnen und Schüler durch ihr Projekt gelernt? Was hätten sie anders machen können?
2. Oben sind einige Antworten der Befragten wiedergegeben. Welche Fragen könnten die Schülerinnen und Schüler jeweils gestellt haben?
3. Stellt Fragen zusammen, die ihr Älteren zu deren Lehrzeit stellen würdet.
4. Führt ein Projekt zum Thema „Arbeitswelt im Wandel" durch.

Unternehmer/Unternehmen

Unternehmer und Unternehmerinnen sind Menschen, die selbstständig sind. Sie sind häufig Eigentürmer eines Betriebes und meisten leiten sie diesen auch. Unternehmerinnen und Unternehmer tragen das Risiko, dass sie ihr eingesetztes Geld bzw. Kapital verlieren, wenn ihr Unternehmen nicht erfolgreich ist. Unternehmen produzieren Güter, also Waren und Dienstleistungen, die auf dem Markt nachgefragt werden. Sie versorgen somit andere Betriebe oder Verbraucherinnen und Verbraucher mit den Waren und Dienstleistungen, die diese benötigen. Unternehmerinnen und Unternehmer haben die Verantwortung für ihr Unternehmen. Sie tragen zugleich aber auch Verantwortung für die gesamte Wirtschaft. Sie haben darüber hinaus auch eine soziale Verantwortung z. B. für die Sicherung der Arbeitsplätze und eine ökologische Verantwortung z. B. für eine umweltfreundliche Unternehmensführung.

Aufbau von Betrieben

Der Aufbau eines Betriebes richtet sich danach, welches Produkt hergestellt bzw. welche Dienstleistung bereitgestellt wird. Bei den meisten Produktionsbetrieben kann man vier Abteilungen unterscheiden: Einkauf, Produktion, Verwaltung und Vertrieb. Während in größeren Betreiben eine noch stärkere Untergliederung besteht, liegen in kleineren Betrieben die verschiedenen Aufgaben oft in wenigen Händen.

Aufgaben des Betriebsrats

Der Betriebsrat ist die Interessenvertretung der Arbeitnehmer im Betrieb. Er überwacht die Einhaltung der Gesetze, z.B. des Kündigungsschutzgesetzes, und der Unfallverhütungsvorschriften. Er kümmert sich auch um die Eingliederung Schwerbehinderter und ausländischer Arbeitnehmerinnen und Arbeitnehmer und kann Verbesserungen vorschlagen. Der Betriebsrat hat die Aufgabe, die Mitwirkung und Mitbestimmung im Betrieb wahrzunehmen.

Mitbestimmung

In sozialen Angelegenheiten, z. B. bei der Regelung der Arbeitszeit, bei der Lohngestaltung, bei der Aufstellung von Geräten zur Überwachung des Verhaltens oder der Leistung der Arbeitnehmer, können Arbeitgeber und Betriebsrat die Entscheidung nur gemeinsam treffen. Bei Einstellung und Versetzung muss der Betriebsrat zustimmen (Zustimmungsrecht). In diesen Fällen hat der Betriebsrat Mitbestimmungsrechte.

Mitwirkung

Der Arbeitgeber hat den Betriebsrat z. B. über die Personalplanung zu informieren (Unterrichtungsrecht). Vor jeder Kündigung ist der Betriebsrat zu hören (Anhörungsrecht). Der Arbeitgeber hat mit dem Betriebsrat die Planung von Neubauten und neuen Techniken zu beraten (Beratungsrecht). Alle diese Rechte sind Mitwirkungsrechte des Betriebsrats.

Tarifpartner

Die Gewerkschaften sind die Interessenvertretung der Arbeitnehmer, die Arbeitgeberverbände die Interessenvertretung der Arbeitgeber. Der Deutsche Gewerkschaftsbund (DGB) ist die Gewerkschaftsorganisation mit den meisten Mitgliedern in der Bundesrepublik Deutschland. Der DGB setzt sich aus acht Einzelgewerkschaften zusammen. In der Bundesvereinigung der Arbeitgeberverbände (BDA) sind die Verbände der Arbeitgeber zusammengeschlossen. Die BDA besteht aus 55 Bundesfachverbänden, die weitaus meisten davon aus den Bereichen Industrie und Dienstleistung. In Tarifverträgen regeln die Gewerkschaften und die Arbeitgeberverbände Fragen des Lohns und der Arbeitsbedingungen. Das Grundgesetz garantiert die Tarifautonomie. Dies bedeutet, dass Gewerkschaften und Arbeitgeberverbände völlige Selbstständigkeit bei den Tarifverhandlungen haben. Der Staat, zum Beispiel die Bundesregierung, mischt sich in die Tarifverhandlungen nicht ein.

Berufliche Anforderungen im Wandel

Mikroelektronik hat in fast allen Fabrikhallen und Büroräumen Einzug gehalten. Bereits jeder sechste Erwerbstätige arbeitet in der Produktion vorwiegend mit computergesteuerten Geräten. Und mehr als drei von vier Angestellten verfügen an ihrem Büroarbeitsplatz über einen Computer. Die moderne Technik in der Produktion und in der Verwaltung ersetzt zunehmend Tätigkeiten, die man bisher von Hand ausführen musste und die sich ständig wiederholt haben. Und in vielen Unternehmen nimmt die Gruppenarbeit immer mehr zu. Bei ihr bestimmen die Mitarbeiter im Team, wie ihre Arbeit ablaufen soll. Gefragt sind daher umfangreiche Fachkenntnisse sowie die Fähigkeit, sich laufend auf neue Situationen einstellen zu können. Die Folge dieser Entwicklung ist, dass sich auch die Berufe und Ausbildung grundlegend verändern.

Sachkompetenz

1 **Löse das Rätsel.** Bilde aus den Silben im Wortspeicher die fehlenden Wörter. Benutze dazu das Arbeitsblatt oder notiere auf einem gesonderten Blatt. Die Buchstaben in den grün unterlegten Kästchen ergeben von oben nach unten gelesen das Lösungswort. Es ist die Bezeichnung für eine Einrichtung im Betrieb, welche die Interessen der Arbeitnehmer und Arbeitnehmerinnen vertritt.

AR – AR – BE – BE – BER – BEIT – BEIT – BO – DUS – EI – EIN – EX – GE – GE – GEN – GEND – IN – JU – KAUF – MEN – MER – MIT – MUNG – NA – NEH – NEH – ON – PORT – PRI – RO – SCHAF – STIM – TEN – TER – TER – TI – TRE – TRIE – TUM – TUNG – UN – VAT – VER – WERB – WERK – WETT

1 Der ________ zahlt Lohn für eine Arbeitsleistung.

2 Von ________ werden Waren produziert und Dienstleistungen bereitgestellt.

3 In der Marktwirtschaft befinden sich die Unternehmen in ________.

4 Der ________ zwingt die Unternehmen, kostengünstig zu produzieren.

5 Eine ________ ist ein Land, das viele Waren an das Ausland verkauft.

6 Die ________ ist ein wichtiges Recht des Betriebsrats.

7 Der ________ erhält für seine Arbeitsleistung Lohn.

8 Die ________ sind einer der beiden Tarifpartner.

9 Die ________ vertritt die Interessen der jugendlichen Arbeitnehmer im Betrieb.

10 Der ________ ist eine der vier Abteilungen, die jeder Betrieb hat.

11 In der Fertigung werden heute immer mehr ________ eingesetzt..

Urteilskompetenz

2 **Analyse eines Berufswunsches.** Setzt euch in der Gruppe damit auseinander, wie Valentina ihren Berufswunsch „Reiseverkehrskauffrau" begründet. Entwerft dann gemeinsam einen Brief an Valentina. Vergleicht anschließend die Briefe der einzelnen Gruppen.

Valentina möchte Reiseverkehrskauffrau werden: „Meine Mutter hat gesagt, das wäre ein guter Beruf für mich. Reiseverkehrskauffrau würde besser klingen als nur Verkäuferin oder Friseurin. In ferne Länder reisen würde mir schon Spaß machen, dann andere beraten, ihnen Tipps geben, wo sie ihren Urlaub verbringen können. Vielleicht arbeite ich dann später mal bei einer Fluggesellschaft, also an einem Flughafenschalter. Das wäre schon toll! Ob meine Noten reichen, weiß ich nicht. Ich denke schon – in Deutsch und Mathematik bin ich zwar nicht so gut, aber in Englisch geht es einigermaßen. Also: Reiseverkehrskauffrau ist der Rat meiner Mutter. Und auf seine Eltern sollte man doch hören."

Urteilskompetenz

3 **Analysiere die Karikatur.** Nimm Stellung dazu.

„Haltet den Dieb!“ *(Karikatur: P. Bensch)*

Methodenkompetenz

4 **Internetrecherche**
Führt in Gruppenarbeit eine Internetrecherche zum Thema „Industrieroboter“ durch. Verwendet dabei diese Adressen:

www.manutc.de
www.roboter-info.de
www.kuka-robotics.com
www.industrieroboter.net

Informiert euch dann gegenseitig über eure Rechercheergebnisse.

Handlungskompetenz

5 **Gestaltet Stelltafeln mit Informationen zu euren Praktikumsberufen**
Ihr habt Praktika in Betrieben durchgeführt. Gebt die Erfahrungen, die ihr zu ganz unterschiedlichen Berufen gewonnen habt, an eure Mitschülerinnen und Mitschüler weiter. Gestaltet dazu zu euren Praktikumsberufen Stelltafeln mit Informationen und Fotos, die ihr dann im Schulhaus aufstellt.

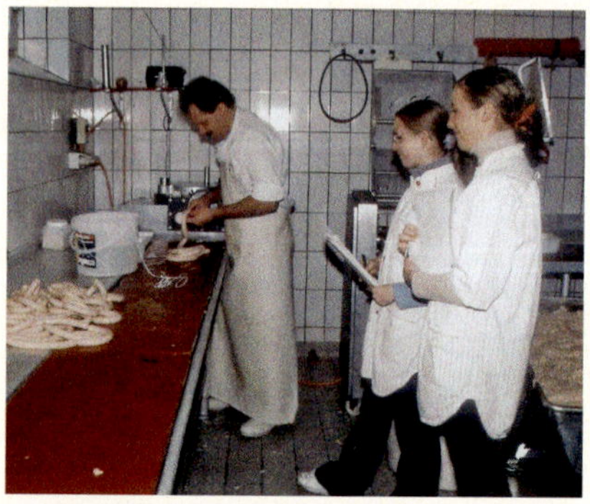

Pia und Yvonne beobachten im Praktikum die Arbeit eines Metzgers

Sven und Guiseppe beobachten im Praktikum die Arbeit eines Parkettlegers

Pia und Yvonne mit ihrer selbstgestalteten Info-Tafel über den Beruf des Metzgers

Sven und Guiseppe mit ihrer selbstgestalteten Info-Tafel über den Beruf des Parkettlegers

Friedliches Zusammenleben

Kapitel 05

Jeder möchte gern in Frieden leben. Aber wo Menschen miteinander leben, treffen unterschiedliche Wünsche, Interessen und Meinungen aufeinander. Aus solchen gegensätzlichen Vorstellungen entstehen Konflikte. Im Alltag kommt es immer wieder zu Konflikten – in der Schule, in der Gruppe, in der Familie. Auch beim Zusammenleben vieler Menschen in einer Gesellschaft müssen Konflikte gelöst und Regeln gefunden werden. Zwischen Staaten kann es ebenfalls zu Konflikten kommen, die oft mit militärischer Gewalt ausgetragen werden. Internationale Konflikte erfordern eine weltweite Zusammenarbeit, wenn Frieden und Sicherheit für möglichst viele Menschen erreicht werden sollen. Konflikte und das friedliche Zusammenleben im Kleinen wie im Großen sind das Thema dieses Kapitels, in dem es um diese Fragen geht:

- Was ist ein Konflikt? Wie können Konflikte gelöst werden?
- Warum gibt es Konflikte in der Klasse? Was ist „Mobbing"
- Was können Streitschlichterinnen und Streitschlichter in der Schule erreichen?
- Warum kommt es zu Konflikten in der Familie? Was ist bei der Lösung solcher Konflikte wichtig?
- Welche Rechte und welche Pflichten haben junge Menschen?
- Welche Regeln bestimmen das Zusammenleben in der Gesellschaft? Welche Aufgaben hat das Recht?
- Welche Gefahren bedrohen die internationale Sicherheit? Was will der internationale Terrorismus erreichen?
- Warum wurden die Vereinten Nationen gegründet? Welche Möglichkeiten hat die Weltorganisation, den Frieden zu sichern?
- Worin besteht der Auftrag der Bundeswehr? Warum werden deutsche Soldaten im Ausland eingesetzt?

Lena, 14 Jahre, besucht die 8. Klasse einer Realschule. Jeden Tag schreibt sie in ihr Tagebuch, was sie bewegt.

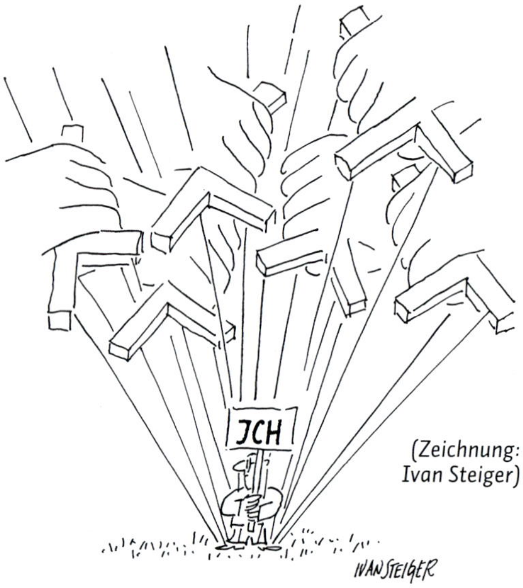

(Zeichnung: Ivan Steiger)

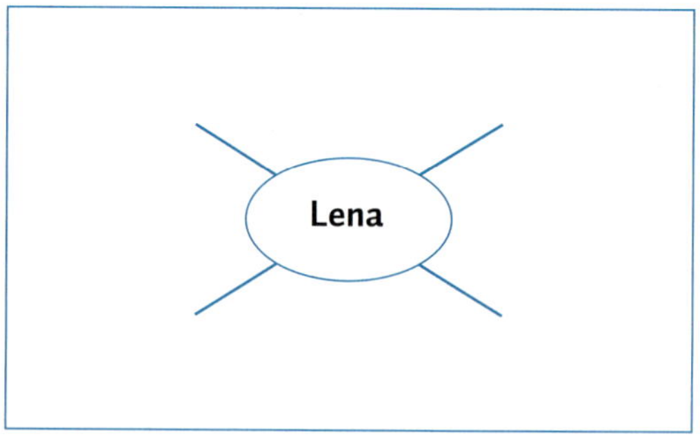

2 Hilfe
Notiere dein Ergebnis als Cluster um Lenas Namen.

1 Warum fühlt sich Lena wie eine Marionette?

2 Mit welchen Personen hat Lena welche Probleme?

Montag, 3.3.

Toll! Mama hat mir verboten mit den anderen ins Kino zu gehen. Sie sagte was von „schlechter Umgang“ und so, dabei kennt sie die doch gar nicht richtig. Frau Bauer von nebenan hat Susi neulich im Park beim Rauchen gesehen und jetzt denkt Mama wahrscheinlich, dass ich auch rauche.

Dienstag, 4.3.

Erst der verpatzte Tag gestern und dann heute eine Fünf in Mathe. Das kann ja nur mir passieren. Bloß nicht Mama sagen, dann flippt sie völlig aus und schreit rum. Morgen ist ja auch noch ein Tag.

Donnerstag, 6.3.

Tja, das war's dann für heute. Mein Mathelehrer hat angerufen und gefragt, warum die Fünf nicht unterschrieben sei. Jetzt ist hier die Hölle los. Schule nervt total und das „wir wollen nur dein Bestes“ kann ich auch nicht mehr hören. Woher wollen alle wissen, was mein Bestes ist? Das Beste wäre kein Stress mehr!

Donnerstag, 13.3.

Eine Woche Hausarrest ist vorbei. Prima! In der Woche scheint „draußen“ viel passiert zu sein. Martin, Susis Bruder, gehört jetzt zu den Coolen aus der 9b. Die kiffen und rauchen heimlich im Park. Da ist auch der süße Paul dabei.

Freitag, 14.3.

Ich war heute mit Susi im Park. Da waren wirklich Martin und Paul. Der ist ja so niedlich! Als er mich gefragt hat, was für Musik ich höre, habe ich nur gestottert und ein peinliches „Tokio Hotel“ rausgebracht. Bestimmt hält Paul mich jetzt für kindisch.

Montag, 17.3.

Nachdem ich mich am Freitag so blamiert habe, hat mich Paul heute nicht mal mehr im Hof angesehen. Alles vorbei! Ich bin total verzweifelt. Susi will jetzt, dass ich zu ihm gehe. Mache ich aber nicht. – Mama will auch dauernd irgendwas, dass ich für Mathe lerne und so. Und Papa will ohnehin, dass ich in der Schule besser werde. Dann soll ich auch noch höflicher und freundlicher sein. Besonders zu Frau Bauer, aber die kann ich nicht leiden. Nur was ich will, das fragt keiner. Ich fühle mich wie eine Marionette …

Lena und die anderen

Lena

Ich denke, dass ich ein fröhlicher und ehrlicher Mensch bin. Meistens komme ich mit allen gut aus. Eigentlich gehe ich gern in die Schule, auch wenn ich Klassenarbeiten nicht so besonders mag. Jungen gegenüber bin ich eher schüchtern,oft weiß ich nicht, was ich sagen soll. Am wichtigsten sind mir meine Freundinnen, besonders Susi. Ihr kann ich alles erzählen. Mit meinen Eltern komme ich momentan nicht so gut aus. Wenn ich sage, was mich beschäftigt oder bedrückt, tun sie manchmal so, als seien das alles keine wirklichen Probleme, dabei nimmt mich das echt mit.

Lena war früher viel ehrlicher zu uns. In letzter Zeit verheimlicht sie uns öfter etwas, so mein Eindruck. Irgendwie haben wir den Kontakt zu ihr verloren.

Lenas Mutter

Lena ist lieb und lustig, aber wenn sie schlechte Laune hat, kann sie unerträglich werden. Wir können aber immer über alles reden.

Susi

Lena war mal mein Sonnenschein. Früher war sie stets fröhlich und hat viel gelacht. Heute ist sie oft patzig und unhöflich. Ich weiß auch nicht, was in ihr vorgeht. Lena sollte außerdem mehr für die Schule tun. Ich denke, sie erkennt nicht, wie wichtig Lernen ist. Scheinbar geht sie auch nicht mehr gern in die Schule.

Lenas Vater

Paul

Lena ist eigentlich sehr sympathisch, ich werde aber nicht schlau aus ihr. Mal ist sie kindisch und dann wieder sehr erwachsen. An einem Tag spricht sie mit mir und am nächsten benimmt sie sich sonderbar.

Was denkst du über dich?

Hier folgt eine Liste von Adjektiven, die vielleicht auf dich zutreffen. Notiere die Eigenschaften, die deiner Meinung nach auf dich zutreffen, auch solche, die nicht in der Liste stehen.

Bitte dann deinen Freund oder deine Freundin seine bzw. ihre Meinung über dich aufzuschreiben. Vergleicht eure Einschätzungen und sprecht darüber.

sportlich / liebevoll / selbstständig / stolz / nett / mitteilungsfreudig / mitmenschlich / einfühlsam / friedlich / modebewusst / politisch interessiert / pünktlich / ordentlich / zuverlässig / verrückt / anpassungsfähig / rebellisch / rücksichtsvoll / verständnisvoll / tolerant / kritisch / glücklich / zickig / sparsam / gepflegt / sensibel / kreativ / verschwiegen / flippig / demokratisch / lustig / religiös / gut informiert / selbstbewusst / konsequent / clever / fröhlich / freundlich / gut gelaunt / großzügig / kleinlich / egoistisch / intelligent / tollpatschig / geschwätzig / nachtragend / vermittelnd / witzig / ...

rebellisch
aufsässig, widersetzlich, aufrührerisch

tolerant
duldsam, nachsichtig, verständnisvoll, entgegenkommend

konsequent
folgerichtig, logisch zwingend, auch: unbeirrbar, beharrlich

1 Wie sieht Lena sich selbst, wie sehen die anderen Lena?

2 Wo gibt es Gemeinsamkeiten in der Einschätzung, wo Unterschiede?

2 Hilfe
Erstelle dazu eine Tabelle mit zwei Spalten: Gemeinsamkeiten / Unterschiede.

Fremdbestimmung – Selbstbestimmung

Mit **Fremdbestimmung** ist gemeint, dass man das tut, was andere von einem wollen. Das kann durch Zwang oder Verbote geschehen, aber auch durch Überredung oder Beeinflussung, die man kaum merkt.

Mit **Selbstbestimmung** ist gemeint, dass der Einzelne das tut, was er will, was er für richtig hält. Selbstbestimmung ist nur möglich, wenn man die Freiheit hat, über sein Handeln selbst zu entscheiden.

Kara: Das mit der Fremd- und Selbstbestimmung ist eigentlich sehr einfach.

Nina: Wie meinst du das?

Kara: Na ja! Alles, was ich tun muss oder was mir verboten wird, ist Fremdbestimmung.

Nina: Zum Beispiel?

Kara: Zum Beispiel die Hausaufgaben. Die in Mathematik muss ich bis morgen erledigen. Also ist das Machen von Hausaufgaben Fremdbestimmung.

Nina: Und wann wirst du die Hausaufgaben machen?

Kara: Wahrscheinlich erst nach 17 Uhr. Vorher kommt im Fernsehen eine Tiersendung, die ich anschauen möchte.

Nina: Wenn du entscheidest, wann du die Hausaufgaben machst, dann ist das doch Selbstbestimmung.

Kara: Ja schon, aber nur der Zeitpunkt. Eigentlich ist es eine Mischung: Hausaufgaben machen – das ist Fremdbestimmung. Wann ich sie mache – das ist Selbstbestimmung.

Nina: Und ob du sie gut erledigst oder nur flüchtig – was ist das?

Kara: Eigentlich Selbstbestimmung, denn das ist ja meine Entscheidung. Aber ich will eine gute Note in Mathematik, weil das für später wichtig ist. Ist das Fremdbestimmung?

Nina: Du siehst, so einfach ist das nicht mit der Fremd- oder Selbstbestimmung. Nehmen wir mal deine neue Frisur …

Kara: Also, das habe ich selbst bestimmt!

Nina: Wirklich? Warum hast du sie geändert?

Kara: Alle haben jetzt so farbige Strähnen. Da kann ich doch nicht ohne kommen …

(Zeichnung: Erich Rauschenbach)

(Zeichnung unten: Walter Kurowski)

1 Was macht das Gespräch zwischen Kara und Nina über Selbst- und Fremdbestimmung deutlich?

2 Was erlebst du als Fremdbestimmung, was als Selbstbestimmung?

3 Die beiden Karikaturen haben mit Selbst- und Fremdbestimmung zu tun. Wie zeigt sich das?

2 Hilfe

Notiere einige Situationen aus deinem Alltag.

Was ist ein Konflikt?

In die 9 c gehen 27 Schülerinnen und Schüler. Einer der Schüler ist Kay, der sich bisher in der Klasse durchaus wohlfühlte. Er hatte in der Vergangenheit durch einige etwas freche Bemerkungen gegen Frau Stotz, die ältere Deutschlehrerin, das Lachen in der Klasse auf sich gezogen Frau Stotz ist nicht gerade beliebt, weil sie sehr genau die Hausaufgaben kontrolliert und manchmal etwas mürrisch ist. Den meisten in der Klasse hat es gefallen, wenn es Kay gelang, Frau Stotz zu ärgern. Kay wiederum bemerkte genau, dass seine Beliebtheit in der Klasse zugenommen hatte.

Vor drei Wochen ist ein neuer Schüler in die Klasse gekommen: Jens. Er sieht gut aus, ist redegewandt und hat ein teures Handy mit den neuesten Klingeltönen. Vor allem die Mädchen interessieren sich für Jens und sein Handy, was Kay mit Verärgerung registriert. Er hat eigentlich nichts gegen Jens, aber es missfällt ihm, dass dieser nun immer häufiger in den Pausen im Mittelpunkt steht.

Am Donnerstag in der großen Pause passiert es. Kay steht mit einigen anderen zusammen, hinter ihm redet Jens mit Claudia und Ayse. Da wirft ihm Christopher einen Tennisball zu, den Jens beinahe nicht zu fassen bekommt. Jens muss etwas zurückspringen und mit dem rechten Arm weit ausholen. Dabei trifft er ungewollt Kay am Hinterkopf, der aufschreit. Kay dreht sich um und schubst Jens wutentbrannt von sich weg, Dabei fällt das Handy, das Jens in der linken Hand gehalten hat, auf den Boden. Jens brüllt Kay an: „Du Blödmann, warum macht du mein Handy kaputt?" Kay schreit zurück: „Selber Blödmann, warum schlägst du mir ins Genick?"

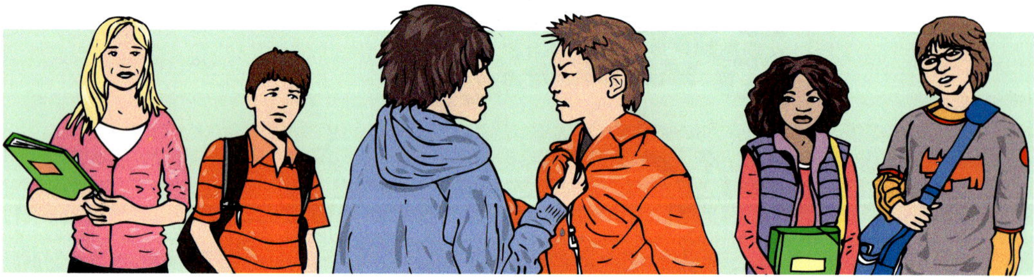

Konflikt

- **1** Wer sind die Gegner in dem Konflikt?
- **2** Um welche Streitfrage bzw. Streitfragen geht es?
- **3** Welche Ursachen, welche Vorgeschichte hat der Konflikt?
- **4** Welche Ziele verfolgen die Konfliktparteien jeweils?
- **5** Welche Machtmittel werden zur Durchsetzung der jeweiligen Interessen eingesetzt?
- **6** Welche Vorstellungen zur Lösung des Konfliktes haben die Konfliktgegner?

3 Hilfe

Unter einem Konflikt versteht man eine Auseinandersetzung, die durch …

1 Untersuche den Fall und beantworte die Fragen 1 bis 4 aus der Übersicht.

2 Stelle Vermutungen zur Beantwortung der Fragen 5 und 6 an. Diskutiere darüber mit einer Mitschülerin oder einem Mitschüler.

3 Beschreibe allgemein, was ein Konflikt ist.

Konflikt

In der Klasse 9a ist die Mathe-Klassenarbeit voll im Gange. Niklas, in der Klasse bekannt als guter Mathematiker, merkt, wie sein Nachbar Florian ständig zu ihm herüberschielt und bei ihm abschreibt.

Niklas mag das eigentlich nicht. Denn er meint: Abschreiben ist nicht ehrlich. Er sieht auch nicht ein, dass Abschreiber fast gleich gute Noten haben wie diejenigen, die es wirklich können und für die Klassenarbeit viel lernen.

Außerdem: Florian hat in Sport immer ein „sehr gut", Niklas selbst immer nur „ausreichend" oder „mangelhaft". Da kann Florian ihm auch nicht helfen. Aber dann möchte Niklas seinen Vorsprung in Mathematik behalten, auch um die schlechte Sport-Note ausgleichen zu können.

Wenn Partnerarbeit angesagt ist, arbeiten sie schon gut zusammen. Aber Klassenarbeiten sind etwas anderes, auch wenn viele in der Klasse der Meinung sind, man soll abschreiben lassen.

Nach der Klassenarbeit will Niklas mit Florian darüber reden, dass Abschreiben bei der Klassenarbeit nicht in Ordnung ist.

Gespräch

1. Anfang

Niklas: Hallo, Florian. Ich habe vorhin bemerkt, dass du die ganze Zeit bei mir abgeschrieben hast.

Florian: Na und, das machen doch viele.

Niklas: Ich finde das nicht fair. Im Sport kann ich nämlich bei dir auch nicht abschreiben.

Florian: Im Sport geht's halt nicht.

Niklas: Ja, da hast du schon Recht. Aber deshalb muss ich in Fächern wie Mathe ausgleichen, sonst geht's ungerecht zu.

Florian: Ach, so siehst du das?

Niklas: …

2. Anfang

Niklas: Glaubst du, ich würde in Mathe so viel lernen, damit du dann bei mir abschreiben kannst?

Florian: Blödes Geschwätz. Man wird ja wohl noch abschreiben dürfen, wenn der Lehrer nichts merkt.

Niklas: Du bist ein richtiger Schmarotzer: Nichts lernen, und dann abschreiben!

Florian: So kann nur ein Streber wie du reden.

Niklas: …

10 Regeln zur Vermeidung oder Lösung von Konflikten

1. Nimm den andern ernst und höre ihm wirklich zu!
2. Sage, was du empfindest und was du für eine Meinung hast! Tue nicht so, als ob nur du Recht haben kannst!
3. Begründe deine Meinung, mache dabei nicht den anderen persönlich schlecht!
4. Stelle den andern nicht als den Dummen oder Bösen hin! Gehe davon aus oder hoffe, dass auch er den Konflikt vermeiden oder eine Lösung finden will!
5. Beschreibe auch das Verbindende, nicht nur das Trennende! So kannst du am besten überzeugen.
6. Wende dich gegen Unrecht! Nimm aber auch einmal einen „Gegenstoß" hin, ohne gleich gekränkt zu sein!
7. Scheue die Auseinandersetzung nicht, bleibe aber ruhig und sachlich!
8. Wenn der andere unfair wird, ist Humor oft die beste Entgegnung.
9. Wenn du einen eigenen Irrtum einsiehst, dann scheue dich nicht, ihn zuzugeben!
10. Unterlasse persönliche Angriffe gegen Dritte, die sich nicht wehren können. Mache sie nicht lächerlich! Setze sie nicht herab, um selbst als der Größte erscheinen zu können!

1 Erkläre: Bei welchem der beiden Gesprächsanfänge wurden die „10 Regeln zur Vermeidung oder Lösung von Konflikten" beachtet, bei welchem nicht?

2 Schreibe zu dem Gesprächsanfang, bei dem die Regeln beachtet wurden, die Fortsetzung.

1 Hilfe
Gehe die Regeln nacheinander durch und prüfe jeweils, ob und wo sie angewendet wurden.

Konflikte in der Klasse

Rauferei in der Klasse

Situation 1

Florian braucht zum Unterstreichen einen roten Stift, hat aber selbst keinen dabei. Er sagt zu seinem Nachbarn:

A „Hast du einen roten Stift für mich?"

B „Habib, ich habe heute keinen roten Stift dabei, müsste aber schnell etwas rot unterstreichen. Gibst du mir bitte deinen?"

C „He, her mit dem roten Stift!"

Situation 2

Vanessa will sich an ihren Gruppentisch setzen, allerdings fehlt ein Stuhl. Am benachbarten Gruppentische ist ein Stuhl noch nicht besetzt.

A Vanessa nimmt sich den Stuhl und sagt: „He, Leute, den brauche ich!"

B Vanessa wendet sich an die am Gruppentisch Sitzenden: „Hallo, Tom, hallo, Denise – kann ich den Stuhl nehmen? Niese fehlt heute, da braucht ihr den doch nicht, oder?"

C Vanessa zieht den Stuhl wortlos zu sich herüber.

Regeln für richtiges Verhalten in der Klasse

1. Begründe, wenn du von jemandem etwas willst.
2. Es ist freundlicher, wenn man das Wort „bitte" benutzt.
3. Es ist besser, wenn man andere mit ihrem Namen anspricht.
4. Es kommt immer gut an, wenn man sich bedankt.
5. Jeder ist für Lob dankbar, dich kostet es nichts.
6. Nimm den anderen ernst und höre ihm wirklich zu.
7. Sage, was du empfindest und was du für eine Meinung hast. Tue aber nicht so, als ob nur du Recht haben könntest.
8. Begründe deine Meinung sachlich. Mache dabei den anderen nicht schlecht.
9. Stelle den anderen nicht als den Bösen oder Dummen hin. Gehe davon aus oder hoffe, dass auch er den Konflikt vermeiden und eine Lösung finden will.
10. Wenn du einen eigenen Irrtum einsiehst, dann gib ihn ruhig zu.

2 Hilfe
Überlege jeweils, wie es wäre, wenn die ausgewählte Regel nicht eingehalten wird.

1 Kannst du noch weitere Regeln für richtiges Verhalten in der Klasse finden?

2 Wähle einige Regeln aus und begründe genauer, warum sie helfen können, Konflikte in der Klasse zu vermeiden.

3 Entscheide bei jeder der zwei Situationen, welche der angegebenen Möglichkeiten du für die beste hältst. Gib jeweils an, welche der Regeln dabei eine Rolle spielen.

Streitschlichtung durch Schüler

Auszug aus dem Gespräch mit einem Streitschlichter und einer Streitschlichterin

Ann-Sophie und Ruben – ihr beide seid Streitschlichter. Wie wird man das denn?

Wir sind von unserer Beratungslehrerin angesprochen worden. Sie hat erklärt, worum es bei der Streitschlichtung geht. Dann hat sie gefragt, wer dabei mitmachen will. Da haben wir uns gemeldet.

Wir haben dann mit der Sozialarbeiterin eine Schulung gemacht. Da haben wir erfahren, wie man ein Schlichtungsgespräch führt und eine Lösung finden kann.

Wie läuft eine Streitschlichtung ab?

Eine Streitschlichtung läuft ungefähr so ab: Aus irgendeinem Grund bekommen zwei Schüler Streit miteinander. Sie wenden sich dann an uns Streitschlichter und wir machen mit ihnen einen Termin für ein Treffen aus.

Wenn wir uns dann mit den beiden Streithähnen treffen, erklären wir zuerst die Regeln. Und dass es das Ziel der Schlichtung ist, dass beide mit dem Ausgang zufrieden sind. Es gibt dabei keinen Gewinner.

Dann kann jeder der Streitenden erzählen, wie er den Fall sieht. Wichtig ist, dass dabei keiner den anderen unterbrechen darf. Wir Streitschlichter stellen nur Fragen, wenn wir etwas nicht verstanden haben.

Danach fordern wir beide auf, Vorschläge zur Lösung des Konflikts aufzuschreiben. Dabei soll jeder auch notieren, was er selbst zu tun bereit ist.

Und wie kommt man dann zu einer Lösung?

Das ist das Schwierigste. Wir vergleichen die Lösungsvorschläge und versuchen dabei, das Gespräch so zu führen, dass beide Seiten sich am Ende auf eine gemeinsame Lösung einigen.

Gibt es auch eine Kontrolle, ob die Schlichtung erfolgreich war?

Ja. Wir machen einen Termin aus – vielleicht eine oder zwei Wochen später – und dann fragen wir, ob sich beide an die Vereinbarung gehalten haben.

Welche Arten von Streitereien können von euch geschlichtet werden?

Wir können uns nur mit kleineren Streitereien des Schulalltags befassen. Größere Streitereien, Gewalt, kriminelle Sachen oder Ähnliches gehören nicht in die Schülerschlichtung.

Streitschlichter und Streithähne an einem Tisch

1 Marcel regt sich auf, weil Adina in sein Deutschheft gezeichnet hat.

2 Nicole ist wütend auf Herrn Gutenberg, weil sie ihre schlechte Note im Englischtest für ungerecht hält.

3 Marc versteckt in den Pausen immer wieder Dinge von Annett, diesmal ihr Stiftetui. Darüber regt sich Annett auf.

4 Mike verlangt von Alexander fünf Euro – sonst gäbe es kräftig Prügel.

5 Kathi streitet mit Sonja. Diese habe den Brief, den sie von Benjamin erhalten hat, laut vor allen in der Klasse vorgelesen.

6 Zwischen deutschen und ausländischen Schülern kam es auf dem Schulhof zu einer heftigen Schlägerei.

1. Gibt es an eurer Schule Streitschlichter? Wenn ja: Zähle auf, was du über deren Arbeit weißt.
2. ↗ Welche der sechs Fälle sind für eine Streitschlichtung durch Schülerinnen und Schüler geeignet, welche nicht? Begründe deine Antwort.

2 ↗ Hilfe
Handelt es sich um ein einmaliges Ereignis? Wie schwerwiegend ist der Konflikt?

Aus einem Mobbing-Blog

Hallo,
... Bin die Jüngste in der Klasse. In unserer Klasse wurde schon immer jemand gemobbt. Das Mädel, das sie als letztes gemobbt haben, war etwas dick und ist dann von der Schule gegangen .... Nun haben sie seit 2 Jahren begonnen, das auch mit mir zu machen. Sie machen sich über mich lustig, dass ich dumm wäre, langweilig, hässlich und stinke. Machen sich lustig, dass ich bei „Wer kennt wen?" kaum Freunde habe und schreiben fiese Sachen auf die Pinnwand. Schubsen mich auf dem Schulhof. Als ich einem eine CD geliehen habe, um irgendwie Freunde zu kriegen, hat er die CD vor meinen Augen kaputt gemacht und alle haben gelacht. Habe darauf hin geweint (eigentlich mehr vor Wut, habe mich aber zusammengerissen, damit sie nix merken), sie haben aber trotzdem gelacht, und nun nennen sie mich Heulsuse.

Warum sie es machen, weiß ich nicht. Bin eigentlich normal im Aussehen und eher unauffällig. Vermute, dass es etwas damit zu tun hat, dass ich nicht weggehe. Die anderen gehen immer Freitag weg oder in Vereine und meine Eltern erlauben mir nicht wegzugehen. Auf Partys darf ich auch höchstens bis 10 Uhr (und das auch nur unter Stress), während die anderen bis 12 Uhr. Die anderen glauben das nicht. Mittlerweile würde ich mich auch nicht trauen, dahin zu gehen. Hätte Angst, dass sie mich sehen. ...

Meine Mutter ist auch keine Hilfe. Sie ... versteht die Probleme nicht. Sie meinte, ich solle mich vor die anderen stellen und sagen, dass ... ich mit ihnen nichts zu tun haben will. ... Was kann ich jetzt am besten tun?

(*www.blog.schueler-mobbing.de/category/schueler/* 02. 03. 2009)

„Wer kennt wen?" Freunde-Seite im Internet

www.schueler-mobbing.de

http://mobbing.seitenstark.de

Was ist Mobbing?

Mobbing ist viel mehr als nur jemanden hin und wieder hänseln, mit jemandem raufen oder andere ärgern. Von Mobbing spricht man, wenn jemand an einer anderen Person wiederholt und über längere Zeit herabsetzende und ausgrenzende Handlungen verübt. Dabei wird die Kluft zwischen Täter und Opfer nach jedem Übergriff größer: Der Mobber fühlt sich noch mächtiger, das Opfer fühlt sich immer mehr erniedrigt. (...)

In den allermeisten Fällen wird nicht nur auf eine Art gemobbt: Schlagen, treten, üble Gerüchte, Schimpfwörter, fiese E-Mails... – in der Regel sind Mobbing-Opfer vielen unterschiedlichen Angriffen und Erniedrigungen ausgesetzt. Und wozu dienen diese Schikanen? Mobber wollen nur eines: Sie wollen ihre Stellung in der Gruppe festigen. Indem sie wehrlose Opfer einschüchtern und ihnen immer mehr Angst einjagen, demonstrieren sie ihre Stärke und Macht. (...)

(*http://mobbing.seitenstark.de/...* 26. 02. 2009)

Mobbing – was tun?

1 „Ich würde mich vor das Opfer stellen und den Mobbern sagen, dass sie damit aufhören sollen."
2 „Ich würde Verbündete unter meinen Mitschülern und Mitschülerinnen suchen, um mit ihnen gemeinsam gegen das Mobbing vorzugehen."
3 „Ich würde es einer Lehrkraft sagen und sie um Hilfe bitten."
4 „Ich würde es den Eltern sagen, damit sie etwas gegen das Mobbing tun."

1 Das Mädchen berichtet, wie es von Mitschülern gemobbt wird. Notiere typische Situationen.
2 „Zwischen Schülern gibt es immer mal wieder Streit! Heute nennt man das Mobbing." Erkläre, warum diese Aussage nicht zutrifft.
3 Im Kasten „Mobbing – was tun?" werden vier Möglichkeiten genannt, auf Mobbing zu reagieren. Was hältst du von diesen Möglichkeiten? Notiere jeweils deine Position.
4 Erkunde die beiden angegebenen Internetseiten: Was ist dir neu? Was findest du hilfreich?

Konflikte in der Familie

(Zeichnung: Erich Rauschenbach)

„Mit den Eltern hat man es schwer!“
Für Kinder sind streitende Eltern ein Albtraum. Ein 14-Jähriger: „Bei uns geht es hauptsächlich um mich und meine Brüder. Wenn wir etwas falsch machen, werfen sich unsere Eltern gegenseitig die Erbanlagen vor. Da gibt es dann heftige Wortgefechte!“ Auch die Eltern eines Elfjährigen streiten sich wegen der Erziehung: „Sie werfen sich gegenseitig eine falsche Erziehung vor. Aber wenn Eltern keine Fehler machen würden – das wäre auch nicht gut.“
Auch das Geld kann Streitthema sein, wie eine Zwölfjährige berichtet: „Meine Mutter gibt gerne Geld aus, mein Vater ist sparsam. Wenn mein Bruder und ich mehr Taschengeld wollen, dann gibt es große Debatten. Mit den Eltern hat man es schwer!“

1 Warum entstehen Konflikte in Familien? Die Karikatur und der Text geben Hinweise.

2 ↗ An Sonn- und Feiertagen treten in Familien häufiger Konflikte auf als sonst. Woran könnte das liegen?

3 In der Pubertät kommt es öfters zu Konflikten zwischen Jugendlichen und ihren Eltern. Notiere einige typische Beispiele.

2 ↗ Hilfe

Worin unterscheiden sich Sonn- und Feiertage von anderen Tagen? Welche Auswirkungen kann das auf eine Familie haben?

Beispiel 1

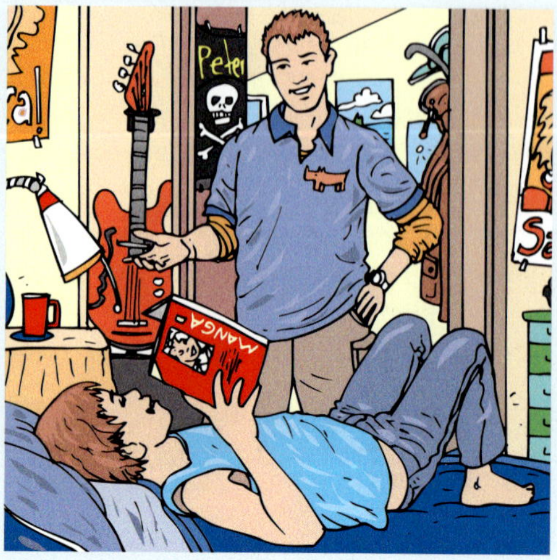

Vater: Peter, mache dich bitte fertig. Wir gehen gleich spazieren.
Peter: Was? Muss ich da mit?
Vater: Hast du keine Lust zu einem Sonntagsspaziergang?
Peter: Überhaupt nicht! Ich finde Sonntagsspaziergänge schrecklich!
Vater: Spaziergänge gefallen dir nicht?
Peter: Na ja, ich gehe schon gern raus – aber es ist doch stinklangweilig, wenn wir jeden Sonntag am Friedhof vorbei hinauf zum Buchenwäldchen gehen, um von dort die Aussicht ins Tal zu genießen.
Vater: Deine Mutter freut sich aber, wenn die Familie gemeinsam etwas unternimmt – und für einen Spaziergang bleibt meist nur der Sonntag.
Peter: Ich sehe ja ein, dass Mutter gern mit uns beiden etwas unternehmen möchte, aber muss es denn immer ein Sonntagsspaziergang sein? Lars hat mich zufällig die letzten beiden Male dabei gesehen und jetzt zieht er mich damit in der Schule auf – ob ich denn schon mein „Verdauungsspaziergängchen" unternommen hätte ...
Vater: Dir kommt ein Sonntagsspaziergang mit den Eltern altmodisch vor?
Peter: Ja, ganz genau!
Vater: Du hast aber nichts dagegen, mit uns am Sonntagnachmittag etwas gemeinsam zu unternehmen, nur eben nicht gerade einen Spaziergang zum Buchenwäldchen?
Peter: Stimmt, so ist es.
Vater: Na, da wird sich sicher eine Lösung finden lassen. Wir könnten ja heute Nachmittag vielleicht in den Stadtpark gehen, dort ist eine Boule-Bahn. Mutter, du und ich könnten ein Boule-Tournier veranstalten.
Peter: Hört sich nicht schlecht an. Und nächsten Sonntag machen wir einen Fahrradausflug.
Vater. Okay, hoffentlich ist mein Fahrrad nicht eingerostet.
Peter: Und wenn ihr wieder einmal hinauf zum Buchenwäldchen wollt – meinetwegen.

Beispiel 2

Vater: Peter, mache dich bitte fertig. Wir gehen gleich spazieren.
Peter: Was? Muss ich da mit?
Vater: Na, hör' mal, laufen ist doch schön.
Peter: Ich habe aber keine Lust dazu!
Vater: An die frische Luft zu gehen, ist gut für die Gesundheit.
Peter: Ich bin doch gesund, warum soll ich dann noch raus?
Vater: Deine Mutter würde sich aber freuen, wenn die Familie wenigstens am Sonntag einmal gemeinsam etwas unternimmt.
Peter: Diese langweiligen Sonntagsspaziergänge: am Friedhof vorbei hinauf zum Buchenwäldchen, um von dort hinab ins Tal zu glotzen – ohne mich!
Vater: (ärgerlich) Ach, ich geb's auf – dann bleibst du eben zu Hause. Ich habe keine Lust, mich am Sonntag mit dir wegen eines Spaziergangs rumzustreiten.

Beispiel 3

Vater: Peter, mache dich bitte fertig. Wir gehen gleich spazieren.
Peter: Was? Muss ich da mit?
Vater: Na, hör' mal, was heißt denn hier „müssen"? Als ich in deinem Alter war, galt es als selbstverständlich, mit der Familie am Sonntagnachmittag spazieren zu gehen.
Peter: Spazieren gehen ist doch doof.
Vater: Doof? Du hast überhaupt keinen Familiensinn!
Peter: Wir gehen immer den gleichen Weg – das ist doch langweilig.
Vater: Du willst ja nur ewig vor deinem Computer sitzen und Spiele machen.
Peter: Will ich gar nicht ...
Vater: Keine Debatte, ich will nichts mehr hören! Du gehst beim Spaziergang mit und damit basta!
Peter: (wütend) Schon gut, dann gehe ich halt bei diesem blöden Spaziergang mit.

Drei Methoden zur Konfliktbewältigung

Methode 1

Kommt es zu einem Konflikt zwischen Eltern und Kind, entscheiden die Eltern, wie die Lösung auszusehen hat. Sie gehen davon aus, dass das Kind ihre Lösung schon hinnehmen wird. Widersetzt sich das Kind, setzen die Eltern ihre Macht und Autorität ein, um das Kind zum Gehorsam zu zwingen.

Methode 2

Kommt es zu einem Konflikt zwischen Eltern und Kind, machen die Eltern einen Versuch, das Kind zu überreden, die Lösung der Eltern anzunehmen. Widersetzt sich das Kind, geben die Eltern nach und erlauben dem Kind, nach seinem Willen zu verfahren.

Methode 3

Kommt es zu einem Konflikt zwischen Eltern und Kind, fordern die Eltern das Kind auf, mit ihnen gemeinsam nach einer Lösung zu suchen, die für beide akzeptabel ist. Beide können Lösungen vorschlagen, die dann im Gespräch beurteilt werden. Schließlich entscheidet man, welche die beste Lösung ist. Dann überlegen sie, wie sie umgesetzt werden kann.

(aus: Thomas Gordon: Familienkonferenz in der Praxis. Wie Konflikte mit Kindern gelöst werden. Rowohlt, Reinbek 1981, S. 164 f.)

Autorität
Einfluss von Personen aufgrund von Ansehen, Stellung, Würde

1 Welches Gespräch und welche Methode zur Konfliktbewältigung gehören zusammen.
2 Was ist das Entscheidende bei der Methode 3?

1 Hilfe
Untersuche die Gespräche und die Methoden unter folgenden Fragen: Wer ist Sieger? Wer ist Verlierer?

Konflikte in der Gruppe

Pubertät
Entwicklungsphase des Menschen zwischen Kindheit und Erwachsensein

Status
Stellung

intim
vertraut

Mit der Pubertät treten die Jugendlichen allmählich aus der Familie heraus, ohne freilich gleich „am anderen Ufer" anzukommen. Die Jugendzeit ist dadurch gekennzeichnet, dass einerseits die engen Bindungen und Kontrollen der Kindheit gelockert werden, andererseits aber der Erwachsenenstatus (...) noch nicht erreicht ist. (...)
In dieser Übergangszeit ohne eindeutigen sozialen Charakter bilden sich verstärkt Altersgruppen Gleichaltriger. (...) Es entstehen jugendliche Cliquen als eine äußerst intime kleine Gruppe von Individuen, die gemeinsame Geheimnisse (sexueller und anderer Art), gemeinsame Wünsche, gemeinsame Probleme und gemeinsame Interessen haben, die z. B. auf familiärer Herkunft, Schulunternehmungen und dergleichen beruhen können.

(aus: Dieter Baacke: Die 13–18-Jährigen: Einführung in Probleme des Jugendalters. Weinheim: Beltz Verlag, 7. Auflage 1994, S. 242)

Mehmet
„Alle aus meiner Clique rauchen heimlich, aber mir ist das zu ungesund und teuer. Wenn ich die angebotene Zigarette ablehne, werde ich gleich als uncool tituliert. Aber was soll denn am Rauchen cool sein?"

Florian
„Alle wollen immer meine neuen Computerspiele ausleihen. Wenn ich aber mit ins Schwimmbad will, heißt es, das sei nichts für einen Computer-Freak wie mich. Kaum habe ich ein neues Spiel, sind alle wieder nett, weil sie es haben wollen."

Malte
„Ich bin der Einzige in der Clique, der sich das neue Handy nicht leisten kann. Die anderen lachen mich deswegen aus. Klar, ich hätte auch gern solch ein neues Superteil, aber dafür fehlt mir das Geld."

Claudia
„In unsere Clique kommt kein Fremder rein. Wir sind eine eingeschworene Gemeinschaft. Das finde ich momentan doof, denn Jan würde gerne bei uns dabei sein, aber die anderen wollen ihn nicht."

Linda
„Ich will einen guten Schulabschluss machen, deshalb lerne ich nachmittags lieber, als mich jeden Tag mit Freunden zu treffen. Um in allen Fächern vorn mit dabei zu sein, muss ich einfach eine Menge tun."

Maria
„Ich habe einen tollen Nagellack gesehen, aber der kostet 16 €. So viel Geld habe ich dafür nicht. Tanja meint, dass wir ihn einfach klauen sollten. Aber ich traue mich nicht. Wobei – gefallen würde er mir schon ..."

2 Hilfe
Malte: Kann seine Freunde nicht durch ein neues Handy beeindrucken.
Linda: ...

1. Analysiere den Text „Mit der Pubertät treten die Jugendlichen ..." und formuliere mit eigenen Worten, was eine Clique ausmacht.
2. Jeder der Jugendlichen hat einen Konflikt. Beschreibe jeweils den Konflikt.

Gruppen und Gruppenerwartungen

Jeder Mensch gehört in seinem Leben verschiedenen Gruppen an. Eine Gruppe unterscheidet sich von einer zufälligen Anzahl von Menschen dadurch, dass ihre Mitglieder sich miteinander verbunden und zusammengehörig fühlen. Deshalb spricht man von einem „Wir-Gefühl" bei Gruppen. In einer Gruppe sind bestimmte Verhaltensweisen und Einstellungen erwünscht, andere unerwünscht. An ein Gruppenmitglied richtet sich die Erwartung, dass es sich entsprechend verhält.

Man kann verschiedene Arten von Gruppen unterscheiden, z. B. Kleingruppe und Großgruppe. Die Kleingruppe ist durch die geringe Anzahl ihrer Mitglieder überschaubar für den Einzelnen. Jeder kennt jeden gut, man vertraut einander und kann mit jedem Gruppenmitglied meist unmittelbar in Kontakt treten. Anders bei der Großgruppe. Hier ist die Anzahl der Mitglieder so groß, dass man nicht mehr alle persönlich kennt. Deshalb ist es oft auch schwierig, Kontakt miteinander aufzunehmen.

Karla besucht die Klasse 9b. Ihre Lieblingsfächer sind Englisch, Sport und Mathematik. Seit Beginn des neuen Schuljahres sitzt sie mit Mona, ihrer besten Freundin, Mike und Christian in einer Tischgruppe zusammen. Die vier verstehen sich gut und unternehmen öfter auch außerhalb der Schule etwas gemeinsam.

Karlas Mutter arbeitet als Bauingenieurin in einem Konstruktionsbüro. Ihr Vater ist Küchenchef in einer Kantine. Karla hat einen elfjährigen Bruder, der wie sie die Realschule besucht. Die Familie bewohnt ein geräumiges Reihenhaus am Stadtrand. Mit im Haus wohnt Karlas 69-jährige Großmutter Katharina, die Mutter ihres Vaters.

Der Treffpunkt für einige Mädchen und Jungen aus Karlas Schule ist der neue Kiosk am Stadtpark. Seit einiger Zeit gehört Karla zu dieser Freundesgruppe – oder wie sie sagt „zur Clique". Hin und wieder gehen alle gemeinsam ins Kino oder in die Eisdiele. Und manchmal fahren sie auch einfach nur so mit ihren Fahrrädern herum.

Seit einigen Monaten macht Karla beim Jugendrotkreuz mit. Für das bevorstehende Sommerfest will das Jugendrotkreuz eine Spielstraße für Kinder organisieren. Zusammen mit Kai und Sabine hat Karla Spielideen zusammengestellt. Beim nächsten Gruppennachmittag soll über die Vorschläge beraten werden.

1 Welchen vier verschiedenen Gruppen gehört Karla an?
2 Notiere für jede Gruppe das gemeinsame Ziel und zwei, drei Erwartungen, welche die jeweilige Gruppe vermutlich an Karla hat.
3 Aus den Erwartungen der Gruppe an eine Person können Konflikte entstehen. Finde ein Beispiel, das für Karla gelten könnte.
4 Welche verschiedenen Gruppen kannst du auf den Fotos erkennen?
5 Beschreibe auch hier mögliche Gruppenerwartungen.
6 Finde Beispiele für Kleingruppen und Beispiele für Großgruppen.

1

2

3

4

5

Thema: Konflikte

Bei einem Rollenspiel übernimmt man eine Rolle und spielt das Verhalten einer anderen Person in einer vorgegebenen Situation. Eine Rollenspielerin oder ein Rollenspieler versetzt sich also in die Lage einer anderen Person und versucht, deren Interessen und Ansichten im Spiel zu verdeutlichen. Durch Rollenspiele können menschliche Verhaltensweisen dargestellt, beobachtet und besprochen werden.
Nähere Hinweise zur Vorbereitung, Durchführung und Auswertung eines Rollenspiels enthält die Seite 188.

Fall 1

(systemischer, hier: wesentlicher)

(Zeichnung: Heiko Sakurai, Berlin)

Fall 2

Mustafa, Henrik und Sabine haben heute eine Stunde früher aus. Jetzt stehen sie vor der Schule zusammen.

S: Ich habe noch keine Lust nach Hause zu gehen – da bin ich doch nur allein.
M: Meine Mutter kommt auch erst um 13 Uhr. Aber was könnten wir tun?
H: Wir könnten doch ins „Kauf-Center" gehen.
M: Was soll ich denn im „Kauf-Center"? Ich habe kein Geld.
H: Na und? Du kommst auch ohne Geld an der Kasse vorbei.
S: Verstehe ich nicht.
H: Ach – tut doch nicht so blöd. Wir haben halt „aus Versehen" etwas eingesteckt.
M: Moment – sollen wir vielleicht im „Kauf-Center" klauen gehen?
H: Mann, reg' dich ab! Tommy hat gesagt, das würde richtig Spaß machen. Und außerdem zahlt alles die Versicherung!
S: Und wenn sie uns erwischen?
H: Den Tommy haben sie noch nie erwischt.
S: So eine Sonnenbrille wie Petra hätte ich auch gerne. Aber 33,95 € …
H: Na, dann lass sie eben mitgehen. Die schreiben ja immer: „Greifen Sie zu …"
M: Aber das ist doch Diebstahl!
H: Ach, du bist ja nur zu feige!
M: Diebstahl hat mit Mut überhaupt nichts zu tun. Und jetzt will ich dir mal etwas sagen …

1 In den beiden Fällen geht es um Konflikte. Analysiere den jeweiligen Konflikt.
2 Führt in der Klasse zu einem der Fälle ein Rollenspiel durch.

Das Wichtige in Kürze

Konflikt

Der Begriff Konflikt stammt von einem lateinischen Wort ab, das so viel wie „zusammenprallen" bedeutet. Bei einem Konflikt gibt es zwischen einzelnen Menschen, Gruppen (z. B. Cliquen, Vereinen, Parteien, Volksgruppen) oder Staaten eine Auseinandersetzung, die für die Beteiligten wichtig ist und geklärt werden muss. Es gibt Konflikte, die sich über Jahre immer mehr verstärken und bei Staaten zu einem Dauerstreit führen. Der Kern jedes Konfliktes ist das Ringen um die Lösung einer Streitfrage. Diese Lösung kann auf friedlichem Weg durch eine Verständigung zwischen den Konfliktparteien oder durch die Vermittlung Außenstehender erreicht werden. Politische Konflikte, z. B. innerhalb eines Staates oder zwischen Staaten, werden oft durch Gewaltanwendung ausgetragen.

Konfliktlösung

Konflikte gehören zum Zusammenleben von Menschen dazu. Es ist ganz natürlich, wenn Menschen unterschiedliche Meinungen und Interessen haben oder verschiedene Ziele verfolgen. In demokratischen Gesellschaften besitzen Menschen dazu das Recht und die Freiheit. Bei der Austragung von Konflikten in einer demokratischen Gesellschaft ist es aber notwendig, dass die Beteiligten auf die Anwendung von Gewalt verzichten, den Konfliktgegner respektieren, seine Interessen, Ansichten und Ziele tolerieren, fair miteinander umgehen.

Konflikte in der Schule

In der Schule muss man lernen, mit vielen anderen Jugendlichen auszukommen. In eine Klasse gehen Schülerinnen und Schüler mit unterschiedlichen Erwartungen, Fähigkeiten und Voraussetzungen. Daher kann es immer wieder zu Konflikten kommen: zwischen einzelnen Schülerinnen und Schülern oder zwischen verschiedenen Gruppen von Schülern. Wichtig ist, dass solche Konflikte nicht mit Gewalt ausgetragen werden, sondern dass man darüber spricht. Damit Konflikte durch Gespräche gelöst werden können, sind Kompromissbereitschaft und Toleranz wichtig. Beides kann man leichter zeigen und zur Geltung bringen, wenn man bestimmte Regeln zur Lösung von Konflikten kennt.

Mobbing

Mobbing in der Schule zeigt sich meistens darin, dass einige in der Klasse einen Mitschüler oder eine Mitschülerin wiederholt durch Beschimpfungen, üble Streiche oder Ausgrenzung fertigmachen wollen. Die Mobber wollen so ihre Macht zeigen. Je offener in einer Klasse über Mobbing gesprochen wird, desto geringer ist die Gefahr, dass gemobbt wird.

Konflikte in der Gruppe

Gleichaltrige schließen sich in Cliquen zusammen. Eine solche Gruppe wird meist zusammengehalten durch gleiche Vorlieben, gleiche Abneigungen und gleiches Verhalten. Die Gruppe erwartet von jedem Gruppenmitglied ein entsprechendes Verhalten. Konflikte in der Gruppe können entstehen, wenn ein Gruppenmitglied nicht den Gruppenerwartungen entspricht und sich unerwünscht verhält.

Konflikte in der Familie

Die Mitglieder einer Familie sollen sich mit gegenseitigem Verständnis und Vertrauen begegnen. So kann die Familie dem Einzelnen Schutz und Geborgenheit bieten, gerade auch in schwierigen Lebenssituationen. In jeder Familie treffen immer wieder unterschiedliche Wünsche, Interessen oder Meinungen aufeinander. Aus solchen Situationen entstehen Konflikte, wenn ein Beteiligter seine Absicht durchsetzen will, ohne auf die anderen Rücksicht zu nehmen. Wenn sich alle Familienmitglieder bemühen, die Meinungen der anderen zu verstehen, können solche Meinungsverschiedenheiten durch Kompromisse gelöst werden.

Gewalt taugt nicht zur Lösung von Konflikten

WAS IST EINE FAMILIE?

Georg, 7 Jahre

Julia, 11 Jahre

Robert, 18 Jahre

Frau Schubert, 27 Jahre

Frau Lindl, 33 Jahre

Herr Klein, 41 Jahre

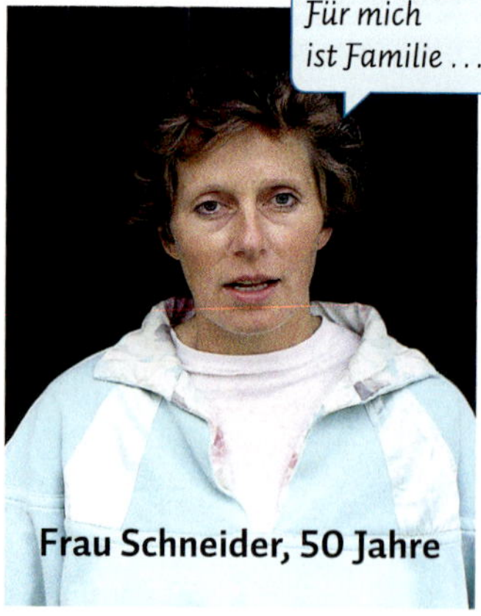

Frau Schneider, 50 Jahre

Antje Hild und Alex Dogan, beide 20 Jahre

Herr Peinl, 72 Jahre

1 Hilfe
Bedenke, dass die Einstellung zur Familie auch vom Alter und den Lebensumständen abhängt.

1 Überlege, was die abgebildeten Personen wohl zum Thema „Familie" sagen würden. Ergänze die Satzanfänge entsprechend.
2 Vergleicht eure Sätze untereinander. Könnt ihr Gemeinsamkeiten feststellen? Wo gibt es erhebliche Unterschiede?
3 In Umfragen wird die Familie immer wieder als Voraussetzung für ein glückliches Leben genannt. Suche nach Erklärungen hierfür und berichte.

Methode: Erstellen einer Mind Map

Thema: **Familie**

1 Auf einem großen Bogen Papier wird in der Mitte in einen Kreis oder ein Oval stichwortartig das Thema geschrieben, um das es geht. Dieser Kreis ist der zentrale Platz der „Ideen-Landkarte".

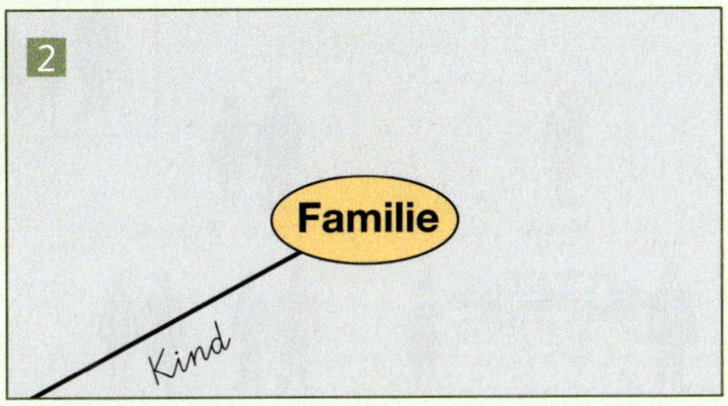

2 Ein Gedanke, der sich mit dem Thema verbindet, wird als „Hauptstraße" eingezeichnet, die vom zentralen Platz wegführt. Dazu wird ein entsprechendes Stichwort notiert.

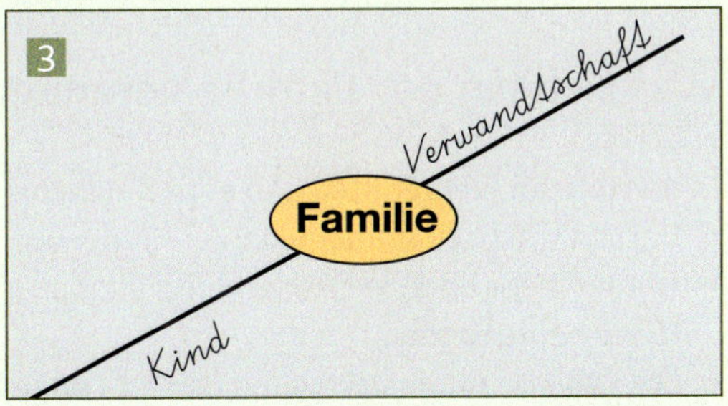

3 Jeder neue Gedanke wird als neue „Hauptstraße" eingezeichnet und ebenfalls beschriftet.

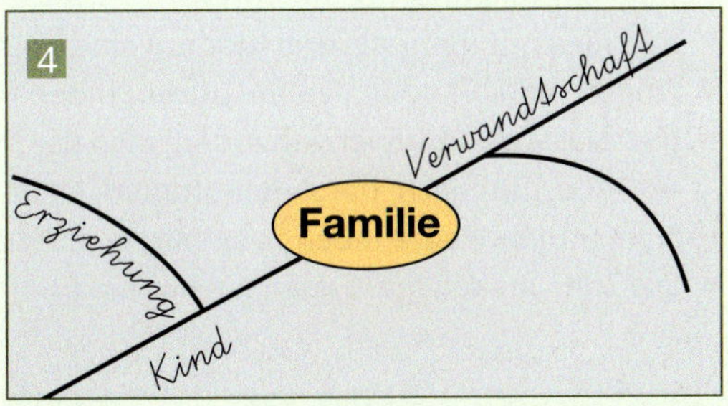

4 Fällt euch etwas ein, was zu einer bereits eingezeichneten „Hauptstraße" gehört, so wird dieser Gedanke als abzweigende „Nebenstraße" eingezeichnet.

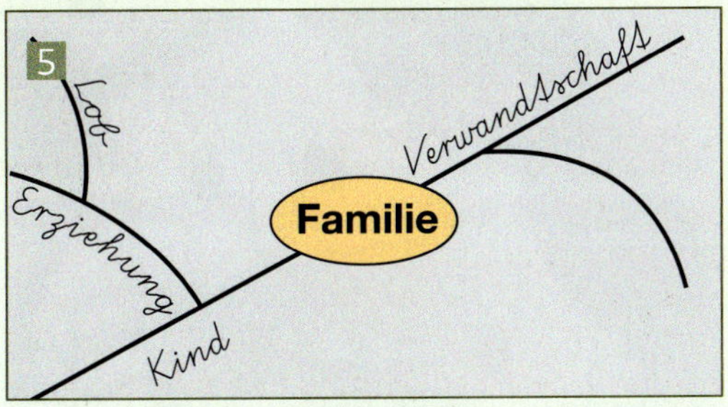

5 Mit einer „Nebenstraße" kann sich ein neuer Gedanke verbinden. Er wird als weitere Abzweigung in die „Ideen-Landkarte" eingezeichnet.

Eure Mind Map entwickelt sich während des Überlegens ständig weiter. Die bereits notierten Stichwörter und Gedankenverbindungen können zu immer neuen Ideen führen.

1 Erstelle eine Mind Map zum Thema „Familie". Übernimm dazu die Vorlage auf ein Blatt Papier (DIN-A4, besser DIN-A3) und arbeite sie weiter aus.

2 Vergleicht eure Mind Maps: Wo sind sie ähnlich, wo unterscheiden sie sich?

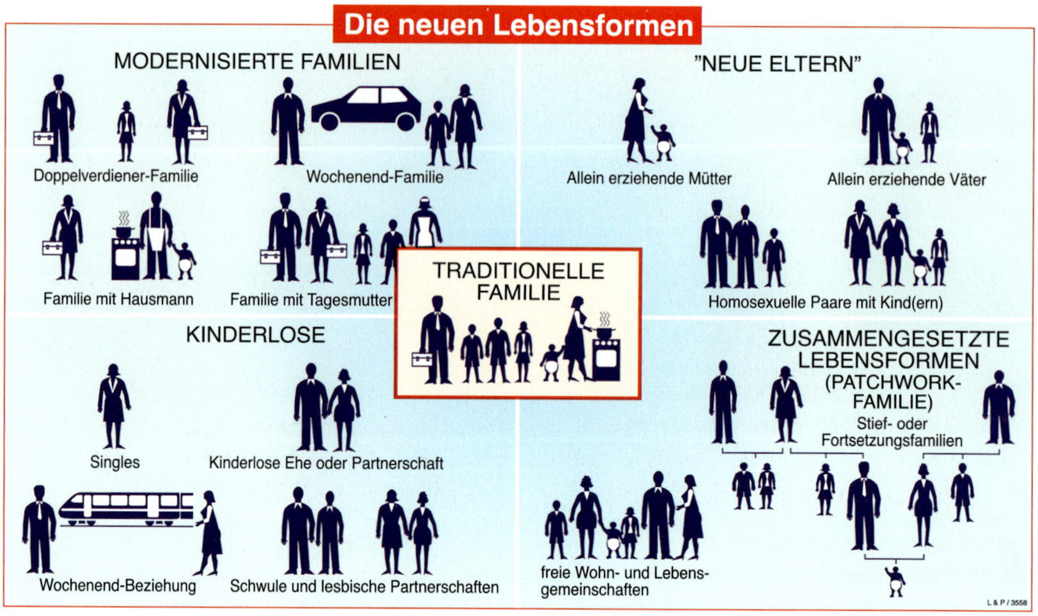

Was sich bei der Familie verändert hat

In den letzten Jahrzehnten gab es in Deutschland im Bereich der Familie große Veränderungen:

- Bei uns wachsen immer weniger Kinder auf.
- Immer mehr Ehen in Deutschland bleiben kinderlos. Nur in etwa jedem vierten Haushalt leben heute Kinder.
- Die Zahl der Alleinstehenden ist stark angestiegen, vor allem, weil immer mehr Menschen freiwillig alleine leben möchten.
- Familien mit mehr als drei Kindern sind heute sehr selten.
- Immer mehr Familien gehen auseinander. Heute wird im Schnitt jede dritte Ehe geschieden.
- Der Anteil der Alleinerziehenden, also der Mütter oder Väter, die sich ohne einen Partner um ein Kind kümmern, hat zugenommen. Neun von zehn Alleinerziehenden sind Frauen.
- Immer mehr Paare leben zusammen, ohne zu heiraten.
- Die Zahl unehelicher Geburten nimmt zu.

Alleinerziehende Mutter und Sohn

Lesbische Partnerschaft

Waldstr. 14

Frau Singer ist 30 Jahre alt. Sie lebt allein und arbeitet ganztags als Bibliothekarin in der Stadtbücherei.

Herr und Frau Schneider sind seit 15 Jahren verheiratet. Sie haben zwei Kinder: die 12-jährige Julia und den 15 Jahre alten Sebastian.

Sven Klein, 21 Jahre, studiert an einer Fachhochschule. Anja Meisner, 20 Jahre, beendet bald ihre Ausbildung zur Krankenschwester. Guiseppa Falcone, 23 Jahre alt, arbeitet in einem Restaurant. Die drei teilen sich diese Wohnung, um Mietkosten zu sparen.

Tina Jung ist 25 Jahre alt und von Beruf Bankkauffrau. Ihr Freund Can Bulut ist 27 Jahre alt und arbeitet als Schauwerbegestalter. Vor zwei Jahren haben die beiden beschlossen, zusammen in diese Wohnung zu ziehen.

Frau Ringel war acht Jahre verheiratet. Seit drei Jahren ist sie geschieden. Da sie sich um ihren sechs Jahre alten Sohn Kevin kümmern muss, ist Frau Ringel nur halbtags berufstätig.

Herr und Frau Grosser sind verheiratet und haben eine sechs Monate alte Tochter. Sie wird von Herrn Grosser betreut, Frau Grosser ist weiterhin ganztags berufstätig.

1 Der Text auf Seite 216 nennt acht Veränderungen bei den Familien. Wähle drei davon aus und entwickle Vermutungen, warum es zu der jeweiligen Veränderung gekommen ist.

2 Vergleiche die sechs Haushalte in der Waldstraße mit der Grafik auf Seite 216. Ordne jedem Haushalt die entsprechende Bezeichnung aus der Grafik zu.

3 Welche Vorteile oder Probleme können sich aus den verschiedenen Lebensformen ergeben? Nenne einige Beispiele.

2 Hilfe

Die gezeichneten Figuren in der Grafik können dir bei der Zuordnung helfen.

Elterliches Sorgerecht

Sabrina Bertold ist 16 ½ Jahre. Sie hat seit einigen Wochen einen 25-jährigen Freund, der einen neuen Wagen fährt und ihr „Klamotten" schenkt. Auf die Fragen ihrer Eltern nach dem Beruf ihres Freundes weiß Sabrina keine Antwort: „Darüber reden wir nicht." Sie kommt in letzter Zeit viel später nach Hause, als ihre Eltern ihr das erlaubt haben, und einige Male hatte sie ziemlich viel Alkohol getrunken. Ein Gespräch mit den Eltern über dieses Verhalten und über den Freund kommt nicht mehr zustande, weil Sabrina bei solchen Gelegenheiten schweigt. Die Eltern wollen den Freund sprechen, doch dieser findet angeblich so eine Vorstellung bei den Eltern altmodisch. Da verbieten ihr die Eltern jeden Umgang mit diesem Mann. Sabrina ist verzweifelt und reagiert wütend: „Ihr könnt nicht entscheiden, mit wem ich mich treffe."

Können dies die Eltern ?

(aus: Elternrecht-Kinderrecht, in: Zeitlupe 30/Familien,S. 18. Hg.: Bundeszentrale für politische Bildung, Bonn 1994)

Bürgerliches Gesetzbuch (BGB)
Gesetzbuch mit den wichtigsten gesetzlichen Bestimmungen für die Regelung der Beziehungen zwischen Privatpersonen

minderjährig
ist man, solange man das 18. Lebensjahr noch nicht vollendet hat

Einvernehmen
Verständigung; Übereinstimmung

Aus dem Bürgerlichen Gesetzbuch

§ 1626 Elterliche Sorge;
Berücksichtigung der wachsenden Selbstständigkeit des Kindes
(1) Der Vater und die Mutter haben das Recht und die Pflicht, für das minderjährige Kind zu sorgen (elterliche Sorge). Die elterliche Sorge umfasst die Sorge für die Person des Kindes (Personensorge) und das Vermögen des Kindes (Vermögenssorge).
(2) Bei der Pflege und Erziehung berücksichtigen die Eltern die wachsende Fähigkeit und das wachsende Bedürfnis des Kindes zu selbstständigem verantwortungsbewusstem Handeln. Sie besprechen mit dem Kind, soweit es nach dessen Entwicklungsstand angezeigt ist, Fragen der elterlichen Sorge und streben Einvernehmen an.

§ 1631 Inhalt des Personenrechts, Einschränkung von Erziehungsmaßnahmen
(1) Die Personensorge umfasst insbesondere das Recht und die Pflicht, das Kind zu erziehen, zu beaufsichtigen und seinen Aufenthalt zu bestimmen.
(2) Entwürdigende Erziehungsmaßnahmen sind unzulässig.

1 Hilfe: BGB § 1631 (1)

2 Hilfe: BGB § 1626 (2)

1 Dürfen die Eltern Sabrina den Umgang mit dem Freund verbieten? Begründe.

2 Wie sollten sich Eltern nach dem Willen des Gesetzgebers in Konfliktfällen mit ihren Kindern verhalten?

Erziehungsziele – Erziehungsmittel

Die 13-jährige Julia lebt mit ihrer Mutter in einer kleinen Wohnung. Da die Mutter seit Kurzem eine Vollzeit-Arbeitsstelle annehmen musste, vereinbarte sie mit Julia, dass diese bestimmte kleinere Aufgaben im Haushalt übernimmt. Das funktionierte bisher oft nicht, weil Julia die Aufträge vergaß, keine Lust dazu hatte oder so lange mit Freunden zusammen war, dass keine Zeit blieb, die Arbeit zu erledigen.

Die Mutter kritisiert auch, dass Julia so unordentlich ist. Nicht nur in Julias Zimmer bricht regelmäßig „das Chaos" aus, sondern sie lässt auch im Wohnzimmer, das der Mutter als Schlafzimmer dienen muss, alles liegen. Die Mutter ist sehr „sauer", wenn sie nach der Arbeit erst einmal eine halbe Stunde oder mehr aufräumen muss. Früher machte ihr das nichts aus, aber jetzt…! Als die Mutter ihrer Freundin ihr Leid klagt, hört sie von dieser: „Das ist Erziehungssache!" „Ich möchte aber, dass sich im Zusammenleben mit Julia eine Art Partnerschaft entwickelt", erwidert die Mutter. (…)

Erziehungsmittel

- ❑ Liebesentzug
- ❑ loben
- ❑ Vorbild sein
- ❑ tadeln
- ❑ drohen
- ❑ überzeugen
- ❑ strafen
- ❑ fördern
- ❑ unterstützen
- ❑ schlagen
- ❑ helfen
- ❑ befehlen

(aus: Kinder erziehen – aber wie? In: ZEITLUPE 30/Familie, S. 9. Hg.: Bundeszentrale für politische Bildung, Bonn 1994)

Rollenbilder

„Tanja, räume bitte den Geschirrspüler aus! Ich muss noch einkaufen gehen."
„Warum denn immer ich? Das kann doch auch mal Frank machen!"
„Aber Tanja, Küchenarbeit ist doch nichts für Jungen. Frank hat gestern Vater geholfen, das Kaminholz in den Schuppen zu tragen. Das ist Männerarbeit!"
„Muss ich deswegen immer helfen, die gebügelte Wäsche zusammenzulegen, weil das Frauenarbeit ist?"
„Warum regst du dich denn so auf? Es ist doch gut, wenn du etwas Hausarbeit lernst. Das brauchst du doch später."
„Soll Frank doch bügeln lernen – das wird ihm später auch nützlich sein! Aber er guckt abends mit Vater lieber Sportschau!"

Dieses Gespräch hat mit Rollenvorstellungen zu tun. Rollen ergeben sich aus den Erwartungen an das Verhalten. Früher erwartete man von Mädchen, dass sie zum Beispiel ruhig, fürsorglich und rücksichtsvoll sind. Jungen dagegen sollten stark, ohne Angst und bestimmend sein. Solche Rollenerwartungen – man spricht auch von „Rollenbildern" – werden in der Erziehung meist unbewusst weitergegeben.

Junge oder Mädchen?

- Gefühle zeigen
- sich für Technik interessieren
- keine Schmerzen zeigen
- mit Puppen spielen
- cool bleiben
- folgsam sein
- bei Filmen weinen
- mit Autos spielen
- stark sein
- Schmuck tragen

Erziehungsziele

- Höflichkeit
- Kreativität
- Selbstständigkeit
- Toleranz
- Fleiß
- Ehrlichkeit
- Konfliktfähigkeit
- Sparsamkeit
- Sauberkeit
- Anpassungsfähigkeit
- Offenheit
- Ausdauer
- Pünktlichkeit
- Hilfsbereitschaft
- Unterordnung
- Zuverlässigkeit
- Gutes Benehmen
- Verantwortungsbewusstsein

Kreativität
Ideen-, Einfallsreichtum

Toleranz
bedeutet, neben seiner eigenen Meinung auch andere Meinungen gelten zu lassen und Verständnis dafür aufzubringen

1 Welche Erziehungsziele hältst du für sehr wichtig, welche für wichtig, welche für nicht so wichtig? Notiere in einer Tabelle mit drei Spalten.

2 Wie sollte deiner Meinung nach Julias Mutter in der Erziehung vorgehen?

3 Junge oder Mädchen? Sprecht anhand der Stichworte über Rollenbilder in der Erziehung.

2 Hilfe
Überlege, welche Erziehungsmittel sie einsetzen sollte.

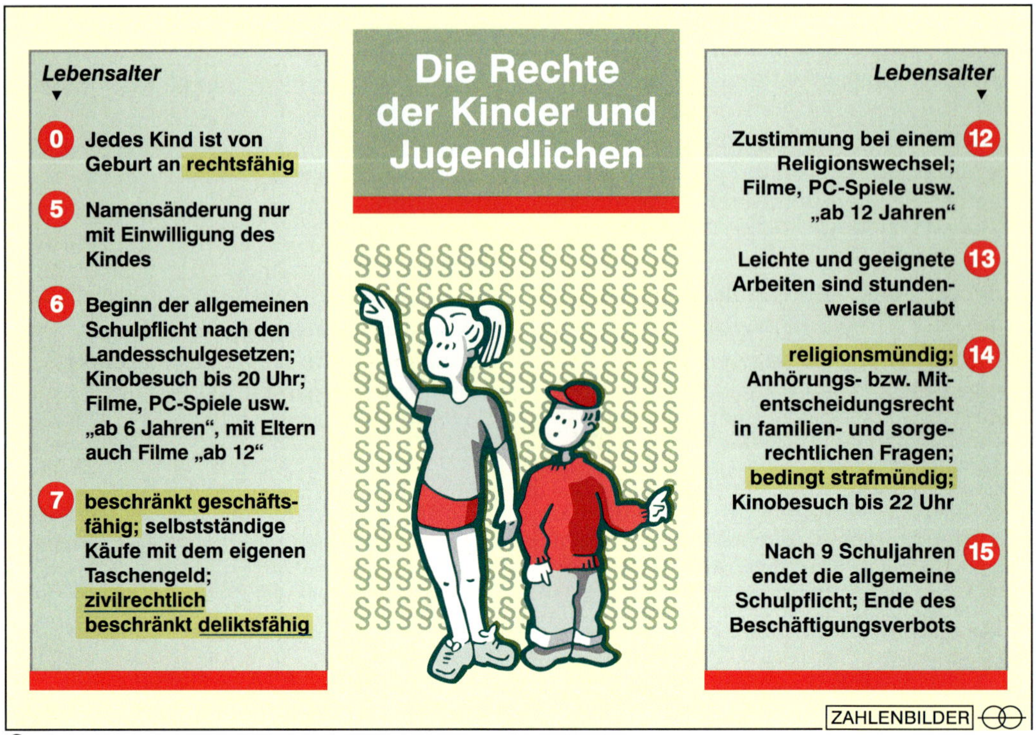

© Erich Schmidt Verlag 130 210

zivilrechtlich
Das Zivilrecht befasst sich mit Rechtsstreitigkeiten zwischen Privatpersonen.

deliktsfähig
Damit ist die Einsicht gemeint zu wissen, dass man etwas Strafbares tut oder eine unerlaubte Handlung begeht.

testierfähig
Mit Testierfähigkeit ist die Berechtigung gemeint, ein Testament abzufassen.

eidesfähig
Damit ist die Fähigkeit gemeint, eine Aussage vor Gericht durch einen Eid bekräftigen zu können.

Kommunalwahlen
Wahl z. B. des Gemeinderats

prozessfähig
Damit ist die Fähigkeit gemeint, eine Gerichtsverhandlung selbst oder durch einen bestellten Vertreter führen zu dürfen.

aktives Wahlrecht
das Recht, wählen zu dürfen

passives Wahlrecht
das Recht, gewählt werden zu können

Kinder und Jugendliche haben noch nicht die gleichen Pflichten, aber auch noch nicht die gleichen Rechte wie Erwachsene. Mit zunehmendem Alter wachsen Rechte und Pflichten.

130 215 *** zurzeit ausgesetzt © Erich Schmidt Verlag

Erklärungen

1 Man muss einen Personalausweis besitzen.
2 Schon ein Säugling kann z. B. erben oder klagen, also Rechtsgeschäfte tätigen. Für ihn handeln die Eltern oder der Vormund.
3 Vor Gericht kann man als Zeuge vernommen und vereidigt werden.
4 Jeder kann seine Religionszugehörigkeit selbst bestimmen, also z. B. auch aus dem Religionsunterricht oder der Kirche austreten.
5 Unter bestimmten Voraussetzungen (z. B. Zustimmung des Vormundschaftsgerichtes) darf man heiraten, wenn der Ehepartner volljährig ist.
6 Kinder können über ihr Taschengeld selbst verfügen.
7 Man darf wählen und kann sich zur Wahl aufstellen lassen.
8 Man wird bestraft, wenn man bei der Begehung der Tat von seiner Entwicklung her reif genug war zu wissen, dass man ein Unrecht begeht.
9 Unter bestimmten Voraussetzungen muss ein Kind für den Schaden haften, den es verursacht hat.
10 Ohne Genehmigung der Eltern darf nun geheiratet werden.
11 Man darf unbeschränkt Verträge abschließen und ist für alle eingegangenen Verpflichtungen haftbar.

Vormund
eine vom Gericht beauftragte Person, die die Fürsorge für einen Minderjährigen wahrnimmt

1 Ordne die Erklärungen 1 bis 11 den gelb unterlegten Fachausdrücken in den beiden Übersichten auf Seite 220 zu.
2 Für euch gelten bereits eine Reihe dieser Bestimmungen. Nenne die, die dir bekannt sind.
3 Vervollständige die Sätze in den vier Sprechblasen mit den folgenden Bezeichnungen für die Altersstufen: Volljährige, Kind, Jugendlicher, Minderjährige.

3 Hilfe
Versuche zuerst, die Altersstufen in Form einer Tabelle aufzulisten.

Vier Fälle zum Jugendschutz

Silke ist 14 Jahre alt geworden. Zu ihrem Geburtstag hat sie sich gewünscht, an einem Samstagabend mal ganz lange tanzen zu gehen. Ihr Vater hat ihr versprochen, mit ihr in der Kreisstadt in eine Diskothek zu gehen.

Fall 1

Ulrike und **Kareen**, beide 13 Jahre alt, freuen sich auf die Disco-Party, die der Stadtjugendring in ihrem Stadtteil veranstaltet. Da am nächsten Tag keine Schule ist, wollen die beiden möglichst lange bleiben und erst um 22 Uhr nach Hause gehen.

Fall 2

Carsten, 14 Jahre alt, will mit seinen Freunden in einem Billard-Cafe feiern und bis 23 Uhr bleiben. Er hat versprochen, eine Runde mit einem branntweinhaltigen Cola-Mix-Getränk zu spendieren.

Fall 3

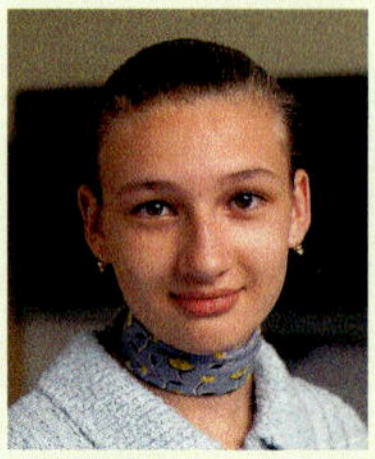

Stephanie, 15 Jahre alt, möchte in die Diskothek „Aramis" zum Tanzen gehen. Damit ihre Eltern nicht dagegen sind, verspricht sie, spätestens um 22 Uhr wieder zu Hause zu sein.

Fall 4

Jugendschutzgesetz

§ 4 Gaststätten

(1) Der Aufenthalt in Gaststätten darf Kindern und Jugendlichen unter 16 Jahren nur gestattet werden, wenn eine personensorgeberechtigte oder erziehungsbeauftragte Person sie begleitet oder wenn sie in der Zeit zwischen 5 Uhr und 23 Uhr eine Mahlzeit oder ein Getränk einnehmen. Jugendlichen ab 16 Jahren darf der Aufenthalt in Gaststätten ohne Begleitung einer personensorgeberechtigten oder erziehungsbeauftragten Person in der Zeit von 24 Uhr bis 5 Uhr morgens nicht gestattet werden.

(2) Absatz 1 gilt nicht, wenn Kinder oder Jugendliche an einer Veranstaltung eines anerkannten Trägers der Jugendhilfe teilnehmen oder sich auf Reisen befinden.

§ 5 Tanzveranstaltungen

(1) Die Anwesenheit bei öffentlichen Tanzveranstaltungen ohne Begleitung einer personensorgeberechtigten oder erziehungsbeauftragten Person darf Kindern und Jugendlichen unter 16 Jahren nicht und Jugendlichen ab 16 Jahren längstens bis 24 Uhr gestattet werden.

(2) Abweichend von Absatz 1 darf die Anwesenheit Kindern bis 22 Uhr und Jugendlichen unter 16 Jahren bis 24 Uhr gestattet werden, wenn die Tanzveranstaltung von einem anerkannten Träger der Jugendhilfe durchgeführt wird oder der künstlerischen Betätigung oder der Brauchtumspflege dient.

§ 9 Alkoholische Getränke

(1) In Gaststätten, Verkaufsstellen oder sonst in der Öffentlichkeit dürfen

1. Branntwein, branntweinhaltige Getränke oder Lebensmittel, die Branntwein in nicht nur geringfügiger Menge enthalten, an Kinder und Jugendliche,
2. andere alkoholische Getränke an Kinder und Jugendliche unter 16 Jahren weder abgegeben noch darf ihnen der Verzehr gestattet werden.

§ 10 Rauchen in der Öffentlichkeit, Tabakwaren

(1) In Gaststätten, Verkaufsstellen oder sonst in der Öffentlichkeit dürfen Tabakwaren an Kinder und Jugendliche weder abgegeben noch darf ihnen das Rauchen gestattet werden.

personensorgeberechtigt
Personensorgeberechtigte sind die Eltern oder – in Ausnahmefällen – ein vom Familiengericht bestellter Vormund.

erziehungsbeauftragt
Erziehungsbeauftragte können Personen über 18 Jahre sein, die Erziehungsaufgaben wahrnehmen, z. B. Lehrkräfte oder Ausbilder.

Jugendhilfe
Sammelbegriff für die staatlichen Maßnahmen zur Förderung von Kindern und Jugendlichen. Diese werden vom Land, vom Kreis oder von der Gemeinde durchgeführt.

Seit dem 1. Juli 2008 gilt eine Erweiterung des Jugendschutzes. Die neuen Bestimmungen zielen vor allem darauf ab, Kindern und Jugendlichen den Zugang zu gewaltverherrlichenden Computerspielen und Videofilmen zu erschweren. Dazu wurde unter anderem Folgendes geregelt:
Wie schon bisher für Filme und Videos wird auch für Computerspiele eine Altersfreigabe eingeführt: freigegeben ab 6, 12, 16 oder 18 Jahren. Die Computerspiele dürfen nur an Kinder und Jugendliche abgegeben werden, die das erlaubte Alter haben. Verstößt ein Händler gegen diese Bestimmung, wird er mit einem Bußgeld bestraft. Die Alterskennzeichnung der Spiele muss auf der Hülle und direkt auf dem Datenträger ersichtlich sein.

Schon bisher konnte die Bundesprüfstelle jugendgefährdende Medien nach Prüfung auf eine Liste, den „Index" setzen. Was auf dieser Index-Liste steht, also „indiziert" wurde, darf an Kinder und Jugendliche nicht verkauft oder verliehen werden. Allerdings durfte die Bundesprüfstelle früher nur tätig werden, wenn ein Antrag gestellt wurde, z. B. von einem Jugendamt. Nach der neuen Regelung kann die Bundesprüfstelle nun auch ohne Antrag prüfen, also von sich aus nach jugendgefährdenden Medien suchen.
Bücher, Videos, CDs, CD-ROMs und DVDs, die den Krieg verherrlichen oder Gewaltdarstellungen zeigen, sind für Kinder und Jugendliche grundsätzlich verboten, also auch ohne Indizierung durch die Bundesprüfstelle.

Bundesprüfstelle
Die Bundesprüfstelle ist zuständig für das Verbot jugendgefährdender Medien.

	Aussagen zum Jugendschutzgesetz	richtig	falsch
1	Das Jugendschutzgesetz soll Kinder und Jugendliche vor den Gefährdungen schützen, denen sie in der Öffentlichkeit ausgesetzt sind.		
2	Wenn ihre Eltern es ihnen erlauben, dürfen sich Kinder und Jugendliche zu jeder Zeit in Gaststätten aufhalten.		
3	Der Besuch einer öffentlichen Tanzveranstaltung ist Kindern und Jugendlichen unter 16 Jahren generell untersagt.		
4	Getränke, die Branntwein enthalten, dürfen nicht an Kinder und Jugendliche verkauft oder ausgeschenkt werden.		
5	Wenn ein Elternteil dabei ist, dürfen Kinder und Jugendliche alkoholische Getränke wie Bier und Wein in einem Lokal verzehren.		
6	Das Rauchen ist in der Öffentlichkeit erst ab einem Alter von 16 Jahren erlaubt. Das gilt auch für öffentliche Räume wie Straßen, Plätze und Parks.		
7	Computerspiele dürfen an Kinder und Jugendliche nur dann abgegeben werden, wenn sie das Alter haben, ab dem das Spiel freigegeben ist.		
8	DVDs, die Gewaltdarstellungen zeigen und den Krieg verherrlichen, sind für Jugendliche nur dann verboten, wenn sie auf der Index-Liste stehen.		
9	Das Jugendschutzgesetz schützt Schüler und Schülerinnen auch gegen eine ungerechte Notengebung in der Schule.		
10	Verkauft ein Händler einem Jugendlichen eine für diesen noch verbotene CD, wird der Händler und nicht der Jugendliche bestraft.		

1 Untersuche die vier Fälle auf Seite 222: Was bestimmt jeweils das Jugendschutzgesetz?
2 Bei Verstößen gegen das Jugendschutzgesetz werden nicht die Jugendlichen bestraft, sondern die Erwachsenen, z. B. Wirte, Veranstalter. Wie ist das zu erklären?
3 Wie wird durch das neue Jugendschutzgesetz versucht, Jugendliche vor Gewaltdarstellungen zu schützen? Notiere stichwortartig.
4 Notiere zu jeder Aussage, ob sie richtig oder falsch ist bzw. kreuze auf deinem Arbeitsblatt an. Stelle anschließend die falschen Aussagen richtig.

1 Hilfe
Entscheide zuerst, um welchen der Paragrafen es geht. Vergleiche dann genau die Gegebenheiten des Falls mit dem Gesetzestext.

Freiheit, Gleichheit, Solidarität

In der Bundesrepublik Deutschland erachten wir für das Zusammenleben der Menschen drei Werte als besonders wichtig: Freiheit, Gleichheit und Solidarität. Wir bezeichnen sie auch als Grundwerte. Sie stellen die Basis, den Unterbau oder die Grundlage für unsere demokratische Gesellschaft dar. Die Grundwerte sind keine deutsche Erfindung. Sie wurden bereits während der Französischen Revolution im Jahre 1789 eingeführt. Damals forderten die Aufständischen „liberté" (Freiheit), „égalité" (Gleichheit) und „fraternité" (Brüderlichkeit). Das Wort *Brüderlichkeit* hat also dieselbe Bedeutung wie das Fremdwort *Solidarität*.
Die folgenden Texte aus einem Lexikon geben Erläuterungen zu den Grundwerten unserer demokratischen Gesellschaft.

- Rechtsvorschriften
- einschränken
- Entfaltung
- Zwang
- anderer

Freiheit
Vereinfacht kann man sagen: Wenn kein … ① … da ist, herrscht Freiheit. Wenn man selbst bestimmen kann, was man tut, ist man frei. Aber völlige Freiheit ist damit nicht gemeint. Meine Freiheit darf die Freiheit der anderen Menschen nicht … ② … . Es ist die Freiheit zur freien … ③ … der eigenen Persönlichkeit. Begrenzt wird die Freiheit des Einzelnen allerdings durch die … ④ … , an die sich jeder halten muss. Die eigene Freiheit endet also spätestens dort, wo die Freiheit … ⑤ … geschützt werden muss.

- Benachteiligungen
- Zusammenleben
- Gesetz
- Rechte

Gleichheit
Gleichheit bezeichnet das demokratische Grundprinzip, dass alle Menschen vor dem … ① … gleich sind. Die Menschen sind gleichberechtigt, wenn sie alle die gleichen … ② … haben. Tatsächlich aber gibt es immer noch viele … ③ … von Frauen. Die Bezeichnung „Gleichberechtigung" kann auch in anderen Bereichen angewendet werden, zum Beispiel im … ④ … von schwarzen und weißen Menschen.

- helfen
- benachteiligt
- Staaten dieser Welt
- Zusammengehörigkeitsgefühl
- ungerecht

Solidarität
Du empfindest, dass dein Freund zum Beispiel von einem Lehrer … ① … behandelt wird. Du stehst auf und sagst es laut. Du stellst dich also auf seine Seite, zeigst so dein …. ② … . Es können auch mehrere Personen oder auch Gruppen sein, die sich gegenseitig… ③ … und unterstützen, zum Beispiel Nachbarschaftshilfe leisten und so zeigen, dass sie „solidarisch" sind. Solidarität kann also auch ausgeübt werden, wenn man sich persönlich gar nicht kennt. Solidarität in einer Gesellschaft brauchen auch Minderheiten und Randgruppen, die … ④ … werden, oder Menschen, die hungern, was in vielen … ⑤ …. noch immer der Fall ist.

(aus: Gerd Schneider/Christine Toyka-Seid: Das junge Politik-Lexikon. 3. aktualisierte und überarbeitete Neuausgabe. Hg.: Bundeszentrale für politische Bildung, Bonn 2009, S. 107 f., 269 f.. Gekürzte Auszüge, Text „Gleichheit" ergänzt.

Die demokratischen Grundwerte „Freiheit", „Gleichheit" und „Solidarität" hören sich sehr gut an. Sie sind allerdings auch problematisch. Was Freiheit, Gleichheit und Solidarität bedeuten, muss in jeder Situation neu entschieden werden. Wenn Menschen sich Gedanken über die Bedeutung von Grundwerten in bestimmten Situationen machen, dann kommen sie nicht immer zum selben Ergebnis. Die Grundwerte können deshalb in ihrer Gewichtung auch umstritten sein und Anlass für Konflikte geben.

Entwürfe für Schuluniformen in Nordrhein-Westfalen

Die damalige NRW-Schulministerin Barbara Sommer ging 2007 in Düsseldorf zwischen Schülern, die Entwürfe für einheitliche Schulkleidung präsentierten, über den Laufsteg.

(http://www.rp-online.de/duesseldorf/duesseldorf-Stadt/nachrichten/Entwuerfe-fuer-Schuluniformen-in-NRW_bid_21968.html)

Was soll Vorrang haben: das gleiche Aussehen oder die Freiheit, sich individuell zu kleiden?

Wir sind ein Niedriglohn-Land für Frauen

Die Ungleichbehandlung am Arbeitsplatz nimmt in Deutschland weiter zu

Das Lohngefälle zwischen Frauen und Männern wird in Deutschland größer – anders als in den meisten EU-Staaten. Solche Ungleichbehandlungen will die EU nicht mehr dulden. Eine EU-Studie belegt: Wir sind ein Niedriglohn-Land für Frauen. Deutsche Männer bekommen demnach pro Stunde im Schnitt 22 Prozent mehr Gehalt als Frauen.

(Elke Ebeling in: Braunschweiger Zeitung; http://www.newsclick.de/index.jsp/artid/7020826/menuid/2044 19.07.2007)

Gleichheit der Frauen im Arbeitsleben oder Freiheit der Arbeitgeber zur unterschiedlichen Entlohnung?

„Beim Schießen an Afroamerikaner denken"

Bundeswehr-Video löst in Deutschland und den USA Bestürzung aus

New York/Berlin (ap.) Politiker in Deutschland und den USA haben bestürzt auf ein Bundeswehr-Video reagiert, in dem ein Ausbilder Wehrdienstleistende zum Schießen auf „Afroamerikaner" in der Bronx aufforderte. (...) Die Online-Ausgabe des „Stern" hatte das rund eineinhalb Minuten lange Video im Internet entdeckt. Darin empfiehlt ein Ausbilder einem Wehrdienstleistenden bei einer Übung im Freien, beim Feuern mit seinem Maschinengewehr an „Afroamerikaner" zu denken.

(aus: Aller-Zeitung, 16.04.2007, S. 2)

Gleichheit aller Menschen?

Eltern setzen Kinder im Wald aus

(dpa) – Eltern haben ihre zwei vier und sieben Jahre alten Mädchen in einem Wald (...) ausgesetzt. Grund: Sie hatten ihr Zimmer nicht aufgeräumt. (...) Die Mutter der Mädchen hatte den Kindern gedroht, sie in den Wald zu bringen, wenn sie nicht aufräumten. Ihr Freund habe die Kinder dann dort mit Spielsachen abgesetzt.

(http://www.newsclick.de/index.jsp/artid/6541597/menuid/6043 19.03.2007)

Kann erzieherische Freiheit grenzenlos sein?

Kampagnen-Thema „Alkoholmissbrauch durch Mädchen und Jungen"

Bürgermeister Peter Paul Ahrens wird am Montag um 11 Uhr die Ausstellung zum Thema „Alkoholmissbrauch durch Mädchen und Jungen" im Rathaus-Foyer eröffnen. Erneut haben Schülerinnen und Schüler aus dem Berufskolleg des Märkischen Kreises in Iserlohn an der Hansaallee Plakate zu diesem Thema entworfen. (...) Ganz eigene Erfahrungen mit diesem Thema hat Dr. Heinz-Ulrich Bramann aus dem Elisabeth-Hospital gemacht: „Jugendliche prahlen ja damit, wer es geschafft hat, in der Intensivstation zu landen. Das sehen die wie einen Ritterschlag." Rund 30 Fälle von Alkoholmissbrauch von Kindern und Jugendlichen wurden im letzten Jahr im Elisabeth-Hospital registriert.

(Ulrich Steden, 26.05.2010. http://www.drwesten.de/staedte/iserlohn/Kampagnen-Thema-Alkoholmissbrauch-durch-Maedchen-und-Jungen-id3533369.html)

Freiheit zur Schädigung des eigenen Körpers?

1 Ergänze die Lückentexte auf Seite 224 mit den jeweils links davon aufgeführten Begriffen. Benutze das Arbeitsblatt oder notiere die Texte vollständig in deinem Heft.

2 Wie bewertest du die fünf Fälle? Notiere deine Antwort auf die jeweilige Frage.

Methode: Einen Fall untersuchen

Thema: Grundwerte

Fälle sind Schilderungen über reale Vorgänge, zum Beispiel über die Lebenslagen von Menschen. Aus Fällen erfährt man, wie die Beteiligten in einer Situation handeln, wie sie Konflikte mit anderen Menschen austragen, was sie denken und wie es ihnen geht.

Du kannst einen Fall in den nachfolgend beschriebenen vier Schritten bearbeiten.

1. Schritt

Du klärst zunächst grundlegende Fragen zum Fall. Dazu fragst du:

- Wer ist beteiligt?
- Worum geht es?
- Wann und wo passiert der Vorfall?
- Wie verläuft der Vorfall?

2. Schritt

Jetzt beschäftigst du dich mit den am Fall beteiligten Personen und klärst, in welchen Lebenssituationen sie sich befinden. Dazu fragst du:

- Wie können die Beteiligten mit ihren Eigenschaften, ihrem „Ich", ihren Interessen und Zielen beschrieben werden?
- In welchen Abhängigkeiten von anderen Menschen stehen die Personen des Falls?
- Welche Regeln gelten in der geschilderten Lebenssituation?

3. Schritt

Nachdem du die Hintergründe des Falls untersucht hast, denkst du dich in die Rolle der beteiligten Personen hinein. Dazu fragst du:

- Wie würde eine am Fall beteiligte Person den Vorfall sehen?
- Wie würdest du dich an der Stelle eines Beteiligten fühlen, was denken?

4. Schritt

Der vierte Schritt fasst alle bisherigen Ergebnisse zusammen. Die Ergebnisse helfen dir, den Vorgang zu beurteilen. Dazu fragst du:

- Ist der dargestellte Vorgang, ist die Situation mir und allen anderen zuzumuten?
- Entspricht das Handeln der Beteiligten den Grundwerten Freiheit, Gleichheit und Solidarität?
- Setzen die Beteiligten angemessene Mittel ein, um ihre Ziele zu erreichen?
- Welche Interessen habe ich im Zusammenhang mit dem Thema des Fallbeispiels?

Du wirst feststellen, dass deine Mitschülerinnen und Mitschüler den Fall manchmal ganz anders beurteilen, als du es tust. Das ist nicht schlimm. Eine demokratische Gesellschaft lebt davon, dass unterschiedliche Positionen geäußert werden dürfen. Wichtig ist, dass jeder Position mit Toleranz begegnet wird. Das gilt natürlich nur für solche Meinungen, die nicht gegen die Grundlagen unserer Gesellschaft oder gegen Gesetze verstoßen.

1. Untersuche den Fall auf Seite 227, indem du zunächst die Fragen zu den Schritten 1 und 2 beantwortest.
2. Wende den dritten Untersuchungsschritt an. Denke dich dazu in die Situation der gemobbten Schülerin hinein. Verfasse aus ihrer Sicht einen Tagebucheintrag.
3. Überlege, warum die ehemals beste Freundin zu einer Gegnerin oder Feindin geworden sein könnte.
4. Entwirf zusammen mit einer Mitschülerin/einem Mitschüler ein mögliches Gespräch zwischen dem gemobbten Mädchen und ihrer ehemaligen besten Freundin. Wie könnten sie das Problem besprechen? Was würden sie sagen? Welchen Ausgang könnte das Gespräch nehmen? Stellt euer Gespräch als Stehgreifspiel der Klasse vor.
5. Beurteile den Fall. Beantworte dazu die Fragen des vierten Untersuchungsschrittes.

Alltag an Schulen: Schlagen, schubsen, lästern

In jeder Klasse drangsalieren Kinder ihre Mitschüler – Nur wenige Opfer haben den Mut, über die Schikanen zu sprechen

„Ich wurde gemobbt, nur wegen meiner Größe – Schlumpf haben sie mich genannt und sogar ein Lied über mich erfunden. In der Zeit bin ich immer öfter heulend nach Hause gekommen. Lehrer und Eltern wurden informiert, sogar Klassengespräche geführt, doch es hat nichts gebracht. Erst als sie sich ein paar Monate später ein neues Opfer gesucht hatten, hatte ich meine Ruhe.

Es lief eigentlich alles wieder ganz gut, bis ich Streit mit meiner besten Freundin hatte ... Die Hölle ging wieder von vorne los! In Sport werde ich als allerletztes gewählt, an der Tafel stehen immer wieder Sachen wie ‚Sarah stinkt'.

Der Name Schlumpf ist wieder im Umlauf, ich stehe als Lügnerin da, alle haben sich weggesetzt, halten Abstand, ich werde bedroht und beschimpft. Ich weiß langsam echt nicht mehr weiter ..." (Eintrag auf der Internet-Seite www.schueler-mobbing.de) (...)

(...) Spotten, drohen, bloßstellen, quälen – Mobbing ist in Schulen an der Tagesordnung, auch in unserer Region. Nach einer Langzeit-Studie der Münchner Ludwig-Maximilian-Universität drangsalieren in fast jeder Klasse Kinder ihre Mitschüler. Trotzdem wird das Problem oft ignoriert oder nicht erkannt, weil nur wenige Mobbing-Opfer den Mut finden, ihre Lehrer anzusprechen. „Die Schikanen finden nicht im Klassenzimmer, sondern auf dem Schulweg, in den Pausen oder auf dem Schulhof statt", bestätigt Siegfried Leisner, Beratungslehrer an der Realschule in Salzgitter-Thiede. Seit mehr als zwei Jahren beschäftigt sich der Pädagoge mit dem Thema Mobbing. Auslöser war eine Unterrichtsstunde, in der er seine Schüler bat, ihre Erfahrung mit Gewalt in eine Mappe zu schreiben.

„Das Ergebnis war erschreckend. Ich dachte, dass bei uns in Thiede alles in Ordnung ist. Aber plötzlich geriet die heile Welt ins Wanken. (...)" Mittlerweile gehören Streitschlichter und Anti-Gewalt-Projekte an der Schule zum Programm. „Wir müssen uns dieser Probleme annehmen, sonst ist Unterricht nicht möglich", sagt Leisner.

Am häufigsten werden nach Informationen einer Forschungsgruppe an der Universität München Jungen zwischen 13 und 15 Jahren gemobbt. Auch Mädchen würden oft Opfer, könnten aber besser über ihre Gefühle reden.

„Bei Jungen ist häufiger Gewalt im Spiel", hat Christian Germershausen von der Braunschweiger Jugendberatung BIB beobachtet: Sie schlagen, hauen und schubsen auf dem Schulhof und in den Gängen, sie stehlen Hefte, Ranzen, Bücher ihrer Klassenkameraden und schmeißen sie weg.

Mädchen hingegen gingen etwas subtiler vor: Sie verbreiten Gerüchte, sie isolieren ihre Klassenkameradinnen oder lästern: „Hast du die Jacke oder die Hose von der gesehen, die sieht ja völlig uncool aus." (...)

(Katrin Teschner, in: Braunschweiger Zeitung, 20.3.2006;
Quelle: www.newsclick.de/index.jsp/artid/5209661/menuid/472005 20.03.2006)

Aufgaben des Rechts

Menschen leben in Gemeinschaften zusammen. Dazu ist es erforderlich, dass Vorschriften und Verabredungen das Verhalten der Menschen regeln. Verhaltensregeln können sich aus überlieferten Lebensgewohnheiten, Glaubens- und Moralvorstellungen ergeben. Die Einhaltung solcher sozialen Normen wird zwar erwartet, man ist dazu jedoch nicht verpflichtet. Anders ist es beim Recht. Damit sind Verhaltensvorschriften gemeint, deren Einhaltung für alle verbindlich vorgeschrieben ist. Die Rechtsvorschriften setzen den Rahmen für die Ordnung des Zusammenlebens. Alle Menschen eines Landes sind dieser Rechtsordnung unterworfen.

Norm
Richtschnur, Vorschrift

Aufgaben des Rechts

A Das Recht sichert den Frieden
In einer Gesellschaft gibt es unterschiedliche Interessen, die unausweichlich zu Konflikten führen. Das Recht sorgt dafür, dass sie auf friedliche Weise in einem geregelten Verfahren ausgetragen werden.

B Das Recht gewährleistet die Freiheit
Das Recht gewährleistet die Freiheit des Einzelnen. In einer Gesellschaft, in der viele Menschen auf engem Raum zusammenleben, kann es aber keine uneingeschränkte Freiheit geben. Freiheit endet dort, wo das Recht des anderen beginnt.

C Das Recht gestaltet die Gesellschaft
In einem sozialen Rechtsstaat werden alle Bereiche des persönlichen, sozialen und wirtschaftlichen Lebens durch rechtliche Regelungen gestaltet. Gesetzliche Regelungen schützen die Schwächeren und sorgen für den Ausgleich sozialer Gegensätze.

D Das Recht regelt die privaten Rechtsbeziehungen
Das Recht schützt nicht nur Frieden und Freiheit, es stellt auch ein System von rechtlichen Regeln für Privatpersonen bereit. Innerhalb dieser für alle verbindlichen Regelungen handelt jeder Einzelne, wie er es für richtig hält.

Beispiele

1 Eine Journalistin darf in der Zeitung die Mächtigen kritisieren. Eine Zensur ist verboten.

2 Wenn ein Arbeitnehmer entlassen wird, hat er Anspruch auf Arbeitslosengeld.

3 Wer von einem anderen beleidigt wird, darf nicht einfach zuschlagen. Er muss Anzeige erstatten.

4 Wer will, kann durch ein Testament bestimmen, wie sein Vermögen auf die Erben aufgeteilt werden soll.

5 Gewaltverherrlichende Filme sind für Kinder und Jugendliche verboten.

6 Wer von einem anderen Geld zu bekommen hat, darf ihm nicht einfach etwas wegnehmen. Er muss sich an ein Gericht wenden.

7 Demonstranten dürfen ihre Meinung vertreten, auch wenn die Mehrheit der Bevölkerung anderer Ansicht ist.

8 Bei einer Ehescheidung wird die Unterhaltspflicht für die gemeinsamen Kinder geregelt.

Blane war ein Cowboy auf der Shiloh-Ranch. 6000 Rinder und so viel Land, dass man einen ganzen Tag brauchte, um von einem zum anderen Ende zu reiten. Zwischen dem Great River und den Torrey-Canyons gab es nichts anderes. Blane blickte in die untergehende Sonne. Ein freies Land, dachte er, mit freien Männern. ...
Vor drei Tagen musste Blane einen Farmer erschießen. Komischer Vogel. Dachte, er könne sich mit ihm messen. Blane war immer noch schneller als alle anderen in der Gegend. Shiloh hatte den Sheriff hinausgeworfen, als er vorgestern auf die Ranch kam. Die Sache war doch klar, was wollte der denn noch. Blane sollte besoffen gewesen sein und den verdammten Typ provoziert haben. Der hätte sich gar nicht schießen wollen. Obwohl er einen Colt hatte. Wo kommen wir denn hin, wenn ich einem solchen Drecksack keine Kugel zwischen die Rippen feuern könnte? dachte Blane und gab seinem Pferd die Sporen. Ein Mann ist nur so viel wert wie sein Colt. Das ist hier im Westen das Gesetz. (...) V. Th.

(aus: Spiel mir das Lied vom Tod..., in: PZ Nr. 49 / Mai 1987, S. 20. Hg.: Bundeszentrale für politische Bildung, Bonn)

Sitzblockade von Kernkraftgegnern gegen den Transport von Atommüll

Der Staat ist verpflichtet, die Geltung des Rechts notfalls mit Gewalt zu erzwingen. Dafür hat er besondere Einrichtungen, z. B. die Gerichte, Polizei. Nur der Staat ist berechtigt, Gewalt auszuüben. Dieses staatliche Gewaltmonopol verhindert eine Herrschaft der Stärkeren und sichert so die Freiheit und das friedliche Zusammenleben der Bürger.

Monopol
Vorrecht, alleiniger Anspruch

1 Hilfe
Orientiere dich an den Kernbegriffen „Frieden“, „Freiheit“, „Gesellschaft“, „privat“

2 Hilfe
Wie verhält sich Blane? Wie begründet er sein Verhalten?

4 Hilfe
Überlege: Welcher Teil der Behauptung ist falsch? Warum ist er falsch?

1. Zu jeder Aufgabe des Rechts gehören zwei Beispiele. Ordne zu, indem du zur jeweiligen Überschrift die Nummern der beiden Beispiele notierst.
2. Erläutere das grundsätzliche Problem, das sich im Beispiel „Shiloh-Ranch“ zeigt.
3. Begründe, warum der Staat das „Gewaltmonopol“ besitzen muss.
4. „Jeder Mensch weiß doch, was richtig und was falsch ist. Wenn sich alle danach verhalten, braucht man keine Rechtsvorschriften!“ – Widerlege diese Behauptung.

Wird eine Straftat aufgedeckt, erfolgt eine Anzeige. Die Staatsanwaltschaft ermittelt dann den Sachverhalt. Ist der Tatverdächtige jünger als 21 Jahre, dann wird der Fall von einem besonders geschulten Staatsanwalt – dem Jugendstaatsanwalt – bearbeitet. Im Auftrag der Staatsanwaltschaft untersucht die Polizei die Umstände der Tat, befragt Zeugen oder vernimmt den Beschuldigten. Bei Jugendlichen wird die Jugendgerichtshilfe, z. B. ein Sozialarbeiter des Jugendamtes, eingeschaltet. Er berichtet über die Persönlichkeit des Jugendlichen, seine Entwicklung und seine Lebensumstände.

Sind die Ermittlungen abgeschlossen, dann entscheidet der Jugendstaatsanwalt, ob eine Einstellung des Verfahrens, z. B. wegen Geringfügigkeit, möglich ist oder ob er Anklage erheben muss. In leichteren Fällen kann der Jugendstaatsanwalt dem Jugendgericht vorschlagen, auf eine Verhandlung zu verzichten und dafür bestimmte Erziehungsmaßnahmen anzuordnen. Kommt es zur Anklage, wird eine Jugendgerichtsverhandlung durchgeführt. Es hängt von der Schwere der Straftat ab, ob beim Amtsgericht der Jugendrichter als Einzelrichter oder das Jugendschöffengericht (ein Berufsrichter und zwei Schöffen) zuständig ist. Für besonders schwere Strafen ist beim Landgericht die Jugendkammer (drei Berufsrichter, zwei Schöffen) zuständig. Schöffen sind ehrenamtliche Richter, wobei Jugendschöffen in der Erziehung besonders erfahren sein sollten.

Während einer Gerichtsverhandlung

Die Anklage wird vom Jugendstaatsanwalt erhoben. Ein jugendlicher Angeklagter kann sich von einem Rechtsanwalt verteidigen lassen. Bei der Verhandlung ist ein Vertreter der Jugendgerichtshilfe anwesend, der über die persönliche Entwicklung des Angeklagten berichtet oder zu Maßnahmen des Gerichts Stellung nimmt. Die Erziehungsberechtigten des Angeklagten dürfen und sollen an der Verhandlung teilnehmen. Sonst jedoch ist eine Verhandlung gegen Jugendliche nicht öffentlich.

Die Verhandlung endet mit dem Urteil. Entweder wird der jugendliche Angeklagte freigesprochen oder es wird eine Maßnahme des Jugendstrafrechts auf ihn angewendet.

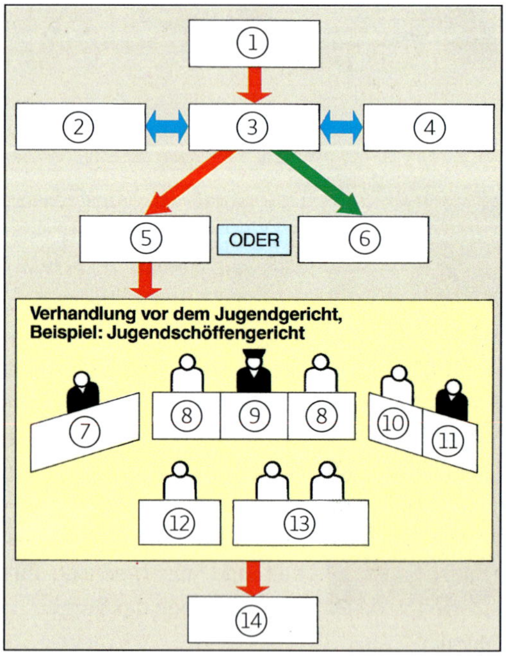

2 Hilfe
Überlege: Wer könnte die „Öffentlichkeit" sein? Welche Auswirkungen könnte das für den angeklagten Jugendlichen haben?

1 Ordne die im Text gelb unterlegten Wörter so in die Grafik ein, dass der Ablauf eines Strafverfahrens gegen Jugendliche deutlich wird. Benutze dazu entweder das Arbeitsblatt oder notiere zu den Kreisziffern ① bis ⑭ jeweils den passenden Begriff.

2 Erkläre, warum ein Strafverfahren gegen Jugendliche unter Ausschluss der Öffentlichkeit durchgeführt wird.

Familie

Die Familie bildet die Grundlage der menschlichen Gesellschaft. Nach allgemeinem Verständnis umfasst eine Familie verheiratete Eltern und ein oder mehrere Kinder. Zur Familie im weiteren Sinne gehören auch die Verwandten. Die Vorstellung, was unter einer Familie zu verstehen ist, hat sich in den letzten Jahren mehr und mehr gewandelt.

Elterliches Sorgerecht

Der Staat räumt den Eltern weitgehende Rechte in der Erziehung ihrer Kinder ein. Die Eltern erziehen das Kind, bestimmen seinen Aufenthaltsort, schließen als gesetzliche Vertreter Verträge für das Kind ab und vertreten seine Rechtsansprüche. Bis zu seiner Volljährigkeit mit 18 Jahren tragen die Eltern Verantwortung. Nach den Bestimmungen des elterlichen Sorgerechts sollen die Eltern die wachsende Selbstständigkeit des Kindes berücksichtigen und entwürdigende Erziehungsmaßnahmen unterlassen. Stattdessen sollen sie ein partnerschaftliches Verhältnis zu ihrem Kind suchen und pflegen.

Erziehung

Die Eltern sind die wichtigsten Erzieher eines Kindes. Sie beeinflussen sein Verhalten und Denken. Dabei spielt ihr Vorbild eine große Rolle. Durch Lob und Tadel zeigen die Eltern ihrem Kind, welches Verhalten sie für richtig oder für falsch halten. So geben die Eltern ihre Einstellungen und Verhaltensweisen an ihr Kind weiter und bereiten es auf ein Leben in der Gemeinschaft vor. Die Vorstellungen, von denen sich Eltern in ihrer Erziehung leiten lassen, sind ihre Erziehungsziele. Früher waren Gehorsam, Ordnungsliebe und Fleiß wichtige Werte in der Erziehung. Heute wollen Eltern ihre Kinder zur Selbstständigkeit, Kreativität und zur Entfaltung ihrer Persönlichkeit erziehen. Besonders wichtig ist heute auch eine Erziehung zur Toleranz.

Jugendliche im Rechtsleben

Kinder und Jugendliche haben noch nicht die gleichen Pflichten, aber auch nicht die gleichen Rechte wie Erwachsene. Mit zunehmendem Alter wachsen Rechte und Pflichten. Ein Kind ab dem 7. Lebensjahr ist nur beschränkt geschäftsfähig und beschränkt deliktsfähig. Ein Jugendlicher ab dem 14. Lebensjahr ist bedingt strafmündig. Mit 18 Jahren wird man volljährig. Das bedeutet, dass man nun alle Rechte voll in Anspruch nehmen kann, z. B. Geschäftsfähigkeit, Ehemündigkeit, aktives und passives Wahlrecht. Man muss jetzt aber auch die Pflichten voll tragen, z. B. volle Strafmündigkeit.

Jugendschutzgesetz

In der Öffentlichkeit sind Kinder und Jugendliche vielfältigen Gefährdungen ausgesetzt. Das Jugendschutzgesetz will die noch nicht Erwachsenen vor diesen Gefahren und schädlichen Einflüssen schützen. Es unterscheidet dabei zwischen Kindern und Jugendlichen. Im Sinne des Gesetzes ist jeder unter 14 Jahren ein Kind. Ein Jugendlicher ist, wer zwischen 14 und 18 Jahre alt ist. Bei Verstößen gegen das Jugendschutzgesetz werden nicht die Kinder oder Jugendlichen bestraft, sondern die Erwachsenen, z. B. die Wirte oder Veranstalter. Das Jugendschutzgesetz versucht auch, Kinder und Jugendliche vor gewaltverherrlichenden Computer- und Videospielen zu schützen. Dazu wurde eine gestaffelte Alterskennzeichnung eingeführt.

Jede Gesellschaft braucht für alle verbindliche Regeln und Rechtsvorschriften

Aufgaben des Rechts

In einer Gesellschaft gibt es unterschiedliche Interessen, die zu Konflikten führen. Das Recht ermöglicht es, diese Konflikte in geregelten Verfahren auf friedliche Weise auszutragen. So sichert das Recht den inneren Frieden. Weitere Aufgaben des Rechts sind, die Freiheit des Einzelnen zu gewährleisten, durch Regeln die Beziehungen zwischen den Menschen zu ordnen und die Entwicklung der Gesellschaft zu gestalten, z. B. durch rechtliche Regelungen zum Schutz der Schwächeren.

Gemeinschaft

Der Mensch lebt in Gemeinschaft mit anderen. Solche Gemeinschaften können eine engere Lebensbeziehung zwischen wenigen Menschen sein, z. B. Ehe, Familie, Freundschaft. Sie können auch eine größere Gruppe von Menschen umfassen, z. B. Nachbarschaft, Dorfgemeinschaft. Allein schon zur materiellen Sicherung des Lebens (z. B. Nahrung, Wohnung) ist jeder Mensch auf andere angewiesen. Die Gemeinschaft hilft aber nicht nur, schwierige Situationen besser zu meistern. Glück, Freude, Anerkennung und Geborgenheit können nur im Zusammenleben mit anderen erfahren werden.

Thema: Politische Gewalt heute

Das Lernen an Stationen ist eine Methode, bei der ein Thema in Teilbereiche zerlegt und von den Schülerinnen und Schülern selbstständig bearbeitet wird. Die Bearbeitung kann in Einzel- oder Partnerarbeit, aber auch in Kleingruppen erfolgen. Diese Methode ermöglicht den Schülerinnen und Schülern eine individuelle Auseinandersetzung mit einem Thema. Innerhalb eines festgelegten Zeitrahmens können sie ihr Arbeitstempo selbst bestimmen. Manchmal entscheiden sie auch selbst, in welcher Reihenfolge sie die Stationen bearbeiten. Wird nach Pflicht- und Wahlstationen unterschieden, kann die Eigenverantwortung der Schülerinnen und Schüler zusätzlich gesteigert werden.

Vorbereitung

Die Lehrkraft informiert die Klasse über die Methode der Lernstationen und gibt den Zeitrahmen vor. Die Schülerinnen und Schüler erfahren dabei auch, welche Art von Ergebnispräsentation von ihnen erwartet wird. Bei einem Rundgang orientieren sie sich über die Aufgabenstellungen und Materialangebote an den einzelnen Lernstationen. Danach entscheiden sie sich für die Station, die sie zuerst bearbeiten möchten und ob sie dabei in Einzel-, Partner- oder Gruppenarbeit vorgehen wollen.

Durchführung

Die Schülerinnen und Schüler sichten das an der ausgewählten Station vorgelegte Material, suchen sich einen ungestörten Arbeitsplatz und bearbeiten die gestellten Arbeitsaufträge. Dabei können z.B. auch Pinnwände genutzt werden. Für inhaltliche Nachfragen oder bei technischen Problemen wenden sie sich an die Lehrkraft.

Auswertung

Die Arbeitsergebnisse zu den verschiedenen Lernstationen werden im Klassenverband präsentiert. Die Anzahl der dabei beteiligten Schülerinnen und Schüler hängt vom jeweiligen Teilbereich ab. Nach der Präsentation kann in der Klasse besprochen werden, welche Erfahrungen mit der Methode des Stationenlernen gemacht wurden.

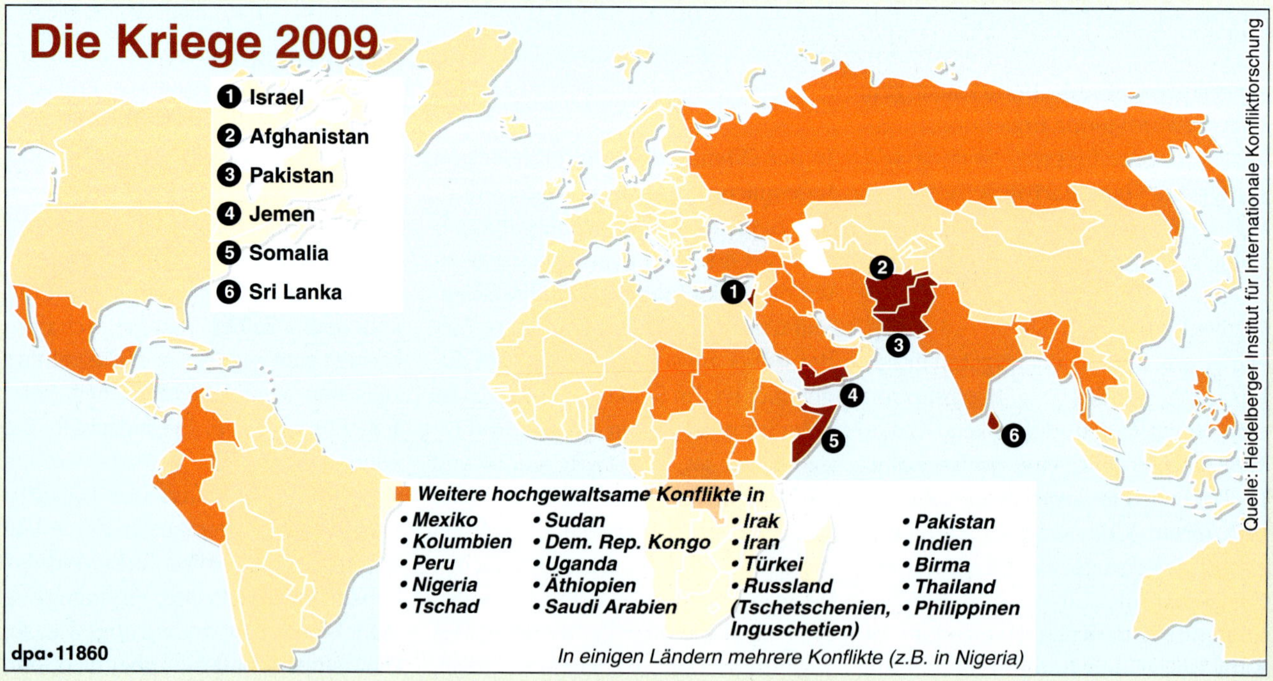

1 Kriege 2009: Was fällt dir an der Karte besonders auf?

2 Bearbeitet das Thema „Politische Gewalt heute“ in der Form des Stationenlernens. Bildet dazu Gruppen. Jede Gruppe bearbeitet jede der nachfolgenden Stationen (Seite 233 – 239).

Bombardierung von Bagdad

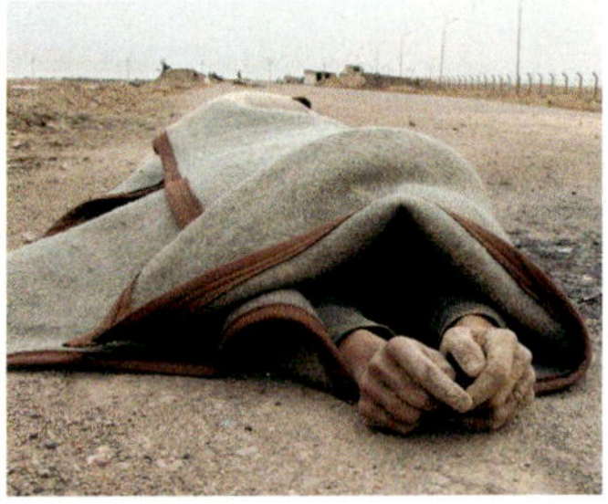
Irak-Krieg: toter Iraker

- „Krieg" – zwischen Staaten
- Höhepunkt der Kriegshäufigkeit 1992 mit 52 Kriegen
- Mehrheit aller Kriege außerhalb der industrialisierten Welt
- nur ein Viertel waren zwischenstaatliche Kriege
- die meisten Kriege in Afrika (44 Prozent)
- organisierte Massenkonflikte, mit Waffen ausgetragen
- Auflösung Sowjetunion und Jugoslawien – mehr Konflikte
- „Krieg" – Kämpfe innerhalb eines Staates
- 28 % aller Kriege fanden in Asien statt
- 40 % aller Kriege innerstaatliche Anti-Regime-Kriege
- seit Ende des 2. Weltkrieges bisher nur 26 Tage ohne Krieg
- Vorderer und Mittlerer Orient: 19 % aller Kriege
- ein Drittel aller Kriege Unabhängigkeitskriege
- Anteil Lateinamerika (6 %) und Europa (3 %) geringfügig
- Kämpfe vor allem zwischen Regierungstruppen und bewaffneten Gruppen
- seit Ende des Ost-West-Konfliktes mehr Kriege als vorher

Eine Journalistin hat einen Konfliktforscher zum Thema „Kriege und Konfliktursachen" interviewt und während des Interviews die Stichwörter links notiert.

Ohne Frieden keine Entwicklung – ohne Entwicklung kein Frieden

Frieden und Entwicklung bedingen sich gegenseitig. Nur wo Frieden herrscht, können Menschen ihre Lebensbedingungen verbessern (...). Entwicklungspolitik ist daher auch Friedenspolitik. Sie verringert Armut und Ungleichheit – wichtige Auslöser vieler kriegerischer Auseinandersetzungen.
Kriege und bewaffnete Konflikte machen Entwicklungserfolge zunichte, werfen Länder um Jahrzehnte zurück und verursachen unsägliches Leid. Schon allein ein Klima der Gewalt verhindert, dass die Menschen ihre Lebenssituation verbessern können. „Frieden" bedeutet also nicht nur die Abwesenheit von Krieg. (...)
Gerade in armen Regionen herrschen oftmals Instabilität und Gewalt, gibt es Diktaturen, versagen Regierungen oder zerfallen Staaten. Die meisten der rund 200 Kriege seit 1945 haben in Entwicklungsländern stattgefunden (...). Über 20 Millionen Menschen sind auf der Flucht vor Krieg und Verfolgung – ebenfalls überwiegend in den armen Ländern. Häufig schwelen dort Kriege „auf kleiner Flamme" als Bürgerkriege und gewaltsame innerstaatliche Konflikte. (...)
Der akute Anlass für einen Krieg spiegelt nicht unbedingt die wahren Ursachen wider. Hinter religiös oder ethnisch motivierten Kriegen stehen zum Beispiel oft wirtschaftliche oder soziale Interessen. Entwicklungspolitik trägt zum friedlichen Interessenausgleich bei. (...)
Das wachsende soziale Gefälle zwischen Nord und Süd, aber auch innerhalb vieler Gesellschaften des Südens birgt Zündstoff. In den letzten 30 Jahren fiel der Anteil des ärmsten Fünftels der Weltbevölkerung am globalen Einkommen von 2,3 auf 1,4 Prozent; der Anteil des reichsten Fünftels stieg von 70 auf 85 Prozent. (...)
Menschen konkurrieren um Land, Rohstoffe oder Trinkwasser. Umweltzerstörung und Ressourcenknappheit können bereits vorhandenes Konfliktpotenzial verstärken. (...)
Defizite bei Menschenrechten, Demokratie, Rechtsstaatlichkeit und „Good Governance" gefährden den inneren Frieden und die Stabilität eines Staates. Das gilt auch, wenn Minderheiten benachteiligt oder verfolgt werden oder Presse- und Meinungsfreiheit unterdrückt wird. (...)

(aus: Wirtschaft – Soziales – Entwicklung, hrsg. vom BMZ, 2004, S. 29 f.)

Regime
Bezeichnung für demokratisch zweifelhafte Regierungen oder Diktaturen

Ost-West-Konflikt
Früherer Gegensatz zwischen den westlichen Demokratien und den kommunistischen Staaten Osteuropas

ethnisch
Bezeichnung für die Kultur- und Lebensgemeinschaft einer Volksgruppe

„Good Governance"
Bezeichnung für eine gute Regierungsführung und Verwaltung in einem Land

1 Die Stichwortnotizen der Journalistin sind ungeordnet. Ordne sie sinnvoll.
2 Kriege in der Dritten Welt: Was sagt der Text dazu? Notiere stichwortartig.

1 Hilfe
Was kann man alles unter einem „Krieg" verstehen? Wie hat sich die Anzahl der Kriege entwickelt? Wo auf der Erde werden viele Kriege geführt?

Station 2: „Neue Kriege“

Rebellen im Sudan auf einem Pick-up

Kindersoldaten in Afrika

primär
zuerst, vorrangig

Ideologie
Weltanschauung, Grundeinstellung

Warlord
privater Kriegsherr, Söldnerführer

asymmetrisch
ungleichmäßig

Institutionalisierung
etwas zu einer festen Einrichtung machen

infrastrukturell
die Infrastruktur betreffend, also das Verkehrsnetz, Versorgungseinrichtungen usw.

Seit dem Ende der 1990er-Jahre werden innerstaatliche Konflikte zunehmend als „neue Kriege“ bezeichnet. Damit soll deutlich gemacht werden, dass ein grundsätzlicher Wandel des Krieges stattgefunden hat. Eine neue Form bewaffneter Konflikte habe sich herausgebildet. Die „neuen“ Kriege sind durch die Privatisierung der Gewaltmittel gekennzeichnet. „Neue Kriege“ werden primär aufgrund wirtschaftlicher Ziele begonnen; das Handeln der Akteure wird nicht durch eine Ideologie angeleitet. Charakteristisch für „neue Kriege“ ist die Figur des Kriegsfürsten bzw. Gewaltunternehmers (Warlord), der sich als lokaler Herrscher etabliert, um daraus ökonomischen Vorteil zu ziehen.
Solche Konflikte sind „asymmetrisch“: Zwischen den Kriegsparteien herrscht ein großes Ungleichgewicht der Kräfte. Sie werden von irregulären Kräften geführt, Gewalt richtet sich vorrangig gegen Zivilisten, und Kämpfer der verschiedenen Seiten kooperieren nicht selten zum gegenseitigen Nutzen miteinander. Auf diese Weise verwischt die Grenze zwischen Krieg und Frieden (...). Dazu gehört auch, dass „neue Kriege“ nicht offiziell erklärt und auch nicht auf dem Schlachtfeld entschieden werden. (...)
Ein wichtiger Unterschied gegenüber früheren Konflikten besteht darin, wie sich Rebellengruppen mittlerweile finanzieren. Konnten sie während des Ost-West-Konflikts noch darauf hoffen, durch einen der beiden Blöcke Unterstützung für ihren Kampf zu erhalten, sind sie heute darauf angewiesen, die Mittel zur Fortsetzung ihres Kampfes selbst zu erwirtschaften. Sie tun das zumeist durch Handel mit Konfliktgütern: Diamanten, Drogen, Öl, Edelhölzer, Mineralien, etc. Der liberianische Warlord Charles Taylor nahm beispielsweise zwischen 1990 und 1994 jährlich rund 450 Millionen US-$ aus dem Verkauf von Diamanten und anderen Rohstoffen ein. Die liberianische Regierung hatte in diesem Zeitraum ein Jahresbudget von nur rund 20 Millionen US-$.
In vielen Kriegen sind auch staatliche Akteure an derartigen Praktiken beteiligt. Unter Umständen können so mehr oder weniger alle Konfliktparteien ein ökonomisches Interesse an der Fortsetzung des Konfliktes entwickeln, sodass sich dieser verstetigt. Ein Beispiel für eine derartige Institutionalisierung des Krieges war lange Zeit Angola: Während die Zentralregierung und der Generalstab der regulären Streitkräfte von der staatlichen Ölförderung profitierten, kontrollierten die UNITA-Rebellen die Diamantenfelder. Das Resultat war, dass beide Seiten sich darauf beschränkten, ihre Stellungen zu verteidigen und keinen Versuch unternahmen, den Krieg zu einem Ende zu bringen.
Die „neuen Kriege“ sind nicht zuletzt durch einen Wandel der militärischen Taktik gekennzeichnet: Anstelle offener Feldschlachten verwenden die Kriegsparteien Techniken des Guerilla- oder Partisanenkampfes. Ein Mittel dieser „asymmetrischen Kriegsführung“ ist Terrorismus. Dabei handelt es sich meist um Gewalt gegen ausgewählte militärische und infrastrukturelle Ziele oder gegen Zivilisten zum Zweck der Einschüchterung der Bevölkerung und der Beeinflussung der Politik der Gegenpartei. (...)

(Daniel Limbach: Das veränderte Gesicht innerstaatlicher Konflikte: „Neue Kriege“, Gewaltökonomien und Terrorismus, 15. 2. 2007. http://www.bpb.de/themen/GMQLOX.html 18. 07. 2007)

„Neue Kriege“ erobern das 21. Jahrhundert

Alte Kriege sind ein Auslaufmodell: Heute schicken Warlords Kindersoldaten in den Krieg, kaufen billig Waffen und fangen Hilfslieferungen ab. Herfried Münkler spricht im Interview über die Auswirkungen der neuen Kriege. (...)

Rafael Bujotzek: Wie kommen die Kriegsführer zu ihren Waffen? Sind das hauptsächlich Restbestände des Kalten Krieges?

Herfried Münkler: Es gibt überall noch ein paar veraltete Panzer oder Jagdflugzeuge, aber wichtiger ist die Unverwüstlichkeit der Erfindung des genialen Konstrukteurs Michael Kalaschnikow: Die Maschinenpistole geht auch aus den Beständen der 50er-Jahre nicht kaputt und ist sehr billig. Wenn man für 50 Dollar eine Kalaschnikow auf den Märkten bekommen kann, heißt das für Warlords, dass sie relativ billig Truppen aufstellen können.

Aus welchen Altersgruppen oder gesellschaftlichen Gruppen kommen die Söldner?

Das ist von Land zu Land verschieden. Man weiß aber, dass in einer Reihe von Konflikten, zum Beispiel in Uganda, häufig Kinder rekrutiert werden, die sehr billig sind und die man leicht ersetzen kann, wenn sie zu Tode kommen.

Wie sieht es mit den internationalen Hilfslieferungen aus? Werden die abgefangen?

Ja, die internationalen Hilfslieferungen sind ein wirklich großes Problem, weil solche Kriege einerseits Flüchtlingslager, Hunger, Krankheit und Tod mit sich bringen, was die Weltgemeinschaft – zumindest die Menschen, die ein Herz im Leibe haben – zu Spenden und Hilfslieferungen nötigt. Andererseits organisieren die örtlichen Bürgerkriegsparteien entweder die Verteilung im Lager oder sie errichten vorher Kontrollpunkte, an denen sie die Kolonnen „besteuern“. So bekommen die Warlords kostenlos Nahrung und Medikamente geliefert. Oder wenn man es zuspitzen will: Unsere Barmherzigkeit und unser schlechtes Gewissen wird eine Ressource der Kriegsausweitung und Verlängerung.

Wie wirkt bei dieser Sache das mediale Interesse?

Es ist ein zusätzliches Merkmal der neuen Kriege, dass Bilder und Nachrichten ein Bestandteil der Kriegsführung geworden sind. Man kann nicht ausschließen, dass ein Warlord, der Logistikprobleme hat, nachrichtenhungrige Journalisten und Kamerateams einlädt und ihnen Elend zeigt, um auf diese Weise Versorgungsströme in Gang zu setzen und so seine Handlungsfähigkeit zu vergrößern. Dann entstehen Bilder von Frauen und Kindern mit aufgeblähten Bäuchen, Hungerödemen und derlei mehr, die gewissermaßen Stimuli bei der Erzeugung von Hilfsbereitschaft und Spendenströmen geworden sind.

Wie sind die Aussichten? Werden wir in Zukunft mehr mit diesen Konflikten zu tun haben?

Also ich denke, dass der klassische zwischenstaatliche Krieg ein historisches Auslaufmodell ist. Die neuen, diffusen Kriege, in denen sich Bürgerkrieg und zwischenstaatlicher Krieg vermischen, in denen private Akteure – im übrigen nicht nur Warlords, sondern auch private militärische Dienstleistungsanbieter – eine zentrale Rolle spielen, die werden wohl in der ersten Hälfte des 21. Jahrhunderts das Erscheinungsbild des Krieges in hohem Maße bestimmen.

(Auszug aus einem Interview mit Dr. Herfried Münkler, Professor für Theorie der Politik an der Humbold Universität in Berlin und Autor des Buches „Neue Kriege“. Die Fragen stellte Rafael Bujotzek. http://www.dw-world.de 18. 07. 2007 / © Deutsche Welle)

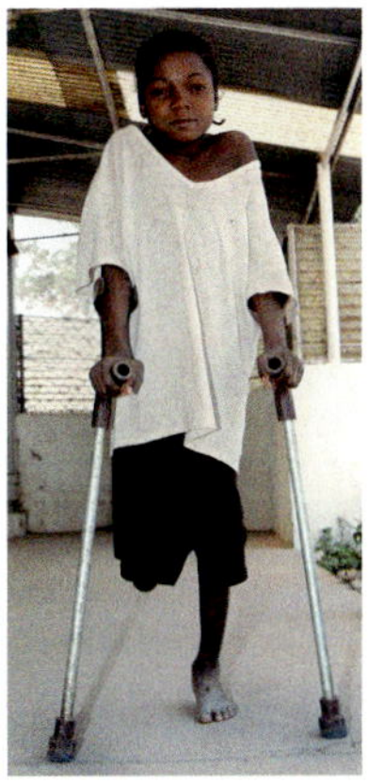

Mehr als die Hälfte aller zivilen Kriegsopfer sind Kinder. Dieses verlor durch eine Mine ein Bein.

Logistik
hier: Versorgung der Truppen

Stimulus
Anreiz, Ermunterung, Anregung

diffus
verschwommen, unklar, ohne genaue Abgrenzung

1 Was kennzeichnet „neue Kriege?“

2 Worin liegt der entscheidende Unterschied zwischen früheren und den „neuen“ Kriegen?

3 Berichterstattung in den Medien – internationale Hilfslieferungen – „neue Kriege“: Wo liegen die Probleme?

1 Hilfe
Werte die Texte nach diesen Gesichtspunkten aus: Beteiligte, Finanzierung, Waffen, Ursachen, Konfliktgebiete.

Zahlen und Fakten

- Ungefähr 80 Prozent des gesamten Welthandels werden mit rund 50 000 großen und unzähligen kleinen Schiffen über See abgewickelt.
- Über 40 Prozent der täglich in der Welt verbrauchten 80 Millionen Barrel Öl werden von großen Tankschiffen an ihr Ziel gebracht.
- 2007 gab es 263 Piratenangriffe auf Handelsschiffe. 202 Besatzungsmitglieder wurden gekidnappt, um Lösegeld zu erpressen.
- Nach Schätzungen entstanden im Jahr 2006 durch Piraterie weltweit Schäden in Höhe von etwa 16 Milliarden US-Dollar.

Hot Spot
Der englische Begriff bedeutet wörtlich übersetzt „heißer Punkt" und wird im Sinne von „Brennpunkt" oder „Schwerpunkt" verwendet.

IMS: Herr Berg, wo liegen die „Hot Spots" der Piraterie und gibt es regionale Unterschiede in der Vorgehensweise?

Dieter Berg: (...) Wenn man den Bereich der Waren transportierenden Schiffe betrachtet, so lagen die Schwerpunkte der Piraterie in der Vergangenheit im südostasiatischen Raum: Indonesien, Straße von Malakka. In Indonesien: Familiengeschäft, hier geht es mehr um den Inselverkehr, also um kleinere Schiffe, die mit Palmöl und sonstigen Naturstoffen beladen sind. Diese werden dann gekidnappt und die Ware verkauft. Zum Teil werden auch ganze Schiffe in Beschlag genommen und neu lackiert. Dies ist möglich, da es in dem inselreichen Gebiet kaum eine staatliche Kontrolle gibt. In der Straße von Malakka werden hingegen größere Schiffe angegriffen. Hier geht es dann einerseits um den Raub der Ware, andererseits aber auch um das Hab und Gut der Mannschaft.

IMS: Und Ost- beziehungsweise Westafrika?

Dieter Berg: In den letzten Jahren fand eine Verlagerung der Überfälle hin nach Somalia und Nigeria statt. Hier hat sich das „Geschäftsmodell Piraterie" vom Diebstahl und Raub der Ware hin zum Kidnapping ganzer Crews verlagert. Die Mannschaft wird verschleppt, die Schiffe verschwinden und es werden Verhandlungen mit den Reedern geführt, um die Mannschaft und das Schiff freizupressen. Dies geschieht zumeist durch Gruppen, welche den lokalen Warlords nahestehen. Ob durch diese Überfälle der lokale Terrorismus finanziert wird, ist zumindest eine Überlegung wert. Offiziell ist hierüber nichts bekannt, es gibt aber Thesen, dass das Kidnapping eine Einnahmequelle für terroristische Gruppen darstellt. Zudem hat sich die Bewaffnung der Piraten verändert. Statt mit Knüppeln oder Messern werden die Schiffe mit Granat- und Raketenwerfern zum Halten gebracht, mit automatischen Waffen wird dann aufgeentert. Weiterhin hat sich gerade in den Gewässern vor Somalia und Nigeria die Taktik geändert. Es wird nicht nur im küstennahen Gebiet operiert, sondern Ausgangsbasis für die Überfälle sind immer häufiger Mutterschiffe, häufig gekidnappte Schiffe, welche 200 Seemeilen vor der Küste liegen. Von diesen Schiffen aus können dann die Piraten mittels kleiner, schneller Schlauchboote auch Schiffe angreifen, die aufgrund der Warnungen die Durchfahrt durch somalische Küstengewässer zu vermeiden suchen. (...)

(Auszug aus einem Interview mit Dieter Berg, Projektleiter Piraterie der Münchner Rück. Das Interview führte David Petrovic. www.ims-magazin.de/maerzapril08/berg.html 06.04.2009)

EU nimmt Piraten ins Visier

BRÜSSEL/BERLIN. Die Außenminister der Europäischen Union haben gestern in Brüssel das Startsignal für die erste EU-Marineoperation gegeben. Acht EU-Staaten werden den Schiffsverkehr am Golf von Aden und vor der Küste Somalias vor Piraten schützen. Die Bundesmarine beteiligt sich mit einer Fregatte an der EU-Operation „Atalanta", die im Auftrag der Vereinten Nationen stattfindet.

(Thomas Gack und Bärbel Krauß, in: Stuttgarter Zeitung, 09.12.2008, S. 1)

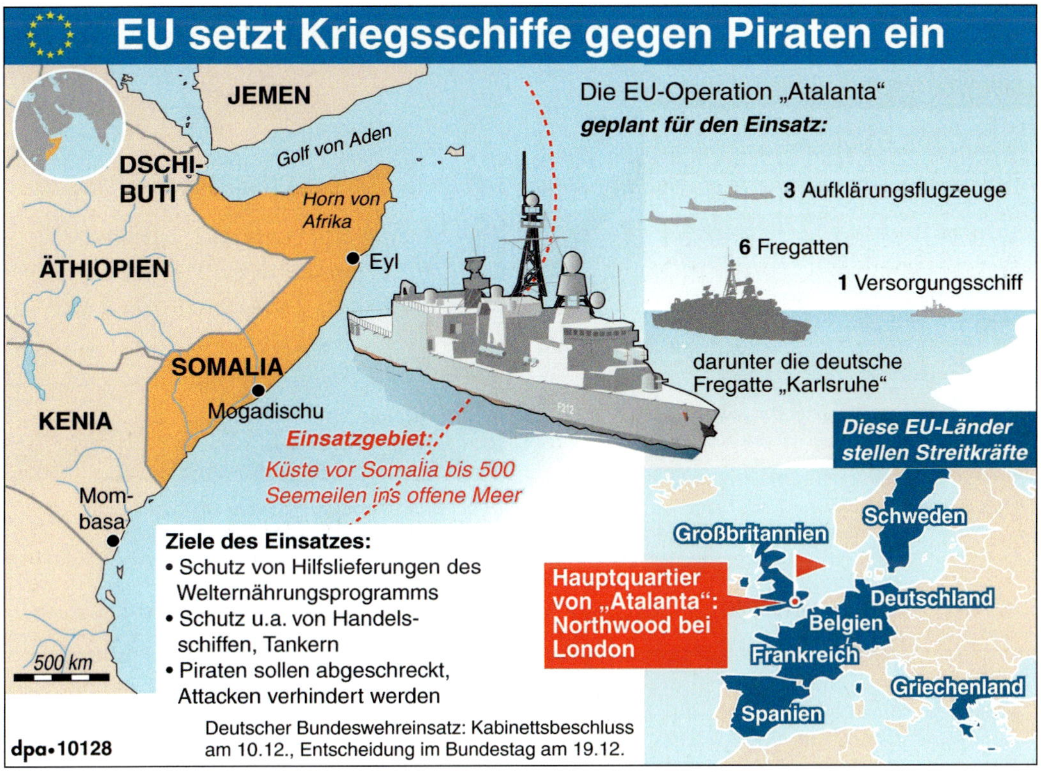

Marine übergibt Piraten an Kenia

NAIROBI (AP). Die Deutsche Marine hat gestern neun festgenommene somalische Piraten den Behörden in Kenia übergeben. Sie würden umgehend wegen des Angriffs auf ein Handelsschiff vor Gericht gestellt, sobald Übersetzer gefunden worden seien, erklärte der Befehlshaber der kenianischen Marinepolizei, Stanley Lenamai. Die Piraten waren am 3. März im Golf von Aden aufgegriffen worden, wo sie versucht hatten, den Frachter MV Courier der deutschen Reederei Gebrüder Winter zu entern. Die neun mutmaßlichen Piraten wirkten entspannt, als sie in dunkle Marineoveralls gekleidet die deutsche Fregatte Rheinland-Pfalz verließen und an Land gingen. Die förmliche Übergabe wurde von der deutschen Botschaft in Nairobi arrangiert, wie das Verteidigungsministerium in Berlin mitteilte. Grundlage ist ein am Freitag geschlossenes Abkommen der EU mit Kenia. (…)

(aus: Stuttgarter Zeitung, 11. 03. 2009, S. 4)

Deutsche Soldaten haben vor Somalia neun Piraten festgenommen, die von einem Schnellboot aus einen Frachter aus Hamburg kapern wollten

1 „Geschäftsmodell Piraterie“: Beschreibe, was damit gemeint ist.

2 Erläutere die Operation „Atalanta“.

2 Hilfe
Wer hat sie ins Leben gerufen? Ziel? Teilnehmer? Deutsche Beteiligung?

Terroranschlag auf das World Trade Center am 11. September 2001 durch islamistische Selbstmordattentäter

Trümmer des World Trade Center in New York. Bei dem Terroranschlag starben 3000 Menschen

Definitions-Dilemma

Was ist Terrorismus? Selbst die Vereinten Nationen konnten sich bisher auf keine gemeinsame Definition des Begriffs einigen. Vor allem einige arabische Staaten wollen „Terroristen" von „Freiheitskämpfern" unterscheiden, die sich gegen eine fremde Besatzungsmacht zur Wehr setzen – aus ihrer Sicht gilt dies insbesondere im Nahost-Konflikt beim Kampf der Palästinenser gegen Israel. Der in diesem Zusammenhang oft zitierte Satz ‚Des einen Terrorist ist des anderen Freiheitskämpfer' umreißt dieses Problem und wirft zugleich eine ethische Frage auf, an deren Antwort sich die Geister scheiden. Rechtfertigt der Einsatz für eine als gerecht empfundene Sache, zu entsetzlichen Mitteln zu greifen?"

(Jan Olsmann: Definitions-Dilemma: Was ist Terrorismus? www.tagesschau.de, 18. 06. 2004)

„Allgemein schätzen sich Terroristen anders ein, als die Bevölkerung und Gesellschaft dies tun. Terroristen halten sich grundsätzlich für Freiheitskämpfer oder Kämpfer für die Rechte der Unterdrückten. Diese Sichtweise ist generell abzulehnen."

(Kai Hirschmann: Internationaler Terrorismus als sicherheitspolitische Herausforderung, in. Woyke/Rinke (Hg.): Frieden und Sicherheit im 21. Jahrhundert. Eine Einführung. Opladen 1994, S. 84)

Provokation
bewusste Herausforderung, um eine Person, Institution oder einen Staat zum Handeln zu bewegen

generell
allgemein

Zwei Erklärungsversuche

Terrorismus ist „die Anwendung von Gewalt oder die Androhung von Gewalt, beabsichtigt, um Panik in einer Gesellschaft zu säen, die Regierenden zu schwächen oder zu stürzen oder einen politischen Wechsel herbeizuführen."

(Walter Laquer, seit 1971 am Center for Strategic and International Studies in Washington tätig, zit. Nach Kai Hirschmann: Internationaler Terrorismus, in: Reader Sicherheitspolitik 2002. www.reader-sipo.de)

„Terroristen versuchen, selbstdefinierte höhere Ziele mit Gewalt durchzusetzen. Die Taten sind systematisch geplant und sie werden – als privatisierte Form der Gewalt – von außerstaatlichen Gruppen begangen. Diese sind gemessen an der Stärke des Staates schwach, sodass sie keine offene Konfrontation mit ihm suchen können.
Terroristische Gewalt ist eine Provokation der Macht: Sie soll den Staat zu einer Überreaktion verleiten. Sie kommt unerwartet und richtet sich gegen Unbeteiligte. Nicht so sehr ein Anschlag selbst, sondern seine vermeintliche Willkür und Brutalität erzeugen ein Klima der Furcht. ‚Es kann jeden von euch jederzeit und überall treffen', lautet die Botschaft der Terroristen."

(Jan Olsmann: Transformation des Terrors. www.tagesschau.de, 18. 06. 2004)

Islamistischer Terroranschlag in London am 7. Juli 2005, bei dem in der U-Bahn und einem Bus 50 Menschen starben

Zurschaustellung von Opferbereitschaft: potenzieller islamistischer Selbstmordattentäter mit Sprengstoffgürtel

Islamistischer Terrorismus

Terrorismus begegnet uns heute häufig als religiös motivierter, derzeit zumeist islamistischer Terror. In den Augen islamistischer Fundamentalistenchefs sind die USA der „Hort des Satans", die westlichen Staaten die Lakaien einer Großmacht, die ihren schädlichen Einfluss auf die ganze Welt ausdehnen möchte, und die islamischen Staaten das Bollwerk Allahs. Bei vielen jungen, in materiell und sozial schwierigen Verhältnissen lebenden Menschen in der arabischen Welt zündet eine solche Argumentation: Sie fühlen sich durch die politische und wirtschaftliche Macht des Westens gedemütigt. Gleichzeitig empfinden sie die westliche Kultur als moralisch verwerflich. Diese Stimmung nutzen die terroristischen Führer für ihre Zwecke. „Die ganze jüngere Geschichte der Araber ist eine Folge von Demütigungen, an deren Anfang der Schock der Kolonialisierung stand und die heute im israelisch-palästinensischen Konflikt ihren Höhepunkt erreicht hat. Die Araber sehen sich wie die Palästinenser als ewige Opfer. Armut, Unterdrückung, Ungerechtigkeit, Analphabetentum sind der Nährboden für religiösen Extremismus."

(Auszug aus einem Interview mit dem marokkanischen Schriftsteller Tahar Ben Jelloun, in: Der Spiegel, Nr. 13/2004, S. 187)

Im Gegensatz zu stereotypen Terrorgruppen der Vergangenheit sind heutige Terroristen zumeist Teil verschwommener Organisationen, die nicht hierarchisch organisiert sind. Das gilt vor allem für den islamistischen Terrorismus. Während bei klassischen politisch motivierten Terrorgruppen wie etwa der irischen IRA, der baskischen ETA oder der PLO die von ihnen ausgehende Gefahr räumlich eng begrenzt war und Operationsgebiete somit voraussehbar waren, arbeiten islamistische Terrorgruppen international. Und während eine jede „klassische" Terrorgruppe traditionelle Taktiken hatte (etwa Kidnapping, Flugzeugentführungen oder Erpressungen), nutzen islamistische Terrorgruppen alle Waffen und Taktiken gemeinsam. (...)
Für islamistische Terroristen ist nicht die Tat, sondern in erster Linie deren Wirkung wichtig. Die über ihre Anschläge berichtenden Medien werden gezielt in die Vorbereitung einer Tat eingeplant. Islamistische Terroristen sehen die so erzielte Öffentlichkeit als willkommene Propaganda-Plattform.
(...)

(aus: Udo Ulfkotte: Internationaler islamistischer Terrorismus, in: Informationen zur politischen Bildung Nr. 274/2002, S. 57. Hg.: Bundeszentrale für politische Bildung, Bonn)

stereotyp
immer gleich, sich wiederholend

IRA
Irish Republic Army, paramilitärische und teilweise terroristische Bewegung in Irland

ETA
Terrororganisation, die die Loslösung des Baskenlandes von Spanien erreichen will

PLO
Palästinensische Befreiungsorganisation, die in den 1960er- und 1970er-Jahren auch Terroranschläge verübte

1 Warum gibt es bei dem Versuch, Terrorismus zu definieren, ein Dilemma?
2 Motive, Ziele, Vorgehensweise: Werte unter diesen Gesichtspunkten die Texte aus.
3 Verfolge in den Medien die Berichterstattung über Terrorismus und terroristische Anschläge.

1 Hilfe
Unter einem Dilemma wird eine ausweglose Situation verstanden. Worin besteht hier bei Definitionsversuchen die Ausweglosigkeit?

Vereinte Nationen: Entstehung und Völkerrecht

Am Beginn der Vereinten Nationen stand die Idee, durch einen Zusammenschluss gleichberechtigter Staaten die Menschheit von der Geißel des Krieges zu befreien. Zunächst allerdings war mit dem Etikett „Vereinte Nationen" eine Kriegsallianz versehen. Ein Bündnis von 26 Staaten, die sich im Krieg gegen Hitler-Deutschland und seine Verbündeten befanden, bezeichnete sich seit Anfang 1942 als Vereinte Nationen.

Allianz
Bündnis, Vertragsgemeinschaft

Das Entstehen der Vereinten Nationen ist nicht denkbar ohne die Erfahrung zweier Weltkriege. Die Vorgängerorganisation, der Völkerbund, wurde 1919 gegründet und war die erste Organisation zur Sicherung des Weltfriedens. Allerdings hatte der Völkerbund den Geburtsfehler, dass ihm die USA nicht beitraten und daher keine Rolle als Garant für die kollektive Sicherheit spielten. Im Zweiten Weltkrieg entschlossen sich die USA unter der Führung von Präsident Franklin D. Roosevelt, zur Durchsetzung einer internationalen Friedensordnung beizutragen. Die Großmächte USA, Großbritannien, China und die Sowjetunion bereiteten die Gründung der neuen Weltorganisation vor.

kollektiv
gemeinsam, gemeinschaftlich

Am 26. Juni 1945 unterzeichneten 50 Gründungsmitglieder in San Francisco die Charta der Vereinten Nationen. Diese Charta ist sozusagen das Grundgesetz der Weltorganisation. Ihr erster Artikel legt den Zweck der Staatengemeinschaft fest: die Sicherung des Weltfriedens durch Vermittlung und schiedsgerichtliche Entscheidung, Schutz der Menschenrechte und die Besserung des allgemeinen Lebensstandards in der Welt. In Kraft trat die Charta am 24. Oktober 1945. Als völkerrechtlicher Vertrag bindet sie aufgrund der Bestimmungen des Völkerrechts alle Mitglieder.

Generalversammlung der Vereinten Nationen

Schlanker, schneller, preiswerter

Der neue UN-Chef Ban Ki-Moon versucht, die Weltorganisation wieder auf Vordermann zu bringen

UN-Generalsekretär Ban Ki-Moon

(...) Da der UN-Generalsekretär keine formale Macht besitzt, muss auch Ban versuchen, für seine politischen Ziele geschickt bei den 192 meist zerstrittenen UN-Mitgliedern zu werben. Er kann, so formuliert es der Oxford-Professor Adam Roberts, zum „Gewissen der Welt" werden. (...)
Zunächst muss der bescheiden wirkende Ban das zerrüttete Verhältnis der UN zu den USA kitten. Denn die Weltorganisation braucht die einzige Weltmacht, will sie dauerhaft erfolgreich sein. Seit der Irakinvasion stehen sich die globale Institution und ihr mächtigstes Mitglied misstrauisch gegenüber. Wiederholt drohte Washington, den klammen UN die Gelder zu sperren. Immerhin bestreiten die USA fast ein Viertel des UN-Budgets.
Diplomaten trauen Ban zu, die Partnerschaft zwischen den USA und den UN wiederzubeleben Der Südkoreaner gilt als proamerikanisch. Er erlebte selbst, wie die US-Armee seine Heimat gegen Nordkorea verteidigte, er studierte in den USA, er war auf Posten in Washington und bei den UN in New York. (...)
Doch die USA verlangen von Ban Resultate – besonders bei der Reform der schwerfälligen UN. Tatsächlich hat Ban schon mehrfach angekündigt, er wolle die UN modernisieren: schlanker, schneller, preiswerter. Annan [sein Vorgänger] scheiterte mit seinem Konzept für eine Verwaltungsreform. Annan konnte sich auch nicht mit seinem kühnen Plan durchsetzen, den Sicherheitsrat zu erweitern. Erfolgreich wehrten die ständigen Mitglieder USA, Russland, Frankreich, Großbritannien und China alle Versuche ab, die anachronistische Machtverteilung in dem Gremium zu ändern. Diplomaten betonen: Beharrt Ban auf einem Umbau des Rates, bringt er die mächtigen Fünf gegen sich auf. (...)

anachronistisch
überholt, nicht zeitgemäß

(Jan Dirk Herbermann, Genf, in: Stuttgarter Zeitung, 04.01.2007, S. 4)

Plastik vor dem Gebäude der Vereinten Nationen

Eingangshalle: Kinder malen und schreiben ihre Wünsche auf

1945 wurden die Vereinten Nationen als Nachfolgeorganisation des Völkerbundes gegründet. Die ...(1)... der Vereinten Nationen verpflichtet die Unterzeichnerstaaten, jede Anwendung oder Androhung von ...(2)... gegen andere Staaten zu unterlassen. Und in schmerzlicher Erinnerung an die Ohnmacht des ...(3)... schufen die Vereinten Nationen erstmals im Völkerrecht die Möglichkeit, wirksame Maßnahmen gegen Staaten ergreifen zu können, die gegen die UN-Charta verstoßen und den Frieden gefährden. Dazu zählen in erster Linie politische Maßnahmen (z. B. ...(4)...) und Zwangsmaßnahmen (z. B. eine ...(5)..., ein ...(6)...), im äußersten Fall aber auch ...(7)... Eingreifen.

Damit ist eine neue Bewertung von Krieg und militärischer Gewalt in das Völkerrecht gekommen: Zum einen ist ...(8)... zwischen Staaten als Mittel der Politik endlich verboten und geächtet, zum anderen aber wird die Anwendung militärischer Gewalt unter zwei Voraussetzungen erlaubt:

- zur ...(9).... gegen einen Angreifer, allein oder gemeinsam mit Verbündeten;

- zur ...(10)... des Friedens, wenn der ...(11)... der Vereinten Nationen, also das entscheidende Gremium der Völkergemeinschaft der Erde, einhellig die ...(12)... beschließt, um gegen einen Staat vorzugehen, der einen Krieg angefangen hat und als ...(13)... entlarvt worden ist.

Den Vereinten Nationen wurde also von allen Mitgliedstaaten die ...(14)... übertragen, den Weltfrieden zu sichern, und es wurde ihnen zugleich das ...(15)... erteilt, diese Aufgabe notfalls mit Gewalt zu erfüllen. Zum ersten Mal in der Geschichte der Menschheit ist nun völkerrechtlich anerkannt worden, dass militärische Maßnahmen der Völkergemeinschaft gegen einen Angreifer ...(16)... , also gewissermaßen ein „gerechter" Krieg sind. Die von den Vereinten Nationen legitimierten und in ihrem Auftrag durchgeführten ...(17)... gegen einen Friedensbrecher werden ihrem Zweck nach „ ...(18)... Maßnahmen" genannt.

Blockade
Charta
Sicherheitsrat
legitim
Krieg
Völkerbundes
Recht
Gewalt
Pflicht
Wirtschafts-embargo
friedens-schaffende
Selbstverteidigung
Verhandlungen
militärisches
Wieder-herstellung
Militäraktion
Angreifer
Zwangs-maßnahmen

1 Beschreibe, warum die Vereinten Nationen gegründet wurden. Welche Erfahrungen fanden dabei Berücksichtigung?

2 Ergänze den Lückentext mit den am Rand aufgeführten Begriffen. Benutze dazu das Arbeitsblatt oder notiere von 1 bis 18 auf einem Blatt.

3 Erläutere, was das Völkerrecht zu militärischer Gewaltanwendung zwischen Staaten sagt.

4 Man überlegt, die UN zu reformieren. Informiere dich über den derzeitigen Stand.

4 Hilfe
Internetadressen: www.un.org (englisch), www.unric.org (deutsch)

Der Sicherheitsrat der Vereinten Nationen

Sein Zweck:

Der Sicherheitsrat ist der **Friedenswärter** der Vereinten Nationen.

Seine Mitglieder:

Der Sicherheitsrat hat **fünf** ständige Mitglieder (USA, Russland, Frankreich, Großbritannien, China) und **zehn** nicht ständige Mitglieder.

Seine Beschlüsse:

Zur Beschlussfassung sind mindestens 9 der 15 Stimmen erforderlich; die fünf ständigen Mitglieder haben ein Vetorecht.

Seine Mittel:

- gewaltlose Sanktionen
- Vermittlungen
- militärische Sanktionen
- Entsendung von UN-Friedenstruppen

Sanktion
Zwangs- oder Strafmaßnahme

A Damit ist das Recht gemeint, einen Beschluss durch Einspruch zu verhindern.

B Diese Mitgliedstaaten sind immer vertreten.

C Der Sicherheitsrat kann als „Blauhelme“ bezeichnete Soldaten in Krisengebiete entsenden, wenn die Konfliktparteien damit einverstanden sind. Die „Blauhelme“ dürfen keine Waffen einsetzen, außer zur Selbstverteidigung. Sie dienen meist als „Puffer“ zwischen den Gegnern und überwachen z. B. einen Waffenstillstand.

D Als letztes Mittel kann der Sicherheitsrat gegen einen Staat, der den Frieden verletzt hat, militärische Gewalt einsetzen. Da die Vereinten Nationen keine eigenen Soldaten haben, erteilt der Sicherheitsrat einem Mitgliedstaat oder mehreren Mitgliedstaaten den Auftrag, den aggressiven Staat zu bekämpfen. Ein solcher Auftrag wird auch als „Mandat“ bezeichnet.

E Diese Staaten werden von der UN-Generalversammlung jeweils für zwei Jahre in den Sicherheitsrat gewählt.

F Den Konfliktparteien werden von den Vereinten Nationen Vorschläge zur Beilegung ihres Streites gemacht.

G Durch Maßnahmen, die für einen Staat unangenehm sind, soll dieser gezwungen werden, Beschlüsse des UN-Sicherheitsrates zu befolgen – z. B. die Unterbrechung des Handels, der Verkehrsverbindungen oder der Abbruch der diplomatischen Beziehungen.

Beispiel 1: Seit 1964 überwachen von den Vereinten Nationen entsandte Soldaten auf Zypern die Waffenstillstandslinien zwischen den Griechen und Türken.

Beispiel 2: Im Bürgerkrieg zwischen Serben, Kroaten und Bosniern flog die NATO im Auftrag der Vereinten Nationen massive Luftangriffe gegen serbische Stellungen. Diese Angriffe führten dann dazu, dass die serbische Seite im Herbst 1995 zu Friedensverhandlungen bereit war.

Beispiel 3: Dem damaligen UN-Generalsekretär Perez de Cuellar gelang es 1988, durch Verhandlungen den irakisch-iranischen Krieg zu beenden.

Beispiel 4: Um Lybien zur Auslieferung von Terroristen zu zwingen, stellten die Mitgliedstaaten der Vereinten Nationen jahrelang den Flugverkehr in dieses Land ein.

1 Hilfe
A: Vetorecht
B: …

1 Welche Erklärung (A bis G) gehört zu welchem in der Grafik gelb unterlegten Begriff?

2 Zu jedem der vier Mittel des Sicherheitsrates gehört eines der Beispiele. Ordne zu.

Thema: UN-Friedenseinsätze

Anfang 2011 waren rund 100 000 Soldaten und zivile Polizisten aus 115 Staaten in friedenssichernden Einsätzen der Vereinten Nationen in 16 Ländern der Erde aktiv. Wer mehr über diese Einsätze erfahren will, kann sich durch eine Internetrecherche informieren.

1 Die offizielle Website der Vereinten Nationen (www.un.org) verwendet verschiedene Sprachen, z. B. Englisch, Französisch, Spanisch, jedoch nicht Deutsch. Deutschsprachige Informationen über die Vereinten Nationen gibt es auf der Homepage des Regionalen Informationszentrums der UNO (www.unric.org) Die Startseite enthält viele Stichwörter, die man anklicken kann, um genauere Informationen über bestimmte Sachverhalte zu bekommen. Um etwas über Friedenseinsätze zu erfahren, klickt man links den Link „Frieden und Sicherheit" an.

2 Es erscheint dann eine Seite mit allgemeinen Informationen und weiteren Links, die im unteren Teil der Seite aufgeführt sind. Hier klickt man „Friedenssicherungseinsätze" an.

3 Die nun folgende Seite enthält viele Stichwörter, die nach drei Gruppen gegliedert sind. Blau unterlegt sind dabei die Stellen, die als Links zu weiteren Informationen führen. So gibt es z. B. beim Stichwort „laufende Friedenssicherungseinsätze der Vereinten Nationen (Fakten & Zahlen)" die Möglichkeit, diese Informationen als PDF-Datei aufzurufen.

4 Ruft man diese Datei auf, erscheint auf dem Bildschirm ein zwei Seiten umfassendes Dokument: Die erste Seite enthält eine Karte zu den laufenden Einsätzen, die zweite Seite listet alle Einsätze mit Angaben über Beginn, Truppenstärke, Finanzierung usw. auf. Jeder Einsatz hat einen Namen, dessen Anfangsbuchstaben ein bestimmtes Kürzel ergeben. So erfährt man z. B., dass es unter dem Kürzel UNMIS einen Friedenseinsatz der Vereinten Nationen in dem afrikanischen Staat Sudan gibt.

5 Will man mehr über den Einsatz im Sudan erfahren, kann man in eine Suchmaschine den Begriff „UNMIS" eingeben. So bietet beispielsweise Google zahlreiche Seiten mit Hinweisen auf den UN-Einsatz im Sudan in deutscher Sprache, darunter z. B. Informationen der Bundeswehr und des Auswärtigen Amtes.

1. Recherchiert, welche Friedenseinsätze die Vereinten Nationen zurzeit durchführen.
2. Informiert euch dann in Kleingruppen genauer über diese Einsätze. Präsentiert die Ergebnisse eurer Recherche der Klasse, z. B. durch Kurzreferate oder mittels einer Wandzeitung.

Fallbeispiel: Irak 1990/91 und 2003

Irak-Krieg 1991: US-Soldaten mit Schutzkleidung gegen Gas

UN-Inspektoren im Irak, Februar 2003

Resolution
nach vorheriger Beratung gefasste Entschließung

Embargo
völkerrechtlich zulässige Zwangsmaßnahme gegen einen Staat, z. B. die Beschlagnahme von Waren, Schiffen o. Ä.

Inspekteure
Beobachter; Fachleute, die etwas untersuchen

Das Scheichtum Kuwait am Persischen Golf ist zwar ein kleines Land, verfügt aber über einen großen Ölreichtum. Am 2. August 1990 fallen die irakischen Truppen in der Nacht in den Nachbarstaat ein. In wenigen Stunden ist das Land besetzt, die kuwaitische Regierung muss fliehen.

Der Sicherheitsrat der Vereinten Nationen tritt zusammen und fordert den sofortigen und bedingungslosen Rückzug der irakischen Truppen. In einer weiteren Resolution beschließt der Sicherheitsrat ein Wirtschaftsembargo gegen den Irak, der Kuwait zu seiner 19. Provinz erklärt hat. Zum Schutz von Saudi-Arabien entsenden zwölf arabische Regierungen und die USA Truppen an den Golf. Die irakische Regierung hindert Tausende von Ausländern am Verlassen des Landes und behält sie als Geiseln; Hunderte von ihnen werden als „menschliche Schutzschilde" an militärisch wichtige Orte verschleppt. Während der Irak seine Truppen in dem besetzten Kuwait weiter verstärkt, treffen bis zum Jahresende immer mehr Truppen aus den USA, aber auch aus Großbritannien und Frankreich und aus arabischen Staaten am Golf ein. Der UN-Sicherheitsrat verschärft die Wirtschaftsblockade gegen den Irak. Am 29. November 1990 setzt der Sicherheitsrat der irakischen Regierung eine Frist bis zum 15. Januar 1991, Kuwait zu räumen. Nach Ablauf dieses Ultimatums kann militärische Gewalt zur Befreiung des Scheichtums eingesetzt werden.

Im Dezember 1990 lässt der Irak die ausländischen Geiseln frei. Vor Ablauf des Ultimatums scheitern alle diplomatischen Versuche, die Iraker zur Räumung Kuwaits zu bewegen.

Zwei Tage nach Ablauf des UN-Ultimatums eröffnen die von den USA angeführten Luftstreitkräfte der Alliierten den Kampf und bombardieren über einen Monat lang Ziele in Kuwait, Bagdad und im übrigen Irak.

Am 18. Januar 1991 lässt der irakische Staatschef Saddam Hussein Raketen auf das unbeteiligte Israel abfeuern. Damit soll Israel in den Konflikt hineingezogen und so Zwietracht zwischen den USA und den arabischen Alliierten gesät werden. Während die alliierten Luftangriffe an Heftigkeit zunehmen, droht Saddam Hussein mit Giftgas, ruft die Terroristen in aller Welt zu Aktionen gegen den Westen auf und lässt Erdöl in den Persischen Golf pumpen, um die saudi-arabischen Meerwasserentsalzungsanlagen zu beschädigen.

Ende Februar beginnt der Landkrieg. In wenigen Tagen ist die irakische Armee besiegt und Kuwait befreit. Das kleine Land ist völlig zerstört, hunderte von Ölquellen wurden von den irakischen Soldaten vor ihrer Flucht in Brand gesetzt. Erst nach der militärischen Niederlage erklärt sich Saddam Hussein bereit, die UN-Resolution bedingungslos zu erfüllen. Die Alliierten verkünden eine Waffenruhe, der Anfang März 1991 dann der Waffenstillstand folgt. Auf alliierter Seite fielen im Kampf etwa 200 Soldaten; die Verluste auf irakischer Seite werden auf über hunderttausend Soldaten und Zivilisten geschätzt.

Im Waffenstillstandsabkommen von 1991 verpflichtet sich der Irak zur Zerstörung aller nuklearer, biologischer und chemischer Waffen. UN-Inspekteure sollen die Einhaltung dieser Verpflichtung kontrollieren. In den nächsten Jahren kommt es immer wieder zu

Irak-Krieg 2003: US-Soldaten patroullieren in der Stadt Mosul

Protest gegen den Irak-Krieg 2003 in Deutschland

Konflikten, weil der Irak die Arbeit der UN-Inspekteure behindert.

Nach den Terroranschlägen vom 11. September 2001 auf das World Trade Center in New York wächst in den USA die Furcht, der irakische Diktator Saddam Hussein könne internationale Terroristen mit biologischen oder chemischen Waffen versorgen. Immer drängender fordert die US-Regierung im Jahr 2002 die Zerstörung aller Massenvernichtungswaffen im Irak und den Sturz von Saddam Hussein. Es beginnt ein amerikanischer Truppenaufmarsch in der Golfregion. Im Sommer 2002 rückt ein erneuter Irakkrieg zunehmend in den Bereich des Möglichen. Während die Vereinigten Staaten vor allem von Großbritannien unterstützt werden, lehnen Frankreich, Russland und Deutschland einen Krieg gegen den Irak ab.

Im Oktober 2002 erlaubt der Irak die Rückkehr der UN-Waffeninspekteure. Im November 2002 verabschiedet der UN-Sicherheitsrat eine von den USA und Großbritannien eingebrachte Resolution, in der der Irak unter Androhung „ernster Konsequenzen" zum Offenlegen seiner Waffenprogramme aufgefordert wird. Anfang 2003 verschärft sich der Konflikt. Die UN-Inspekteure können zwar keine Beweise für Massenvernichtungswaffen finden, werfen aber der irakischen Regierung mangelnde Zusammenarbeit vor. Die Gegner eines neuen Irakkrieges fordern mehr Zeit für die UN-Inspektionen. Die USA, Großbritannien und ihre Verbündeten werfen dem Irak Täuschungsmanöver vor und sind bereit, auch ohne UN-Mandat militärisch gegen Saddam Hussein vorzugehen. Die Welt ist in zwei Lager geteilt: Die USA und ihre Verbündeten sehen im Krieg das letzte Mittel, die Gefahr irakischer Massenvernichtungswaffen zu beseitigen und den Diktator Saddam Hussein zu stürzen. Die andere Seite, vor allem Frankreich, Deutschland und Russland lehnen einen Krieg ab und wollen den UN-Inspekteuren mehr Zeit geben.

Am 20. März 2003 beginnt der Krieg. Amerikanische und britische Truppen marschieren in den Irak ein. Während weltweit Millionen von Menschen gegen den Krieg protestieren, erobern die Alliierten nach heftigen Kämpfen das Land. Nach sechs Wochen ist die Hauptstadt Bagdad erobert, das irakische Regime zusammengebrochen. Der Diktator Saddam Hussein wird erst Monate später in einem Versteck gefunden. Beweise für Massenvernichtungswaffen finden die Sieger nicht. Frieden kehrte bisher nicht ein. Immer wieder erschüttern Terroranschläge den Irak. Bisher starben über 4 000 US-Soldaten und mehr als 80 000 irakische Zivilisten.

Im Sommer 2010 beenden die USA offiziell ihren Kampfeinsatz im Irak. Dennoch bleiben 50 000 US-Soldaten im Land, um die einheimischen Kräfte auszubilden und zu beraten. Bis Ende 2011 sollen alle US-Truppen den Irak verlassen haben.

Massenvernichtungswaffen
Waffen oder Kampfstoffe, deren Einsatz zur massenhaften und unterschiedslosen Tötung von Menschen führt. Dazu zählen Atomwaffen und chemische oder bakteriologische Kampfstoffe.

1. Beschreibe die wesentlichen Unterschiede zwischen den Irakkriegen 1990/91 und 2003 und erläutere die Rolle, die die Vereinten Nationen jeweils spielten.
2. Erläutere, warum der Irakkrieg 2003 in der Öffentlichkeit stark umstritten war.
3. Informiere dich in den Medien über die Lage im Irak jetzt.

Die NATO

(Haus der Geschichte, Bonn / Jupp Wolter)

(Egon Kaiser, Waiblingen)

NATO ist die Abkürzung für den englischen Begriff „North Atlantic Treaty Organization", übersetzt: Nordatlantisches Verteidigungsbündnis. Meist spricht man verkürzt von „Nordatlantikpakt". Es ist der Name eines politisch-militärischen Bündnisses, das wenige Jahre nach Ende des Zweiten Weltkrieges im April 1949 von den USA, Kanada und neun europäischen Staaten gegründet wurde. Als wichtiges Ziel der NATO galt, die kommunistische Sowjetunion und ihre Verbündeten davon abzuhalten, gegen die westlichen Staaten Krieg zu führen. Die kommunistischen Staaten schlossen sich 1955 unter Führung der Sowjetunion zum sogenannten „Warschauer Pakt" zusammen. 1991 zerfiel dieses Militärbündnis, daraufhin änderten sich die Ziele der NATO. Der Einsatz für Frieden und Freiheit ist heute das wichtigste Ziel. Die NATO-Mitgliedstaaten sind zudem verpflichtet, sich im Falle einer militärischen Bedrohung gegenseitig Beistand zu leisten. Mit den ehemaligen Mitgliedern des Warschauer Paktes wurde 1994 ein Vertrag „Partnerschaft für den Frieden" geschlossen. Viele früher kommunistische Staaten sind mittlerweile NATO-Mitglieder. Inzwischen arbeitet die NATO auch mit Russland zusammen. 2010 wurde beschlossen, zusammen mit Russland ein Abwehrsystem gegen mögliche Raketen aus dem Iran aufzubauen.

kommunistisch
den Kommunismus betreffend, also eine politische Lehre, in der z. B. das Privateigentum abgeschafft ist

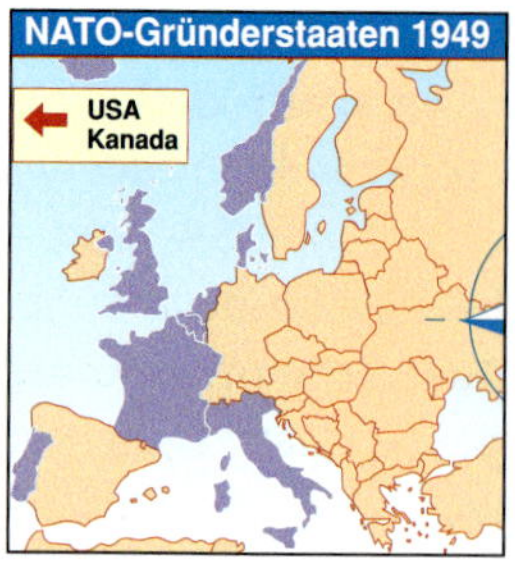

Gespräch zwischen einer Journalistin und einem Sicherheitsexperten

Wie sehen Sie als Sicherheitsexperte die Zukunft der NATO?
Spannend!

Wie meinen Sie das?
Nun, da muss einiges geklärt werden, z. B. das Verhältnis zwischen NATO und EU.

Warum?
Die Europäer wollen bei Krisen und Konflikten militärisch handlungsfähig sein, auch dann, wenn beispielsweise die Interessen der Amerikaner oder Kanadier nicht betroffen sind – der Konflikt also keine Angelegenheit der NATO insgesamt ist. Daher haben sie im Rahmen ihrer „Europäischen Sicherheits- und Verteidigungspolitik" europäische Eingreiftruppen geschaffen.

Und wo liegt das Problem?
Die Europäer verfügen über keine eigene militärische Planungs- und Kommandostruktur. Da muss die NATO aushelfen.

Klingt kompliziert ...
Man hat verabredet: Wenn in einem Konflikt die NATO als Ganzes nichts tun will, können die Europäer eigene militärische Operationen durchführen und dabei die Mittel der NATO nutzen.

Und wie ist es mit den USA?
Den Terroranschlag auf die USA vom 11. September 2001 hat die NATO als Angriff auf ein Mitglied angesehen und zum ersten Mal in ihrer Geschichte den Bündnisfall erklärt. Aber den Krieg gegen Al Qaida und die Taliban in Afghanistan haben die USA dann in eigener Regie geführt, mit Verbündeten zwar, aber nicht mit der NATO.

Warum denn das?
Ich denke, die USA als Supermacht wollten sich nichts von einem Bündnis vorschreiben lassen. Im Fall des Irak haben es die Amerikaner 2003 ebenso gemacht.

Moment: In Afghanistan sind doch Bundeswehrsoldaten stationiert.
Ja, das ist der ISAF-Einsatz unter UN-Mandat. Er wird von der NATO ausgeführt. Diese Soldaten, auch die unserer Bundeswehr, sollen im Land die Sicherheit gewährleisten und beim Wiederaufbau helfen. Der Kampfeinsatz der Amerikaner und ihrer Verbündeten gegen die Taliban ist eine davon getrennte Operation.

NATO in Afghanistan? Ich dachte, der NATO-Auftrag ist die Verteidigung ihrer Mitglieder im Nordatlantikgebiet...
Das ist ja das Spannende: Einerseits bekräftigt die NATO, dass ihr fortdauernder Zweck die Verteidigung ihrer Mitglieder sei. Andererseits hat die NATO 2002 eine neue Strategie beschlossen, die auch weltweite Einsätze bei Krisen aller Art vorsieht. Die Zukunftsfrage ist also, ob die NATO ein Verteidigungsbündnis bleibt oder ein Instrument globaler Intervention wird. Zudem ist abzuwarten, wie sich das Verhältnis zwischen NATO und EU einerseits und zu den USA andererseits entwickeln wird.

Taliban
fundamentalistische muslimische Fanatiker

Intervention
Einmischung in die Angelegenheiten eines anderen Staates

1 Beschreibe, wie sich die NATO hinsichtlich ihrer Mitglieder und ihres Bündniszweckes verändert hat.
2 Analysiere die beiden Karikaturen auf Seite 246 oben.
3 Fasse die Kernpunkte des Gesprächs in kurzen Sätzen oder in Fragen zusammen.

2 Hilfe
Achte auf die Beschriftungen. Was könnte mit „rote Flut", was mit „Weltsheriff" gemeint sein?

Europäische Sicherheitspolitik

Im Rahmen ihrer Gemeinsamen Außen- und Sicherheitspolitik entwickelt die Europäische Union auch eine gemeinsame Europäische Sicherheits- und Verteidigungspolitik, abgekürzt ESVP. Die Europäische Union will so in der Lage sein, in Fragen der Konfliktverhütung und Krisenbewältigung eigenständig zu entscheiden und in internationalen Krisen, in denen die NATO als Ganzes nicht aktiv wird, auch militärisch einzugreifen.

Ein Eingreifen bei internationalen Konflikten kann sowohl nichtmilitärische als auch militärische Fähigkeiten erfordern:

- Bei den nichtmilitärischen Aufgaben legt die EU den Schwerpunkt auf den Einsatz von Polizeikräften, die Stärkung des Rechtsstaats (Justiz, Strafvollzug usw.), die Stärkung der Zivilverwaltung und den Zivilschutz in Krisengebieten.
- Zur Bewältigung militärischer Aufgaben ist die EU in der Lage, eine „schnelle Eingreiftruppe" von bis zu 60 000 Mann aufzustellen, die innerhalb von 60 Tagen verlegt und deren Einsatz mindestens ein Jahr aufrechterhalten werden kann. Dabei handelt es sich nicht um eine ständige EU-Truppe. Vielmehr haben sich die EU-Staaten verpflichtet, entsprechende Truppenteile für EU-Operationen bereitzustellen. Im Krisenfall kann dann der EU-Militärstab diese Truppenteile anfordern.

Entscheidungen über militärische Operationen trifft der Ministerrat. Die Umsetzung liegt dann beim „Politischen und Sicherheitspolitischen Komitee". Es schlägt dem Ministerrat die im Krisenfall zu ergreifenden Maßnahmen vor und ist für die strategische Leitung und politische Kontrolle der Militäroperation zuständig. Beraten wird das Komitee vom Militärausschuss, das sind die Generalstabschefs der EU-Staaten, und einem Ausschuss aus Spezialisten für die zivilen Aspekte des Einsatzes.

Komitee
Ausschuss, der mit einer bestimmten Aufgabe betraut ist

strategisch
Vorgehen nach einem genauen Plan

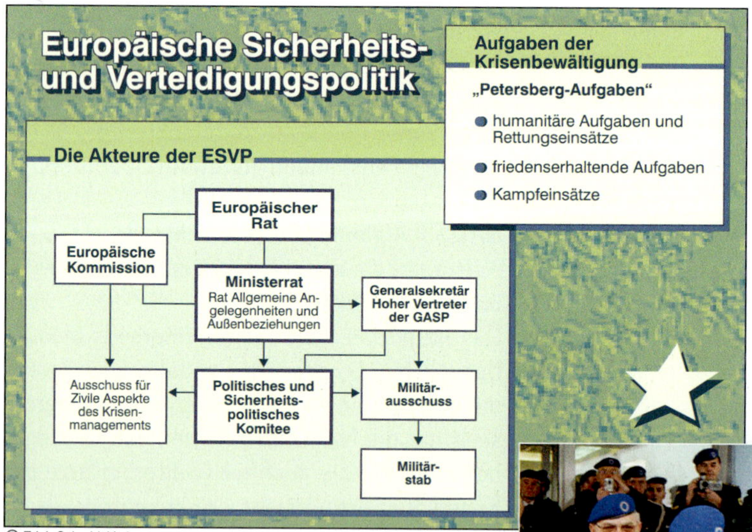

© Erich Schmidt Verlag

Im Januar 2003 begann die Arbeit der Polizeimission der EU in Bosnien-Herzegowina, die die zivilen Aspekte des Krisenmanagements von den Friedenstruppen der UNO übernahm.

EU-Einsätze in Bosnien-Herzegowina

Polizeimission in Bosnien-Herzegowina
Seit 2003 überwachen und beraten 800 EU-Polizisten die Polizeikräfte des Landes.

Militäroperation in Bosnien-Herzegowina
Im Dezember 2004 lösten 7000 EU-Soldaten (EUFOR) die NATO-Soldaten ab, die bis dahin die Einhaltung des Friedensabkommens überwacht hatten.

Weitere Beispiele für EU-Einsätze

Militäroperationen in Mazedonien
350 EU-Soldaten sicherten 2003 den Waffenstillstand nach dem Bürgerkrieg.

Militäroperation im Kongo
2003 waren auf Ersuchen der UN 1500 EU-Soldaten zur Stabilisierung der Lage in dem vom Bürgerkrieg heimgesuchten Land im Einsatz. 2006 sicherten auf Ersuchen der UN 2400 Soldaten die Präsidentenwahl.

EU-Marineeinsatz am Horn von Afrika
Seit Ende 2008 bekämpfen Kriegsschiffe aus EU-Staaten die Piraten vor der Küste Somalias und im Golf von Aden.

Französische EU-Soldaten treffen zum Einsatz im Kongo ein

Einen Überblick über die verschiedenen für Europa relevanten Sicherheitsorganisationen vermittelt das Arbeitsblatt 55.

Über die Organisation für Sicherheit und Zusammenarbeit in Europa (OSZE) informiert das Arbeitsblatt 56.

EU bildet mobile Kampftruppen

Einheiten könnten zum Beispiel Europäer aus Kriegsgebieten retten

Brüssel – Der militärische Arm der Europäischen Union wird kräftiger. Die Verteidigungsminister der Mitgliedstaaten verständigten sich am Montag in Brüssel auf die Bildung von 13 mobilen Kampftruppen.
Diese Gefechtseinheiten gelten als wichtiger Baustein einer gemeinsamen europäischen Sicherheitspolitik. Die sogenannten Battle-Groups werden jeweils 1500 Soldaten umfassen und binnen fünf bis zehn Tagen für bis zu viermonatige Einsätze marschbereit sein. Die als „Krisenreaktionskräfte" definierten Einheiten sollen in Kriegsgebieten außerhalb der EU-Grenzen entsandt werden, um dort etwa EU-Bürger zu befreien oder zivilen Helfern den Weg freizukämpfen. (...) Die volle Einsatzfähigkeit soll erst 2007 erreicht sein. Deutschland wird sich an vier Kampfgruppen beteiligen.
(...) In den zumeist multinationalen neuen Kampfeinheiten wird jeweils eine Führungsnation das Kommando übernehmen. So sollen Offiziere der Bundeswehr eine Battle-Group mit Partnern aus Finnland und den Niederlanden befehligen. Ein Einsatzbeschluss muss auf Bitten der UNO erfolgen und von allen EU-Regierungen einstimmig getragen werden. Am Einstimmigkeitsprinzip wird sich auch nach In-Kraft-Treten der neuen EU-Verfassung nichts ändern. Allerdings könnte sich das Aufgabenspektrum für die Kampftruppen dann erweitern. In Deutschland bleibt es überdies beim Parlamentsvorbehalt: Auch bei der Beteiligung der Bundeswehr an multilateralen Verbänden ist das Mandat des Bundestages vor der Entsendung von Soldaten zwingend. Die EU betont, dass der Ausbau der eigenen Krisenintervention nicht in Konkurrenz zur NATO steht.

Erprobt: Deutsche Eurocorps-Soldaten

(Tobias Blasius, Brüssel, in: Marbacher Zeitung, 23. 11. 2004. S. 2)

Spektrum
Vielfalt

1 Beschreibe wesentliche Merkmale der europäischen Sicherheitspolitik.
2 „Die EU hat jetzt eine eigene Armee." Beurteile diese Aussage.
3 Notiere stichwortartig, was an den bisherigen EU-Einsätzen bemerkenswert ist.
4 „Battle-Groups" der EU: Fasse die Informationen des Zeitungsberichtes zusammen.

1 Hilfe
Gliedere nach diesen Gesichtspunkten: Motive / Fähigkeiten / Entscheidungen

Verteidigung

Verbot eines Angriffskrieges

Innerer Notstand

Katastrophenhilfe

Verteidigungsfall

Bestimmungen des Grundgesetzes zur Bundeswehr

- **Art. 87a (1) u. (3)**: A
  - **Art. 115 a (1)**: C
  - **Art. 24 (2)**: Bündnisse zur gemeinsamen Verteidigung
- **Art. 26 (1)**: B
- **Art. 87 a (2)**: weitere Einsätze
  - **Art. 87 a (4)**: D
  - **Art. 35 (2) u. (3)**: E
  - **Art. 24 (2)**: z.B. UN-Einsätze

Auftrag und Aufgaben der Bundeswehr

Die Bundeswehr als Instrument einer umfassend angelegten, vorausschauenden Sicherheits- und Verteidigungspolitik

- sichert die außenpolitische Handlungsfähigkeit
- leistet einen Beitrag zur Stabilität im europäischen und globalen Rahmen
- sorgt für die nationale Sicherheit und Verteidigung
- trägt zur Verteidigung der Verbündeten bei
- fördert multinationale Zusammenarbeit und Integration (...)

Die Aufgaben der Bundeswehr leiten sich im Rahmen der verfassungsrechtlichen Vorgaben aus dem Auftrag und den Zielen deutscher Sicherheits- und Verteidigungspolitik ab:

- Internationale Konfliktverhütung und Krisenbewältigung einschließlich des Kampfes gegen den internationalen Terrorismus
- Unterstützung von Bündnispartnern
- Schutz Deutschlands und seiner Bevölkerung
- Rettung und Evakuierung
- Partnerschaft und Kooperation
- Subsidiäre Hilfestellungen (bei Katastrophen und Unglücksfällen).

(http://www.bmvg.de/portal/poc/bmvg?uri=ci%3Abw.bmvg.sicherheitspolitik.bundeswehr.ueber_die_bundeswehr)

Evakuierung
Räumung eines Gebietes von Zivilpersonen aus Sicherheitsgründen

Auslandseinsätze der Bundeswehr

Afghanistan/Usbekistan: 4900 Soldaten, im Auftrag der UNO. Herstellung der inneren Sicherheit.

Balkan: 1175 Soldaten. Entmilitarisierung/Friedenssicherung im Kosovo, in Bosnien und Herzegowina. Einsatz im Rahmen der NATO-Sicherheitstruppe Kosovo Force (KFOR) bzw. der European Union Force (EUFOR).

Mittelmeer: 240 Soldaten: Überwachung der libanesischen Küste im Rahmen einer UNO-Mission. 210 Soldaten: Seeraumüberwachung und Terrorismusbekämpfung im Rahmen der NATO-Operation Active Endeavour.

Horn von Afrika: 305 Soldaten. Anti-Piraten-Mission „Atalanta" der Europäischen Union.

Sudan: 29 Soldaten. Überwachung und Sicherung des Waffenstillstandes zwischen den Bürgerkriegsparteien im Auftrag der UNO.

(Stand: April 2011)

3 Hilfe
Entsprechende Informationen findest du unter: www.einsatz.bundeswehr.de

1 Schlage im Grundgesetz die angegebenen Artikel nach und ordne die Stichwörter zu.

2 Beschreibe die fünf Punkte des Auftrags der Bundeswehr mit deinen Worten genauer. Überlege dir zu jedem Punkt ein erklärendes Beispiel.

3 Zeige auf einer Weltkarte, wo die Bundeswehr 2011 im Einsatz war. Informiere dich im Internet, ob diese Einsätze noch andauern und ob neue hinzugekommen sind.

Fallbeispiel: Libanon-Einsatz

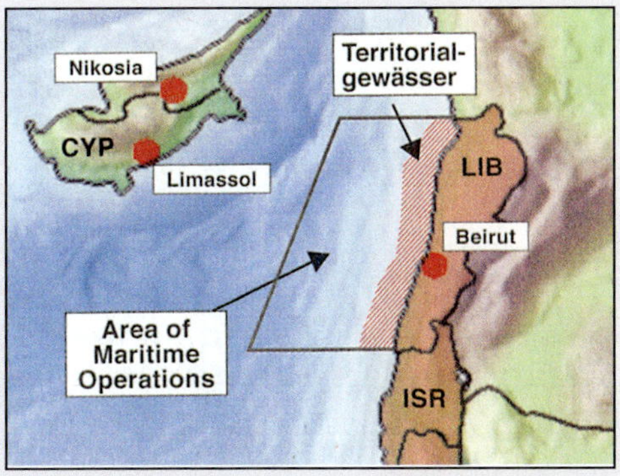

(...) Am 12. Juli war die Lage an der libanesisch-israelischen Grenze eskaliert. Die libanesische Hisbollah-Miliz hatte eine israelische Grenzpatrouille überfallen, zwei israelische Soldaten waren entführt, acht weitere getötet worden. Es folgten 34 Tage Krieg.

Erst die Resolution 1701 des Sicherheitsrates der Vereinten Nationen vom 11. August brachte die Waffen zum Schweigen. Die Resolution stockte die Libanon-Friedenstruppe UNIFIL (United Nations Interim Force in Lebanon) auf knapp 13 000 Mann auf. Und sie richtete eine Maritime Task Force (MTF) ein. Auftrag der MTF: die seeseitige Überwachung und Abriegelung, um den Waffenschmuggel über See wirksam zu verhindern. Das übergeordnete Ziel ist die Stärkung der Souveränität des Libanon. Am 20. September 2006 beschloss eine breite Mehrheit des Deutschen Bundestages, dass Deutschland sich mit einem signifikanten Beitrag an UNIFIL beteiligt. (...)

(aus: Daniel Auwermann: UNIFIL. Wachen auf See, in: Y. 07/2007, S. 28)

Die Präsenz der internationalen Seestreitkräfte im östlichen Mittelmeer hat zur Sicherheit und damit auch zur Stabilität in der gesamten Region beigetragen. Israel hat die United Nations Interim Force in Lebanon (UNIFIL) – Maritime Task Force (MTF) akzeptiert und die israelische Marine beendete die Seeblockade des Libanon mit deren Eintreffen. Seither konnten der Handel und der Seeverkehr in der Region wieder deutlich zunehmen.
Der Warenfluss führte im Libanon zu Einnahmen und damit einer spürbaren Verbesserung der Lebensqualität der libanesischen Bevölkerung. Durch die Seeraumüberwachung im östlichen Mittelmeer ist es der MTF 448 gelungen, Waffenschmuggel schon im Vorfeld zu unterbinden. Das dichte Netz an Schiffen und Booten wird von allen respektiert und wirkt abschreckend. Es bewegt sich nichts auf dem Wasser und in der Luft vor dem Libanon, wovon die MFT nichts weiß.
Durch sogenannte Korridore vor den Haupthäfen Tripoli im Norden, Beirut im Zentrum und Sidon im Süden wird der Schiffsverkehr kanalisiert und überwacht. Derzeit werden rund 25 Schiffe täglich überprüft, viele davon bereits mehrfach. Etwa 700 verdächtige Frachter leitete die MTF zur genaueren Untersuchung in libanesische Häfen. Obwohl die libanesischen Behörden Schmuggelwaren, wie etwa Zigaretten fanden, sind bislang keine Waffen entdeckt worden.
(...) Die Mandatsobergrenze beträgt derzeit rund 300 Soldaten. Als sicher kann gelten, dass sich auch die Deutsche Marine weiterhin an der UNIFIL-MTF 448 signifikant beteiligen wird. Der Deutsche Bundestag verlängerte am 18. Juni 2010 das Mandat bis Ende Juni 2011. (...)

(Textauszüge aus: Die Deutsche Marine bei UNIFIL. Stand vom: 28.03.2011. Autor: Presse und Informationszentrum Marine. http://www.marine.de)

Fregatte der Bundeswehr, die im Mittelmeer vor der Küste des Libanon Waffenschmuggler aufspüen soll

Was haben wir im Mittelmeer vor der Küste des Libanon zu suchen? Die Bundeswehr soll Deutschland verteidigen – das reicht!

Es ist schon gut, dass die UN sich um den Libanon kümmern. Aber warum deutsche Schiffe? Sollen das doch andere machen!

Deutsche Kriegsschiffe fast vor der Küste Israels? Bei unserer Vergangenheit? Das sollten wir lieber lassen!

1 Wie kam es zum Einsatz deutscher Kriegsschiffe vor der Küste des Libanon?

2 Nimm zu jeder der drei Aussagen Stellung. Begründe jeweils deine Meinung.

Bundeswehr – „Armee der Demokratie“

Soldatinnen der Bundeswehr

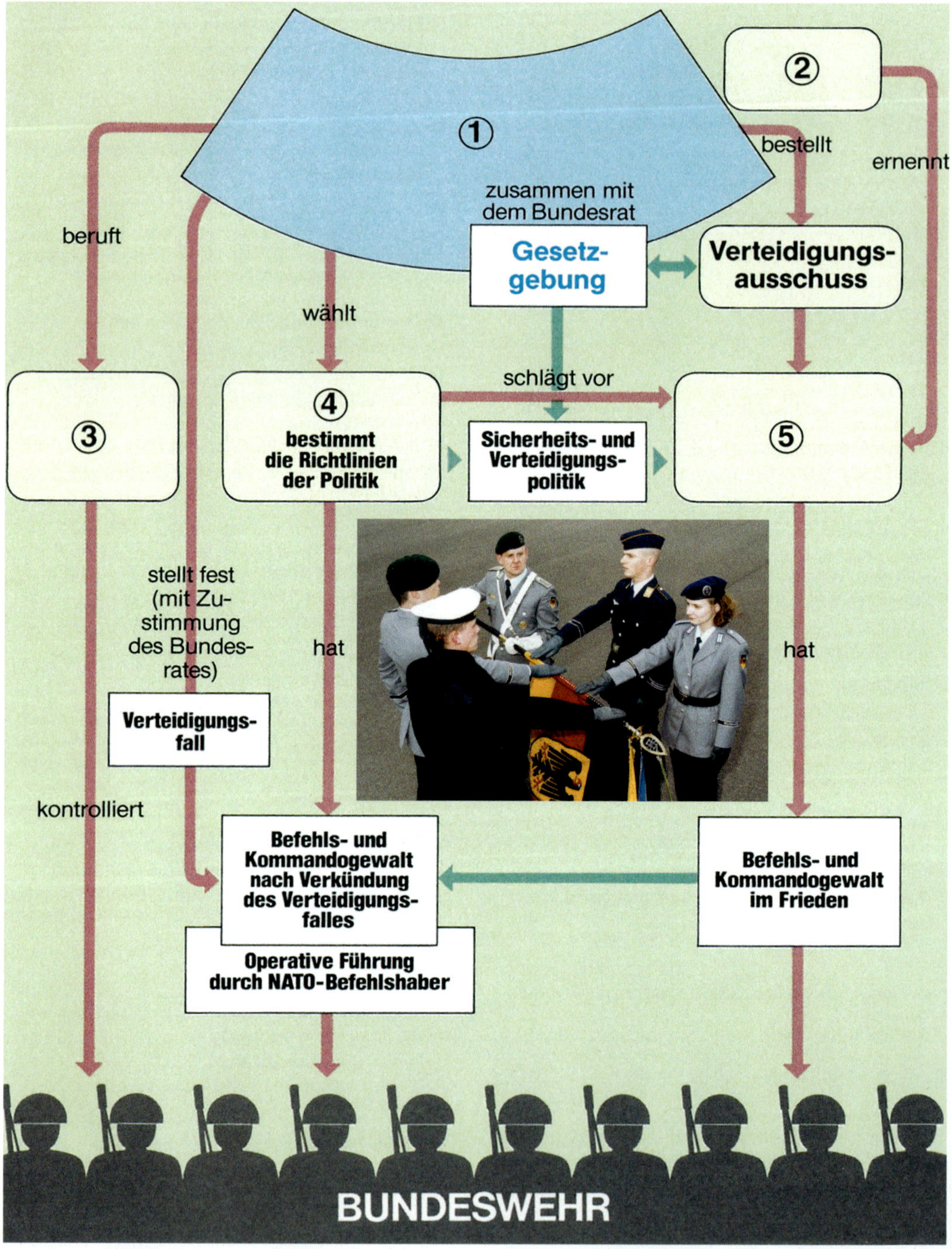

Bundesminister der Verteidigung	Bundeskanzler	Bundestag	Wehrbeauftragter	Bundespräsident

Wehrbeauftragter kontrolliert im Auftrag des Deutschen Bundestages die Bundeswehr und ist Ansprechpartner für Soldaten und Soldatinnen bei Beschwerden

1 Das Schaubild zeigt die Stellung der Bundeswehr in unserer parlamentarischen Demokratie. Ordne die darunter aufgeführten fünf Begriffe den Leerfeldern im Schaubild zu. Trage dazu auf dem Arbeitsblatt ein oder notiere von ① bis ⑤.

2 Bei wem liegt die Entscheidungsgewalt über die Bundeswehr?

2 Hilfe
Verfolge die Pfeile zurück. Was wird dadurch politisch ausgesagt?

Die deutsche Elektronikerin **Tanja Kreil** hatte sich bei der Bundeswehr für einen Posten zur Instandsetzung von Waffenelektronik beworben. Sie wurde abgelehnt, weil nach der damals geltenden Regelung im Grundgesetz Frauen auf keinen Fall Dienst mit der Waffe leisten durften. Tanja Kreil klagte dagegen und das Verwaltungsgericht Hannover legte den Fall dem Europäischen Gerichtshof vor. Dieser sah einen Verstoß gegen den Grundsatz der Gleichbehandlung von Mann und Frau. Der Bundestag änderte daher das Grundgesetz. Seit dem 1. 11. 2001 dürfen Frauen freiwillig Dienst mit der Waffe in der Bundeswehr leisten.

Warum Frauen zur Armee wollen

Die Zahl der Frauen bei der Bundeswehr steigt. Nicht, weil der Dienst an der Waffe so reizvoll ist. Frauen denken pragmatisch, glaubt Oberstleutnant Hans-Günter Frühling, Dozent am Zentrum für Innere Führung der Bundeswehr. Für Frauen sei der sichere Arbeitsplatz interessant.

Ist es nur das oder was treibt Frauen zur Bundeswehr? Und wie sind die Erfahrungen, zehn Jahre nachdem der Europäische Gerichtshof am 11. Januar 2000 Frauen den Dienst an der Waffe gestattete? Diesen Fragen geht die Journalistin Andrea Jeska in ihrem Buch „Wir sind kein Mädchenverein – Frauen in der Bundeswehr“ nach. 16900 Soldatinnen leisten heute Dienst bei der Bundeswehr – nur zwei von ihnen fliegen aber Tornados, rund 320 dürfen Panzer steuern. Mit 40 Prozent sind die meisten im Sanitätsdienst tätig.

Eine Soldatin berichtet, dass die angebliche Bevorzugung des weiblichen Geschlechts im internen Bundeswehr-Sprachgebrauch als „Tittenbonus“ firmiert. Aber ansonsten ist das Miteinander bei der 253800 Männer und Frauen starken Truppe nach erster Skepsis weitgehender Normalität gewichen. Gleichwohl sagt Soldatin Jana Hartwig: „Du zeigst besser keine Schwäche.“ Gute Position, gutes Geld, gute Karrierechancen – das ist für viele Frauen ein wichtiges Motiv, sich verpflichten zu lassen.

Mit Jeskas Buch liegt erstmals ein Kompendium unterschiedlicher Erfahrungsberichte deutscher Soldatinnen vor – von der Stabsärztin am Bundeswehrkrankenhaus in Hamburg, über die Redakteurin bei einer Feldzeitung im Kosovo und die 2. Wachoffizierin auf einem Minenjagdboot bis zur türkischstämmigen Heeresfliegerin. Ganze Kompanien stehen heute auf Befehle aus Frauenmund stramm. Die Kompaniechefin eines Panzergrenadierbataillons betont aber, dass es als Frau nicht gerade autoritätsfördernd sei, die Einheit anzuschreien.

Bei Jeskas Begegnungen nannte Heeresfliegerin Meryem Özsu Gründe für ihre Verpflichtung, die seltener zu hören waren. Sie wollte staatsbürgerliche Verantwortung für ihre Heimat übernehmen. „Wenn ich meine Uniform anhabe, dann leuchten meine Augen“, sagt sie. Geboren in Yozgat in Anatolien, kam der Vater als Gastarbeiter nach Deutschland. Zunächst wollte die Muslimin zur Polizei, ein halber Fehler zu viel im Diktat beim Einstellungstest machte den Traum zunichte.

Dank ihres guten Realschulabschlusses konnte sie aber aufs Gymnasium wechseln, wo ein Offizier für den Soldatenberuf warb. Meryem Özsu war elektrisiert. Sie bewarb sich für die Unteroffizierslaufbahn und brach – ein Jahr vor dem Abitur – die Schule ab. Mutter und Schwestern waren entsetzt, der Vater sagte: „Wenn es dein Traum ist, verfolge ihn.“ Sie verpflichtete sich für zwölf Jahre. Aber die immer gefährlicheren Auslandseinsätze haben ein mulmiges Gefühl in ihr ausgelöst. „Es war mein Traum zur Bundeswehr zu gehen, nicht in den Krieg zu ziehen.“ (...)

(dpa 15.03.2010 / http://www.karriere.de/beruf/warum-frauen-zur-armee-wollen / Zugriff: 07. 11. 2010)

Als Soldatin ist eine Frau doch völlig überfordert! Das ist nichts für Frauen!

Ich bin für Gleichberechtigung – aber es muss doch nicht gerade bei der Bundeswehr sein! Eine Frau mit Gewehr – das passt doch einfach nicht zusammen.

Skepsis
Zweifel

Kompendium
hier: Sammlung

1 Was macht der Fall Tanja Kreil deutlich?
2 Werte den Bericht „Warum Frauen zur Armee wollen“ aus. Notiere, was dir auffällt.
3 Was meinst du zu den Aussagen in den Sprechblasen? Begründe deine Meinung.

1 Hilfe
Deine Antwort sollte zwei Aspekte enthalten: „Gleichberechtigung“ und „Europa“

Was bis zum 30. 6. 2011 galt

- Arbeitsplatz
- Einberufung
- Gewissen
- Grundgesetz
- Grundgesetz
- Musterung
- Rettungswagen
- Unfallopfer
- verweigert
- wehrdienstfähig
- wehrdienstpflichtig
- Zivildienst

Hallo, ich heiße **Jens**. Ich bin 19 Jahre alt und leiste seit vier Monaten meinen Grundwehrdienst. Warum? Nun, bei uns in Deutschland bestimmt das ...(1)..., dass Männer vom vollendeten 18. Lebensjahr an ...(2)... sind. Ich finde das in Ordnung, denn unser Land muss gegen mögliche Angriffe von außen verteidigt werden.

Bei der ...(3)... war klar, dass ich gesundheitlich geeignet, also ...(4)... bin. Und dann kam die ...(5)... . In dem Schreiben wurde mir mitgeteilt, wann ich wo meinen Wehrdienst antreten muss. Meinen ...(6)... verliere ich deswegen nicht, denn mein Arbeitsverhältnis ruht während des Wehrdienstes. Das bedeutet, mein Arbeitgeber kann mir nicht kündigen und ich bekomme später meinen Arbeitsplatz wieder.

Hallo, ich heiße **Arne**. Ich leiste zurzeit meinen ...(A)...ab. Warum? Mein ...(B)... verbietet es mir, Menschen zu töten. Deswegen habe ich den Kriegsdienst ...(C)... . Diese Möglichkeit gibt mir unser ...(D)... .

Zurzeit arbeite ich als zweiter Mann in einem ...(E)... . Da habe ich die Möglichkeit, Menschen zu helfen und Leben zu retten. Nur noch wenige denken, der Zivildienst sei eine bequeme Sache. Wenn wir mit Blaulicht zu einem Unfall fahren müssen und dann das ...(F)... in unserem Wagen an seinen Verletzungen stirbt – das ansehen zu müssen geht an die Nerven. Andere „Zivis" versorgen und füttern Alte Menschen in Pflegeheimen oder kümmern sich um Schwerstbehinderte.

Was seit dem 1. 7. 2011 gilt

Wehrpflicht wird ausgesetzt

Es ist die bisher größte Bundeswehrreform. Das Kabinett hat beschlossen, die Wehrpflicht ab dem 1. Juli 2011 auszusetzen. Mit der Entscheidung will es 8,3 Milliarden Euro einsparen.

Berlin dapd I Das Bundeskabinett hat am Mittwoch die größte Reform in der Geschichte der Bundeswehr auf den Weg gebracht: Zum 1. Juli 2011 soll die allgemeine Wehrpflicht ausgesetzt werden. Zudem soll die Truppe um ein Viertel auf höchstens 185 000 Mann schrumpfen. Anstelle des Zivildienstes ist ein Bundesfreiwilligendienst geplant. Die Regierung will rund 35 000 Männern und Frauen pro Jahr die Möglichkeit zur gemeinnützigen Arbeit bieten. (...)

Die Wehrpflicht bleibt trotz ihrer Aussetzung im Grundgesetz verankert. Laut Gesetz wird sie im Spannungs- oder Verteidigungsfall automatisch wieder aktiviert.
Vorläufig enden mit der Wehrdienst jedoch sowohl die Musterung als auch der Zivildienst, den derzeit noch rund 90 000 junge Männer in sozialen Einrichtungen ableisten. (...)
Der Bundesfreiwilligendienst steht Männern und Frauen jeden Alters nach Abschluss des 9. Schuljahres offen. Der Einsatz soll in der Regel 12 Monate dauern, mindestens 6 und höchstens 24 Monate. Grundsätzlich ist eine Arbeit in Vollzeit vorgesehen. Für Freiwillige über 27 Jahren ist aber auch Teilzeitarbeit von mindestens 20 Wochenstunden möglich. (...)

http://www.taz.de/1/politik/deutschland/artikel/1/wehrpflicht 07. 01. 2011

1 Hilfe
Sechs der Begriffe gehören zum Bericht von Jens, sechs zu dem von Arne.

1 Setze die Begriffe am Rand in die Lückentexte ein. Notiere dazu von 1 bis 6 und A bis F.
2 Was hat sich bei der Wehrpflicht geändert? Werte dazu den Zeitungsbericht aus.
3 „In Deutschland wurde die Wehrpflicht abgeschafft!" Nimm zu dieser Aussage Stellung.

Thema: Afghanistan-Einsatz

Unter einem Konflikt versteht man eine Auseinandersetzung zwischen einzelnen Personen oder Gruppen. Bei den Gruppen kann es sich zum Beispiel um Cliquen, Vereine, Parteien, Volksgruppen oder auch Staaten handeln.
Der Kern jedes Konfliktes ist das Ringen um die Lösung einer Streitfrage. Die Lösung kann auf friedlichem Weg durch eine Verständigung zwischen Konfliktparteien oder durch die Vermittlung Außenstehender erreicht werden. Politische Konflikte, z. B. innerhalb eines Staates oder zwischen Staaten, werden oft mittels Gewaltanwendung ausgetragen.
Bei der Konfliktanalyse geht es darum, ein möglichst klares Bild über Ursachen, Verlauf und Struktur eines Konfliktes zu erhalten. Dies ist die Grundlage für eine begründete eigene Stellungnahme. Die Vorgehensweise ist prinzipiell gleich, egal ob sich einzelne Personen oder Staaten streiten. Da über politische Konflikte viel in den Medien berichtet wird, ist es für Schulklassen eher möglich, solche Konflikte zu analysieren.

Vorbereitung

Zunächst müssen möglichst viele Informationen über den Konflikt gesammelt werden. Bei einem internationalen politischen Konflikt bieten sich diese Informationsquellen an:
- Auswertung der Berichterstattung in den Medien,
- Recherchen im Internet und in Bibliotheken,
- Auskünfte von Organisationen (z. B. amnesty international) oder Fachleuten (z. B. Jugendoffizier der Bundeswehr, Entwicklungshelfer, Abgeordneter).

Durchführung

Das gesammelte Informationsmaterial wird – am besten in Gruppenarbeit – nach diesen Fragestellungen ausgewertet:
- Welche Ursachen, welche Vorgeschichte hat der Konflikt?
- Um welche Streitfrage bzw. welche Streitfragen geht es?
- Wer sind die Gegner in dem Konflikt?
- Welche Interessen vertreten die gegnerischen Gruppen jeweils?
- Welche Machtmittel werden zur Durchsetzung der jeweiligen Interessen eingesetzt?
- Welche Vorstellungen zur Lösung des Konfliktes haben die gegnerischen Gruppen?

Auswertung

Die Gruppen stellen vor, was sie bei der Materialauswertung erarbeitet haben und vergleichen ihre Ergebnisse mit denen der anderen. Dann werden die Gesamtergebnisse der Konfliktanalyse gemeinsam übersichtlich dargestellt, am besten in einer Wandzeitung. Vor diesem Hintergrund erarbeitet dann jede Schülerin, jeder Schüler die eigene Stellungnahme. Dabei können diese Fragen helfen:
- Was ist meine Überzeugung? Warum habe ich sie?
- Werden meine Interessen von diesem Konflikt berührt?
- Welchen Lösungsvorschlag bevorzuge ich? Aus welchem Grund bevorzuge ich ihn?
- Kann ich möglicherweise selbst aktiv werden, z. B. an Aktionen teilnehmen?

Bundeswehr-Patroullie

Die folgenden Seiten enthalten Informationsmaterial zur Durchführung der Konfliktanalyse. Da der Konflikt noch andauert, solltet ihr die Berichterstattung in den Medien verfolgen. Vielleicht ergibt sich daraus weiteres Material für eure Gruppenarbeit.

1 Führt eine Analyse des Afghanistan-Einsatzes der Bundeswehr wie beschrieben durch. Benutzt dazu die Materialien auf den beiden folgenden Seiten.

Am 11. September 2001 verübten al-Qaida-Terroristen einen schweren Anschlag in New York. Zu dieser Zeit hatten moslemische Fanatiker, die Taliban, in Afghanistan die Macht. Die Taliban unterstützten die al-Qaida-Terroristen, gewährten ihnen Unterschlupf und weigerten sich, ihren Anführer an die USA auszuliefern. Unter Berufung auf das in der Charta der Vereinten Nationen festgelegte Recht jedes Staates zur Selbstverteidigung griffen daraufhin die USA, unterstützt von anderen Staaten, die Taliban militärisch an. Die Amerikaner gaben diesem Militäreinsatz den Namen „Operation Enduring Freedom" (OEF). Den OEF-Truppen gelang es, das Taliban-Regime zu stürzen und al-Qaida-Schlupfwinkel zu zerstören. In der afghanischen Hauptstadt Kabul wurde eine westlich orientierte Regierung eingesetzt, der es aber nicht gelang, das Land vollständig unter ihre Kontrolle zu bringen. Vor allem im Süden Afghanistans finden bis heute blutige Kämpfe zwischen den etwa 13 000 zumeist amerikanischen OEF-Soldaten und den Taliban statt, die wieder erstarkt sind und auch Zulauf aus der Bevölkerung haben. Um die neue afghanische Regierung beim Wiederaufbau des Landes zu unterstützen, beschloss der UN-Sicherheitsrat im Dezember 2001 die Entsendung einer internationalen Schutztruppe, der „International Security Assistance-Force" (ISAF). Die ungefähr 36 000 Mann starken ISAF-Truppen kommen aus 37 verschiedenen Ländern, Deutschland ist nach den USA und Großbritannien mit über 4000 Soldaten der drittgrößte Truppensteller. Das Land wurde in fünf Kommandobereiche aufgeteilt, in denen jeweils eine Nation die dortigen ISAF-Truppen führt. Die Bundeswehr ist für den Norden Afghanistans zuständig. Der Bundestag entscheidet jedes Jahr, ob er den ISAF-Einsatz weiter genehmigt, also das Mandat dazu verlängert wird. Die ISAF-Truppen dürfen zur eigenen Verteidigung und zum Schutz der afghanischen Regierung und der Bevölkerung Waffengewalt anwenden und Kampfeinsätze durchführen. Dabei sterben nicht nur Taliban-Kämpfer sondern immer wieder auch Zivilisten. So gab es im September 2009 bei einem von der Bundeswehr angeordneten Luftangriff auf zwei von den Taliban erbeutete Tanklaster 142 Tote. Durch Anschläge aus dem Hinterhalt wurden wiederholt Soldaten der ISAF-Truppen, auch deutsche, getötet. Ostern 2010 starben innerhalb von zwei Wochen sieben Bundeswehrsoldaten durch Angriffe der Taliban.

Deutsche Soldaten patrouillieren in der afghanischen Hauptstadt Kabul

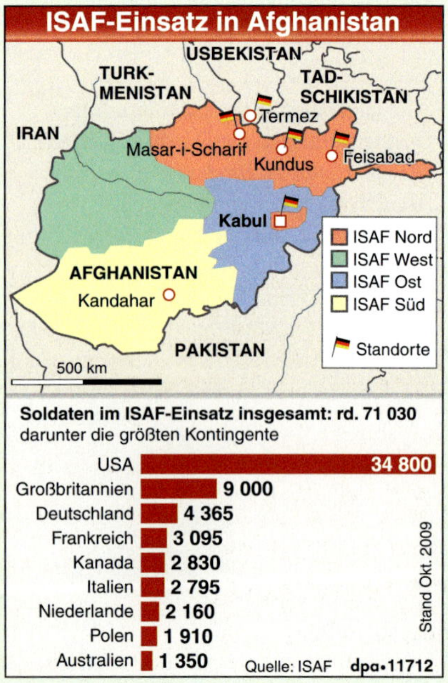

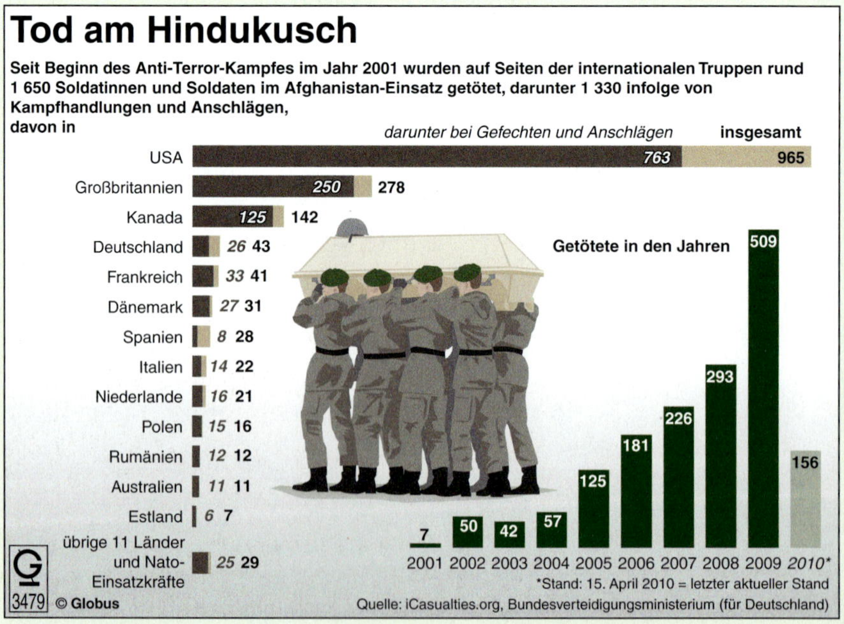

Demonstration gegen den Afghanistan-Einsatz der Bundeswehr

Bundeswehr | 28.01.2011

Bundestag verlängert Afghanistan-Mandat

Die Abgeordneten des Deutschen Bundestages haben mehrheitlich für das neue Mandat der Bundeswehr in Afghanistan gestimmt. Darin hat die Regierung erstmals ein Datum für den angestrebten Abzugsbeginn festgelegt.

Bei der Abstimmung über die Verlängerung des Afghanistan-Einsatzes der Bundeswehr im Rahmen des ISAF-Mandats haben am Freitag (28.01.2011) die Abgeordneten mehrheitlich für das Mandat gestimmt. Mit den Stimmen der Koalition und von Teilen der SPD beschloss das Parlament, das Mandat um ein Jahr bis Februar 2012 zu verlängern. Dieses sieht zudem vor, dass der Abzug der deutschen Soldaten bereits in diesem Jahr beginnen soll, wenn die Situation dies zulässt. 420 von 579 Abgeordneten sprachen sich in der namentlichen Abstimmung für das neue Mandat aus, 116 dagegen, 43 enthielten sich. (...)

Außenminister Guido Westerwelle bezeichnete zuvor die Abstimmung über den Afghanistan-Einsatz als großen Einschnitt. „Das ist heute wirklich eine Zäsur in der Frage des Afghanistan-Einsatzes", sagte der FDP-Politiker kurz vor der Sitzung im ZDF-„Morgenmagazin". Nach dem Willen der Regierung solle der Einsatz um ein Jahr bis Februar 2012 verlängert werden. Der Einsatz sei richtig. „Er darf aber nicht endlos sein", sagte Westerwelle. „Wir wollen, dass in diesem Jahr regional die Verantwortungsübergabe beginnt". Weiter erklärte er: „Wir wollen dann zum Ende des Jahres die Präsenz unserer Bundeswehr erstmalig reduzieren und wir wollen im Jahre 2014 so weit sein, dass keinerlei Kampftruppen aus Deutschland mehr in Afghanistan notwendig sind." (...)

Die SPD hat bereits im Vorfeld angekündigt, der Mandatsverlängerung mit großer Mehrheit zuzustimmen. SPD-Chef Sigmar Gabriel kritisierte in der vorangegangenen Debatte im Bundestag Bundesverteidigungsminister Karl-Theodor zu Guttenberg (CSU). Wer 2011 nicht mit dem Abzug beginne, werde 2014 nicht ‚draußen sein', sagte Gabriel. (...) Damit habe der Minister deutlich gemacht, dass ihm auch die Strategie der internationalen Staatengemeinschaft „völlig wurscht" sei, sagte Gabriel, da auch diese bis 2014 ihrenKampfeinsatz beendet haben will. Zugleich kündigte Gabriel an, dass seine Fraktion „nach reiflicher Überlegung" mehrheitlich der Mandatsverlängerung um ein Jahr zustimmen werde. Afghanistan dürfe nie wieder Basis für den internationalen Terrorismus werden.

Die Grünen hatten angekündigt, sich bei der Abstimmung weitgehend zu enthalten. Grünen-Chefin Claudia Roth bekräftigte kurz vor der Sitzung, ihre Fraktion werde der Verlängerung des Einsatzes mehrheitlich nicht zustimmen. Die militärische Offensivstrategie in Afghanistan bezeichnete sie als „gefährlich falsch". (...)

Die Linke hatte im Vorfeld bereits ihre Ablehnung angekündigt. Die Linke ist die einzige Fraktion, die strikt gegen den Einsatz ist. Linksfraktions-Chef Gregor Gysi nannte den Nato-Einsatz in Afghanistan „Terrorismus". Er sagte : „Terrorismus kann man nicht mit der höchsten Form des Krieges, nämlich Terrorismus bekämpfen."

(www.dw-world.de / © Deutsche Welle / Autorin: Naima El Moussaoui [rtr, dapd, dpa], Redaktion: Thomas Grimmer)

Kriege

Die häufigsten Ursachen für Konflikte sind politische, gesellschaftliche und religiöse Unterschiede, Gebietsstreitigkeiten, wirtschaftliche Interessen, soziale Ungerechtigkeiten und Unterdrückung. Solche Konflikte werden auf der Welt immer wieder gewaltsam ausgetragen. Kriegerische Auseinandersetzungen kann es zwischen Staaten, aber auch innerhalb eines Staates, z. B. zwischen der Regierung und bewaffneten Gruppen, geben. Beide Arten von organisierten, mit Waffen ausgetragenen Massenkonflikten bezeichnet man als Krieg.

„Neue Kriege“

Im Vergleich zu den früheren Kriegen hat sich in den letzten Jahren eine andere Form der innerstaatlichen Konfliktaustragung entwickelt. Bei diesen „neuen Kriegen“ spielen private Kriegsherren eine zentrale Rolle. Sie nutzen die Schwäche des Staates aus, um bestimmte Gebiete in ihre Gewalt zu bekommen. Dort terrorisieren sie die Zivilbevölkerung und beuten die Bodenschätze zu ihrem Vorteil aus. Sie setzen oft auch Kindersoldaten ein.

Terrorismus

Bei Terroristen handelt es sich um extremistische Gruppen oder Einzelpersonen, die aus politischen bzw. religiösen Gründen Gewalt vor allem gegen unbeteiligte Zivilpersonen anwenden. Sie wollen damit Angst und Schrecken verbreiten und so dem Staat, den sie bekämpfen, Schaden zufügen. Islamistische Terroristen verüben Selbstmordattentate wie z. B. den Anschlag auf das World Trade Center in New York im Jahr 2001, weil sie die westliche Lebensweise hassen und die USA in ihren Augen der „Hort des Satans“ ist.

Vereinte Nationen

Unmittelbar nach dem Zweiten Weltkrieg wurden die Vereinten Nationen gegründet. Wichtigstes Ziel dieser Organisation, der inzwischen fast alle Staaten der Erde angehören, ist die Sicherung des Weltfriedens. Für Maßnahmen zur Einhaltung des Weltfriedens ist der Sicherheitsrat zuständig. Die fünf ständigen Mitglieder im Sicherheitsrat (China, Frankreich, Großbritannien, Russland, USA,) können durch ihr „Veto“-Recht Aktionen verhindern. Nur wenn diese fünf Staaten sich einig sind, können die Vereinten Nationen wirksame Maßnahmen ergreifen.

Maßnahmen des Sicherheitsrates

Der Sicherheitsrat kann bei Konflikten zunächst versuchen, durch Vermittlung eine Beilegung des Streites zu erreichen. Er kann auch UN-Friedenstruppen („Blauhelme“) entsenden, wenn die Konfliktparteien damit einverstanden sind. Diese Truppen dürfen jedoch keine militärische Gewalt anwenden, sondern sollen friedenserhaltende Maßnahmen durchführen, z. B. einen Waffenstillstand überwachen.

NATO

Seit dem Ende der Ost-West-Konfrontation hat die NATO ihr militärisches Konzept verändert. Da Krisenbewältigung und Konfliktverhütung immer wichtiger werden, will die NATO mit weniger Truppen auskommen, die jedoch ständig einsatzbereit sind. 1999 führte die NATO einen Krieg gegen Serbien, um die Vertreibung und Ermordung der Kosovo-Albaner zu beenden. Im Auftrag der Vereinten Nationen waren NATO-Truppen auf dem Balkan stationiert, um neue Bürgerkriege zu verhindern. Den Terroristen-Anschlag auf die USA im September 2001 betrachtete die NATO als Angriff auf das Bündnis insgesamt. Erstmals in ihrer Geschichte wurde daher der gemeinsame Verteidigungsfall erklärt.

Auftrag der Bundeswehr

Die Bundeswehr ist eine Verteidigungsarmee. Das Grundgesetz verbietet ausdrücklich die Vorbereitung eines Angriffskrieges. Auftrag der Bundeswehr ist es, die Sicherheit der Bundesrepublik Deutschland zu gewährleisten und sie gegen jeden Angriff von außen zu schützen. Darüber hinaus kann sie sich im Einklang mit der Charta der Vereinten Nationen an Maßnahmen beteiligen, die dem Weltfrieden und der internationalen Sicherheit dienen. So sind aufgrund eines UN-Mandats derzeit deutsche Soldaten z. B. in Afghanistan und vor der Küste des Libanon eingesetzt. Umstritten ist vor allem der Einsatz in Afghanistan.

Wehrpflicht

Grundsätzlich hat jeder deutsche Mann vom vollendeten 18. Lebensjahr an die Pflicht, Wehrdienst zu leisten. Die Wehrpflicht wurde 2011 ausgesetzt, d.h. es muss nun kein Wehrdienst mehr geleistet werden. Mit der Aussetzung der Wehrpflicht entfiel auch der Zivildienst, den Kriegsdienstverweigerer als Ersatz im sozialen Bereich ableisten mussten.

Afghanistan-Einsatz

Amerikanische Truppen bekämpfen seit 2001 in Afghanistan islamistische Extremisten, unter denen auch Terroristen sind. Zusätzlich beschloss der UN-Sicherheitsrat 2001 die Entsendung einer internationalen Schutztruppe zur Unterstützung der afghanischen Regierung beim Wiederaufbau des Landes. Diese ISAF-Truppen werden von der NATO geführt; ihnen gehören auch deutsche Soldaten an.

Sachkompetenz

1 **Löse das Rätsel.** Benutze dazu das Arbeitsblatt oder notiere die gesuchten Begriffe untereinander und markiere die grün hervorgehobenen Buchstaben. Sie ergeben von oben nach unten gelesen das Lösungswort

1 Die … ist die Armee der Bundesrepublik Deutschland.
2 … ist die Abkürzung für eine europäische Sicherheitsorganisation, die vor allem das Entstehen von Konflikten verhindern will.
3 Der … ist der „Friedenswächter" der Vereinten Nationen.
4 Der internationale … ist eine neue Gefahr für den Weltfrieden.
5 Kriegsdienstverweigerer mussten bis 2011 einen … leisten.
6 Der Krieg gegen den … im Frühjahr 2003 war stark umstritten.
7 Die UN-Charta lässt militärische Gewalt zur … gegen einen Angreifer zu.
8 Das … verbietet ausdrücklich einen Angriffskrieg.
9 Wegen der serbischen Menschenrechtsverletzungen griff die NATO im … militärisch ein.
10 Die NATO wird auch als … bezeichnet.

(Karikatur: Wolfgang Horsch)

(Karikatur: Klaus Stuttmann)

Urteilskompetenz

2 **Analysiere die Karikaturen.** Gehe bei der Auswertung wie auf Seite 270 beschrieben vor.

Handlungskompetenz

3 Gruppenarbeit: Wie würdet ihr den Konflikt lösen? Die beiden Fälle zeigen typische Konfliktsituationen in Familien. Wählt in der Gruppe einen Fall aus und erarbeitet einen Vorschlag, wie dieser Konflikt gelöst werden könnte. Vergleicht dann euren Vorschlag mit den Lösungsvorschlägen der anderen Gruppen.

Fall 1: Die Lieblingsfernsehsendungen von Jens, 15 Jahre, und Ulla, 14 Jahre, kommen immer in der Zeit, in der die Familie beim Abendessen sitzt. Vater möchte, dass man sich in dieser Zeit ungestört unterhalten kann. Da redet man sich den Ärger vom Hals, plant Gemeinsamkeiten usw. Die Mutter möchte das Abendessen nicht um 45 Minuten verschieben, weil sie nicht so lange in der Küche stehen will. Die Familie hat keinen DVD-Rekorder, weil sie das Geld zurzeit für andere Dinge braucht.

Fall 2: Frau Schulte und ihre beiden Töchter Caro, 14 Jahre, und Silke, 12 Jahre, bewohnen eine kleine Drei-Zimmer-Wohnung. Die Mutter hat sich das kleinste Zimmer als Schlafzimmer genommen, das größte Zimmer bewohnen die beiden Mädchen, das dritte Zimmer wird als Wohnzimmer genutzt. Im „Kinderzimmer" gibt es dauernd Streit, denn Silke ist sehr ordentlich, Caro dagegen lässt alles, wirklich alles herumliegen, auf dem Tisch, auf dem Fußboden … Der tägliche Streit soll nun ein Ende haben.

Methodenkompetenz

4 Führt eine schriftliche Befragung durch.

Befragt Abgeordnete, die euren Wahlkreis im Bundestag vertreten bzw. betreuen, zum Thema „Wie stehen Sie zum Afghanistan-Einsatz der Bundeswehr?".
Erstellt zuerst gemeinsam das Schreiben, das ihr an die Abgeordneten richten wollt. Erklärt euer Anliegen und stellt mindestens fünf, höchstens zehn Fragen.
Wer euren Wahlkreis im Bundestag vertritt, könnt ihr im Internet erfahren: www.bundestag.de → Abgeordnete → Karte: Schleswig-Holstein → den Bundestagswahlkreis anklicken, in dem sich eure Schule befindet. Die folgende Seite enthält die Namen der in diesem Wahlkreis gewählten Abgeordneten. Die Anschriften erscheinen beim Anklicken der Namen.
In jedem Wahlkreis wird nur eine Abgeordnete oder ein Abgeordneter direkt in den Bundestag gewählt. Ob zusätzlich noch Abgeordnete über die Landeslisten in den Bundestag kommen, ist unterschiedlich. Fehlt im Internet-Auftritt des Bundestages für euren Wahlkreis der Vertreter einer Partei, müsst ihr bei der betreffenden Partei nachfragen, welcher Abgeordnete den Wahlkreis betreut, in dem ihr wohnt. Benutzt für diese Anfrage die Internetadressen der Parteien von Seite 81.
Erledigt die Anfrage an die Abgeordneten und die Auswertung ihrer Antworten in Gruppenarbeit. Stellt dann eure Ergebnisse im Plenum den Mitschülerinnen und Mitschülern vor.

Handlungskompetenz

5 Ladet Experten zu einem Gespräch über die Sicherheitspolitik in den Unterricht ein.

Jugendoffiziere der Bundeswehr sind kompetente Gesprächspartner für Schulklassen bei Fragen zur Sicherheitspolitik und zum Auftrag der Bundeswehr. Erkundet im Internet unter www.bundeswehr.de, welcher

Jugendoffizier vor einer Klasse

Jugendoffizier für eure Region zuständig ist.
Vertreter der Friedensbewegung, zum Beispiel von der Aktion Sühnezeichen Friedensdienste, von Pax Christi oder von der Deutschen Friedensgesellschaft-Vereinigte KriegsdienstgegnerInnen (DFG-VK), findet ihr im Internet unter:
www.asf-ev.de
www.paxchristi.de
www.dfg-vk.de
Erarbeitet in Gruppen eine Liste von Fragen, die euch interessieren. Nehmt dann Kontakt mit den Experten auf und klärt, ob sie zu euch in den Unterricht kommen können.

Wirtschaftsordnung

Kapitel 06

Unternehmen müssen bei der Produktion und dem Verkauf ihrer Produkte Gesetze und Verordnungen beachten, können also nicht einfach tun, was sie wollen. Der Staat legt diese Rahmenbedingungen fest, bestimmt also die Wirtschaftsordnung des Landes. Nicht nur im Rahmen der Europäischen Union sondern auch global hat die Vernetzung der Wirtschaft stark zugenommen. Diese Globalisierung bringt Exportnationen wie Deutschland Vorteile, andererseits weiten sich Finanz- und Wirtschaftskrisen rasch weltweit aus. Um die Wirtschaftsordnung in Deutschland und die Weltwirtschaft im Zeichen der Globalisierung geht es auf den folgenden Seiten. Dabei wird auf diese Fragen eingegangen:

- Welche Grundmodelle einer Wirtschaft gibt es? Worin liegen jeweils ihre Vorteile und Nachteile?
- Welche Wirtschaftsordnung hat man für die Bundesrepublik Deutschland gewählt? Welche Merkmale hat diese Wirtschaftsordnung?
- Was versteht man unter „Konjunktur"? Welche Faktoren beeinflussen die Konjunktur?
- Welche wirtschaftspolitischen Ziele verfolgt der Staat?
- Wie entwickelt sich die weltweite wirtschaftliche Zusammenarbeit?
- Was ist mit Globalisierung gemeint? Was sind „Global Players"?
- Bringt die Globalisierung für Deutschland Vorteile oder Nachteile?
- Wie funktioniert die Europäische Union? Was versteht man unter dem „Binnenmarkt"?
- Wie kann es zu weltweiten Finanzkrisen kommen? Welche Rolle spielt dabei der Euro?

Erwartungen an die Wirtschaft

Alexandra

Im nächsten Jahr bin ich fertig mit der Schule. Dann will ich einen guten Ausbildungsplatz. Aber ich höre, dass es schwierig werden kann, weil es immer weniger Lehrstellen gibt.

Ich muss für meine Familie einkaufen. Ich finde es nicht gut, wenn die Preise ständig steigen. Wie soll ich denn da mit dem Haushaltsgeld auskommen?

Frau Tews

Als Verbraucher ist man doch den Unternehmen ausgeliefert. Die machen viel Werbung – aber ob die stimmt, kann man als Kunde nicht nachprüfen. Ich will eine Lebensversicherung zur Altersvorsorge abschließen – aber keiner kann mir sagen, welches Angebot das günstigste ist.

Herr Adler

Seit 12 Jahren arbeite ich in diesem Supermarkt als Kassiererin. Ich finde, mein Gehalt ist viel zu niedrig, vor allem wenn ich höre, was unsere Geschäftsführer verdienen. Das müsste gerechter geregelt werden!

Frau Friese

Seit 25 Jahren bin ich in der Firma. Und jetzt heißt es, der Betrieb wird die Fertigungsabteilung nach Ungarn verlagern, weil dort die Lohnkosten geringer sind. Was soll dann aus mir werden?

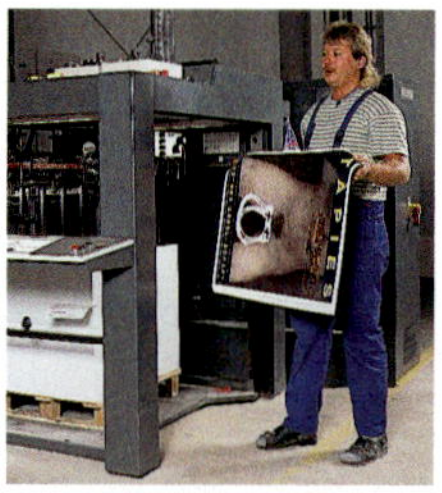

Herr Wenzel

Als Unternehmer kann ich nur sagen: So kann es nicht weitergehen! Seit 25 Jahren stellt mein Betrieb mit 20 Mitarbeitern hochwertige optische Geräte her. Aber inzwischen drängt die ausländische Konkurrenz mit Billigprodukten so auf den Markt, dass wir einfach nicht mehr mithalten können.

Herr Henning

Meine Idee, einen Party-Service speziell für Firmenjubiläen aufzubauen, ist gut. Wenn es klappt, könnte ich bald einige Mitarbeiter einstellen. Und das sollen wir doch: Arbeitsplätze schaffen! Aber jetzt habe ich Schwierigkeiten. Keiner will mir das Kapital geben, damit ich mit meiner Firma starten kann.

Frau Storm

1 Jede Aussage enthält eine Forderung an die Wirtschaft. Notiere jeweils in Kurzform.
2 Welche Forderungen hättest du an die Wirtschaft? Notiere.
3 Diskutiert in der Gruppe über jede Forderung.

3 **Hilfe**
Wer könnte die Forderungen erfüllen? Welche Probleme könnte dies mit sich bringen?

Marktwirtschaft

In der Marktwirtschaft befinden sich die Unternehmen in Privateigentum. Jedes Unternehmen entscheidet, welche Güter es produzieren möchte und zu welchen Preisen es sie anbietet. Das Unternehmen richtet sich dabei nach dem Markt. Der Markt zeigt, ob für ein Angebot überhaupt Nachfrage vorhanden ist. Eine Marktwirtschaft besteht aus einer Vielzahl von Märkten, innerhalb derer sich Anbieter und Nachfrager gegenseitig beeinflussen. Der Staat greift nicht in das Marktgeschehen ein.

Planwirtschaft

In der Planwirtschaft befinden sich die Unternehmen in Staatseigentum. Das gesamte wirtschaftliche Geschehen wird von einer zentralen Stelle geplant, gelenkt und verwaltet. Sie richtet sich dabei nach den Vorgaben der Regierung. Die Planungsbehörde, also der Staat, bestimmt die Produktion, die Verteilung und die Preise aller Güter und Dienstleistungen.

Güter
alle Mittel, die der Befriedigung menschlicher Bedürfnisse dienen

Dienstleistungen
Güter werden nach Sachgütern, also Waren, und Dienstleistungen unterschieden. Wer z. B. ein Buch kauft, hat ein Sachgut erworben. Wer im Kino einen Film anschaut, hat hingegen eine Dienstleistung in Anspruch genommen.

A Der Gewinn ist der Maßstab für den wirtschaftlichen Erfolg.

B Die Betriebe gehören dem Staat. Es gibt kein Privateigentum an Produktionsmitteln.

C Die Unternehmen stehen miteinander im Wettbewerb.

D Die Erfüllung des Plans ist der Maßstab für den wirtschaftlichen Erfolg.

E Die Preise der Waren und Dienstleistungen werden von einer staatlichen Behörde festgelegt.

F Die Unternehmen befinden sich in Privateigentum.

G Die Betriebe erhalten ihre Aufträge von der staatlichen Planungsbehörde. Daher machen sie sich keine Konkurrenz.

H Angebot und Nachfrage werden von der staatlichen Planungsbehörde festgelegt.

I Der Preis bildet sich aufgrund von Angebot und Nachfrage.

J Die Arbeitnehmer werden den Betrieben von der staatlichen Planungsbehörde zugeteilt. Die Betriebe müssen die zugeteilten Arbeitnehmer einstellen.

K Die langfristigen Planungen führen dazu, dass auf neue Verbraucherwünsche nur mit zeitlicher Verzögerung reagiert werden kann.

L Die Unternehmen entscheiden, was sie anbieten, die Verbraucher, was sie nachfragen.

M Die Arbeitnehmer können ihren Arbeitsplatz frei wählen. Die Unternehmen entscheiden, ob und wen sie einstellen.

N Die fehlende Konkurrenz zwischen den Betrieben führt dazu, dass weniger geleistet wird.

O Wenn die Unternehmen nicht genügend Aufträge haben, müssen sie Arbeitnehmer entlassen.

P Durch den Zusammenschluss von Unternehmen kann es zu einer Konzentration von Macht in den Händen weniger kommen.

In der einen Wirtschaftsordnung läuft die Ware dem Käufer nach, in der anderen der Käufer der Ware.

1 Marktwirtschaft oder Planwirtschaft? Ordne die Beschreibungen A bis P den beiden Wirtschaftsordnungen zu.

2 Was ist mit der Aussage in der Sprechblase gemeint?

1 Hilfe
Acht Beschreibungen passen zur Marktwirtschaft, acht zur Planwirtschaft.

Jeansproduktion in der Marktwirtschaft

A In der Abteilung Fertigung werden aufgrund der Pläne der Arbeitsvorbereitung die neuen Jeans hergestellt. Es werden Überstunden gemacht, damit die Terminplanung eingehalten werden kann und die Jeans rechtzeitig zum Sommergeschäft an die Einzelhandelsgeschäfte ausgeliefert werden können.

B Die Geschäftsleitung befürchtet, dass das Unternehmen bald Verluste machen wird. Sie beauftragt die Marketingabteilung, nach neuen Trends zu forschen, um mit einem neuen Produkt die Gewinnsituation zu verbessern.

Marketing
Oberbegriff für alle Maßnahmen, den Verkauf von Produkten durch Marktbeobachtung, Kundenorientierung, Werbung usw. zu fördern

Trend
Grundrichtung, in die sich etwas entwickelt hat

C Die Marketingabteilung entwickelt eine Werbestrategie für die „Öko-Jeans" aus Hanf. Sie beschreibt die Zielgruppe, die die Hanfjeans kaufen soll und legt fest, wie bei dieser Zielgruppe geworben werden soll. Sie leitet ihren Bericht an die Kalkulationsabteilung weiter.

D Die Kalkulationsabteilung erstellt eine Kostenrechnung und kalkuliert den Preis der „Öko-Jeans". Sie errechnet, dass diese Jeans in der Herstellung teurer sein werden als die bisherigen. Sie leitet ihren Bericht an die Geschäftsleitung weiter.

E Auf der Grundlage der eingegangenen Berichte wird in der Geschäftsleitung das Thema „Öko-Jeans" nochmal ausführlich diskutiert. Auch wenn vieles für das neue Produkt spricht, man weiß, es bleibt ein Risiko. Da die Firma Lodder auf diesem neuen Markt jedoch Marktführer werden will, entscheidet die Geschäftsleitung: Die „Öko-Jeans" werden produziert.

F Die Abteilung Arbeitsvorbereitung erhält von der Geschäftsleitung den Auftrag, die Fertigungsplanung so rasch wie möglich durchzuführen, da man auf der nächsten Mode-Messe die neue „Öko-Jeans" der Öffentlichkeit vorstellen möchte.

G Die Firma Lodder stellt seit vielen Jahren Jeans und Jeanskleider der höheren Preisklasse her. In den letzten Jahren ging ihr Marktanteil in den Jeans-Shops usw. wegen billigerer Importjeans zurück. Für die kommenden Jahre ist zu erwarten, dass der Konkurrenzdruck wächst.

H Die Entwicklungsabteilung prüft in einer sogenannten „Nullserie", wie sich das neue Material verarbeiten lässt und ob die hohen Qualitätsansprüche der Firma eingehalten werden können. Ihr Urteil ist positiv. Sie leitet ihren Bericht an die Kalkulationsabteilung weiter.

I Die Marketingabteilung kommt aufgrund einer durchgeführten Marktforschung zu dem Ergebnis, dass „Öko-Jeans" von kaufkräftigen und umweltbewussten Nachfragern gewünscht werden. Sie sollten aus dem nachwachsenden Rohstoff Hanf sein, der in Deutschland angebaut werden kann. Beim Anbau von Baumwolle für die Baumwolljeans wird viel Wasser verbraucht und es kommen meist gesundheits- und umweltschädliche Pflanzenbehandlungsmittel zum Einsatz. Die Hanfjeans sollen leichte Sommerjeans sein, da das Material als angenehm kühl empfunden wird. Sie wirken salopper als Baumwolljeans und knittern „edel". Für solche „Öko-Jeans" wären die Nachfrager bereit, mehr zu bezahlen. Die Marketingabteilung stellt ihr Konzept der Geschäftsleitung vor.

J Die Geschäftsleitung diskutiert das Konzept der Marketingabteilung. Es wird grundsätzlich gut bewertet. Vor der endgültigen Entscheidung werden jedoch weitere Informationen benötigt: Wie hoch sind die Kosten bei der Herstellung der Jeans? Gibt es Probleme bei der Verarbeitung des neuen Materials? Wie kann für die Jeans geworben werden? Die entsprechenden Abteilungen sollen hierzu jeweils einen Bericht für die Geschäftsleitung erstellen.

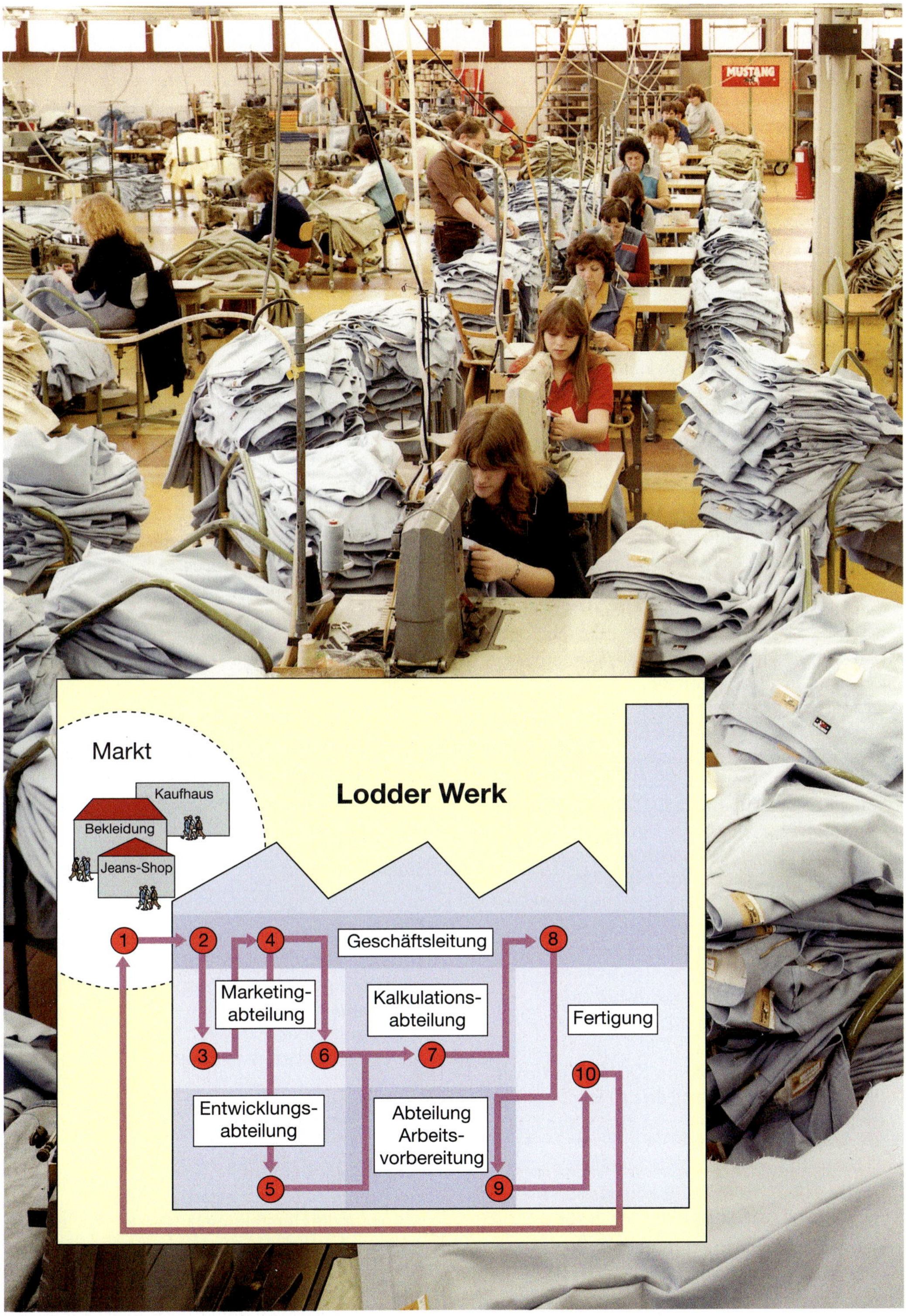

1 Ordne die Texte der Grafik zu. Welcher Buchstabe gehört zu welcher Nummer?

2 Wer entscheidet in der Marktwirtschaft, ob die Jeans hergestellt werden?

1 Hilfe

Eine der Beschreibungen hat mit der Marktsituation zu tun. Sie ist der Nr. 1 zuzuordnen.

Jeansproduktion in der Planwirtschaft: Beispiel DDR

A Jahrzehntelang waren Jeans als „Ami-Hosen“ verpönt und wurden daher nicht hergestellt. Um der Unzufriedenheit unter den Jugendlichen zu begegnen, gab der Ministerrat der Staatlichen Plankommission den Auftrag, dass auch in der DDR Jeans hergestellt werden sollen.

B Die Staatliche Plankommission sah in dem Planansatz für den nächsten Jahresplan grundsätzlich die Produktion von Jeans vor. Sie teilte dies dem zuständigen Fachministerium mit.

C Das Kombinat „Oberbekleidung“ war ein Zusammenschluss aller volkseigenen Betriebe (VEBe), die Kleidung herstellten. Es ordnete den Planungsauftrag einem seiner VEBe zu, dem „VEB Garne und Stoffe“.

D Die Staatliche Plankommission erhielt die Bedarfsmeldung des Ministeriums für bezirksgeleitete Industrie. Sie fasste sie mit den Bedarfsmeldungen der anderen Ministerien (z. B. Ministerium für Elektrotechnik, Ministerium für Anlagenbau) zusammen. Sie verglich den gemeldeten Bedarf mit den für das nächste Planjahr zur Verfügung stehenden Arbeitskräften, Rohstoffen, Energiemengen usw. Da nicht genug Baumwolle zur Verfügung stand, entschied die Plankommission, dass im kommenden Planjahr nur 60 000 Jeans hergestellt werden sollen. Die abgestimmten Planentwürfe aller Ministerien wurden von der Plankommission zu einem Volkswirtschaftsplan für das nächste Jahr zusammengefasst und an die SED weitergeleitet.

E Das Ministerium für bezirksgeleitete Industrie, das auch für die Herstellung von Kleidung zuständig war, ordnete die Planung einer Jahresproduktion von 100 000 Jeans an. Der Planungsauftrag ging an das ihm unterstellte Kombinat.

F Die Staatliche Planungskommission wies die verschiedenen Ministerien an, die im Volkswirtschaftsplan vorgesehenen Produktionszahlen herzustellen. So erhielt das Ministerium für bezirksgeleitete Industrie unter anderem die verbindliche Anweisung, 60 000 Jeans herzustellen. Gleichzeitig bekam es die dafür nötige Menge an Arbeitskräften, Rohstoffen, Energie usw. zugewiesen.

G Die Kalkulationsabteilung des VEB errechnete den Preis für die Jeans nach den Vorschriften des Amtes für Preise.

H Das Kombinat „Oberbekleidung“ gab dem „VEB Garne und Stoffe“ die Anweisung, 40 000 Jeans herzustellen. Die anderen 20 000 sollten vom „VEB Herrenmode“ hergestellt werden, weil die Kapazität des „VEB Garne und Stoffe“ nicht ausreichte. Die notwendigen Materialien wurden den beiden VEBen zusammen mit dem Produktionsauftrag zugewiesen.

I Die Volkskammer, das „Parlament“ der DDR, verabschiedete den Volkswirtschaftsplan als Gesetz. Sie leitete dieses Gesetz der Staatlichen Plankommission zu.

J In der Entwicklungsabteilung des VEB wurden Musterjeans angefertigt und der Materialbedarf für 100 000 Jeans berechnet.

K Die Kalkulationsabteilung des VEB errechnete den Bedarf an Arbeitskräften, Maschinen, Energie usw. für die 100 000 Jeans.

L Das Ministerium für bezirksgeleitete Industrie, das auch für die Herstellung von Kleidung zuständig war, ordnete die Planung einer Jahresproduktion von 100 000 Jeans an. Der Planungsauftrag ging an das ihm unterstellte Kombinat.

M Die Betriebsleitung des VEB fasste die Bedarfsmeldungen ihrer Abteilungen für die Jeans zu einem Produktionsplanungsentwurf zusammen und meldete ihn – zusammen mit den Planungsentwürfen für die anderen Kleidungsstücke – dem Kombinat.

N In der Fertigungsabteilung des VEB wurden die Jeans von der Brigade „Rosa Luxemburg“ hergestellt. Da die Zulieferung von Nieten nicht termingerecht erfolgte, wurde für die Herstellung länger gebraucht als im Plan vorgesehen.

O Das Ministerium für bezirksgeleitete Industrie wies das Kombinat „Oberbekleidung“ an, unter anderem auch 60 000 Jeans herzustellen. Die dafür notwendigen Materialien wurden dem Kombinat zugewiesen.

DDR
Deutsche Demokratische Republik, kommunistischer Staat im Osten Deutschlands, der von 1949 bis 1990 bestand

SED
Sozialistische Einheitspartei Deutschlands; führende Staatspartei in der ehemaligen DDR

Brigade
hier: größere Gruppe von Arbeitskräften

P In der Abteilung Arbeitsvorbereitung des VEB wurde die Fertigung der 40 000 Jeans vorbereitet.

Q Die Jeans wurden an die HO-Läden ausgeliefert. Da sie bei den Jugendlichen begehrt waren, waren die 60 000 Stück schnell verkauft. Frühestens im nächsten Jahr konnte wieder mit Jeans gerechnet werden, falls die Plankommission die Produktion von Jeans vorsah.

R Das Amt für Preise bestätigte die Preiskalkulation des „VEB Garne und Stoffe".

S Das Zentralkomitee der SED („Sozialistische Einheitspartei Deutschlands") bestätigte den Volkswirtschaftsplan und leitete ihn an die Volkskammer weiter.

T Das Kombinat stimmte die gemeldeten Planungsentwürfe des „VEB Garne und Stoffe" mit den Planungsentwürfen der anderen VEBe ab und meldete den zusammengefassten Bedarf an Material, Maschinen, Arbeitskräften, Energie usw. für den Bereich „Oberbekleidung" dem zuständigen Ministerium.

1 Ordne die Texte der Grafik zu. Welcher Buchstabe gehört zu welcher Nummer?

2 Wer entscheidet in dieser Wirtschaftsordnung, ob die Jeans hergestellt werden?

3 Die Planwirtschaft wird auch als Zentralverwaltungswirtschaft bezeichnet. Warum wohl?

Merkmale der sozialen Marktwirtschaft

Die Wirtschaftsordnung der Bundesrepublik Deutschland ist die soziale Marktwirtschaft. Ihre Einführung nach dem Zweiten Weltkrieg ist vor allem dem Politiker Ludwig Erhard zu verdanken. Er ist einer der „geistigen Väter" der sozialen Marktwirtschaft. Im Grundgesetz gibt es mehrere Artikel, die auf wichtige Merkmale der sozialen Marktwirtschaft hinweisen. So garantiert der Artikel 14 das Privateigentum, der Artikel 12 die Gewerbe- und Berufsfreiheit und Artikel 20 den Sozialstaat. Allerdings steht der Begriff soziale Marktwirtschaft nicht ausdrücklich in unserer Verfassung.

Nach dem Prinzip der freien Preisbildung planen die Unternehmen ihre Produktion und die Verbraucher ihren Konsum. Dabei haben beide unterschiedliche Interessen. Die Unternehmen wollen möglichst viel Gewinn erzielen, die Verbraucher möglichst günstig einkaufen. Auf dem Markt treffen dann das Angebot der Unternehmen und die Nachfrage der Verbraucher aufeinander. Es bildet sich ein Preis, der die unterschiedlichen Interessen ausgleicht.

Da neben dem Preis auch die Qualität und der Service wichtige Gesichtspunkte bei der Kaufentscheidung sind, stehen die Unternehmen im Wettbewerb. Sie entwickeln daher neue, bessere und billigere Produkte, um gegenüber der Konkurrenz einen Vorsprung zu haben. Dies führt dazu, dass die Verbraucher gute Qualitäten zu günstigen Preisen kaufen können. Es verbessert sich die Versorgung der Bevölkerung mit Gütern und der Wohlstand wächst. Damit der Wettbewerb auf Dauer erhalten bleibt, erlässt der Staat Gesetze zu seinem Schutz.

Die Unternehmer können die notwendigen Entscheidungen jedoch nur dann treffen, wenn ihnen das Unternehmen auch gehört. Nur wer Gefahr läuft, durch Verluste sein eingesetztes Kapital zu verlieren, handelt risikobewusst und vermeidet Verschwendung. Das Privateigentum an den Produktionsmitteln ist somit ein wichtiges Merkmal der sozialen Marktwirtschaft.

Nach dem Prinzip des sozialen Ausgleichs schützt der Staat vor allem die sozial Schwachen. Am Arbeitsmarkt werden die Arbeitnehmer nach Leistungsgesichtspunkten entlohnt. Damit aber diejenigen, die nur begrenzt leistungsfähig sind, auch ein sicheres Einkommen haben, erhalten sie vom Staat sogenannte soziale Leistungen, z.B. Sozialhilfe und Wohngeld.

Konsum
Sammelbegriff dafür, dass Waren gekauft und Dienstleistungen in Anspruch genommen werden

Kapital
Geldmittel

Produktionsmittel
alle für die Herstellung von Gütern erforderlichen Gegenstände wie Gebäude, Maschinen, Rohstoffe usw.

6 Begriffe	6 Fragen	6 Antworten
Tarifordnung	1 Wer plant die Produktion? Wer entscheidet über den Konsum?	A Der Staat schafft einen sozialen Ausgleich und sichert die Existenzgrundlage, z. B. durch Sozialhilfe, gesetzliche Sozialversicherung, Wohngeld.
Eigentumsordnung	2 Wem gehören die Produktionsmittel?	B Angebot und Nachfrage bilden auf dem Markt die Preise.
Wettbewerbsordnung	3 Wie wird die Leistungsbereitschaft der Marktteilnehmer aufrechterhalten?	C Die Unternehmen befinden sich in Privateigentum.
Planung	4 Wie werden die Entgelte für die Arbeitnehmer festgelegt?	D Die Konkurrenz am Markt führt dazu, dass sich die besseren Anbieter durchsetzen. Der Staat sichert den Wettbewerb durch Gesetze.
Preisbildung	5 Wie bilden sich die Preise?	E Gewerkschaften und Arbeitgeberverbände legen die Löhne und Gehälter in Tarifverhandlungen fest. Der Staat mischt sich dabei nicht ein.
Sozialordnung	6 Wie wird Meschen geholfen, die am Markt kein Einkommen erzielen?	F Die Unternehmen planen, was sie produzieren wollen. Die Konsumenten entscheiden, was sie kaufen.

Ludwig Erhard, Bundeswirtschaftsminister von 1949–1963. Unter ihm wurde in der Bundesrepublik Deutschland die soziale Marktwirtschaft eingeführt.

Je nach Wetterlage

„Meine Herren, beachten Sie bitte auch das Kleingedruckte!“

1 Beschreibe das Prinzip der sozialen Marktwirtschaft. Ergänze dazu die Satzanfänge sinnvoll.
2 Ordne zu: Welcher Begriff, welche Frage und welche Antwort gehören jeweils zusammen.
3 Im Zusammenhang mit der sozialen Marktwirtschaft wird oft gesagt: „So viel Markt wie möglich, so viel Staat wie nötig!“ Erläutere, was mit dieser Aussage gemeint ist.
4 Werte die Karikaturen aus. Gehe dabei wie auf Seite 270 beschrieben vor.

4 Hilfe
Überlege, für wen die dargestellten Personen jeweils symbolisch stehen.

Methode: Karikaturen auswerten

Thema: Soziale Marktwirtschaft

Eine Karikatur ist eine Zeichnung, in der Personen oder Sachverhalte übertrieben, oft auch verzerrt dargestellt werden. Meistens enthält eine Karikatur eine Bildunterschrift oder einen kurzen Text.

Eine Karikatur sieht durch die übertriebene Darstellung lustig aus. Dem Zeichner geht es jedoch nicht darum, einen Witz zu machen. Er möchte vielmehr den Betrachter auf ein Problem aufmerksam machen und ihn zum Nachdenken anregen. Sein Mittel dazu ist die Übertreibung in der Zeichnung bzw. der Widerspruch zwischen Text und Zeichnung.

Eine Karikatur enthält also stets eine versteckte Botschaft, die auf ein Problem hinweist. Der Karikaturist will erreichen, dass der Betrachter der Karikatur über diese gezeichnete Meinungsäußerung nachdenkt und sich selbst eine Meinung zum angesprochenen Sachverhalt bildet.

Tipps zur Auswertung von Karikaturen

Um eine Karikatur zu verstehen, geht man am besten in vier Schritten vor:

1. **Genau hinsehen:** Was ist gezeichnet? Wer oder was wird angesprochen? Was fällt in der Darstellung besonders auf?
2. **Problem erkennen:** Um welchen Sachverhalt, welches Problem geht es? Gibt der Text dazu Hinweise?
3. **Meinung deuten:** Welche Absicht verfolgt der Zeichner? Welche Meinung bringt er damit zum Ausdruck?
4. **Beurteilung:** Wie beurteile ich den in der Karikatur dargestellten Sachverhalt? Teile ich die Meinung, die der Karikaturist zum Ausdruck bringt?

(Karikatur: Gerhard Mester)

(Karikatur: Reiner Schwalme)

1 Werte die beiden Karikaturen zunächst allein aus. Gehe dabei nach den beschriebenen Schritten vor.

2 Vergleicht anschließend eure Auswertungsergebnisse in der Klasse: Wo gibt es Übereinstimmung, wo Unterschiede in der Deutung?

Die Sozialordnung

Nach dem Grundgesetz ist die Bundesrepublik Deutschland ein demokratischer und sozialer Bundesstaat. Der Staat hat somit unter anderem die Pflicht, die ...(1)... zu fördern.

Im Sozialstaat Deutschland wurde das sogenannte ...(2)... in den vergangenen Jahren immer weiter ausgebaut. „Große Knoten" im sozialen Netz wie beispielsweise die ...(3)... wurden durch „kleinere Knoten" wie beispielsweise die ...(4)... ergänzt.

Drei große ...(5)... sorgen dafür, dass das soziale Netz nicht reißt: der Staat, die Unternehmen und die privaten Haushalte. Da der Staat seinen Anteil über Steuern finanziert und die Unternehmen ihren Anteil in die Preise der Waren und Dienstleistungen einkalkulieren, sind es letztlich die ...(6)... und Konsumenten, die den Sozialstaat finanzieren.

Im Jahr 1960 gab die Bundesrepublik etwa 21 Prozent ihrer ...(7)... für Soziales aus, im Jahr 2009 waren es bereits etwa 32 Prozent. Fast jeder ...(8)... erwirtschaftete Euro wurde somit 2009 für Sozialleistungen ausgegeben. Rechnet man die Sozialleistungen auf den einzelnen Einwohner um, so waren dies im Jahr 1960 etwa 650 Euro und im Jahr 2009 etwa 9200 Euro. Damit haben sich die ...(9)... innerhalb von knapp 50 Jahren mehr als ...(10)... .

Damit das soziale Netz nicht reißt und die wirklich ...(11)... ausreichende finanzielle Hilfe erhalten, wird es zurzeit reformiert.

Wirtschaftsleistung

Pro-Kopf-Ausgaben

vervierzehnfacht

Pflegeversicherung

dritte

soziale Gerechtigkeit

soziale Netz

Steuerzahler

Geldgeber

Bedürftigen

Rentenversicherung

soziales Netz
Sammelbegriff für die Vielzahl der Sozialleistungen in der Bundesrepublik Deutschland

Wichtige Wegmarken der gesetzlichen Sozialversicherung

1883 Krankenversicherung für Arbeiter
1884 Unfallversicherung
1889 Alters- und Invalidenversicherung für Arbeiter
1911 Rentenversicherung für Angestellte
1927 Arbeitslosenversicherung
1949 Grundgesetz mit Sozialstaatsgebot
1957 Rentenreform – dynamische Rente
1995 Pflegeversicherung

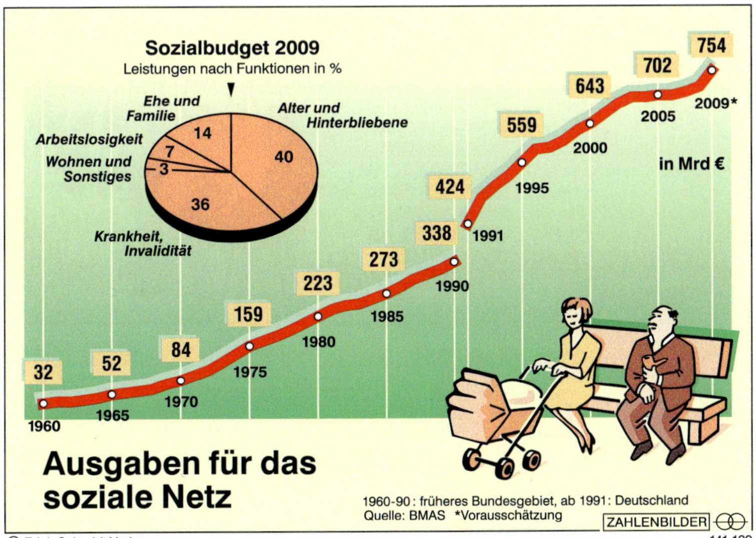

© Erich Schmidt Verlag 141 129

1 Ergänze den Lückentext mit den fehlenden Begriffen.
2 Beschreibe wesentliche Aspekte der Grafik.

2 Hilfe
Was zeigt die Entwicklung der Ausgaben? Was fällt bei den Leistungen auf?

Thema: **Soziale Probleme**

Gesellschaftliche Sachverhalte haben viel mit Zahlen und Statistiken zu tun; Zahlenmaterial wiederum lässt sich durch grafische Darstellungen veranschaulichen. Um eine Grafik zu verstehen, muss man vor allem wissen, was die Zahlen bedeuten. Dazu muss man die Zahlen und erklärenden Texte im Zusammenhang sehen. Grafiken zeigen Zusammenhänge. Diese kann man erkennen, indem man die Zahlen miteinander vergleicht. Zusammenhänge können etwas Bemerkenswertes zum Thema der Grafik aufzeigen und Erkenntnisse ermöglichen. In Grafiken gibt es oft Zahlen, die sich beim gleichen Sachverhalt auf unterschiedliche Zeiträume beziehen. Es ist daher wichtig, die Zahlen genau zu betrachten.
Nachdem man die Bedeutung einzelner Zahlen herausgearbeitet hat, gilt es, die Grafik auch in allen anderen Punkten auszuwerten. Dazu sind weitere Arbeitsschritte notwendig.

Was bedeutet diese Zahl?

Vergleiche die drei Zahlen miteinander und errechne jeweils die Veränderungen in Prozent.

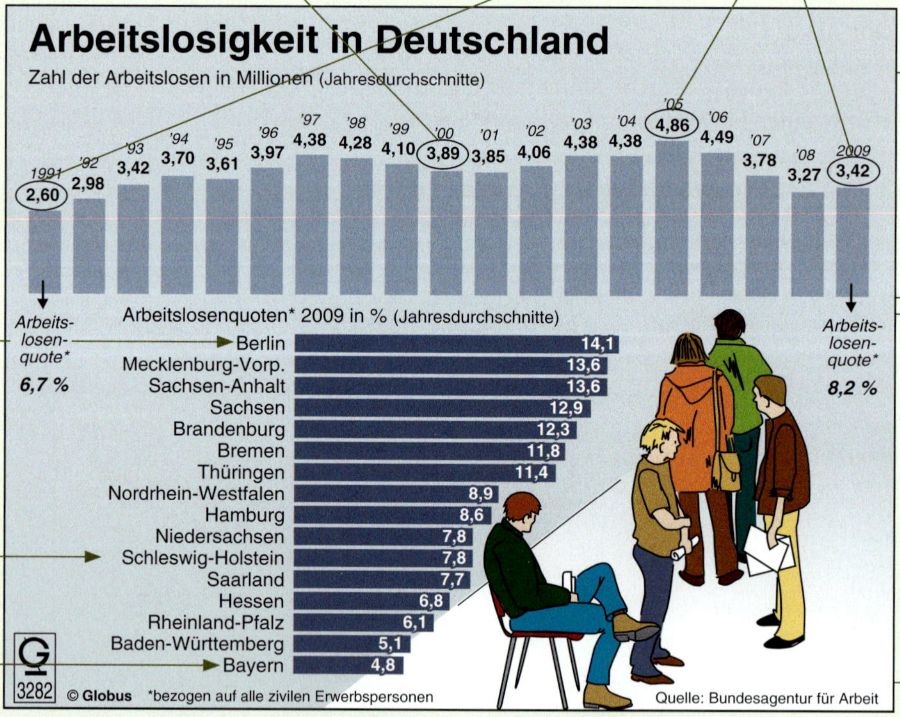

Was sagt der Vergleich aus?

Wie lautet die Kernaussage des jeweiligen Diagramms?

Die folgenden sieben Hilfsfragen können bei der Auswertung einer Grafik hilfreich sein:

1 Welches Thema steht im Mittelpunkt der Grafik?

2 Ist die Quelle glaubwürdig?

3 Reichen die Zahlenwerte in der Grafik bis in die Gegenwart?

4 Welche Bezugsgrößen werden verwendet?

5 In welchem Verhältnis stehen die Zahlen zueinander?

6 Gibt es starke Abweichungen, sind Tendenzen zu erkennen?

7 Welche Schlussfolgerungen lassen sich aus den einzelnen Erkenntnissen ableiten?

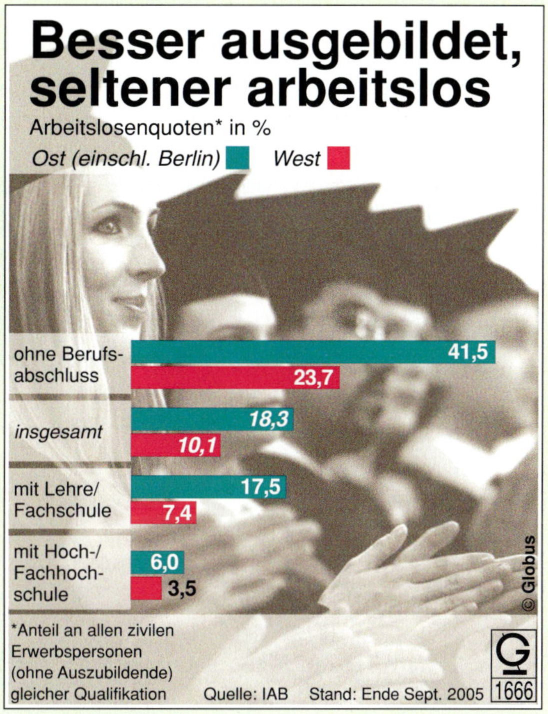

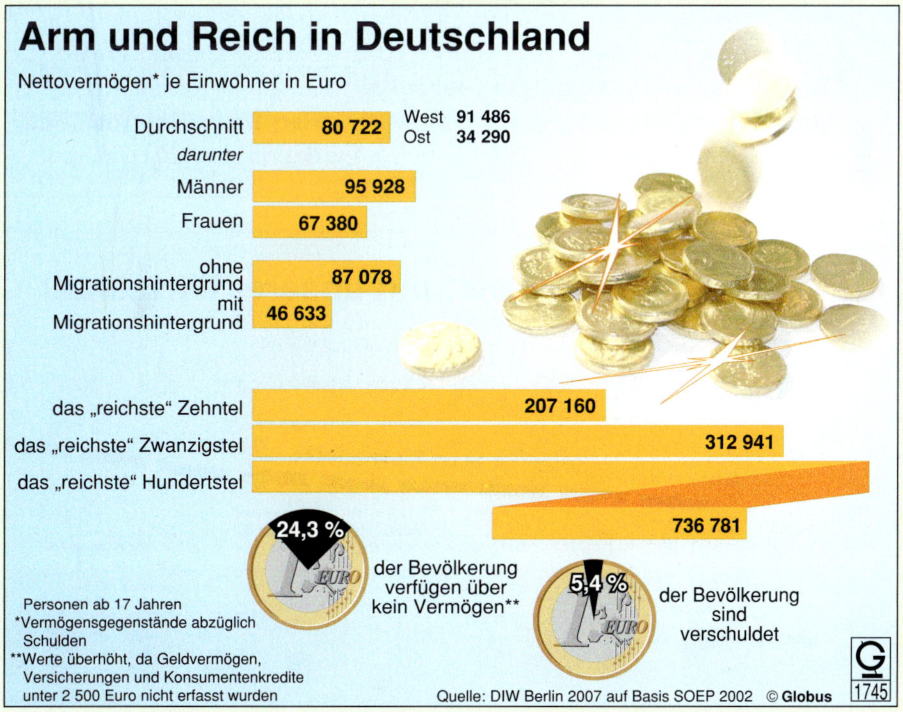

1 Beantworte die vier Fragen zur Grafik auf Seite 272.

2 Werte die Grafik „Besser ausgebildet, seltener arbeitslos“ aus. Nutze dazu die sieben Hilfsfragen. Formuliere, welche Schlussfolgerungen du ziehen kannst.

3 Werte die Grafik „Arm und Reich in Deutschland“ aus. Formuliere einen zusammenfassenden Text.

Zwei Freunde unterhalten sich über die wirtschaftliche Situation in Deutschland …

Herr Seeger: Das ist ja toll! In nur zehn Jahren hat die Leistung unserer Wirtschaft um fast 20 Prozent zugenommen!

Herr Draht: Leistung der Wirtschaft? Wie will man das denn messen?

Herr Seeger: Na – mit dem Bruttoinlandsprodukt.

Herr Draht: Bruttoinlandsprodukt? Was ist denn damit gemeint?

Herr Seeger: Eigentlich ist es ganz einfach. Beim Bruttoinlandsprodukt wird der Wert aller in einem Land produzierten Güter und erbrachten Dienstleistungen zusammengerechnet. Oder anders ausgedrückt: Das Bruttoinlandsprodukt ist die in Geld ausgedrückte Gesamtleistung einer Volkswirtschaft in einem Jahr.

Herr Draht: Verstehe. Und wie sind die Zahlen für die Bundesrepublik Deutschland?

Herr Seeger: Im Jahr 2009 betrug das Bruttoinlandsprodukt in Deutschland über 2,4 Billionen Euro – allerdings nominal, nicht real.

Herr Draht: Nominal? Real?

Herr Seeger: Das meint: mit oder ohne Preissteigerungen! Die nominale Betrachtung zeigt doch nur die rein zahlenmäßige Entwicklung. Aber da muss man noch die Preissteigerung herausrechnen. Entscheidend ist doch die reale, die wirkliche Entwicklung, also ohne die Aufblähung nur durch gestiegene Preise!

Herr Draht: Nominal? Real? Kannst du mir das noch einmal erklären?

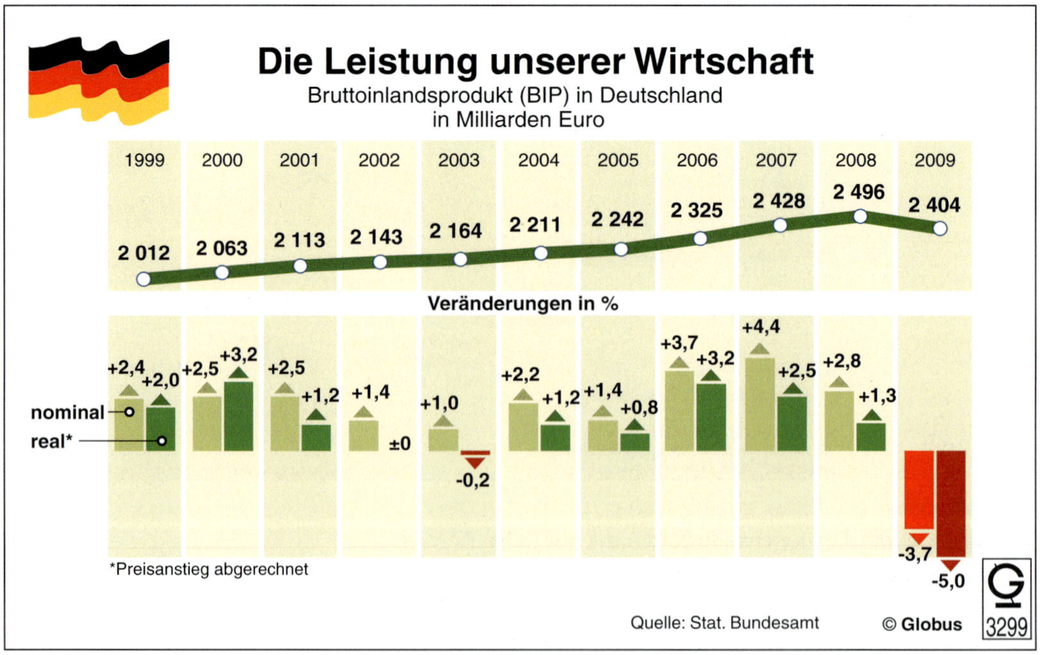

Aussagefähigkeit des Bruttoinlandsprodukts

Die Höhe des Bruttoinlandsprodukts wird manchmal als Maßstab für den Wohlstand eines Landes angesehen. Aus mehreren Gründen ist das Bruttoinlandsprodukt dafür jedoch nur bedingt geeignet:

- Das Bruttoinlandsprodukt ist eine Größe, in die nur statistisch messbare und in Geld bewertete Güter und Leistungen eingehen. So tauchen beispielsweise Hausarbeit und Nachbarschaftshilfe nicht auf, weil die ohne Bezahlung geleistet werden. Die Schwarzarbeit, deren Umfang von Fachleuten auf vier bis sechs Prozent des Bruttoinlandsprodukts geschätzt wird, ist ebenfalls nicht enthalten, weil sie dem Finanzamt nicht gemeldet wird.

- Jede Produktion erhöht das Bruttoinlandsprodukt, gleichgültig, welche Folgen sie hat. In die Berechnung des Bruttoinlandsprodukts fließen Sprengbomben ebenso ein wie Kinderspielzeug, gesundheitsschädliche Zigaretten ebenso wie Milch. Qualitative Produktverbesserungen, die zu einem geringeren Verbrauch oder zu einer längeren Verwendungsdauer führen, senken dagegen das Bruttoinlandsprodukt.

- Die Erhöhung der Lebensqualität der Menschen wird vom Bruttoinlandsprodukt nicht erfasst, wenn die Fortschritte oder Verbesserungen sich nicht marktmäßig registrieren lassen, wie z. B. die Zunahme der Freizeit oder Verbesserungen im Umweltschutz.

(Zeichnung: Horst Haitzinger)

A Der neue Öko-Kühlschrank verbraucht weniger Strom.
B Bei Herrn Wurster wurde erneut eingebrochen. Er kauft jetzt eine Alarmanlage.
C Frau Butze hilft ihrer älteren Nachbarin beim Putzen.
D Wegen eines Autounfalls muss Frau Benz zwei Wochen ins Krankenhaus.
E Die Titan-Werke liefern Panzermunition an einen arabischen Staat.
F Herr Becker will bei seinen Obstbäumen keine Spritzmittel mehr einsetzen.
G Familie Kunz isst am Abend Gemüse aus dem eigenen Garten.
H In den Sommermonaten fährt Herr Bach nicht mehr mit dem Bus, sondern mit dem Fahrrad zur Arbeit.

Schwarzarbeit
unerlaubte bezahlte Arbeit, bei der keine Steuern und keine Sozialversicherungsbeiträge gezahlt werden

Frau König

Wenn das Bruttoinlandsprodukt steigt, geht es auch den Menschen besser.

1 Erkläre kurz, was mit „Bruttoinlandsprodukt“ gemeint ist.
2 Erläutere, warum es wichtig ist, beim Bruttoinlandsproduckt zwischen „nominaler“ und „realer“ Entwicklung zu unterscheiden.
3 Lege dar, auf welches Problem die Karikatur hinweist.
4 Wie wirken sich die Vorgänge A bis H auf das Bruttoinlandsprodukt aus? Notiere, ob es dadurch jeweils steigt, sinkt oder ob es keine Auswirkungen gibt.
5 Nimm Stellung zu der Aussage in der Sprechblase.

3 Hilfe
Beachte die Zeichen auf den dargestellten Fässern.

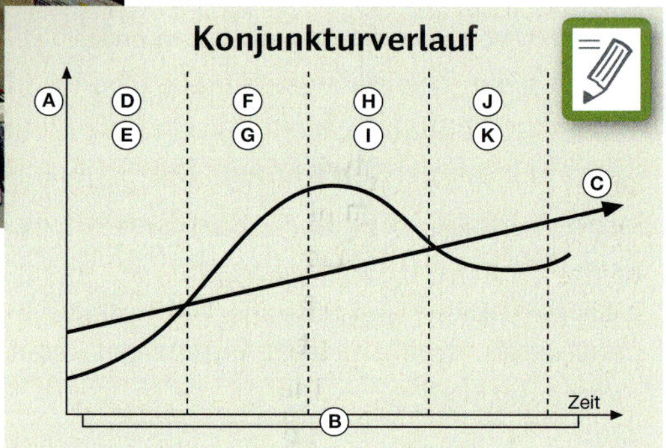

Mit dem Begriff Konjunktur bezeichnet man den Sachverhalt, dass die wirtschaftliche Entwicklung eines Landes von Jahr zu Jahr nicht gleichförmig, sondern in Wellenbewegungen verläuft. Der Maßstab für dieses „Auf und Ab" in der Wirtschaft – eine häufig verwendete Umschreibung für Konjunktur – sind die Wachstumsraten des realen Bruttoinlandsprodukts. Betrachtet man die Wachstumsraten über einige Jahrzehnte hinweg, dann zeigt sich ein langfristiger Wachstumstrend. Damit ist gemeint, dass die Wirtschaft vom Grundsatz her ständig wächst, wenn auch von Jahr zu Jahr in unterschiedlichem Ausmaß. Auch einzelne Jahre in denen das Bruttoinlandsprodukt im Vergleich zum Vorjahr zurückgeht, ändern nichts an diesem langfristigen Anstieg. In einer Schemazeichnung wird daher der Konjunkturverlauf so dargestellt, dass die unterschiedlichen jährlichen Wachstumsraten des Bruttoinlandsprodukts zu einer Wellenlinie zusammengefasst sind, die um den nach oben gerichteten langfristigen Trend hin und her schwankt. Diese Schwankungen vollziehen sich in regelmäßiger Abfolge, d.h., nach einem Anstieg der Konjunkturlinie folgt ein Abfall, dann wieder ein Anstieg usw. Die regelmäßige Abfolge bedeutet jedoch nicht, dass die verschiedenen Abschnitte, die Konjunkturphasen, zeitlich immer gleich lang dauern. In der Reihenfolge des Auf und Ab werden diese vier Konjunkturphasen unterschieden:

- Nach dem „unteren Wendepunkt" beginnt der konjunkturelle Aufschwung, auch als Expansion bezeichnet.
- Entwickelt sich der Konjunkturverlauf auf den oberen Wendepunkt zu, spricht man von Hochkonjunktur oder Boom.
- Danach beginnt der Abschwung, meist als Rezession bezeichnet.
- Die konjunkturelle Abschwächung verstärkt sich in der folgenden Phase bis zum unteren Wendepunkt, dem Tiefpunkt im Konjunkturablauf. Die Bezeichnung für diese Konjunkturphase ist nicht einheitlich. Die meisten Wirtschaftsfachleute nennen sie Konjunkturtief oder Depression.

Der gesamte Zeitraum, in dem die wirtschaftliche Entwicklung diese vier Konjunkturphasen von einem Aufschwung bis zum nächsten durchläuft, wird Konjunkturzyklus genannt, weil er sich ständig wiederholt.

Trend
Richtung, die eine Entwicklung nimmt

Zyklus
Kreislauf regelmäßig wiederkehrender Ereignisse

Im Konjunkturverlauf wirken alle Bestimmungsfaktoren der gesamtwirtschaftlichen Entwicklung zusammen. Das bedeutet, dass jeder tatsächliche Konjunkturverlauf seine historischen Besonderheiten aufweist. Als Grundschema lässt sich jedoch ein Konjunkturzyklus vereinfacht so erklären:

Der Konjunkturabschwung (Rezession) wird durch ein ...①... der Nachfrage eingeleitet. Gehen die Aufträge zurück, so weitet kein Unternehmen die ...②... aus. Entsprechende Investitionen unterbleiben. Die Investitionsgüterindustrie spürt somit als erste den Abschwung. Treten hier und in anderen Betrieben ...③... auf, so muss die Produktion vermindert werden: Es kommt zu Kurzarbeit oder ...④... . Kurzarbeiter und Arbeitslose verfügen über weniger ...⑤... und damit über weniger Kaufkraft. Die Nachfrage nach ...⑥... sinkt. Weitere Unternehmen geraten in Absatznöte. Die Zahl der Arbeitslosen steigt.

Diese Abwärtsentwicklung der Wirtschaft führt bis zum ...⑦... (Depression). Die erstellten Leistungen sind minimal, das Bruttoinlandsprodukt ist dementsprechend ...⑧... . Der wirtschaftliche Aufschwung (Expansion) wird durch eine ...⑨... der Nachfrage eingeleitet. Die Unternehmen weiten ihre Produktion aus, wenn die ...⑩... nach ihren Gütern die vorhandenen Kapazitäten übersteigt. Sie erhöhen damit die Nachfrage auf dem Markt für ...⑪... (z. B. Maschinen), was wiederum zu einer Produktionsausweitung bei den entsprechenden Wirtschaftszweigen führt. Der Bedarf an ...⑫... wächst und lässt die Zahl der Arbeitslosen sinken. Insgesamt steigt die ...⑬... der privaten Haushalte und damit auch die Nachfrage nach Konsumgütern. Der Aufschwung geht weiter und führt zum ...⑭... . In dieser Konjunkturphase läuft die Wirtschaft „auf vollen Touren“. Sie erbringt hohe Leistungen, das ...⑮... ist hoch.

- Konjunkturtief
- Konsumgütern
- niedrig
- Boom
- Produktion
- Entlassungen
- Absatzschwierigkeiten
- Investitionsgüter
- Arbeitskräften
- Kaufkraft
- Einkommen
- Brottoinlandsprodukt
- Nachfrage
- Erhöhung
- Absinken

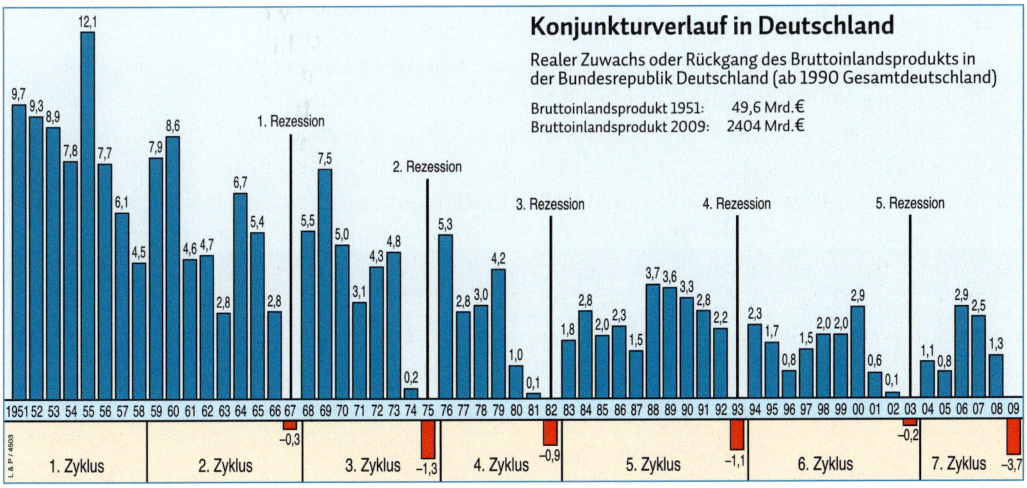

1. Notiere in der Schemazeichnung „Konjunkturverlauf“ anstelle der Buchstaben die im Text auf Seite 276 gelb unterlegten Fachausdrücke. Verwende dazu das Arbeitsblatt oder übertrage die Zeichnung auf ein gesondertes Blatt.
2. Bearbeite den Lückentext: Welcher Begriff gehört in welche Lücke? Trage auf dem Arbeitsblatt ein oder notiere von 1 bis 15.
3. Betrachte die Grafik „Konjunkturverlauf in Deutschland“: Was lässt sich erkennen?

3 **Hilfe**

Vergleiche die verschiedenen Zyklen und die Schwankungsbreite bei den Zuwächsen und Rückgängen.

Unternehmen

Die Unternehmen beeinflussen die Konjunktur vor allem durch ihre Entscheidungen über Investitionen. Dies können sein:

- Ersatzinvestitionen, bei denen veraltete Maschinen und Anlagen durch neue ersetzt werden,
- Rationalisierungsinvestitionen, durch die die Produktivität erhöht bzw. die Produktionskosten gesenkt werden sollen,
- Erweiterungsinvestitionen, mit denen zusätzliche Produktionskapazitäten geschaffen werden.

Während durch Rationalisierungsinvestitionen häufig Arbeitsplätze verloren gehen, wirken sich Erweiterungsinvestitionen positiv auf den Arbeitsmarkt aus.

Produktivität das Verhältnis zwischen Aufwand und Ertrag

Konj

Private Haushalte

Die privaten Haushalte beeinflussen die Konjunktur durch ihre Entscheidungen über Konsum oder Sparen. Konsum wirkt sich als Nachfrage aus. Hohe Konsumbereitschaft kann in Zeiten der Hochkonjunktur zu einer Übernachfrage führen und über Preissteigerungen die Inflation beflügeln. Durch Sparen steht der Volkswirtschaft Kapital für zusätzliche Investitionen zur Verfügung. In Zeiten schlechter wirtschaftlicher Entwicklung wird meistens mehr gespart („Angstsparen"). Diese vermehrt gesparten Gelder fehlen als Nachfrage und verstärken den Abschwung („Konsumflaute").

Inflation Geldentwertung durch Preissteigerungen

	Aussage	richtig	falsch
1	Die private Einkommensverwendung hat keine Auswirkung auf die Konjunktur.		
2	Exportüberschüsse können in einer Boomphase die Geldentwertung steigern.		
3	Der Staat kann durch Steuersenkungen die Nachfrage nach Konsumgütern fördern.		
4	Ersatzinvestitionen schaffen in der Regel viele neue Arbeitsplätze.		
5	Eine hohe Sparbereitschaft der Verbraucher ist stets förderlich für die Konjunktur.		
6	Die Besteuerung der Gewinne schmälert die Investitionsfähigkeit der Unternehmen.		
7	Rationalisierungsinvestitionen schaffen in den Unternehmen Arbeitsplätze.		

1 Beschreibe für jeden Konjunkturfaktor eine mögliche Wirkung auf die Konjunktur.

2 Welche Aussagen sind richtig, welche falsch? Worin liegt bei den falschen der Fehler?

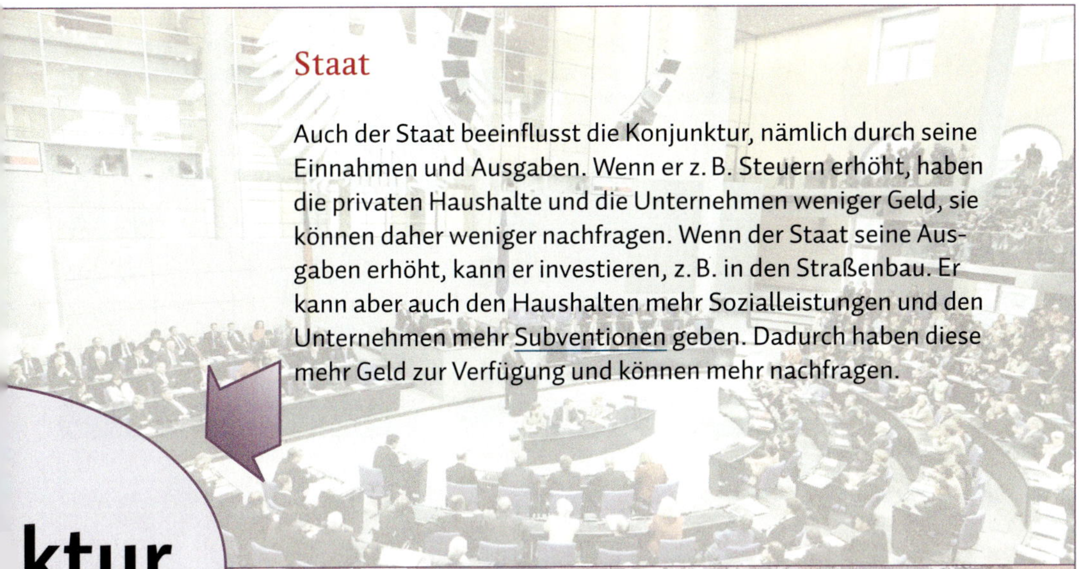

Staat

Auch der Staat beeinflusst die Konjunktur, nämlich durch seine Einnahmen und Ausgaben. Wenn er z. B. Steuern erhöht, haben die privaten Haushalte und die Unternehmen weniger Geld, sie können daher weniger nachfragen. Wenn der Staat seine Ausgaben erhöht, kann er investieren, z. B. in den Straßenbau. Er kann aber auch den Haushalten mehr Sozialleistungen und den Unternehmen mehr Subventionen geben. Dadurch haben diese mehr Geld zur Verfügung und können mehr nachfragen.

ktur

Außenhandel

Grundsätzlich wirken sich Importe aus dem Ausland auf die Wirtschaft als Angebot und Exporte in das Ausland als Nachfrage aus. Exportüberschüsse wirken als zusätzliche Nachfrage im Inland, da durch den Export Einkommen aus dem Ausland in den inländischen Wirtschaftskreislauf fließt. Die als Gegenwert erzeugten Güter gehen in das Ausland und fehlen somit auf dem Inlandsmarkt. So kann ein konjunktureller Aufschwung weiter gefördert werden. In Boom-Phasen kann durch steigende Exporte ein Nachfrageüberhang entstehen, der die Preisstabilität gefährdet („importierte Inflation").

Subventionen
staatliche Zuwendungen an Unternehmen

Import
Einfuhr von ausländischen Gütern

Export
Ausfuhr von Gütern in das Ausland

Fall A: Steuererhöhung – Massenkaufkraft – Konsum

Fall B: Unternehmensgewinne – Investitionen – Beschäftigung

Fall C: öffentliche Investitionen – Beschäftigung – Konsum

Fall D: Außenhandel – Kaufkraft – Preisstabilität

3 Formuliere aus jeder der vier Stichwortreihen einen möglichen Zusammenhang mit der konjunkturellen Entwicklung.

Das Stabilitätsgesetz

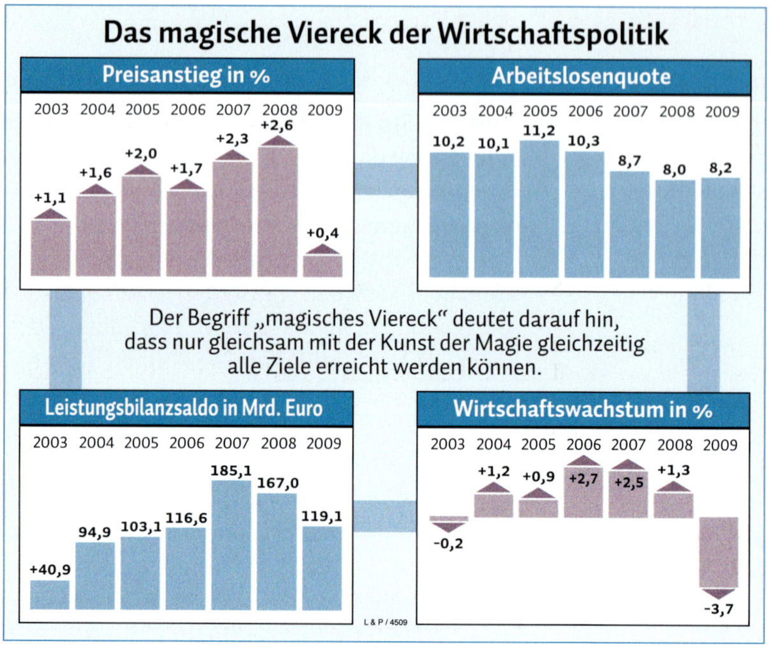

Leistungsbilanzsaldo
der Unterschied zwischen dem, was man für den Export eingenommen hat und dem, was man für Importe bezahlen musste

Gesetz zur Förderung der Stabilität und des Wachstums (Stabilitätsgesetz)

§ 1 Bund und Länder haben bei ihren wirtschafts- und finanzpolitischen Maßnahmen die Erfordernisse des gesamtwirtschaftlichen Gleichgewichts zu beachten. Die Maßnahmen sind so zu treffen, dass sie im Rahmen der marktwirtschaftlichen Ordnung gleichzeitig zur Stabilität des Preisniveaus, zu einem hohen Beschäftigungsstand und außenwirtschaftliche Gleichgewicht bei stetigem und angemessenem Wirtschaftswachstum beitragen.

Erläuterungen

1 Eine wachsende Wirtschaft bringt den Menschen mehr Wohlstand. Maßstab für das Wirtschaftswachstum ist das Bruttoinlandsprodukt. Es ist der Wert aller Güter und Dienstleistungen, die in einem Jahr hergestellt wurden. Das reale Bruttoinlandsprodukt (ohne Preissteigerung) sollte um zwei bis drei Prozent pro Jahr steigen.

2 Die Preise sollten stabil bleiben, dann bleibt der Wert des Geldes, die Kaufkraft erhalten. Maßstab für die Preissteigerung ist die Inflationsrate. Sie sollte zwei Prozent nicht übersteigen.

3 Zwischen den Ex- und Importen sollte es kein Ungleichgewicht geben. Maßstab für ein außenwirtschaftliches Gleichgewicht ist der Unterschied zwischen den Einnahmen aus den Exporten und den Ausgaben für Importe. Diese Differenz sollte möglichst klein sein.

4 Alle Arbeitswilligen sollten einen Arbeitsplatz bekommen, dann herrscht Vollbeschäftigung. Maßstab für die Vollbeschäftigung ist die Arbeitslosenquote. Sie sollte unter drei Prozent liegen.

Arbeitslosenquote
der Anteil der Arbeitslosen an der Gesamtzahl der Erwerbspersonen

Wirtschaftspolitische Ziele	Erläuterung	2003	2004	2005	2006	2007	2008	2009
Preisniveaustabilität								
hoher Beschäftigungsstand								
außenwirtschaftliches Gleichgewicht								
angemessenes Wirtschaftswachstum								

3 Hilfe
Beziehe in deine Erläuterung die Ergebnisse von Aufgabe 2 ein.

1 Welche Erläuterung gehört zu welchem wirtschaftspolitischen Ziel?
2 Stelle fest, ob in den Jahren 2003 bis 2009 die wirtschaftspolitischen Ziele erreicht wurden.
3 Notiere auf deinem Arbeitsblatt in der Jahrespalte dann „ja" oder „nein". Was fällt dir auf?

Methode: Zusammenhänge visualisieren

Thema: Die Ziele des Stabilitätsgesetzes

Durch Unterstreichen bzw. Markieren oder das Herausschreiben von Schlüsselwörtern kann man Informationen aus Texten herausholen. Die so gefundenen Stichwörter zeigen jedoch nicht automatisch den inneren Zusammenhang auf, in dem die Informationen stehen. Oft helfen einfache Skizzen, die Verbindungen zwischen den Teilinformationen aufzuzeigen, also die Struktur des beschriebenen Sachverhalts zu verdeutlichen.

Beispiel 1
Es geht um einen Sachverhalt, der vier verschiedene Ursachen hat. Die Strukturskizze verdeutlicht dies durch die Pfeilrichtung. Welche Formen zum Notieren der Stichwörter gezeichnet werden, ist beliebig. Es muss nur darauf geachtet werden, dass für Stichwörter der gleichen Kategorie die gleiche Form innerhalb der Strukturskizze verwendet wird. So könnten in dieser Darstellung für die Ursachen auch vier Dreiecke oder vier Quadrate verwendet werden – sie dürfen nur nicht beliebig gemischt werden.

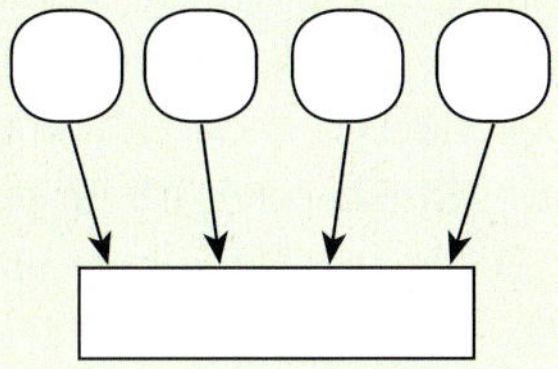

Beispiel 2
Es wird im Text ein Sachverhalt beschrieben, der drei verschiedene Auswirkungen hat. Die Skizze visualisiert diesen Zusammenhang so, dass im Zentrum ein Kreis mit dem Stichwort für den Sachverhalt steht. Von ihm führen drei Pfeile zu Rechtecken, in die stichwortartig die Auswirkungen notiert werden. Die unterschiedliche Formgebung (Kreis, Rechtecke) macht die unterschiedliche Bedeutung (Vorgang, Auswirkung) deutlich. Die Pfeilrichtung gibt die logische Folge an.

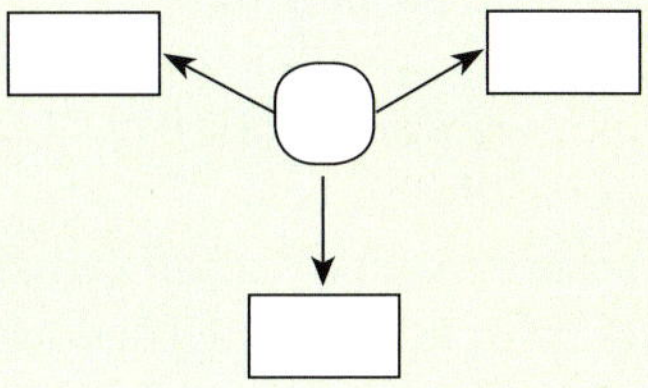

Beispiel 3
Es wird ein Vorgang beschrieben, der mehrere Stationen durchläuft. Die Strukturskizze zum Ordnen der Stichwörter veranschaulicht den Vorgang durch eine Abfolge gleicher Formen, die durch die Pfeilrichtung verbunden sind. Diese Abfolge kann waagerecht oder senkrecht angeordnet werden. Hat im Ablauf eine bestimmte Station eine besondere Bedeutung, kann man sie durch eine andere Formgebung hervorheben.

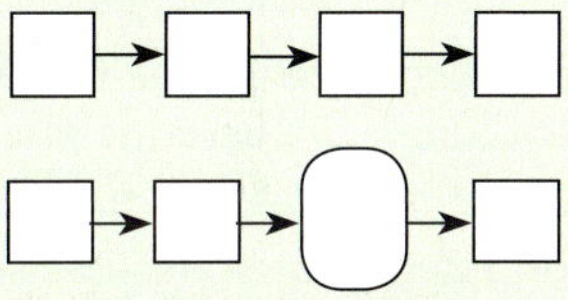

Beispiel 4
Es gibt Vorgänge, die sich gegenseitig beeinflussen. In der Visualisierung kann man dies durch Doppelpfeile darstellen. Führt die Beeinflussung über mehrere Stationen zum Ausgangspunkt zurück, kann man dies als Kreislauf veranschaulichen.

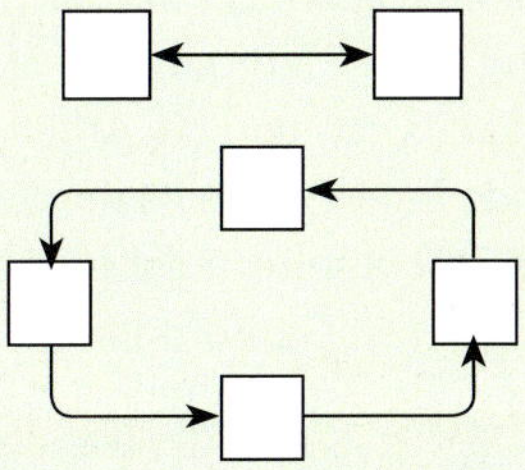

Eine Strukturskizze kann durch Symbole oder einfache Zeichnungen optisch angereichert werden, was natürlich vom zeichnerischen Geschick und vom Thema abhängt.

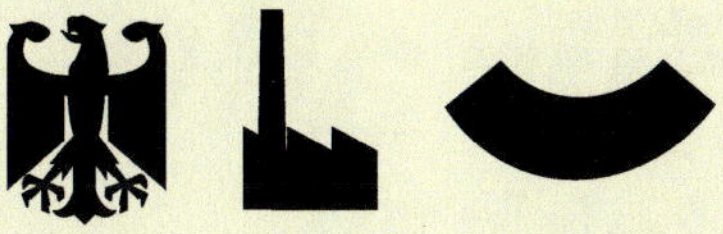

So könnten diese Beispiele in einer Skizze für „Staat“, „Wirtschaft“ und „Parlament“ stehen.

1 Visualisiere die Ziele des Stabilitätsgesetzes.

Marktwirtschaft
In der Marktwirtschaft befinden sich die Unternehmen in Privateigentum. Jedes Unternehmen entscheidet für sich, welche Güter es produzieren möchte und zu welchen Preisen es sie anbietet. Es richtet sich dabei nach dem Markt. Auf ihm steht es in Wettbewerb mit anderen Unternehmen. Der Markt zeigt, ob für ein Angebot überhaupt Nachfrage vorhanden ist. Auf dem Markt bilden sich die Preise durch Angebot und Nachfrage. Der Markt koordiniert somit die Pläne der Produzenten mit den Plänen der Konsumenten.

Merkmale der sozialen Marktwirtschaft
Die soziale Marktwirtschaft verbindet das Prinzip der Freiheit auf dem Markt mit dem Prinzip des sozialen Ausgleichs. Produzenten planen ihre Produktion, die Konsumenten ihre Käufe (Planung). Die Preise bilden sich aufgrund von Angebot und Nachfrage (Preisbildung). Die Unternehmen befinden sich in Privateigentum (Eigentumsordnung). Durch Gesetze sichert der Staat, dass die Unternehmen den Wettbewerb nicht ausschalten (Wettbewerbsordnung) und soziale Härten des Marktes gelindert werden (Sozialordnung). Die Tarifpartner, also die Gewerkschaften und die Arbeitgeberverbände legen gemeinsam die Höhe der Arbeitsentgelte und die Arbeitsbedingungen fest (Tarifordnung).

Planwirtschaft
In der Planwirtschaft befinden sich die Betriebe in Staatseigentum. Eine zentrale Behörde legt fest, welche Güter die Betriebe herzustellen haben und zu welchen Preisen die Güter angeboten werden. Die Planungsbehörde richtet sich dabei nach politischen Vorgaben der Regierung. Die Planungsbehörde koordiniert und kontrolliert die Pläne. Zwischen den Betrieben gibt es keinen Wettbewerb.

Bruttoinlandsprodukt
Das Bruttoinlandsprodukt bezeichnet die Summe aller im Inland innerhalb eines Jahres erwirtschafteten Werte von Gütern und Dienstleistungen. Das nominale Bruttoinlandsprodukt gibt den Wert der erwirtschafteten Leistung ohne Berücksichtigung von Preissteigerungen an. Beim realen Bruttoinlandsprodukt ist die Preissteigerung heraus gerechnet. Daher ist das reale Bruttoinlandsprodukt aussagekräftiger, wenn man die Entwicklung der wirtschaftlichen Leistungsfähigkeit eines Landes beurteilen will. Die Höhe des Bruttoinlandsprodukts wird als Maßstab für den Wohlstand eines Landes angesehen. Dafür ist es aus verschiedenen Gründen jedoch nur bedingt geeignet.

Konjunktur
Mit dem Begriff Konjunktur bezeichnet man den Sachverhalt, dass die wirtschaftliche Entwicklung eines Landes von Jahr zu Jahr nicht gleichmäßig, sondern in Wellenbewegungen verläuft.

Konjunkturfaktoren
Als Konjunkturfaktoren bezeichnet man den Staat, die Unternehmen, die privaten Haushalte und den Außenhandel, d. h. diese Faktoren nehmen auf die Konjunktur Einfluss. Der Staat beeinflusst die Konjunktur durch seine Einnahmen und Ausgaben. Die Unternehmen treffen gewichtige Entscheidungen über ihre Investitionen und beeinflussen so die Konjunktur. Private Haushalte prägen den Konjunkturverlauf durch ihre Entscheidungen über Konsum und Sparen. Importe aus dem Ausland wirken sich auf die Wirtschaft als Angebot und Exporte als Nachfrage aus. Somit beeinflusst auch der Außenhandel eines Landes die Konjunktur. Als eine der größten Exportnationen der Welt reagiert Deutschland besonders empfindlich auf Veränderungen bei den Exporten.

Stabilitätsgesetz
Als Stabilitätsgesetz wird das „Gesetz zur Förderung der Stabilität und des Wachstums" bezeichnet. Dieses Gesetz hat das Ziel die Stabilität des Preisniveaus, einen hohen Beschäftigungsstand, ein außenwirtschaftliches Gleichgewicht sowie ein stetiges und angemessenes Wirtschaftswachstum in Deutschland zu sichern.

Demonstration für die Erhaltung des Sozialstaates

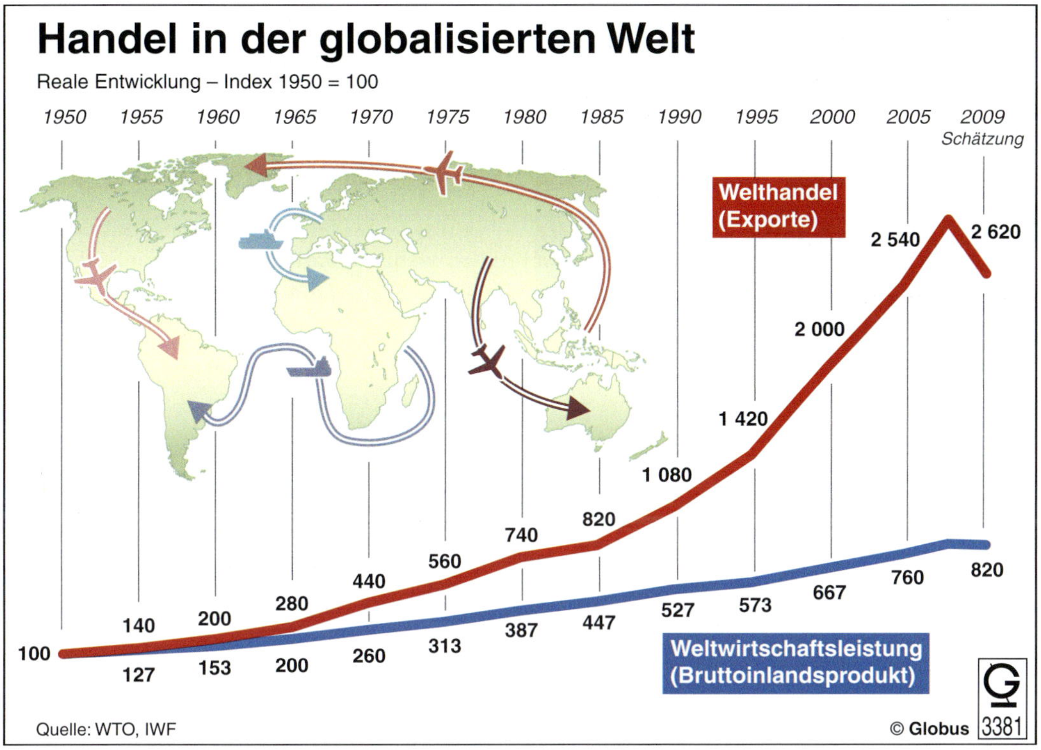

Bremerhaven: Containerverladung

Chinesisches Containerschiff

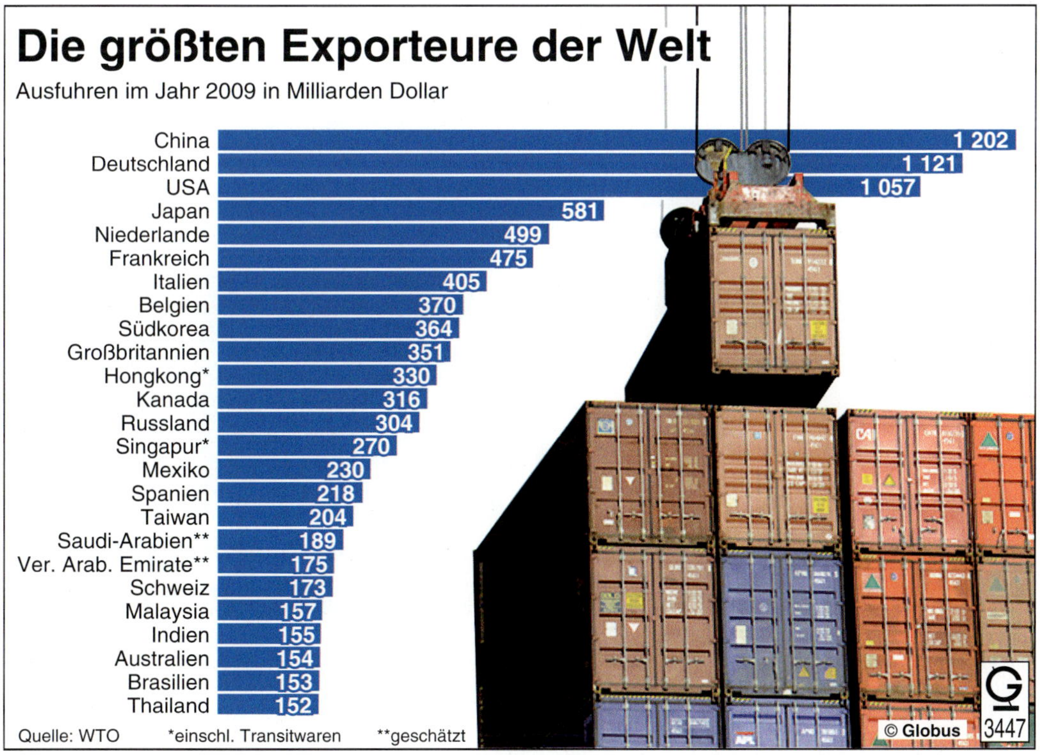

1 Werte die beiden Grafiken aus.

2 Verfasse aufgrund deiner Auswertungen einen kurzen Text zum Thema „Welthandel".

1 Hilfe

Die Seite 139 enthält Hinweise zum Auswerten von Grafiken.

Auch im japanischen Chiba wird gerockt

Live Earth: Die Welt rockt gemeinsam für den Klimaschutz

08. Juli 2007. Auf sieben Kontinenten haben sich 150 Weltstars wie Madonna, Bon Jovi und Genesis in einem 24-stündigen Konzertmarathon mit Rock, Rap und Reden für den Klimaschutz stark gemacht. „Heute sind zwei Milliarden Menschen in über 130 Ländern auf sieben Kontinenten zusammengekommen", sagte der Initiator des Ereignisses, der frühere amerikanische Vizepräsident Al Gore in New York.

(aus: FAZ, 09.07.2007. www.faz.net 22.07.2007)

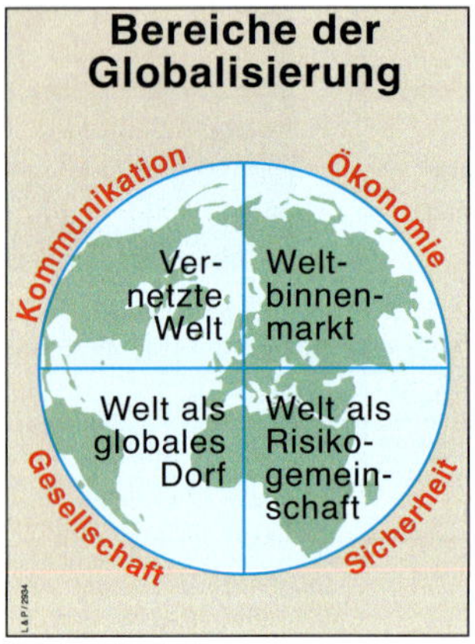

Auszug aus einer Rede des damaligen Bundespräsidenten Johannes Rau am 13. Mai 2002 in Berlin

Es hat mit Globalisierung zu tun, wenn die Firma, in der man arbeitet, plötzlich mit Betrieben aus Gegenden der Welt konkurriert, von denen man bisher kaum gehört hatte.
Es hat mit Globalisierung zu tun, wenn sich junge Leute, die durch die Anden wandern, aus dem Internetcafe in Quito bei ihren Eltern in Oberursel melden und mal eben per E-Mail die ersten digitalen Fotos schicken.
Es hat mit Globalisierung zu tun, wenn wir vom PC aus unseren Urlaub buchen und wenn Studenten sich nachmittags aus dem Internet Material aus Amerika für ihre Hausarbeit holen.
Es hat mit Globalisierung zu tun, wenn in dem Auto, das wir kaufen, die Teile aus vielen Ländern kommen, wenn also das „Made in Germany" manchmal nur noch für die Idee, für die Endmontage oder für den Namen steht.
Es hat mit Globalisierung zu tun, wenn Menschen in aller Welt am 11. September live miterleben mussten, wie das World Trade Center Tausende von Menschen unter sich begrub.
Es hat mit Globalisierung zu tun, wenn aus abgelegenen Berghöhlen ein Verbrechen geplant und gesteuert wird, das die ganze Welt erschüttert.

(http://www.bundespraesident.de/Reden-und-Interviews/Berliner-Reden 23.07.2007)

Die Kommunikation hat sich rasant entwickelt. Das Internet, PC, Laptop und Handy bieten heute vielfältige, vorher nicht gekannte Möglichkeiten.

Die Finanzmärkte können sich weltweit frei entfalten. Das Foto zeigt einen Blick in den großen Börsensaal der New Yorker Wertpapierbörse.

2 Hilfe
Orientiere dich an den Begriffen in der Grafik oben.

1 Erkläre, was das Beispiel „Live Earth" mit Globalisierung zu tun hat.

2 Johannes Rau umschreibt in seiner Rede, was Globalisierung bedeutet. Notiere zu jedem Satz, welchen Bereich der Globalisierung er betrifft. Formuliere drei ähnliche Sätze.

Ursachen der Globalisierung

Früher waren die Strecken zwischen den Kontinenten große Hürden für die Kommunikation und den Warentransport. Auch vor langer Zeit wurden schon Waren zwischen den Kontinenten transportiert. Zum Beispiel Gewürze aus Indien nach England. Diese waren sehr kostbar und daher lohnte es, viel Geld für den Transport auszugeben.

Im Laufe der Zeit wurden die Schiffe größer, schneller und sicherer. Durch den Durchbruch der Frachtcontainer wurde der Transport erneut deutlich einfacher und billiger. Die Kosten für den Transport von Gütern ist auf einen sehr niedrigen Preis gefallen.

Bereits vor dem ersten Weltkrieg fand eine Art Globalisierung statt. Der Grund war auch damals die Entwicklung von Kommunikationsmitteln und von Transportschiffen. Das Ausmaß und vor allem die Geschwindigkeit der damaligen Globalisierung waren jedoch nicht mit der heutigen Globalisierung vergleichbar. (...) Durch die erste Globalisierung schrumpfte die Welt von „groß" auf „mittel", durch die zweite Globalisierung nun auf „klein". Den Startschuss für die jetzige Globalisierung lieferte der Fall des eisernen Vorhangs. Nachdem die bipolare Welt ein Ende gefunden hatte, bot sich dem Welthandel die Möglichkeit sich in der jetzigen Form zu entfalten. Heutzutage lohnt sich auch der Transport von Billigprodukten über weite Strecken, beispielsweise von Plastikspielzeug von China nach Deutschland.

Gleichzeitig zu der Entwicklung im Transport entwickelte sich die Kommunikation ebenfalls rasant weiter. Mittlerweile ist es eine Selbstverständlichkeit mit dem Internet große Datenmengen zu senden und zu empfangen. Es stellt heutzutage kein Problem mehr dar, mit weit entfernten Menschen zu kommunizieren und es tritt kein Zeitverlust auf. Auch die Kosten der Kommunikation sind auf einen extrem niedrigen Wert gefallen. Durch die Entwicklung in Kommunikation und Warentransport ist es heute überhaupt kein Problem mehr, Arbeitsprozesse zu teilen und auf verschiedenen Kontinenten zu koordinieren.

Insbesondere der Preisunterschied führt dazu, dass große Mengen an Waren nach Westeuropa und in die USA kommen, die dort zu vergleichbaren Preisen nicht hergestellt werden könnten. Dies allein ist aber noch nicht alles: Insbesondere die Liberalisierung und Deregulierung vieler internationaler Märkte war eine wichtige Voraussetzung für die heutige Globalisierung. Dies betrifft einerseits Güter und Dienstleitungen, aber auch das Kapital. Die Zölle wurden von über 40 % auf mittlerweile unter 5 % gesenkt, was den Warenverkehr fördert. Die Finanzmärkte unterliegen fast keiner Regulierung.

(http://www.globalisierung-infos.de/ursachen.html Zugriff: 13. 10. 2010)

eiserner Vorhang
symbolischer Begriff für die jahrzehntelange Feindschaft zwischen der kommunistischen Sowjetunion mit ihren Verbündeten in Osteuropa und den demokratischen Staaten des Westens

bipolar
zweipolig, hier im Sinne von zwei Machtzentren

Liberalisierung/ Deregulierung
hier: Abbau von einschränkenden Vorschriften

Die Transportkosten für Güter sind enorm gesunken. Ein Grund dafür ist der Siegeszug der Frachtcontainer. Das Foto zeigt ein beladenes Containerschiff im Containerhafen von Bremerhaven.

3 Analysiere den Text „Ursachen der Globalisierung": Was hat die Globalisierung gefördert? Notiere stichwortartig.

4 „Globalisierung? Nein, Danke!" Was meinst du zu dieser Aussage?

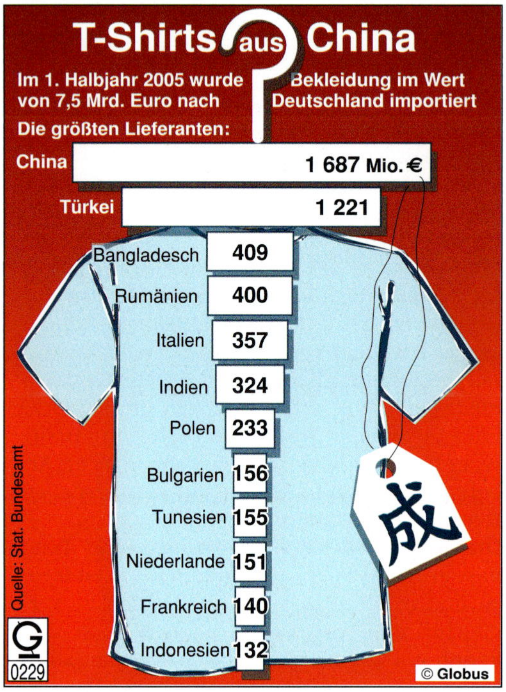

(Zahlen: Statistisches Bundesamt)

Näherinnen in Bangladesch

Woher kommt unsere Kleidung?

Zu ca. 90 Prozent wird die Kleidung in Ländern im Süden, insbesondere Süd- und Südostasien, Mittelamerika, einigen Ländern Afrikas sowie auch in Osteuropa hergestellt. Nach dem Auslaufen des Welttextilabkommens Ende Dezember 2004 fielen die bisher festgelegten Exportquoten für Textilprodukte für einzelne Länder weg. Erwartungsgemäß stiegen die Exporte Chinas rasant an. 2005 wuchsen die Exporte Chinas in die USA um 47 Prozent, in die EU um 43 Prozent. Der Marktanteil Chinas an den weltweiten Bekleidungsexporten stieg von 20 auf 27 Prozent an, d. h. China produziert heute mehr als ein Viertel der weltweiten Bekleidung.
Der Quotenwegfall führte zu Preisreduktionen und einem starkem Konkurrenzkampf der armen Länder untereinander, die Bekleidung exportieren und deren Nationaleinkommen von dem Export stark abhängig ist. (...)
Der Konkurrenzkampf der armen Länder um die Erhaltung ihrer Bekleidungsindustrie konzentriert sich oft darauf, die niedrigsten Löhne anpreisen zu können. Betrachtet man

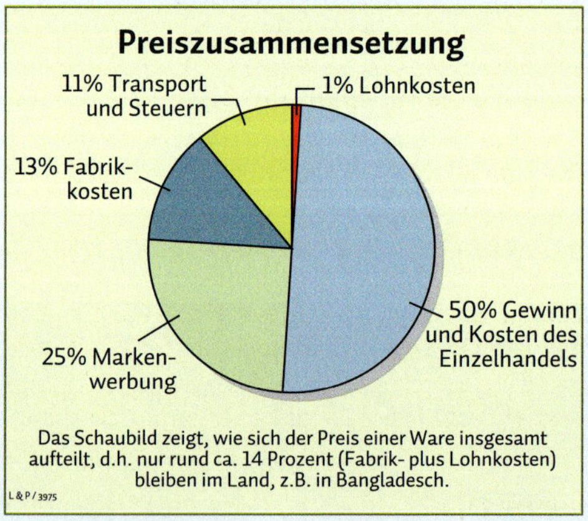

die verschiedenen Kostenanteile hingegen aus Sicht der Einkäufer/Unternehmen, haben die Löhne am Endverkaufspreis eines Produktes nur einen Anteil von 0,5 – 1 Prozent, wie das Schaubild zeigt. Marketing und Werbung sowie der Profit für das Unternehmen in Deutschland/Europa haben dagegen einen Anteil von ca. 25 Prozent am Endverkaufspreis. Eine Lohnerhöhung ist daher eher „Peanuts" in den Augen der Einkäufer. Dennoch feilschen sie um jeden Cent.

(aus: Khorshed Alam u. a.: Wer bezahlt unsere Kleidung bei Lidl und KiK? Eine Studie über die Einkaufpraktiken der Discounter Lidl und KiK und ihre Auswirkungen auf die Arbeitsbedingungen bei den Lieferanten in Bangladesch. Hg.: Kampagne für Saubere Kleidung, insbesondere folgende Trägerorganisationen: Inkota-Netzwerk, NETZ Bangladesch, TERRE DES FEMMES, ver.di-Bundesverwaltung, Bereich Politik und Planung. Berlin 2008, S. 13)

Kampagne für Saubere Kleidung

Exportquote
Anteil des Außenhandels an der Wirtschaftsleistung eines Landes

Nationaleinkommen
die Einkommen aller Inländer in einem Jahr

„Peanuts"
Das englische Wort für Erdnüsse wird umgangssprachlich verwendet, wenn man ausdrücken will, dass etwas eine Kleinigkeit oder unwichtig ist.

Warum die Jeans von Lidl und Co. so billig sind

Hohe Gewinne mit Niedrigpreisen: Discounter wie Lidl und Kik lassen ihr Textilsortiment vor allem in Bangladesch produzieren – und kümmern sich wenig um die Arbeitsbedingungen. Die verstoßen massiv gegen internationale Sozialstandards, zeigt eine Untersuchung.

Es ist Suma Sarkers prüfender Blick, der sofort auffällt. Ihre braunen Augen wandern vom Gesicht über den Pullover und bleiben schließlich an der Jeans hängen. Für ein paar Sekunden scheint sie den Saum zu prüfen, die aufgenähten Taschen zu registrieren und die Länge der Hosenbeine zu schätzen, bevor sie wieder freundlich lächelt. Sarker ist ausgewiesene Jeans-Expertin, Tausende hat sie schon genäht.

Die 24-Jährige ist Näherin in Bangladesch, seit acht Jahren arbeitet sie in einer der 4500 Textilfabriken, die in dem bitterarmen Land inzwischen betrieben werden. Von 8 bis 22 Uhr dauert ihre Schicht in der Regel, freie Tage gibt es kaum, die Überstunden werden nur zum Teil bezahlt. 30 bis 50 Euro verdient Sarker im Schnitt monatlich – deutlich mehr als ihre Kolleginnen, weil sie bereits Vorarbeiterin ist.

In Deutschland werden die von ihr genähten Hosen von Discountern wie Kik und Lidl zu Dumpingpreisen verkauft. 9,99 Euro kostet derzeit eine Damenjeans beim Billiganbieter Kik, bei Lidl bekommt man Kinderjeans momentan für 5,99 Euro, Jungen-Freizeithosen gibt es sogar schon für 2,99 Euro.

„Weil die Discounter ihre Waren in Deutschland zu absoluten Billigpreisen anbieten wollen, üben sie enormen Druck auf die Hersteller aus. Und das führt dazu, dass die Arbeiter in den Produktionsländern unter unwürdigen Bedingungen arbeiten müssen“, sagt Gisela Burckhardt von der „Kampagne für Saubere Kleidung“ (CCC). (…)

„Die Firmen wissen genau, was sie machen“, sagt denn auch Shahida Sarker von der National Garment Workers Federation aus Bangladesch. „Sie wissen, dass sie den Produzenten die Preise diktieren können, ohne sich dabei um die konkrete Umsetzung kümmern zu müssen“, kritisiert die Gewerkschafterin. Die vielgepriesenen Projekte spielten sich in einigen wenigen Vorzeigefabriken ab, in die die Kontrolleure gelotst und wo die Arbeiterinnen vorher auf die Fragen vorbereitet würden. Sie fordert deshalb gesetzliche Regeln, mit denen die Auftraggeber aus den westlichen Industrieländern von ihren eigenen Regierungen zur Einhaltung der Sozialstandards gezwungen würden. Doch bis dahin will sie auch die Konsumenten in die Plicht nehmen: „Wer die Arbeitsbedingungen ändern will, muss auch bereit sein, mehr für seine Kleidung zu zahlen.“

Das aber könne schwierig werden. Denn nach einer Umfrage des Branchenblattes „Textilwirtschaft“ denken 70 Prozent der Deutschen, dass die Verantwortung für die Arbeitsbedingungen bei Industrie- und Handelsunternehmen liegt, nur 30 Prozent wären bereit, mehr für Kleidung zu zahlen, die sozialverträglich produziert wird. Und nur fünf Prozent geben an, überhaupt darauf zu achten, wie die Bekleidung hergestellt wird, die sie kaufen.

(www.spiegel.de/wirtschaft/0,1518,592711,00.html. Autorin: Susanne Amann. Abrufdatum: 04.04.2009)

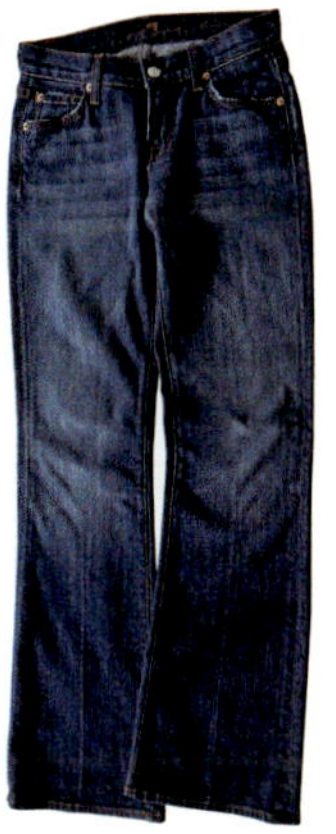

Dumpingpreis
Verkaufspreis einer Ware unter den Selbstkosten, um Konkurrenten vom Markt zu verdrängen

1 *Die Chinesen verkaufen uns billige Jacken und Hosen und wir ihnen unsere teuren Autos. Das bringt doch allen nur Vorteile!*

2 *Ich kaufe lieber teurere deutsche Textilien und trage so dazu bei, die Arbeitsplätze bei uns in Deutschland zu sichern.*

3 *Es hilft doch den Näherinnen in Bangladesch nichts, wenn ich statt einer billigen eine teure Jeans kaufe!*

1 Nenne die wesentlichen Fakten des Textes „Woher kommt unsere Kleidung?“ und der Grafik „T-Shirts aus China“.
2 Erläutere die Preiszusammensetzung eines T-Shirts.
3 Ermittle die Probleme, die der Text „Warum die Jeans … so billig sind“ aufzeigt.
4 Setze dich mit den Aussagen in den Sprechblasen auseinander. Wie ist deine Meinung?

1 Hilfe
Gehe zuerst auf die weltweite Situation ein, dann auf die Lieferanten nach Deutschland.

2 Hilfe
Wer bekommt welchen Teil des Preises, den am Ende der Käufer bezahlt?

Lara, 17 Jahre

Herr Henning, Unternehmer

Lara: Was ist denn ein „Global Player"?

Herr Henning: Das ist ein großes Unternehmen, das weltweit wirtschaftlich tätig ist. Es hat zwar in einem bestimmten Land den Firmensitz, aber große Teile von Entwicklung, Produktion, Verkauf usw. finden in anderen Ländern statt.

Lara: Und wer wäre solch ein „Global Player"?

Herr Henning: Nehmen wir als Beispiel Ikea, ein Möbelhaus, das jeder kennt. Der Stammsitz ist in Schweden, aber mittlerweile gibt es 267 Ikea-Einrichtungshäuser in 25 Ländern. In China heißt Ikea „Yi Jia Ju", was soviel wie „Gemütlich zu Hause wohnen" bedeutet. Die Möbel lässt Ikea in 55 Ländern von etwa 1220 Lieferanten produzieren. – Oder als anderes Beispiel die Siemens AG, die in über 190 Ländern produziert. Von den 400 000 Mitarbeitern arbeiten nur 126 000 in Deutschland für Siemens.

Lara: Wie viele „Global Players" gibt es denn?

Herr Henning: Ganz genau kann ich das nicht sagen. Man schätzt, dass es weltweit etwa 65 000 multinationale Firmen mit 850 000 Auslandstöchtern und insgesamt 54 Millionen Beschäftigten gibt.

Lara: Da haben die „Global Players" eine große wirtschaftliche Bedeutung, scheint mir …

Herr Henning: Das kann man wohl sagen! Zum Beispiel macht der Ölkonzern Exxon Mobil einen Umsatz, der höher ist als das gesamte Bruttoinlandsprodukt von Österreich. Und der Umsatz von Daimler ist fast so hoch wie die gesamte Wirtschaftsleistung von Dänemark. Die zehn größten „Global Players" erzielen jährlich einen Umsatz in der Größenordnung zwischen 2500 bis 3000 Milliarden Dollar. Im Vergleich dazu verfügen die Vereinten Nationen gerade mal über 2,5 Milliarden Dollar.

(Karikatur: Karl-Heinz Schoenfelder)

(Karikatur: Edgar Hoff)

Unternehmen und die Globalisierung

Unternehmen internationalisieren sich, um etwa günstiger zu produzieren oder einen größeren Absatzmarkt zu erreichen. Produzierende Unternehmen sind einer der Haupttreiber der Globalisierung, da sie direkt und indirekt die Verflechtungen zwischen Staaten voranbringen.
Offensichtlich wird die Bedeutung von internationalen Unternehmen in den zunehmenden Bewegungen von Gütern und Waren. Produzierende Unternehmen in den Industriestaaten sind heute fast alle an den internationalen Märkten präsent. Sie werden dann auch global player genannt.
Beschaffungsseitig zum Beispiel auf den Rohstoffmärkten, aber viele Firmen kaufen auch Vorprodukte und Zulieferleistungen aus anderen Ländern zu. Der Absatz muss heute fast zwangsläufig über die Grenzen des Heimatlandes hinweg erfolgen, da alle Unternehmen auf die Skaleneffekte der Massenproduktion angewiesen sind. Die so entstehenden Verbindungen aus Transport und Logistik umspannen den ganzen Erdball.
Viele Unternehmen verlagern aber auch Teile der Produktion und anderer Funktionen der Wertschöpfungskette in andere Länder. So wird nicht nur Kapital bewegt, sondern auch Personal, was zur Globalisierung der Kultur beiträgt. Ein Beispiel ist die Sprache, denn erst durch expandierende Konzerne wurde Englisch zur anerkannten Businesssprache weltweit. Zudem sind fast alle Produkte überall erhältlich. Marktführer wie die großen Getränke- oder Sportartikelhersteller tragen dazu bei eine globale Einheitskultur zu schaffen.
Produzierende Unternehmen treiben aber auch die Finanzmärkte, denn sie sind einerseits die größten Kapitalnachfrager aufgrund des Bedarfs an Investitionen. Andererseits werden sie selbst und ihre Wertpapiere zum Objekt von Spekulation und Handel. Das heißt, dass die börsennotierten Titel der Unternehmen die internationalen Kapitalmärkte wesentlich beeinflussen.
Nicht zuletzt haben die global player auch politische Bedeutung. Oft bestehen wirtschaftliche Kontakte auch vor den politischen, sie ziehen diese Beziehungen aber häufig nach sich. Gibt es erst mal erfolgreiche Handelskooperation ist die Bereitschaft zu politischer Zusammenarbeit schon viel größer.

(www.globalisierung-fakten.de/gruende-der-globalisierung/unternehmen-global-... 02. 06. 2010, Autor: Aran Down)

beschaffungsseitig den Einkauf eines Betriebes betreffend

Vorprodukte bereits gefertigte eingekaufte Teile, die in der Herstellung weiterverarbeitet werden

Skaleneffekt Begriff aus der Produktionstheorie für den Kostenvorteil pro Stück bei steigender Produktionsmenge

Wertschöpfungskette Bezeichnung für die verschiedenen Aufgaben bei der Leistungserbringung in einem Unternehmen

	Transnationale Konzerne	Sitz	Auslandsvermögen Mrd. US-$	Beschäftigte im Ausland
1	General Electric	USA	412,7	155 000
2	Vodafone	GB	196,4	51 100
3	General Motors	USA	175,3	194 000
4	BP	GB	161,2	78 100
5	Royal Dutch/Shell	GB/NL	151,3	92 000
6	Exxon Mobil	USA	143,9	52 900
7	Toyota	J	131,7	107 800
8	Ford	USA	119,1	160 000
9	Total	F	108,1	64 100
10	Electricité de France	F	91,5	17 800

1 Beschreibe die Rolle der multinationalen Konzerne in der Weltwirtschaft. Werte dazu das Gespräch, die Tabelle und den Text auf dieser Seite aus.

2 Analysiere die beiden Karikaturen auf Seite 288.

1 Hilfe
Bei der Auswertung des Textes hilft es, wenn du bei jedem Absatz den Kerngedanken als Überschrift oder als Kurzaussage notierst.

Fallbeispiel: VW als Global Player

Konzern
Zusammenschluss von verschiedenen Unternehmen unter einer einheitlichen Leitung

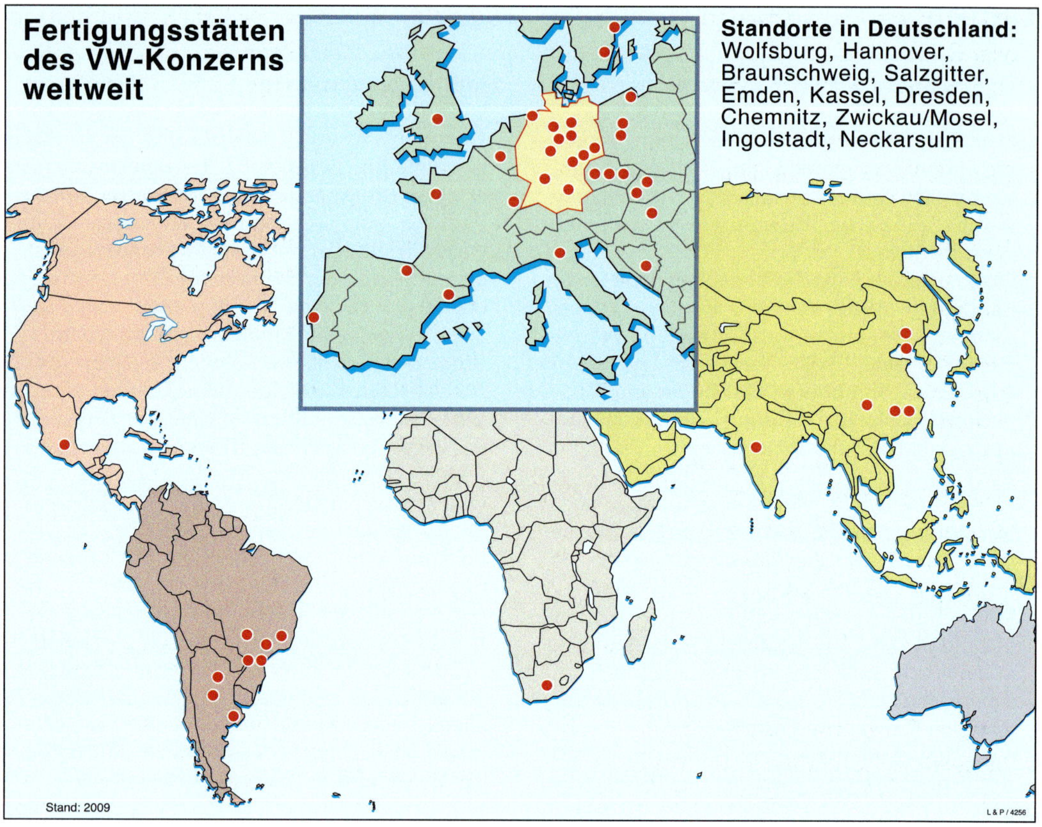

Der Volkswagen Konzern mit Sitz in Wolfsburg ist einer der führenden Automobilhersteller weltweit und der größte Automobilproduzent Europas. Im Jahr 2010 steigerte der Konzern die Auslieferungen von Fahrzeugen an Kunden auf 7,203 Millionen (2009: 6,336 Millionen), das entspricht einem Pkw-Weltmarktanteil von 11,4 Prozent.

In Westeuropa stammt mehr als ein Fünftel aller neuen Pkw (21,0 Prozent) aus dem Volkswagen Konzern. Der Umsatz des Konzerns belief sich im Jahr 2010 auf 126,9 Milliarden Euro (2009: 105,2 Milliarden). Das Ergebnis nach Steuern betrug im abgelaufenen Geschäftsjahr 7,2 Milliarden Euro (2009: 0,9 Milliarden).

Neun Marken aus sieben europäischen Ländern gehören zum Konzern: Volkswagen, Audi, SEAT, Skoda, Volkswagen Nutzfahrzeuge, Bentley, Bugatti, Lamborghini und Scania.

Jede Marke hat ihren eigenständigen Charakter und operiert selbstständig im Markt. Dabei reicht das Angebot von verbrauchsoptimalen Kleinwagen bis hin zu Fahrzeugen der Luxusklasse. Im Bereich der Nutzfahrzeuge beginnt das Angebot bei Pick-up-Fahrzeugen und reicht bis zu Bussen und schweren Lastkraftwagen.

Ab dem ersten Quartal 2011 betreibt der Konzern in 15 Ländern Europas und in sieben Ländern Amerikas, Asiens und Afrikas 62 Fertigungsstätten. Fast 400.000 Beschäftigte produzieren an jedem Arbeitstag rund um den Globus rund 30.000 Fahrzeuge oder sind mit fahrzeugbezogenen Dienstleistungen befasst. Seine Fahrzeuge bietet der Volkswagen Konzern in 153 Ländern an.

Ziel des Konzerns ist es, attraktive, sichere und umweltschonende Fahrzeuge anzubieten, die im zunehmend scharfen Wettbewerb auf dem Markt konkurrenzfähig und jeweils Weltmaßstab in ihrer Klasse sind.

(Text aus: Volkswagen, ZahlenDatenFakten, Navigator 2011, S. 2 f., Hg.: Volkswagen Aktiengesellschaft, Konzernkommunikation, Wolfsburg. Stand: 31. 12. 2010)

Antworten von Vorstandsmitglied Dr. Francisci Javier Garcia Sanz und dem Vorsitzenden der Volkswagen AG Prof. Dr. Martin Winterkorn:

FRAGE: Sie sind ja als Autohersteller nicht nur in Deutschland, sondern weltweit vertreten. Wie werden Sie Ihrer Verantwortung für Mitarbeiter und Umwelt im Ausland gerecht?

Francisci Javier Garcia Sanz: In der Grundausrichtung gibt es kaum Unterschiede. Wir kümmern uns intensiv um unsere Mitarbeiter und deren unmittelbares Umfeld, weil wir glauben, dass nur engagierte und gesunde Mitarbeiter Höchstleistungen bringen. Allerdings berücksichtigen wir die lokalen Gegebenheiten.

FRAGE: Worin bestehen die lokalen Unterschiede?

Garcia Sanz: Im mexikanischen Puebla beispielsweise stellen wir unseren Arbeitern die Betriebsärzte bei Bedarf auch als Hausärzte zur Seite. Und weil dort Wasser ein sehr knappes Gut ist, haben wir in unserem Werk einen Brauchwasserkreislauf eingerichtet, der den Frischwasserbedarf drastisch reduziert hat, und eine moderne Kläranlage gebaut, die die lokalen Standards deutlich übertrifft.

Prof. Dr. Winterkorn: Das verstehen wir unter gesellschaftlicher Verantwortung. Daher unterstützen wir auch den „Global Compact" der Vereinten Nationen und engagieren uns für Menschenrechte, Arbeits- und Umweltschutz sowie gegen Korruption. Indem wir Verantwortung übernehmen und Nachhaltigkeit praktizieren, stärken wir die Innovations- und Wettbewerbsfähigkeit unseres Konzerns.

(aus: VW-Geschäftsbericht 2006, S. 17)

Seit 1967 produziert der Volkswagen-Konzern im mexikanischen Puebla Autos. Auszug aus einer Pressemitteilung:

Volkswagen bestätigt sein Investitionsprogramm für Mexiko

Das Werk Puebla wird für die Produktion eines neuen Modells ausgebaut

Felipe Calderón, Mexikos Staatspräsident, im VW-Werk Puebla

Wolfsburg/Puebla, 21. Juli 2009 – Im Beisein des mexikanischen Präsidenten Felipe Calderón hat Volkswagen de México gestern seine Pläne bestätigt, eine Milliarde US-Dollar in die Erweiterung seines Werks in Puebla zu investieren. (...) In den sich bereits im Bau befindlichen neuen Produktionsanlagen wird ab Mitte 2010 exklusiv ein neues Modell für die globalen Märkte gefertigt. (...)
Durch die Erweiterung des Werks Puebla wird Volkswagen vor Ort seine Tageskapazität um 300 Einheiten auf insgesamt 2100 Fahrzeuge steigern können. Der Ausbau des Werks wird 410 Millionen US-Dollar kosten. Der Rest der Investitionssumme soll für Werkzeuge von Zulieferern und insbesondere für die Entwicklung des neuen Modells aufgewendet werden, an der die mexikanischen Ingenieure maßgeblich beteiligt sind. Die Ankündigung ist Teil einer umfassenden Strategie für den nordamerikanischen Markt. Dazu gehört auch der am 15. Juli 2008 beschlossene Bau des Werks in Chattanooga, Tennessee. In dem hochmodernen, eine Milliarde US-Dollar teuren Werk, das 2011 die Produktion aufnimmt, sollen jährlich 150000 Einheiten eines speziell für den nordamerikanischen Markt entwickelten Modells gefertigt werden. (...)

2008 lief in Puebla der einmillionste New Beetle vom Band. Das Foto zeigt das Cabrio.

(Pressemitteilung, www.volkswagen-media-services.com/medias_publish/ms/content/de 26.07.2009)

1967 liefen in Puebla die ersten Autos vom Band. Bis 2003 wurde dort der VW Käfer gebaut. Heute werden verschiedene Modelle gefertigt, unter anderem der New Beetle. Etwa 80 % der Fahrzeuge werden exportiert, weltweit in mehr als 100 Länder. Mit 15 000 Beschäftigten ist VW der größte Arbeitgeber in Puebla.

„Global Compact"
englische Bezeichnung für einen weltweiten Pakt, der zwischen der UNO und Unternehmen geschlossen wurde, um die Globalisierung ökologischer und sozialer zu gestalten

Korruption
Bestechung, Bestechlichkeit

1. In welchen Ländern produziert der VW-Konzern? Vergleiche die Karte mit einem Atlas.
2. VW als Global Player: Welche Angaben dazu sind für dich besonders aussagekräftig?
3. Wie sehen die Verantwortlichen im VW-Konzern ihre Rolle als Global Player? Werte die Aussagen in dem Interview aus und notiere stichwortartig.

Deutschland und die Globalisierung

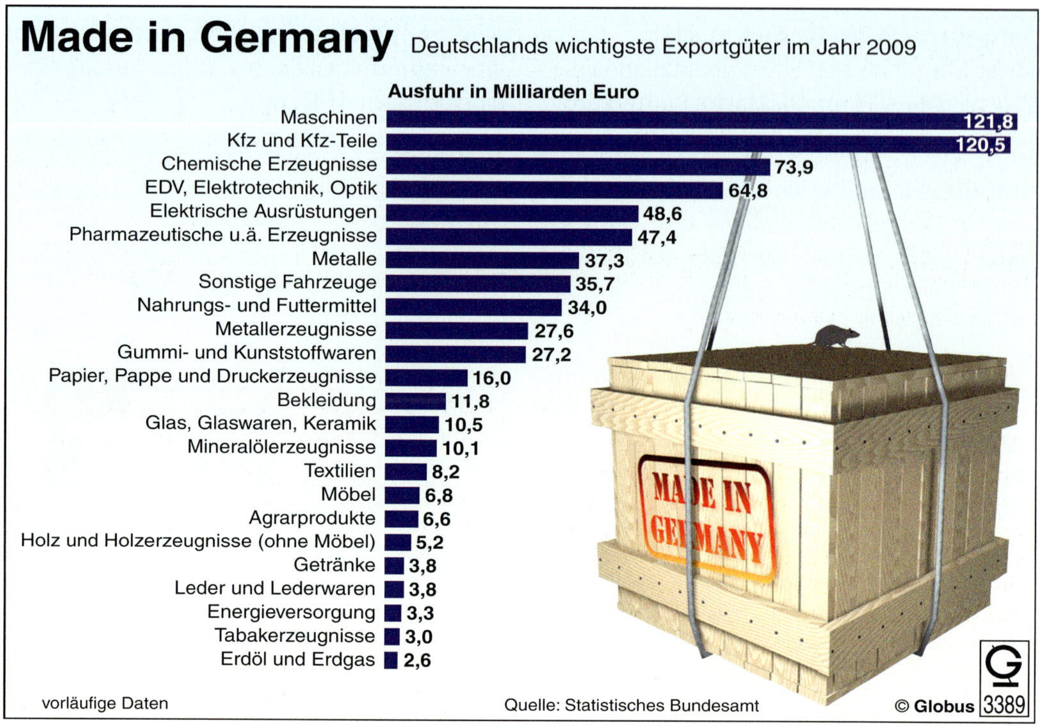

Die globale Finanz- und Wirtschaftskrise hat 2009 in den meisten Branchen zu einem drastischen Einbruch der deutschen Exporte geführt

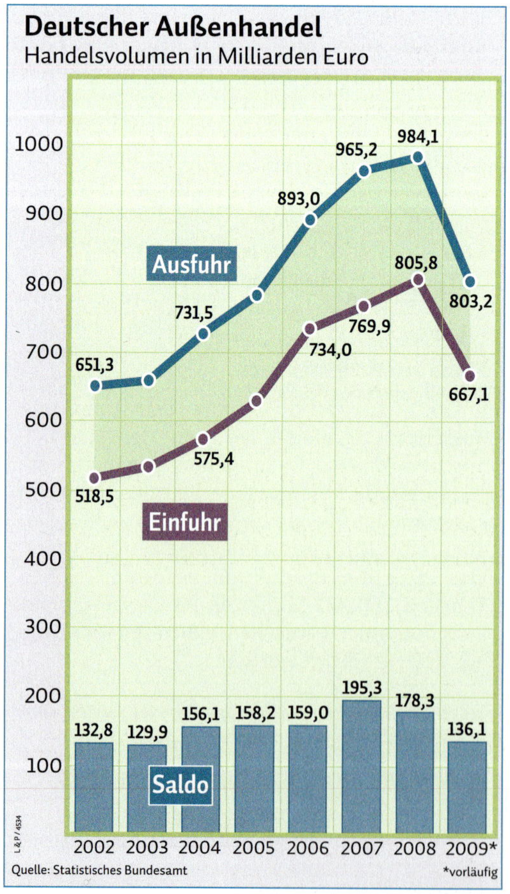

Direktinvestitionen
Kapitalanlagen eines Unternehmens zur Gründung von Firmen oder Produktionsstätten im Ausland

Exportquote
Anteil des Auslandsgeschäfts am Umsatz

Mittelstand profitiert von Globalisierung

BERLIN (rtr). Der deutsche Mittelstand profitiert einer Studie zufolge zunehmend von der Globalisierung der Wirtschaft. „Die Auslandaktivitäten der mittelständischen Unternehmen haben sowohl im Export als auch in Form von Direktinvestitionen in den vergangenen Jahren stark zugenommen", teilte der Bundesverband der Deutschen Volksbanken und Raiffeisenbanken (BVR) mit. Die Exportquote der Firmen habe seit 1997 um rund 20 Prozent zugelegt. Zudem habe sich der Anteil der Mittelständler mit Töchterfirmen im Ausland seit Beginn des Jahrzehnts verdoppelt.

Zuletzt hatten zahlreiche Umfragen gezeigt, dass sich die Stimmung der Mittelständler im Zuge des Aufschwungs deutlich aufgehellt hat. In der Studie hieß es weiter, die Ängste vieler Bundesbürger vor der Globalisierung seien unbegründet. Denn diese verspreche den darin eingebundenen Ländern einen spürbaren Wohlstandsgewinn und damit Wachstums- und Entwicklungschancen.

„Deutschland verdankt einen großen Teil seines Wohlstandes dem Austausch von Waren, Dienstleistungen und Kapital mit dem Ausland." Deutschlands Wirtschaft nutzt nach einer IW-Analyse die Chancen des Auslandsgeschäfts (...).

(aus: Stuttgarter Zeitung, 12. 4. 2007, S. 11)

Container-Terminal im Hamburger Hafen

Günstiger einkaufen

Die Globalisierung hat viele Gesichter – unter anderem lachende Konsumenten. Würden Spielzeug, Digitalkameras und Laufschuhe nicht in Niedriglohnländern, sondern in Deutschland hergestellt, wären sie für zahlreiche Bundesbürger kaum erschwinglich, wie ein Blick in die Verbraucherpreisstatistik schnell klarmacht.

Wenn das Stichwort Globalisierung fällt, bekommen in Deutschland viele Menschen Bauchschmerzen – vor allem jene Arbeitnehmer, deren Tätigkeiten zunehmend in Fernost für kleines Geld erledigt werden. Ihre Sorge ist nicht unberechtigt, denn China und andere aufstrebende Niedriglohnländer setzen die Arbeitsplätze in den Industrienationen zunehmend unter Druck. Doch wer die weltweite Arbeitsteilung aus diesem Grund geißelt, vergisst allzu leicht, wie sehr die westliche Hemisphäre von den Produkten aus Asien, Lateinamerika und Co. profitiert. (...)

Ohne die Lieferungen aus den Niedriglohnländern müssten die hiesigen Konsumenten heute also sehr viel tiefer in die Tasche greifen, um bestimmte Anschaffungen zu tätigen. Wie der Blick auf einzelne Gütergruppen in der Verbraucherpreisstatistik zeigt, haben sich die Preise gerade jener Produkte moderat entwickelt, die heute häufig made in China oder Taiwan sind. (...)

(iwd – Informationsdienst des Instituts der deutschen Wirtschaft Köln, Nr. 48/2006, © Deutscher Institutsverlag GmbH, Köln, 30.11.2006, S. 8)

(...) Wir buchen Flüge zu Preisen, von denen wir wissen, dass sie auf Niedriglöhnen und Stellenabbau beruhen. Wir kaufen ein in Supermärkten, deren Preise angemessene Gewinne für die Produzenten ausschließen – ebenso wie eine umwelt- und tiergerechte Produktion. Wir haben gelesen, dass den Angestellten hinter der Kasse landesübliche Rechte vorenthalten werden. Wir wissen, dass Hosen und Pullover, Computer und DVD-Player, die wir zu Spottpreisen kaufen, nicht in Deutschland, sondern im Ausland gefertigt werden, in sogenannten Niedriglohnländern. Sozialdumping, Stellenabbau, Verlagerung der Produktion ins Ausland – als Kunde fördern wir alles, was uns als Bürger empört. Wir tun genau das, was wir Politikern und Managern vorwerfen. Wie die Manager an der Spitze der Konzerne treiben wir Globalisierung und Deregulierung voran. Die Manager schauen auf jeden Cent und nehmen nur das Billigste? Genau das tun wir, als fortwährend rechnende und vergleichende Kunden, als knallharte Manager unserer Lebenshaltung. Wir drücken die Preise, bis als Produktionsstandort unserer Waren nur noch Fernost infrage kommt. Wir selbst sind die globalen Heuschrecken. Volk und Elite sind sich einig in ihrem radikalen Ökonomismus. Und wie die Elite sind wir teils getrieben, teils Treibende. Arbeitslose und Geringverdiener müssen auf jeden Cent schauen. Der Rest hat aus seinem Portemonnaie einen Fetisch gemacht wie die Manager aus dem Shareholder-Value. (...)

(aus: Sven Hillenkamp: Selbst schuld!, in: DIE ZEIT, 08.06.2006, S. 59)

Sozialdumping
Wettbewerbsvorteile gegenüber anderen durch niedrigere Löhne, geringe Sozialleistung und weniger Vorschriften zum Arbeitsschutz

Ökonomismus
rein wirtschaftliche Sichtweise

Shareholder-Value
Nutzen für die Aktienbesitzer

1 Beschreibe anhand der statistischen Daten auf Seite 292 und der Grafik auf Seite 283 unten Deutschlands Stellung im Export.

2 „Globalisierungsgewinner sind nur die Großkonzerne!" – Was sagt der Text links dazu?

3 Erkläre, wie Globalisierung und deutsche Exporte zusammenhängen.

4 Setze dich mit den beiden Texten auf dieser Seite auseinander.

4 Hilfe
Welche Fakten werden genannt? Welche Meinung wird vertreten? Stimmst du dieser Meinung zu oder lehnst du sie ab? Begründe deine Stellungnahme.

Globalisierung und Arbeitsplätze in Deutschland

Fallbeispiel: Textilservice

Wirslaw Radke aus Gryfino arbeitet als einer von 38 Fahrern des Fliegel Textilservice. Das Berliner Unternehmen erledigt für Hotels die komplette Wäsche inklusive Abholung, Reinigung und Kragenfaltung per Hand – wahlweise nach innen oder nach außen.
„In Deutschland könnte das niemand bezahlen“, sagt Geschäftsführer Franz-Josef Wiesemann, „wir machen das deshalb schon seit Jahren in Polen.“ 380 Leute beschäftigt Fliegel inzwischen in der Wäscherei in Nowe Czarnowo bei Szczecin.
Wenn alles gut geht, ist Fahrer Radke in rund drei Stunden in Nowe Czarnowo und kann seine 44 Container voll mit schmutzigen Handtüchern, Bettlaken und Bademänteln pünktlich abliefern. Gewaschen wird im Schichtbetrieb, rund um die Uhr, sieben Tage die Woche. Schon am nächsten Morgen fährt Radke die Tour zurück.
Umgerechnet drei Euro verdient eine Waschkraft in Polen pro Stunde. In Deutschland müsse man das Doppelte bis Dreifache bezahlen, schätzt Wiesemann. (...)

(aus: DER SPIEGEL, 25.04.2005, S. 83)

Fallbeispiel: Arbeitskosten

(...) Der Fall des Eisernen Vorhangs hat die Wettbewerbsverhältnisse für Deutschland radikal verändert. Beinahe über Nacht erschloss sich den deutschen Unternehmen in unmittelbarer Nachbarschaft ein riesiges Reservoir gutausgebildeter Arbeitskräfte: hochmotiviert, fleißig, diszipliniert – und vor allem unschlagbar billig. Während eine durchschnittliche Frauenarbeitsstunde in Westdeutschland derzeit rund 27 Euro kostet, sind es in Polen, Tschechien oder Ungarn lediglich 3 bis 6 Euro, in Rumänien 2 und in der Ukraine gar nur ein Euro.
Es kam, was kommen musste: Wie Wasser ins Tal flossen bald Investitionen und Arbeitsplätze Richtung Osten. Zunächst wurden nur einige Zulieferproduktionen verlegt, später ganze Fertigungsstraßen und Fabriken, schließlich auch produktionsnahe Dienstleistungen wie Entwicklung, Design oder Marketing.

(aus: DER SPIEGEL, 25.04.2005, S. 86. Artikel: Das globale Job-Roulette)

Fallbeispiel: Martin Kinkelin

Sie sind einander nie begegnet. Martin Kinkelin, 44 Jahre alt, lebt in einem Dorf in der Nähe der Stadt Schweinfurt in Deutschland. István Nagy, 26 Jahre alt, lebt in einem Dorf in der Nähe der Stadt Székesfehérvár in Ungarn. Vermutlich werden sie sich nie kennenlernen. Trotzdem gibt es eine Verbindung zwischen dem Deutschen und dem Ungarn. Der Computerkonzern IBM hat beschlossen, mehrere hundert Arbeitsplätze von Deutschland nach Osteuropa zu verlagern.
István Nagy hat jetzt Martin Kinkelins Job. (...) Seit neun Jahren ist er bei IBM. Ein ruhiger Mann, der wenig Aufhebens um sich macht. „Ich bin eher der Typ Techniker“, sagt er. Kinkelin hat einen Laptop vor sich stehen. Die Finger huschen über die Tasten. Hin und wieder greift er zur Kaffeetasse. Viel mehr Bewegung ist nicht. Die Arbeit findet im Kopf statt. Kinkelin sagt: „Ich habe mich hier immer sicher gefühlt.“
Natürlich kannte er die Gefahren der Globalisierung. Er hatte erlebt, wie die FAG-Arbeiter um ihre Jobs bangten, hatte Berichte gelesen über mögliche Standortverlagerungen, bei Opel, bei Daimler. Aber ging es da nicht um Fließbandarbeiter? Martin Kinkelin ist Wissensarbeiter. Wissen lässt sich schwer ersetzen. (...).
Dann kam der 3. März.(...) IBM-BS-Geschäftsführer Johannes Nagel sagt, der Konzern habe beschlossen, den IBM-BS-Standort Schweinfurt und den in Hannover, wo 278 Leute arbeiten, zum 30. September zu schließen. Die Arbeit werde zukünftig in Tschechien und Ungarn erledigt. (...)

(aus: Wolfgang Uchatius: István hat jetzt Martins Job, in: DIE ZEIT, 28.07.2005, S. 10)

Arbeitnehmerinnen und Arbeitnehmer in Köln demonstrieren für den Erhalt ihrer Arbeitsplätze

FAG-Arbeiter
Die Firma FAG Kugelfischer in Schweinfurt wurde von einem Konkurrenzunternehmen übernommen.

Konzern
Zusammenschluss von verschiedenen Unternehmen unter einer einheitlichen Leitung

Sanierungsfall
eine Firma, die in wirtschaftlichen Schwierigkeiten steckt und nur durch Entlassungen, Schließung von Werken, Produktveränderungen usw. gerettet werden kann

Fall: Braun

An einem Freitagmorgen Ende Januar dieses Jahres erreicht Deutschland eine Meldung, die während der Nacht schon in den USA kursierte, aber vor dem Börsenschluss in New York durfte nichts durchsickern. Procter & Gamble, ein amerikanischer Weltkonzern mit Sitz in Cincinnati, wird Gillette kaufen. Wem Gillette gehört, dem gehört auch Braun. Bernhard Wild ist auf dem Weg ins Büro, als er im Autoradio davon erfährt. Die Sache interessiert ihn sehr, schließlich ist er der Vorstandschef von Braun. Er wusste von nichts. (...)
Zwei Konzerne haben auf einem anderen Kontinent nebenbei die Zukunft von Braun verhandelt, wie aus dem Nichts entsteht ein Gefühl der Ohnmacht. Plötzlich ergeht es der Firma Braun nicht anders als ihren Zuträgern. Auf der Landkarte der Marktmächtigen ist Braun nur noch ein Fliegenschiss. (...)
Etwas war schon vorher bei Braun durcheinander geraten. Ein schärferer Wind kam vor wenigen Monaten auf. Der Mutterkonzern Gillette ist nicht mehr damit zufrieden, dass es Braun nur gut geht. Glänzend soll alles sein, noch mehr Rendite. Braun-Manager drängten Betriebsräte zu einem ersten Gespräch. Die Chefs brachten Papiere mit, in denen oft das Wort „China" auftaucht. Exakt 121 Leute könne man im Werk Walldürn einsparen, wenn man einen Teil der Produktion verlagere. Man könne aber auch anders, ohne „China": Zulagen weg, 40-Stunden-Woche ohne Lohnausgleich – ganz einfach.
Man darf sich diese Gespräche nicht sonderlich diplomatisch vorstellen. Gewerkschafter sagen: Braun sei kein Sanierungsfall, Braun sei kerngesund! – Man müsse verhindern, antworten Vorstände, dass Braun in zehn Jahren ein Sanierungsfall werden könnte. Man kann sich nicht einigen und vertagt sich. „Der Druck ist brutal", meint Braun-Chef Wild, „ich werde vom Kunden getrieben."

(aus: Henning Sussebach, Stefan Willeke: Operation Lohndrücken, in: DIE ZEIT, 10.03.2005, S. 17)

Fall: VW eröffnet Werk in Indien

PUNE (dpa). Der Autobauer Volkswagen hat sein Werk in Indien als bislang größte deutsche Einzelinvestition auf dem Subkontinent eröffnet. Die Kosten für das Werk in Chalkan nahe der westindischen Stadt Pune liegen bei 580 Millionen Euro. VW hält trotz der Krise der Autoindustrie am Absatzziel für Indien fest. Demnach will der Konzern seinen Marktanteil mit den Marken Volkswagen, Audi und Skoda von derzeit rund zwei Prozent binnen fünf Jahren auf acht bis zehn Prozent steigern. Indien ist nach China der weltweit am stärksten wachsende Automobilmarkt.
Auch Indien spüre die Auswirkungen der Krise, sagte VW-Produktionsvorstand Jochen Heizmann bei der Eröffnung des Werks laut Redemanuskript. Das Wachstum des Automobilmarkts habe sich seit der zweiten Jahreshälfte 2008 verlangsamt. „Trotz der derzeitigen Krise sind wir fest davon überzeugt, dass der indische Automarkt enormes Potenzial hat", sagte Heinzmann. (...)

(aus: Stuttgarter Zeitung, 01.04.2009, S. 15)

1 Was meinst du zu den Aussagen oben rechts? Begründe deine Zustimmung oder Ablehnung mit Hinweisen auf die Fallbeispiele.

A Durch die Globalisierung sind in Deutschland nur Arbeitsplätze mit einfachen Tätigkeiten gefährdet.

B Die großen Konzerne nutzen die Globalisierung, um durch Arbeitsplatzverlagerungen aus Deutschland ihre Gewinne zu vergrößern.

C Eine gute Ausbildung schützt auch in Zeiten der Globalisierung vor Arbeitsplatzverlust.

D Nur Betriebe mit wirtschaftlichen Problemen sind von einer Verlagerung in das Ausland bedroht.

E Multinationale Konzerne kümmert es wenig, wie sich ihre Entscheidungen auf die Belegschaften auswirken.

F Bei den hohen Arbeitskosten bei uns müssen sogar kleine Betriebe Arbeitsplätze ins Ausland verlagern.

G Die Arbeitskräfte in Osteuropa sind längst nicht so motiviert und qualifiziert wie die deutschen Arbeitnehmer.

H Deutsche Unternehmen müssen im Ausland Werke bauen, damit sie dort neue Märkte erschließen können. Das nützt letztlich auch den Arbeitnehmern im deutschen Stammwerk.

I Globalisierung ja – aber die Waren sollten in Deutschland hergestellt werden.

Im VW-Werk in Chalkan (Indien)

Kollaps
Zusammenbruch

Titelseite der Wochenzeitung DER SPIEGEL Nr. 23 vom 04. 06. 2007

Turboverarmung

(...) Wenn alles gut läuft, rasen Vorprodukte, Zwischenprodukte und Endprodukte auf einer Armada von Schiffen und in einem Schwarm von Frachtflugzeugen um die Welt. Zuletzt haben fast alle mitgemacht. Allein in den Least Developed Countries, den ärmsten Volkswirtschaften der Welt, legte der Anteil der Exporte am Sozialprodukt von 17 Prozent im Jahr 1995 auf 45 Prozent im Jahr 2007 zu.

Nie zuvor hatte die Menschheit ein solch wirksames System für die Erzeugung und Verteilung von Wohlstand entdeckt. Die Welt erlebte den Aufstieg von Schwellenländern wie China und Brasilien, Indien und Thailand und vielen anderen mehr. Die Armut ging zurück, für Kritiker zu langsam, aber immerhin. Sie sank vor allem dort, wo Volkswirtschaften erfolgreich am Weltmarkt teilnahmen.

Doch jetzt zeigt sich, dass diese vielen engen Verbindungen ebenso effizient eine Finanz- und Wirtschaftskrise ausbreiten können (...)

Der Kollaps des Handels, der Zusammenbruch der Produktion geschahen in aller Welt ungefähr gleichzeitig, ob nun in Industrieländern, Schwellenländern oder Entwicklungsländern. Er ließ auch Rohstoffpreise in den Keller fallen, und die Ausfuhr von Öl, Erzen oder Kautschuk ist die wichtigste Einnahmequelle manch armer Staaten. Seit in den Industriezentren der Welt Millionen von Menschen entlassen werden, gehen auch die Überweisungen von Wanderarbeitern in ihre Heimat zurück. Für viele arme Länder sind die aber zur wesentlichen Einnahmequelle geworden, sie machen zum Beispiel 18 Prozent vom Sozialprodukt Jamaikas aus oder neun Prozent in Bangladesch. (...)

(Thomas Fischermann, in: DIE ZEIT Nr. 23, 28. 05. 2009, S. 25 f.)

extern
von außen

Rezession
Rückgang in der wirtschaftlichen Entwicklung

kontinental
hier: auf den gesamten Kontinent Afrika bezogen

In Afrika ist die Krise eine Frage von Leben und Tod

Die Finanzkrise hat Afrika nur am Rande gestreift. Denn der Kontinent ist nur mangelhaft in die globalen Kapitalströme integriert. Doch die Auswirkungen auf die Realwirtschaft ist umso massiver.
Zuvor hatte es noch geheißen, Afrika würde der Weltfinanzkrise relativ ungeschoren entkommen: Dank seiner mangelhaften Integration in die globalen Kapitalströme sei der Kontinent gegen externe Schocks weitgehend immun. Tatsächlich streifte die Finanzkrise Afrika auch nur am Rand. Doch die ihr folgende Rezession traf den Kummerkontinent mit voller Wucht: Vor allem der Verfall der Rohstoffpreise, Exporteinbußen von 600 Milliarden Dollar, der Rückgang privater Investitionen um zwei Drittel ihres Wertes sowie der Einbruch bei den Überweisungen ihrer im Ausland lebenden Landesgenossen (...) macht den Afrikanern schwer zu schaffen.

Nach Berechnungen der Weltbank und des Währungsfonds wird die Krise rund fünf Prozent des kontinentalen Durchschnittswachstums (von sieben auf zwei Prozent) vernichten, fast 30 Millionen zusätzliche Afrikaner in die Armut stürzen und für jährlich bis zu 700 000 Kinder sogar den Tod bedeuten. „In entwickelten Staaten wirkt sich die Krise in Beschäftigungsverlusten aus", sagt der Kommissionspräsident der Afrikanischen Union, Jean Ping: „Hier ist sie eine Frage von Leben oder Tod."

(Johannes Dieterich, Johannesburg, in: Stuttgarter Zeitung, 30. 05. 2009, S. 16)

Ein Globalisierungsgewinner in der Krise

Jahrzehntelang waren Entwicklungsländer die großen Profiteure der Globalisierung. Länder wie ... Indien stellten billig Waren her, die ihnen die Industrienationen ... gerne abnahmen. Dank dieses Kreislaufs entstanden Millionen von Arbeitsplätzen in Schwellenländern rund um den Erdball. Doch im Zuge der Finanzkrise ist die weltweite Nachfrage eingebrochen. ... Besonders betroffen ist Südostasien: ... In Indien verschwanden allein im letzten Quartal 2008 mehr als 500 000 Stellen. ... Die Gründe, warum die Entwicklungsländer besonders unter der Krise leiden, sind vielschichtig. Viele dieser Staaten sind besonders auf den Export angewiesen. ... Die Entwicklungsländer bekommen nun auch zu spüren, dass ihr Anteil am Welthandel in den vergangenen Jahren dramatisch gestiegen ist – auf mittlerweile gut ein Drittel.

(Quelle: http://www.welt.de/ 09. 03. 2009)

Vielen Dank für die Blumen

Äthiopien wollte mit Ziergewächsen reich werden. Doch nun drücken die Abnehmer im Westen die Preise.

Wenn Tsegaye Abebbe an seinen Rosen schnupperte, hatte er auch den Duft von Wohlstand in der Nase. Tsegaye betreibt eine Blumenfarm südwestlich von Addis Abeba, und seine Umsätze wuchsen so schnell wie seine Rosensorten Poeme und Tropical Amazon unter der Sonne Äthiopiens. Vor vier Jahren erst hat Tsegaye die Firma ET Highland Flora gegründet, und im vergangenen Jahr verkaufte er schon 17 Millionen Stiele. 21 Millionen sollten es 2009 werden.

Exporte von Schnittblumen, das hatte schon das benachbarte Kenia vorgemacht, konnten ein hochprofitables Geschäft, ein neuer Wachstumsmotor für afrikanische Länder sein. Bis die Krise kam.

Für die Äthiopier selbst sind Rosen ein Luxus. Schließlich leben in diesem Land noch immer 20 Millionen Menschen von weniger als einem Dollar am Tag, das ist jeder vierte Einwohner. Die Landwirte vorsorgen sich vorwiegend selbst, und zu Geld können sie eigentlich nur kommen, wenn sie Güter für den Export produzieren – traditionell Tee und Kaffee und neuerdings Blumen. Schon 50 000 Menschen arbeiten in den Gewächshäusern, und die Regierung hat den Aufbau der Blumenbranche kräftig subventioniert. Nun drücken die Abnehmer im Westen die Preise. Es drohen Massenentlassungen und Einschnitte bei den ohnehin kargen Löhnen. Vielen Dank, aber weniger Geld für die Blumen.

Gut 5 600 Kilometer nördlich von Tsegayes Rosenfarm erklärt Peter Bouma, wie es so weit kommen konnte. Bouma ist bei der weltgrößten Blumenbörse Flora Holland der Bereichsmanager für Afrika. Er hat sein Büro in Naaldwijk nahe Rotterdam. Dort werden täglich Blumen an rund 5 000 Händler versteigert, unter ihnen auch jene, die Tsegayes 400 Mitarbeiter zwei Tage zuvor in braune Kartons verpackt haben.

„Eine Flaute wie in diesem Frühjahr habe ich noch nie erlebt", sagt Bouma, der seit 15 Jahren im Geschäft ist. Der Umsatz in Großbritannien brach im Februar um 51 Prozent ein, der in Deutschland um 11 Prozent.

„Die Zahl der verkauften Blumen hat sich kaum verändert, aber die Preise sind kollabiert", sagt Bouma. Die Preise für äthiopische Schnittblumen seien im ersten Quartel des Jahres um 15 Prozent gesunken, weil die Supermarktketten im Norden deutlich weniger zahlen wollten. Blumenzwischenhändler bekamen dann Ärger mit ihren Hausbanken, die ihnen plötzlich Kredite verweigerten. Das größte Leid traf dabei freilich die Lieferanten aus dem Süden. „Einige Betriebe in Äthipien werden an dieser Krise bankrottgehen", sagt Bouma.

Wann immer Tsegaye zuletzt die Marktinformationen aus den Niederlanden im Internet verfolgte, hatte er kaum Lust, sie zu lesen. Für eine kleine Rose, wie sie in deutschen Supermärkten verkauft wird, wurden ihm sechs Cent überwiesen. Eine große Rose brachte gerade mal 13 Cent. Damit sein Betrieb keine Verluste macht, muss Tsegaye aber für die kleinen Rosen mindestens zehn Cent erhalten und 18 Cent für die Großen. (…)

(Claas Tatje, in: DIE ZEIT, 28. 05. 2009, S. 26)

subventionieren
Der Staat fördert Betriebe oder Wirtschaftszweige mit finanziellen Mittel.

1 Werte die drei Zeitungstexte auf Seite 296 unter diesen Aspekten aus:
- Globalisierung und Entwicklungsländer vor der Wirtschaftskrise
- Anteil der Entwicklungsländer an der Wirtschaftskrise
- Folgen der Wirtschaftskrise für die Entwicklungsländer

2 Zeige am Beispiel des äthiopischen Blumenzüchtern auf, wie sich die Globalisierung auf Entwicklungsländer auswirkt.

2 Hilfe
Arbeite Vorteile und Nachteile heraus.

Die Staaten der Europäischen Union

A

Das Land, in dem ich lebe, ist eine konstitutionelle Monarchie mit parlamentarischem Regierungssystem. Das Staatsoberhaupt ist der König, die Königin stammt aus Deutschland. Die Hauptstadt ist Sitz der Königlichen Akademie der Wissenschaften, die alljährlich die Nobelpreise vergibt.

B

Mein Land war einst ein bedeutendes Kolonialreich, für das berühmte Entdecker den Grundstein legten. 1976 führte eine Revolution zu einer demokratischen Staatsordnung anstelle der vorangegangenen Militärdiktatur.

C

Bei der Entwicklung des Vertrages über die Europäische Union spielten zwei Städte in meinem Heimatland eine bedeutende Rolle. In unserer Hauptstadt befindet sich der Internationale Gerichtshof.

D

Ich lebe in einem Land der Gegensätze, mit reichen Regionen im Norden und armen Gegenden im Süden. In unserer Hauptstadt wurde die Europäische Wirtschaftsgemeinschaft beschlossen.

E

Das Land, in dem ich lebe, wird auch als „grüne Insel" bezeichnet. Ein Teil dieser Insel gehört zu einem anderen Mitgliedstaat der EU. Mitte des vorletzten Jahrhunderts zwangen Hungersnöte viele Staatsbürger zur Auswanderung. Die meisten Auswanderer gingen in die USA.

F

Die freundschaftliche Zusammenarbeit zwischen meinem Heimatland und der Bundesrepublik Deutschland ist eine wichtige Grundlage für die europäische Einigung. Eine Stadt ganz im Osten ist Hauptsitz des Europäischen Parlaments.

G

In meinem Land begann vor 2500 Jahren die Demokratie. Ruinen zeugen von frühen Hochkulturen. Die zahlreichen Sehenswürdigkeiten, herrliche Inseln und Strände locken jedes Jahr viele Besucher in mein Heimatland.

H

In unserer Hauptstadt haben wichtige Organe der Europäischen Union ihren Sitz. Die beiden Volksgruppen der Flamen und Wallonen bilden den Hauptteil der Bevölkerung.

I

Der Staat, in dem ich lebe, grenzt im Süden an Deutschland. Er besteht aus einer Halbinsel und rund 400 Inseln. Auf einer dieser Inseln liegt die Hauptstadt.

J

Hoch im Norden gelegen, ist mein Heimatland der am dünnsten besiedelte Staat der Europäischen Union.

1 Lies die Sprechblasentexte: Notiere, um welchen EU-Staat es sich jeweils handelt.

Die Flaggen der 27 EU-Staaten

Die 27 Mitgliedstaaten der Europäischen Union

(rechts die jeweilige Einwohnerzahl in Mio.)

Belgien	10,7
Bulgarien	7,6
Dänemark	5,5
Deutschland	82,1
Estland	1,3
Finnland	5,3
Frankreich	65,1
Griechenland	11,2
Großbritannien	60,6
Irland	4,2
Italien	60,0
Lettland	2,3
Litauen	3,4
Luxemburg	0,5
Malta	0,4
Niederlande	16,5
Österreich	8,4
Polen	38,1
Portugal	10,6
Rumänien	21,5
Schweden	9,3
Slowakei	5,5
Slowenien	2,0
Spanien	46,7
Tschechien	10,4
Ungarn	10,0
Zypern	1,1

Ä *Mein Land liegt am Schwarzen Meer; im Norden bildet die Donau die Grenze zu einem anderen EU-Staat.*

Z *Ich komme aus einem Land im Osten Europas, in dem eine Sprache gesprochen wird, die auf die Römer zurückgeht.*

Y *Mein Heimatland bildete früher gemeinsam mit Tschechien einen Staat. Seit 1993 sind wir selbstständig.*

X *Die Hauptstadt meines Landes ist als „goldene Stadt" bekannt und wird von vielen Touristen besucht.*

W *Der Staat, aus dem ich stamme, grenzt an die Ostsee und an Deutschland. Bei uns gibt es viele Katholiken.*

V *Mein Land ist der südlichste der drei baltischen Staaten.*

U *Ich lebe in einem Land, das zum Baltikum gehört. Unsere Hauptstadt war früher eine Hansestadt.*

T *Mein Land gehörte früher zum kommunistischen Ostblock. 1956 gab es bei uns einen Aufstand, der von sowjetischen Truppen blutig niedergeschlagen wurde.*

S *Ich komme von einer Insel, deren nördlicher Teil seit 1974 von einem anderen Staat besetzt ist.*

R *Ich lebe in dem nördlichsten der drei baltischen Staaten.*

Q *Mein Land wurde ein eigener Staat, als das frühere kommunistische Jugoslawien zerfiel.*

P *Ich komme von einer kleinen Insel, die früher eine englische Kolonie war. Wir sind der kleinste EU-Staat.*

K *Der Einwohnerzahl nach ist mein Heimatland das größte Land der EU, der Fläche nach das viertgrößte. Es hat die meisten Grenznachbarn, nämlich neun.*

N *Bei uns haben verschiedene Institutionen der EU ihren Sitz, z. B. auch der Europäische Gerichtshof. Unser Land ist klein und über dreißig Prozent seiner Einwohner sind Ausländer.*

O *Flächenmäßig ist mein Heimatland der zweitgrößte Staat der EU. Als beliebtes Urlaubsland wird es jedes Jahr von vielen Millionen Touristen besucht.*

L *Ich stamme aus einem Land im Herzen Europas, in dessen neun Bundesländern deutsch gesprochen wird und das insbesondere auch als Urlaubsland bekannt ist.*

M *Ich lebe in einem Land mit langer Tradition. Hier wurden schon im Jahre 1215 die Freiheitsrechte des Einzelnen und die Menschenrechte schriftlich niedergelegt.*

2 Hilfe

Stichwort bei Google eingeben oder über: www.europa.eu, dann: EU im Überblick, dann: Länder …

2 Ordne die Flaggen den Staaten der Europäischen Union zu.

Die drei Säulen der EU

Euratom
Kurzwort für Europäische Atomgemeinschaft; gemeinsame Organisation der Europäischen Gemeinschaft zur friedlichen Nutzung der Atomenergie

supranational
überstaatlich, übernational

Drei Säulen stellen die Politikbereiche der EU dar: Die mittlere Säule steht für die Europäischen Gemeinschaften, also EG und Euratom. In diesen Politikbereichen wird die Zusammenarbeit vom Grundsatz der überstaatlichen Befugnis bestimmt. Der EG-Vertrag ist das Kernelement der supranational ausgerichteten europäischen Einigung. Die Mitgliedstaaten haben Hoheitsrechte auf Organe der Gemeinschaft (Kommission, Rat, Parlament, Gerichtshof) übertragen. Die Mitgliedstaaten sind an Entscheidungen dieser Organe gebunden.

Für die Politikbereiche in den beiden flankierenden Säulen gilt der Grundsatz der Regierungszusammenarbeit. Die Regierungen der Mitgliedstaaten sind für diese Politikfelder, die noch nicht vergemeinschaftet wurden, weiterhin verantwortlich. Sie verpflichten sich jedoch zur zwischenstaatlichen Zusammenarbeit bzw. gegenseitigen Abstimmung auf Regierungsebene. Diese Art der Zusammenarbeit wird auch als „intergouvernementale" Zusammenarbeit bezeichnet. Die Mitgliedstaaten haben hier ihre Hoheitsrechte nicht an die EU übertragen.

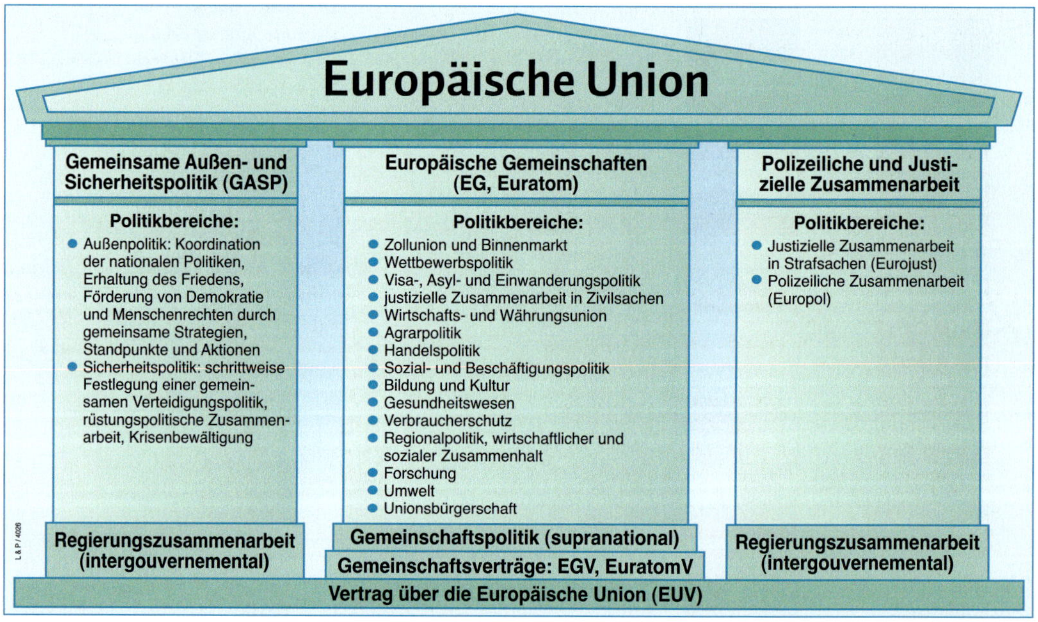

A Bei Gemeinderatswahlen in Schleswig-Holstein dürfen auch hier wohnhafte Ausländer aus EU-Staaten wählen.

B Im Jahr 1995 wurde die Verwendung von Land- und Seeminen geächtet.

C Die Kriminalpolizei Lübeck ruft in Den Haag an, ob im Computer Informationen über zwei Festgenommene vorliegen, die einer Dealer-Bande angehören könnten.

D Landwirte erhalten Geld dafür, dass sie einen Teil ihrer Ackerflächen stilllegen.

E Die Europäische Kommission verbietet den Zusammenschluss eines deutschen mit einem französischen Großunternehmen, da diese Zusammenlegung dem neuen Unternehmen eine so starke Stellung im europäischen Markt verschaffen würde, dass kleine Unternehmen, die im gleichen Bereich arbeiten, nicht mehr konkurrenzfähig wären.

1 ➚ Begründe, warum die mittlere Säule grafisch breiter dargestellt ist als die beiden anderen.
2 Ordne die Beispiele A bis E jeweils einer Säule und einem Stichwort dort zu.
3 Sollte in Zukunft auch in Politikbereichen der ersten und der dritten Säule supranational entschieden werden? Begründe deine Meinung.

1 ➚ Hilfe
Bedenke, wer die Hoheitsrechte hat.

Europäischer Binnenmarkt

Seit 1993 ist die EU ein Binnenmarkt, also ein Raum ohne Grenzen für das wirtschaftliche Geschehen. Der Handel zwischen den EU-Staaten gilt nicht mehr als Ein- und Ausfuhr, sondern als Binnenhandel. Wenn Waren im Binnenmarkt an jeden Ort gebracht werden dürfen, darf es auch keine Beschränkungen bei Dienstleistungen und im grenzüberschreitenden Personen- und Kapitalverkehr geben. Daher spricht man von den „vier Freiheiten", die im Binnenmarkt gelten.

Für die neuen Mitgliedstaaten der Europäischen Union wurde eine Reihe von Sonderregelungen vereinbart, durch die sie nach und nach an die Freiheiten des Binnenmarktes herangeführt werden. So wird ihnen z. B. die Niederlassungs- und Beschäftigungsfreiheit noch nicht in vollem Umfang gewährt. Dadurch soll verhindert werden, dass in der Zeit des Übergangs zu viele Arbeitskräfte aus den neuen Beitrittsländern den einheimischen Arbeitskräften Konkurrenz machen.

1 Frau Otto aus Heide sieht bei ihrem Aufenthalt in Rom eine Espresso-Maschine, die ihr gut gefällt. Deshalb kauft sie sie. Sie kann guten Gewissens an der Grenze einfach durchfahren. Früher hätte sie anhalten und für die Espresso-Maschine Zoll bezahlen müssen.

2 Mister Brown aus London ist im Internet auf die deutsche Cora-Lebensversicherung gestoßen. Er hält sie für sehr günstig. Ohne Genehmigung einer britischen Behörde kann die deutsche Versicherung mit dem Briten einen Versicherungsvertrag abschließen.

3 Frau Eibich aus Itzehoe möchte bei einer angesehenen Firma in Madrid arbeiten. Sie kann den Arbeitsvertrag unterschreiben, ohne eine Behörde in Deutschland oder Spanien fragen zu müssen. Auf die Aufenthaltserlaubnis in Spanien hat sie einen Rechtsanspruch.

4 Herr Dr. Völker aus Kiel hat bei einem Ärztekongress den Italiener Guiseppe Gucci kennengelernt. Er will in dessen Arzneimittelunternehmen 300 000 Euro investieren. Dies kann er tun – ohne jegliche staatliche Genehmigung, die früher notwendig gewesen wäre.

1 Mit welcher der vier Freiheiten im Binnenmarkt hat das jeweilige Beispiel zu tun? Notiere auch den entsprechenden Unterpunkt.

2 ↗ Der Binnenmarkt bietet viele Vorteile. Welche Nachteile könnte es geben?

3 „Jetzt nehmen uns die Osteuropäer die Arbeitsplätze weg!" – Beurteile diese Aussage.

2 ↗ Hilfe

Versetze dich in die Lage eines inländischen Unternehmens, das Produkte exportiert. Denke an die ausländischen Konkurrenzunternehmen …

Zusammenwirken der EU-Organe

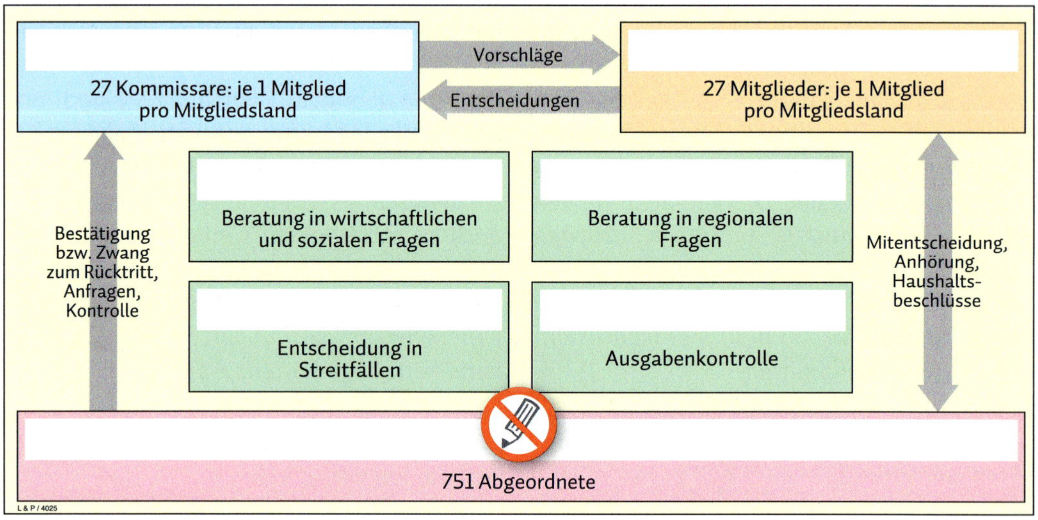

Organe der EU

- Ministerrat
- Europäische Parlament
- EU-Kommission
- Europäische Gerichtshof
- Wirtschafts- und Sozialausschuss
- Ausschuss der Regionen
- Europäische Rechnungshof

Aufgabenbeschreibungen

A Der … kann von anderen Organen der Europäischen Union, von Mitgliedstaaten oder Einzelpersonen angerufen werden, wenn Zweifel in der Anwendung von Verträgen, Verordnungen oder Richtlinien der EU bestehen.

B Der … muss angehört werden und berät die EU-Kommission und den Ministerrat in regionalen Fragen, z. B. bei der regionalen Förderung oder in Fragen der Bildungspolitik.

C Das … entscheidet bei der Gesetzgebung in wichtigen Bereichen gleichberechtigt mit dem Ministerrat. Das … beschließt gemeinsam mit dem Ministerrat den Haushalt. Das … muss die Kommission bestätigen und kann sie zum Rücktritt zwingen. Das … muss völkerrechtlichen Verträgen, z. B. Beitrittsbeschlüssen, zustimmen.

D Der … berät die Kommission und den Ministerrat in wirtschaftlichen und sozialen Fragen.

E Die … macht die Vorschläge für Verordnungen und Richtlinien sowie für den Haushaltsplan. Die … führt die Richtlinien im Bereich gemeinschaftlicher Politik auch aus. Die … stellt den Haushaltsplan auf und verwaltet ihn. Die … wacht über die Einhaltung der EU-Verträge.

F Der … prüft alle Ausgaben und Einnahmen der EU. Der … legt nach jedem Haushaltsjahr einen Bericht vor. Der … erstellt Sonderberichte zu speziellen Fragen.

G Der … erlässt die Verordnungen und Richtlinien der EU, in wichtigen Bereichen gleichberechtigt mit dem Europäischen Parlament, sonst nach dessen Anhörung. Der … genehmigt den Haushalt zusammen mit dem Europäischen Parlament.

1 Hilfe
A Europäischer Gerichtshof
B …

1 Notiere zu jeder Aufgabenbeschreibung, welches EU-Organ gemeint ist. Verwende dazu das Arbeitsblatt oder schreibe jeweils Buchstabe und Organ auf.
2 Ergänze auf dem Arbeitsblatt im Schaubild die sieben EU-Organe.

Wie ein EU-Gesetz entsteht – Beispiel: Gentechnik-Verordnung

Seit April 2004 können Verbraucher in ganz Europa erkennen, ob ein Lebensmittel gentechnisch veränderte Organismen enthält. Es ist dabei egal, ob die verwendeten Substanzen noch nachgewiesen werden können oder nicht, weil sie z. B. beim Produktionsprozess verwendet wurden. Das bestimmt eine EU-Verordnung, die in allen Staaten der Union als Gesetz gilt. Wie kam dieses EU-Gesetz zustande? Wer war daran beteiligt?

Institutionen und ihre Aufgaben

Vorschläge für ein EU-Gesetz zu machen, gehört zu den Aufgaben der EU-Kommission. Der Gesetzesvorschlag wird dem EU-Parlament vorgelegt, das diesen verändern oder ganz ablehnen kann. Bei Rechtsvorschriften, die den Verbraucherschutz oder die öffentliche Gesundheit betreffen, hat das Parlament das Recht zur Mitentscheidung.
Bei EU-Gesetzesentscheidungen dürfen auch Interessenverbände mitreden: der Ausschuss der Regionen (AdR) und der Wirtschafts- und Sozialausschuss (WSA), der vor allem Arbeitgeber, Gewerkschaften, Landwirte und Verbraucher vertritt. Beide Ausschüsse haben nur beratende Funktion.
Die Entscheidung über ein EU-Gesetz trifft der Ministerrat. In Fragen der Lebensmittelqualität entscheiden die Landwirtschafts-, Verbraucherschutz- oder Gesundheitsminister der EU-Staaten. Bei Regeln zum Verbraucherschutz muss der Rat der EU (Ministerrat) nicht einstimmig entscheiden.

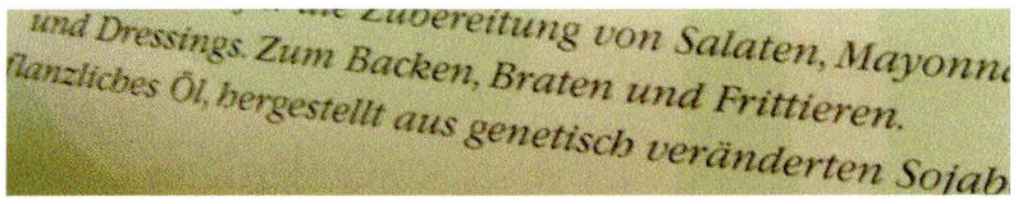

Schritte zur Verordnung

Mai 2001: Die EU-Kommission schlägt eine Kennzeichnungspflicht für gentechnisch veränderte Lebensmittel vor.
Aug. 2001: Das EU-Parlament verschärft den Gesetzesvorschlag der Kommission in zwei Punkten: (1) Kein Lebensmittel darf auf den Markt kommen, das nicht wissenschaftlich unbedenklich ist. (2) Eventuell gesundheitsschädliche Produkte dürfen vom Markt zurückgerufen werden.
März 2002: Der WSA empfiehlt der EU-Kommission, eine Informationskampagne durchzuführen, um über gentechnisch veränderte Organismen aufzuklären.
Mai 2002: Der AdR schlägt vor, gentechnisch veränderte Lebensmittel in einer Liste zu führen.
Juli 2003: Der EU-Rat (Landwirtschaft) nimmt die Gesetzesvorlage ohne Änderungen an.
Sept. 2003: Der Rat der EU und das EU-Parlament unterzeichnen das Gesetz.
April 2004: Die Verordnung Nr. 1830/2003 zur Rückverfolgbarkeit und Kennzeichnung von genetisch veränderten Organismen tritt in Kraft. Seitdem müssen genmanipulierte Lebens- und Futtermittel in der EU gekennzeichnet werden.

Verordnungen und Richtlinien

Die Einzelstaaten der EU haben für bestimmte Bereiche die gesetzgebende Gewalt auf die Europäische Union übertragen. Die dafür entstandenen EU-Gesetze nennt man „Verordnungen“. Sie gelten unmittelbar in der ganzen Union, sind in allen Teilen verbindlich und stehen über dem nationalen Recht. Verordnungen müssen in allen Mitgliedstaaten wie Gesetze angewendet werden.
In bestimmten anderen Bereichen haben die EU-Staaten ihr Gesetzgebungsrecht nicht auf die Union übertragen. Sie arbeiten aber eng zusammen und treffen gemeinschaftlich Beschlüsse. Diese Beschlüsse werden als „Richtlinien“ bezeichnet. Hierbei sind die Ziele verbindlich, die Ausgestaltung der Einzelheiten bleibt jedoch den nationalen Parlamenten überlassen. Richtlinien müssen von den Mitgliedstaaten innerhalb einer jeweils festgelegten Frist in nationales Recht umgewandelt werden. Sie können dabei z. B. noch strengere Regelungen treffen, als die EU vorschreibt.

1 Erkläre, wie die Gentechnik-Verordnung zustande kam.
2 Verordnungen und Richtlinien: Beschreibe den entscheidenden Unterschied.

1 Hilfe
Welches Ziel wird mit ihr verfolgt? Welche Schritte waren zu ihrer Einführung notwendig? Welche EU-Institutionen waren daran beteiligt?

Der Vertrag von Lissabon

Paris 2005: Gegner des Verfassungsvertrages feiern den Sieg beim Referendum. Mit der Ablehnung in Frankreich und den Niederlanden war die EU-Verfassung gescheitert.

Der Lissaboner-Vertrag wurde 2007 im Hieronymus-Kloster in Lissabon unterzeichnet. Ein Gedenkstein erinnert dort an die Vertragsunterzeichnung.

Die Europäische Union ist im Laufe der Jahre ständig größer geworden. Durch die Aufnahme neuer Mitglieder wurde die Entscheidungsfindung in der Union immer schwieriger. Gegenwärtig sitzen bei jedem Treffen 27 Regierungschefs oder Fachminister am Tisch. Wollte etwa jeder der 27 Vertreter der Mitgliedsländer bei der Beratung eines Themas oder Problems eine Stellungnahme von nur zehn Minuten abgeben, würden bereits 4½ Stunden vergehen, bevor über das Thema überhaupt diskutiert werden könnte.

Im Jahr 2001 wurde ein Konvent berufen, der Vorschläge für eine Reform der EU und den Entwurf einer Verfassung erarbeitete. Die Verfassung musste in den Mitgliedstaaten durch Parlamentsbeschluss oder Volksentscheid gebilligt werden. Im Frühsommer 2005 lehnten die Franzosen und die Niederländer die Verfassung bei Volksabstimmungen ab. Es schloss sich eine Zeit des Nachdenkens über die Zukunft Europas an. Ergebnis war, dass an die Stelle der gescheiterten Verfassung ein Grundlagenvertrag treten sollte, der die wesentlichen Punkte der Verfassung beinhaltet. So kam ein Reformvertrag zustande, der von den Regierungschefs der EU-Mitgliedstaaten im Oktober 2007 in der portugiesischen Hauptstadt Lissabon verabschiedet wurde, daher der Name „Vertrag von Lissabon". Nachdem als letztes EU-Mitgliedsland auch die Tschechische Republik den Vertrag im November 2009 ratifizierte, trat er zum 1. Dezember 2009 in Kraft.

(Zeichnung: Gerhard Mester)

ratifizieren
Damit ein internationaler Vertrag gültig wird, muss er von jedem beteiligten Staat ratifiziert, also bestätigt werden. Eine Ratifizierung kann durch Parlamentsbeschluss oder durch Volksabstimmung erfolgen.

1. Nenne Gründe, weshalb die Europäische Union reformiert werden soll.
2. Analysiere die Karikatur. Welche Haltung der Bürger zur EU kommt darin zum Ausdruck? Auf welchen Widerspruch will der Zeichner hinweisen?

Grundrechtecharta	Durch einen Verweis im Reformvertrag wird die Grundrechtecharta aus dem Jahr 2000 rechtsverbindlich. Die Charta legt in 54 Artikeln die Bürgerrechte, etwa das Recht auf Meinungsfreiheit, auf Datenschutz, auf Bildung, auf eine gute Verwaltung fest. Damit sind die Rechte vor dem EU-Gerichtshof in Luxemburg einklagbar. Für Großbritannien, Irland, Polen und Tschechien bestehen Ausnahmeregelungen.
Europäische Kommission	Die EU-Kommission wird entgegen früherer Planungen nicht verkleinert. Die Kommission muss künftig ihre Gesetzesvorschläge überprüfen und stichhaltig begründen, wenn dies mehr als die Hälfte der Parlamente der Mitgliedstaaten verlangt. Der Präsident der Kommission wird auf Vorschlag des Europäischen Rates vom EU-Parlament gewählt.
Hoher Repräsentant für die Außenpolitik	Die EU bekommt einen „Hohen Repräsentanten der Union für Außen- und Sicherheitspolitik". Dieses Amt bündelt die Funktionen des bisherigen EU-Außenbeauftragten und des EU-Außenkommissars. Er ist Vize-Präsident der EU-Kommission und erhält einen diplomatischen Dienst.
Europäischer Rat	Die EU erhält einen Ratsvorsitzenden, dessen Amtszeit zweieinhalb Jahre beträgt. Der EU-Ratspräsident bereitet unter anderem die Gipfeltreffen der Staats- und Regierungschefs vor und leitet sie.
Europäisches Parlament	Das EU-Parlament wird künftig nur noch 751 Sitze umfassen. Der Parlamentspräsident verliert sein Stimmrecht, das er aber bereits bisher in der Praxis nicht ausübte. Das Parlament erhält erstmals ein Mitspracherecht in den wichtigen Fragen der inneren Sicherheit, der Justiz-Zusammenarbeit und der illegalen Einwanderung. Das Mitentscheidungsverfahren wird zur Regel, das heißt, EU-Parlament und Europäischer Rat entscheiden gemeinsam über Gesetze.
Abstimmungen im Ministerrat	EU-Beschlüsse werden dadurch erleichtert, dass künftig in vielen Fällen der Zwang zur Einstimmigkeit entfällt. Die Entscheidungen mit qualifizierter Mehrheit werden auf viele neue Bereiche ausgedehnt, vor allem bei der polizeilichen und Justiz-Zusammenarbeit. In sensiblen Bereichen wie der Außen-, Steuer- und Sozialpolitik sowie bei Änderungen von EU-Verträgen gilt aber weiter das Prinzip der Einstimmigkeit. Beim Abstimmungsverfahren gilt ab dem Jahr 2014 mit einer Übergangsfrist bis 2017 das Prinzip der „doppelten Mehrheit". Für einen Beschluss ist dann die Zustimmung von 55 Prozent der Mitgliedstaaten erforderlich, die gleichzeitig 65 Prozent der Bevölkerung der EU auf sich vereinen. In Streitfällen können sich Mitgliedstaaten noch bis 2017 auf den bisher geltenden Vertrag von Nizza mit seinem komplizierteren System der qualifizierten Mehrheit berufen. Polen bestand zudem auf der sogenannten „Ioannina-Klausel.", die es einer Minderheit von Staaten ermöglicht, dass bei einer knappen Mehrheit im Ministerrat die Minderheit verlangen kann, dass der Rat noch einmal nachverhandelt.
Nationale Parlamente	Die nationalen Parlamente werden künftig acht statt bisher sechs Wochen vor einem geplanten Rechtsakt der EU informiert und können Einspruch erheben, wenn sie nationale Zuständigkeiten gefährdet sehen.
Petitionsrecht	Bürger können künftig mit einer Million Unterschriften die Kommission auffordern, Gesetzesvorschläge zu machen. Die Kommission ist dazu allerdings nicht verpflichtet.

Die wichtigsten Bestimmungen des Lissaboner-Vertrags

3 Untersuche den Text über die Bestimmungen des Lissaboner-Vertrags unter folgenden Gesichtspunkten: Verbesserung der Entscheidungsfindung in der EU, Mitwirkungsmöglichkeiten der Bürgerinnen und Bürger.

Charta
völkerrechtlicher Vertrag

Europäischer Rat
besteht aus den Staats- und Regierungschefs der EU-Mitgliedsländer; trifft die Grundsatzentscheidungen für die europäische Entwicklung und legt die Leitlinien der europäischen Politik fest

Vertrag von Nizza
am 1. Mai 2004 in Kraft getretener Vertrag der EU

„Iaonnina-Klausel"
Kompromissformel, die auf ein Treffen der Außenminister der EU-Mitgliedstaaten in der griechischen Stadt Ioannina zurückgeht

Petition
schriftlich formulierte Bitte, Eingabe oder Beschwerde an eine staatliche Stelle

Der EURO – Europas Währung

Sonderbriefmarke der Deutschen Post zur Einführung des Euro im Januar 2002

Euro-Münzen gibt es zu: 2 €, 1 €, 50, 20, 10, 5, 2 und 1 Cent. Während die acht Münzwerte einheitliche Vorderseiten aufweisen, hat jedes Euro-Teilnehmerland die Rückseiten mit eigenen Motiven gestaltet. Auf der deutschen 1 €-Münze ist z. B. der Bundesadler eingeprägt.

Jede der sieben Euro-Banknoten hat eine andere Farbe und Größe. Die Fenster und Tore auf der Vorderseite symbolisieren Offenheit, die Brücken auf der Rückseite stehen für die Zusammenarbeit zwischen den Völkern Europas.

Seit dem 1. Januar 2002 wird in Deutschland mit dem Euro (€) bezahlt. Zu diesem Zeitpunkt löste die neue europäische Währung die DM auch als Bargeld ab. Als Buchgeld war der Euro bereits drei Jahre früher, am 1. Januar 1999 eingeführt worden.

Der Euro ist die Währung der Europäischen Währungsunion. Im Mai 1998 beschlossen elf der damals 15 EU-Mitgliedstaaten, den bereits bestehenden Binnenmarkt um eine Wirtschafts- und Währungsunion zu erweitern. Ziel war, den innereuropäischen Zahlungsverkehr zu vereinfachen und billiger zu machen. Unter anderem sollten die Risiken, die sich beim Tausch einer Landeswährung in eine andere ergeben, ausgeschaltet werden und die Devisenumtauschgebühren ein für allemal verschwinden.

Obwohl zunächst von vielen skeptisch betrachtet, hat sich der Euro zu einer Erfolgsgeschichte entwickelt. Mittlerweile gehören 17 EU-Staaten der Eurozone an. Darüber hinaus ist der Euro noch in einigen weiteren europäischen Ländern das offizielle Zahlungsmittel. Weltweit gesehen hat er sich neben dem US-Dollar zur wichtigsten Währung entwickelt.

Deutschland ist von Anfang an (1999) Mitglied der Eurozone. Den augenblicklichen Stand (2011) der Mitgliedstaaten zeigt die Karte.

Über die Stabilität des Euro wacht die Europäische Zentralbank (EZB). Sie hat ihren Sitz in Frankfurt am Main und regelt als „Hüterin der Währung" und als zentrale Behörde der EU die Geldpolitik in der Eurozone. Dabei orientiert sie sich am Beispiel der Deutschen Bundesbank. Diese wurde wie die nationalen Notenbanken der anderen Euro-Länder zu einer Filiale der EZB. Ihre Währungsreserven und Forderungen übertrug die Bundesbank auf die EZB. Ebenso ging das Recht, Banknoten auszugeben, auf die Europäische Zentralbank über.

Die EZB kontrolliert die Geldmenge. Ist diese im Vergleich zum Angebot an Waren und Dienstleistungen zu groß, nimmt die Inflation zu. Daneben beobachtet die EZB auch die Entwicklung der Preise und nimmt eine Risikobeurteilung hinsichtlich der Preisstabilität in der Eurozone vor. Zur Kontrolle und Regulierung der Geldmenge stehen der EZB verschiedene Mittel zur Verfügung. Ein wichtiges Mittel ist z. B. die Festsetzung des Zinssatzes, zu dem sich die Banken bei den nationalen Zentralbanken refinanzieren können. Untersagt ist es der EZB, Kredite zur Finanzierung von Haushaltsdefiziten an EU-Mitgliedsländern zu gewähren. In ihren Entscheidungen sind die EZB und die nationalen Zentralbanken völlig unabhängig von der EU und den nationalen Regierungen.

EG-Vertrag

Artikel 105

(1) Das vorrangige Ziel des ESZB (Europäisches System der Zentralbanken) ist es, die Preisstabilität zu gewährleisten. Soweit dies ohne Beeinträchtigung des Zieles der Preisstabilität möglich ist, unterstützt das ESZB die allgemeine Wirtschaftspolitik in der Gemeinschaft. (...)

Artikel 107

Bei der Wahrnehmung der (...) Befugnisse, Aufgaben und Pflichten darf weder die EZB noch eine nationale Zentralbank noch ein Mitglied ihrer Beschlussorgane Weisungen von Organen oder Institutionen der Gemeinschaft, Regierungen der Mitgliedstaaten oder anderer Stellen einholen oder entgegennehmen. (...)

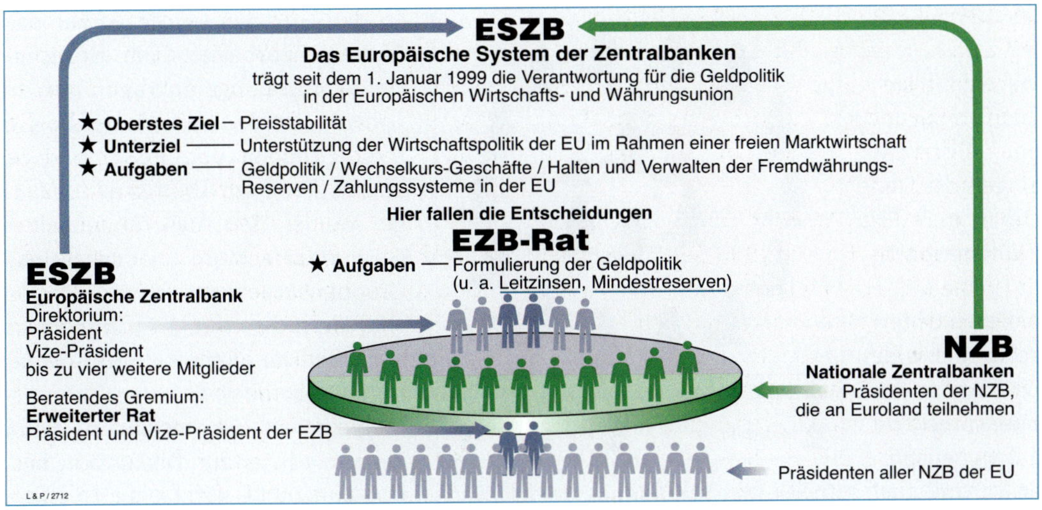

Der Euro-Stabilitätspakt

Im Maastricht-Vertrag von 1992 haben die EU-Staaten die sogenannten Konvergenzkriterien festgelegt. Sie schreiben vor, welche Bedingungen erfüllt sein müssen, damit ein Land die Gemeinschaftswährung Euro einführen darf. In Schlagworten handelt es sich dabei um gesunde Staatsfinanzen, ein solides Preisniveau, stabile Wechselkurse und niedrige Zinsen in den einzelnen Euro-Staaten.
Die bekannteste Vorschrift des Maastrichtvertrages ist die zur Neuverschuldung. Demnach darf die Nettokreditaufnahme nicht mehr als 3,0 Prozent des Bruttoinlandsproduktes (BIP) betragen. (...) Auch die zulässige Gesamtverschuldung ist in den Konvergenzkriterien festgelegt. So darf das Gesamtdefizit eines Staates 60 Prozent des Bruttoinlandsprodukts nicht übersteigen.
Die ebenfalls in Maastricht festgeschriebene Preisstabilität ist wie folgt definiert: Die Inflationsrate eines Landes darf maximal 1,5 Prozentpunkte über der Teuerungsrate jener drei Euro-Staaten liegen, die die niedrigsten Preissteigerungen aufweisen. (...)
Die Bundesregierung [drängte zudem] darauf, Teile der Konvergenzkriterien (...) auch über den Euro-Beitritt hinaus als Verpflichtung festzuschreiben. 1996 wurde dieses Anliegen in Dublin im Stabilitäts- und Wachstumspakt vereinbart. Zusätzlich kamen die EU-Mitglieder in Dublin überein, „mittelfristig“ ausgeglichene Haushalte anzustreben. (...)
Wesentlicher Bestandteil des Stabilitäts- und Wachstumspakts ist das Frühwarnsystem, mit dem Brüssel über Fehlentwicklungen eines Euro-Landes informiert. Nähert sich beispielsweise das Defizit eines Landes bedrohlich der Drei-Prozent-Marke, kann dem betreffenden Land ein „blauer Brief“ zugestellt werden, in dem es aufgefordert wird, seinen Haushalt den Vorgaben anzupassen.
Überschreitet ein Land tatsächlich die Drei-Prozent Marke, wird das sogenannte Defizitverfahren eingeleitet. In dessen Verlauf wird darüber entschieden, ob ein Strafmechanismus ausgelöst wird. (...) Erfolgt keine Besserung, können je nach Schwere des Verstoßes Geldstrafen von 0,2 Prozent bis zu 0,5 Prozent des BIP des betroffenen Landes verhängt werden. (...)

(http://www.tagesschau.de/wirtschaft/meldung 97874.html, gekürzt)

Leitzins
Zinssatz, zu dem sich Geschäftsbanken bei den nationalen Zentralbanken Geld beschaffen können

Mindestreserven
Die EZB verlangt von Geschäftsbanken Mindestreserven auf Girokonten bei den nationalen Zentralbanken zu halten.

Maastricht-Vertrag
Vertrag über die Europäische Union, der am 07.02.1992 in der niederländischen Stadt Maastricht unterzeichnet wurde

Nettokreditaufnahme
Aufnahme neuer Kredite zur Finanzierung von Haushaltsdefiziten. Dadurch steigt die Staatsverschuldung.

1 Liste Vorteile auf, die die gemeinsame Währung den Staaten der Eurozone bietet.
2 Recherchiere im Internet, in welchen außer den 17 genannten europäischen Ländern noch mit dem Euro bezahlt wird.
3 Nenne zwei wichtige Aufgaben der Europäischen Zentralbank.
4 Begründe, warum die Kontrolle der Geldmenge wichtig ist.
5 Erläutere, was unter dem Euro-Stabilitätspakt zu verstehen ist.

2 Hilfe
de.wikipedia.org/wiki/Euro
www.kindernetz.de
oder Suchbegriff „Euroländer“ bei einer Suchmaschine eingeben

Thema: Der Euro in der Krise

Die Fishbowl-Methode eignet sich besonders zur Diskussion von Gruppenarbeitsergebnissen. Fishbowl heißt diese Methode, weil die Diskutierenden vergleichbar den Fischen in einem Aquarium beobachtet werden.

Anders als im herkömmlichen Unterricht werden die Arbeitsergebnisse der Gruppen nicht nacheinander von der jeweiligen Gruppensprecherin oder dem jeweiligen Gruppensprecher vorgetragen. Der Vortrag und die Diskussion der Ergebnisse erfolgen durch die Gruppensprecher in einem Innenkreis, an dem sich jederzeit auch die zuhörenden Schülerinnen und Schüler aus dem Außenkreis beteiligen können. Die Lehrkraft oder eine Schülerin oder ein Schüler leiten die Diskussion als Moderatorin oder Moderator.

In den Gruppen wurde vorher das Thema bearbeitet. Die Sprecherinnen und Sprecher tragen nun im Innenkreis die Arbeitsergebnisse ihrer Gruppen vor. Es gibt keine streng geregelte Abfolge der Beiträge. Wer zu den Äußerungen einer Gruppensprecherin oder eines Gruppensprechers etwas sagen will, kann dies direkt im Anschluss tun. Auch die Schüler und Schülerinnen aus dem äußeren Zuhörerkreis können sich beteiligen. Wenn jemand etwas zur Diskussion beitragen möchte, setzt er sich auf den freien Stuhl und sagt seine Meinung. Nach dem Redebeitrag kehrt die Schülerin oder der Schüler in den Außenkreis zurück.

Wie Länder pleitegehen

Griechenland ist hochverschuldet, jetzt hilft nur hartes Sparen

Viele Privatleute haben enorme Schulden. Und auch Firmen, die pleitegehen, gehören zum wirtschaftlichen Alltag. Dass sich aber ein Staat der Europäischen Union (EU), wie aktuell Griechenland, so verschuldet, dass der Ruin droht, überrascht dann doch.

Die Ursachen der Verschuldung sind dabei eigentlich immer gleich: Stets sind die Ausgaben höher als die Einnahmen. Um die Lücken zu schließen, muss man sparen, oder man kann sich Geld leihen. Wenn die Probleme aber immer größer werden, droht einem die Handlungsfähigkeit zu entgleiten.

Rückseite der griechischen 1-Euro-Münze

Grundsätzlich sind Staatsschulden heute gang und gäbe. Kaum ein Land, auch nicht Deutschland, kann seine Ausgaben nur aus den eigenen Einnahmen wie etwa Steuern finanzieren. Länder nehmen deshalb Kredite auf, zum Beispiel indem sie Wertpapiere auflegen, über die Anleger dem Staat Geld leihen. Denen muss die Regierung dann dafür Zinsen zahlen. Wenn die Kreditwürdigkeit aber stark in Zweifel steht, wie derzeit bei Griechenland, muss das Land sehr hohe Zinsen zahlen, um überhaupt noch Geld geliehen zu bekommen.

Problematisch wird es, wenn die Verschuldung stetig steigt, was in vielen Ländern der Fall ist. In Griechenland ist der Schuldenberg mittlerweile auf unglaubliche 272 000 000 000 Euro angewachsen. Griechische Politiker haben bestimmten Bevölkerungsgruppen immer wieder großzügige Wahlgeschenke gemacht. So können viele Angestellte des Staates bereits mit 50 ohne Einbußen in Rente gehen, zudem arbeitet ein Viertel aller Erwerbstätigen für den Staat – in Deutschland nur jeder siebte. Auch bei den Einnahmen geht viel verloren. Die Bürger halten es mit dem Steuerzahlen nicht so genau, Korruption ist weit verbreitet. Zu guter Letzt haben die Regierungen die Probleme auch noch lange verschleiert, um keinen Ärger mit der EU zu bekommen.

Die jetzige Regierung hat die Notbremse gezogen und ein radikales Spar- und Steuererhöhungsprogramm beschlossen, das das Leben der Griechen grundlegend verändern wird. Nur so könnte man andere Staaten dazu bewegen, bei der Krisenbewältigung zu helfen. Doch sparen allein reicht nicht: Europa, auch Deutschland, muss mit viel Geld helfen.

(Michael Koch, Institut für Ökonomische Bildung Oldenburg, in: Handelsblatt NEWCOMER, Juni 2010, Ausgabe 9, S. 1)

Schicksalswoche für den Euro

(...) **BERLIN** Die Euro-Finanzminister entscheiden heute und morgen in Brüssel über eine radikale Reform des Stabilitätspaktes und Sanktionen für überschuldete Mitgliedstaaten. Finanzminister Schäuble (CDU) (...) wird einen Zwölf-Punkte-Plan zur Sicherung der Währungsunion präsentieren. Darin wird unter anderem eine europäische Schuldenbremse und eine strikte Überwachung der nationalen Haushalte durch einen „Europäischen Sachverständigenrat" vorgeschlagen. (...)

Europa habe sich mit dem Rettungsschirm nur „Zeit gekauft", warnte Bundeskanzlerin Angela Merkel (CDU) gestern in Berlin. Nun müssten Defizitstaaten zügig ihre Finanzen sanieren und ihre Wettbewerbsfähigkeit verbessern.

Schon am Mittwoch soll der Bundestag über den deutschen Anteil für das von den Euro-Ländern und dem Internationalen Währungsfonds (IWF) aufgelegte Rettungspaket in Höhe von 750 Milliarden Euro beraten. Am Freitag sollen nach dem Willen der Regierungskoalition Bundestag und Bundesrat die Hilfen bewilligen. Die EU-Länder stemmen sich damit gegen die Finanzmärkte, die auf einen Zusammenbruch des Euro spekulieren. Deutschland haftet für Kredite von bis zu 150 Milliarden Euro.

In der Bevölkerung ist das Vertrauen in den Euro massiv gesunken. Nach einer Umfage wünschen sich fast die Hälfte der Bundesbürger die D-Mark zurück. (...)

Scharfe Kritik erntete die Europäische Zentralbank (EZB), weil sie die staatlichen Milliardengarantien auf politischen Druck mit dem direkten Kauf von unsicheren Staatsanleihen flankiert. Das Institut pumpt damit Milliarden Euro in den Geldkreislauf, was Inflationsgefahren birgt. (...)

Die Opposition im Bundestag will erst heute entscheiden, ob und unter welchen Bedingungen sie dem Rettungspaket zustimmen wird. Die Grünen fordern die Einführung einer europaweiten Transaktionssteuer. „Ich will Merkel in Europa für eine europäische Finanztransaktionssteuer kämpfen sehen. Mit ihrem permanenten Zögern und Verhindern gefährdet sie die Zukunft Europas", sagte Fraktionschefin Renate Künast unserer Zeitung.

Bundeskanzlerin Merkel hält eine solche Steuer international für nicht durchsetzbar. (...)

(Michael Bröckler, in: Rheinische Post, 17. 05. 2010, S. 1)

Der Euro als Spielball

Die hohen Zinsen für griechische Staatsanleihen kommen durch ein Doppelpassspiel von US-Ratingagenturen und Banken zustande. (...)

Die gängige Erklärung der Euro-Krise geht so: Jahrelang haben Länder in Südeuropa über ihre Verhältnisse gelebt, dazu kamen dann noch aufgeblähte irische Banken, die Staatsschuld wuchs, und die Kreditwürdigkeit der Länder schwand dahin. Dies bestrafen „die Märkte" mit Risikoprämien. Die hohen Zinsen erzwangen den EU-Rettungsschirm und wer darunter musste, für den gilt: Sparen bis zum Umfallen.

Ein paar Fragen bleiben freilich offen. Warum haben die Märkte das Länderrisiko der Sünder- beziehungsweise Südländer erst ab November 2009 entdeckt? Warum verlief der „Entdeckungsprozess" schubartig, jeweils konzentriert auf ein Land? Warum würdigen die Märkte nicht die drastischen Sparanstrengungen Griechenlands? Was soll ein dem griechischen Staat „vom Markt" verordnetes Zinsniveau von 17 Prozent? Produzieren solche Zinsen nicht genau das, wogegen sie absichern sollen, nämlich den Bankrott? Warum ist das Rating der USA viel besser als der Durchschnitt der Euro-Länder, obwohl die US-Verschuldung viel höher ist?

Zur Abwechslung möchte ich davon ausgehen, dass Märkte keine Subjekte sind. Wir betrachten die wichtigsten (echten) Akteure, ihre Interessen und ihr Verhalten – vielleicht ergibt dies ja einen Sinn.

Die Zinsschübe kommen im Wesentlichen durch eine Art Doppelpassspiel zwischen Ratingagenturen, Finanzalchemiebanken (FAB) und sonstigen Tradern zustande. Die FAB (Goldman Sachs, Deutsche Bank et cetera) dominieren den Markt für „Credit-Default Swaps" (CDS), mit denen man auf die Verschlechterung der Bonität eines Unternehmens oder Staates spekulieren kann. Nur 16 Banken bilden den „Derivatives Dealers' Club".

Einige Standardspielzüge: Die Ratingagentur Moody's stuft die Bonität Griechenlands herab, das FAB-Team übernimmt und erhöht die CDS-Prämien (nicht ohne vorher günstig CDS gekauft zu haben), damit rollt der Ball weiter zu den Anleihehändlern. Die Zinsen steigen, weil ja das Risiko griechischer Staatspapiere gestiegen ist. Nun folgt ein eleganter Rückpass zur Agentur S&P. Sie stuft Griechenland wegen der hohen Zinsen weiter zurück. Nun übernimmt wieder das FAB-Team – und so weiter.

Am besten läuft das Spiel, wenn man sich immer nur auf einen Gegner konzentriert, daher werden Griechenland, Irland, Portugal und derzeit Spanien hintereinander behandelt. Italien und Belgien sind noch auf der Warteliste. (...)

(Stephan Schulmeister, in: Financial Times Deutschland, 15.06.2011. Der Autor arbeitet am Österreichischen Institut für Wirtschaftsforschung in Wien. http://www.ftd.de/finanzen/maerkte/:euro-krise-der-euro-als-spielball/60065481.html?... 05.08.2011)

1 Führt eine Fishbowl zum Thema „Der Euro in der Krise" durch. Bildet dazu drei Gruppen und bereitet in den Gruppen die Diskussion vor. Jede Gruppe bearbeitet eins der Materialien auf dieser Doppelseite.

$ 1.200.000.000.000

Milliarden rasen um die Welt

Geld regiert die Welt, heißt es im Volksmund. Wahrscheinlich lag der Volksmund damit noch nie so richtig wie zurzeit. Nirgendwo hat sich die Globalisierung so konsequent durchgesetzt wie auf den Finanzmärkten. Die Devisenbörsen der Welt setzen täglich rund 1200 Milliarden US-Dollar um – 1970 waren es noch 70 Milliarden. Da 30 bis 40 Milliarden US-Dollar täglich zur Abwicklung des Welthandels genügen würden, sind 1160 bis 1170 Milliarden Dollar reine Geldanlagen. Und dieses spekulative Kapital rast mit hoher Geschwindigkeit um die Welt: 80 Prozent dieser Gelder werden alle acht Tage wieder in andere Währungen umgetauscht (…). Diese rasende Geldmenge stammt aus den Anlagen multinationaler Konzerne, aus Petrodollars, US-Pensionsfonds und aus den riesigen Anlagebeständen von Versicherungen und anderen Kapitalsammelstellen, die vor allem der Alterssicherung dienen. Für die meisten Finazexperten ist das alles kein Problem, weil der eine Spekulant nur verliert, was der andere gewinnt. Außerdem trieben die Finanzmärkte das Geld mit geringstmöglichem Aufwand dorthin, wo es am dringendsten gebraucht werde. Doch dieser Trost ist nicht viel wert. Wie gefährlich sich die vagabundierenden Dollar-Milliarden auswirken können, zeigte die Asienkrise 1997. Nachdem in mehreren asiatischen Ländern Fehlinvestitionen gemeldet wurden, flohen in wenigen Tagen hunderte Milliarden aus den Währungen dieser Länder – in Dollar und Yen. Die Landeswährungen verloren rasant an Wert – mit der Folge, dass sich alle Dollarimporte stark verteuerten. Nach Angaben des Internationalen Währungsfonds hat die Asienkrise in Indonesien, Thailand und Südkorea mehr als 20 Millionen Menschen in Armut gestürzt. Dieser Verlust wiegt weit schwerer als die Verluste der Spekulanten. Die Schnelllebigkeit des vagabundierenden Finanzkapitals an den elektronisch vernetzten und deshalb besonders schnell reagierenden Weltbörsen ist eine schwere Hypothek. Die Spekulation kann in wenigen Tagen Wirtschaftskrisen auslösen. (…)

(http://www.attac.de/themen/globalisierung/'Globalisierung.php? Print=1 16. 06. 2007)

spekulativ
in der Hoffnung auf hohe Gewinne Geld anlegen

vagabundieren
Unter vagabundierendem Kapital versteht man spekulative Gelder, die auf der Suche nach gewinnbringenden Anlagen kurzfristig Anlageform und Finanzplatz wechseln.

Globalisierung

Besondere Aufmerksamkeit genießt in der Globalisierungsdiskussion die Internationalisierung der Finanzmärkte: Große institutionelle Geldanleger wie Banken, Versicherungen oder Investmentfonds verfolgen heute gezielt Strategien der globalen Risikostreuung („Diversifikation") und verteilen ihre Anlagegelder nach Risiko- und Renditeeinschätzungen rund um den Erdball. Diese Streuung der Anlagegelder ist aus Sicht der Anleger sicherlich rational, weil auf diese Weise die Vermögensentwicklung nicht mehr alleine von der Entwicklung eines Landes oder Kontinents abhängt. Auch Arbeitnehmer, die etwa im Rahmen ihrer Altersvorsorge auf internationale Aktienfonds setzen, profitieren ja im Grunde von dieser Dimension der Globalisierung.
Allerdings wird die Finanzmarkt-Globalisierung auch sehr kritisch diskutiert. Das Bild der „Heuschrecke", das besonders mit Bezug auf die sogenannten Hedge-Fonds geprägt worden ist, macht die Vorbehalte deutlich. Hedge-Fonds sind im Unterschied zu normalen Aktien- oder Rentenfonds sehr viel freier in ihrer Anlagestrategie und international praktisch in keiner Weise reguliert. Die Heuschrecke als Symbol für derartige innovative Finanzprodukte steht für Schnelligkeit, Mobilität und Gefräßigkeit, und das Bild verdeutlicht insofern Ängste vor möglichen destruktiven Folgen der Globalisierung. Richtig ist, dass Anlagekapital heute hochmobil und außerdem stets auf der Suche nach rentablen Anlageformen ist. Die Mobilität und Renditeorientierung von Anlagegeldern ist aber nicht notwendigerweise von Nachteil. Beispielsweise profitieren heute Schwellenländer von dem Zufluss investiver Anlagegelder und erfahren auf diese Weise eine Hilfe bei der Modernisierung ihrer Volkswirtschaften. Bei ausschließlich kurzfristigen Anlagegeldern besteht allerdings immer die Gefahr, dass es – etwa bei plötzlichen Zweifeln an der politischen Stabilität eines Landes – zur abrupten Kapitalflucht kommen kann mit dann unter Umständen dramatischen wirtschaftlichen Konsequenzen.

(aus: Friedrich Heinemann: Fit für die Zukunft? Deutschland im Wandel. Info aktuell 2007. S. 7. Hg.: bpb, Bonn)

Bankenhochhäuser in Frankfurt am Main

Wertpapierbörse

Tobinsteuer

Globale Gerechtigkeit erfordert die Kontrolle des Kapitalmarktes. Besonders wichtig ist dafür die sogenannte Tobinsteuer, benannt nach dem US-Ökonom James Tobin. Sie sieht vor, dass alle Käufe und Verkäufe an allen Börsen mit einem geringen Steuersatz belastet werden, zum Beispiel mit 0,5 Prozent. Die erhoffte Wirkung: Wer langfristig investiert, wird sich durch eine Steuer von 0,5 Prozent nicht abhalten lassen. Sie trifft vor allem Spekulanten, die am kurzfristigen Gewinn interessiert sind – und streut Sand in das Spekulationskarussell. Diese Entschleunigung stabilisiert die Finanzmärkte. Außerdem bringt die Steuer jährlich mindestens zweistellige Milliardenbeträge ein, die in die Entwicklung einer gerechteren Welt investiert werden könnten. (...)

(http://www.attac.de/themen/globalisierung/Globalisierung.php? 16.06.2007)

Bär und Bulle als Symbole für das Auf und Ab an der Börse

Bei den meisten Fachleuten stößt die Tobin Tax auf Skepsis und Ablehnung. Das am häufigsten vorgebrachte Gegenargument lautet, die Steuer sei überhaupt nur machbar, wenn sich alle Länder daran beteiligten, da andernfalls Devisenhändler die Möglichkeit hätten, auf andere Börsenplätze auszuweichen. Darüber hinaus sei zu bedenken, dass Banken die zusätzlichen Kosten einfach auf Verbraucher und Unternehmen abwälzen könnten, was wiederum negative Auswirkungen auf die Volkswirtschaften hätte. Auch blieben große Finanzkrisen durch die Steuer nicht aus, da sie die Flucht aus einer Währung nicht verhindern könnte. So vielversprechend die Idee auf den ersten Blick auch sein mag, bei genauerer Betrachtung wird deutlich, dass auch die Tobin-Steuer kein Allheilmittel ist, und es bleibt festzuhalten, dass sie weder alleine die Armut in der Dritten Welt bekämpfen noch ohne zusätzliche Schritte für eine stabilere Weltwirtschaft sorgen kann. Sie könnte wohl lediglich – wie Tobin es formulierte – ein „bisschen Sand im Getriebe unserer übermäßig effizienten internationalen Geldmärkte" streuen. (...)

(Sven Eiermann, in: Frankfurter Allgemeine Zeitung, 04.09.2003; zit. nach: Politik und Unterricht 4/2003, S. 43)

Tax
engl.: Steuer

1 2 Hilfe
Benutze das Arbeitsblatt: Kennzeichne mit einer Farbe die wichtigsten Fakten, mit einer anderen die Gefahren und mit einer dritten Farbe die genannten Vorteile.

3 Hilfe
Welcher Grundgedanke liegt der Steuer zugrunde? Welche Argumente werden gegen sie vorgebracht?

1. Erkläre, was mit „Milliarden rasen um die Welt" gemeint ist.
2. Erläutere Gefahren, aber auch Vorteile internationaler Finanzströme.
3. Beschreibe die Tobinsteuer.

Die Finanzkrise hat ihren Ursprung in den USA und sorgt global für Unruhe

Wenn Geld plötzlich „verfault“

Die Finanzkrise hält die Welt in Atem. Täglich gibt es Berichte über drohende Bankenpleiten und eine Weltwirtschaftskrise. Wie konnte es dazu kommen?

Mir den Terroranschlägen vom 11. September 2001 nahmen die Probleme ihren Lauf. Aus Angst vor den psychologischen und wirtschaftlichen Folgen des Terrors wurden in den USA die Zinsen gesenkt, um die Wirtschaft mit Geld und Kaufkraft zu versorgen.

Wenn Zinsen sinken, werden Kredite günstig. Viele Amerikaner entschlossen sich deshalb Immobilien auf Kredit zu kaufen. Darunter waren auch viele Menschen, die nichts gespart oder sehr geringe Einkommen hatten. Auf den globalen Finanzmärkten wird heute alles Mögliche gehandelt, auch solche Kredite. US-Banken schnürten diese zu Paketen zusammen, verbanden sie mit anderen Wertpapieren und reichten sie weltweit weiter. Viele Banken, Versicherungen und Fonds liehen sich in der Hoffnung auf große Gewinne selbst Geld, um die Pakete zu kaufen. Die hohe Nachfrage nach Krediten ließ die Zinsen in den USA wieder ansteigen, und viele der Hauskäufer konnten ihre Schulden nicht mehr abbezahlen.

Das geliehene Geld war weg, es blieben die Häuser. Doch deren Wert war stark gesunken, da es kaum noch Kaufinteressenten gab. Die Wertpapiere begannen zu „faulen“, sie verloren ihren Wert. Da sich die Papiere mittlerweile massenhaft in der Finanzwelt verbreitet hatten, wusste irgendwann niemand mehr, wer wie viele davon erworben hatte. Immer mehr Banken bekamen Probleme, aber es war so viel Misstrauen entstanden, dass andere Banken diesen kein Geld mehr liehen, um die Probleme zu beheben. Die globale Wirtschaft ist aber auf ein funktionierendes Finanzsystem angewiesen. Der Hilferuf nach dem Staat wurde laut, auch wenn dieser zuvor bei der Aufsicht versagt hatte. Damit die weltweiten Finanzmärkte nicht zusammenbrechen, pumpen jetzt die Notenbanken nicht nur in den USA, sondern auch in Europa Geld in das System. Allein in den USA gibt die Regierung mehr als 700 Mrd. Dollar aus, in Deutschland sind es 480 Mrd. Euro. Keine Frage: Die Finanzwelt muss neu geordnet werden. (...)

Immobilien
unbewegliche Werte, z. B. Grundstücke oder Häuser

Notenbanken
Jeder Staat hat eine Zentralbank oder Notenbank, die die Banknoten herausgibt. Für die Euro-Länder nimmt die Europäische Zentralbank diese Aufgabe wahr.

Geld verspielt / Kommentar von Frank Wiebe, Kolumnist beim Handelsblatt

Die Banker in Finanzmetropolen wie New York und London, aber auch in Städten wie Düsseldorf und München haben Milliarden an Dollar und Euro regelrecht verspielt. Sie haben komplizierte Wertpapiere konstruiert und sich diese gegenseitig für viel Geld verkauft, obwohl sie eigentlich gar nichts wert waren. Dann ist das System wie ein Kartenhaus eingestürzt, manche Banken standen kurz vor der Pleite. Deswegen haben die Regierungen weltweit mit einer gigantischen Rettungsaktion den Banken Geld zur Verfügung gestellt. Aber soll der Staat diese Banken überhaupt retten? Ja, er soll. Verdient hätten manche Banker schon, dass man sie hängen lässt. Aber die Kunden dieser Banken würden ihr Geld ebenfalls verlieren. Die Wirtschaft würde zusammenbrechen, weil die Unternehmen Kredite von den Banken brauchen. Deswegen hat der Staat gar keine andere Wahl: Er muss die Zähne zusammenbeißen und helfen. Und danach die Banken besser beaufsichtigen, damit sie nicht wieder Geld verspielen.

(Michael Koch, wissenschaftlicher Mitarbeiter am Institut für Ökonomische Bildung (ÖB), in: Handelsblattmachtschule. November 2008, Nr. 1 / Handelsblatt, Unternehmen und Märkte, S. 5)

1 Wie kam es 2008 zu einer weltweiten Finanzkrise? Notiere die Hinweise, die der Zeitungsartikel und der Kommentar dazu geben.

2 Setze dich mit der Meinung des Kommentators auseinander.

Das Wichtige in Kürze

Globalisierung

Mit Globalisierung bezeichnet man im weiteren Sinn das weltweite Zusammenwachsen in allen Bereichen der Gesellschaft, Politik, Kultur usw. Im engeren Sinn ist damit die zunehmende Internationalisierung der Wirtschaft gemeint. Die weltumspannende Verflechtung des Wirtschaftslebens führt zur Herausbildung eines einzigen Marktes.

Welthandel

Durch die Globalisierung hat der Welthandel stark zugenommen. Die Volkswirtschaften wuchsen zu einer globalen Weltwirtschaft zusammen. Am stärksten ist der internationale Warenaustausch zwischen Asien und Nordamerika, Europa und Asien und Nordamerika und Europa.

„Global Players"

Die wirtschaftliche Internationalisierung ist gekennzeichnet durch „Global Players", also multinationale Konzerne, die in vielen Ländern produzieren und ihre Waren verkaufen. Diese weltweit tätigen Firmen haben eine große wirtschaftliche Bedeutung; ihre Umsätze sind oft größer als das Bruttoinlandsprodukt mittlerer Staaten.

Deutschland und die Globalisierung

Deutschland spielt eine führende Rolle im Welthandel und steht derzeit hinter China an zweiter Stelle der Exportnationen. Die Globalisierung bringt Chancen, aber auch Risiken, z. B. wenn bei einer weltweiten Wirtschaftskrise die deutschen Exporte einbrechen. Die deutschen Verbraucher profitieren von billigen Einfuhren. Andererseits verlagern viele deutsche Unternehmen aus Kostengründen ihre Produktion in das Ausland. Dadurch gehen in Deutschland Arbeitsplätze in der Fertigung verloren. Allerdings können so deutsche Firmen qualifizierte Arbeitsplätze, zum Beispiel in der Forschung und Entwicklung, erhalten, weil sie im Ausland kostengünstiger produzieren und auf den Märkten präsent sind.

Europäischer Binnenmarkt

Der Europäische Binnenmarkt gewährleistet zwischen den Mitgliedstaaten vier Freiheiten: den freien Verkehr von Personen, Waren, Dienstleistungen und Kapital. Die Verbraucher können in der EU einkaufen und von dem größeren Wettbewerb profitieren. Die Unternehmen haben bessere Exportmöglichkeiten in die anderen EU-Staaten. Die Arbeitnehmer können Arbeit in anderen EU-Staaten finden und durch Auslandserfahrungen ihre Berufschancen verbessern.

Euro und Europäische Zentralbank

Der Euro ist die Währung der Europäischen Währungsunion, der mittlerweile 17 Staaten angehören. Darüber hinaus wird er in einigen weiteren europäischen Staaten als offizielles Zahlungsmittel verwendet. Um der Eurozone beitreten zu können, muss ein Land bestimmte Bedingungen („Konvergenzkriterien") erfüllen. Die Europäische Zentralbank (EZB) mit Sitz in Frankfurt am Main ist für die Währungspolitik in der Eurozone verantwortlich. Zusammen mit den nationalen Zentralbanken bildet sie das Europäische System der Zentralbanken (ESZB). Hauptziel des ESZB ist es, die Preisstabilität im Euroraum zu gewährleisten. Die EZB und die nationalen Zentralbanken sind unabhängig von der EU und den Regierungen der Mitgliedstaaten.

Euro-Krise

Viele Staaten der Europäischen Union sind hoch verschuldet, auch Deutschland. Die gigantische Staatsverschuldung des EU-Mitgliedslandes Griechenland hat die Gemeinschaftswährung „Euro" 2010 in eine ernste Krise gestürzt. Mit einem umfangreichen finanziellen Hilfspaket wird versucht, den Euro zu stabilisieren.

Globales Kapital

Die Finanzmärkte sind weltweit vernetzt. Riesige Geldmengen können in kürzester Zeit dort angelegt werden, wo die höchsten Profite zu erwarten sind. Internationale Kapitalfonds, z. B. die Hedgefonds, suchen weltweit nach Anlagemöglichkeiten. Manche sehen darin eine Gefahr, wenn solche spekulativ angelegten Gelder rasch aus einem Land wieder abgezogen werden. Sie fordern die Einführung einer weltweiten Steuer auf Kapitaltransaktionen und erhoffen sich davon eine Verlangsamung der spekulativen Kapitalströme. 2008 kam es zu einer weltweiten Finanzkrise, weil durch den Handel mit wertlos gewordenen Spekulationspapieren Banken pleitegingen.

Globalisierung: für manche Anlass zur Besorgnis, für andere Grund zur Freude

Sachkompetenz

1 Welche Erklärung gehört zu welchem Begriff? Ordne zu. Verwende dazu entweder das Arbeitsblatt oder notiere zu jedem Begriff die Ziffer der zutreffenden Erklärung.

- Leistungsbilanz
- Konjunkturzyklus
- Expansion
- Inflation
- Investition
- Boom
- Bruttoinlandsprodukt
- Außenbeitrag
- Konjunktur
- Konjunkturfaktoren

Bezeichnung dafür, dass Unternehmen Geldmittel für den Kauf von Werkzeugen, Maschinen oder Anlagen verwenden. (1)

Damit ist ein anhaltender Prozess der Geldentwertung gemeint, der sich durch allgemeine Preiserhöhungen bemerkbar macht. (2)

Darunter versteht man das Auf und Ab in der Wirtschaft, das sich aus den sich verändernden Raten des realen Bruttoinlandsproduktes ergibt. (3)

Damit ist der Zeitraum gemeint, in dem die wirtschaftliche Entwicklung die vier Konjunkturphasen von einem Aufschwung bis zum nächsten durchläuft. (4)

In dieser Konjunkturphase erholt sich die Wirtschaft. Sie ist durch zunehmende Produktion gekennzeichnet und wird auch als Aufschwung bezeichnet. (5)

Damit ist der Unterschied zwischen der Ein- und der Ausfuhr in einer Volkswirtschaft gemeint. Er zeigt sich in der Leistungsbilanz. (6)

Damit sind die Bestimmungsgrößen Staat, Unternehmen, private Haushalte und Außenhandel gemeint, die durch ihre wirtschaftlichen Entscheidungen den Konjunkturverlauf wesentlich beeinflussen. (7)

Sie fasst die wirtschaftlichen Transaktionen zwischen Inland und Ausland zusammen und ist ein Kriterium zur Bewertung des außenwirtschaftlichen Gleichgewichts. (8)

Damit ist der Wert aller Güter und Dienstleistungen gemeint, der in einem Jahr innerhalb der Landesgrenzen einer Volkswirtschaft erwirtschaftet wird. (9)

Das ist die Konjunkturphase, in der die wirtschaftliche Aufwärtsbewegung einen Höhepunkt erreicht. (10)

Methodenkompetenz

2 Verfasst in Gruppenarbeit einen Vorschlag.
Eine Stiftung für politische Bildung will Jugendliche mehr für wirtschaftspolitische Themen interessieren. Dazu plant sie eine Anzeigenkampagne in Schülerzeitungen, bei der Zeichnungen oder Fotos die Aufmerksamkeit der Schülerinnen und Schüler erregen sollen. Es fehlen noch eine pfiffige Schlagzeile und ein kurzer Text, der das Anliegen verdeutlicht. Damit Schlagzeile und Text bei Jugendlichen ankommen, bittet die Stiftung Schulklassen um Vorschläge.

Handlungskompetenz

3 Führt eine Umfrage durch.
Ein Institut für Demoskopie veröffentlichte 2010 dieses Umfrageergebnis. Führt zur gleichen Fragestellung eine entsprechende Umfrage unter Jugendlichen durch. Stellt für eure Schülerzeitung das Ergebnis eurer Umfrage grafisch dar und verfasst einen Text dazu, in dem ihr euer Umfrageergebnis mit dem des Demoskopie-Instituts vergleicht.

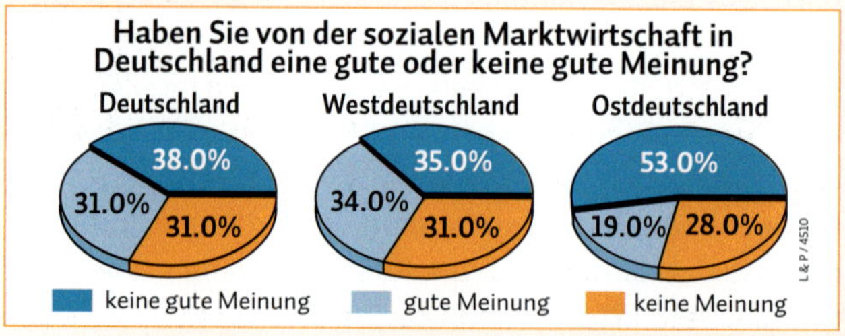

Methodenkompetenz

4 Führt eine Talkshow durch. Das Thema lautet „Globalisierung". Beachtet die folgenden Hinweise.

Vorbereitung

An der Talkshow nehmen als Gäste von diesen Organisationen bzw. Gruppierungen jeweils ein Vertreter oder eine Vertreterin teil:

- Entwicklungshilfeorganisation
- Wirtschaftsministerium
- Globalisierungskritiker
- Arbeitgeberverband
- Gewerkschaftsbund

Die Klasse teilt sich in fünf Gruppen, in denen sich die Talkshow-Gäste auf ihre Rolle vorbereiten. Die Moderatorin oder der Moderator wird bestimmt.

Durchführung

Die Sitzordnung ist für die Talkshow von großer Bedeutung. Sie sollte einer echten Talkshow nachempfunden sein. In der Mitte oder vorn sitzen im Halbkreis die Talkshow-Gäste. Die übrigen Schülerinnen und Schüler sitzen als Publikum ihnen im Halbkreis gegenüber. Die Vertreter kontroverser Positionen sollten möglichst auseinandersitzen. Die Talkshow selbst sollte nach dem Muster einer echten Talkshow ablaufen: Nach der Begrüßung durch die Moderatorin bzw. den Moderator stellen sich alle Gäste kurz vor. Die Moderatorin oder der Moderator eröffnet das Gespräch und versucht, es durch gezielte Fragen und kontroverse Stichpunkte im Fluss zu halten.

Auswertung

Nach der Talkshow gibt es eine Auswertungsrunde. Das Publikum berichtet über seine Erfahrungen und Beobachtungen und begründet, wer seine Position besonders gut vertreten hat.

Handlungskompetenz

5 Erstellt eine Info-Ausstellung. Manche denken, die wirtschaftliche Globalisierung werde nur von großen transnationalen Konzernen getragen. Dabei wird übersehen, dass auch viele kleinere Firmen weltweite wirtschaftliche Verbindungen haben, durch Exporte in das Ausland, Niederlassungen in anderen Ländern, Rohstoffimporte aus anderen Kontinenten. Diese Firmen tragen ebenso zur Globalisierung bei wie die bekannten „Global Players".

Um eure Mitschülerinnen und Mitschüler auf diesen Zusammenhang aufmerksam zu machen, sollt ihr eine Info-Ausstellung zum Thema „Exportfirmen in unserer Region" gestalten. Geht dabei so vor:

1 Zunächst stellt ihr eine Liste von Firmen aus eurem Umfeld zusammen, von denen ihr vermutet, dass sie mit dem Ausland Geschäftsbeziehungen haben. Durch eine Umfrage unter Erwachsenen oder eine Anfrage bei der Gemeindeverwaltung könnt ihr Hinweise erhalten.

2 Wenn ihr eine Reihe möglicher Firmen auf der Liste habt, teilt ihr euch zur Kontaktaufnahme auf. Ist eure Liste umfangreich, kann jeder von euch eine Firma übernehmen, ist sie kleiner, bildet ihr Zweierteams. Es geht nicht darum, dass eure Info-Ausstellung einen vollständigen Überblick über alle Exportfirmen in eurer Umgebung gibt. Ihr sollt Beispiele darstellen, die für eure Mitschülerinnen und Mitschüler auch deshalb interessant sind, weil sie unerwartet und unterschiedlich sind.

3 Bei der Kontaktaufnahme mit den Firmen ist es wichtig, das Anliegen zu verdeutlichen und klarzustellen, dass es euch nicht um Geschäftsgeheimnisse oder sensible Daten geht. Fragt nach Geschäftsberichten, Prospekten, Fotos, die ihr für eure Ausstellung verwenden könnt. Viele Firmen haben auch einen Internetauftritt, aus dem ihr Angaben entnehmen oder Fotos herunterladen könnt.

4 Bei der Schulleitung klärt ihr, wie ihr Stelltafeln bekommt und wo ihr eure Ausstellung aufbauen dürft. Beachtet bei der Gestaltung die Regeln, die ihr schon früher bei Wandzeitungen, Info-Plakaten usw. angewendet habt, z. B. gut lesbare Schrift, nicht zu viel Text, ansprechende Fotos.

Schülerinnen und Schüler bei der Vorbereitung einer Info-Ausstellung

Politik

Politik für dich (→Lexikon: Politik, Wirtschaft, Gesellschaft)	www.hanisauland.de
Seite der Bundesregierung für Kinder und Jugendliche	www.regierenkapieren.de
Landeszentrale für politische Bildung	www.politische-bildung-sh.de
Bundeszentrale für politische Bildung / Magazin fluter	www.bpb.de / www.fluter.de
Landesportal – Landesregierung Schleswig-Holstein	www.schleswig-holstein.de
Schleswig-Holsteinischer Gemeindetag (Verband der Gemeinden)	www.shgt.de
Landtag Schleswig-Holstein	www.sh-landtag.de
Nachrichtenmagazin für Kinder und Jugendliche	http://neuneinhalb.wdr.de
Fernsehen: ARD / ZDF	www.daserste.de / www.zdf.de
Tipps zum Umgang mit Computer, Internet, Videospielen usw.	www.medienbewusst.de
Bundesverband Deutscher Zeitungsverleger e.V.	www.bdzv.de
Reporter ohne Grenzen	www.reporter-ohne-grenzen.de

Demokratie

Jugendnetz: Menschenrechte	http://menschenrechte.jugendnetz.de
Internationale Gesellschaft für Menschenrechte (IGFM)	www.igfm.de
Wahlen in Schleswig-Holstein (Wahlen, Wahlergebnisse)	www.schleswig-holstein.de/LWL/DE/LWL-node.html
Bundesregierung	www.bundesregierung.de
Deutscher Bundestag / Jugendportal	www.bundestag.de / www.mitmischen.de
Bundesrat / Jugendportal	www.bundesrat.de / http://foederalion.bundesrat.de
Bundespräsident	www.bundespräsident.de
Bundesverfassungsgericht	www.bundesverfassungsgericht.de

Konsumgesellschaft

Portal der Verbraucherzentralen in Deutschland	www.verbraucherzentralen.de
Stiftung Warentest	www.test.de
Zentralverband der deutschen Werbewirtschaft	www.zaw.de
Sparkasse (Umgang mit Geld usw.)	www.sparkasse.de
Landesregierung: Landwirtschaft und Umwelt Schleswig-Holstein	www.schleswig-holstein.de/UmweltLandwirtschaft
Ministerium für Landwirtschaft, Umwelt und ländliche Räume	www.schleswig-holstein.de/MLUR/DE/MLUR_node.html
Umweltseiten im Internet	www.umwelt-portal.com
Greenpeace / Seite für Kinder und Jugendliche	www.greenpeace.de/www.greenpeace4kids.de
BUND (Bund für Umwelt und Naturschutz Deutschland)	www.bund.de

Arbeitswelt

Bundesagentur für Arbeit / Berufswahlseite Planet Beruf	www.arbeitsagentur.de / www.planet-beruf.de
Girls'Day – Mädchen Zukunftstag	www.girls-day.de
Deutscher Gewerkschaftsbund (DGB)	www.dgb.de
Bundesvereinigung der deutschen Arbeitgeberverbände (BDA)	www.arbeitgeber.de

Friedliches Zusammenleben

Webportal Schülermobbing	www.schuelermobbing.de
Mobbing in der Schule	www.schueler-gegen-mobbing.de
Bundesministerium für Familien, Senioren, Frauen und Jugend	www.bmfsfj.de
Bundesarbeitsgemeinschaft Kinder- und Jugendschutz	www.bag-jugendschutz.de
Online-Handbuch zum Kinder- und Jugendschutz	www.jugendschutz-in-stichworten.de
Vereinte Nationen: Informationszentrum für Westeuropa	www.unric.org
Bundesministerium der Verteidigung / Bundeswehr	www.bmvg.de / www.bundeswehr.de
Informationen und Hintergründe zu Krieg und Frieden	www.frieden-fragen.de
Deutsche Friedensgesellschaft	www.dfg-vk.de
Aktion Sühnezeichen Friedensdienste	www.asf-ev.de
terre des hommes	www.tdh.de

Wirtschaftsordnung

Bundesministerium für Wirtschaft und Technologie	www.bmwi.de
Bankenverband – Ökonomische Bildung	www.schulbank.de
Handelsblatt (Nachrichten aus Wirtschaft, Finanzen, Politik)	www.handelsblatt.com
Wirtschaftswoche (Wirtschaftsmagazin)	www.wiwo.de
Institut der deutschen Wirtschaft Köln	www.iwkoeln.de
Bundesministerium für wirtschaftliche Zusammenarbeit	www.bmz.de
Portal der Europäischen Union	http://europa.eu
Informative Europa-Website	www.europa-digital.de
Europäische Zentralbank	www.ecb.int
Deutsche Bundesbank	www.bundesbank.de
Portal globales Lernen	www.eine-welt-netz.de
Attac (Globalisierungskritische Organisation)	www.attac.de

action press, Hamburg: 58 o.r. (Wallrath), 240 o. (UN-Photo), 284 u.r.; adpic Bildagentur, Bonn: 99 M.; AFP Agence France-Presse, Berlin: 144 l.o.; AG der Dillinger Hüttenwerke, Dillingen: 107 M.; AKA GmbH, Augsburg: 179; akg-images, Berlin: 61 o.l., 64 l.; alamy images, Abingdon/Oxfordshire: 122 l.o. (Geoff du Feu); amnesty international, Bonn: 74; Appenzeller, Holger, Stuttgart: 53, 62; argus Fotoagentur, Hamburg: 39 l.; Associated Press, Hamburg: 10.2 (Hans Edinger), 304 o.l.; artur, Architekturbilder, Essen: Umschlagfoto v.u.l.; Avenue Images, Hamburg: 134.2 r. (Index Stock/D. Ball); Axel Springer AG, Berlin: 33 li. + re.; Baaske Cartoons, Müllheim: 35, 38 M., 38 o.l., 60 r., 92, 98 u.r., 183 r., 201 o., 207, 270 u., 313; Bergmoser + Höller Verlag, Aachen: 34 u., 90, 98 o., 164 M., 185, 189, 220, 220, 248 o., 271 u.; Bilderberg, Hamburg: 58 o.l. (Enders); Bundesagentur für Arbeit, Nürnberg: 168; Bundesministerium der Verteidigung , Berlin: 252 l.; Bundesverband der Deutschen Industrie e.V., Berlin: 74; Zippel, Edgar, Berlin: 135 r.; Corbis, Düsseldorf: Umschlagfoto M. (Frank Krahmer); Daimler Chrysler AG, Stuttgart: 164 o.l. + o.r., 165 o.l.; ddp images, Hamburg: 126 (Katja Lenz), 145 o.M. (AP), 191 u. (2) (AP/Alessandra Tarantino), 225 (Volker Hartmann); Deiseroth, Dieter, Niederaula: 10 o.re., l.dr.v.o., 14 (2), 15 u. (4), 16.1 + 2 + 4 + 5 + 6 + 7 + 8 + 9, 17 r., 19 o.r., 24 o.M. + o.l., + o.r. + u.l., 25 o. + dr.v.o., 30.1 + 3 + 5, 31 (2), 32 l. (2), 54 l.o. + l.zw.v.o. + l.zw.v.u. + r.o. + r.u., 56.2, 57 o., 65 r., 74, 81, 82 (2), 83 o. (3), 84 o. (2), 85 o. (3), 102 dr.v.u. + u., 106.1 + 2 + 4 + 5, 107 o., 111 l., 113, 114 u., 116.3 + 6, 126.2 + 5 + 7 + 8, 127 l., 128, 129 (3), 130 (2), 134.1 l., 134.2 l., 134.3 r., 134.4 l. + 4 r., 135 l., 137, 140, 141 (4), 142.4 + 5, 143, 145 r., 146.1 - 4, 148 l., 149.1 + 5 – 8, 153 (2), 156 u., 158 u.l. + u.r., 162 o. (3), 163 r.zw.v.o., 165.1 – 3 + 5 – 8 + 10, 176, 185, 190 l.zw.v.o. + u.l. + u.r., 192 o.l. + o.M., 193 M., 199 l.zw.v.o. + l.u.r., 214 o.l. + M.l. + M.M. + u.l., 221 (5), 241 l. + r., 253 u., 255 r., 262 o.r. + u.l. + u.r., 263, 271, 274 l. + r., 275 r., 287, 288 o. (4), 297 (4); Detjen, Joachim Prof. Dr., Buxtehude: 20; Deutsche Bahn AG, Berlin: 5, 163 o.l., 171 o.r.; Deutsche Energie-Agentur GmbH (dena), Berlin: 146 u.l.; Deutscher Bundestag, Berlin: 45; Deutsches Archäologisches Institut, Rom: 61 o.M.; DGB Bundesvorstand, Berlin: 183 l., 184; Dog's Head Graphics Crieff, Schottland: 9 r.u.; Druwe & Polastri, Cremlingen/Weddel: 111 r.o., 173 o.l. + o.r., 175; Dägling, Andreas, Wardenburg: 106.3, 126.4; Eltinger, Düsseldorf: 54 l.u.; Erl, Martin, Ingolstadt: 143 r.; Fabian, Michael, Hannover: 12 o. + zw.v.o. + zw.v.u., 56.1, 116.1 + 2 + 4 + 5, 165.4, 172 (3), 211.2, 214 o.r., 217 o.l. + o.r., 222 u. + zw.v.u., 262 M. + M.r.; Feldhaus, Hans-Jürgen, Münster: 52; FoBe: 269 r.u.; Focus Photo- u. Presseagentur, Hamburg: 239 l. (WorldPictureNews); Fotodesign Sierigk, Braunschweig: 193 u.; Fotoetage, Bremen: 213 (Marcus Meyer); fotolia.com , New York: 27 o.l. (sulupress), 122 l.M. (Uwe Boccius), 158 l., 308 (R. Naumann); Fraunhofer-Institut für Produktionstechnik und Automatisierung, Stuttgart: 189 r.; FREELENS Pool, Hamburg: 7 + 261 l. (Stefan Haertel); Gerlach, Edgar, Lüchow: 262 o.l.; Getty Images, München: Umschlagfoto v.o.l., 99 u.r., 145 o.l. + o.r., 197 r.u. (AFP/SAIF Dahlah), 286 r.; Grandville, J.J.: 48 o.; Greenpeace Deutschland e.V., Hamburg: 74, 160; Greiner, Alois, Braunschweig: 71; Griese, Dietmar, Laatzen/Hannover: 229 o.; Grolik, Markus, München: 38 u.; Gruner + Jahr, Hamburg: 40 r.o. + u.; Haitzinger, Horst, München: 275 l., 288 u.r.; Hass, Christian, Stuttgart: 134.3 l.; Haus der Geschichte, Bonn: 135 u., 146 u.r. + 246 l. (Jupp Wolter); Hoffmann, K., Hannover: 111 r.M., 117; Horsch, Wolfgang, Niedernhall: 259 o.; Horvath, Hannover: 217 M.l. + M.r. + u.l.; Imago, Berlin: 94, 311 o.l. (Waldkirch); IPON, Berlin: 10.4 (Stefan Boness); iStockphoto, Calgary: 122 l.u. (peepo), 123 M. (YinYang), 123 o. (ianmcdonnell/), 123 u. (wojciech_gajda/); JOKER: Fotojournalismus, Bonn: 111 r.u. (Rainer F. Steuszloff); jump Fotoagentur, Hamburg: 148 r. (Falck); Kaiser, Egon, Waiblingen: 246 r.; Klingsiek, Georg, Petershagen: 285; Klüppel, Ulrike, Gechingen: 16.3, 171 o.l.; Kompetenzzentrum Technik-Diversity-Chancengleichheit e.V., Bielefeld: 174; Krupp Stahlwerke , Essen: 107 u.; Kurowski, Walter, Oberhausen: 201 u.; Köcher, Ulrike, Hannover: 6, 197 l.; Laif, Köln: 238 l., 293 (Jörg Modrow), 304 o.r. (Luis Faustino/4SEE); Landefeld, Gerhard, Bad Zwischenahn: 132; Landesmedienzentrum Baden-Württemberg, Stuttgart: 61 o.r.; Liebermann, Erik, Steingaden: 161; LUFF, Rolf Henn, Hennweiler: 145 u.; Löffler, Reinhold, Dinkelsbrühl: 38 o.r.; Maurer, Neulehe: 276; mauritius images, Mittenwald: 56.3, 142.6, 171 u. (Photononstop), 217 u.r. (Boris Lehner); Mester, Gerhard, Wiesbaden: 41 l., 58 u., 143 l.u., 270 o., 304 u.; Mohr, Burkhard, Königswinter: 44 o.; Muhs, Andreas, Berlin: 75; Munz, Eckart : 269 l.u.; Mustang Bekleidungswerke, Künzelsau: 265, 267; NDR Presse und Information, Hamburg: 45 (Wolfgang Borrs); Oed, Hans-Günther, Unkel: 10.7; Off Road Kids Stiftung, Bad Dürrheim: 74; Panther Media, München: Umschlagfoto h. + v.o.r. + 1; PhotoAlto, Berlin: 24 u.r. (Odilon Dimier); photothek.net GbR, Radevormwald: 240 u. (Thomas Imo); Picture-Alliance, Frankfurt/Main: 2 u. (Zentralbild), 4, 3 o. + 9 l. (Ulrich Perrey), 10 (dpa/H. Spies), 10.3 (dpa/H.-Chr. Plambeck), 10.8 (Adam Berry), 18 o.r. (Scholz, F.), 22 u., 25 u., 27 o.r. (Ulrich Perrey), 27 r. (Carsten Rehder), 34 M., 41 r.o., 42 o. (Jörg Carstensen), 42 u., 46, 48 M., 49 u. (zb/Burgi), 53 (Zentralbild), 53 o.r. (Grimm), 54 l.M. (Godong), 57 u. (Bernd Thissen/dpa), 61 u.l. (Weißbrod/dpa), 61 u.r., 62 (epa/Alai Bazil), 77 r. (OKAPIA KG), 86 l., 87 (ZB/Thomas Schulze), 87 o. (Axel Häsler), 87 u. (Bernd Settnik), 88 (dpa/Peer Grimm), 89 o.l. (dpa/Marcus Brandt), 89 u.l., 90 l. (Hanschke), 91 (Pilick), 95 (Uli Deck), 99 l., 102 zw.v.o., 126.3 (dpa/dpaweb), 126.6, 127 r. (dpa-Zentralbild), 138 (Karlheinz Schindler/ZB), 139, 142.2 (dpa), 142.3, 149.3 (dpa/ZB), 150, 155, 157 (Jens Büttner), 158 o.l. (Wolfgang Weihs), 158 o.r. (Rolf Haid), 159, 166 r. (Roland Magunia), 174 o. (Armin Weigel), 211.3 (Ronald Wittek/dpa), 211.4 (dpa), 211.5 (dpa), 216 u.l. (dpa-Film Buena Vista), 216 u.r. (Werner Baum), 229 (Gerten), 230 (Vennenbernd), 232, 233 o. (Ramzi Haidar), 233 u. (epa/PA mills), 234 r. (EPA/Ludbrook), 235 (Wolfgang Langenstrassen), 237, 237 r. (DB Bundeswehr), 239 r., 244 l., 244 r. (Karim Sahib), 245 l., 245 r. (dpa/U. Zucchi), 246 u., 248 (Demir), 249 u. (epa/Vergult), 251 (Presse- und Informationszentrum Marine), 253 o. (Stephanie Pilick), 256 o. (dpa/P. Kneffel), 256 u.l., 256 u.r. (Globus), 257 (Rumpf, Stephan), 261 o.r. (dpa/R. Haid), 272, 273 o. + u., 274 u. (Globus), 278 u. (zb/Lander), 283 o. + u., 284 u.l., 286 l., 292 o. (Globus), 294 (Vennenbernd), 295, 311 o.r. (Oliver Berg); plainpicture, Hamburg: 10.1, 30 u.; Porsche: Dr. Ing. h. c. F. Porsche AG, Stuttgart: 174 u.; Presse- und Informationsamt der Bundesregierung – Bundesbildstelle, Berlin: 72, 89 o.r., 252 r., 279 o. (Köhler, Bernd); pro familia, Frankfurt/Main: 74; Projekt Schüler-Mobbing, Riederich: 206 u. (Werner Ebner); Kreis Rendsburg-Eckernförde, Rendsburg: 84 u.; Reuters, Berlin: 284 o. (Caronna); Rosenkranz, Lars: 25 zw.v.u.; Rusch, Muggensturm: 106 r.; Sakurai, Heiko, Köln: 212 o.; Saxnet GmbH, Oelsnitz: 178; Scheer Fotografie, Schiffdorf: 283 o.r.; Schoenfeld, Karl-Heinz, Potsdam: 288 u,l.; Schönauer-Kornek, Sabine, Wolfenbüttel: 63; SPIEGEL-Verlag, Hamburg: 296; Staatskanzlei Schleswig-Holstein: 27.1 – 6, 27.8 + 9; Starke, Hans-Jürgen, Arnstadt: 43; Steiger, Ivan, München: 79, 198 M.; STOCK4B, München: 311 u.; Stuttmann, Klaus, Berlin: 44 u., 259 u.; Tobias-Mayer-Schule, Marbach: 192 u.l.; Transglobe Agency, Hamburg: 231; ullstein bild, Berlin: 66 (Imagebroker.net), 67 (Sven Simon), 119 (Europress), 142.1 (Hartmann), 166 l. (Imagebroker.net), 255 l. (CARO/Trappe), 269 r.o.; Umweltbundesamt, Dessau: 151; Unger, Marc-Steffen, Berlin: 80; vario images, Bonn: 39 r. (Ulrich Baumgarten); Vienna Paint Bildbearbeitungs GmbH, Wien: 40 l.u. (4); Visum Foto, Hamburg: 234 l. (Pueschner/Zeitenspiegel); Volkswagen AG, Wolfsburg: 165 o.r., 290 (8), 291 (2); Wegmann, Gregor: 149.4; Wessel-Schulze, Wolfgang, Hemmingen: 99 o.r.; wikipedia.org: 18 o.l.; Wolf, H.-U., Steinheim: 12 u., 93, 102 dr.v.o. + o. + zw.v.u., 118, 169 l.o. + o.M. + o.r. + u.M. + u.l. + u.r., 180, 182, 188 (2), 193 o., 196 (4), 199 (5), 204, 205 (2), 211 l., 212 u., 214 M.r. + o.M. + u.M. + u.r., 222 M.l. + M.r. + o., 249 o., 253 M., 315; WWF Deutschland, Berlin: 144 r.